imaginist

想象另一种可能

理
想
国

imaginist

我讲世界文学史，其实是我的文学的回忆。

木心，摄于纽约中央公园，1991年冬。时在木心讲文学课期间。

陈丹青笔录

1989—1994

文学回忆录 （上）

木心

上海三联书店

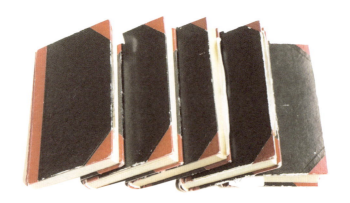

1989—1994 年，陈丹青的五本听课笔记。

出版说明

1989 年至 1994 年，木心先生在纽约为一群中国艺术家讲述"世界文学史"，为期五年，留有完整的讲义。2006 年先生归国后，我们曾拟出版这份讲义，未获先生同意，理由是，那不是他的创作。2011 年，木心先生逝世。逾百位年轻读者从各地赶来乌镇送别，并在追思会上热切提出希望读到这份文学史讲稿。为尊重木心先生，我们决定依据陈丹青先生的第一手文本——五本听课笔记——编成此书，以飨读者。

兹就有关事项说明如下：

一，木心先生当年讲述的资料和体例，大致依据上世纪二十年代郑振铎编著的《文学大纲》，二十世纪初叶到七十年代的文学讲述，则另有参考。

二，五年期间，陈丹青先生记录了木心先生几乎全部讲述内容，共八十五讲。为尽可能呈现笔录原状，每一课的讲题、年份、日期、缺课、失记，均予保留。特别需要说明的是：每课讲题，木心先生部分沿用郑本，部分自设，陈丹青先生笔录时，又有若干差异，为协调这些差异，我们在编排目录与讲题时，分别做了少数必要的调整。

三，本书书名，依据木心"开课引言"中所愿，定为《文学回忆录》。

四，笔录书中涉及的大量文学家、哲学家、艺术家，不少是民国时代或五六十年代译名，现根据当今通行译名，规范统一。凡重要作家与作品，加注相对完备的信息。

五，考虑到现场笔录难以避免的疏失错漏，书中所有作品引文，凡中国文学经典，均依据相应通行版本作了核对，翻译类文学经典段落，原则上，保留笔录原样。

六，由于本书篇幅庞大，所涉繁杂，虽经校对，不免仍有错失之处，竭诚期待读者与专家不吝指正。

七，书中附印的木心先生及其亲属的照片，由陈丹青先生和木心的外甥王韦先生提供。民国版本的世界文学书影，由南兆旭先生、高小龙先生提供。我们谨表谢意。

木心作品编辑部

2012 年 12 月

小　引

陈丹青

这份课程的缘起与过程，说来话长，我在《后记》中做了交代。现就这份笔记的问题，补充如下数端：

一，此书大量引文和史料，年来经曹凌志、罗丹妮、雷韵三位编辑做了繁复细致的核查校对，又承南开中文系博士马宇辉女士襄助，逐一审阅了中国古典文学部分的史料，谨此一并致谢。

二，当年每一讲课场地，辗转不同听课人寓所，我有时记录，有时失记，现据笔录原样付印。就我的记忆，听课者均有笔录，之后星散，今我已无能逐一联络并予征集。本书面世后，当年的同学若是见到了，而手边存有更为详确的笔录，并愿贡献者，盼望能与出版者联络。

三，《后记》所述往事，全凭记忆。听课人的名姓、数目、身份，虽大致不错，仍恐有所遗漏或不详者。近期试与一二听课旧友多次联系，俾便完整缀连这份珍贵的记忆，惜未获回应。是故，《后记》中提及而不确，或未经提及的听课人，请予鉴谅。

最后，出于大家熟知的缘故，本书各处，奉命删除，谨此告白。

2012 年 12 月 1 日

文学，局外人的回忆

梁文道

一

以前母亲、祖母、外婆、保姆、佣人讲故事给小孩听，是世界性好传统。有的母亲讲得特别好，把自己放进去。

这段话出自《文学回忆录》，是陈丹青当年在纽约听木心讲世界文学史的笔记。讲世界文学，忽然来这么一句，未免突兀，不够学院。木心讲课的框架底本，借自上世纪二十年代郑振铎编著的《文学大纲》。坦白讲，郑本在纵向时间轴上的分期、横向以国别涵盖作家的方法，今天看来已经太落伍了。而在木心的讲述里头，史实又大幅简略，反倒是他个人议论既多且广。兴之所至地谈下来，重点选择的作家和作品，多是木心自己的偏爱，全书很难找出一贯而清晰的方法。因此，我们不能把它当成今日学院式的文学史来看。好在，读者不傻。

木心不是学者，他是个作家，是一个艺术家。以作家身份谈文学史，遂有作家的"artistic excuse"。同样的例子，在所多矣。艾略特、米沃什、昆德拉、卡尔维诺、纳博科夫……有谁真会用专业文学史家的眼光去苛求他们？我们读这些作家述作的文学史，目的不在认识文学史，而在认识"他的文学史"。就像木心所讲的母亲说故事，说得好，会把自己说进去一样，这类文学史述作好看的地方正正在于他们自己也在里头。

所谓"在里头"，别有两个意思。一个比较显浅，是他们自己不循惯例、乾纲独断的见解。好比昆德拉的小说史观，不只史学家不一定同意，说不定他频频致意的现象学家都不买账。但那又怎么样呢？看他谈小说的历史，我们究竟还是看到了一种饶富深意又极有韵味的观点。没错，这种文学史也是（并且就是）他们的作品。一个稍微讲理的读者绝对不会无理取闹，从中强求史实的真理；果有真理，那也是 artistic truth，一个艺术家自己的真理。

"在里头"的第二个意思由此衍生：它是一位作家以自己的双眼瞻前顾后，左右环视，既见故人，亦知来者，为自己创作生涯与志趣寻求立足于世的基本定向。如此读解文学史，读出来的是这位作者之所以如此写作的由来，是他主动报上家门，是他写作取向的脉络，是他曝露"影响之焦虑"的底蕴。

更好的时候，他还会借着他的文学史道出他之所以写作的终极理由。也就是说，大部分一流作者的文学史，其实都是他们的自我定位。《文学回忆录》里的木心便是一个在世界文学史中思索自身位置，进而肯定自身的木心。这就是木心的"文学回忆"，也是《文学回忆录》中的木心。

二

> 屈原写诗，一定知道他已永垂不朽。每个大艺术家生前都公正地衡量过自己。有人熬不住，说出来，如但丁、普希金。有种人不说的，如陶渊明，熬住不说。

具有这等企图、这等雄心的中国作家，是罕见的，这是木心之所以是木心的原因。耐心的读者或许就会慢慢明白：木心为什么和"文坛主流"截然不同。他不但在谈文学史的时候是个专业门墙的局外人；就算身为作家，他还是一个局外人。他"局外"到了一个什么程度呢？刚刚在大陆出版作品的时候，大家以为他是台湾作家，或是不知从哪儿来的海外作家；更早在台湾发表作品的时候，那边的圈子也在探听是不是一个民国老作家重新出土；他竟然"局外"到了一个没有人能从他的作品中读出来处的地步，"局外"到了让人时空错乱的地步。

有些读者感到木心的作品"很中国"，甚至要说它是"老中国"；不过你从今日大陆（所谓的中州正统），一直往回看到"五四"，恐怕也找不到类似的写作。既然如此，为什么大家仍然以为木心"很中国"？这里的"中国"究竟是指哪个"中国"？另一方面，木心的文学实践又非常西化、非常前卫。早在五十年代，他便在大陆写过带有荒谬剧况味的剧本；青年时期，更自习意象主义和超现实主义。于是我只好猜想，三四十年代，以江浙一带文脉之丰厚蕴藉，传统经典既在，复又开放趋新，如无中断，数十年下来，也许就会自然衍生出木心这样的作家；但它毕竟是断了。所以，一个不曾中断、未经洗劫的木心才会这般令人摸不着头脑。如今看来，一个本当顺理成章走成这般的作家，居然是个局外人。虽说是局外人，但又让人奇诡地熟悉，仿佛暌违多年的故人。如若强认他是汉语写作的自己人，继承了传统正朔，那便只好勉强说他是"不得祢先君"，远适异乡，自成一宗的"别子"了。尽管，我不肯定眼下的主流到底算不算是汉语书写的嫡传。

三

《红楼梦》中的诗，如水草。取出水，即不好。放在水中，好看。

《红楼梦》里的诗，是多少人解析过的题目，有人据此说曹雪芹诗艺平平，也有人说他诗才八斗。而木心这句断语，也并非没人讲过，只是说不到这么漂亮，这么叫人服气；"水草"，何等的譬喻，就这一句，便显见识，便能穿透，正是所谓的"断言"，无须论证，不求赞同，然而背后的识见，全出于其高超的"aesthetic quality"，令人欣赏，乃至叹服。

这就是木心，也只有木心，才会大胆说出这样透辟的句子。他的作品，好读难懂，难懂易记，因为风格印记太过强烈了，每一句说，自有一股木心的标识，引人一字一字地读下去，铭入脑海，有时立即记住了某一句，回头细想，其实还没懂得确切的意思：于是可堪咀嚼，可堪回味。

与《红楼梦》中的诗不同，木心的断语，取出水面，便即"兀自燃烧"起来。这一评价，本是刘绍铭教授形容张爱玲的名言。在我看来，现代中国文学史，木心是一位"金句"纷披的大家。但他的"火焰"，清凉温润，却又凌厉峻拔，特别值得留意的是，他的一句句识见，有如冰山，阳光下的一角已经闪亮刺眼，未经道出的深意，深不可测。

四

本书的题目，叫做《文学回忆录》，书里的讲述全部出自木心，然而这是陈丹青五年听课的笔录。很自然的，读者会猜测，甚至追究：笔录中的木心到底有多真实？又有多少带着笔录者的痕迹？不寻常的是，木心当初备有完整的讲义，但他不以为用来讲课的底本可以作为他的创作，因此，他在生前不赞成出版讲义。自重自爱如木心，后人应当尊重他的意愿。饶是如此，陈丹青出版笔记的用心，便如他所说，乃出于木心葬礼上众多年轻读者的恳求了。

但我们仍然面对着微妙的困境：木心不把讲义视为他的文学作品，那么，眼前这本《回忆录》，还是他的书吗？

熟悉历史和文学史的读者，应该明白，这个问题，是个"述"与"作"的问题，这个问题又古老，又经典。佛陀、孔子、苏格拉底、耶稣，全都述而不作。他们的言论与教化全部出自后人门生的记录。今人可以合理地追问：佛经里的"如是我闻"，到底有多"如是"？"子曰"之后的句子，又是否真是孔子的原话？其中最著名的公案，当属柏拉图与苏格拉底的关系。当年至少有十个跟随苏格拉底的学生记有"听课笔录"，唯独柏拉图《对话录》影响最大，是今人了解苏格拉底的权威来源。

好在木心既述又作，既作且述，生前便已出版全部创作。其风调思路，毋须转借陈丹青笔录才能一窥全貌。这本《文学回忆录》，无论叙述的语气，还是遍布全书的断语、警句、妙谈，坦白说，不可能出自木心之外的任何人。

在这部大书的前面，说了这些话，难免有看低读者之嫌——木心从不看低读者。倒是我所遇见的不少木心读者，将自己看得太低。我至今遗憾没有亲见木心的机会，而他们崇敬木心，专门前去乌镇探他，到了，竟又不敢趋前问候。想来他们是"把自己放得很低很低"了。要不，便是自我太大。遇到高人，遂开始在乎起自己如何表现，如何水平，深怕人家瞧不上自己。

你看木心《文学回忆录》，斩钉截铁，不解释、不道歉、不犹疑。他平视世界文学史上的巨擘大师，平视一切现在的与未来的读者，于是自在自由，娓娓道出他的文学的回忆。

目 录

下　册

开课引言

一九八九年元月十五日
在高小华家

讲完后，一部文学史，重要的是我的观点。

综合上述，雷声很大，能讲吗？我有我的能讲。结结巴巴，总能讲完，总能使诸君听完后，在世界文学门内，不在门外。

我们讲课，称作学校、学院，都不合适。当年柏拉图办学，称逍遥学派，翻译过来，就是散步学派，很随便的，不像现在看得那么郑重。

学林、全武，是筹办者。平时交谈很多，鸡零狗碎，没有注释，没有基础，如此讲十年，也无实绩。很久就有歉意了，今年就设了这个讲席。

以讲文学为妥。文学是人学。

在座有画家、舞蹈家、史家、雕刻家、经济学家……应该懂的，应该在少年、青年时懂的，都未曾懂，未曾知道。中国的经济问题、政治问题、文化问题，不用一个世界性的视野，无法说。

我讲世界文学史，其实是我的文学的回忆。

世界文学，东方、西方，通讲，从文学起源直到十九世纪。二十世纪部分，将来请刘军、杨泽讲英美文学。

讲完后的笔记、讲义，集结出版，题目是：《文学回忆录》。在两岸出版。这个题目，屠格涅夫已经用过，但那是他个人的，我用的显然不是个人的，而是对于文学的全体的。

学期完成后，听讲者每人一篇文学作品，附在集后，以证明讲席不虚，人人高超，有趣！我相信人能写出来。

听，讲，成书，整个过程估计是一年。目前粗订三十多讲。一个月讲两次，一年二十四次，看能不能一年讲完。学费，古代是送肉干。孔、孟……现在一人一小时十元，夫妇算一人收，离婚者不算（笑）。不满十人，暂停；十人以上，继续讲。越二十人，好事，然而也有人多之患也。

古代，中世纪，近代，每个时代都能找到精神血统、艺术亲人。

一大半是知识传授，并非谈灵感，也不是文学批评。菜单开出来，大家选，我提供几个好菜，不打算开参考书。

讲完后，一部文学史，重要的是我的观点。

纲目大约包括：

希腊神话，史诗、悲剧。罗马文学。新旧约的故事和涵义。印度的《史诗》（中国不能代表东方。古印度，极其辉煌）。中国的《诗经》、《楚辞》。诸子百家。汉之赋家、史家、论家。魏晋高士（魏晋天才辈出。唐宋没有那么多天才。《世说新语》是中国知识分子最好的教科书），还有陶潜。（我以为他是中国最伟大的文学家，文学境界最高，翻译成法文，瓦莱里拜倒：这种朴素，是大富翁的朴素！）

以上古代。

还要讲中世纪的欧洲文学，波斯诗人，印度和阿拉伯文学。当然，还有唐宋的诗人词人，中国的初期戏剧、初期小说，还有中世纪的日本文学。然后回到欧洲，讲文艺复兴时代的文学。十七世纪的英国文学、法国文学。再回到中国，讲中国的二期戏剧、二期小说。

以上中世纪。

再后来就多了：十八世纪的英国文学、法国文学、德国文学，以及南欧北欧文学。那时已到中国的清代，清代的小说上承明代文学，都要讲。之后就是十九世纪的英国文学、法国文学、德国文学、俄国文学（包括诗、小说和批评）。兼带讲到十九世纪的波兰文学，斯堪的纳维亚文学，南欧文学，荷兰、比利时文学，爱尔兰的文学，还有美国文学。

晚清的中国文学、十九世纪的日本文学，也要讲。最后，讲一讲新世纪，也就是二十世纪的文学。

综合上述，雷声很大，能讲吗？我有我的能讲。结结巴巴，总能讲完，总能使诸君听完后，在世界文学门内，不在门外。

讲完了，大家穿上正装，合影。

[编按]

刘军，现任加州州立大学洛杉矶校区英语系终身职教授。尼采、福克纳等研究者。木心先生的好友，木心著作的英语版翻译者。
杨泽，台湾中国时报副刊主编，专修西洋文学，台湾著名诗人。八十年代留学纽约时期，也是木心先生的好友。

第一讲

希腊罗马神话（一）

一九八九年元月二十九日
在薄茵萍家

这种史前期希腊神话，是否定之否定，是兽性的，动物性的。被忽略的"史前期"告诉我们，人性是如何来的：有兽性的前科。

中国的女娲造人，用泥，《圣经》的耶和华造亚当，也用泥，与希腊神话中的筑土抛石，均相似。

神话，是大人说小孩的话，说给大人听的。多听，多想，人得以归真返璞。

中国神话，好有好报，恶有恶报，太现实。神权、夫权、谁管谁，渗透神话，令人惧怕。希腊神话无为而治，自在自为。

这位世界上最伟大的诗人兼音乐家还会再来吗？我以为不复再返，只能零零碎碎地活在地上的艺术家身上。莫扎特、肖邦，就是一部分的俄耳浦斯——莫扎特是俄耳浦斯的快乐、和平、祥瑞、明亮的一面。肖邦是忧伤、自爱、惮念、怀想的一面。

先讲一则寓言：

在万国交界处有一片森林，林中有一个猎人定居，起木屋，仅能容纳一人、一枪。有一年冬，狂风暴雨的黑夜，有人焦急敲门。开门，一位老太太迷路了，求躲雨。才安顿，又有人敲门，启，一对小女孩，迎进来。顷刻门又响，启，一位将军出战迷路，带着数十个兵，于是迎进来……再有人来，是西班牙公主，携众多马车……都要躲雨。雨终夜，屋里有笑有唱，天亮了，雨止了，众人离去。

什么意思呢？只要心意诚，神祇就大，智慧更大。

文学怎么会有起源？

人类某一样东西的起源，很糟，很不光彩的。

文字以前，先有文学起源：有东西要表述。

古人类最大的快乐是什么？唯物主义称始于劳动，唯心主义称始于性爱。都不然。古人类最大的快乐是战争胜利之后：打败敌人，求生存，得延续，必有唱跳欢乐。久而久之，众声中和谐者，易牢记、易传播，久而久之，诗出。

劳动是苦的，做爱是悄悄的，唯战争胜利是大规模的，开放的，故有声，声有歌，歌有诗。

其次，对神的崇拜是初民的精神生活。开初是为祈求，求必出声，起先喃喃，后来高声，再后来高唱，即祷词。

不能否定劳动号子的作用，但那是实用的。

战歌，祷词，劳动号子。

文字用以记事，用以联络、传播、命令、劝告……生存经验要流传，如战争、疾病、患难、灾祸……造字者设计，刻字者出手工，后者不一定识字，前者就是知识分子。

小亚细亚出土的泥板字，是记录公元前四千年的一次洪水。

巴比伦，亚细亚，始有楔形文字（在泥板上画符号），直到埃及开始变化，出史书，颂神，赞美。出了书商，书随人葬，渐渐不限于宗教拜神，开始记人、事、风情，等等。

中国，自殷商时，有甲骨文，到周朝有竹简，刀刻字。汉朝用绢帛、丝织品、缣帛。到东汉，蔡伦造纸，文字广为传播。汉末，蔡邕写刻石经，刻石供拓，开印刷术先河。到隋唐，有雕版，宋以后，有活字版。

早期中国书简笨重，以牛车载，到宋朝改蝴蝶装。

印度古书称吠陀（Veda），指智慧，是印度圣经。在释迦牟尼之前即有宗教，如耶稣之前也早有宗教。

印度经书刻在牛皮上。

希腊古书在腓尼基出，从埃及学到著作方法，渐有学校，以不学为耻。学习目的如中国，为了记账、通信。渐渐出现行吟诗人，背诵荷马史诗。亚历山大城图书馆当时就有希腊书约七十万本，后来被恺撒烧去很多。

希腊神话。

我以为，希腊神话还有一个史前期。当时他们认为最初的最初，没有宇宙，此说比有宇宙观还难想象。希腊人认为有宇宙前，是一片混沌，无光，漆黑，类于庄子说，一片混沌。

希腊人给混沌起名卡俄斯（Chaos）。卡俄斯不应该是单身汉，便使他有妻子，名诺克斯（Nox），生子，名厄瑞波斯（Erebus），意思是"黑暗"。儿子一长大就谋杀父亲，和母亲成夫妻。

这就是史前期的表现：无伦，动物性。

他们不明不白地生了双子，一子曰光明，一子曰白昼。这两个儿子也打倒其父。此二子是男是女？不可考。只知他们又有子，名厄洛斯（Eros），即"爱"的意思（由此可以推想这二子为一男一女）。

厄洛斯创造了地、海、草、花木，等等。"地"似乎更能干，它也会创造，做出了"天"，盖在自己身上，而且似乎就此做起爱来，也生子，又把厄洛斯推翻，在奥林匹斯山上造室，又生十二子，六子六女，名提坦族（Titans）。

如此代代弑父，结果凡是生了儿子，父亲就把儿子送进地狱，母亲急了，去教孩子们反抗父亲，推最小的一个名叫克洛诺斯（Cronus，又叫萨吞 Saturn，意思是"时间"）的做领袖，又将父亲推倒。

这种史前期希腊神话，是否定之否定，是兽性的，动物性的。被忽略的"史前期"告诉我们，人性是如何来的：有兽性的前科。

下面要说的，是以朱庇特家族开始的希腊神话。怎么会有史前期的兽性？因为人性还未成熟前，都有兽性。其他人类文明也如此，都有不文明的家谱。

希腊诸神。神性，是人性的升华。人性未觉醒，自然一片混沌。

朱庇特（Jupiter，一名宙斯 Zeus）是宇宙最高的统治者，他的武器是雷电。其妻名朱诺（Juno，一名赫拉 Hera），象征空气，善嫉，捣乱。

尼普顿（Neptunus，一名波塞冬 Poseidon），海神。

普鲁托（Pluto，一名哈迪斯 Hades），死神，地狱神，财富神。

玛尔斯（Mars，一名阿瑞斯 Ares），战神（希腊时期不重视玛尔斯，罗马时期好战，奉玛尔斯为主神）。

伏尔坎（Vulcan，一名赫菲斯托斯 Hephaistos），火神，冶炼之神，是跛脚，丑，却是维纳斯的丈夫（是故维纳斯偷情，爱玛尔斯）。

阿波罗（Apollo，又名福玻斯 Phoebus，或名艾略斯 Helios、少尔斯 Sol），太阳神，管九个缪斯，司艺术、音乐各种文艺，好箭术。

阿波罗的九缪斯：此九子乃为朱庇特与记忆女神谟涅摩叙涅（Mnemosyne）所生之子。如下：

一，克利俄（Clio），管历史，头戴桂冠。

二，欧忒耳佩（Euterpe），管歌唱，诗、乐，头戴花环，吹笛。

三，塔利亚（Thalia），管喜剧、牧歌，头戴野花冠，手持牧杖，有面具。

四，墨尔波墨涅（Melpomene），管悲剧诗，戴花冠，执短剑和权杖。

五，忒耳普西科瑞（Terpsichore），管舞蹈，手执七弦琴。

六，厄剌托（Erato），管抒情诗，执琴，古称里奥（琴名）。

七，波吕许谟尼亚（Polyhymnia），管赞美诗歌，形象无象征。

八，卡利俄佩（Calliope），管叙事诗。

九，乌剌尼亚（Urania），管天文学，手执算具。

狄安娜（Diana），月亮神。阿波罗的亲姊妹，管打猎的神，贞洁之神，美极，猎装，背箭袋，头上戴新月冠，又名辛西亚（Cynthia）、塞勒涅（Selene）等。

维纳斯（Venus），爱神，美神，欢乐之神，生于海洋的泡沫之中。

丘比特（Cupid），爱神，是维纳斯和战神玛尔斯的私生子。

终生不长大，生双翅。维纳斯怕其夭折，去问底美斯（Themis），答曰："恋爱没有热情不能成长。"维纳斯又生子，名热情之神安忒罗斯（Anteros），丘比特即长大，成美少年。但离开弟弟后，他又变成孩童，顽皮不堪，蒙着眼睛乱射箭，意指爱之盲目。

墨丘利（Mercury，一名赫尔墨斯 Hermes），风神，贸易神，商业、通讯之神。现在欧美的邮电局都以其为神，手执缠蛇杖，也生翅疾行，保卫旅行者、强盗和贼，从阿波罗处偷牛，被发觉，以物换，艺术与商业始自此。

巴克斯（Bacchus，一名狄俄倪索斯 Dionysus），酒神，欢乐神，葡萄酒之神。尼采的悲剧精神即来自酒神精神。

雅典娜（Athene），和平神，智慧象征，是朱庇特的女儿。有一天，朱庇特头痛，请阿波罗医，不果，请维纳斯的丈夫伏尔坎以斧劈开朱庇特的头，跳出雅典娜。自她出生，愚蠢永远被赶出。

潘（Pan），山灵之神，牧神，人身羊角，有尾，有角。又名萨迪，会吹笛。现代文学中他时髦，因为他是色情之神。德彪西写有《牧神午后前奏曲》（*Prelude a l'apres-midi d'un faune*）。

维斯塔（Vesta，一名赫斯提亚 Hestia），灶神，司火炉，家政之神，亦称灶神，罗马人爱吃，崇拜她。

普罗米修斯（Prometheus）——意为"前思"，Forethought，瞻前顾后。

厄庇墨透斯（Epimetheus）——意为"后思"，Afterthought，

人类的创造者。

厄洛斯布置起世界，草木，动物，由普罗米修斯兄弟以陶土作人，人的外形模仿神，由厄洛斯给予生命，雅典娜给予灵魂，普兄偷来火，以超越其他动物。

天神绝不肯给人类以火，普罗米修斯进入奥林匹斯山偷得火种，迅速飞下，人类即懂得如何用火，如何保存。

天神惩罚普罗米修斯，缚其于山顶，白天被鹰啄，伤口夜间生全，白天再被啄，夜再生，如斯。

人类得火，善，天上朱庇特不悦，创造一女人，潘多拉（Pandora），做一坏事，出名。她与普罗米修斯之弟成夫妇，一日，墨丘利给一密匣，潘多拉好奇，趁丈夫不在，打开，飞出忧愁、疾病、灾难、悲伤、嫉妒……散布人间，潘多拉急关匣，只剩希望在内。

世有潘多拉与匣子之喻，是为典故。墨丘利将希望郑重送给人类，以补不幸。

人类分黄金时代、白银时代、黄铜时代、黑铁时代，与《圣经》、与中国，均相似。

金的时代不耕而获，无为而治，银的时代就耕者有其食了，铜的时代日子常感困苦，铁的时代纵欲作乱，失去信仰，同类相残，血染大地。

朱庇特大发雷霆，以洪水淹没人类，只剩普罗米修斯兄弟。洪水退后，昔日的繁华城市，一片荒凉，忽闻空中有声音道：捡起你们母亲的骨，骨乃大地上的石块，以石后掷，男得男，女得女。于是，第二次人类复生。大高兴，酒后，造爱，生子，名赫楞（Hellen，即"希腊"），再生多子，成阿且安（Achaean）等族。

中国的女娲造人，用泥，《圣经》的耶和华造亚当，也用泥，与希腊神话中的筑土抛石，均相似。

希腊神话正文开始。极具人性，合理。

朱庇特，众神之神，常来人间。有一天在云间见一美女，名欧罗巴（Europa），正在林间泉边玩。朱庇特化成白牛，渐渐靠近美女，美女套花环于牛，牛跪，女骑，牛走，劫欧罗巴于海上，至陆地，还形，与女爱，生三子，那块陆地就成了欧罗巴。

这种心理描写很对：人见到初爱的人，从不直接趋前……

朱庇特与人间美女希梅尔（Semele）生巴克斯。巴克斯有教师西勒诺斯（Silenus），半人半羊，永远跟随着。巴克斯有车，以豹狮拉车，教师骑驴车，车上尽是美人、美食。旅程超越希腊，远至亚细亚、印度，长期漫游。教师曾与学生迷失，迷路到里底亚国王迈达斯（Midas）的宫殿里，国王迈达斯（Midas）

把他送回，巴克斯感谢国王，询他可有所愿，迈达斯愿得点金术，巴克斯即赐之。

迈达斯回宫后立行施术，凡手指触及者，倏成黄金。设盛宴，桌布、杯盘、肴浆、美酒都成黄金，宾主饿得不欢而散，迈达斯奔谒巴克斯求解，巴克斯领他去帕克托勒斯（Pactolus）河洗手，洗了很久，得解法术，故河底沙泥至今含有黄金。

一日，巴克斯见一娇艳美女阿里安（Ariadne），独自哭泣，因其情人在其睡时离去。巴克斯安慰她，阿里安笑，美极，巴克斯起爱，相爱，结婚，礼极盛，婚后阿里安死，巴克斯抛掷阿里安常戴之花冠于天际，成今之阿里安星座（北冕星座）。

尼采的阿波罗精神、巴克斯精神，前者观照、理性、思索，后者行动、欢乐、直觉、本能。

人类的快乐，不是靠理性、电脑、物质，而来自情感、直觉、本能、快乐行动。

凡永恒伟大的爱，都要绝望一次，消失一次，一度死，才会重获爱，重新知道生命的价值。

阿里安因情人走，知道巴克斯更好，巴克斯因阿里安死，更知其可贵。

神话，是大人说小孩的话，说给大人听的。多听，多想，人得以归真返璞。

中国神话，好有好报，恶有恶报，太现实。神权、夫权、谁管谁，渗透神话，令人惧怕。

希腊神话无为而治，自在自为。

阿波罗不安于天，也常来人间。但不似巴克斯行为，而来驱害，曾射死一剧毒蛇。阿波罗返天途中，见丘比特（美神维纳斯之子）。丘比特在玩自己的弓箭，并笑阿波罗，说："你的箭可以射蛇，我也要射你。"于是取箭（箭有金箭，爱。铅箭，拒爱）射，阿波罗中金箭，达佛涅（Daphne，河神 Peneus 之女）中铅箭。阿波罗爱达佛涅，达佛涅拒绝。

阿波罗爱达佛涅，称其散发美，束发将更美（俗世，未婚女散发，婚后束发，维纳斯束发）。

阿波罗跟达佛涅走，达佛涅逃，比风快。阿波罗是大神，穷追，一边柔声道："停吧，勿怕，我要爱，你别因逃而跌，我是朱庇特之子，我歌美，我箭利，但我被另一种箭中，无法治，是中箭之病子，怜我，停！"

达佛涅不听，逃，如风，秀发飞舞，最后，达佛涅的头发已触及阿波罗的鼻息，达佛涅叫："父，使地裂！"达佛涅变成树，身体变树干，头发变树叶，全变了。阿波罗抚树，仍暖，抱树，吻，树挣扎，不肯。阿波罗哭："你不成我的妻，要成我的树，汝叶做我冠，我是太阳神，汝不会枯。"树成月桂，成阿波罗的桂冠。

故阿波罗以肉身之爱追求形上之爱。

俄耳浦斯（Orpheus），阿波罗与九缪斯之一所生之子。管叙事诗是卡利俄佩，常作诗，与阿波罗日久生情，生子。俄耳浦斯承其父音乐天才，其母诗歌天才，琴歌起，动物植物均被感动。

这是艺术家的象征。在画中，人多与狮和羊一起安然共听俄耳浦斯弹奏——这是人类的理想。

俄耳浦斯恋爱了。对象是欧律狄刻（Eurydice），俄耳浦斯唱歌，欧律狄刻伴奏。一日，欧律狄刻在林中采花，被毒蛇咬，只来得及叫"俄耳浦斯"，即死。俄耳浦斯其时在远处，琴断，弦出声即欧律狄刻的叫声。

朱庇特说，已死，汝去地狱找欧律狄刻。狱门口有三首犬，凶，无人可以智力武力与俄耳浦斯通融。俄耳浦斯弹琴，驯服三首犬，得入，此前没有活躯入地狱。俄耳浦斯到普鲁托（死神）面前，求携欧律狄刻还生。普鲁托同意了，但警告他说：若在归途中，夫必在前，妻必在后，不得回视，答应，就放人。俄耳浦斯口头应了，嘱道：男前女后。女说：你若救我，为什么冷酷，不回首看我？欧律狄刻恳求再三，俄耳浦斯回头，欧律狄刻骤失。俄耳浦斯独出，不复弹琴。酒徒怒，杀死他，掷于池。尸体肢解，口中呼妻名，岸上留其琴。天取去，成星宿，称俄耳浦斯星座（天琴座）。

这位世界上最伟大的诗人兼音乐家还会再来吗？我以为不复再返，只能零零碎碎地活在地上的艺术家身上。莫扎特、肖邦，就是一部分的俄耳浦斯——莫扎特是俄耳浦斯的快乐、和平、祥瑞、明亮的一面，肖邦是忧伤、自爱、惮念、怀想的一面。

狄安娜（Diana），贞洁之神。一夜无云，巡于空，忽勒马止步，见一牧童熟睡。沐月光，美极。狄安娜动情，下降，细看，更美，倾嗅其息，有芳草气，得其体温，狄安娜动吻，少年恩底弥翁（Endymion）醒觉。翌晚，狄安娜复来，复吻少年，夜夜如此。起忧，如此久往，少年将老，于是狄安娜使少年永睡，使其永得爱。

狄安娜还爱过另一人间少年俄里翁（Orion）。俄里翁常携狗狩猎，见狄安娜之侍女。侍女们见俄里翁来，即化白鸽飞去。后俄里翁爱某公主，被要求立功，俄里翁不耐，欲抢公主，不遂，获捕，剜目失明。流浪，得贵人救治，时遇狄安娜，同猎，相爱，形影不离。阿波罗得知，以为狄安娜如此不当，欲与狄安娜比箭。狄安娜误为阿波罗所骗，射死了俄里翁。狄安娜大悲，升俄里翁为星，在月傍，另一小星，为俄里翁之小狗（猎户座）。

维纳斯，风流，花样多。她的丈夫是铁匠，维纳斯爱上人间的阿多尼斯（Adonis）。阿多尼斯好猎，维纳斯不放心，劝其留，少年不听，终于在猎中受伤。维纳斯前往，途中被荆伤。及至，阿多尼斯已死。维纳斯哭，哀痛日深，求朱庇特众神。

普鲁托允阿多尼斯复活六个月，与维纳斯相会，每年早春，阿多尼斯出见维纳斯，六月后返地狱。

有人说阿多尼斯象征春天，维纳斯象征爱。

一美女普塞克（Psyche）受崇拜，几乎超越维纳斯。维纳斯嫉妒，命子丘比特去杀普塞克。及至，惊艳，爱上了普塞克，不忍杀。维纳斯在浴室设计折磨普塞克，普塞克欲跳海死，被丘比特救，另一神西风（Zephyrus）托着普塞克飞至遥远的岛，有皇宫、花园。晚丘比特隐形显声往会普塞克，普塞克感动，应了丘比特的爱。丘比特说，若你真爱我，勿问名，勿看形。普塞克同意。丘比特说，若不守信，否则我不再来。又应。夜欢好，天亮后丘比特去，日日夜夜会，唯声，无形。

终一日，普塞克说她思念两位姐姐，想见，丘比特同意。普塞克得以见姐姐，谈及丘比特，姐妒忌，称何以爱无形。姐姐使其藏刀于床，试见丘比特，或杀之。是夜，普塞克与丘比特欢爱后，丘比特睡去，普塞克提灯照，惊其美少年，灯油滴丘比特肩，丘比特消失，因普塞克失信。世称不诚实，无爱。普塞克自杀了，河神还其生，四处流浪，不见丘比特。维纳斯令其劳动，又令其到地狱取一匣，好奇开匣，乃睡眠之神，抱普塞克，普塞克睡去。丘比特见，救普塞克，吻，使其醒，飞上天，见众人，维纳斯允其成婚。

希腊也崇拜人间英雄。大力士赫拉克勒斯（Heracles）不是神，是英雄，或可称半神。他是朱庇特与人间公主阿尔克墨涅（Alcmene）所生之子，神后朱诺嫉，放毒蛇咬婴，赫拉克勒斯在摇篮中拧蛇死，神后知道不能再害他，待其长大，令其历险，一生不得快乐。途见两妇，一是善神，一是恶神，要做保护神。赫拉克勒斯取善做保护神，从此一生所为者善。后与公主婚，生三子，神后仍嫉，使赫拉克勒斯发狂，弑妻与三子，后进院修道，安心。

不久，通讯神墨丘利令其服苦役，实为除十二害：杀狮、杀七头蛇、逮金角铜足鹿、杀野猪、清牛厩、擒发狂的牛、以色雷斯王之身喂马、取某公主宝饰、毒箭射恶鸟、驱神牛、得西方之神的女儿们的金苹果、牵出地狱门口的三首犬。

赫拉克勒斯杀狮取皮围身，斩七头蛇、以铁烙封口，使不得长。逐至北方得鹿，杀野猪，误杀马身狮、后使马身升天，为天皇星。清牛厩、将两清溪回复原位，得逮住狂牛。以色雷斯王之身喂马、牵回马群。到吵架国（Amazons），全是女人，抱宝饰而去。以毒蛇血之箭射恶鸟。赫拉克勒斯遍寻金苹果不得，人劝其问普罗米修斯，赫拉克勒斯上高加索救出普罗米修斯，普罗米修斯也不知金苹果在何处，称一神（Atlas，阿特拉斯，以肩顶天者）知，得见，神称：你代我肩天，我去取。赫拉克勒斯肩之，神往取得金苹果，仍要赫拉克勒斯肩天，才送他金苹果。赫拉克勒斯允，称只需肩有垫。阿特拉斯信，复肩天，赫拉克勒斯取果而走，阿特拉斯在后呼唤。守望地狱的三首犬也得。十二件工作都已完成，赫拉克勒斯遂自由，杀人，结婚，漫游，复恋爱。最后因情敌染有毒血之袍，着身而暴死。

赫拉克勒斯象征白昼，婴孩时，即缢死黑暗的蛇，终生劳苦无止息，那十二件大事，或指黄道十二宫，或指一年十二个月，或指白昼的十二时。

希腊众神之上，有一命运，诸神无可抗拒，为历来思想家承认。

第二讲
希腊罗马神话（二）

一九八九年二月十二日
在薄茵萍家

我曾为文，将尼采、托尔斯泰、拜伦，都
列入飞出的伊卡洛斯。但伊卡洛斯的性格，
宁可飞高，宁可摔死。

人没有长牙利爪，没有翅膀，入水会淹死。
奥运会要是给动物看，动物哈哈大笑。奔
走不如动物，游弋不如鱼，但人主宰世界，
把动物关起来欣赏。

最早的文学，即记录人类的骚乱，不安，
始出个人的文学。所有伟大的文艺，记录
的都不是幸福，而是不安与骚乱。

人说难得糊涂。我以为人类一直糊涂。希
腊神话是一笔美丽得发昏的糊涂账。因为
糊涂，因为发昏，才如此美丽。

上次讲希腊诸神家谱。今天讲半人半神的故事，或悲剧，或恋爱。

常见美杜莎（Medusa），蛇发女怪，被佩耳修斯（Perseus）砍头。佩耳修斯是朱庇特与达娜厄（Danae）生的儿子，半人半神。

希腊由男巫女巫传达神意。在古代，巫是仅次于神的有特殊职能的人。

以后听到"巫"字，不必反感。称你有"巫性"，乃聪明之意。

达娜厄囚于塔，朱庇特与她恋于塔顶，生佩耳修斯。后被发觉，母子被关进木箱内，弃于海。入海后，母抱子哭，祷，后被救，住塞里福斯岛。佩耳修斯长大成人，金发垂肩，美男子。岛上有国王，名波吕得克忒斯（Polydectes），一见达娜厄，惊为天人，欲娶，达娜厄不允，国王强逼。佩耳修斯不使国王抢占其母，国王出计，称：不娶汝母，可以，汝须做一事，得美杜莎首级。美杜莎有三个姊妹，她最小，姐极丑，美杜莎最美，暗室终年，求雅典娜移往南部阳光地。不遂，美杜莎怨恨，触怒雅典娜，雅典娜使美杜莎的美发变成蛇，成复仇女神象征，并命令：谁要是正面见到美杜莎，将成石像。

佩耳修斯正要去取其首级。难甚。诸神助佩耳修斯，地狱死神普鲁托借其头盔，风神墨丘利借其飞轮，雅典娜供其盾牌。

佩耳修斯一路找三女巫问路，三女巫合用一眼、一凿（牙齿），佩耳修斯用计偷得了她们的眼睛和牙齿，逼其说，遂道出美杜莎地址，佩耳修斯寻得。

　　其时美杜莎在睡觉，佩耳修斯近其身，背对美杜莎，以盾作镜照美杜莎，一刀去其颈。携颅飞去，一路血滴非洲，成毒虫，滴海，成飞马，由海神波塞冬驾驭。归途上历险种种，还看见阿特拉斯（Atlas）因永负天空而疲劳愁闷，脸色灰白。阿特拉斯求佩耳修斯：我累极，你将美杜莎的首级正面对我，使我变成石头吧。佩耳修斯允，正美杜莎首级对阿特拉斯，成阿特拉斯山。

　　到海边，佩耳修斯又见一少女被锁在岩石上，那是安德罗墨达公主（Andromeda）。因其母（皇后卡西俄佩亚，Cassiopeia）夸耀容貌胜仙女，于是海中跃出大海怪，各处吞吃人畜。神巫告知，必以安德罗墨达公主送海怪食，才能罢休。母亲只得送爱女到岩石。其时佩耳修斯正见海怪爬上欲吃公主，佩耳修斯杀海怪，举城欢庆，皇后嫁公主予佩耳修斯。

　　回国时，正值达娜厄受逼，佩耳修斯大怒，举美杜莎首级，正面对准敌人，使暴君奸臣都成了石像。

　　我常对希腊神话产生宿命的看法，即希腊诸神之上，总有一个最高的命运。悲剧都写命运，人的反抗毫无用处。既然如此，为什么希腊精神如此向上、健康？

悲剧有净化作用。从现代观点看，牵涉东方命运观，为什么不问谁主命运？中国算命，可卜生死，但从未有人问：谁决定命运？

希腊命运之说，通而不通。希腊命运说，中国命运说，都没有勇气探索谁主命运。

可作思考题。

忒修斯（Theseus）是雅典王埃勾斯（Aegeus，也译作爱琴士）之子。雅典王少时航海，与某国公主成婚，生忒修斯。埃勾斯因事要回国，回国前将自己的剑放在石下，对妻说，如儿子长大，能挪石，取剑，认，否则不认。

忒修斯长大，母令移石，果然移动，得剑，往寻父。路中遇冶炼之神伏尔坎（Vulcan），其子专以巨棒杀旅人。忒修斯乃英雄，杀其子，得棒。又遇恶棍，也杀之。又遇大盗，常在海边请人助其洗脚，然后推人入海，忒修斯再杀之。

残酷巨人普罗克汝斯忒斯（Procrustes）的故事，后世经常引用：他是旅馆主，客来，置一长床、一短床，长人来，请睡短床，锯其腿，反之则强使其肢体拉长以就床，故来客均被弄死，忒修斯乘其不备，捉住他，使之并尝长短两床的痛苦，除了大害——哲学家、文学家常以此典讽刺政治弄人的极不合理。

最后忒修斯到雅典，闻悉父亲娶了巫女美达（Medea）。美达已知忒修斯是爱琴士的儿子，恐他夺她儿子的王位，便做毒酒一杯，要国王赐客，国王正捧杯，瞥见忒修斯佩剑上有自己的名字，知是儿子，父子拥抱，毒酒倾覆，狗一舔，便死。美达败露，驾魔龙车逃走。

雅典曾被克里特（Crete）战败，战败后约定每年必须供七男七女给一牛头人身之妖吃掉，妖名弥诺陶洛斯（Minotaur），专吃少男少女，作恶多端。克里特人以为事出神命，不敢加害弥诺陶洛斯，只能消极限制巨怪，故请建筑师代达罗斯（Daedalus）为他造一座迷楼。迷楼精巧，弥诺陶洛斯一进去就出不来，但建筑师代达罗斯自己进去后，也出不来了。

其子伊卡洛斯（Icarus），聪明勇敢，同盖迷楼，与父同迷，数昼夜，不得出。以草图相对也无效。伊卡洛斯对父亲说，唯飞出。于是找鹰的羽毛，以蜡合成，附身，试飞成功，终飞出。

父亲嘱咐：儿子，勿飞高，为太阳光熔；勿飞低，为海所淹没；中间层飞，最好。（中国中庸之道）

儿不听，直飞太阳，日光熔蜡，翅脱，伊卡洛斯落海，死，成伊卡洛斯海（Icarian）。

弥诺陶洛斯仍在迷楼，终日喊叫，仍食七男七女维生。忒修斯以为不行，欲除怪，主动列入每年十四位祭祀的男女之中。其父说：去，死挂黑帆；若成功，挂白帆，使我知道你胜利返（瓦格纳歌剧曾用此说）。忒修斯到了克里特，公主阿里安（Ariadne）怜惜，赐他一刀、一线球，嘱咐将线的一端缚于迷楼门柱，一路进，一路放线，以便循线而出。忒修斯进迷楼，一路见少男少女白骨累累，最后忒修斯杀怪成功，循线出迷楼，阿里安嫁忒修斯。

阿里安与丈夫回归雅典，船抵一美丽岛屿，阿里安上岸散步，睡着了。忒修斯已对她厌倦，径开船走。阿里安醒来不见船，大哭，酒神巴克斯见了，极力安慰她（恋爱故事见前述），忒修斯的恶行遭到惩罚，船近雅典，忘了挂白帆。其父亲每天望海，见归船不挂白帆，以为儿子已死，投海自杀。后人以他的名字称呼海——爱琴海（Aegean）。

忒修斯知父亲为他死，乃遗弃阿里安的惩罚。出国漫游以忘愁苦（西方人以漫游忘忧）。忒修斯出国漫游，到某地重游，与当地女王相爱，生子，携妻女回到雅典。该国恨忒修斯骗走女王，兴师来攻，女王中箭，死在丈夫臂弯。忒修斯以后成为专制暴君，人民反，逼他退位，送到某岛，终被民推到海中死。后雅典人又念他好，为他造了一座著名的庙，纪念他。

西方人说："去取金羊毛。"金羊毛表示稀有、珍贵。

此典出希腊神话。

有人名伊阿宋（Jason）。家变，被父亲托给人身马首神教养。及长，被告知其父为王，其为小王。伊阿宋欲报仇，抢回王位。

路遇老妪，助过河，原来老妪是朱诺，宙斯的正妻，朱诺允做其保护神。伊阿宋要取金羊毛，困难，想做英雄，王使其去，知必死。最后杀死管金羊毛的巨龙，取得金羊毛。

金羊毛的故事何以有名？原来史学家认为这是希腊第一次航海记录，商业远航。金羊毛，即东方的财富象征。

美丽的阿塔兰忒（Atalanta），阿卡狄亚（Arcadia）国王伊阿索斯（Iasus）的女儿，王后怀孕时，帝望生子，见是女儿（阿塔兰忒），将孩子放逐荒山，由她自己死。母熊怜之，喂奶，阿塔兰忒吮熊奶长大，强健，飞跑。卡吕冬国（Calydon）祭神，规模很大，不幸忘了祭猎神（月亮神）狄安娜。狄安娜气极，派出大野猪横行，吃人与家畜。卡吕冬国女王阿尔泰亚（Althaea）招募勇士擒野猪，阿塔兰忒也被征召。围猎中，她射中野猪，立头功。卡吕冬国王子墨勒阿革罗斯（Meleager）赶上去杀死野猪，将猪皮献阿塔兰忒。墨勒阿革罗斯的两个舅父不服，说：阿塔兰忒仅射中，杀死野猪的是你。吵起来，王子杀两个舅父。

当初女王生王子墨勒阿革罗斯时，命运之神曾昭示：王子的生命与壁炉中燃木的生命同长久。女王听后立即取出木棒，包好，保存起来。后女王见子杀舅，大怒，取出木棒，投入壁炉，燃尽，墨勒阿革罗斯死。母悲悔，自杀。

阿塔兰忒回父亲处，父见其健壮，有功，带回猪皮，因无子，认女儿，收留，极爱。

少年慕阿塔兰忒美、健强，求婚。阿塔兰忒说，谁与我竞走，快，我便嫁，慢，杀之。于是多少可爱的少年死。终于有少年弥拉尼翁（Milanion）出，快走，美貌，持三个金苹果。走时，见阿塔兰忒近，扔一苹果，趁其拣，快走前，终胜，与阿塔兰忒成婚。

弥拉尼翁由维纳斯保护，乐而忘维纳斯，维纳斯便使一对新人变为狮子，去驾地神西布莉（Cybele，一译作库柏勒）的车。

希腊神话真是美丽而糊涂！

俄狄浦斯，悲剧。*Oedipus*，典型之命运悲剧，至今在全欧上演。

俄狄浦斯乃国王与王后之子。神预言他将弑父，娶母。国王惊，要侍臣携婴至山中杀。侍臣及林中，不忍杀之，弃之而返。

牧羊人闻婴儿啼哭，抱回，到科林斯（Corinth）。国王波吕玻斯（Polybus）正苦无子，见弃婴，喜爱，收养，取名俄狄浦斯（Oedipus），成长于科林斯国。及长，遇醉翁，告知其非科林斯国王的亲子，自外国来。问母，母支吾。问神巫，说：你将来弑父，娶母，国将大乱。你的命运无法逃避。俄狄浦斯悲伤，离国，流浪，发誓永不见父母。

途中见车，车中有老人，围兵驱赶俄狄浦斯，极粗暴。俄狄浦斯与之争斗，并杀车中老人，不知老人正是他父亲，其时正微服出征。

到底比斯城，民争说国王在路中被杀。又传有妖怪，狮身，有翅，女人脸，名斯芬克斯（Sphinx），不做好事，蹲在路边，以谜语刁难路人，不能答，或错，便吃之，因地处要津，被食者众。

俄狄浦斯看轻自己的命，自告奋勇去除此害，并允诺，若成，为王。

斯芬克斯出谜：幼四脚，长两脚，老三脚。俄狄浦斯称，是人：幼时爬，长时走，老了拄杖。斯芬克斯大惊，逃，被俄狄浦斯推下山死。回城凯旋，举国欢呼，俄狄浦斯成了国王，娶母成皇后，生二子二女。

某年瘟疫流行，国将不国。每遇此灾，如古代中国一般，要下罪己诏，即国王自己出来认罪。其时有巫说，要逮到杀前君之凶手，正法，才能灭灾。最后查出凶手乃今之国王，最初带婴孩入山的侍臣，也承认孩子没死。

至此真相大白。皇后无颜活，自杀。俄狄浦斯大痛悔，自剜双眼，孤零零离皇宫，到处行乞。其女仍爱他，到林中唤父，随父同流亡。其时雷电交加，父劝女走，女复寻父，父不见，传为雷电击，下地狱，受永远的惩罚。

再讲几个著名的恋爱故事。

维纳斯，爱神，喜见美丽真诚的人结合。有一女郎叫赫罗

（Hero），美丽。父母献赫罗给维纳斯，进庙做女尼（希腊每神有庙）。庙孤立于海，仅老奶妈伴。赫罗一天天美丽，虽孤立于岛，美名远播。美少年林达（Leander），想见美女尼，赶来，值赫罗在办维纳斯的祭礼。林达望之目眩神迷。维纳斯以子丘比特之箭射中二人，林达鼓起勇气向赫罗说话，赫罗也中箭，说：你说的，即是我想说的，若你爱我，晚上即来我居之塔。林达欣喜若狂，及夜临，入海游到岛上，赫罗执火炬迎候，相拥入塔。林达不舍离去，此后天天游到岛上，赫罗天天执火候。奶妈朦然不知。夏季过，希腊无秋，冬至，一日早晨，赫罗见风浪太大，劝林达不要回去，林达笑答，晚上一定来，结果海浪更凶，林达不顾一切游向爱人，终被浪吞没。临死呼："赫罗，我来了！"赫罗举着火炬彻夜等候，至晨，见林达尸，悲，跳入大海，拥抱着林达死去。

这神话简单，然而动人。

男女孩为邻，相好。两家父母争执，不许他们通音讯。维纳斯使其壁有洞，每日以洞凝视、谈话、接吻。一日，约在城外大白桑树下见，女不见男，怅，闻草动，原来是狮。狮出，跳叫，女逃，狮把面纱扯得粉碎。男至，不见情人，却看见狮的足迹和丢弃的纱巾，绝望而自杀。女回，见情人蒙面纱而死，从男子胸口拔出刀来，自刺其心而死。

桑果原为白色，染情人血，转成红色。

普罗克里斯（Procris），女。刻法罗斯（Cephalus），男。刻法罗斯为一猎者。普罗克里斯为月亮神丫头，有精灵猎犬，好镖枪。两人成婚。黎明女神厄俄斯（Eos）爱上刻法罗斯。刻法罗斯不爱。黎明神嫉妒，挑拨。每夏中午，刻法罗斯在荫处息，爱凉风吹体。黎明神挑拨普罗克里斯，称其夫有情人，在林中。普罗克里斯往见，见刻法罗斯张美臂，唤："来吧来吧，凉风！"普罗克里斯误以为凉风为人名，晕倒。刻法罗斯闻声，以为兽，投以镖枪，中，乃知妻。奔去，妻临终问何故，刻法罗斯解释，妻一笑而死。

希国国王兼雕刻家皮革马利翁（Pygmalion），雕出一理想女人，名之曰伽拉忒亚（Galatea），每晨昏往招呼。雕刻家是独身主义者，维纳斯不以为然，恨其不成婚，却遇皮革马利翁求维纳斯："我能爱我的石像吗？"维纳斯高兴，要他回，抚摸石像，仍冷。雕刻师知道不够完美，加工，终于体温热，嘴唇红，终可抱下，成婚。

那耳喀索斯（Narcissus），猎人，非神，美少年。有仙女名厄科（Echo），啰嗦女神，迷那耳喀索斯，话更多。那耳喀索斯初与之聊，后不耐，逃，逃姿美，厄科更迷，追。那耳喀索斯不知自己美，厄科知道，求维纳斯惩罚他。厄科因爱憔悴，憔悴而死，形逝，仅余声，模仿人声的尾音，故成回音女神。

惩罚开始了。一日,那耳喀索斯猎后,热,渴,至清泉,捧水喝,见水中有美容看他,极美,无人可比拟,四目相视,默认,笑。那耳喀索斯伸手摸脸,脸消失。静候水平,脸复现,更美。脸现狂喜,那耳喀索斯欲拥抱,轻轻俯身水面,触水面,形复逝。那耳喀索斯只得守在水边,默视。久,病而倒地,又去水边,又见美容,有巧笑。那耳喀索斯决心不抚,不拥,不吻,永默视水中美容。他守水边,黑夜不见,晨复现,终年如此,那耳喀索斯守影憔悴而死。维纳斯怜其身死,变其为水仙花,伫立水中。

在我看来:

弥诺陶洛斯,象征欲望。建筑师代达罗斯,即制造迷楼者,象征制定伦理、制度、道德、条例者。迷楼,象征社会,监囚人,人不得出,包括婚姻、法律、契约。在社会中,人进入店,见食物,不能拿,因没有钱,拿即犯法。动物见食便吃。建筑师也出不来,作法自毙。

唯一的办法是飞。飞出迷楼。艺术家,天才,就是要飞。然而飞高,狂而死。青年艺术家不懂,像伊卡洛斯,飞高而死,他的父亲是老艺术家,懂。

我曾为文,将尼采、托尔斯泰、拜伦,都列入飞出的伊卡洛斯。但伊卡洛斯的性格,宁可飞高,宁可摔死。

一定要飞出迷楼,靠艺术的翅膀。宁可摔死。

欲望，是要关起来，现代迷楼，更难飞出，需要更大的翅膀。

瓦莱里（Paul Valéry）文，将水仙比作女性，作《水仙辞》，意即赋予女孩的自恋、贞洁。第一句美极了，传诵一时：

你终于闪耀着了么？我旅途的终点。

纪德（André Gide）解释那耳喀索斯，解释得好。大意是，那耳喀索斯是人的自我，在时间的泉水里发现了映影，这映影，便是艺术，是超自我的自我。艺术不能完成真实，不能实际占有，只可保持距离，两相观照；你要沾惹它，它便消失了，你静着不动，它又显现。

我觉得艺术、哲学、宗教，都是人类的自恋，都在适当保持距离时，才有美的可能、真的可能、善的可能。如果你把宗教当做哲学对待，就有了距离，看清宗教究竟是什么；如果你把哲学当做艺术对待，就有了距离，看清哲学究竟是什么；如果你把艺术当做宗教对待，就有了距离，看清艺术究竟是什么——我的意见是，将宗教作宗教来信，就迷惑了；将哲学作哲学来研究，就学究了；将艺术作艺术来玩弄，就玩世不恭了。原因，就在于太直接，是人的自我强求，正像那耳喀索斯要亲吻水中的影。而那耳喀索斯是智者，一次两次失败后，不再侵犯自我，满足于距离，纯乎求观照，一直到生命的最后。可见

"禅"，东方有，西方也有，换个名称就是"悟"，彻悟，悟又从"迷"来，不垢不净，不迷不恒。那耳喀索斯就因为一度伸手触抚，又一度俯唇求吻，才使他过后保持不饮不食，不眠不动，在时间和空间里证见自我，这就是人类的自我。

整个希腊文化，可以概称为"人的发现"；全部希腊神话，可以概称为"人的倒影"。妙在倒影比本体更大、更强，而且不在水里，却在天上，在奥林匹斯山上。

整个人类文化就是自恋，自恋文化是人类文化。人类爱自己，想要了解自己。人类爱照镜子，舍不得离开自己。

动物对镜子不感兴趣，只有人感兴趣。

女子时时揽镜自顾。男子，士兵，无产阶级，也爱照镜。

那耳喀索斯的神话，象征艺术与人生的距离。现实主义取消距离，水即乱。这是人生与艺术的宿命。艺术家只要能把握距离到正好，就成功，不分主义。

人没有长牙利爪，没有翅膀，入水会淹死。奥运会要是给动物看，动物哈哈大笑。奔走不如动物，游弋不如鱼，但人主宰世界，把动物关起来欣赏。

人类无能，又有哈姆雷特（Hamlet）特点，好空想，To be or not to be。

早先初民的智能，以为风吹孩子，风就是父亲，以为火苗就是野兽，以己度人、度世界。早古人类的疑问，是自问自答，因无人回答，故神话以人类自问自答的方式流传，人格化。此即神话之前的文学雏形。再早，是口传，好则留，坏则不留。到现代、近世，传播出版发达，却相反，坏的容易传播，好的不易流传。

人类文化的悲哀，是流俗的易传、高雅的失传。

诸事业以神一以贯之，以其神圣，人类会自设一种意志——女神——管束自己。此中有刚愎自用一面，也有卑怯懦弱一面。这是人类的两重性。

后世人引以为安慰的民歌，世界各地传播，大致相同。人种学家说，很多族人，印度、日耳曼、高卢、斯拉夫，等等，全出自一种族，叫雅利安族（Aryan）。奇怪，之所以艺术有世界性，是人有本质的同一性，甚至影响到动物，如人与狗的关系，此中即人性。此也是艺术所以能发生感动。

古代只有文学，没有作家，个人完全湮没。洞窟壁画，从不签名。我羡慕无为的不签名的时期，潇洒，那时艺术没有潇洒这个词。

那时哲学家不写书，学生记下，宗教家更如此，由弟子传。苏格拉底从来没有用笔写下东西。孔子也无缘可考写过东西。老子也不写，逼了，才写（过关时）。耶稣、释迦牟尼，都不写东西。荷马是文盲、盲人。

古文化是这样地结结巴巴传下来的。

人类文化糊里糊涂传下来，不是有板有眼的，而是无板无眼的。人是最弱的生物，竟然在地球上为王。人是地球的败类。人不进化的。千万年前的动物和今天一样，为什么不进化？

人类弱，又不安分。要了解人，又不让人了解自己。不稳定，不正常。动物性是稳定的，正常的。最早的文学，即记录人类的骚乱，不安，始出个人的文学。所有伟大的文艺，记录的都不是幸福，而是不安与骚乱。

人说难得糊涂。我以为人类一直糊涂。希腊神话是一笔美丽得发昏的糊涂账。因为糊涂，因为发昏，才如此美丽。

希腊史诗

一九八九年三月六日

这人一定有的。不一定叫荷马，但这个人就是荷马。

各民族有各自的童年。希腊这孩童最健康，他不是神童，很正常、很活泼，故荷马史诗是人类健康活泼时期的诗。所谓荷马史诗风格，可列如下四特点：迅速，直捷，明白，壮丽。

最伟大的诗人是瞎子。上帝的作品：将最伟大的诗人弄瞎，使最伟大的音乐家耳聋。

说到这儿，要说几句司马迁的坏话：他的伟大，是有限的，他的精神来源是孔老二，是儒家精神，用儒镜照史，是迂腐的。他能以孔子论照，何不以老子论照？

很静。一点声音没有。好像天然习惯，每次迟十五分钟。

今天介绍希腊史诗。史诗又牵涉神话。诸位今后不一定有机会读史诗。西谚曰：人人知道荷马，谁读过荷马？

这层象征很有意义：人所崇拜的东西，常是他们不知道的东西。在座谁读过《伊利亚特》？《奥德赛》？（座中只有王纪凡举手，二十岁，薄茵萍女士的公子，在美国受教育）。大陆来的艺术家没有一个读过。中国有极好的译本。

荷马是被架空的诗人。世界四大诗人，荷马为首（Homer，古希腊）、但丁（Dante Alighieri，意大利）、莎士比亚（William Shakespeare，英国）、歌德（Johann Wolfgang von Goethe，德国）——现在我们假定有荷马。荷马留下两部书：《伊利亚特》（*Iliad*）（阳刚），《奥德赛》（*Odyssey*）（阴柔）。

《伊利亚特》——漫长的战争。

《奥德赛》——漫长的奇迹。

到后世成了经典。

在中国，《诗经》本来不是"经"，后来成了经典。《离骚》，后世称"离骚经"。西方也如此。

中国常有"诗曰"，其诗本来写的是爱情，然而后世奉为"经"。皇帝听说是"经"，也得买诗的账。《圣经》也是一些故事，后来成了经典。

古希腊人称荷马是诗人，诗人就是荷马。中国人称孔丘为

"子"。开口"子曰","孔"也不称。欧洲人称新旧约为"书"。

诗人、子、书,是最高尊称。

荷马位置这么高,有缘由的。西方人说,如果没有荷马,此后不会有但丁、维吉尔(Virgil)、弥尔顿(John Milton)。这两部史诗的影响,永久,伟大。试想,如果荷马瞎了,一时恼火,跳海死,既谈不上壮烈牺牲,也没留下诗。

所以说,不死而殉道,比死而殉道,难得多。

希腊史诗中的奥德修斯(Odysseus,拉丁名为尤利西斯)代表智慧、谋略,海伦(Hellen)代表美。

古代有游吟诗人、行吟诗人。可能不识字,能唱,能弹,唱的都是历史故事。景象仿佛天造地设,非如此不可:荷马,多胡子,瞎,一村一村游唱。当时游吟诗人多极了,荷马最优秀,其他诗人被历史淘汰了。

晋书法家不知凡几,历史唯剩王羲之。

而最伟大的诗人是瞎子。上帝的作品:将最伟大的诗人弄瞎,使最伟大的音乐家耳聋。

《伊利亚特》,叙特洛伊战争的故事(Trojan War)。

话说帕琉斯(Peleus)与忒提斯(Thetis)结婚时,大宴众神,唯独没有请女神厄里斯(Eris,聚合与分离的主宰)。厄里斯大怒，出毒计报复，以阳谋出：在金苹果上刻"献给最美丽的人"，投向宴席。众人抢，三女神（朱诺、雅典娜、维纳斯）相争。宙斯说，女人之美，得由男人评。当时最美的男子是王子帕里斯（Paris，一译作巴黎）。三女神前往接受评价，朱诺对王子说：然，给你荣耀；雅典娜说：然，给你财产；维纳斯笑而不答，最后说：然，给你情人。

王子大悦，指维纳斯最美，维纳斯得金苹果。从此，朱诺、雅典娜成了王子的敌人，长期争斗开始。

维纳斯既允王子得情人，就请王子去斯巴达国，国王墨涅拉俄斯（Menelaus）不知来意，盛情款待。王后是海伦，绝美，与王子一见钟情，私奔，同归特洛伊（Troy）。墨涅拉俄斯大怒，与其兄阿伽门农（Agamemnon）征集希腊各邦军队，兴师讨伐特洛伊，誓言夺回海伦。义师既发，各邦将领如阿喀琉斯（Achilles）、奥德修斯（Odysseus）、狄俄墨得斯（Diomedes）、阿琪克斯（Ajax）等都率领军队前来参战。希腊军的统帅是阿伽门农，率军团团围困特洛伊。特洛伊方面的首领是帕里斯的哥哥赫克托尔（Hector）。

天神也分两派：朱诺、雅典娜，帮希腊一边；战神玛尔斯（Mars）等，帮特洛伊一边；宙斯、阿波罗，中立。

战争持续九年。九年后，起内讧——史诗自此而始。

这一构思非常巧妙：希腊军内阿喀琉斯与阿伽门农起了冲突，奥德修斯的故事以此开始：史诗凡二十四卷，是二十四天之间的战争纪实，叙述中心，是阿喀琉斯的愤怒——九年切开，仅写这一层。

战争是兽性的暴露。

希腊军围困特洛伊城时，纷纷掠劫财宝和女人。其中抢到阿波罗庙祭司的女儿，给了墨涅拉俄斯的兄弟阿伽门农。祭司请阿波罗降瘟疫给希腊军。抢女人不均，最高将领阿喀琉斯和阿伽门农起冲突。阿喀琉斯退出战争，无人可替代他。他要求母亲向女神求力量，对情敌阿伽门农报仇。宙斯请梦神托梦阿伽门农上阵。王子帕里斯出来观战。

墨涅拉俄斯、帕里斯单骑争斗，两军退息，观战，决胜负。

海伦也上城头观战，双方士兵首次见到海伦，惊为天人，都觉得九年战争值得。

（插叙：但丁往选美，出六十多美人，编号，最后说：不要排名，最末一名放到第一名，也一样美——这是诗人的说法）

王子败。希腊要求海伦复归，王子赖账，战争复起。

阿喀琉斯退战，希腊方面缺将而弱。阿伽门农礼请，奥德修斯说项，阿喀琉斯均不允。其中一席话，是荷马演说的极峰，在史诗中最有名。

中国古代名将乐毅《报燕王书》，响当当，也是退将拒绝之词。

但阿喀琉斯出借自己的铠甲战车给战友帕特罗克勒斯（Patroclus），友上阵后，旋败。阿喀琉斯闻知好友亡，战车失，狂怒而起，其母求伏尔坎连夜铸做新铠甲，叙写铠甲的文字，也是荷马诗最著名的一段，极富考证价值。在古代，盔甲、战车、盾牌，极重要。希腊史诗中大量篇幅描写当时的武器。出土文物证明是对的。

阿喀琉斯披戴新盔甲，以"哀兵难敌"之慨，冲向特洛伊城。起初赫克托尔避而不战，后与之交锋，不敌，奔逃，阿喀琉斯紧追，绕城数匝。天上众神俯瞰战局，在金天平放砝码两枚，一代表阿喀琉斯，一代表赫克托尔，眼看赫克托尔砝码下沉，必败无疑。果然，赫克托尔死，阿喀琉斯不退还其尸，置战车后拖拽，耀武扬威。赫克托尔妻安德罗玛刻（Andromache）在城头看见，悲痛欲绝，跳下，死。死者父亲哀求，尸体终于运回。阿喀琉斯为其战友帕特罗克勒斯办葬礼——至此，史诗结束。

荷马高超。起篇奇，收束也奇——到底有没有荷马呢？如果没有荷马，又是谁写的呢？

（提要——王子抢海伦，丈夫开战，众神参战，希腊军内讧，阿喀琉斯退战，请战，阿喀琉斯请其友出，死，为战友复仇，阿喀琉斯亲往战，胜，回来葬友）

其中以海伦上城头，阿喀琉斯回拒，王子赖誓，都是精彩的部分。

特洛伊木马，不在《伊利亚特》篇，阿喀琉斯战死，也不在《伊利亚特》篇，而在《奥德赛》篇。《伊利亚特》阳刚，是写给男性看的，类《三国》、《水浒》。如有人能以诗的形式改写《三国演义》，或不输《荷马史诗》，但改写者必须具有荷马的天才——世界各大国、各大族，历史都很丰富悲壮，然而伟大的诗才太少了。以此，中国没有史诗。

《奥德赛》叙述特洛伊城陷落，希腊全胜之后。海伦回来了，其他英雄陆续回归。独有奥德修斯在归途中历经各地，多年后，漂流回家。

没有暴烈的战争，没有震撼人心的描写，《奥德赛》是女性的，温和的，富人情味。因此有人判断《伊利亚特》与《奥德赛》写于两个时代，后者在较后的较文明时期；但也有人坚称二者皆出于荷马，前者是诗人生活颠簸激烈时所作，后者是静穆的晚年所作；又有人认为，《伊利亚特》是男性写的，《奥德赛》是女性写的。

我都不太信服。这两部史诗都是二十四卷。《奥德赛》分得更细致，六部，每部四卷，共二十四卷。

首部，叙奥德修斯家，妻子久等，丈夫不归，求婚者纷至，难以应付，儿子出往寻父。

二部，叙述奥德修斯离了仙女卡吕普索（Calypso）到海王国（Sea Kings）。

三部，写在海王国，奥德修斯讲述从前的冒险故事。

四部，回到伊萨卡（Ithaca）地方，与子相会。

五部，奥德修斯假扮乞丐，回家，使人不识，可用智谋。

六部，与子联合，杀求婚者，与妻复合。

鉴于大家都忙，且要忙到老，不能详谈荷马史诗，只略述一遍。

众神聚会，波塞冬不在。奥德修斯曾杀波塞冬之子，故波塞冬不来。雅典娜求情，请他让奥德修斯回，但问题是奥德修斯在仙岛上与卡吕普索仙女爱，不舍他回，故先得说服仙女放奥德修斯。

其时，奥德修斯家求婚者不绝，在他家饮酒欢乐，几耗尽家产。雅典娜神变成奥德修斯家老友，怂恿奥德修斯子忒勒马科斯（Telemachus）寻父。子问父友墨涅拉俄斯，墨涅拉俄斯款待忒勒马科斯，见海伦在场，谈起当年战争，是一美妙段落。墨涅拉俄斯告诉奥德修斯之子其父在何处。

其时仙女已放走奥德修斯，奥德修斯造木筏，出海，上归途，眼见中途必经海王国，被海神波塞冬遇见，波塞冬怒其不归，使木筏碎，奥德修斯落海，两昼夜后浮到海王国。

雅典娜又求海王国公主救奥德修斯，公主救，善待，国王看重奥德修斯，款待，饮酒，听歌，唱到特洛伊战争（写法高明），唱到木马攻城（此时点出奥德修斯当时用木马计），奥德修斯感动下泪。王诧怪，问何故，奥德修斯告知自己是谁，趁此说出十年漂泊经历（手法高明，收放自如）。

奥德修斯说，他和他的同伴被风浮到某地，国人仅食莲花，外人吃，即失记忆。奥德修斯不食。又到塞力斯国（Cyclops），国不耕种，互不相助，食野果。奥德修斯又到一岛，岛无船，岛中人从未到过异地。又遇一独眼巨人，食人，巨人实为波塞冬之子。奥德修斯以酒灌醉巨人，盲其另一眼，抱羊逃出。

巨人求其父报仇。

奥德修斯至埃俄洛斯（Aeolus）所住的岛，四周铜墙围，岛主好客，临别有礼，皮袋，容世间各种风。主称：仅留西风，送汝归。

数日，祖国在望，奥德修斯喜。略松神，瞌睡，随从好奇，想看袋中何物，风乃出，船乱，奥德修斯醒，已不可控。

到女神喀耳刻（Circe）所在的地方，女神有魔法。奥德修斯留船上，其余随从上岸，观女神屋，周围有百兽，驯良。女神好客，以酒待客，饮酒后，皆成猪，唯领队慢饮，未成猪，逃回，告奥德修斯。奥德修斯设计救，找到赫尔墨斯神（Hermes），神给奥德修斯黑茎白花，使奥德修斯持往女神家，不会变猪。奥德修斯往，喀耳刻知，善待，以二十一猪返人形，还奥德修斯，奥德修斯索性住下，一年，或与女神有爱。

奥德修斯往死国。该国有先知。奥德修斯见了已死的母亲，又见特洛伊战争中死去的诸将，又谈战争。

后奥德修斯又离开死国，回喀耳刻处，女神告知旅途，别。途中遇岛，有歌者，闻歌而不思归。奥德修斯越歌岛而去，遇窄谷，一边有漩涡，另一边有海妖斯库拉（Scylla）住着，入漩涡，船没，不入漩涡，被妖吃。奥德修斯自知不敌漩涡，试敌妖。可是六个水手被妖逮，越逮，奥德修斯越逃，听身后六水手呼唤其名，奥德修斯以为所有艰难中此处最悲伤：见死而不得救。

过海峡，至美丽岛，有神牛，奥德修斯同伴饥饿，宰神牛食。宙斯要惩罚杀牛者，雷电交加，众人淹死，唯剩奥德修斯。

漂流十天，到卡吕普索岛（仙女岛），直到后来仙女使他走……国王听完故事，造船送奥德修斯回家。

奥德修斯回家前，先已从儿子处得知家中求婚者众，闹，于是装扮成乞丐，无人识。仅家中老狗嗅出，兴奋，狗死。乞丐受百般凌辱，然奥德修斯明白其妻忠诚，乃团圆，同往拜老父，从此和平——《奥德赛》故事至此结束。

我的观点：

史诗中英雄美人的显著特点是：性格鲜明，不用太多的字句，写角色说的话、做的事，读者自然看到的性格。这是古典的文学方法论，到今天，仍应看取、借鉴。莎士比亚用这个方法，司马迁也用这个方法。古法当然不是唯一的，但却是最好的，用这种手法看其他文学，凡大品，都无赘述——近世的文学描写，太赘——所谓"大手笔"、"史诗式"，就是这个意思吧，希腊传统正是最佳典范。

其次，荷马史诗的"神"与"人"，既有性格上的相通，又有凡尘和天庭的差异，这差异分明是诗人设计的，然而极令人信服。这是希腊传统又一个好典范，至今值得体会、借镜。

人类有童年。各民族有各自的童年。希腊这孩童最健康，他不是神童，很正常、很活泼，故荷马史诗是人类健康活泼时期的诗。所谓荷马史诗风格，可列如下四个特点：

迅速，直捷，明白，壮丽。

这四个特点，若读原文，可感更切。任何译文，均可传达四特点中之一两点。

荷马喜用"Similes"（简洁的比喻），极直接，不深奥，不暗示，也成了传统。后来的维吉尔、弥尔顿等史诗家都袭用简洁的比喻。有人统计《伊利亚特》的直喻共一百八十多处，《奥德赛》四十多处。

如形容希腊奔赴前进，如大火吞没森林；匆忙的声音，如群鸟噪音；军队聒噪时，如苍蝇飞鸣；军败退时，如羊群奔散。以狮比猛将（三十多次），如此，史诗显得辉煌。

荷马史诗不仅是文学，而且是文献。近世，希腊与周边国家发现荷马所写的城邑、器物，均分批出土，迈锡尼（Mycenae）发现了城墙与城门，还有国王的寝陵。殉葬器中，竟有《奥德赛》所记奥德修斯用过的金胸针，都与史诗所载相符，可见真实性。连阿喀琉斯的战车、盾牌，都找到了。特洛伊所在的海边发现了《奥德赛》所写的海王国，有弘丽宫殿的残迹。由此断定，史诗非虚构，而是实迹记载。荷马，是根据人类的世界而创造了一个荷马的世界。

扯远一点。

西方有历史学家克罗齐（Benedetto Croce），被我们称为唯心史观。克罗齐提出历史与艺术有相似性。他说：

一，艺术不是抒发官能快感的媒介。

二，也不是自然事实的呈现。

三，也不是形式关系系统的架构与享受。

他说，艺术是个体性的自觉的想象。艺术家观察并呈现这种个体性。艺术不是情绪的活动，而是认知的活动。科学和艺术相反，科学要认知的是"普遍"，要建构的是一般性概念。科学之间，概念之间，要厘定它。

历史关心的是具体个别的事实。所以，要仔细对待事实，叙述事实，找出事实的前因后果，找出事实之间的关系。根据克罗齐的说法，历史并不在于理解它的客体（对象），而仅止于凝想那个客体，这种凝想、凝视、凝思，正是艺术家命定要来从事的活动——重复我的意思：就是那耳喀索斯的活动——唯物史观要把历史归入科学概念，连串"事实"似乎专为辩证法推论存在，完全无视"个体性"，只要普遍性，而历史、艺术要具体性、个别性。

历史不属于科学的概念范畴，属于艺术的概念范畴。

历史是要对客观思考、凝视，非旨在理解。这也正是艺术的课题。

我不完全同意克罗齐的观点，但部分是对的。唯物史观把历史拉到科学，克罗齐把历史拉回艺术。唯物史论把历史看成规律性，不看到个体性，起初即错。历史的个体性只可做凝视、观照，不可做成规律性。唯物史观因找规律，爱预言，而预言皆不准。如预言工人会上政治舞台，结果是希特勒。

回到荷马，是对历史细碎性的凝想，故史诗成为历史与艺术的理想结合。克罗齐之说，近乎荷马史诗。

是否因荷马的方法，历史、艺术两个概念可以等同起来呢？

对于太多艺术家气息的历史学家，我遗憾：何不去弄艺术？反之，考据气盛的人，我也反对。最理想是司马迁。他是历史学家，有文学才能，但不多用，他知道。

鲁迅评《史记》："史家之绝唱，无韵之离骚。"好！

"史家之绝唱"，即历史真实性，是对客体的观察、凝想。"无韵之离骚"，即艺术的真实性。《史记》中最上乘、最精彩的几篇，恰好合一，双重连接了这个标准，如《项羽本纪》。

说到这儿，要说几句司马迁的坏话：他的伟大，是有限的，他的精神来源是孔老二，是儒家精神，用儒镜照史，是迂腐的。他能以孔子论照，何不以老子论照？试想，如果司马迁这面镜不是孔牌，而是李牌，不是"好政府主义"，而是"无政府主义"，那么，以司马迁的才华气度，则《史记》无可估量地伟大。以唯物史观的说法，这叫做司马迁的"历史局限性"。

再看鲁迅之评，过誉一些。

历史创造伟大文学家、艺术家，常常偶然。我不同意克罗齐，很简单：历史学家，是真口袋里装真东西。艺术家，是假口袋里装真东西。历史学家苦，要找真口袋，我怕苦，不做史家。艺术家造假口袋，比较快乐。但艺术家应有点历史知识。

历史学家要的是"当然"，艺术家要的是"想当然"。

考证《红楼梦》，错，是当历史学家去了。然蔡元培以"想当然"考证，又大错了。历史与艺术，追求真实，但追求的方法、表现的方法均不同。

克罗齐的科学概念，是常识。但他对历史与艺术的见解，还有待说。普遍性还是要有，但不是苏联说的"典型环境之典型人物"（产生公式化）。我既不认同历史和艺术的纯个体性，又反对"典型环境中的典型性格"。克罗齐的"个体性"不能完全排除"普遍性"。史家、艺术家，一定要从不可分的普遍性的东西中分出来。史家分出个体性，还得放进普遍性。艺术家分出个体性，不必再到普遍性。

这是我的意见。

回到史诗。荷马不用文字，是口传，是有人记载加工的。直到公元前 500 年，乃正式成为文字记载。此事不知是谁做的。

"伊利亚特"，当然是音译，意思是：一系列的战绩。

"奥德赛"，意思是：漫长而曲折的旅程。

荷马，是"零片集合者"的意思（Piecer-together），如此，荷马的形象不见了。殊憾。四大诗人中，老大不见了。我很伤心。正伤心，英国有人说，荷马真有其人。直到德国，歌德、席勒（Friedrich Schiller），都坚信确有荷马其人，正合我的心态。席勒脾气大，骂了胡尔弗（Wolf），因为胡尔弗认为荷马只是个口头的初稿者。席勒说，你不认，是野蛮人！

他们论据何在，不得知。

我们直接读原书，巧妙的连续，完美的结合，实在像出于一个人。这人一定有的。不一定叫荷马，但这个人就是荷马。

你们以后读荷马史诗，悄悄注意：每次战后，都描写大吃大喝。希腊人真是健全、诚实，吃饱喝足才能打仗呀，打九年哪，不吃不喝怎么打得动。假如中国也有史诗，恐怕不会像荷马那样去写吃喝的。今天我们讲课到薄家、丁家，课中休息，有吃喝，此乃"史诗风格"。

美术史，是几个艺术家的传记；文学史，就是几个文学家的作品。

希臘神話

下冊

鄭振鐸編著

生活書店發行

民国版《希腊神话》

第四讲

希腊悲剧及其他

一九八九年三月十九日
在李全武家

再想下去，那时候地球上出现许多天才，伟大的人格、伟大的思想，而柏拉图、亚里士多德压根儿不知道老子、孔子、释迦牟尼。

以相貌、风度论，老子、释迦也比较漂亮潇洒。可怜老子、释迦，当时也一点不知希腊神话，没有读过荷马史诗。

他离开宫殿，是伊卡洛斯之始：他的王宫，就是迷楼，半夜里飞出来，世界又是迷楼，要飞出世界，难了，但他还是飞了出来，最后发现生命本身就是迷楼。所谓三藐三菩提。他伟大，悟到生命之轮回，于是他逃避轮回。

我们出自老子故乡，又和乔达摩的故乡印度为邻，为什么还是视希腊为精神故乡？

最了不起的，是希腊将"美"在人道中推到第一位，这是希腊人的集体潜意识。这种朴素的唯美主义，不标榜的。

在中国、印度、埃及、玛雅、波斯，众神像代表权威，恐怖，要人害怕。而希腊人崇拜美丽的权威。

想和前几次来个颠倒。此前先说文学，再说观点，今天一反，先说观点。

文学与绘画的艺术家，小时候听到希腊，都震动着迷。这是艺术家精神上的情结，恋母情结。

希腊伟大，但希腊是个小国家，人口少，面积小。然而，产生了至今无与伦比的伟大艺术，弘丽，高洁。文学、雕刻、建筑，可说是达到最高的境界。数学、哲学，是人类文化的奠基。西方评价：除了基督教，希腊文化是世界文化可以夸耀的一切的起始。黑格尔（Georg Wilhelm Friedrich Hegel）说：希腊是人类的永久教师。

希腊小，但有相当长时期酝酿文化。荷马生于纪元前八九百年。亚里士多德（Aristotle）死于公元前三百余年，荷马是开山祖，亚里士多德是集大成，共历五百年。

我们是中国人，一定会想，那时候中国如何？那时中国也正伟大，天才降生——公元前八百年，世界是这样的！

中国呢，李聃（聃，音丹）比荷马迟一百年出生，约纪元前七百年（一说纪元前五百余年）。孔丘比耶稣早五百五十年出生。墨翟比孔丘小几十年。释迦牟尼（本名乔达摩）生于公元前五百余年，比孔丘大几岁。

当年希腊正在造宇殿，起塑像，唱歌，跳舞，饮酒，中国正在吵吵闹闹，百家争鸣，而印度正在吃食，绝食，等等。他们彼此不知道，在这同一个世界还有另外的辉煌文化。

在座今后称文化名人，要有分寸。老子、孔子，是尊称，也可称其名。该有尊称。

这时代，地球上出现那么多人物、天才，彼此不知道。所以古代的智慧毕竟有限。我以为所谓智慧，指的是现代智慧。再想下去，那时候地球上出现许多天才，伟大的人格、伟大的思想，而柏拉图、亚里士多德压根儿不知道老子、孔子、释迦牟尼，苏格拉底到晚期，好像有点疯了，到处去问：世上谁是最智慧的？因此获罪而死。如果他问到李聃，他的智慧我以为不如李聃。李聃、乔达摩，论智慧，应在苏格拉底之上。苏格拉底以希腊之心，问世界之大。他再问，只能问到希腊。

以相貌、风度论，老子、释迦也比较漂亮潇洒。可怜老子、释迦，当时也一点不知希腊神话，没有读过荷马史诗。谈到李聃，李聃是非常自恋的，是老牌那耳喀索斯。但不是如那耳喀索斯以泉水照自己，而是以全宇宙观照。他照见的是道。道可道，非常道。玄之又玄。

乔达摩，他是非常伊卡洛斯。他是王子，宫中美人多。他上街，看见人民，方知人生有病、有孕、有死亡。如此快乐的王子，看到生老病死，明白人生无意义。夜里看见宫女睡态之丑，他离开宫殿，是伊卡洛斯之始：他的王宫，就是迷楼，半夜里飞出来，世界又是迷楼，要飞出世界，难了，但他还是飞了出来，最后发现生命本身就是迷楼。所谓三藐三菩提。他伟大，悟到生命之轮回，于是他逃避轮回。

我对古人的崇敬，世界范围说，就是这两位。第三位是晚七百年再来的。他是老三，他是耶稣。

老子大哥，乔达摩老二，耶稣是小弟。这小弟来势非凡，世界都被他感动。

然而希腊的酒神精神，最符合艺术家性格。我们出自老子故乡，又和乔达摩的故乡印度为邻，为什么还是视希腊为精神故乡？

讲希腊三次了。希腊是我心中的情结。这情结，是对希腊的"乡愿"。

我是个宿命的唯美主义，瞧不起英国黄皮丛书派的唯美主义，认为王尔德是纨绔子弟，不懂美。春秋战国的血腥和混乱，我受不了，印度人不讲卫生，脏不可耐。而中国的思辨，印度的参悟，还不及希腊的酒神精神更合我的心意。

希腊人当年的知识范畴如何？很狭隘。希腊人不知道世界史，不知道世界地理，不知道其他种族。希腊的得天独厚，是正确、有力、美妙的文字，表达了不朽的思想。从前有一说：诗人不宜多知世事。希腊整个文化艺术像是一个童贞的美少年。想起希腊，好像那里一天到晚都是早晨、空气清凉新鲜。整个希腊，是欧洲觉醒前的曙光，五百年光景，是西方史上突然照亮的强光。当时，周围的波斯、土耳其，还很野蛮。

我的老调：希腊是偶然的希腊、空前的希腊、绝后的希腊，希腊的现在，已糟糕。

希腊神话、史诗，匆匆讲过，今天说一说希腊悲剧，然后罗马文学也趁势交代一番——再下去就是"新旧约的故事和涵义"，要和耶稣在一起，很兴奋，也有点难为情，大家有这种又高兴又害羞的感觉吗，下次要去见耶稣。

正式观点：

多神——泛神——无神

此中规律，世界如此。而一神，很难通向泛神，因此不可能无神。所以，希腊诸神今已消失了。叔本华说，泛神论即客客气气的无神论。

而基督教（一神）至今不灭，不可能通向泛神。

即此说明，希腊精神是健康的。一开始，他们的诸神之上就有命运。从国君到国民，心照不宣地将命运置于诸神之上。希腊的潜意识，是无神。我的公式，再挑明如下：

多神（命运）——泛神——（观念）——无神（哲思）

希腊之所以活泼健康，是他们早在神的多元性上，伏下了无神论的观念。此所以尼采无比向往希腊。文艺复兴，似乎复的是基督教之宗教，其实复的是希腊精神。希腊精神是他们在宗教画中大量夹带的私货。

希腊悲剧的通识与基调，是一切都无法抵抗命运。

为什么希腊悲剧能净化人们的心灵？中国人不知此。

我的看法：希腊人承认命运后，心里在打主意，怎样来对抗命运。希腊教育的总纲、格言，是殿堂门楣所刻：你要认识你自己（也可说是：尊重你自己）。这是伦理总纲，是认识论。

凡是健全高尚的人，看悲剧，既骄傲又谦逊地想：事已如此，好自为之。一切伟大的思想来自悲观主义。真正伟大的人物都是一开始就悲观、绝望，置之死地而后生。

此之谓"净化"，中国人说"通达"。"通"是认识论，"达"是方法论。"通"是观照，"达"是自为自在的。

相比，希腊人还是比我们优秀。希腊对死是正视的，对命运是正视的。正视之后，他们的态度是好自为之——人道。拿人道去对抗天道，很伟大。他们聪明，认为人道可以对抗天道。

中国人想天人合一。

最了不起的，是希腊将"美"在人道中推到第一位，这是希腊人的集体潜意识。这种朴素的唯美主义，不标榜的。他们高尚。希腊是最早的唯美主义。十九世纪的唯美主义，华而不实。

现在来谈偶像崇拜。

在中国、印度、埃及、玛雅、波斯，众神像代表权威，恐怖，要人害怕、慑服。只有希腊人崇拜美丽的权威、美恶的众神。维纳斯、阿波罗，为什么美？那根本不是一个人。美，最后带来人格的美：勇敢，正直，战死不丢盾牌。

为什么美好？美就是快乐。

希腊没有历史负担，没有传统风俗、习惯、教条约束他们。这美少年不梦想上天堂，也不想到下地狱。多舒服。

希腊文化是现世的、现实的。他们天然地没有伤感情调。希腊的一切艺术，真实、朴素、单纯。奇怪的是，经历了那么多繁华，留下这朴素。

希腊由诸多城邦组成。城邦即国家。每一城邦数千人，临海，或是岛。雅典是最重要的城邦，不及我住的琼美卡大，城邦里上演悲剧，全城免费观看。

希腊文学，百分之八十已失去。留下的百分之二十，现藏雅典亚历山大图书馆。

希腊与波斯大战，胜。欧洲后来的爱国主义皆以战胜波斯为标志。当时，文明战胜野蛮，赞美生存，即爱国主义。

所谓希腊悲剧，即雅典戏剧。纪元前484—前431年，在这五十三年中，产生了希腊悲剧。

对照：英国伊丽莎白时期的戏剧，也就三十余年的光荣。

早期希腊戏剧，发源于崇拜神的舞蹈（祭神，每春葡萄发叶时祭酒神），再转化为悲剧。此后出大戏剧家，丰富了戏剧，名义上仍借春祭。雅典剧场：圆形，第一排是教士、祭酒的座位，酒神（似教父）在正中有特别座位，背高，大，曲臂椅。

剧场可容三万人，所有希腊国民都可以到剧场，由国家付钱。当时国君认为这是对每个国民应尽的义务。

剧目竞赛，演员由富翁供养，作家以剧本参加竞赛。每个作家必有自己的合唱队。赛有胜败，然在希腊不会失败。他们认为，在酒神庆典上怎能失败，故参赛三人都得奖。

当时最有名的悲剧家：

老大：埃斯库罗斯（Aeschylus，约 525 BC—456 BC）。

老二：索福克勒斯（Sophocles，约 496 BC—406 BC）。

老三：欧里庇得斯（Euripides，约 480 BC—406 BC）。

演出情况：最早，所有优伶在舞台与观众间的空地上表演，化妆在幕帐内。当时合唱队是全剧的灵魂。演员扮相庞大，不好看，动作慢，以说为主。面具起扩音器作用。有引子、序曲，剧中有人出来预告剧情，剧末有人扮神出来讲安慰的话，大家听候"净化"（Catharsis），散回各自生活。

埃斯库罗斯，生于公元前 525 年，当过兵，参过战，以战争生活入剧。首著作于二十六岁。像莎士比亚那样，在自己戏中当演员。据说共有九十多种作品，留下比较完整的有七种。

人类不能逃脱命运，不能逃脱复仇之神的追逐——这是剧的中心思想。剧情都是神话与民间传说。

据说，他少年时在葡萄园中睡熟，梦酒神，指令他写悲剧。

他的作品特点是恐怖、有力，没有恋爱故事，剧中音乐是他自己配。

他自称其作品是荷马大宴会上的几口菜。

仅存七剧本。以"普罗米修斯"（*Prometheus*）为最有名。共三篇：一，《盗火者普罗米修斯》（*Prometheus the Fire Bringer*）；二，《被囚的普罗米修斯》（*Prometheus Bound*）；三，《被释放的普罗米修斯》（*Prometheus Unbound*）。其中以第二篇最动人（第一、第三部仅存片段），是普罗米修斯被伏尔坎囚于山顶，向天地哭诉他本是神。受刑，以鹰啄普罗米修斯胸膛，食尽五内，翌日复长成，再被鹰食。

另一本称《阿伽门农》（*Agamemnon*），三联大戏。

埃斯库罗斯死于公元前约 456 年。相传死于在剧本竞赛中失头奖。

索福克勒斯是三者中最著名的，小埃斯库罗斯三十岁，大欧里庇得斯十五岁。他是世界文学史中最快乐的作家，形象壮健、美丽，精于体育和音乐，十六岁被选为少年歌唱队领班。歌唱时裸体，戴花环，执金琴。

成长于爱国主义热情，雅典人以伟大的光荣与喜悦对待索福克勒斯，称他为"小蜜蜂"（Attic Bee，苏格拉底的绰号是"牛虻"）。后入政界、晚年被封为大将，他是天时、地利、人和的福将，生在讲究道德又不主张禁欲的希腊时代，如天才一样，懂得逃，逃出热情。

产一百多种剧本，仅留七种。有《俄狄浦斯王》（*Oedipus the King*），等等（古代的书名多是人名）。

索福克勒斯比前人更为人性化、人间化，从宗教热情转化到人间的合理化。他改进了演员的戏剧服装，使其华美，改进了合唱，使其丰富。不像埃斯库罗斯剧那么暴狂，比较文雅。他的晚年生活快乐，自称不知忧愁。别人称，他的冥国一定如生前般快乐。

埃斯库罗斯是刚毅的士兵，索福克勒斯快乐健康，是参与国事的名士；而欧里庇得斯是个隐士，厌恶城市、群众，在艺术上是个改革派。他生于公元前480年，二十五岁首次参加悲剧比赛，出处女作。十余年后得第一奖。后离雅典，到马其顿（马其顿最早的国王是亚历山大），终其生。马其顿国王宠欧里庇得斯，为众臣所嫉，死于谋杀，被一群野狗咬死。

欧里庇得斯生时，雅典人已不太信神。埃斯库罗斯时代神话题材正盛，索福克勒斯综合之，到欧里庇得斯，写人间普通人。后世称他为浪漫主义开山祖。

他认为神的传说是不道德的。如果真有神，不必崇拜；如果没有，希腊道德观岂非崩溃？他认为道德即美，不应赏罚是非。道德的好，乃因为美。他以性格分析见长，敏锐，尤对女性心理分析为高。

欧里庇得斯一生大概写有七十五种剧本，约十八种传世，得过五个第一奖。恶行会得恶报，这是他剧中的思想。

落落寡合，不与官方接近。而得奖多，留作品多，可见当时为人热爱接受。欧里庇得斯死时举国哀悼，名声很大。其时索福克勒斯也近死。此后，希腊悲剧时代告终。

文学史是文学家的事。

喜剧不仅引笑，还加入讽刺，对公众的愚蠢加以批评。喜剧也比赛。

阿里斯托芬（Aristophanes），生于纪元前448年，相传作品有四十四种，传世十一种——现存最早的希腊喜剧，就此十一种。

他是保守派，与革新的欧里庇得斯等是对头，责备欧里庇得斯派，不赞成英雄化。政治家、哲学家、法律家，他都讽刺。最著名作品《蛙》（*The Frogs*），文笔锐利。卒于约纪元前385年。此后新喜剧起，远不如前，合唱队已失去赞助人。

现在来介绍希腊的诗人和散文家。

荷马史诗盛行期，有一位诗人叫赫西俄德（Hesiod，生卒年不详），迟荷马生一百年，不很为人知。所谓贵族、平民，在艺术家不是指出身。所谓贵族，指少数主张超人哲学的人。历史上评荷马为贵族，然荷马出身寒苦，而评赫西俄德为平民。后世有贵族化、平民化之说。

赫西俄德在取材与观念上不同于荷马，不写英雄，写农民、平民。有作品《工作与时日》（*Works and Days*），反映农民生活的情景、人事，诗歌八百多段，有教训劝导，也有占卜内容。诗风滞重，时有好片断，属现实主义。荷马是浪漫主义。

赫西俄德不如荷马出名，但对后来文学上的写实主义影响很大。另有九位诗人，其中女诗人萨福（Sappho），大名鼎鼎。一说其美，一说其矮、丑。一说其乃最早的女同性恋，一说其死于失爱。

她代人写情书："当你打开我的信，不看到最后的名字你就不知道了吧？"

萨福与荷马齐名，但留下诗作极罕。

她出生于三位悲剧家百年之前，纪元前600年左右。被推崇为第十位缪斯（Tenth Muse），也称为"格莱女神之花"（Flower of the Graces）。评者称其每一句诗都完美。

如为渔夫写墓志铭："将这篮，这桨，放在某某墓上，这么少啊，这个人的财产。"又如："好像甜蜜的苹果，在最高的枝端好像有人忘了它，不，是他们采不到它。"

不过，韵事越多，名越大。我的公式："知名度来自误解。"

没有足够的误解，就没有足够的知名度。

另两位诗人：品达（Pindar）、西摩尼得斯（Simonides of Ceos）。他们见称于文学史，是由于后期抒情诗人的翘楚，不仅是地方性的，而且是全希腊的。

其诗作歌颂奥林匹克的竞技者。当时的胜者，有诗人献词歌颂。所颂者，包括神或死者。品达擅长此类颂词，很坦率，很现代，称：我为自己生活，别人我不管（十足个人主义）。
又如："时间的房门开了，美丽的植物看到春天。"

西摩尼得斯比较富有原创性，写挽歌、墓志铭、凯旋歌、颂歌（颂歌向来是诗体，中国的大雅、小雅，也是颂体诗）。他也写神话，如佩耳修斯的母亲在海中遇风暴，抱婴儿哀，但心里想：风暴，黑暗，海危险，婴儿不知。心遂稍安。

会写诗。美的。

希腊散文，表现在言说、历史、哲学。

大演说家德摩斯梯尼（Demosthenes），雅典人。生于公元前384年，前322年卒。其时希腊各邦势力衰弱，马其顿虎视眈眈。德摩斯梯尼到处游说，说辞有力，激使人民抗敌（时腓力二世统治马其顿）。

历史学家，三者最有名：

希罗多德（Herodotus，约484 BC—425 BC）。

修昔底德（Thucydides，约460 BC—400 BC）。

色诺芬（Xenophon，约427 BC—355 BC）。

希罗多德被称为"历史之父"。他之生时，正是雅典战胜波斯（他本人出生于小亚细亚）。少时好旅行，著作《历史》共九卷，前六卷叙波斯、希腊国史，后三卷写希腊、波斯战争，溯及埃及史。他的史书多想象，史实有误，文笔生动。

修昔底德写战争史（伯罗奔尼撒战争使雅典衰落），亲历战争。他不依神的观念，重事实，保持客观见解。著《伯罗奔尼撒战争史》，八卷，包括当时许多大人物的讲演。

色诺芬写过苏格拉底，不敢恭维。柏拉图写过苏格拉底，帮苏格拉底忙，色诺芬帮苏格拉底的倒忙。

普鲁塔克（Plutarch，约 46 — 120），我最赞美的传记作家（所谓传记作家，就是以史入传，如司马迁）。用希腊文。名著《希腊罗马名人传》，一称《希腊罗马伟人传》（*Lives of the Noble Grecians and Romans*）。此后影响甚巨。莎士比亚的悲剧，即多以普鲁塔克的作品为蓝本。

后世大人物多从其作品中汲取力量和灵感。他本身伟大，故写的人物光辉灿烂，又重事实。

纪元前四五世纪，雅典出三位大人物：

苏格拉底（Socrates，469 BC—399 BC），口才。

柏拉图（Plato，约 427 BC—347 BC），文才。

亚里士多德（Aristotle，约 384 BC—322 BC），全才。

这三位，长话不能短说，单是苏格拉底，我可以从现在起谈，谈到明天早上，信不信由你，谈不谈由我。由我，就暂时不谈。

生在后现代的人，如何研究这三位，实是在找真理。至今，还有真理埋没在他们身上。我不忍盗墓，愿代客盗墓，不取分文。

这三位大人物以血肉之躯去想，现代人以方法、仪器思想——苏格拉底思想时，无人敢惊动。立至天明，不动，思想。

第五讲

新旧约的故事和涵义

一九八九年四月十六日
在章学林家（前缺一课）

实实在在说，我之所以读佛经、读《圣经》，继之考察"禅宗"六祖，又泛泛而论探索了经院哲学，命意大致有二：一，真理有无可能；二，精神上的健美锻炼。

我少年时有个文字交的朋友，通了五年信，没见面。她是湖州人，全家信基督。她的中学、大学，都是教会学校，每周通一信，谈《圣经》，她字迹秀雅，文句优美。她坚持以上的论点，我则力主《新约》的文学性、思想性胜过《旧约》。

当时我十四岁，她十五岁……后来我们在苏州东吴大学会面，幻想破灭。后来她转入南京神学院，信也不通了。《旧约》没有能使她爱我，《新约》没有能使我爱她。现在旧事重提，心里忽然悲伤了。毕竟我们曾在五年之中，写信、等信二百多次，一片诚心。

最符合平常心的，是个人主义。超人哲学，是个人主义的升华拔萃。然而超人哲学只宜放在心里，闷声不响，超那些庸人恶人。尼采堂而皇之提出"超人"，真替他不好意思，越想越难为情。

他真正是一位绝世的天才，道德与宗教的艺术家。读四福音，便如见他立在面前。我随便走到哪里，一见耶稣像（画或雕刻）一定止步，细细看，静静想。尼采是衷心崇敬耶稣的，尼采反上帝，而奉耶稣为兄长。

尼采宣布"上帝死了"，我左右为难，耿耿于怀，直到今天。本章的题目，就可看出我不可告人而已告人的心态，此人是无神论？有神论？当然，是个想信仰又信仰不了的异端，呼叫"宗教事小，信仰事大"的"假先知"。

是。我是个拙劣的、于心不忍的无神论者。

上次讲"希腊悲剧"，列过一个公式：

有神——→泛神——→无神

（信仰）（观念）（哲理）

今天补释"泛神"：

三民主义、共产主义，讲"科学"，把宗教定性为"迷信"、"精神鸦片"。

后现代，知识界最高的代表人物悄悄主张有神论了。有神论才算时髦呢。在座没有教徒吧？恐怕对宗教不敬而远之，对任何一种教的经典，都没研究过。

回想起来，我从小最着迷两件事，你们猜猜，是什么？

是艺术和宗教。

艺术是世界性的，随便什么艺术我都接受（绍兴戏、歌仔戏不接受），宗教，只读《圣经》和佛经。我小时候曾做过和尚，法号常棣，有芒鞋袈裟，模样是非常 fashion。后来又在修道院生活了一阵子，真的想研究"经院哲学"（Scholasticism），对圣托马斯·阿奎那（St. Thomas Aquinas，约 1225—1274）抱有好奇心。

如果"文革"不发生，门户开放早二十年，我不会来纽约，而是去法国偏僻地区的修道院。

史家称中世纪为"黑暗时期"，教皇教廷对知识分子是极端仇视。宗教裁判所是迫害狂的发泄机关，但历史最俏皮、最富幽默感。从中世到二十世纪初，欧洲的精英分子为了逃避迫害，躲起来了。躲在哪里呢？修道院里。

修道院是旋风的中心，最安静。他们读书、研究学问，最好的啤酒、葡萄酒、香水、香料，最精美的饯浆，都产于修道院。上次不是讲到"快乐主义"吗，我很想以"快乐主义者"的身份挤进修道院，和知识精英谈谈，然后，吃好菜，喝好酒。

实实在在说，我之所以读佛经、读《圣经》，继之考察禅宗六祖，又泛泛而论探索了经院哲学，命意大致有二：一，真理有无可能；二，精神上的健美锻炼。

前后约计四十年，有话可说。（笑）仿孙中山辞令，易为："余致力宗教探索，凡四十年，其目的在求我个人之自由平等，积四十年之经验，深知欲达到此目的，必须申请出国，并联合世界上的真诚待我之朋友，共同努力，以求贯彻。"

好，现在开始讲正文。

Bible 是书，是经，是古书的总集，记载了纪元前千余年的人类史（真实性是大有问题的，也不好说是文明进步史）。而影响人类精神的势力，遍及全世界，欧洲的道德，就是宗教道德。

《圣经》全书只是一个主旨：人寻求上帝。历史、诗歌、预言、福音、书翰，都蕴着对上帝的爱。

《圣经》不是神学的总集。它没有被清理、被规范，所以庞杂，像人类生活本身，忍耐、懦弱、胜利、失败，像一个老实人的日记。作者们的热情是忠恳的，被高扬纯洁的信仰所激发，呼号哭泣，相信自己为神所派遣，来世上完成伟大的使命。

他们正直、善良、真诚、热情，所以文字明白简朴，思想直接有力，有一种灵感、一种气氛，笼罩你。我少年时一触及《圣经》，就被这种灵感和气氛吸引住。文字的简练来自内心的真诚。"我十二万分的爱你"，就不如"我爱你"。

总之《圣经》不是一部书，而是许多书的总集。

接着来分《旧约》和《新约》。《旧约》，是希伯来民族在千年间所产生的最好的文学；《新约》，不限于一国一族，而是从开始就预示着通向世界的伟大文学。从既成的论点看，凡研究历史与宗教思想者，认为《新约》较《旧约》重要，凡爱好文学者，则认为《旧约》比《新约》更可宝贵。弥尔顿（John Milton）的《失乐园》（*Paradise Lost*），班扬（John Bunyan）的《天路历程》（*The Pilgrim's Progress*），都依据《旧约》。

我少年时有个文字交的朋友，通了五年信，没见面。她是湖州人，全家信基督。她的中学、大学，都是教会学校，每周通一信，谈《圣经》，她字迹秀雅，文句优美。她坚持以上的论点，我则力主《新约》的文学性、思想性胜过《旧约》。论证，是法国纪德他们一批文学家，作品的精粹全出于《新约》。

后来我们在苏州东吴大学会面，幻想破灭。再后来她转入南京神学院，信也不通了。《旧约》没有能使她爱我，《新约》没有能使我爱她。现在旧事重提，心里忽然悲伤了。毕竟我们曾在五年之中，写信、等信二百多次，一片诚心。

《新约》是用希腊文写的。我的朋友认为在耶稣那时，犹太人说的希腊话已不纯粹，"四福音书"的作者虽然热诚忠恳，到底不能形成文学。《旧约》的文字与思想，天然和谐，是由于希伯来人的语言，而《新约》作者似乎都是犹太人（除了一个圣·路加），以犹太人的思想注入希腊的范畴，这种和谐就不能再有了。

我的论据：耶稣是天才诗人，他的襟怀情怀不是希腊文、希伯来文所能限制的，他的布道充满灵感，比喻巧妙，象征的意义似浅实深，他的人格力量充沛到万世放射不尽。所以他是众人的基督，更是文学的基督。

当时我十四岁，她十五岁，信里各自节引《圣经》，她引《旧约》，我引《新约》，这样倒使她也仔细读了《新约》，我也耐心把《旧约》弄清楚。现在她如果活着，已经是祖母级了，大概早已告别文学。我呢，坚持文学，坚持《新约》的文学价值高于《旧约》。纪德、王尔德，大概与我观点相同。

现在来介绍《旧约》。

我的几个家庭教师中，有一位是新潮人物。他教我读《圣经》，简称"读熟五记、四福音，就可以了"。五记是"创出利民申"，为此，当年我凑了一首五言绝句：

旧约容易记

　　　　　创世记

　　　　　出埃及记

创出利民申　利未记

　　　　　民数记

　　　　　申命记

新约更好办

一同四福音

到目前为止，《旧约》不敢说读过几遍，读《新约》，无论如何超过一百遍。这不是故意求纪录。比如你与一个杰出的人物交朋友，几十年交往，谈话几百次，有什么奇怪呢？而《旧约》好比是外公外婆家，我不常去，去也是为看看舅舅的儿子女儿（即《旧约》中"诗篇""雅歌"），和外公外婆礼貌性说个三言两语而已。

埃及与巴比伦是两个文明强盛的古国，从两国的艺术、文字、思想之不同，可知其种族之不同。

在幼发拉底河与尼罗河的两大帝国之间，有一小国迦南（Cannan），即今之巴勒斯坦（Palestine）。迦南最初是归化巴比伦，后来埃及扩张领土，征服迦南。埃及衰败后，乱世中有一个游牧民族叫做希伯来（Hebrews）的，大受灾难，由摩西（Moses）带领，逃出埃及，回到迦南南部的沙漠间。

这些同属闪族的以色列人（Israel），占据了迦南山地，迦南人坚守平原，双方长期战争。到以色列王大卫（David）出，迦南人和以色列人才合为一个民族，希伯来文化，尤其是希伯来宗教，发旺起来，那是纪元前一千年之后。

希伯来人从什么启示了宗教观念，无法推想，凭借《圣经》，认定这个以耶和华为至尊的一神教，是经摩西传来。摩西必是极伟大的人（米开朗琪罗雕摩西，头上有角，杰出到非人），他是天然的领袖，独创了一神教（埃及人是多神教的）。摩西《十诫》（*Ten Commandments*）没有多神教的影响，他是个道德家、立法者，他的教训不提到死后上天堂，也不提最后审判，都是面对世界和人性，直接感发。

《旧约》五记，"创出利民申"，向来称为"法典"（The Torah），传说为摩西所作，故又称"摩西五书"（Pentateuch），直到二十世纪初才改变解说，认为是许多宗教衍变改革的结果，即许多教士相继编定的。

五记中，以"出埃及记"与摩西关系最大，故事性强，读起来有兴趣。包括摩西《十诫》，民事法律，显出古人的正直宽厚。

"创世记"是历代画家的脚本。作神话看，很壮观，但要重视其中永恒的象征意义，艺术家必须读"创世记"。

其他三记是叙祭祀献礼、民事讼诉、人际关系，你们大概没耐性读。我从前读，觉得古代人也难对付，愚蠢而复杂，行为不讲理，口头最喜欢讲道理。"利未记"有一句："你要爱你的邻人如爱你自己。"整个基督教真谛，就在这句，但正是这句，问题最大。

你的邻人是什么人？他利用你的爱，损害你（佛家还要糟糕："舍身饲虎"）。宗教总是从情理开始，弄到不合情理，逼人弄虚作假。

最符合平常心的，是个人主义。超人哲学，是个人主义的升华拔萃。然而超人哲学只宜放在心里，闷声不响，超那些庸人恶人。尼采堂而皇之提出"超人"，真替他不好意思，越想越难为情。

说了一阵《旧约》的坏话，其实不是心里话——《旧约》是很值得读的，以色列民族是伟大的。他们经识的痛苦太大，信仰上帝是因为实在疲乏了，绝望了。

"士师记"中写，"那时以色列中没有王，各人任意而行"，下面隔几节，又说"那时以色列中没有王，但支派的人仍是寻地居住"，显得何等的混乱，笔力强极了！这是个元气淋漓的民族，亡于巴比伦四十年，被掳去的人回来时，已经老了，在故土重建圣殿，年轻人欢呼：看哪，圣殿造起来了！年老的哭号，因为他们见过被毁前的圣殿。这时有别族的人经过，取笑他们，以色列人答道：你们晓得什么，你们到这里来，无分、无权、无纪念。"

另有"列王纪"中有一节绝妙，现代文学家无论如何写不出的：先知骑驴出城去，被狮子咬死了，有人从那里经过，看见尸身倒在路上，狮子立在驴子旁边，人死在驴子脚下，随从者进城去报告，于是许多人赶来了，看哪，狮子立在驴子旁边，人死在驴子脚下。

狮子咬死人怎么不走开，等人看？那么多人赶来，不怕么？狮子不再咬人吗？——超现实！真正高手！古代画战争，伤的、死的，姿态优美，古人就是懂得一切讲姿态。你要永垂不朽，无穷魅力，必得讲究姿态。那只狮子、驴子、死的先知，都是姿态。

"传道书"我也特别爱读。常常文章里节引几句，好像蛋糕上的樱桃，特别性感：银链折断，金罐破裂，日色淡薄，磨坊的声音稀少，人畏高处，路上有惊慌……

都是空虚，都是捕风，日光之下无新事。

我偏爱的当然是"诗篇"和"雅歌"，尤其是"雅歌"，一共只有五页。

（诵"雅歌"第一章、第二章、第三章、第五章）

"雅歌"美丽幽婉，温柔沁人肺腑。所罗门是一位大诗人，我写情诗就喜欢用这个调子。现代人只要忘掉现代，同样可以肝肠如火、色笑似花。"雅歌"纯粹是文学，而且异端，压根儿忘了耶和华，所以教会中人否认它们是恋爱诗，曲解为耶和华对子民的爱——谁相信呢？

"路得记"是一篇很可爱的牧歌。"约伯记"是讲人类痛苦。"箴言"、"传道书"谈智慧。其他的篇章，总称"杂著"，还有所谓"石经之书"（Apocrypha），就是《圣经》的编外作品十四篇，从略。

现在讲《新约》。

《新约》都用希腊文写的，作者马太（Saint Matthew）、马可（Mark the Evangelist）、路加（Luke the Evangelist）、约翰（John the Apostle）都是犹太人（路加可能不是），他们用的希腊文与荷马、柏拉图所用的不一样，已是纪元后通行的白话文，即希腊人谈话、写信所用者。而当时的文士仍用古典的美文。

《新约》作者采用口语化的文体，很明智，得以广为宣传。信徒都属中下层阶级，耶稣的信徒也多数来自这个阶级。他们虽然用通俗的希腊文著书，却不是大老粗。圣·保罗（St. Paul）受过完全的神学教育，类似高干子弟。

圣·路加与圣·约翰也有文才知识。其他的《新约》作者都能使用非本土语言，表白清楚完美。他们确信负有伟大使命，写得自然、直捷，保罗尤善雄辩，读他的书札，如见其人。约翰又漂亮又聪明，耶稣最宠喜。他的希腊文不纯熟，但第四福音书却最有灵性、最有爱心。"路加福音"是《新约》的最佳篇，平易、庄重、美丽。

"四福音书"的伟大，是耶稣的伟大，而恐怕耶稣也没有料到马太、马可、路加、约翰根本不是专业作家，平时从来不写文章，却创作了千古不朽的篇章。而且总起来形成一个体裁（风格），后世曾称为"圣经体"。

我的体会是，每当自己写出近乎这种体的文辞，心中光明欢乐，如登宝山，似归故乡。为什么呢？为什么当文字趋近《圣经》风格会莫名其妙地安静、畅快？神秘的解释是：圣灵感召。实在的解释是：归真返朴。

《新约》弥漫着耶稣的伟大人格。他的气质、他的性情、他博大的襟怀、他强烈的热情，感动了全世界——耶稣是个奇迹，是不是神的儿子，是另一回事，全世界持续两千年的感动，足够是奇迹。而且一直崇敬他，很可能将来更加崇敬，如果真有"第三波"（The Third Wave）的实现，那么钟声还是耶稣基督的钟声。

《新约》的写作，至少是在耶稣离世大约三十年后，耶稣的实际生日约是纪元前六年，上十字架的日子，有说是纪元后二十九年，有说是三十一年，总之没有到四十岁。他说的是巴勒斯坦的阿拉玛克（Aramaic）方言，又通希伯来语和希腊语。

最古的"马可福音"，约在纪元后七十年，当亲眼见过耶稣的人都死了，马可动手写。那时耶路撒冷陷落，"马可福音"的最后一小部分是失落的。现在的印本谅必是后人补了结尾，但看得出是匆匆而止。

耶稣真正是一位绝世的天才，道德与宗教的艺术家。读四福音，便如见他立在面前。我随便走到哪里，一见耶稣像（画或雕刻）一定止步，细细看，静静想。尼采是衷心崇敬耶稣的，尼采反上帝，而奉耶稣为兄长。

第六讲

新旧约再谈

一九八九年五月七日
在殷梅家

当然，他的风度、辞藻，实在非凡。他一上来就以虚开始，如音乐。

耶稣说是，就说是，不是，就说不是。他深深理解人性：有起誓，就有背誓。这样地看到底，透彻，而且说出来。可是世界誓言不断，耶稣归耶稣说，人类归人类做，也是一种景观。

但耶稣的心理战限于好人之间。歹人、不义之徒，打了右脸打左脸，剥了外衣剥内衣。人类历史就这样……世界是一群左右脸给人打、内外衣给人剥的亚当、夏娃。都给人白打，给人白剥！

山下坐着密密麻麻的平民。谁顿悟耶稣在讲什么？两千年来，也极少有人明白耶稣说这话出于什么心态。耶稣的知名度来自误解。当不含恶意的误解转为饱含恶意的曲解——十字架就来。

郑板桥谦逊，说他难得糊涂；我骄傲，因为我一直糊涂，一直迷恋于耶稣。"明天有明天的忧虑，今天的忧虑今天当。"这已超越哲学、宗教，就是一片爱，一片感叹。

像样一点的思想，是有毒的。尼采是很毒的，耶稣是很毒的。知与爱到底是什么？就是希腊神话中伊卡洛斯的翅膀。知是哲学，爱是艺术。艺术可以拯救人类。普普艺术、观念艺术，是浪子，闯出去，不管了。现在是浪子回头，重整家园。

上次侧重讲《旧约》，向来以为《旧约》文学性强过《新约》，我以为《新约》文学性更强。我以为耶稣自己就是伟大的文学家。

今天讲耶稣的遗训。

使我着迷的是耶稣的生命经历。每个伟大的心灵都有一点耶稣的因子，做不到，无缘做，而见耶稣做到，心向往之。

尼采即因嫉妒耶稣而疯狂。奇迹。两千年仍使世界着迷。

凡主义，总要过时，那就过时吧。耶稣过时吗？不甘心。耶稣不要过时。

今天我来解释他的遗训的意思。

耶稣开始不讲道，在旷野中想。回来后，常到圣廷与人辩论。少年口才好，问题好，青年期才登山讲道。

意义伟大。当然，他的风度、辞藻，实在非凡。

他一上来就以虚开始，如音乐。

虚心的人有福了，因为天国是他们的；哀恸的人有福了，因为他们必得安慰；温柔的人有福了，因为他们必承受地土……怜恤的人有福了……人若因我辱骂你们，逼迫你们，捏造各样坏话毁谤你们，你们就有福了……

口气之大。此后任何诺贝尔奖获得者哪里说得出这种话！这是文学的说法，纯粹的理想主义，纯粹的无政府主义。全虚，一点效用也没有。

全世界理想主义都有目标。耶稣的理想主义毫无目标。

《圣经》中的矛盾：

既是无边博大的爱，又是有选择的。很多人他们不爱，只在乎以色列人，看不起法利赛人，看不起税吏，看不起番邦……西方将基督教误解，真的去博爱。

任何流传的信仰以误解始成。这说明耶稣说的话是无界限的。

当时的人听讲，半懂不懂，然而为文句之美所感动。这些高妙的言辞、比喻（如盐的咸味），只有十九二十世纪的纪德、托尔斯泰能懂。

纪德临终说过，对世界绝望，但有青年自非洲来函，说世界美，有希望！纪德说：这位青年的话，就是大地的咸味，为这点咸味，我死可瞑目。

所谓"盐的咸味"，即指人的天良。如果母不爱子，子不孝上，爱不忠诚，政不为民，即失去咸味。

这比喻不必再动。

行善结果归功天国，易被人误解利用，偷换概念。雷锋做好事，归党，即此。

以现代理性看耶稣的话，破洞很多。要不求甚解地去解。不求甚解就是一种解。

包涵、圆融地看。

"把礼物留在坛前，若兄弟未和好，先和好，再回来送礼。"

何等文学，何等抽象。没有是非，没有道理，但抽象的意义是可贵的。精神是好的，方法是高妙的——但行不通，只能抽象对待。

关于奸淫——眼看心想，即已犯淫——最高原则上是对的，想象力也高，但那是古代社会。否则，现在选美大会就是奸淫大会。

耶稣以圣人之心度凡人之腹，圣人很苦恼，凡人做不到。

耶稣反对发誓，这段话高超。在他之前，最高原则是不可背誓，而在耶稣看来，发誓本身已是取巧、窍门，真正的善，不必誓，否则已带有欺骗性。

耶稣说是，就说是，不是，就说不是。他深深理解人性：有起誓，就有背誓。这样地看到底，透彻，而且说出来。

可是世界誓言不断，耶稣归耶稣说，人类归人类做，也是一种景观。

关于"打右脸给左脸，勿以眼还眼、以牙还牙，爱仇敌……"这几段话，是无抵抗主义的最高纲领。甘地、托尔斯泰都遵守，都信以为真，身体力行。

如何看这段话？

我从小不以为这句是真理，但很欣赏。博大襟怀，早已超出宗教，与《道德经》暗合。老子说，天地不仁，视万物为刍狗（如太阳照好人也照坏人）。

宗教有天堂有地狱，分善恶，必有判断。

"太阳照好人也照坏人"之说，已说出宗教以外，说到哲学。耶稣毕竟是人，是艺术家，是诗人。

这段话好，是心胸宽大，是心理上的战略战术。但这种战略只能用于"好人"之间。

道家以柔克刚，以守为攻，以忍克辱、克己战胜敌人。

佛家称心善，道家称虚纳，以致影响到军事家、政治家的韬略、谋划。

这段话的精义是什么呢，在于开启人的心怀，开阔到了右脸被打，左脸也凑过去。其实是韬略，是战术。两个好人误会了，一方解释不了，或来不及解释，一方情急动手了，被打的不还手、不躲避，打的那个就会自省：他是好人啊，惭愧啊，误会他了，委屈他了。

这种忍辱功夫，以柔克刚，是为使人愧悔，是感化的战术——优待俘虏、大赦战犯，都出于这个原则。佛家的慈悲、道家的虚纳（如婴、如水）都源于这种无抵抗的抵抗，以含垢忍辱占上风。吓倒你,不彻底的,使你惭愧而悔改,才是真的征服。

但耶稣的心理战限于好人之间。歹人、不义之徒,打了右脸打左脸,剥了外衣剥内衣。人类历史就这样。代表人类雕像的,就是鼻青脸肿的亚当、夏娃,赤条条一对,被强逼白走了两千年。

世界是一群左右脸给人打、内外衣给人剥的亚当、夏娃。

都给人白打,给人白剥!

"降雨给义人、也给不义的人……"一段,其实是:无真理、无道德、无是非,是所罗门的极端悲观主义。

上帝无是无非,无黑无白,超越善恶。耶稣,早已说出极度的悲观。

如果都照耀好人坏人,何来最后审判?耶稣不是哲学家,无意间说出了真理,绝对的真理。

先知,到头来都是狼狈不堪。凡人摸不到先知的心。

这话起先明明是讲给好人听的,结果给坏人听去了。坏人听了快乐。

耶稣讲话是话中有话。我不是好人,也不是坏人,所以听来格外有感。一个爱我的人,如果爱得讲话结结巴巴,语无伦次,我就知道他爱我。

凡真的先知，总是时而雄辩，时而结巴。凡是他说不上来的时候，我最爱他。

假先知都是朗朗上口的。我全不信。我知道他不爱。

下一段耶稣清醒了，说：勿行善于人前以获取赞谢。

这段好极！

伪善，以物质换赞谢。善，天堂成银行，上帝是行长，天使是出纳，人们来取善与善报——慈善家都是高利贷者。

善，因是无报偿的，才可爱；恶，因是无恶报的，才可恶。

在智慧层次上，宗教低于哲学；宗教的善有善报、恶有恶报，是低层次的，平民的，乡愿的。

善之可爱，即因无报偿。

我觉得，信了教完全可以是个恶人，不信教也可以是个善人。善人有度量，有远见，看到将来，是扩大利益、缩小弊端之人。

恶是无远见的，只顾眼前，不容异己。

我之所谓信仰事大、宗教事小，是指善虽被恶压制，但世界上善还在。

我不得不提前说出：

"耶稣是集中的艺术家。艺术家是分散的耶稣。"

所谓"行善勿张扬"，是耶稣叫人有高格调。因为高格调的善行，内心才有根源。

而且还讲究风度：还债勿烦躁，禁食还要洗脸梳头，梳梳好。

从生活模仿艺术来说，生活与艺术是一元的。把艺术作为信仰，全奉献。康德（Immanuel Kant）从不出家门，克尔凯郭尔（Søren Kierkegaard）只玩过一次柏林。

艺术家能以自身的快乐来证明世俗的快乐不是万能的。

王尔德说："耶稣是第一个懂得悲哀美的大诗人。"

《新约》里有段辞句，意象、语气，都美。襟怀、口气、形象、思路……他说道：

所以我告诉你们：不要为生命忧虑吃什么，喝什么，为身体忧虑穿什么。生命不胜于饮食吗？身体不胜于衣裳吗？你们看那天上的飞鸟，也不种，也不收，也不积蓄在仓里，你们的天父尚且养活它，你们不比飞鸟贵重得多吗？

你想：野地里的百合花怎么长起来；它也不劳苦，也不纺线，然而我告诉你们：就是所罗门极荣华的时候，他所穿戴的还不如这花一朵呢！

他又说：

> 你们这小信的人哪！野地里的草今天还在，明天就丢在炉里，神还给它这样的妆饰，何况你们呢！所以不要忧虑说：'吃什么？喝什么？穿什么？'这些都是外邦人所求的。你们需用的这一切东西，你们的天父是知道的。你们要先求他的国和他的义，这些东西都要加给你们了。所以不要为明天忧虑，因为明天自有明天的忧虑，一天的难处一天当就够了。

这已离开宗教，离开哲学，纯然是艺术，是古今诗歌中最美的绝唱，所有诗与之相比，都小气。他平稳，博大。

但耶稣的思想襟怀，纯粹理想主义，极端无政府主义，形上的，空灵的，不能实践的。"真理"大致如此，凡切实可行的不是真理。老子的许多话也只能听、想，无法去做。

人类脱出动物界，必然忧虑衣食住行。耶稣的论调极贵族，极清雅，而山下坐着密密麻麻的平民。谁顿悟耶稣在讲什么？两千年来，也极少有人明白耶稣说这话出于什么心态。耶稣的知名度来自误解。当不含恶意的误解转为饱含恶意的曲解——十字架就来。

伟大高超的人免不了作诗，作诗还能说说话。

耶稣看到百合花，想到人类的枉自劳苦。"机关算尽太聪明，反算了卿卿性命。"这是整个人类史。耶稣、老子、乔达摩，都是极度真诚敏感，感于人类的自苦，他们悲观，是一想就想到根本上去。悲观是这样来的。

弄虚作假的人其实是麻木的。他们鉴貌辨色，八面玲珑，而对自然、宇宙，极麻木。真正敏于感受，是内心真诚的人，所以耶稣见百合花就联想到所罗门。

这段话非常悲观，清醒，无可奈何。欲语还休地说出来，强烈的诗意，无懈可击的雄辩，有一种暂时的动人性，当时听者动了，事后还是糊涂，还是茫然——这就是诗。

郑板桥谦逊，说他难得糊涂；我骄傲，因为我一直糊涂，一直迷恋于耶稣。"明天有明天的忧虑，今天的忧虑今天当。"这已超越哲学、宗教，就是一片爱，一片感叹。

最美的东西超越艺术。所谓归真反朴，那真和朴，必是非宗教、非哲学、非艺术。神奇极了。郭松棻先生说我的写作来自"彼岸"，彼岸，就是超越宗教、哲学、艺术的所在，那所在，我不会向大家坦白。

中国人曰：修身、齐家、治国、平天下。

耶稣说：勿论断人，否则必将被人论断……

这说明耶稣思想的东方性。西方是论断与被论断，中国魏晋也是论断与被论断。

然而，耶稣自己就论断。

全部基督教教义，就是"你要人如何待你，你就如何待人"。

这一句话最简单、最易解，但人类已做不到了。

这是首要的问题，是最绝望的问题，也可能是最有希望的问题。

损人利己，爱人如己。

悲哀的是，人类已迷失本性，失去了"己"。

尼采说：十九世纪，上帝死了。

我说：二十世纪，人类死了。

我的文学，有政治性，是企图唤回人类的自爱。推己及人，重要的先还不是"人"，是"己"。若人人知爱己，就好办了。西方是个人主义。个人主义，是指先从自己做起，不是自私自利。

　　你们要进窄门。因为引到灭亡，那门是宽的，路是大的，进去的人也多；引到永生，那门是窄的，路是小的……

在此问题上，耶稣教比佛教来得诚实（佛教讲大话）。

基督教是个人主义，西方知识分子易相信，爱人如己。中国知识分子爱信小乘，终身做起。愚夫愚妇信大乘，要上天国。

小乘有可能，大乘不可能。

达·芬奇画意：

圣·安娜（Saint Anna）——知（或智）

圣·玛利亚（Blessed Virgin Mary）——爱

耶稣（Jesus）——救世主

羔羊——人民

公式：知与爱永成正比。知得越多，爱得越多。逆方向意为：爱得越多，知得越多。

秩序不可颠倒：必先知。无知的爱，不是爱。

在我这儿学东西，会浪费，或会误用。像样一点的思想，是有毒的。尼采是很毒的，耶稣是很毒的。

知与爱到底是什么？就是希腊神话中伊卡洛斯的翅膀。

知是哲学，爱是艺术。艺术可以拯救人类。

普普艺术、观念艺术，是浪子，闯出去，不管了。现在是浪子回头，重整家园。

第七讲

福音

一九八九年六月十日
在殷梅家

耶稣有极温柔的一面，极刚烈的一面。如尼采说：人靠什么创造呢？人靠自我对立而创造。耶稣的温柔特别细腻，刚烈特别斩钉截铁。出于温厚的真挚，他的人性的厚度来自深不可测的真挚的深度。

何必计较宗教家、哲学家、艺术家，归根到底是一颗心。都是伊卡洛斯，都要飞高，都一定会跌下来的。一方面这些伟人都是为人类的，但另一方面，又是与人类决裂的。为什么？

耶稣所答，常用以下公式：非直接的针对性。或曰，间接的针对性。凡遇重大问题，不能直接回答，要间接回答。

幸亏相隔两千年。真与耶稣相处，不易。托尔斯泰、贝多芬，与之生活，不易。但他们的文学、音乐，能与我同在。

所有有趣的小孩子在学校走，突告母亲、姐姐送伞来，必羞臊，这是心理。小学，性质上就是伊甸园。儿童有儿童的浪漫主义，一时出现父母，拉回现世。天堂人间不能共存，世俗和理想难以沟通。

讲文学史的目的，乃观察方法，思想方法，分析方法。

远水不救近火。需要水，思想和艺术的水。我们讲课，是远水。善恶、新老之间，起因、过程的演变……要讲策略，不能浪漫主义。和巴黎公社很像，生存两个月。面对疯狂，不可以浪漫主义相对之。

人曰：耶稣，你无论去哪里，我都跟从你。

耶稣答：狐狸有洞，飞鸟有窝，人子却无放枕头的地方。

为什么，我以为是耶稣不信任他，避开他，口气又悲伤又诚恳——对花言巧语，最好以这种口气。

门徒说：主，容我先回去埋葬父，再回。

耶稣说：让死人埋葬死人，你就跟随我吧。

这又是一种态度。他看出这个门徒是诚恳的，但不够聪明，故认真对他，要他别走，留下来。

你献身信仰，不能考虑伦理伦常关系。凡伟大的儿女，都使父母痛苦的。往往他们背离父母，或爱父母，但无法顾及父母。

若希望儿女伟大，好的父母应承当伟大的悲惨。

以上是耶稣对两种人的两种态度。后者含意深。

　　一日耶稣坐席，一些税吏和罪人来，与耶稣和他的门徒同坐，吃饭。法利赛人见，就问门徒：你们的先生何以同罪人、税吏吃饭？耶稣答：健康者无须医生，只有病人需要医生。……
　　我本非来召集义人，我来召集罪人。

　　我以为耶稣乃招义人，他对罪人的态度，很暧昧，很矛盾。这里有一个千古奇案，即爱与恨的关系。有爱才有恨，有恨才有爱。
　　老子主张既不爱又不恨，以境界论，高则高矣，奇苦无比。
　　晋王羲之不同意这种无爱无恨的思想。魏晋风度，概括之，以巧妙的言行，表达大爱大恨。
　　嵇康无法约束其爱恨，招死。

　　上句耶稣"召集罪人"之意，乃语带愤恨，自知不久要被罪人害死。同时约翰的门徒来见耶稣：我们常禁食，你的门徒何以不禁食？耶稣答：新郎和陪伴的人同时在的时候，伴者怎能哀恸呢？新郎走了，伴者再禁食。

　　大智大慧者，绝食是办法，不绝食也是办法。禁食这类细节，耶稣不放在心上。

他为约翰受洗后，禁食旷野四十昼夜，超越，不在乎这些东西。

人要从小就不凡。凡把思想抱负寄托在天上、精神上、真理上，必不愿遵守世俗规则、细节、教条、律法，必不在乎世俗生活。

基督教，佛教，都是平民的宗教。道家思想（不成其为宗教），极端贵族的。

"马太福音"第十章。

十二门徒：

西门（又称彼得，Peter）、安得烈（Andrew）、西庇太的儿子雅各（James）、约翰（John）、腓力（Philip）、巴多罗买（Bartholomew）、马太（Matthew）、多马（Thomas）、亚勒腓之子雅各（James son of Alphaeus）、达太（Thaddaeus）、奋锐党的西门（Simon the Zealot）、犹大（Judas）。

耶稣差他们去外省，边走边讲：天国近了，你们忏悔吧。沿途医治病人，你们白白得来，也要白白舍去，勿多带衣，勿带鞋、拐杖，因为工人得饮食是应当的，住好人的家，进他家里去，要向他请安，不纳者，走开。

教训是苦行的。要不生产，不获，讨饭，苦行。

我让你们去，如放羊入狼群，所以你们要机警如蛇，驯良如鸽。

被人捉住时，勿考虑说什么。上帝自会教给你说什么。

兄弟要把兄弟，父亲要把儿子，送到死地。

唯忍耐到底的必然得救。哪城迫害你们，你们都到另一城去。

那杀身体的人不能杀灵魂的，不要怕他们。

为真理都要准备好牺牲。

我不是叫地上太平的。我是叫地上动刀兵。因为我来是叫

儿与父生疏，

女与母生疏，

媳妇与婆婆生疏。

人在世界上的敌人都是自己家里的人。

爱父母胜过爱我的，不配做我门徒。爱子女胜过爱我，不配做我门徒。为我献出生命者，能得到生命。

两千多年过去，这些问题太大了。我想想也害怕，门徒们何曾好好想过。

两千年后，天国仍远，耶稣是幻想吗？

以羊入狼群，注定灭亡，何以耶稣仍让他们前去？

在极权下，必须如鸽驯良，如蛇机警。

耶稣有极温柔的一面，极刚烈的一面。

如尼采说：人靠什么创造呢？人靠自我对立而创造。

耶稣的温柔特别细腻，刚烈特别斩钉截铁。

出于温厚的真挚，他的人性的厚度来自深不可测的真挚的深度。

耶稣早生两千年，在耶稣时代，自认是上帝的独子；耶稣晚生两千年，自觉是个诗人。

推论下去，耶稣迟生两千年，会是尼采，比尼采还高，比贝多芬飞得还高。

何必计较宗教家、哲学家、艺术家，归根到底是一颗心。都是伊卡洛斯，都要飞高，都一定会跌下来的。

一方面这些伟人都是为人类的，但另一方面，又是与人类决裂的。为什么？

思考题。

耶稣所答，常用以下公式：非直接的针对性。或曰，间接的针对性。凡遇重大问题，不能直接回答，要间接回答。

耶稣评论他的前辈（约翰），诗意洋溢。他说：

你们从前走到旷野去，是要看什么呢？看风吹芦苇吗？看穿细软衣服的人吗？他们在王宫里。要看先知吗？是的，约翰要比先知大得多了，上帝派他来铺平前面的路。

　　说约翰，其实是说自己。路是自己走的，约翰铺路。

　　我的文学引导之路，就是耶稣。

　　幸亏相隔两千年。真与耶稣相处，不易。托尔斯泰、贝多芬，与之生活，不易。但他们的文学、音乐，能与我同在。

　　他又说："在天国里，最小的也比约翰还大。"又说："众先知和律法说预言，到约翰为止。"意指从我开始，不再如从前。

　　宗教的全盛期已经过去。耶稣出来时，达到一个全盛时期。以后的使徒行传，都没有创造性言论。

　　尼采说，真正的基督徒只有一个，即耶稣。

　　天才的命运都是被利用的，被各人各取所需。

　　耶稣是永远不得平反的冤案，都被误解。

　　"马太福音"讲完时，耶稣正对众人传道。其母、兄出现。要和他说话。他回答：谁是我母？谁是我兄？你们是我母，是我兄。

这是一个崇高的信仰原则。人与信仰的关系，高于人与人的关系，高于人伦关系。政治家关键时不顾家。艺术家也常不顾家。

耶稣不是对父母无情。他升华在一个至高的境界里，母兄出现，使他觉得是个凡人。因此，他说上述很别扭的话。是辩解，是嘲笑。

所有有趣的小孩子在学校走，突告母亲、姐姐送伞来，必羞臊，这是心理。小学，性质上就是伊甸园。儿童有儿童的浪漫主义，一时出现父母，即拉回现世。天堂人间不能共存，世俗和理想难以沟通。

所以，耶稣讲小孩子可以进天国。

耶稣是个孩子。

第八讲

新旧约续谈

一九八九年六月二十五日
在薄茵萍家

为什么先知、宗教家、哲学家要用比喻？从西方史诗到中国《诗经》，充满比喻，几乎是靠比喻架构完成的。从前的政治家、大臣、纵横家，劝君，为使其听，用比喻；对下民说，知其不懂，也用比喻。

比喻不是好事，是苦中作乐。庄周最会漫无边际作比喻，老牌形象思维大师，如果我与庄子会面，他开口大鹏、乌龟之类，我就说："庄兄，别来这一套，两律背反，就两律背反，权力意志，还是自由意志，大家表态。"

现在有句很动人的世界性口号："我们只有一个地球"；我心中也有呼吁："我们只有一个耶稣。"关于新旧约的故事和涵义，总共做了四讲，终究言不尽意，很对不起耶稣。

诸位要是真心在听，就该知道我的解释过程，就是我的自我教育过程。一个人衷心赞美别人，欣赏别人，幸福最多——他是在调整自己，发现自己。你认识了一位智慧的、高尚的、真诚的人，自然会和原来的亲戚旧识作比，一作比，如梦初醒，这个初醒的过程，不就是自我教育吗？

最动人的是耶稣在橄榄山上的绝唱。门徒不醒。他们是凡人，老实人。开始时，耶稣只需要信徒、门徒，但在快要赴死的时刻，他需要朋友。

爱，原来是一场自我教育。在座有人在爱，有人在被爱，很幸福，也很麻烦。

新旧约，文学性都高。前面几课都是讲《新约》言论。
"马太"第十三章，耶稣在船上传道：

农夫出去撒种，有的种子落在路旁，飞鸟来吃尽了，有的落在土浅的石头地上，土既不深，发苗最快，太阳出来一晒，因为没有根就枯萎了，有的落在荆棘里，荆棘长起来，把它挤死了，又有的落在沃土里，就结了实，成为三十倍、六十倍、甚至一百倍的。

这段的解释，通常说是命运遭遇的无常，自我能动消失了。我以为耶稣的意思，是好种子要选好泥土，做播种人要找好去处——人就是种子，勿入路中、浅土、荆棘，枯萎早夭，务必落在沃土中。

中国有沃土吗？种子，泥土，天性，才华，泥土贫瘠，荆棘丛生，再好的种子也没用。天才必经修炼、涵养，才有味。佛提出戒、定、慧。戒，有所为，有所不为，以人工控制天性；定，乃是过程，不至乱；慧，即天才的觉悟。

出来了，你是好天性，好才华，来找好泥土。

门徒对耶稣说："你讲道为什么总是用比喻？"耶稣说："因为天国的奥秘只叫你们知道，不叫他们知道。凡有的，还要加给他，叫他有余；凡没有的，连他所有的，也要夺去。所以我用比喻对他们讲，是因为他们看也看不见，听也听不到，在他们身上，正应了以赛亚的预言，'你们听是要听见，却不明白，看是要看见，却不晓得'，因为这些百姓的心是油蒙了的，耳朵发沉，眼睛紧闭，要等到眼睛看见，耳朵听到，心里明白，回转过来，我就医治他们。"

耶稣又说：

但你们的眼睛耳朵有福了，因为你们看见听见了。我实在告诉你们：从前有许多先知和义人，要看你们所看的、所听的却没看见、听到。

这是耶稣与门徒间的"悄悄话"、"私房话"，不该外传的，从前的人老实，说出去了。

大多数人是愚氓，极少数人是精英，这是规律。那些听道的群众，顽石点头了，点过之后，依然是顽石。耶稣很明白：言，要说给懂的人听；道，却是对民众讲的。他心里知道，群众听不懂。

如果我们出书，印数十万，哪有十万人能懂？

教堂，人进人出，谁懂教堂？教堂不动，你来也罢，不来也罢，但总有二三贤者智者懂。

为什么先知、宗教家、哲学家要用比喻？从西方史诗到中国《诗经》，充满比喻，几乎是靠比喻架构完成的。从前的政治家、大臣、纵横家，劝君，为使其听，用比喻；对下民说，知其不懂，也用比喻。

说明人类的智力还在低级阶段。

真的相爱的人，不语，一瞥，不需比喻。智者面对，相视而笑，也不用比喻。比喻，是不得已。

最美的是数学和音乐，令人着迷，完全没有比喻。绘画就是比喻，绘画和文学都脱不了比喻。我也嗜好比喻，但只能在音乐、数学里找安慰。

比喻不是好事，是苦中作乐。庄周最会漫无边际作比喻，老牌形象思维大师，如果我与庄子会面，他开口大鹏、乌龟之类，我就说："庄兄，别来这一套，两律背反，就两律背反，权力意志，还是自由意志，大家表态。"

中国向来是"天机不可泄露"，否则要处死。中国人说天人合一，其实天不欲和人合一，是人的一厢情愿，天爱吊人胃口，爱出谜。

耶稣回家乡训众，乡亲先是诧异耶稣这般智慧，后来更诧异，说：他不是那个木匠的儿子吗？他妈妈不是玛利亚吗？他的兄妹还在家乡。

先知在故乡是不受尊敬的。每个人要保留一点神秘感，使人不知你。否则像耶稣那样,在家乡被人看轻,被人欺负。

人类总是以误解当做理解,一旦理解,即又转成误解。

艺术家要留一份"神秘感",保护自己。你自以为君子坦荡荡,结果呢,招鬼上门,引狼入室。

"马太"十四章,三件事可谈,这三件事,既现实,又象征:

其一,希律王杀施洗约翰,耶稣知道了,立刻逃。

其二,某次五千人听道,饿,耶稣以五个饼、两条鱼,掰开平分,都得到,还有余。

其三,传道散了,耶稣独自在海面走。门徒惊异,耶稣说勿惊。彼得也从水面走去,怕落水,呼救,耶稣拉他的手近拢,说:你这小信的人,为什么不信我?

第一题。耶稣是准备奉献的,为什么逃?因为他知道献身还不是时候。他逃过好几次。不到时候,不献身。

第二题。以宗教意义论,奇迹;以艺术观点看,没有比这个比喻更显示艺术的伟大功能。艺术以最少的材料,表呈最多的涵量。一本书,一幅画,一首乐曲,可以满足感动千千万万人,一代代流传。博物馆是人类的食篮,永远吃不完,是最佳比喻。

中国的老话:"不患寡,患不均。"传说王赐五枚枣,以五锅汤分煮,煮烂,众喝汤——寡,然而均。今日中国的政治,没有透明度，只要透明，民服。

第三题。以宗教看，奇迹之一，是用寓言对待其象征性。一个人能否成大器，主观因素最重要，被人忽略的是信心，是信念。信心，信念，一半凭空想，一半凭行动（用功、才能等等）。我的大半生，阅人多矣，阅艺术家多矣。确切说，想成为艺术家者多矣，此后生如行于海，磨难如风浪，但太多人行于海，怕沉没，害怕了，有人沉没，有人时浮时沉。

一路多小信的人。

我不比人慧，不比人强，数十年间认识的精英分子前后六批，凡五十人，有大才，甚至天才，至今剩我一人。如果他们成了，文艺复兴。

下了海，要走下去。

天才幼年只有信心，没有计划。天才第一特征，乃信心。信心就是快乐。傍晚阔人遛名狗，我傍晚也散步，遛哲学。狗沿途撒尿，遛哲学的人，报偿是巧思和警句，回家写，比想的时候更佳，大幸福。

信心到底哪里来？信心就是忠诚。立志，容易。忠诚其志，太难。许多人立志，随立随毁，不如不立。艺术，爱情，政治，商业，都要忠诚。求道，坚定忠诚无疑，虽蹈海，也走下去。

所谓第二流者，是原来志在一流，天时、地利、人和，均不合，成了二流。如果甘于二流三流，已经居下流了。

和朋友谈话，没在山顶上。尼采说，山顶到山顶，不是自下往上爬到的，而是此山顶登彼山顶，两点一线。

史家，文学家，著作第一。著作有了，才演讲。中国不是著作等身，是身在等著作。成也好，败也好，我们的阵地在书斋。

信心来自天性的纯真朴厚。

反证：一个天性虚伪浮薄的人，会忠诚于自己的信心吗？怎样才是纯真朴厚的天性？碰壁了，碰到上帝。天性大半是混杂的，靠抵恶，靠扬善。

现在有句很动人的世界性口号："我们只有一个地球。"我心中也有呼吁："我们只有一个耶稣。"关于新旧约的故事和涵义，总共做了四讲，终究言不尽意，很对不起耶稣。

诸位要是真心在听，就该知道我的解释过程，就是我的自我教育过程。一个人衷心赞美别人，欣赏别人，幸福最多——他是在调整自己，发现自己。你认识了一位智慧的、高尚的、真诚的人，自然会和原来的亲戚旧识作比，一作比，如梦初醒，这个初醒的过程，不就是自我教育吗？

所谓教育，是指自我教育。一切外在的教育，是为自我教育服务的。试想，自我教育失败，外在教育有什么用？

凡人没有自我教育。所谓超人，是指超越自己，不断不断超越自己。

耶稣的悲剧，多重涵义，那是超人和凡人间的悲剧：他有门徒，没有朋友。最动人的是耶稣在橄榄山上的绝唱：当他做最后的忧愁的祈祷时，门徒一个个撑不住了，睡倒不醒。他们是凡人，老实人。开始时，耶稣需要信徒、门徒，但在快要赴死的时刻，他需要朋友。那一刻，门徒们、凡人们，怎么可能上升为朋友？

耶稣的志愿，章节分明。该逃的时候逃，该说的时候说，该沉默的时候，一言不发，该牺牲了，他走向十字架。最后他说："成了。"

从艺术的价值判断，耶稣是"成了"，从人生的价值判断，耶稣爱世人是一场单方面的爱。世人爱他，但世人不配。两千年来世界各国的爱放在天平这边，天平的另一边，是耶稣在十字架上的绝叫。

所以，耶稣对我永远充满魅力，也使我永远闷闷不乐。

在这样复杂的心理状况下，这堂课算是讲完了。耶稣留下的典范是什么呢？

爱，原来是一场自我教育。

"原来"两字，请不要忽略。在座有人在爱，有人在被爱，很幸福，也很麻烦。最后一句话："爱，原来是一场自我教育。"——论信仰，耶稣是完成的；耶稣对人类的爱，是一场单恋。

第九讲

东方的圣经

一九八九年七月十六日

艺术家是浪子。宗教太沉闷，科学太枯燥，艺术家是水淋淋的浪子。他自设目的，自成方法。以宗教设计目的，借哲学架构方法。然而这不是浪子回头，而是先有家，住腻了，浪出来，带足哲学、宗教的家产，浪出来。不能太早做浪子，要在宗教、哲学里泡一泡。

此律不可忽视。尼采高度重视此说，西方都重视的。不可不信，不可全信。尼采信，信其死后灵魂还在。死不是解脱，没那么容易，死后没完。

我幼年时，袈裟、芒鞋、法号，皆备齐。因为我上面有五个兄长已死，防我也死，要我出家。但我不肯焚顶行礼，逃出来，但耳朵上穿了一个洞。

佛教吸引中国最有学问的人去研究，说明佛经的文学性、哲理性之丰富。近者如章太炎、鲁迅，都涉入。章的学说，就是以佛经与老庄哲学的融合。研究佛经，是东方智者和知识分子的一个底。今天的中国学者，就缺这个"底"。

我最心仪的是音乐、建筑、绘画所体现的宗教情操，那是一种圆融的刚执，一种崇高的温柔。以这样的情操治国、建邦、待人接物，太美好了。

一个中国的绍兴人说出尼采没有说出的最重要的话："美育代宗教。"这个人，是蔡元培。"代"字，用得好，宗教不因之贬低，美育也不必骂街，斯文之极，味如绍兴酒。

东方经典以佛经最高。手边没有，以后补。波罗蜜多，即反复证明之意。

我用我的方法结论示众，希望每个人建立起自己的方法论。零碎分散的知识越多，越糊涂。在美中国学者大抵如此。林语堂，胡适之，个个振振有词。

知识，要者是理解知识与知识之间的关系，如此能成智者。

声明：方法论，只是手段，不是目的。

什么是目的？太难说——黑格尔、笛卡尔建立方法论，马克思太重方法——为什么目的难说？

因为宇宙是无目的。

伯恩斯坦（Eduard Bernstein）的《社会主义的前提和社会民主党的任务》说："运动便是一切。"被批判近百年。伯恩斯坦倒是最浅显道出唯物论真谛。

宗教是什么？就因为宇宙无目的，方法论无目的，也是架空。宗教是想在无目的的宇宙中，虚构一目的。此即宗教。

哲学家是怀疑者、追求者。科学家解释，分析，过程中有所怀疑者，则兼具哲学家气质了。或曰，这样的科学家是有宗教信仰的，为宗教服务的。西方大科学家不满于老是追求科学，总想进入哲学、宗教，进进退退，很有趣。

艺术家可以做哲学家、宗教家、科学家不能做的事。艺术家是浪子。宗教太沉闷，科学太枯燥，艺术家是水淋淋的浪子。他自设目的，自成方法。以宗教设计目的，借哲学架构方法。

然而这不是浪子回头，而是先有家，住腻了，浪出来，带足哲学、宗教的家产，浪出来。

不能太早做浪子，要在宗教、哲学里泡一泡。

奇怪的是，世界智慧都从东方来：基督教的《圣经》自东方来，成了欧美的主要宗教，释迦更是标准东方的，二十世纪存在主义之后的哲学，对禅宗也迷。

佛教经典是庞大、丰富、杂乱的。而禅宗是精神快餐，易传。

自乌拉尔山讲起，阿利安族（Aryan，雅利安人，或译为亚利安人）住在那一带。历史上，这一族忽然越过山脉，向西方去。后来的拉丁族（Latin）、条顿族（Teutonen）、斯堪的纳维亚族（Skandinavien），据说都是阿利安族的后裔、分支。

偏不往东方走——至今我们小眼塌鼻。

阿利安族一支迁行，南偏，成就日后的印度。印度半岛本来有很多人住在那里，阿利安族与之通婚，传以宗教和文化，但阿利安族以主人自居，占据最高的贵族地位（今之印度的贵族，皮肤并不黑），建立等级制度，架构了一个奇异的几乎不可思议的宗教，所谓"印度教"（Hinduism），是印度宗教的总称，共有两万三千个神，几乎每一乡村即有一个神。这个印度教，就是四千年前阿利安族从北方带来的婆罗门教的残余。

误解：佛教出自印度。不要以为印度人都信佛教，不是的。

佛教在印度早已式微，婆罗门教才大。

神多，很难追索教主。故称原始神婆罗门（Brahma），指一切的最高之始。承认婆罗门是大神，也承认众小神。Brahma神，创造者；Vishnu神，译作"毗湿奴"，保存者；Siva神，译作"湿婆"，破坏者。

创造者婆罗门神有四个头，四只手，一手王杖，一手经，一手瓶（恒河水），一手念珠。保存者Vishnu神，一个头，四只手，正面双手上下摊张，背后二手，一手拿花草，一手执果实。破坏者Siva神，一个头，四只手，正身二手，上下并，右手见掌心，左手露手背，腰间出双手，一手武器，如狼牙棒，一手野兽，若山羊。

印度是宗教国家，等级制度有强迫性。婆罗门教领袖，称婆罗门（Brahmin），意即胜利。次为刹帝利（Kshatriya），是武士，主军队。三为吠舍（Vaishya），指地主、工商、农民。四为首陀罗（Shudra），指奴隶、樵夫、汲水者。

每级又分成无数小等级。

印度积弱即在此。唯有婆罗门族，血统最好，通婚只限于自阶级。印度乡间的原始婆罗门教已散微。婆罗门教给印度留下最重要的，是信仰灵魂经无数次轮回再生。轮回多少，决定于善恶，前生决定今生，今生决定来生。

此律不可忽视。尼采高度重视此说，西方都重视的。

不可不信，不可全信。尼采信，信其死后灵魂还在。死不是解脱，没那么容易，死后没完。

佛教即要情境寂灭，摆脱轮回。

婆罗门教在印度势力很大，基督教也有势力。我猜想，是因佛教太深奥，伊斯兰教太抽象，基督教精神与印度不合，故婆罗门教合民众。

世上最古的经典是《吠陀经》(*Veda*)，比《旧约》中最古的书还要古，阿利安族在喜马拉雅山高原地区时（尚未西去与南迁时）就已具有，内容是：颂赞、祈祷、礼仪、哲学。《吠陀经》著作年代不可考，总之是集体作品，许多时代许多诗的总和。

乔达摩（梵文 Gautama，"释迦"是尊称），佛教创始者。

今日印度的佛教徒极少了。十九世纪统计，世界上的佛教徒，约五分之四在中国，包括西藏，约五分之一在日本，还有高丽。今中国佛教徒也大大减少了。

佛教与婆罗门教的关系，犹若基督教与犹太教的关系，新教与旧教之分。

乔达摩生在彭加尔的北方。公元前约 565 年诞生，比耶稣早好几百年。

释迦还有一称呼：释迦牟尼。释迦是族名，有释迦族，意即有神意。牟尼，是寂静沉默的意思，有神意的寂静沉默之人。

释迦的小名，悉达多。父亲是城邦之王，叫净饭王（King

Suddhodana），迦毗罗卫城（Kapilavastu）城主。母亲叫摩耶夫人，生释迦七天后即辞世（伟大人物的母亲都很惨苦）。悉达多靠姨母养大。十九岁结婚，拥巨大财产，体健壮，面俊美，妻艳丽而贤惠，婚后得贵子。世上美满都有了。

悉达多不安于这种幸福平静的生活。二十岁出宫游览，见到了生老病死。回宫后大不乐：做人有什么意思？

不久决定出家。带一仆人出宫，行不久，差仆人牵马提刀回宫去，自己走——走向伟大。

到蓝摩国，国有婆罗门教。悉达多剃发做了和尚。到王舍城外阿兰若林去跟一位迦罗摩（Alara Kalama）求道，有步骤修炼各种禅定。曾经绝食，体伤，却没有得到启示，复进食。门徒责其意不坚，答，健身，继续求道。

行到一棵树下，铺好草，结跏而坐。此树称菩提树，乔达摩说，不得道不起身。沉思，二月八日，见繁星，大悟（佛教称正觉）。时三十五岁，成道过程六年（二十九岁到三十五岁）。

得道后，周游四方，化导群众，前后四十多年，死于公元前约 487 年。佛教称死为"示寂"，在世为"款世"，活七十九年，比耶稣长寿。

乔达摩是世上最伟大的人之一。他是自我牺牲，清静寂寞，思辨深刻，灵感丰富。

（十六字加起来，我又要拉入艺术家了——多像！）

他的遗训在信徒中口传，当时没有经。经文用印度人日常口语，含义：一切众生皆平等（在等级制度顽固的印度，乔达摩自己又是王子，此说极前卫，极革命）。一切苦恼源于自私、贪欲。不论贫富贵贱，如果能断绝邪念，斩断私欲，可以在另一个世界得无量幸福。

这就是乔达摩的目的。叔本华有目的，但叔本华学说照搬佛经。

对照婆罗门教祭神，乔达摩不来这一套，只注重自我祈祷修行。他心中的神不需要人祭，无功利观念，唯重视悔过和祈祷（犹太教讲祭拜，基督教不讲，重内心修行）。

当时在印度，此说很新、很平等，为婆罗门教驱赶。或许因此，佛教传到了中国、日本、东南亚，反而在本土渐渐失去势力。

唐宋文人每称居士，指在家修行，信佛教。出家则要剃度。我幼年时，袈裟、芒鞋、法号，皆备齐。因为我上面有五个兄长已死，防我也死，要我出家。我不肯焚顶行礼，逃出来，但耳朵上穿了一个洞。

佛教吸引中国最有学问的人去研究，说明佛经的文学性、哲理性之丰富。近者如章太炎、鲁迅，都涉入。章的学说，就是以佛经与老庄哲学的融合。

研究佛经，是东方智者和知识分子的一个"底"。今天的中国学者，就缺这个"底"。希望大家多接触一点佛家的原典。

除了乔达摩，东方还有一位宗教大师琐罗亚斯德（Zoroaster）。不讲。现在已不太有人记得。

　　（以下段落失记）

　　东方还有一教，中国人不太知道，是波斯教。一千三百年前被阿拉伯人赶出波斯，居于印度，成琐罗亚斯德教（Zoroaster）。该教教义中，万物之初有两个神，一光明，一黑暗。人的灵魂是两个神的永久战场。

　　犹太人则信仰不同的《圣经》。

　　宗教和哲学的起源问题，都是要求知，但在这点上，开始分歧，决定了宗教和哲学要发生战争。宗教长期迫害哲学家。哲学家不迫害宗教，但可置宗教于死命。历来哲学家受迫害，到十八、十九世纪，哲学全然战胜宗教。

　　宗教是由对自然现象要求正名而来，可指为神。上帝，佛，有了正名，可以呼叫。还要有形，可以膜拜。正名、赋形后，还不亲切，遂有人类自身的形象出现，崇拜人身的神，比崇拜自然现象与图腾图案要亲切得多。

　　基督教中长胡子的耶稣还是初民社会酋长观念的延伸。中国的佛像没有老少之分。如来，不去不来之意，三生如来，指过去、现在、未来。

　　所有宗教以人自己的形象来塑造神，是一大败笔。近代如爱因斯坦终于说："我是有神论者，但具有人形的上帝，我不相信。"

从"不具人的形象的上帝不可信"到"具有人的形象的上帝不可信"，是一大转变，前后去几千年，但信仰或崇拜不具人形的上帝，毕竟还是尴尬。"客客气气的无神论"、"不讲礼貌的无神论"，都求一时痛快——人惯于"Yes"或者"No"，宇宙没有 Yes 或者 No。

我要相信，或者，我要推翻的那个神，都不是曾经说过的那个神。我最心仪的是音乐、建筑、绘画所体现的宗教情操，那是一种圆融的刚执，一种崇高的温柔。以这样的情操治国、建邦、待人接物，太美好了。

人类既有这样美好的情操，不给自己，却奉给上帝，数千年没有回报，乃是最大的冤案。听听圣歌，看看伟拔教堂，可知人类多么伟大。人类的悲剧，是对自身的误解。

宗教是要把人类变成天上的神的家畜，人再也回不到原来野生的状态。家畜成为人类的牺牲品，人类成为自己的牺牲品。尼采说，人本来有这样多的情操，不应该交给上帝。

这是指教廷、佛门等等，不是指基督、释迦。

宗教归根到底是意识形态，是文化现象。宗教与哲学的分野，一个是信仰，一个是怀疑。宗教，稍有怀疑，就被视为异端。

帕斯卡（Blaise Pascal）是默默悄悄的异端，奥古斯丁

（St. Augustinus）无异端之才。爱默生（Ralph Waldo Emerson）是异端，艾略特（T. S. Eliot）将异端作为装饰，叶慈（William Butler Yeats）没有牺牲多少哲学，就换来信仰。

一个中国的绍兴人说出尼采没有说出的最重要的话："美育代宗教。"这个人，是蔡元培。"代"字，用得好，宗教不因之贬低，美育也不必骂街，斯文之极，味如绍兴酒。

所谓超人，就是超过自己。

近代谁最理解耶稣？瓦格纳。尼采在他的时代听不进，不能公正评价瓦格纳。

佛教造大佛，用于视觉；击鼓敲木鱼，用于听觉；焚香，用于嗅觉；素食，用于味觉——人类这般伟大、聪明，为什么不用于人类自己，而去奉神？

希望大家重视宗教艺术，要把含在宗教里的艺术，含在艺术里的宗教，细细分开来。先明白基督教、佛教等是怎么回事，了解其人格高超，一等，然后再去接触宗教的建筑、服装、礼仪、绘画、雕刻，原来是这样体现人类最高精神、最高智慧，而这等宗教文化，又是如何经过兴衰存亡的过程。

这是很有味道的事。你到欧洲，扑面而来的都是艺术和宗教。

给父母、子弟、情人的，也不及人类把最好的情操送给上帝，送给宗教。

三思考题：

如果不凭借宗教，艺术能达到饱和崇高的境界吗？

艺术这么伟大，为什么要依附宗教？

宗教衰亡了，艺术自由了，独立了，艺术是否更伟大？

三题可有一解：

宗教是父母，艺术是孩子。艺术在童年时靠父母，长大后，就很难管。艺术到了哀乐中年，渐渐老去，宗教管不着了。艺术是单身汉，它只有一个朋友：哲学。

以下是艺术与哲学的对话——

艺术：我是有父母的，你怎么没有？

哲学：我是私生子。

艺术：一点传说也没有吗？

哲学：听说过，是怀疑。

艺术：你生来连童年都没有？

哲学：我们是没有神童的。

艺术：(沉思)。

哲学：老弟，别哀伤，哲学可以返老还童。艺术是童年在前，哲学是童年在后。艺术，你也可以寻得第二次童年啊！

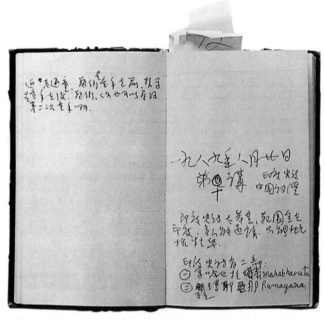

本课笔记内页:"印度史诗太笨重,范围全在印度,无人能通读,只能概括精华。"

第十讲

印度的史诗
中国的诗经

一九八九年八月二十日

向来有恶与恶的戏剧性、善与恶的戏剧性，
这善与善的戏剧性令我们感动的是，忘记了
它的虚构性——置金鞋而代为王，简直浪漫
主义、唯美主义、象征主义、理想主义都有了。

诗就是诗。《诗经》之名，是错的。弄成经典，
僵化诗，教条诗——文人称《离骚》是"离
骚经"，称《庄子》为"南华经"，称苏东坡
前后《赤壁赋》为"读前后胜读南华"。

如果中国有宏伟的史诗，好到可比希腊史诗，
但不能有中国的三百零五首古代抒情诗。怎
么选择呢？我宁可要那三百零五首《诗经》
抒情诗。

印度史诗太笨重，范围全在印度，无人能通读，只能概括精华。印度史诗有两部：

一、《摩诃婆罗多》(*Mahabharata*，一译《玛哈帕腊达》)；

二、《罗摩衍那》(*Ramayana*)。

世界上对这两部史诗所知甚少。印度国内，据说老幼都知道，能读，能懂，好比中国人熟知《西游记》、《三国》。印度人将史诗中的英雄美人自比生活中的男女。

印度史诗的篇幅，二十万行，相当于《伊利亚特》与《奥德赛》合计的八倍，是世上最长的史诗。歌德《浮士德》一万两千行，数量上不可比。抒情诗写如许多行，真不知抒什么情。

《摩诃婆罗多》出在印度之西，《罗摩衍那》出在印度之东。前者讲战争，后者讲英雄。前者艰深，有哲学，难懂；后者浪漫，易传。世人有考据说，《罗摩衍那》与《伊利亚特》故事颇相同，是否出于同一故事？我细察过，仍不同。如果一个故事两边都写，均不真实。能解读这两部史诗，以后看印度壁画、布画，情节故事就能懂。

印度人叙事好啰嗦，像他们的歌，咿咿呀呀，我把它写到最干净，简单说一说。

《摩诃婆罗多》，讲皇家的孩子戏玩，球落枯井，不得取出，见一婆罗门，请教，婆罗门请他们允诺赏饭，并将一枚戒指掷入井内，称可取出。孩子大悦，允诺。婆罗门取草入井，如针刺球，一根一根接引，球遂取出；又以箭射中戒指弹回来，也取出。婆罗门对孩子说：去告诉国王，就说特洛那（Drona）在此即可。

国王知道这是大圣人巴拉德（Bharadwaja）的儿子，就请他来做王子的教师。

昔特洛那得到父亲传授的武艺。父死后，他结了婚，有子，家贫。求旧友帮，不获理睬。特洛那发誓报仇。之后，史诗讲他报仇。

特洛那成了皇室教师后，境况大好，耐心教育。有个孩子阿琪那（Arjuna），称必要报效老师，老师有所示，孩子就去做。

皇家子孙纷纷要特洛那做老师。那时，各皇家是并列的，子孙都要从特洛那为师，远地的皇孙，特洛那不拟收。其中有一位依卡拉夫耶（Ekalavya）求师不得，回树林塑特洛那泥像，跪拜，专心学射箭。众人报告特洛那，特洛那问孩子的老师是谁，答曰依卡拉夫耶称老师也是特洛那。特洛那亲自去看，孩子下跪，听训。特洛那称：英雄！但如果你真的自认是我的学生，须交费！学生说：可以献任何东西给老师。老师说：我要你的大拇指。学生毫不犹豫割了大拇指，献给老师。从此，这孩子就不得射箭了。

古时候的愚忠，真可哀！这种愚忠其实是极高尚、极真挚的感情，可是没有同等的智慧统摄，以致终为悲惨。

中国有一位尾生，等友人来桥洞。友不来，尾生竟不走，被水淹死。印度也有这种愚忠的人。勇士善射，怎么可以献出拇指？这孩子天性高尚、忠诚、仁厚，可惜没有智慧。古人最高情感是"忠"，偏偏错用"忠"。忠于国，忠于君，忠于父母谓之孝，忠于夫妻谓之贞，忠于兄长谓之悌，忠于朋友谓之义——往往愚忠。

古人忠而愚，今人聪明了，可是糟糕，真挚的情感也失去了。智慧是思维，道德只是行为的一部分。如果道德高于智慧，就蠢，就不得了。

话说特洛那教公子射，到了林中，问一个学生：看见鸟没有？曰：见。又问：看见树林和我没有？曰：都看见了。特洛那问另一个学生：看见鸟、林树、众人否？学生答：我只看见鸟。特洛那大喜，令其射，中。特洛那说：这只见鸟的孩子是好学生。

学东西，要像射手只见其鸟，旁若无人。

特洛那教众人学成，个个武艺高强。特洛那说：你们要报答，就把我的仇人掳来。之后是大战，直到终于把仇人掳了来。特洛那说：啊，你来了，我还像从前一样爱你。去吧。

古人可爱。动作之大！

古人为了争一口气，今人为了争一笔钱。

故事太繁，都是讲战事，不讲了。其实，史诗就是古代战争史。

《罗摩衍那》讲英雄美人。印度有城，名"永胜"。市民正直诚实，国王没有子嗣。

按：古代所谓"国"，往往就是一个城邦。希腊、印度、中国皆然——说开去。神存在于三度空间之外，人存在于三度空间内。也许，神其实存在于四度、五度空间。人类已算出十一度空间，或许和三度相等而人不知。而三度或有某种美感，故神仙破十一度空间"下凡"。

于是有神下凡投到王室，使国王三个妻子怀了孕，生四子（其中或有双胞胎）。四太子中，以老大（名叫罗摩 Rama，印度人自称英雄，就说"我是罗摩"）最得人喜爱。及长，连风、水、鸟都爱他。

大战。大战后，隐士邀请老大去祭奠。置大弓。识一美女，其父称非妻所生，是犁地时从泥土里跳出来的。谁能开弓，美人就嫁给谁。于是五百人拉弓，老大轻易拉成了，弓断。成婚。美女另有三个妹妹，各嫁公子二三四。

国王退位，王位传老大。奶妈挑拨，要王废老大，立老二为王。皇后哀伤，哭着告诉老大。老大不伤心，请使老二来，自己偕妻子远去。全城伤痛。

老二不肯受位，驾马车去森林见哥哥，跪求老大复出为王。老大坚拒，说乃父母之命，不可违。老二说，我代你为王十四年，十四年后你不回来，我就自焚。老大同意。

这是好人和好人之间的戏剧性。

老二回城，置老大金拖鞋于王座，自己在侧代兄为王。

向来有恶与恶的戏剧性、善与恶的戏剧性，这善与善的戏剧性令我们感动的是，忘记了它的虚构性——置金鞋而代为王，简直浪漫主义、唯美主义、象征主义、理想主义都有了。

印度史诗长，是文学旅游的奇迹。这类文学，我主张知其大略，不求甚解。

现在回娘家，讲中国的《诗经》。

中国没有史诗，没有悲剧，没有神话，没有宗教，好像脸上无光。何以见得？不是中国也有神话、悲剧、佛教之类吗？答曰：以西方模式的宗教神话、悲剧史诗论，中国是没有的。宗教没有教宗，悲剧没有西方的自觉，是大团圆的悲剧。大团圆意识深入文学家意识，少数天才如《红楼梦》是想写悲剧的，还是弄成大团圆。中国的神话，是零星的，非系统的。神话、英雄，加天才，即史诗，中国没有此物。

整个《诗经》是悲苦之声。我骂儒家，是将好好一部《诗经》弄成道德教训，诗曰如何如何……《诗经》原本是个人主义、自由主义的压抑，可是几乎所有中国文人接引《诗经》都错，都用道德教训去看《诗经》。

诗就是诗。《诗经》之名，是错的。弄成经典，僵化诗，教条诗——文人称《离骚》是"离骚经"，称《庄子》为"南华经"，称苏东坡前后《赤壁赋》为"读前后胜读南华"。

中国没有与荷马同等级的大诗人，乃中国的不幸。今天不再可能出了。我想，如果中国有宏伟的史诗，好到可比希腊史诗，但不能有中国的三百零五首古代抒情诗。怎么选择呢？我宁可要那三百零五首《诗经》抒情诗。我是老牌个人主义者。我不是爱国主义者。所以，我爱《诗经》之诗。任何各国古典抒情诗都不及《诗经》，可惜外文无法翻译。

《诗经》第一首诗是爱情诗。后人说显得孔子通人性，孔子则视如夫妇之道。以下是诗：

《周南·关雎》

关关雎鸠——关关，和鸣声。雎鸠，雎水，雎河，一在河南，一在湖北。鸠，旧说是鹭，但鹭非吉鸟，声亦非关关。鸠，可能是斑鸠，雎水上特有的鸠。

在河之洲——河，黄河。洲，水中央的陆地。

窈窕淑女——窈窕，音腰挑（上声），美好貌。淑，善。

君子好逑——君子，贵族男子通称。好，相悦。逑，同仇，指配偶，相配。

参差荇菜——荇，音杏，水生植物，叶心脏形，浮水面，可食。

左右流之——流，通摎（音留），择取也。

窈窕淑女

寤寐求之——醒为寤，睡为寐。寤寐，犹言日夜。

求之不得

寤寐思服——服，古读愎，思念。"思""服"同义。

悠哉悠哉——悠，长。悠悠，绵绵不断。

辗转反侧——辗转，同义。反，覆身卧。侧，侧身卧。

参差荇菜

左右采之——采，音契。

窈窕淑女

琴瑟友之——友，亲也，读以音。你"琴"我"瑟"，
求友之意。

参差荇菜

左右芼之——芼，音冒，是覒的借字。芼之，就是采
之。

窈窕淑女

钟鼓乐之——钟鼓，成婚也。乐，娱悦，讨好。

《郑风·将仲子》

将仲子兮——将，请。仲子是表字。

无逾我里——逾，同越。里，居也，五家为邻，五邻为里，里外有墙。越过里墙。

无折我树杞——树杞，即杞树。

岂敢爱之——爱，吝惜。之，指林杞。

畏我父母——母，古音米。

仲可怀也

父母之言

亦可畏也

将仲子兮

无逾我墙

无折我树桑

岂敢爱之

畏我诸兄——兄，音乡。

仲可怀也

诸兄之言

亦可畏也

将仲子兮

无逾我园——种果木菜蔬的地方有围墙者为园。

无折我树檀——檀，树名，檀香产印度、广东、云南。

岂敢爱之

畏人之多言

仲可怀也

人之多言

亦可畏也

　　多可爱的意思。此诗写女性心理，好极，委婉之极。其实很爱小二哥，怕家人说话。她最要讲的是"仲可怀也"，却讲了那么多，不拘四言五言七言，都有，反复三段，形式成立。中国古文"子"指男，故知此诗为女子口气。这样的好东西，去换大而无当的史诗，我不要。

《邶风·简兮》

简兮简兮——简，通僩，武勇之意。

方将万舞——万舞，大规模的舞。

日之方中

在前上处

硕人俣俣——硕，大。俣俣，音语语，高大貌。

公庭万舞——公庭，公堂前的庭院。

有力如虎

执辔如组——辔，马缰。组，是编织中的一排丝线。一
　　　　　　车四马，一马两缰，四马共八缰。两缰系
　　　　　　车上。

左手执籥——籥，音月，似笛而长。

右手秉翟——翟，古音濯，长尾雉鸡的羽。

赫如渥赭——赫，红面有光。渥，浸湿。赭，音者，红
　　　　　　土。写舞师脸红。

公言锡爵——公，指卫国的君主。锡，赐。爵，酒器。

山有榛——榛，栗属。

隰有苓——隰，音习，低湿处。苓，草名。言高低、草
　　　　　　木、阴阳、喻男女。

云谁之思

西方美人——那时的西方，指周。

彼美人兮——美人，指舞师。

西方之人兮

　　这首诗，妙在后来忽然"山有榛"、"隰有苓"。"云谁之
思"，你在想念谁呀！

《王风·采葛》

彼采葛兮——葛，藤也。

一日不见

如三月兮

彼采萧兮——萧，蒿类，类如艾，有香气。

一日不见

如三秋兮

彼采艾兮

一日不见

如三岁兮——由月而秋，秋而岁，意思是越来越想他。

　　中世纪所谓蒙昧，倒是保存了人的元气。后来有文艺复兴，是如酿酒，把盖子盖好的。后来的中国是开了盖，风雨尘埃进酒坛，这点元气，用完了。

　　《王风·黍离》

彼黍离离——黍，小米。离离，行列之貌（兼写）。

彼稷之苗——稷，高粱。

行迈靡靡——迈，行远，等于行行。靡靡，脚步较慢，
　　　　　　无力。

中心摇摇——中心，即心中摇摇，心忧不能自主。

知我者谓我心忧

不知我者谓我何求

悠悠苍天——悠悠，遥遥。

此何人哉——人，读仁（人仁古道），指苍天。

彼黍离离

彼稷之穗

行迈靡靡

中心如醉

知我者谓我心忧

不知我者谓我何求

悠悠苍天

此何人哉

彼黍离离

彼稷之实

行迈靡靡

中心如噎——噎，气逆不能呼吸。

知我者谓我心忧

不知我者谓我何求

悠悠苍天

此何人哉

旧说周人东迁后，有大夫行役到故都，见宗庙宫室平为田地，遍种黍稷，彷徨感叹。总之是一个流浪人的悲叹，应由舒伯特谱曲。

《卫风·氓》（氓，民，男子）

氓之蚩蚩——嗤嗤，戏笑貌。

抱布贸丝——以物易物。

匪来贸丝——匪，非。

来即我谋——即，就。找我商量。

送子涉淇——淇，水名。

至于顿丘——顿丘，地名。丘，古读欺。

匪我愆期——愆期，过期。

子无良媒

将子无怒——将，请，愿。请别发怒呀。

秋以为期——到了秋天再决定。

乘彼垝垣——垝，音归。垣，城墙。乘，连下句：到时候我会到城墙上，等你回到原来的关卡。

以望复关——关，关卡，一说复是关名，又一说复关是氓的名字。

132

不见复关

泣涕涟涟

既见复关

载笑载言

尔卜尔筮——烧灼龟甲，察裂纹判吉凶，叫卜。用蓍草
　　　　　　占卦，叫筮。

体无咎言——体，龟兆，兆卦，即卜筮的结果。无咎言，
　　　　　　无凶辞。

以尔车来

以我贿迁——贿，财物，指妆奁。

桑之未落

其叶沃若——沃若，沃然，润泽。

于嗟鸠兮

无食桑葚——鸠贪吃桑葚，则醉。别吃太多桑果。

于嗟女兮——想到我自己。

无与士耽——耽，贪爱太甚。别为这男子糊涂。

士之耽兮

犹可说也——说，脱，摆脱。

女之耽兮

不可说也

桑之落矣

其黄而陨——陨，读损，黄貌。

自我徂尔——徂，往。自从我来此。

三岁食贫——过了三年苦日子。

淇水汤汤——汤汤，水大，音商商。你还要赶我到淇水
那边。连下句，弄湿我的衣裳。

渐车帷裳——渐，浸湿。帷，音惟，布幔。被弃逐后渡
淇水而归。

女也不爽——爽，差错。我作为女子，没有错。

士贰其行——贰，为（忒）之误，即忒，与爽同。你倒
是错了。

士也罔极——罔，无常。男子做事没定准，没长性。

二三其德——言行前后不一，忽此忽彼。

三岁为妇——为妇三年。

靡室劳矣——家务一身担负，每天如此忙碌。

夙兴夜寐——兴，起，起早摸黑。

靡有朝矣——朝朝如此，不能计算。

言既遂矣——言，无意义，口气，既遂，是既过得顺心。

至于暴矣——待我越来越凶。

兄弟不知

134

咥其笑矣——咥，音戏。

静言思之

躬自悼矣

及尔偕老——当初说定与你过到老。

老使我怨——这样到老真是冤枉。

淇则有岸——淇水虽宽总有岸。

隰则有泮——湿河虽阔总有边。

总角之宴——男女未成年，发作两角。宴，乐也。

言笑晏晏——晏晏，温和。

信誓旦旦——旦旦，明明白白，诚恳的样子。

不思其反——反，即返。

反是不思——为了韵脚，取重复为反是不思。

亦已焉哉——看开算了吧。哉，古读兹。

《邶风·击鼓》

击鼓其镗——镗，音汤。讲兵怨。

踊跃用兵——踊跃，练武的动作。兵，武器。

土国城漕——土国，即国土。城漕，在漕邑筑城。漕邑，
今河南滑县东南。

我独南行——南行，出兵陈、宋。愿就筑城劳役，不愿
南征。怨气：我去南方出征。

从孙子仲——孙子仲，卫国世卿，南征统师。

平陈与宋——陈国，今河南淮阳。宋国，今河南商丘县
　　　　　　南。出征平陈国与宋国。

不我以归——不许我回国留守（有部分留戍）。

忧心有忡——忡，音充。有忡，忡忡，心不宁。

爰居爰处——爰，音袁，乃也。于是，不知住哪里。

爰丧其马——不知将在何处打仗，而马也死掉。

于以求之——将来到哪里能够找寻我？

于林之下——无非是山林之下找到我和马的尸体。

死生契阔——契，合也。阔，疏远之意。偏义复词，恩
　　　　　　仇，贬褒。生死结合。

与子成说——成说，成言，说定了。回想出征前与妻的
　　　　　　感情深笃。

执子之手——子，作者指其妻。

与子偕老——白头到老。

于嗟阔兮——再也见不到你了。

不我活兮——活，读佸，音括，曾也。

于嗟洵兮——洵，夐，久远也。

不我信兮——我要做也做不了。

第十一讲

诗经续谈

一九八九年八月二十七日

比起后世一代代腐儒，孔子当时聪明多了，深知"不学诗，无以言"。意思是：不学《诗经》，不会讲话。他懂得文采的重要。

古说"木铎有心"，我的名字就是这里来。

那时，国与国外交也以诗和音乐交往、赠送。艺术的传播。风雅颂，不必分。分不清，勉强无聊之分。

又有一说，说孔丘并未删诗，好诗自会流传。我怀疑。一定要形诸文字，才能流传。如果当时没有人编选，《诗经》到汉代就所剩无几了。

《诗经》的来源，众说纷纭。大家猜，多不服。我来简绎浅说。《诗经》，是两千五百年前（共三百零五首）的北方民间诗歌。当时南方没有文化，称南蛮。

把《诗经》不当做作品，而当做伦理、道德、教条、格言，始自汉朝，将其文学价值、文学光辉湮没了。

东方朔，竹林七贤，建安七子，都有明显的《诗经》影响。陶渊明，直接受《诗经》影响。这些人将《诗经》的精神、技巧继承了，发扬了，但是儒家使《诗经》没落。

《诗经》的编定者，相传是孔子，功最大。存疑。他对《诗经》有评价："诗三百，一言以蔽之曰：思无邪。"

不得不佩服他高明，概括力之高。

他说，《诗经》"哀而不伤，乐而不淫"，懂得分寸。我以为还是从他主观的伦理要求评价《诗经》。比起后世一代代腐儒，孔子当时聪明多了，深知"不学诗，无以言"（即哲学思想要有文学形式），意思是：不学《诗经》，不会讲话。他懂得文采的重要。

哲学家、史家，必得兼文学家，否则无文采。孔丘是伦理学家，但他有文采。他从实用。他说：

　　小子，何莫学乎诗？诗可以兴，可以观，可以群，可以怨。

我们今天看《诗经》，应该看《诗经》纯粹的文学性、文学美。

《诗经》共分三部分：风、雅、颂。雅有大雅、小雅之分。

风，以音乐名称用到文学，用今天的话说，是曲式、声调，如当时有秦风、魏风，俗解山西调、甘肃调。当时有十五国（均在北方），在陕西、山西、河南、河北、山东一带。所谓"国风"，就是十五国的调调不同。

雅，现在是形容词，当时是名词，意为"正"。当时的普通话，官话，称"雅言"。"雅"，也即"夏"的意思。"华夏"，分大雅、小雅。学术界至今定不了案。我以为从新旧而分出大小雅：大雅，旧诗；小雅，新诗。大雅的作品，多产于西周；小雅，也产于西周，但有部分东周。

颂，有说"容"，模样之意。有说指读与唱的速度和节奏。

《诗经》大部分是民间歌谣，小部分是诗人作品，更小部分是贵族的作品。

古说"木铎有心"，我的名字就是这里来。

《公羊传》说，男六十岁，女五十岁，无子嗣，官方令其去乡间采集诗，乡到城，城到县，县到国，向朝廷奏诗。

那时，国与国外交也以诗和音乐交往、赠送。艺术的传播。风雅颂，不必分。分不清，勉强无聊之分。

司马迁《史记》说，古诗有三千多篇，孔丘删时，二或三种相似重复者存一，合道德礼仪的诗才选。又有一说，说孔丘并未删诗，好诗自会流传。我怀疑。一定要形诸文字，才能流传。如果当时没有人编选，《诗经》到汉代就所剩无几了。

人类的发展，艺术的保存，实在岌岌可危、结结巴巴（沪语）。

从《诗经》里，我们可以看到两千五百多年前的政治、社会、文化、爱情、友情、乐器、兵器、容器，等等。三百零五篇，植物、草本七十种，木本三十种，兽三十种，鸟三十种，鱼十种，虫二十种……可见当时的中国人对自然已知定名。

《鄘风·柏舟》

泛彼柏舟——柏船在河中漂荡。

在彼中河——中河，即河中。

髧彼两髦——髧，音胆。发下垂，男未冠披发，长齐眉，分两边梳，曰髦。

实维我仪——实在是我最喜欢的样子（指配偶）。

之死矢靡它——之，至也，到也。矢，誓也。靡它，无它心，到死无二心。

母也天只——只，语助词。天，古音吞，传谓父也。母呀，天呀，意思是父母不了解我。

不谅人只——谅，谅解，体察。

泛彼柏舟

在彼河侧

髧彼两髦

实维我特——特，匹偶。

之死矢靡它——靡它，到死也不变。

母也天只

不谅人只

《郑风·风雨》

风雨凄凄——凄凄，寒凉。

鸡鸣喈喈——喈，音皆，鸡鸣（饥）。

既见君子——君子，女对爱者称。

云胡不夷——云是发语词。胡，何也。夷，平地也。我
　　　　　心怎能平静？

风雨潇潇——潇，音修，急骤。

鸡鸣胶胶——胶，或作嘐，音鸠。

既见君子——见到了你。

云胡不瘳——瘳，读抽。抽，病愈。见了你，还有什么
　　　　　病呢？

风雨如晦——晦，音暗，如夜。

鸡鸣不已——已，止。

既见君子

云胡不喜——见了你，怎不欢喜？

《豳风·七月》

七月流火——火，古读毁。流火，星名，夏历五月，此
　　　　　　星当正南方，六月过后就偏西，故称流。

九月授衣——九月丝麻诸事结束，将裁制各衣，交付女
　　　　　　工。

一之日觱发——十月以后的第一日。觱，音必，大风触
　　　　　　物声。

二之日栗烈——栗烈，或作凛冽，气寒。

无衣无褐——褐，粗布衣。

何以卒岁

三之日于耜——于，为也。耜音似，耕田起土之具。于
　　　　　　耜，修理耒（音类）耜。

四之日举趾——趾，足也。举趾，下田。

同我妇子——与妻儿。

馌彼南亩——馌，音协，馈送食物，送饭给耕者。

田畯至喜——畯，音俊。田畯，农官，田正，田大夫。

142

七月流火

九月授衣

春日载阳——载，始。阳，温暖。

有鸣仓庚——仓庚，黄莺。

女执懿筐——懿筐，深筐。

遵彼微行——微行，桑间小径。

爰求柔桑——爰，语助词，犹曰。柔桑，初生桑叶。

春日迟迟——迟迟，日长。

采蘩祁祁——蘩，菊科植物，煎水用以浇蚕子，蚕易出。
祁祁，众多。

女心伤悲

殆及公子同归——怕被公子强带回去，一说怕被女公
子带回去陪嫁。殆，逮，危也，迫
也，似也，或然疑也，怠也。

七月流火

八月萑苇——萑，音椎，芦类，八月长成，可作箔（芦
帘）。

蚕月条桑——蚕月，三月。采桑，修剪养蚕桑树。二眠，
用三箔。

取彼斧斨——斨，音枪，方斧曰斨。

以伐远扬——远扬，太长的高扬的枝条，要砍掉。

猗彼女桑——猗，牵引。女桑，小桑。拉枝采叶。

七月鸣鵙——鵙，音局，鸟名，即伯劳。

八月载绩——绩，读织。

载玄载黄——玄，黑中含红。玄，黄，指丝麻绩品的染
色。

我朱孔阳——朱，赫色。阳，鲜明。

为公子裳——我们还有明亮的红色，为公子做衣裳。衣，
上身。裳，下身。

四月秀葽——葽，音腰，植物。秀，古语，成了，结子了。

五月鸣蜩——蜩，音条，蝉也。

八月其获——八月收获。

十月陨蘀——陨蘀，落叶。蘀，音托，草叶落地。

一之日于貉——貉，取狐狸皮。十月一日打田猎。

取彼狐狸——打到了狐狸。

为公子裘——为公子做大衣。

二之日其同——腊月大伙儿聚会，称其同。

载缵武功——缵，继续。武功，田猎。

言私其豵——豵，音宗，一岁小猪。此处指一般小兽归
猎者私有。

献豜于公——豜，音坚，三岁小猪。此处代表大兽，献
给公家。

144

五月斯螽动股——螽，音终。斯螽，蝗类，旧传两股
　　　　　　　相切发声。

六月莎鸡振羽——莎，音箦。莎鸡，纺织娘。

七月在野——以下四三句，都在写蟋蟀。

八月在宇——宇，檐下。

九月在户

十月蟋蟀

入我床下

穹窒熏鼠——穹，通空。窒，塞满。

塞向墐户——向，朝北的窗子。墐，以泥涂上。

嗟我妇子——以下三句，即过年啦，好好进屋弄弄。

曰为改岁——曰，亦作聿，语助词。改岁，旧年将尽，
　　　　　　新年将至。

入此室处——且来养好房里，安住，像蟋蟀那样。

六月食郁及薁——郁，唐棣类，实似李，红色，山楂。
　　　　　　　　薁，音奥，实如精圆樱桃。

七月亨葵及菽——亨，通烹。菽，豆的总称。

八月剥枣——剥，音扑，击也。

十月获稻——获，专指收稻。

为此春酒——冬酿春成，故名春酒。枣和稻是酿料。

以介眉寿——介，助词。眉寿，豪眉也，眉生豪，叫秀

眉。眉寿，指老人。酒，老人先喝。

七月食瓜

八月断壶——壶，瓠也，葫芦。摘葫芦。

九月叔苴——叔，拾也。苴，音咀，秋麻子，可食。

采茶薪樗——茶，苦菜。樗，音摅。采菜，打柴。

食我农夫——这是我们的食物。

九月筑场圃——场，打谷场，圃是菜圃。春夏做菜圃，
　　　　　　秋冬做打谷场。

十月纳禾稼——纳，收进。稼，古读故。禾稼，谷类通
　　　　　　称。

黍稷重穋——黍，音暑。稷，音即。重，音种。穋，音
　　　　　　陆。早谷晚谷，黄米，高粱。

禾麻菽麦——禾，这里专指小米。

嗟我农夫——像我们农民啊。

我稼即同——稼，音故。地里庄稼才收起。

上入执宫功——功，事也。宫功，建筑宫室。

昼尔于茅——白天割茅草。

宵尔索绹——绹，绳也。夜里要搓绳索。

亟其乘屋——亟，急也。乘屋，差屋。宫功完后，赶紧
　　　　　　要修屋子。

其始播百谷——又要撒种了。

二之日凿冰冲冲——十二月打冰，冲冲，古读沉沉。

三之日纳于凌阴——三之日，指正月。凌是冰块，阴
是冰窖。

四之日其蚤——四指二月。蚤，取也。

献羔祭韭——用羔羊和韭菜祭祀。

九月肃霜——肃霜即肃爽，双声语，天高气爽。

十月涤场——清扫场地。一说涤荡，草木摇落。

朋酒斯飨——朋酒，两樽酒。

曰杀羔羊——大家说杀羔羊。

跻彼公堂——跻，登。公堂指公共场合，不一定是朝堂。

称彼兕觥——称，举也。兕音似。觥，独角野牛，其角
作酒器，名兕觥。觥，音功。

万寿无疆——万，大也。无疆，无穷。

本课笔记内页："三国，汉朝，魏朝，皆受《楚辞》影响，直到清末文学家、鲁迅，都受《楚辞》影响。"

第十二讲

楚辞与屈原

一九八九年九月十日

我也受《楚辞》影响。《哥伦比亚的倒影》《九月初九》，都是赋。洋装赋《夏夜的婚礼》，用《九歌》方式写，若人点破，乃搔到痒处。我爱被人拆穿西洋镜，拆穿了，西洋镜才有意思，不拆穿，没意思。

我爱兵法，完全没有用武之地。人生，我家破人亡，断子绝孙。爱情上，柳暗花明，却无一村。说来说去，全靠艺术活下来。幸也罢，不幸也罢，创作也罢，不创作也罢，只要通文学，不失为一成功。清通之后，可以说万事万物——艺术家圆通之后，非常通。

《离骚》，能和西方交响乐——瓦格纳、勃拉姆斯、西贝柳斯、法朗克——媲美。《楚辞》，起于屈原，绝于屈原。宋玉华美。枚乘，雄辩滔滔，都不能及于屈原。唐诗是琳琅满目的文字，屈原全篇是一种心情的起伏，充满辞藻，却总在起伏流动，一种飞翔的感觉。用的手法，其实是古典意识流，时空交错。

屈原写诗，一定知道他已永垂不朽。每个大艺术家生前都公正地衡量过自己。有人熬不住，说出来，如但丁、普希金。有种人不说的，如陶渊明，熬住不说。

神，鬼，都是人性的升华。比希腊神话更优雅，更安静，极端唯美主义。《少司命》有如行书，《山鬼》有如狂草。其余篇幅，如正楷。《九歌》超人间，又笼罩人间。

文学要拉硬弓，不要拉软弓。所谓拉硬弓，要独自暗中拉，勿使人看见。《诗经》、《楚辞》，是中国文学的两张硬弓。你只有找到精华中的精华，那整个精华就是你的。如果辨不出精华中之精华，那整个精华你都不懂。

《诗经》明明是文学抒情作品，却被后世的传道家、辩士、政客，弄成教条，"子曰"、"诗云"。已成为中国儒家知识分子的共识，直到宋、明、清，还在"子曰"、"诗云"。

他们不惜抹杀《诗经》的文学价值，甚至不把《诗经》编入诗史。

汉乐府，诗之文学形式，继承发扬《诗经》精神。建安七子等均是，陶渊明更是。

这些人杰出，不为儒家见识所缚。天才能解脱一切束缚教条。

我自己的作品中，也用不同方式运用《诗经》，用时，既图不损其原味，又要推出新的境界和意思，明白告诉读者我在用《诗经》，但又要出自己意。

孔子标榜"述而不作"。他很滑头，他自己不创作。我年青时刻一章，唱反调："作而不述。"

《楚辞》，很幸运未被孔子修改过、歪曲过，没弄成道德教训。三国，汉朝，魏朝，皆受《楚辞》影响，直到清末文学家、鲁迅，都受《楚辞》影响。

后来的赋，直接导源于《楚辞》。

周氏兄弟古文根底好，却不愿正面接续传统，老作打油诗。

我也受《楚辞》影响。《哥伦比亚的倒影》、《九月初九》，都是赋。洋装赋《夏夜的婚礼》，用《九歌》方式写，若人点破，乃搔到痒处。我爱被人拆穿西洋镜，拆穿了，西洋镜才有意思，不拆穿，没意思。

贫穷是一种浪漫——我买不起唐人街东方书局大量关于屈原的书，就携带小纸条去抄录——上海火车站外小姑娘刷牙，是贫穷，浪漫。

《诗经》选的是北方的诗歌。《楚辞》选的是南方的诗歌。

"楚辞"，不是当时的人叫的，是后人定的，起于汉朝末年。富家人唐勒作赋四篇，宋玉作赋四篇。《史记》提到"屈原既死之后，楚有宋玉、唐勒、景差之徒者，皆好辞而以赋见称"。

楚，辞，二字分开。楚，地方；辞，文学作品。

某地某人善写楚辞之说，起于汉初。战国时，楚是七雄之一，今湘鄂皖一带，即楚地。流传的《楚辞》，十七篇，十篇是原作，另七篇是汉朝人的模拟之作。

正宗《楚辞》——《离骚》、《九歌》、《天问》、《九章》、《远游》、《卜居》、《渔父》、《九辩》、《招魂》、《大招》。

其中，《离骚》、《九歌》为最好，读这两篇，《楚辞》的精华就取到了。《九歌》里也只有两首歌最好，得全曲精华。

政治、生活、爱情都成功，可以是伟大的文学家，譬如歌德。政治、生活、爱情都失败，更可以是伟大的文学家，譬如但丁、屈原。

艺术家莫不如此。

人生中，庸俗之辈包围，很难成功。爱情最难。亲家成仇家，因为了解，骂起来特别凶。如果你聪明，要准备在政治、人生、爱情上失败，而在艺术上成功。

我爱兵法，完全没有用武之地。人生，我家破人亡，断子绝孙。爱情上，柳暗花明，却无一村。说来说去，全靠艺术活下来。

幸也罢，不幸也罢，创作也罢，不创作也罢，只要通文学，不失为一成功。清通之后，可以说万事万物——艺术家圆通之后，非常通。

画画，人越傻越好。

文学唯一可以和音乐绘画争高下，是文学可以抓到痒处。绘画强迫人接受画家个人的意象，文学给人想象的余地。

中国诗人，要说伟大，屈原最伟大。

他在残暴、肮脏、卑鄙的政治环境中，竟提出这样一首高洁优雅的长诗。他的《离骚》，能和西方交响乐——瓦格纳、勃拉姆斯（Johannes Brahms）、西贝柳斯（Jean Sibelius）、法朗克（Cesar Franck）——媲美。

《楚辞》，起于屈原，绝于屈原。

宋玉华美，枚乘雄辩滔滔，都不能及于屈原。唐诗是琳琅满目的文字，屈原全篇是一种心情的起伏，充满辞藻，却总在起伏流动，一种飞翔的感觉。用的手法，其实是古典意识流，时空交错。

他守得住艺术、非艺术的界限。

诗是永恒的。屈原又要借此吐出一口政治上的怨气，故不能直写。而陀思妥耶夫斯基能把非文学的东西提升为文学，他和托尔斯泰写当时，但可以永久。他们知道，当时的什么，可以写进文学。

这界限有大纲、有细节，都要把握紧，扣牢，不差错。

李白、杜甫，有时也会越界。鲁迅也有许多越界，但毕竟天才，在暴政苦难中不予直骂直斥，写一首诗，哭中华，哭烈士，但托之于艺术。

参加游行时，是自我缩小成群众里的一个点。

屈原遭遇不幸，被诬告，却出《九歌》，就是给人看看他的身份、态度。他分得清政治、生命、诗歌的分界。

屈原，名平，贵族，是皇族的子孙。生于约公元前 340 年，皇赐名灵均，官号三闾大夫，主管皇族子孙家务事。最初做楚怀王的左徒，是谏官。中国古代向来设谏官。

博闻强记，治国手腕高。善谈论，善辞令。内政上，与楚怀王商量国家大事。对外接待各国诸宾，等于是皇帝最重要的亲信。楚怀王要立宪令，由屈原起草，大臣上官靳尚妒忌屈原久，设法偷屈原宪令草稿。当时稿未定，不示。靳尚抢而不得，乃在王前说坏话，说得又通俗又高明。说，他每写一条，就说"除我之外，谁写得出？"王不悦，疏远屈原。屈原恨靳尚谗言，又恨王糊涂，遂写《离骚》。

今天可以说，《离骚》是我国最古早的"伤痕文学"。

他的文体，靠打比喻：香草美人，气度雍雍。

《离骚》三百七十多句，包罗万象。屈原自沉汨罗江，是公元前278年。据说是五月初五，地处湖南岳阳县。司马迁曾到汨罗江追悼屈原。他最同情屈原，写到时，大动力气，将屈原放在"列传"中，列传者可说是"皇家"的人。

渔父劝屈原随波逐流。我们如今用的都是渔父哲学，又是老庄哲学。

人各有志。屈原诗，乃作品。他的死，也是作品，是一种自我完成。刚才说政治、人生、爱情难成功，都因为不得自己做主。艺术上的成功，乃可以自主。屈原写诗，一定知道他已永垂不朽。

每个大艺术家生前都公正地衡量过自己。有人熬不住，说出来，如但丁、普希金。有种人不说的，如陶渊明，熬住不说。

宋玉，一说是屈原学生。一说不是。做《九辩》、《招魂》。还有许多赋。古代的美男子，以潘安、宋玉做代表。宋玉，生于约公元前约298年，卒于公元前222年。

《九歌》，是楚国民间的宗教古歌。屈原改时，不动原来的体裁风格，不着痕迹把自己放进去，流露得很自然。

如今远远去看屈原，他像个神，不像个人，神仙、精灵一般。实际政治，他都清楚。他能升华，他精明，能成诗，他高瞻远瞩。

艺术家可以写实，可以写虚，最好以自己的气质而选择。

我对《九歌》有偏爱。《九歌》的每一篇都好：

《东皇太一》（天，最高的神）

《云中君》 （云神）

《湘君》 （湘水男神）

《湘夫人》（湘水女神）

《大司命》（主司寿命）

《少司命》（年轻命运神）

《东君》 （太阳神）

《河伯》 （河神）

《山鬼》 （精灵）

《国殇》

《礼魂》

《九章》：

《惜诵》

《涉江》

《哀郢》

《抽思》

《思美人》

《惜往日》

《橘颂》

《悲回风》

《怀沙》

《少司命》、《山鬼》两篇最好，是中国古典文学顶峰之作，是贵族的。贵族，不是指财富，指精神。

神，鬼，都是人性的升华。比希腊神话更优雅，更安静，极端唯美主义。

《少司命》有如行书，《山鬼》有如狂草。其余篇幅，如正楷。

《九歌》超人间，又笼罩人间。

文学要拉硬弓，不要拉软弓。所谓拉硬弓，要独自暗中拉，勿使人看见。

《诗经》、《楚辞》，是中国文学的两张硬弓。

你只有找到精华中的精华，那整个精华就是你的。如果辨不出精华中之精华，那整个精华你都不懂。

这是方法论。精华多，莫如找精华中的精华。

文学艺术，创作难，欣赏更难。不是创作在前，欣赏在后。不。欣赏在前，创作在后。

一辈子拉硬弓。

《山鬼》，阴森森的繁华。

都是七言。已是唐人七律七绝的前声。

中国人是一上来就受了苦，吃了亏。然后因为苦，出了文学、诗歌、哲学、伦理。

第十三讲

中国古代的历史学家

一九八九年九月二十四日

文化遗产的继承，最佳法，是任其自然，不可自觉继承。一自觉，就模仿、搬弄，反而败坏家风。近代人笔下没有古人光彩，最最自然地浸淫其中，自然有成。道理和老子的"无为而无不为"一样，继承也无为继承。

战国四君子：孟尝君、春申君、平原君、信陵君。各人有三千食客，真是豪华世纪。西方没有这样的派头养食客。

简直大声疾呼，可爱透顶，难得难得！这等气派才叫是真正的"难得糊涂"啊！我推想，司马迁是《史记》全部定稿才写下这篇中气十足的序言。

中国文化是阴性的，以阴柔达到阳刚——西方是直截了当的阳刚（耶和华、丘比特、宙斯，是西方至高的神，中国人的始祖和保护神，则是女娲、王母娘娘、妈祖、观世音菩萨）——这样子看看，司马迁是古人中最阳刚的，给中国文化史扬眉吐气。

如果司马迁不全持孔丘立场，而用李耳的宇宙观治史，以他的天才，《史记》这才真正伟大。但是再想想，不开心了，因为不可能——中国文化五千年、三千年，论面积和体量，不好和西方比。几乎没有哲学家，没有正式的大自然科学家。诸子百家是热心于王、霸的伦理学家、权术家，所谓修身、齐家、治国、平天下，是哲学吗？兵家、法家、杂家，都在权术范畴。

当司马迁写出人物、忘掉儒家时，是他最精彩的部分。写屈原，以儒家精神写，不佳；写到"鸿门宴"人物，忘了儒家，大好！

《诗经》被政治家、儒家弄成尊严和工具，以孔子为正式开端，以此教训人。我觉得当时《诗经》没有这个意思。连战国纵横家也以《诗经》教训人，甚至包括教训王侯。一切知识分子只能从《诗经》中汲取教条，不敢承认这是文学。后人都不敢将《诗经》编入文选。我自小不认为《诗经》是道德教训。

可见儒家在中国势力之大，成了集体潜意识。毛泽东、刘少奇，都用儒家的办法。

儒家是最重功利的。对待《诗经》，伪善，霸道。

汉乐府，偷偷继承发扬《诗经》。竹林七贤，建安七子，陶渊明，这些杰出的人才不被教条吓倒，仍把《诗经》作为文学看待。凡夫俗子，就认《诗经》为经典。

豪杰到底是豪杰，天才毕竟是天才。

在座诸位有空多读点中国史家、哲学家典籍，千万别想到什么要继承发扬，那样，你就有希望继承和发扬了。吴昌硕刻章，人称直追汉印。古典文学也要如此，再远，一拉就拉过来。毕加索要古典，将希腊一拉就拉过来。

中国的纯文学，是《诗经》，是《楚辞》。

历史学家的，除了司马迁《史记》，还有《后汉书》，还有《左传》、《战国策》，还有《国语》。《左传》、《国语》、《战国策》，后来才是《史记》。

孔子的《春秋》也是。稍后再说。

上述，为历史学家。《古文观止》的上本，就是从《左传》、《国语》、《战国策》等里面来的。所以，中国古代历史，一上来就是文学，已经写得极其完美。我想钻空子，没法钻，写得太好。

《左传》、《国语》、《战国策》的文学成就绝不下于《史记》，更高古奇拔。司马迁会写实，像是画油画。

古代之所以有这光荣现象，因为文学家、史家、哲学家都是贯通的。现代知识分工大势所趋，一分工，智慧分开。

古代文化的总和性现象，一定出华而又实的大人物。现代分工，是投机取巧。现代的新趋向，还是要求知识的统合。

希望将来知识统合成功，人类又开始新纪元。

古历史学家文章写得之好，功力奇妙！老子、庄子、孔子、孟子、荀子、墨子、韩非子，莫不如此。

老子精炼奥妙，庄子汪洋恣肆，孟子庄严雄辩，墨子质朴生动（若以墨子治国，中国早已是强国），韩非子犀利明畅，荀子严密透辟，孔子圆融周到——孔子调皮、滑头，话从不说死。

他们的用字，用比喻，都成专利，别人冒充不得。

这是文学遗产（狭义），是文化遗产（广义）。养育了中国两千多年的文化，直到两千多年后的"五四"的健将，鲁迅、周作人、郭沫若等。

近代，没有了，断了汉文化的血脉。

一个巨大的断层。几乎没有一个当代文学家文中能够看到这些古代的影响，好像现代的中国人不是古代的中国人的子孙。"文化大革命"后，全断尽了。

大悲哀。汉文化消灭了。国穷民穷，或可转富，精神文化一失，再也回不来。

我结结巴巴还是想要继承汉文化、古文化。绘画也一样，可以直追秦汉。文化遗产的继承，最佳法，是任其自然，不可自觉继承。一自觉，就模仿、搬弄，反而败坏家风。近代人笔下没有古人光彩，最最自然地浸淫其中，自然有成。道理和老子的"无为而无不为"一样，继承也无为继承。

中国最古的古书，不是《左传》，也不是《国语》或《战国策》，乃是《尚书》。《中国文学史》的编著者把《尚书》列入，我认为不对。编著者着眼于"渊源"，而忘了编的是"文学史"。《尚书》可不是文学著作，是历史资料、档案（如皇帝的报告、打仗的宣言），是古代文诰誓语的汇编。文笔简练，内容烦琐，总之不是文学。如果你们以后碰到学问家，谈及《尚书》，你们就把责任推在我身上好了，说："因为木心先生讲世界文学史时，把《尚书》排除在外，所以我没有研究过《尚书》。"

所以，今天不谈《尚书》。

《尚书》之后，还有一部史书：《春秋》。作者不一定是孔子。《春秋》，也不能算是文学作品。但补充一下，其文笔简练到极点。例：

郑伯克段于鄢。（《春秋》鲁隐公元年）

史实呢，是郑国之君，有弟名共叔段，谋反，兄打败了弟——《春秋》作者认为郑国之君没有把弟弟教育好，失了做哥哥的责任，所以故意点明他不配做哥哥，降称之为郑伯。而共叔段呢，要抢王位，有亏弟弟敬事兄长的本分，故不配称弟，只叫他段。两者之斗争，情况类如两个国君交战，故名为克——这样，讥笑了哥哥，责备了弟弟，而且批评他们自己的家事弄到像两国交战。这种高度的简括，态度、立场、观点的毫不假借，就叫做"春秋笔法"。

王安石批评《春秋》为"断烂朝报"，我还是肯定《春秋》的文学价值。《左传》、《公羊传》等，都以《春秋》为师。所以虽然不是文学作品，但却属文学的源流。

左丘明著《左传》。盲者，生平不可考。从前的人真是大派，不写回忆录。这是大自然的作风。只留作品，不留作者。他是第一个以文学水平写史书的人。

《国语》作者谁？也不可考。有说仍是左丘明写，有说《左传》以年代先后分，《国语》以国家分代，故不是左丘明所写。我以为以左丘明之才，完全可以一变，以国分代，有可能是他写的。

《战国策》（也称《国策》）上继春秋，下至楚汉，记当时谋士的策略和言论，资料丰富，文笔大刀阔斧，有莎士比亚之风。作者不可考，一说为多人所作。可能。

例：苏秦张仪，苏善辩……

《公羊传》、《穀梁传》。战国四君子：孟尝君、春申君、平原君、信陵君。各人有三千食客，真是豪华世纪。西方没有这样的派头养食客。

可考的作者，司马迁。他是"以不死殉道"的伟大先驱。他为李陵说项，遭宫刑，成《史记》。他是真的强者。

大家恐怕有个错觉，以为当时的史家执有贬褒生杀之权，名高位尊——所谓"孔子作《春秋》，乱臣贼子惧"——其实古时候的史官，地位极低，与算命、相士、戏子、歌伎同等级，不赐爵、不封功。中国专制帝王向来蔑视知识分子，可是中国少数几位最高的知识分子，非常看得起自己。

孔子自封圣人，似乎早就知道后世会给他塑像，屈原也明白但丁可以和他排排坐。司马迁《史记》自序，直截了当"表态"——我真为他捏一把冷汗——他说：

> 先人有言：'自周公卒五百岁而有孔子，孔子卒后至于今五百岁，有能绍明世，正《易传》，继《春秋》，本《诗》《书》《礼》《乐》之际？'意在斯乎！意在斯乎！小子何敢让焉。

简直大声疾呼，可爱透顶，难得难得！这等气派才叫是真正的"难得糊涂"啊！我推想，司马迁是《史记》全部定稿才写下这篇中气十足的序言。

中国文化是阴性的，以阴柔达到阳刚——西方是直截了当的阳刚（耶和华、丘比特、宙斯，是西方至高的神，中国人的始祖和保护神，则是女娲、王母娘娘、妈祖、观世音菩萨）——这样子看看，司马迁是古人中最阳刚的，给中国文化史扬眉吐气。

这里不妨稍许谈谈中国历代大人物的自我期许，自我评价——现代话叫做"自我推销"，古话叫做"言志"——统体看，我以为魏晋人士言志最好，好在狂而得体，本身确有那点分量，不肉麻，而能诗意洋溢。

陶渊明，平淡到不在乎说。他非常明白他的诗同代没有读者，倒也心地放宽了。

回头看孔丘。孔丘多重人格，表面一套，心里一套，标榜"君子泰而不骄"，却又熬不住，说出来：

（周文王，姓姬，名昌，为周武王父。殷纣时为西伯，受谗，囚于羑里，其臣散宜生救之。周公，姬旦，武王之弟，成王之叔，成王幼，周公摄政）

文王既没，文不在兹乎？天之将丧斯文也，后死者不得与于斯文也。天之未丧斯文也，匡人其如予何！

明明指说周文王以后就是他孔丘了。

孟子更是摆明了直讲："夫天未欲平治天下也，如欲平治天下，当今之世，舍我其谁？"

再来看看后世文学家如何一个个夸海口。

南朝谢灵运："天下才共一石，曹子建独得八斗，我得一斗，自古及今共用一斗。"

李白："梁陈以来，艳薄斯极，沈休文又尚以声律，将复古道，非我而谁欤？"

杜甫："七龄思即壮，开口咏凤凰。"

欧阳修说："吾诗《庐山高》，今人莫能为。唯李太白能之，《明妃曲》后篇，太白不能为，唯杜子美能之。至于前篇，则子美亦不能为，唯吾能之也。"

你们看，就是这样子！可是从儒家到文学家，再到宋代的理学家，越来越不像话了。

陆象山（九渊，与朱熹辩，宋理学有朱陆之别）说："宇宙内事乃己分内事，己分内事乃宇宙事。"

王阳明（字伯安，弘治进士，余姚人，世称姚江学派）说："人本与天地一般大，只是自小耳。"

再看司马迁那篇序，我奇怪的是，当时竟没人指责他狂妄（细想，有一定有的，但文学性太差，到底留不下来）。

一部《史记》，总算落落大方，丈夫气概。我从小熟读司马迁，读到最近，起了怪想法：

如果司马迁不全持孔丘立场，而用李耳的宇宙观治史，以他的天才，《史记》这才真正伟大。但是再想想，不开心了，因为不可能——中国文化五千年、三千年，论面积和体量，不好和西方比。几乎没有哲学家，没有正式的大自然科学家。诸子百家是热心于王、霸的伦理学家、权术家，所谓修身、齐家、治国、平天下，是哲学吗？

兵家、法家、杂家，都在权术范畴。

什么是哲学？是思考宇宙，思考人在宇宙的位置，思考生命意义，无功利可言。忠、孝、仁、义、信，则规定人际关系。伦理学在中国，就是人际关系学，纯粹着眼功利。

尼采怀疑此前的所有哲学，后世哲学家无人不在尼采的光照中。中国可悲，出不了尼采，也接受不了尼采。以司马迁的人格、才华，最有条件接受尼采。但他不会抛开儒家。

或曰，时代相距太远，司马迁不可与尼采并论。是的。可是司马迁读过老子，为何不认同、不发挥？如果他能抛开孔丘，足可接受老庄——老庄和尼采通。

魏晋高士倒是和尼采通，因为魏晋人通老庄，行为风格易与西方近代精神通。再一例：鲁迅早年受尼采启示，他的才华品格也合乎尼采，后来半途而废，晚年鲁迅，尼采的影响完全消失。

为什么？儒家思想势力太大。

司马迁不接受老子，鲁迅放弃尼采。司马迁的最高价值是安邦治国，他们不会会同：修身、齐家、治国、平天下，是小事，不是大事。

无论什么人物都得有个基本的哲学态度，一个以宇宙为对象的思考基础。以此视所有古往今来的大人物，概莫能外。非自宇宙观开始、以宇宙观结束的大人物，我还没见过。否则，都是小人物。

读《史记》，当司马迁写出人物、忘掉儒家时，是他最精彩的部分。写屈原，以儒家精神写，不佳；写到"鸿门宴"人物，忘了儒家，大好！

古时候不写商人，不写流氓，司马迁才气大，胆魄大，皆入文章，写得出了神，忘了儒家的训诫。以下是我以为司马迁最精彩的篇章：《项羽本纪》、《管晏列传》、《廉颇蔺相如列传》、《刺客列传》、《李将军传》。

第十四讲

先秦诸子：老子

一九八九年十月八日

今天谈哲学家，开门见山，这座山，是中国最大的山。一般书生之见、市侩之见，乃至学者、专家、大儒，都说老子消极、悲观、厌世。我说，正是这一代一代的愚昧无知、刚愎自用，才使老子悲观、厌世、消极。

所以老子悲伤、绝望、反激、咒诅，出坏主意，制订了很多对付自然、对付人的策略，历代军事家都借此取了巧、学了乖。老子，也免不了被异化的命运。

我爱老子，但我不悲伤、不绝望、不唱反调、不骂、不出鬼主意——我自得恶果，所以不必悲伤；我不抱希望，所以不绝望；我自寻路，一个人走，所以不反激。我也有脾气要发，但说说俏皮话。

读《易经》，读《道德经》，我都为古人难受。他们遍体鳞伤，然后微笑着，劝道："可要小心，不要再吃亏。"

我怀疑"道"，也怀疑"总念"。怀疑了四五十年，结论是，两者概不承认。宇宙既不实在，亦不空虚，既无道，亦无总念。老子与黑格尔需要"支点"架构理论，支点一抽掉，整个理论垮下来。

一般的体系，可说是外化的精密，宏观的精密。我取内化的精密，微观的精密。外化的功能，体现在推理而定名，那是哲学、哲学家；内化的功能，表现在感知而不定名，那是艺术、艺术家。哲学家中，只有尼采一个人觉察到哲学的不济，坦率地说了出来，其他哲学家不肯承认思想历程的狼狈感。

上次讲中国古代史学家的文学性、文学成就、文学价值，这次讲中国古代哲学家的文学性、文学成就、文学价值。我多次提到诸子百家的文采，以前是非正式的，现在正式谈谈那几位"子"的文学典范。

公元前 770 年至前 221 年，这五百多年，即所谓春秋战国，局部战争此起彼落，政治和社会的纷乱，使人的思想异常活跃。用现在的话说，都想求真理，找到价值判断。

在我看，还是偶然。乱世不一定出英雄，乱世不一定出哲学家。

还是老观点：春秋战国的哲学黄金时代，奇就奇在出了一批天才——三百年出十个哲学家，以西方概率论，不算太多——不幸，中国从那时以后不再出哲学家了，吃老本吃了两千多年，坐吃山空。

一穷，穷在经济上；二白，白在文化上；三空，空在思想上。

所以，唯物论之类进来，没有抵挡。

胡适当初写《中国哲学史大纲》，只有上集，下集写不出（据考，上集，也不是胡的东西）。我愿意提醒胡博士：《中国哲学史大纲》下集当夜可以脱稿，明天出版，里边一句话，十六个字：

　　　　春秋以降，哲学从缺。

　　　　无米难炊，请君原谅。

老子（生卒年不详），姓李，名耳，又称聃，楚国人。传说很多，反而真相不明，寿年大概很高，总是百岁以上，有说是超过两百岁的。

为何我相信他特别高龄呢？是从他的哲理判断的。中国哲学，我定名为"老年哲学"（西方哲学可以定名为"壮年哲学"）。其中，李耳的思想最透彻、孤寂、凄凉，完全绝望。

他看破两大神秘：一是天，就是宇宙；二是人，就是生命。天，宇宙，是不仁。人，生命，是刍狗。这是李耳观察到最后，咬咬牙做出的判断。

这个观察过程一定很长，所以我相信老子真的很老。如果以年龄排行，全世界哲学家恐怕李耳先生寿年最高，思想境界也最高，如果改"老子"为"高子"，也中肯。

老子的哲学著作只有一本：《道德经》，分上下篇，共八十一章（九九八十一）。传说他要出关，官吏劝他留下一些言论，他才口授，别人记录。我猜想，并非如此平平静静，鲁迅写《出关》也是依照通常的传说，加上摩登的挖苦，旨在讽刺世道。

我来写，就写老子出关，一不是遁隐，二不是仙去，三不是旅游：他老人家是去自杀的。他在出关之际，内心的矛盾痛苦达于极点。

老子恨这个世界，觉得犯不着留什么东西来给后世，他又爱这个世界，要把自己的思想落成文字，给后来的智者。他的精神血统的苗裔明了他的痛苦，他的同代人没有一个配得上与他谈谈，他彻底孤独了二百多年。

但他要在未来中找朋友，找知音，于是有《道德经》。从文体看，他不是写给"刍狗"们看的，而是写给与他同等级的人。

所以，老子的文体与其他的诸子百家截然不同，就是不肯通俗，一味深奥玄妙，也许一边写，一边笑：你读不懂，我也不要你读，我写给懂的人看。

后世奉《道德经》为道家的圣典、兵家的韬略、法家的理论。我把《道德经》看作什么呢？是老子的绝命书，也是老子的情书。八十一章的第二十章，他破例哭出声来："众人熙熙，如享太牢，如登春台，我独泊兮其未兆。"只我一个彷徨无着落，去哪里呢？

这一章，与贝多芬晚年四重奏慢板所吐露的感慨、情操，是相通的。而且克制了紊乱的伤痛，端端正正，继续写他的情书和绝命书。

李耳是个叛逆者。常言道，尼采哲学存在于尼采之前，老子庄子，便是尼采之前的尼采。

在这个世界上，这个宇宙中，渺小的人都是奴隶，即使当了皇帝（包括教皇），如果人格渺小，一样是奴隶——伟大的人，必是叛逆者。

中国，上、中、下三等人，都尊"天"为无上的主宰，尤其儒家，以及后来的理学家，说到"天"，就跪下来了："获罪于天，无所祷也"，"天人合一"，"天命不可违也"。

独有老子，一上来就拆穿把戏："天地不仁，以万物为刍狗。"叛逆的气势好大！

当然，奴隶们不服，反问道："那么圣人呢，圣人是最仁的呀。"老子立即说："圣人不仁，以百姓为刍狗。"

我常要讲我的认识论，次序是这样的：

宇宙观——→世界观——→人生观

在座有人说，这个次序谁不知道呀。那我改动两个符号的方向：

宇宙观←——世界观←——人生观

看来也不能惊世骇俗。但我问，你周围，你过去的朋友，几个人具备人生观？再推论，那些人生观哪里来？不过人云亦云而已，极少是由世界观引申而来。

好，极少数人，有人生观，又有世界观。再推论，他们有没有宇宙观？更少之又少——宇宙嘛，那是天体物理学家的事，关我鸟事——情况大体上是这样的。

现在，我要不留情面地下决断了：

不从宇宙观而来的世界观，你的世界在哪里？不从世界观而来的人生观，你不活在世界上吗？所以，你认为你有人生观，没有、也不需要世界观，更没有、也更不需要宇宙观——你就什么也没有。

飞禽走兽不需要"禽生观、兽生观"，一样地飞，一样地走，这是运气、福气。做人而不幸成了知识分子、艺术家，不免就要有一个人生观：它是从世界观生出来的。那世界观呢，当然溯源于宇宙观。

爽爽快快说一遍：宇宙观决定世界观，世界观决定人生观。老子、庄子、尼采、释迦牟尼，都从这样顺序而思考的。

唯物辩证法号称无所畏惧、积极乐观。如果全世界科学家一致预测有一颗星球，半年内将与地球相撞，两球同归于尽，请问唯物主义者们，站得住脚吗？

只有从宇宙观来的世界观、人生观，这才真实恳切，不至于自欺欺人——老子的哲学，特别清醒地把宇宙观放进世界观、人生观。老子看君、看民、看圣人、看大盗、看鸡、看犬，从宇宙的角度、宇宙的眼光。

一般书生之见、市侩之见，乃至学者、专家、大儒，都说老子消极、悲观、厌世。

我说，正是这一代一代的愚昧无知、刚愎自用，才使老子悲观、厌世、消极。

从五十年代开始，要求人人都要积极、乐观、热爱生活。——这个圈子兜得好大，好漂亮，当时要算最有学问的高级知识分子也都一致认为，积极、乐观、爱生活，总是错不了的，消极、悲观、厌世，总是资产阶级思想，错透了，万万要不得。

其一，资产阶级哪里是在消极、悲观、厌世？"自由世界"当时起劲乐着呢，消极、悲观、厌世，并不是"资产阶级思想"。好，其二，太阳系处于中年期，到了老年期，能量消耗完了，地球将要冷却。等到整个太阳系毁了，这个物理判断，是资产阶级造谣吗？

我们再讲文学史。上次讲中国古代历史学家，我处处要讲他们的文学造诣、文学成就。今天谈哲学家，开门见山，这座山，是中国最大的山。

具有永恒性、世界性的中国哲学家，恐怕不多，大概一个半到两个。诸子百家，是伦理学家，研究社会结构、人际关系；是政论家，讨论治国之策。只有老子思考宇宙、生命。庄子，是老子的继续，是老子哲理的艺术化。

中国哲学家只有老子一个，庄子半个。

如果认为庄子文章如此好，算一个吧。那么中国总共两个哲学家，但性质不同，后人说起来总是"老庄哲学"、"老庄思想"。魏晋那么多绝顶聪明人，没有人给老子、庄子做"本质定位"，我是说，老子、庄子的气质，有所不同。

老子是阿波罗式的，冷静观照，光明澄澈。庄子是狄俄倪索斯式的，放浪形骸，郁勃汪洋。老子是古典的，庄子是浪漫的。老子是苦行的，庄子是享受的。老子内敛克制，以少胜多，以柔克刚；庄子外溢放射，意多繁华，傲慢逍遥。

奇妙就奇妙在，两者其实一体。希腊人崇拜日神和酒神。日神主音乐，酒神主舞蹈。音乐、舞蹈，不是总在一起吗？缩小看，在某个人身上，可以住着老子和庄子，两房一厅，洗手间公共——但这是比喻，比喻终究不能完全说明问题。我劝大家别太相信比喻。比喻是"言"，庄子主张"得意忘言"，他喜欢形象，叫做"得鱼忘筌"。总之，我将老子定位为古典，庄子定位为浪漫，也仅是比喻，目的是想回到"文学"。

讲到这里，可以正式谈谈老子的思想及其文体。

老子生活的时代，是很坏的时代。政治卑鄙龌龊，各种治国理论纷纷出笼，而天下愈弄愈乱，原因：一，理论有谬误。二，实践歪曲理论。所以，老子才提出"无为"、"无治"。可是我总是觉得老子这般说法，是生气，是绝望，是唱反调，是现状逼得他往极端走。所以，老子哲学是伤心人语，看透人性的不可救，索性让大家回到原始状态。

　　不尚贤，使民不争；不贵难得之货，使民不为盗；
　　不见可欲，使民心不乱。是以圣人之治，虚其心，实其腹，弱其志，强其骨。常使民无知无欲……

非常极端，非常不现实。世界上所有"乌托邦"构想，以老子最彻底，最有诗意，最脱离现实，绝对不可能。他的理想和当时的现实，他对他之后的一切的历史现实，都是宿命地叛逆。明知做不到，不可能，他偏要这样说。

这种近乎横蛮的心理，一定来自极大的痛苦。

鸡犬之声相闻，民至老死不相往来。

也是发脾气的话，一是等于说，你做皇帝、做官僚、做军阀，都用不着；二，这么着，大家不必钩心斗角、不必投机贩卖，不必尔虞我诈。

老子最早知道中国的两种特产：一是暴君，一是暴民。

民不畏死，奈何以死惧之。

一语双关，既对暴君说，又对暴民说。他反对法治，也反对人治。无为而治，等于架空皇帝，使其不成为暴君，只有商标，没有货。对于"人"（民和君），老子为什么如此暴烈而偏激呢？他的人生观、世界观几乎是粉碎性的决绝。原因，就是他的人生观、世界观，都从宇宙观来。

天地不仁。

　　这个观念，真是伟大卓绝，当时极摩登，现在更摩登。这一点，老子超越了多少思想家、宗教家。有没有更摩登的观念呢，有：

　　天地无仁无不仁。

　　这是什么"子"说的，你们大概知道——老子还是"人"本位的，所以骂"天地不仁"，如果换作"宇宙"本位，仁不仁，何从说起？

　　所以老子悲伤、绝望、反激、咒诅，出坏主意，制订了很多对付自然、对付人的策略，历代军事家都借此取了巧、学了乖。老子，也免不了被异化的命运。

　　我爱老子，但我不悲伤、不绝望、不唱反调、不骂、不出鬼主意——我自得恶果，所以不必悲伤；我不抱希望，所以不绝望；我自寻路，一个人走，所以不反激。我也有脾气要发，但说说俏皮话。

　　老子哲学的极精练、极丰富，就在他有明晰肯定的宇宙观。反过来说，凡宇宙观糊涂，或者忽而偏向有神论，忽而偏向无神论，想说又不敢说，或者说不清，总是差劲的，不能算哲学家。例如孔丘。

老子的文学性呢？语言直白，可是含蓄，这是很难的。几乎看不到还有别人能用这种文体。直白，容易粗浅，含蓄，就晦涩了，而老子直截了当说出来，再想想，无限深意，我喜爱这种文体！

文学，有本事把衣服脱下来。多少有名的文学，靠服装、古装、时装，琳琅满目，里面要么一具枯骨，要么一堆肥肉。庄子的衣裳就很讲究，汉人喜宽博，魏晋人穿得潇洒，唐人华丽，宋人精巧，明清人学唐宋衣冠学不像，民国人乱穿衣，乱到现在，越来越乱。

文学、艺术、哲学、思想，像人的肉体一样，贵在骨骼的比例关系，肌肉的停匀得当。形体美好，穿什么衣服都好看——最最好看，是裸体。

思想、情操越是高超、深刻、伟大，越是自然地涌现。可是怎么会含蓄无穷呢？因为思想情操本身细致丰富。请看希腊：希腊的雕像，裸体的；希腊的神庙，那柱子，那浮雕，都可说是裸体的。圆就是圆，三角就是三角。到巴洛克(Baroque)，就穿衣服了，到洛可可（Rococo），全是装饰，内在的真实被掩盖了。

我们来看看老子的文笔和文体。

道可道，非常道；名可名，非常名。

　　他的意思是说：原理呢，可以讲的，但不能用一般的方法讲；要给万物定位称呼呢，也可以的，但不能用通俗的既成见解来分类。

　　惚兮恍兮，其中有象；恍兮惚兮，其中有物。

　　直通现代艺术，直通现代物理学。人的精神世界，宇宙的物质世界，都是恍恍惚惚。从"人"的角度去观照、去思索，更是恍恍惚惚。先要承认"恍惚"，才能有所领会。

　　上面几句，简，直白，含蓄。

　　老子奇特，他主张退、守、弱、柔，这在全世界的思想领域中，独一无二。一是他的气质，二是他吃够了苦，对付宇宙自然，对付人事生活，退、守、弱、柔，才能保全自己，立于不败。东方文化、东方精神，无疑老子是最高的象征，《周易》也和老子哲学通，都是吃足苦头的经验。

　　读《易经》，读《道德经》，我都为古人难受。他们遍体鳞伤，然后微笑着，劝道："可要小心，不要再吃亏。"

　　中国从开始就受大罪，一代代暴君暴民，暴君杀人，暴民帮暴君杀，暴君再杀暴民，暴民逼急了，便杀暴君，然后自己做暴君，当然还是杀人。老子说：

　　民不畏死，奈何以死惧之！

　　这句话，声色俱厉，十足老子风格，像是一下子喊出来，意义却复杂得很。

　　人不怕死，判死刑也没用。

　　用死去吓他们，无效，想别的办法吧。

　　你太残暴，怎可用死来威逼？

　　你杀人，人是杀不完的。

　　不从根本上解决，光靠杀人，不是办法。

　　圣人与大盗，相对而存。到了没有圣人的时候，也就没有什么可盗。

　　老子的理想世界，全然梦境，是他个人的诗的乌托邦。老子之后，世界背向老子而发展，无论大纲细节，处处与老子的理想相违背。老子没有历史眼光？没有群众观点？老子一个人空思妄想？我不这样看。老子的想法、原则，是对的，问题在于，人类是坏种、坏坯，做不到，也不肯做老子所希望的，不能怪老子。

　　这是老子的纯艺术的一面。

　　另一面，是老子哲学的实用性，一步一个脚印哩——你要"扬"，先"抑"之；你要得到它，先放弃它；你要推翻它，先拥护它。最简单比喻：你要收获，先埋种子。对待天命，对待人事，老子的话最朴素，最有实效。

话得说回来，哲学、文学，不可以拿实用主义去看。哲学、文学属于极少数智慧而多情的人，是幸福，是享受，和大多数人没关系。乡下老大娘与莎士比亚有何因缘？地铁上抢劫的黑人，不知道"圣人不死，大盗不止"——这是一个使人心平气和的解释。

全世界读《道德经》的人，还真不少。二次大战前，德国大学生读尼采。大战后，必读李耳。《道德经》的英译、法译、德译，版本不断更新。最近美国的什么书店又请人重译老子，李老先生就有这点魅力，世界忘不了他。

下面扼要节引《道德经》文句。老子的著作，句句都是警句，这里不一定按照各章的次序。

以其不自生，故能长生。（第七章）

意思是如果不结结巴巴狠命地保养自己，倒反而活得长寿。（皇帝与村姑）

多藏必厚亡。（第四十四章）

财多，就以物累形，反而加速死亡。

故常无欲。（第一章）不见可欲。（第三章）少私
寡欲。（第十九章）夫惟不争，故天下莫能与之争。（第
二十二章）

虚其心。（第三章）致虚极。（第十六章）虚而不
屈。（第五章）

虚心，没有成见，没有要求，就能以无穷尽的智慧观照无
穷尽的宇宙万物。

上善若水。水善利万物而不争。（第八章）守静笃。
（第十六章）静为躁君。（第二十六章）清静为天下正。
（第四十五章）

清静能使外界的真相从我心中显现。

吾所以有大患者，为吾有身，及吾无身，吾有何患？
（第十六章）飘风不终朝，骤雨不终日，孰为此者，天地。
天地尚不能久，而况于人乎？（第二十三章）

失德而后仁。（第三十八章）

失仁而后义。（第三十八章）

大道废，有仁义。（第十八章）

绝仁弃义，民复孝慈。（第十九章）

法令滋彰，盗贼多有。（第五十七章）

一个哲学家，总得自己定一个点，定一个名。叔本华，自由意志；尼采，权力意志；黑格尔，总念（Begriff，先于宇宙万物的观念而存在的）；孔丘是仁，孟轲是义，韩非是法，等等。不学哲学的人，一眼望去，蔚为大观，其实很可怜。这使我想起物理学的杠杆作用，物理学家夸口说："给我一个支点，我可以把地球撬起来。"但谁也不能给他这个支点，而思想家自己架构了精神界的支点。老子，他提出"道"，"道"就是他理论的支点。

礼──→义──→仁──→德──→道──→

推理而定名——哲学家。

感知而不定名——艺术家。

道生一，一生二，二生三，三生万物。（第四十二章）

惟道是从。（第二十一章）

天，也是从道而来："天法道。"（第二十五章）天者，在古代指宇宙，那么，宇宙从道而来。在这里不期然想起黑格尔。黑格尔认为观念先于物质而存在，换言之，物质仅是观念的实现，而诸种观念皆决定于一个总念。宇宙，就是这总念的物质化。宇宙尚未物质化时，总念早已存在。

这样把道和总念相提并论，大家是否觉得有点类同？我夹在一老一黑之间，怎么办？

我怀疑道，也怀疑总念。怀疑了四五十年，结论是，两者概不承认。宇宙既不实在，亦不空虚，既无道，亦无总念。老子与黑格尔需要"支点"架构理论，支点一抽掉，整个理论垮下来。

不是不要支点，但我一生没有致力于寻找支点。起初我就明白：精神界的杠杆所需的那个支点，是找不到的。

物理学上的支点，是存在的。足以"撬动地球"的支点，在理论上也是存在的。唯有足以撬动宇宙的支点，或者说，撬动道和总念的支点，不可能。

我写："蒙田不事体系。在这一点上，他比任何人都更深得我心。"蒙田（Michel de Montaigne）不是思想家、哲学家，他终生研究"人"，不是"宇宙"。他的不事体系与我的不事体系，两回事，我抬出他，是借他开一开门，让我走出来。

蒙田先生博学多才，建立体系，太容易了。可是他聪明，风雅，不上当。尼采也不事体系，比蒙田更自觉。他认为人类整个思维系统被横七竖八的各种体系所污染。

以上的话题，提得太高。总之，建立体系而成一家之言，并不难，不事体系而能千古不朽，却是极难极难。

一般的体系，可说是外化的精密、宏观的精密。我取内化的精密、微观的精密。外化的功能，体现在推理而定名，那是哲学、哲学家；内化的功能，表现在感知而不定名，那是艺术、艺术家。哲学家中，只有尼采一个人觉察到哲学的不济，坦率地说了出来，其他哲学家不肯承认思想历程的狼狈感。凡是蹩脚的、吃哲学饭的"桶子"们，从来标榜哲学是一切学的总框。

再举两则别人对老子哲学的评价：

一，《吕氏春秋·不二篇》——"老聃贵柔。"

二，《荀子·天论篇》——"老子有见于诎，无见于信。"

诎，即屈；信，即伸。这两个看法，我嫌浅显，读不起《道德经》，老子自己才会说话哩！他说：

> 柔弱胜刚强。（第三十六章）
>
> 天下之至柔，驰骋天下之至坚。（第四十三章）
>
> 骨弱筋柔而握固。（第五十五章）
>
> 人之生也柔弱，其死也坚强。万物草木之生也柔脆，其死也枯槁。故坚强者死之徒，柔弱者生之徒。（第七十六章）
>
> 强大处下，柔弱处上。（第七十六章）
>
> 天下莫柔弱于水，而攻坚强者莫之能胜，其无以易之。（第七十八章）

弱之胜强，柔之胜刚，天下莫不知，莫能行。（第
七十八章）

《道德经》第二十八章，老子又发挥"柔"的原理：

知其雄，守其雌。
知其白，守其黑。
知其荣，守其辱。

极其厉害的战略，是以对付宇宙、对付世界、对付人生。
具体战术呢，第三十六章中已说明：

将欲弱之，必固强之。
将欲废之，必固兴之。
将欲夺之，必固与之。

伟大的思想都有毒的，你能抗毒，你得到益处。老子的观
点和方法，可供与老子同品格的人借鉴应用。但不幸，老子的
方法论，常被坏人拿去为非作歹了，还反咬一口，归罪于他。
大陆有青年犯法，交代时说，读了尼采著作的缘故。

希望大家读《道德经》。有疑难，有问题，可以找我。电
话是（718）5261357，我总在家的。老子主张：

治大国若烹小鲜。

我在家，烹小鲜如治大国。大家要是觉得好笑，说明我讲老子哲学没有白讲。老子说：

不笑不足以为道。

祝贺大家得道了。

曾经有一位外国学者，F. 卡普拉（Fritjof Capra），记不得哪国了，他在一本《物理学之道》（*The Tao of Physics*）中说："《道德经》就是以一种令人费解的、似乎不合逻辑的风格写成的，它充满了迷人的矛盾，它那有力而富有诗意的语言，捕获了读者的心灵，使读者摆脱了习以为常的逻辑推理的轨道。"

这倒正可为老子的文学价值做注解。

第十五讲

先秦诸子：孔子、墨子

一九八九年十月二十九日
在李全武家

孔子曰"三十而立"。我没有这样早熟。三十岁时，我关在牢里。当时我笑，笑人生三十而坐，坐班房。但我有我的而立之年，叫做"六十而立"，比孔子迟三十年。

孔丘的言行体系，我几乎都反对——一言以蔽之：他想塑造人，却把人扭曲得不是人——但我重视孔丘的文学修养。

如果仔细分析他的心理，再广泛地印证中国人的性格结构，将是一篇极有意思的宏文。"五四"打倒孔家店，表不及里。孔子没死，他的幽灵就是无数中国的伪君子。

这一点安身立命的道理，我推荐给各位，以后研究任何问题，第一要脱开个人的利害得失，就会聪明。我推崇墨子，他不自私、不做作，他不能算思想家、哲学家，但我喜欢他的"人"。

早年我在北京设计展览会，喜欢一个人逛天桥，去东安市场听曲艺相声，在东直门外西直门外的小酒店，和下层人物喝酒抽烟聊天。他们身上有墨子的味道，零零碎碎的墨子。

那些大是大非，我认为既重要，又不重要。唯一重要的是运动领导人的品质——所谓"墨子兼爱，摩顶放踵利天下，为之"，请问，哪一个可以和墨子比？

上次单讲老子，讲前讲后，我感慨很深。

老子的思想，老子的哲学，太老了。在他之前，他的文化继承不长。李耳的老师是谁，李耳的参考书是什么？有多少？都不可考。可以想象他是自学的。无师自通，没有参考书，是全凭自己的血肉之躯，观照冥想——耶稣和释迦牟尼还有前人的经典可读呢。

我的意思是：李耳的个人寿年很长，他的文化继承，历史很短，而我们的文化继承，超过两千年。

思想家的阅历和知识，分直接和间接。凭生活体验，沉思冥想，是直接的；博览群书，参看别人的阅历、记载、知识等等，是间接的。合在一起，便是现代思想家的历史寿命。

对照之下，老子据说两百多岁，我们呢，两千多岁。环顾四周，没有伟大的思想家。所以上次讲课回家，心中闷闷不乐。

老子的哲学老了，小子的哲学，零零碎碎，像夹心饼干，夹在散文中、诗中：巧则巧矣，避重就轻。我总得正面写一部哲学著作，才算坦白交代、重新做人——重新做艺术家。

孔子曰"三十而立"。我没有这样早熟。三十岁时，我关在牢里。当时我笑，笑人生三十而坐，坐班房。但我有我的而立之年，叫做"六十而立"，比孔子迟三十年。

今天讲孔子。

你们小时候练毛笔字，有谁经过"描红"的？就是毛边纸的方格习字簿，每格印有红字，小学生用毛笔蘸了墨，一笔一笔把红字填成黑字：

上大人 孔乙己 化三千 贤七十

孔子，一说生于公元前551年，卒于公元前479年，七十三岁。名丘，字仲尼，鲁国曲阜人。曾做过鲁国的司空、司寇（司空，唐虞时有之，平水土，六卿之一，清时俗称工部尚书，类工业部长。司寇，亦六卿之一，掌刑狱，清时俗称刑部尚书，类公安部长），后来罢了官，只好收学生讲学，周游列国。到六十八岁，回鲁地，专心著述，编订《尚书》、《诗经》、《周易》、《春秋》，还订定了《礼记》与《乐经》。

孔丘的思想与李耳正好相反，乐观、积极、务实，概括起来说，孔丘的理想是恢复尧、舜、文、武的礼乐，以中庸之道架构人伦关系。他根据周公的原则，周详地建立了一个生活模式。

他的祖先本是宋国贵族，父亲做了鲁国的大夫，才归为鲁国人。孔丘本人，"少也贱"，做过仓库管理员，放过牛羊，充当过吹鼓手（乐师）。说这些，并非笑话他，而是说明他头脑很实际。那年代和希腊雅典一样，一个城市等于一个国，鲁国的大夫如孟孙、季孙，都自己建筑都城。孔丘反对，暗中唆使学生子路，设计破坏这种城。

我最有意见的是，孔丘杀少正卯，是一桩冤案。他担任鲁国司寇，实际是宰相。他曾说，"子为政，焉用杀"（政治干得好，用不着杀人），自己一上台，不到七天，处死少正卯。少正卯是个学者，也收徒讲学。思想新、口才好，把孔丘的门徒吸引不少过去。记恨，扣他大帽子：

一，聚众结社。二，鼓吹邪说。三，淆乱是非。

孔丘自己对少正卯的判断：

"心达而险，行辟而坚，言伪而辩，记丑而博，顺非而泽。"纯粹是思想作风问题，明明是硬加罪名，本来的少正卯，可能是："心达、行坚、言辩、记博、顺泽。"

安上"险"、"辟"、"伪"、"丑"、"非"五个恶毒的字眼，概念全变了。即使如此，也不犯死罪。可是，铁腕把少正卯灭了。

后来儒家掩盖这件丑事。朱熹就否认，说《论语》不载，子思、孟子不言，没这回事，造谣。但荀况揭露出来。

这件事我认为很重要，迫害知识分子，是他理论的破产。我从他理论的不近人情，从他的心理阴暗面，推测杀少正卯是真。

我很惋惜少正卯没有著作留下来。可能有点尼采味道的。假如我在春秋战国时代，我也开讲。会不会被他杀掉呢？

我们讲文学史。按理说，孔丘自称"述而不作"，不是作家，至少不是专业作家，流亡作家。但古代的思想家，如耶稣、释迦牟尼、苏格拉底、李耳，自己不动笔的。孔丘的代表作是

《论语》，是对话录，由他的学生记录整理的。

《论语》的文学性，极高妙，语言准确简练，形象生动丰富，记述客观全面。

我小时候读四书五经：《大学》、《中庸》、《论语》、《孟子》（经、史、子、集），《易》、《书》、《诗》、《礼》、《春秋》（原来是六经，《乐经》亡于秦，汉以《诗》、《书》、《礼》、《易》、《春秋》为五经）。四书中，我最喜欢《论语》，五经中，最喜欢《诗经》，也喜欢借《易经》中的卜爻胡说八道。

夏天乘凉，母亲讲解《易经》，背口诀："乾三连，坤六断，震仰盂，艮覆碗，离中虚，坎中满，兑上缺，巽下断"——附带说一说，《周易》的文学性也很高妙。可惜来不及专讲《周易》，像这样的一个月两堂课，得花半年才讲得完一部《易经》。

回到《论语》——有一天子路、曾皙、冉有、公西华侍坐。孔子曰："以吾一日长乎尔，毋吾以也。"

不要以为我年纪比你们大，你们就不肯表示意见了。

"居则曰：'不吾知也！'如或知尔，则何以哉？"

平时你们常说"没有人理解我呀"，如果有人了解你，你又将怎样去做呢？

子路率尔而对曰："千乘之国，摄乎大国之间，加之以师旅，因之以饥馑。由也为之，比及三年，可使有勇，且知方也。"

子路不假思索答道："如果有个一百平方里土地和一千乘战车的侯国，受到大国的威胁，军事入侵，继之又发生灾荒

（饥，谷不熟；馑，菜不熟），我可以出而治理，用不到三年，便能使人民奋起作战，而且懂得礼法。"

夫子哂之。

孔子对他微笑。

"求！尔何如？"（求，冉有）

对曰："方六七十，如五六十，求也为之，比及三年，可使足民。如其礼乐，以俟君子。"

有个六七十里见方或五六十里见方的小国，我来治理，不用三年，可使人民丰衣足食，至于礼乐教化，只有待修养更高的人来推行了。

"赤！尔何如？"（公西华，姓公西，名赤，字子华）

对曰："非曰能之，愿学焉。宗庙之事，如会同，端章甫，愿为小相焉。"

我不敢说能做什么大事，愿意学习罢了。在诸侯的祖庙里行祭祀，或者诸侯间集会，我也穿礼服，戴礼帽（章甫是殷制礼冠），愿意参与作傧相的。

"点！尔何如？"（曾皙，名点，字皙）

鼓瑟希，铿尔，舍瑟而作，对曰：

"异乎三子者之撰。"

瑟声渐轻，铿然而止，他放开瑟而直起腰来，跪着说：我的意思和三子是不同的。

子曰："何伤乎，亦各言其志也。"

孔子说："有什么要紧呢，各人说各人的志向啊。"

曰："暮春者，春服既成，冠者五六人，童子六七人，浴乎沂，风乎舞雩（音于），咏而归。"

暮春季节，已穿夹衣了，二十岁以上的五六个，二十岁以下的六七个，在沂水的温泉里洗澡、薰香，在舞雩的求雨台上乘凉，然后唱着歌回来。

夫子喟然叹曰："吾与点也！"

孔子感慨道："我同意点的想法啊。"

三子者出，曾皙后。曾皙曰："夫三子者之言何如？"

子曰："亦各言其志也已矣。"

曰："夫子何哂由也？"

曰："为国以礼，其言不让，是故哂之。"

治理国家应该礼让，子路不知谦逊，所以我笑他。

"唯求则非邦也与？安见方六七十如五六十而非邦也者？"

难道冉求说的就不是治理国家的事吗？哪有六七十、五六十平方里的不是国家的呢？

"唯赤则非邦也与？""宗庙会同，非诸侯而何？赤也为之小，孰能为之大？"

难道公西赤所讲的不是治理国家的事吗？有宗庙、有盛会，不是国家的事？公西赤只要做个小司仪，还有谁能做大司仪呢？

整本《论语》，文学性极强，几乎是精练的散文诗。

文学的伟大，在于某种思想过时了，某种观点荒谬错误，如果文学性强，就不会消失。

我常常读与我见解截然相反的书，只为了看取文学技巧。孔丘的言行体系，我几乎都反对——一言以蔽之：他想塑造人，却把人扭曲得不是人。所以，儒家一直为帝王利用——但我重视孔丘的文学修养。

刚才例举的片断，真好。

上次我讲老子，主要介绍他的哲学思想，当然，重点还是老子的文学价值。

这次讲孔子，只谈《论语》的文学性。

孔子，既不足以称哲学家，又不足以称圣人。他是奇在内心复杂固执，智商很高，精通文学、音乐，讲究吃穿。

食不厌精，脍不厌细，割不正不食，君子死不免冠，君子远庖厨，秋穿什么皮衣，冬穿什么麑皮，三月不做官，惶惶如也。父亲做坏事，儿子要隐瞒，骂人，赌咒，等等——如果仔细分析他的心理，再广泛地印证中国人的性格结构，将是一篇极有意思的宏文。

"五四"打倒孔家店，表不及里。孔子没死，他的幽灵就是无数中国的伪君子。

急转直下，谈墨子。墨子，名翟，有说是鲁人，有说是宋人。一说他生于公元前 468 年，死于公元前 376 年，大约八九十岁。他出生治工艺的阶层，是有技术的奴隶，非常好学。因生于鲁国，当然受业于儒者。他有独立思考的能力，一上来就认为孔子的理论偏极端。

一，礼制太烦琐。二，厚葬耗费财力。三，守丧三年太长，又伤身体，又误生产。

他舍弃儒学，效法禹酋长，疏通河道，参与水利工程，不怕艰难困苦，与上层下层人物广泛接触。

值得注意：儒家的重礼、厚葬、守制，目的是尽人事，以愚孝治国，是宗族主义的大传统。这些陈陈相因的传统，全民族信为天经地义。墨翟为何一下子就看出不对？我认为，根本在于"真诚"。

真诚，先要自己无私念，不虚伪，再要用知识去分析判断，事物就清楚了——这一点安身立命的道理，我推荐给各位，以后研究任何问题，第一要脱开个人的利害得失，就会聪明。我推崇墨子，他不自私、不做作，他不能算思想家、哲学家，但我喜欢他的"人"。

早年我在北京设计展览会，喜欢一个人逛天桥，去东安市场听曲艺相声，在东直门外西直门外的小酒店，和下层人物喝酒抽烟聊天。他们身上有墨子的味道，零零碎碎的墨子。

墨子提出"巨子"的学说，甚至成立制度，有点像黑社会的教父，青红帮的龙头。黑社会专干坏事，青红帮占地为王，墨子却为的是正义、和平、博爱。和黑社会相似的一点，是巨子制度中的成员都能赴火蹈刃，视死如饴。北京、上海等等民间社会还有这种潜质。说来你们不信，我文质彬彬，书卷气，其实善于和流氓交朋友。一定要是大流氓，或将成为大流氓的苗。可惜中国没有墨子派的大流氓了，眼下只有小瘪三。

有一段对话，可以说明儒家与墨家的基本态度。

墨子问儒者："何故为乐？"儒者答："乐以为乐。"

墨子比喻道：如果我问何故为室，作答"冬避寒焉、夏避暑焉，室以为男女之别也"，这样才算告诉我为室之故。我问何以为乐，你答乐以为乐，等于我问何故为室，你答室以为室，那你根本就没有回答。

又例，楚王的臣子叶公子高向孔子问政：主政要主得好，应当怎样？孔子答："远者近之，而旧者新之。"听起来很高尚，大有深意。墨子拆穿道：叶公未得其问，孔子亦未得所以对。难道叶公不知善为政者能使远者近之，旧者新之么？明明是问怎样才能做到这个地步呀。

叶公是糊涂人，孔子是偷换概念的老手，墨子诚实、聪明。

"君子必古言服，然后仁。"

墨子说：古服，在古代是新服。古言，在古代是新言。所以古之君子都是新服新言，这岂不是在说古人不仁，不是君子么？

这又十分机智、爽利。

196

墨家不重文采，但通顺朴实，明白痛快，条理严谨，逻辑性很强。当春秋末年，各国兼并愈烈，战争频繁。墨家代表庶民的生活要求，反对不义的战争，墨子写了《非攻》。我们来读《非攻》的上篇：

今有一人，入人园圃，窃其桃李，众闻则非之，上为政者得则罚之，此何也？以亏人自利也。至攘人犬豕（驰）鸡豚（屯）者，其不义又甚入人园圃窃桃李。是何故也？以其亏人愈多。苟亏人愈多，其不仁兹甚，罪益厚。至入人栏厩，取人马牛者，其不仁义又甚攘人犬豕鸡豚。此何故也？以其亏人愈多。苟亏人愈多，其不仁兹甚，罪益厚。至杀不辜人也。扡（即拖，夺也）其衣裘，取戈剑者，其不义又甚入人栏厩，取人马牛。此何故也？以其亏人愈多。苟亏人愈多，其不仁兹甚，罪益厚。当此天下之君子皆知而非之，谓之不义。今至大为攻国，则弗知非，从而誉之，谓之义。此可谓知义与不义之别乎？

杀一人谓之不义，必有一死罪矣。若以此说往，杀十人，十重不义，必有十死罪矣。杀百人，百重不义，必有百死罪矣。当此，天下之君子皆知而非之，谓之不义。今至大为不义攻国，则弗知而非，从而誉之，谓之义。情不知其不义也，故书其言以遗后世。

若知其不义也，夫奚说书其不义以遗后世哉……

这种文体非常适宜于做演说，与罗马雄辩家的风格很像。

孔、墨，处处对立，现在看看，还是很有劲。孔说"仁"，墨子以"兼爱"来动摇"仁"，因为"仁"只偏爱"王公大人"的血族。

儒家以"孝"为"仁"之本。墨子说："爱人若爱其身，犹有不孝者乎？"

"孝"与"忠"是一体的，"孝"被墨子松掉，"忠"也谈不上了，就无法"克己复礼"，无法恢复宗族的奴隶制轨范。

墨子的积极主张，在于兼爱，兼爱的核心，可以概括为三：

一，兼相爱，交相利。

二，赏贤罚暴，勿有亲戚弟兄之所阿。

三，虽在农与工肆之人，有能则举之，高予之爵，重予之禄，任之以事，断予之令……故官无常贵，而民无终贱。

墨子认为孔子的"仁"，没有新意，是"以水救水，以火救火"，救不出名堂来的。

孔子的宿命论不是宇宙观上的宿命，他在世界观、人生观上的宿命是伪宿命论，目的是为帝王提供麻痹奴隶们的自强，永远受愚民教育。这就使墨子的"非攻"、"兼爱"、"交利"的学说大受阻碍，墨子又创"非命"。

当时孔墨之争是剧烈的。可悲的是，从汉朝开始，儒家一直是中国帝王的参谋，罢黜百家，独尊儒术。墨家，却是从来没有哪一朝的皇家用来做治国纲领。如果两千年来中国取墨子思想，修身、齐家、治国、平天下，那么赛先生和德先生不用外国进口，早就大量出口。墨子思想就是科学、民主、平等、博爱的先驱。

这是中国的悲剧。

另一重悲剧：中国历代忧国忧民的志士，竟没有一个提出墨子思想是救国救民的大道，就像中国没出过墨子一样。法家倒时有提出，所以中国的制度和思想形成"礼表法里"，推荀子为代表。唯其以礼为表，尊孔不尊荀，唯其以法为里，韩非也被关进冷宫秦城天牢。各代皇帝私造律法，一路这样混过来。

到谭嗣同，忽然想通了，说出来："二千年来之政，秦政也，皆大盗也。二千年来之学，荀学也，皆乡愿也。惟大盗利用乡愿，惟乡愿工媚大盗。"（《仁学》）

现在呢，还是一样。清末民初多少知识分子穷思苦想，包括鲁迅、胡适等等，梁启超倒也发现，汉代经师不问今文学古文学，皆出荀卿。两千年间，宗派屡变，一皆盘旋荀学肘下。就我所读过的谭嗣同和梁启超的著作，似乎没有正面大力提倡过墨学。梁启超反而热心引进马志尼（Giuseppe Mazzini）等外国人——我读书太少，也许有人提出过墨学救国论，但总不起风浪，否则我不会一点也不知道。

鲁迅那篇《非攻》，写墨子，写得很好，很幽默，但幽默救不了中国。独裁，专政，如是战乱的、短期的，可能是纯粹野蛮，像一场急性病；而帝制的长期的统治，一定得伪善，形成一套礼表法里的中国式的做法。

今天讲孔墨斗争，儒家墨家的经典，在座都没读过。"批林批孔"了，才片面了解一点孔老二，谈不上欣赏孔子的文采。孔子的思想体系，也早就被窜改歪曲了。

墨子不然，他和一位叫程子的谈话，还对孔子有所称道，可见墨子无私、高尚。他有他的方法论，叫做三表法。

先要本着前人的经验来理解事物，也就是学习，但不是信而好古。要有根据，要有源本。

"是与天下之所以察知有与无之道者，必以众之耳目之实，知有与亡为仪者也。"就是以实际的、当时的利益为校准，判断事物。

应用第二点建立法制法令，然后实行，看效果来决定取舍，效果是指统治者与被统治者两方都有利，才算可行。

这三表法，再通俗不过。我的意思是，中国哪一朝代、哪一个政党，能按照墨子的原则办事？所以中国搞不好，不是理论问题，是品质问题。民主运动，是个大是大非的问题，那些大是大非，我认为既重要，又不重要。唯一重要的是运动领导人的品质——所谓"墨子兼爱，摩顶放踵利天下，为之"，请问，哪一个可以和墨子比？

先秦诸子：孟子、庄子、荀子及其他

一九八九年十一月十二日
在李全武家

孔子谈不上哲学家，孟子也不能算——我咬住这条不放，不承认。中国哲学少得可怜。西方哲学像歌剧，中国哲学像民歌。

汉的赋家，魏晋高士，唐代诗人，全从庄子来。嵇康、李白、苏轼，全是庄子思想，一直流到民国的鲁迅，骨子里都是庄子思想。石涛、八大、似信佛，也是庄子思想。

我也曾在庄子的范畴里待了很久，然后才施施然走出。为什么？庄子是浪漫主义。既然我要和西方浪漫主义告别，就要和中国的浪漫主义告别。所谓告别，即从前"好"过。

以庄子文体论，当时已有意识流。如《逍遥游》。他的浪漫主义，框架太空。庄子把读者看得低，是写给不如他的人看的。

一种思维，一种情操，来自品性伟大的人，那么这个人本身是个创造者。或曰，思维、情操的创造性，必然伴随着形式的创造性。艺术原理，形式、内容，是一致的。没有形式的内容，是不可知的，独立于内容之外的形式，也是不可知的。

每一宗教的创教者，都是坦荡真诚的，所以他们是创造者，有创造性。凡教会就有功利性，然而又不能公开，故向上用经院哲学，向下是标语口号。任何一种意识形态，先要从语言入手。

中国文化的黄金时代来得太早。

只好哲学怀古。我最崇敬老子，其次孔子、庄子，今天讲孟子、荀子、韩非子——怎么这些哲学家都有那么强的文学性？永垂不朽的文学价值。

中国文学史编者收孔、孟、老、庄时，忘了他们的文学性。

孟子，名轲，邹国人。生于公元前372年，死于公元前289年。曾在齐国做过不大的官，无显著政绩。志气高，人评"材剧志大"，剧，作"尤甚"解，当时此说略带贬义。

"当今之世，舍我其谁。"孟子说。

孟子这样说，谁受得了。他尽可以讲，知识广博。现在的中国知识分子讲，受不了。

孔子谈不上哲学家，孟子也不能算——我咬住这条不放，不承认。中国哲学少得可怜。西方哲学像歌剧，中国哲学像民歌。

但孟子文学才能极高，这是他们占的优势。墨子吃点亏，文学才能不及其余。老庄是不折不扣的艺术家，故赢得世界声誉。

艺术家，占便宜的（别占小便宜）。要留名，一定要"文采风流"。

画家也特别需要文学修养。中国画，一言以蔽之，全是文化，全是文人画。拉斐尔不及芬奇，文才不及也。

孟子比喻机巧。代表作《梁惠王》上篇，滔滔雄辩。太长，不宜讲。讲两个短篇：

《孟子·公孙丑》下篇（子丑寅卯的丑，在古代不是指丑陋）：

孟子曰："天时不如地利，地利不如人和。三里之城，七里之郭，环而攻之而不胜；夫环而攻之，必有得天时者矣；然而不胜者，是天时不如地利也。城非不高也，池非不深也，兵革非不坚利也，米粟非不多也，委而去之，是地利不如人和也。故曰域民不以封疆之界，固国不以山溪之险，威天下不以兵革之利；得道者多助，失道者寡助。寡助之至，亲戚畔之；多助之至，天下顺之。以天下之所顺，攻亲戚之所畔，故君子有不战，战必胜矣。"

《孟子·离娄》下篇：

齐人有一妻一妾而处室者，其良人出，则必餍酒肉而后反。其妻问所与饮食者，则尽富贵也。其妻告其妾曰："良人出，则必餍酒肉而后反，问其与饮食者，尽富贵也，而未尝有显者来。吾将瞷良人之所之也。

中外不少诗人死得早，哲学家多长寿。孟子说："吾善养吾浩然之气。"这话很文学。"浩然"，形容词，可随时代和个人的差别而解释。文天祥用"浩然"，是爱国，曹雪芹又作别解。要我解，比文天祥胆小，比曹雪芹老实。我以为"浩然之气"，指元气，如你果然献身艺术，艺术会给你不尽元气，一份诚意，换一份元气。牺牲功利，牺牲爱情，背叛政治，得到艺术，真的要牺牲。

小细节上更难。光阴逝，要在一秒一秒消失的光阴中，保持艺术家风度，守身如玉，决不让步。

"善养"，指懂得养。

孟子还提出"存夜气"。后半夜是"平旦之气"，此是养身法，是生理的，又是心理的。我乡下有"平旦"是"卯气"的说法。肖邦、瓦莱里，都懂，一早起创作。

唐宋八大家都受孟子影响，特别是韩愈、苏东坡。

庄子，民间传说多。大家都知道姓庄，名周。公元前369年生，前286年卒。宋国蒙地人，人称蒙叟。做过小官，漆园地方官。贫，如陶潜一样，借米烧饭。

著作五十二篇，存三十三篇。真正分内篇、外篇、杂篇。内篇，七，原著。外篇、杂篇，是学生写的。果然最佳者为内篇。

与孟子同期，略小，两人从未见过面。孟子文中从不提庄子。世人传孟子看不起庄子，认为他是杨朱学说的翻版。当时杨朱势力大，孟子反对，打击杨朱一派，不提庄子。

中国文学的源流，都从庄子来。若不出庄子，中国文学面孔大不同。有庄子，就现在这样子。汉的赋家，魏晋高士，唐代诗人，全从庄子来。嵇康、李白、苏轼，全是庄子思想，一直流到民国的鲁迅，骨子里都是庄子思想。石涛、八大，似信佛，也是庄子思想。

中国的伦理观是孔孟的，艺术观是老庄的。

中国出庄子，是中国的大幸。直到章太炎，大学者，人以为他是小学家，其实他毕生精力，是以道家文体（庄）写佛家哲学。

我也曾在庄子的范畴里待了很久，然后才施施然走出。为什么？庄子是浪漫主义。既然我要和西方浪漫主义告别，就要和中国的浪漫主义告别。所谓告别，即从前"好"过。

感叹：中国文学的黄金时代那么早。

但我不是庄子的传人。靠老庄一两个人，是不足以修补中国文化的断层。对断层的态度，只能冷冷看一眼，然后超越。你断你的，我飞我的。

对民族文化，要断就断，要完就完。对个人来说，要连就连。断层不过越过，勿做爬行动物，做飞行动物。

中国的唯物史观论庄子，说他的世界观比较复杂，是唯心主义、神秘主义。中国现在的文风，讲话、作文，不脱这股风，是脱胎而不换骨。

大到世界，小到艺术家，各有各的"正常"，各有各的人性。

以庄子文体论，当时已有"意识流"，如《逍遥游》。庄子所有内篇，世称《南华经》。他的浪漫主义，框架太空。庄子把读者看得低，是写给不如他的人看的。

我是古典主义的，把读者看得高。

庄子的理想是什么呢？"至人无己，神人无功，圣人无名。"这是他的哲学的厉害。我看这是禅的境界，是要把生命寂灭。

这说法不自然。浪漫主义致命的弱点，是拼命追求自然，最后弄到不自然。

做不到的。所以是不诚实，不自然的。庄子的境界是碰在一个壁上，回不过头，没有余地的。太说到极端的东西，不是一个智慧的说法。

而他的文学才华是史上最高超的。

庖丁解牛，讲养生（人生的生）。当时爱护生命是很大的快乐，不像后来堕落成"活命哲学"。

荀子，名况，字卿，赵国人。公元前 313 年生，死于公元前 238 年。战国后期的儒家大师。当时商鞅变法已过，孔子已死，他是儒学的总结。荀子将"法"填入"礼"，才合适于一代帝王的统治术。历来不肯明说，扬孔而隐荀。直到民初，有人提出，谭嗣同："两千年来之学，荀学也。"

荀子是个强者，豪爽而实际。当时是个革新派。他将儒家分雅儒、俗儒、大儒、贱儒。

我问诸位有没有读过荀子，可能没人回答，如果说"青出于蓝而胜于蓝"，大家都知道。这是荀子《劝学篇》里的句子。

神莫大于化道，福莫长于无祸。

"神"，指微妙的事理、高深的修养。"化道"，指受知识的熏陶而使气质变化，这才是学问的最高境界。讲课，目的是要你们起变化。后一句令人伤心，是典型的东方哲学，是吃亏吃苦太多了。

强自取柱，柔自取束。

这是很有老子味道的。"柱"，在此是说"祝"，祝，断之意。"束"，制约，限制之意。

问楛者勿告也，告楛者勿问也，说楛者勿听也，有争气者勿与辩也。

"梏"，粗野，不合礼仪。

君子要"定"，即主见；"应"，即灵活。背后是德、操，终求君子之"全"。佛家：戒、定、慧。荀子：定、应、全。佛家是要出世的，很难做到；荀子要入世，不难做到。

韩非子，荀子的学生，是韩国公子，书上无生年，死于公元前233年。他是战国末年融汇诸子百家的人物，创"形、名、法、术"之学，后人称他"法理学家"。他著作的文学特点：笔锋犀利，说理透辟，通俗易懂。"矛盾"，典出于他的《说难》。

百家中，这七家最有成就，文学性最高。杨朱、公孙龙，也都有可观的文学性。

问题：为什么这些古代史家、哲学家、思想家，都有这么高的文学才华？到宋代理学家，到近代哲学——梁启超、康有为、胡适、梁漱溟、冯友兰、朱光潜——文学才能就差了？

一种思维，一种情操，来自品性伟大的人，那么这个人本身是个创造者。或曰，思维、情操的创造性，必然伴随着形式的创造性。

艺术原理，形式、内容，是一致的。没有形式的内容，是不可知的，独立于内容之外的形式，也是不可知的。

这原理，可以运用到艺术观，不可用到宇宙观。宇宙没有内容，没有形式。

后世哲学家不过是思想的翻版、盗版，不是创造性的。所以，不可能有文学性。

谭嗣同说，秦政是盗政，儒学是乡愿。惟大盗利用乡愿，惟乡愿工媚大盗。

脱尽八股，才能回到汉文化。回到汉文化，才能现代化。我关心未来化，所谓未来化，是我希望大家先知、先觉、先行。

大陆八股例：

首先，我认为，我们认为，相当，主观上，客观上，片面，在一定的条件下，现实意义，历史意义，不良影响，必须指出，消极地，积极地，实质上，原则上，基本上，众所周知，反映了，揭露了，提供了，可以考虑，情况严重，问题不大，保证，彻底，全面，科学的，此致敬礼。

每一宗教的创教者，都是坦荡真诚的，所以他们是创造者，有创造性。凡教会就有功利性，然而又不能公开，故向上用经院哲学，向下是标语口号。任何一种意识形态，先要从语言入手，共产运动也如此。

老子，庄子，与中国的方块字共存。

本课笔记内页："现在是魏晋风度回顾展，也是魏晋风度追悼会。"

第十七讲

魏晋文学

一九八九年十二月十日

勿以为魏晋思想玄妙潇洒，其实对人格非常实用，对生活、艺术，有实效。譬如谈话。如能像魏晋人般注重语言，大有意思。要有好问，好答，再好答，再好问……

鲁迅、周作人、郁达夫、郭沫若、茅盾、巴金、沈从文、闻一多，康有为、梁启超、蔡元培等，他们对待"魏晋文学"的态度，是不知"魏晋风度"可以是通向世界艺术的途径。

有人是纯乎创造艺术的，要他做事，他做了，照样把那件事做成艺术。委命者以为受命者完功了使命，其实是完全了艺术。魏拉士开支那幅《宫娥》，伟大的艺术！超越他的时代不知要多远，现在还远在时代前面呢。

艺术才能自是天赋，创造美，又是天赋中的天赋。富有艺术才能而不能创造美，这样的画家还真不少：卡拉瓦乔、库尔贝、米勒、珂勒惠支。

为什么当时一言一语能记录得如此之详，远胜于《聊斋》？外国历史、中国历史的其他时期，都没有这样的文体。其中许多观点过时了，和现代不能通，没有永久意义，好在记录是真实的，注解是翔实的，最好是好在文体，一刀一刀，下刀轻快。

清谈和名士风度，要分清。清谈是美称，到了明清，清谈误国。名士风度被人歪曲糟蹋，指人架子大，不合群。二者在后世已变质，被搞臭了。

谈西方文学艺术，可从文艺复兴着手，往前推，往后看。

从中国文学入手，可从魏晋文学着手，往前推，往后看。

魏晋时代，正好是承先启后。先看古文，兴趣不大，看魏晋，容易起兴趣。

谈魏晋风度，要谈到自己身上。魏晋后至今，凡人物，都有魏晋风度：金圣叹、龚自珍、鲁迅；通往前面，老子、庄子。在魏晋之前，老庄在魏晋前影响并不大，直到魏晋后，经点释发扬，玄风大畅。我遗憾魏晋人只谈到老庄为止，自己不创。而今世界，又有谈论老庄的新风。

《世说新语》，妙在能将妪语童语也记入。现在资讯发达了，却做不到。鲁迅自己弄不清自己的心态。他爱魏晋，一说，却成了讽刺取笑魏晋。

魏晋时代，不是文艺复兴。

两种思潮：希伯来思潮，希腊思潮。前者苦行，克制，重来世，理想，修行，但做不到，必伪善，违反人性。后者是重现世，重快乐，肉体，欲望，享受。世界史总是两种思潮起伏，很分明。唯中国没有希腊思潮，唐代，稍有点。

中国非常非常不幸。什么事都是例外。

现在是魏晋风度回顾展，也是魏晋风度追悼会。要继承发扬。

勿以为魏晋思想玄妙潇洒，其实对人格非常实用，对生活、艺术，有实效。譬如谈话。如能像魏晋人般注重语言，就大有意思。要有好问，好答，再好答，再好问。古之存在，即为今用。

汉末，三国争雄，曹操受封为魏公，魏国本是曹操辅汉家人，传到曹丕，篡汉，立国号魏，建都洛阳。广有十三州（河北、河南、山东、山西、甘肃、陕西中部，湖北、江苏、安徽之北部，辽宁中部及西部，朝鲜西北部），盖中国东北南部、华北大半部。

曹操（155—220），有说法称，其本姓夏侯。父曹嵩为太监曹腾的养子，冒姓曹。活着时未称帝，死后曹丕追谥曹操为武皇帝，称魏武帝。谥，死后追赠之意。公元220年至265年，历三世、五主，魏朝共四十六年。

晋，司马炎受魏禅，并吴、蜀而有天下，国号晋。传至愍帝，为前赵灭——是为西晋。元帝渡江，都建康（南京之南），传至恭帝，禅于宋——是为东晋。晋是司马炎的天下。重复魏朝逼宫历史，国号晋。前后历一百五十六年。

北魏（以曹魏在前，故亦称后魏。后宇文泰定都长安，史称西魏。高欢别主、立元善见为孝静帝于洛阳，史称东魏）、北齐、北周，均扩北方，史称北朝（396—581）。

在文学史上，魏晋风度作为千古美谈，万世流芳，就是从汉末到晋末的两百年，谈那些中国文学家的言行和作品。

鲁迅、周作人、郁达夫、郭沫若、茅盾、巴金、沈从文、闻一多，康有为、梁启超、蔡元培等，他们对待"魏晋文学"

的态度，是不知"魏晋风度"可以是通向世界艺术的途径。

魏拉士开支（Diego Velázquez，今译作委拉斯开兹，1599—1660）的画，多数是"做事"，做了一件事，又做了一件事；有少数"事"，创造了他的"艺术"。

有人是纯乎创造艺术的，要他做事，他做了，照样把那件事做成艺术。委命者以为受命者完工了使命，其实是完全了艺术。魏拉士开支那幅《宫娥》，伟大的艺术！超越他的时代不知要多远，现在还远在时代前面呢。

整个意大利文艺复兴，差不多就是如此。但在我们经历的时代，极难把"事"做成"艺术"。

魏拉士开支做事，做得好——事做得太多，累坏了身子，也难免累坏艺术。如果不能保身，明哲又是指什么呢？魏拉士开支和笛卡尔都把自己看低，以为低于皇室皇族。

所以，他们殉的不是道，死的性质，属于夭折、非命。真是可惜，很可惜的。

多少人，做了一件事，以为成了艺术，尤其是因为这件事做得如此之好，难道还不是艺术吗？

是的，不是艺术，不是的。

更多的人，把"事"当做"艺术"来赞赏——这不可惜。这样的人，一非艺术家，二非批评家，有一个现成的名称：好事家。

至于那句话，"与其创造二流的美，不如创造一流的丑"，是老实人心里别扭了，迸出一句闷声闷气的俏皮话。第二流的美和第一流的美，相距远；第一流的丑与第一流的美，相距较近。魏拉士开支不能创造第一流的美，又不肯求其次，力图求其稍次，便去创造第一流的丑。

艺术才能自是天赋，创造美，又是天赋中的天赋。富有艺术才能而不能创造美，这样的画家还真不少：卡拉瓦乔、库尔贝、米勒、珂勒惠支。

一个画家，没有审美力，会在生活中表现出来，画面上装不了的，好比色盲。有人生来就是盲于"美"的，例如王尔德，他是不知美为何物的唯美主义者。

又例如达·芬奇，他想画丑，画最丑的丑，可是画不出来，他对丑是盲的。

《世说新语》虽然洋洋大观，其实草草，只留下魏晋人士的印象，而单凭这印象，足以惊叹中国有过如此精彩的文学的黄金时代。

为什么当时一言一语能记录得如此之详，远胜于《聊斋》？外国历史、中国历史的其他时期，都没有这样的文体。其中许多观点过时了，和现代不能通，没有永久意义，好在记录是真实的，注解是翔实的，最好是好在文体，一刀一刀，下刀轻快。

数例：

王康称，与嵇康相交二十年，未尝见其喜愠之色。意指人不能有失态的喜怒。做人的修养，是做得到的。

顾荣应邀，席间见烤者想吃肉，予之，同座笑其主仆不分。后渡江，遇难，有人相助左右，乃受肉者也。

王恭自某地还，王大拜之，见有六尺方席，也要一条。王恭不答，俟其归，卷而送之。后王大知，讶歎。王恭答：你知道我是什么都没有的。

小时了了，大未必佳。

清谈和名士风度，要分清。清谈是美称，到了明清，清谈误国。名士风度被人歪曲糟蹋，指人架子大，不合群。二者在后世已变质，被搞臭了。

诗人气质：务虚，赤子之心。

问：秉性是从自然来的，为什么善人少恶人多？答：好像水流到地上，无方无圆。

相王许，挑拨支道林、殷渊源两个先生，事先称厉害，两人辩难，果入壳。

袁虎少贫。撑船。夜吟自己的诗。遇大官，知音，相谈甚笃。

太极殿始成。王献之时在谢安手下任秘书，为殿题字。得版匾，锁而不写。谢安曰：魏有此类事？王献之曰：所以

216

魏不长。

　　谢公与王右军的信写："敬和棲讬好佳。"

　　谢公说："吉人之辞寡。"

讲完上一课魏晋文学，不记得在怎样的情况中，木心应我们的要求谈了
一次音乐，但要我们不必记录。图为木心遗物中的一份钢琴曲五线乐谱。

第十八讲

谈音乐

一九九零年元月七日
在薄茵萍家
（未记）

本课笔记内页："顿悟一定要有渐悟的基础。"

第十九讲

陶渊明及其他

一九九零年二月四日

对照起来，要在汉末、魏晋、南北朝，做个艺术家、做个诗人，并不很难，在我青壮年时代，你要活得像个人，太不容易了。所以我同情阮籍，阮籍更应该同情我哩。

嵇康的诗，几乎可以说是中国唯一阳刚的诗。中国的文学，是月亮的文学，李白、苏东坡、辛弃疾、陆游的所谓豪放，都是做出来的，是外露的架子，嵇康的阳刚是内在的、天生的。

上次我说屈原是中国古代文学的塔尖，曹立伟立刻问：那么陶渊明呢？这一问问得好。我当时的回答是：陶渊明不在中国文学的塔内，他是中国文学的塔外人。正由于他的第二重隐士性，所以生前死后，默默无闻。

读陶诗，是享受，写得真朴素，真精致。不懂其精致，就难感知其朴素。不懂其朴素，就难感知其精致。他写得那么淡，淡得那么奢侈。

纪德不是总说，要怎样才能写得真诚，陶渊明就是最好的回答。但纪德即使精通中文，读了陶渊明还是没有用。因为纪德提出这个问题，问题就大了，就没有希望解决了——陶潜从来不会想到"怎样才能写得真诚"。

汉赋，华丽的体裁，现在没用了。豪放如唐诗，现在也用不上了。凄清委婉的宋词，太伤情，小家气的，现在也不必了。要从中国古典文学汲取营养，借力借光，我认为尚有三个方面：诸子经典的诡辩和雄辩，今天可用。史家述事的笔力和气量，今天可用（包括《世说新语》）。诗经、乐府、陶诗的遣词造句，今天可用！

大家有这个问题：什么是顿悟、渐悟？

来自佛教禅宗。南宗讲顿悟，北宗讲渐悟，用一生去参透。大家安于南北宗、顿渐悟，我不同意。

顿悟一定要有渐悟的基础。诸位顿悟能力高，离开和我的见面、谈话，就平下去了，还未达到"自立"，卓然自成一家，不建立体系而体系性很强。

为什么？渐悟过程远远不够。如此，顿悟的，渐渐会顿迷，渐悟的，也会渐迷。覆巢之下，岂有完卵？讲课、听课，是渐悟的功夫，渐悟的进程。所谓潜移默化，就是渐悟。

顿悟可以写下来，渐悟无法写下来。心中一亮一暗，一冷一热，都可以，也应该写下来。

这样子，诸位与我分开后，仍目光如炬。

曹操篡汉，不建帝名，自作丞相，封为魏公。传到曹丕，正式篡汉，逼宫逼掉，成曹魏，一说连朝鲜也并入。到司马炎，又把曹家人逼宫，美名曰"禅让"，用国号为晋，此为西晋。衰败后，过江建都，称东晋。后有宋、齐、梁、陈四朝，史称南朝。

所谓北魏，因曹魏在前，故北魏又称后魏，以别于曹操之魏。

上次讲魏晋《世说新语》的言行，虽然洋洋大观，其实草草了事，只能给大家一个魏晋人士的印象。而单凭印象，大家已经惊叹中国曾有过如此精彩的文学的黄金时代。

这段时期文化之高，西方还没有注意到。其文学与生活的浑然一元，浑然一致，西方没有出现过。盛唐的李白、杜甫，也未如此。不是以殉道精神入文学，而是文学即生活，生活即文学，这样的浑然一元，是最高的殉道。

嵇康想以"不死"殉道，老子、庄子，都提倡不死殉道，说他们颓废，胡说！他们都知道生命之可贵，没有生命，就没有一切，他们都想活下去。嵇康写《养生论》，就是继承《庄子·养生主》篇。嵇康后来择死，实在迫不得已，是在苟活之状下才择死。阮籍佯狂醉酒，逃过种种杀机，写了不少咏怀诗。

希腊人说：我们最讲享受生命、快乐，战争来时，我们最勇敢！

我认为，魏晋风度，就在那些高士艺术与人生的一元论。这一点，世界上其他国家、民族的艺术家似乎都没有做得那么彻底——这也算我的新发现。所以，真想与鲁迅先生谈谈。他在厦门大学的讲演，《魏晋风度及文章与药及酒之关系》，真称得上"言不及义"。

今天要讲陶渊明。陶渊明之前，还得先讲曹操、曹植、阮籍、嵇康、左思等人的作品。中国文学史上称"建安风骨"，后来的"盛唐气象"是"建安风骨"的衍伸发扬。李白有句：

蓬莱文章建安骨。

盛唐的文学，是从建安来的。

今天各挑几个，不讲全。

建安七子（东汉建安年间）：孔融、陈琳、王粲、徐干、阮瑀、刘桢、应场。

竹林七贤（晋朝）：山涛、阮籍、嵇康、向秀、刘伶、阮咸、王戎。

之后就是陶渊明。

曹家三父子，文学之家。曹操（155—220），气度之宏大，天下第一。曹植（192—232），才高八斗，不对，曹操值一石。曹操最好的诗是《观沧海》：

> 东临碣石，以观沧海。
> 水何澹澹，山岛竦峙。
> 树木丛生，百草丰茂。
> 秋风萧瑟，洪波涌起。
> ……

可是下面背不出了，只好介绍比较通俗的《短歌行》：

> 对酒当歌，人生几何？
> 譬如朝露，去日苦多。（苦，是怨恨）

慨当以慷，忧思难忘。

何以解忧？惟有杜康。　　（慨当以慷，抒发不得志的感慨。杜
　　　　　　　　　　　　　　康，是传说中造酒的始祖）

青青子衿，悠悠我心。　　（"青青"二句是《诗经·郑风·子衿》
　　　　　　　　　　　　　　的现成句子。衿，衣领，周代的学
　　　　　　　　　　　　　　生装）

但为君故，沉吟至今。　　（沉吟，低声吟咏）

呦呦鹿鸣，食野之苹。

我有嘉宾，鼓瑟吹笙。　　（四句全用《诗经·小雅·鹿鸣》。苹，
　　　　　　　　　　　　　　艾蒿，借用在此，寓有招贤纳士的
　　　　　　　　　　　　　　新意）

明明如月，何时可辍？

忧从中来，不可断绝。

越陌度阡，枉用相存。　　（南北曰阡，东西曰陌。枉，劳驾。
　　　　　　　　　　　　　　存，问候，拜望）

契阔谈䜩，心念旧恩。　　（契阔，要约。契阔谈䜩，䜩饮时山
　　　　　　　　　　　　　　盟海誓，以死相约，借《诗经》"死
　　　　　　　　　　　　　　生契阔，与子成说，执子之手，与
　　　　　　　　　　　　　　子偕老"的典故）

月明星稀，乌鹊南飞。

绕树三匝，何枝可依？　　（匝，一圈。何枝可依，暗示天下贤
　　　　　　　　　　　　　　士应当择木而栖，择主而仕。但诗

（本身彷徨可怜，亦赤壁大败之谶兆）

山不厌高，海不厌深。

周公吐哺，天下归心。（周公指周武王的弟弟姬旦，曾辅周

成王主政，礼贤下士，"一沐三握发，

一饭三吐哺"）

这首诗好在即兴流露，似乎不认真作文学对待。严格讲，引《诗经》不允许一连四句拉过来，那是犯法的。但全诗造诣高，觉得作者才思足够挡得住，所以不当剽窃论。

全诗有景、有情、有姿态、有表情、有动作。我平常说，一个艺术家要三者俱备，头脑、心肠、才能，这首诗就是一个好例子。在座各位可以自己评评自己：三者俱备否？如果缺一，赶紧补一；缺二，问题大了；缺三，事情完了。

在我看，各位都是三者俱备，问题在三者不均衡。有的头脑好，心肠好，才能还不够些。有的才能、心肠好，头脑要充实——这都是正常的，正是每个人的风格所在。

说开去——

托尔斯泰，才能、心肠好，头脑不行。

瓦格纳，才能、头脑好，心肠不行。

柴可夫斯基，头脑、心肠好，才能不行。

不过这是比较他们自身，或者说，是和三者全能的最高超的人比较。要是和二三流人物对照，托尔斯泰的头脑、瓦格纳

的心肠、柴可夫斯基的才能，那是高出百倍千倍。

回到曹操，他是头脑好，才能高，心肠有问题。但在诗中（文学的有限的小规模中），可说是三者俱备，至少，不失为一个例。

建安七子的陈琳（？—217），佳句如：

> 饮马长城窟，水寒伤马骨。（《饮马长城窟行》）

阮瑀（约165—212），佳句如：

> 驾出北郭门，马樊不肯驰。（樊，负担太重）
> 下车步踟蹰，仰折枯杨枝。（《驾出北郭门行》）

王粲（177—217），是七子中的佼佼者，以《登楼赋》、《七哀诗》著名，但我却选不中什么句子来介绍。

徐干（170—217），佳句如：

> 《室思》
> ……
> 自君之出矣，明镜暗不治。

思君如流水，何有穷已时。

其他三子，一时找不到资料，记忆中也没东西可挖，从略。回头再说曹家，他们三位确实超出同代文士之上。好诗人，总是一开口就两样。

曹丕（187—226）：

《杂诗》其二
西北有浮云，亭亭如车盖。
惜哉时不遇，适与飘风会。(飘风，突起的暴风)
吹我东南行，行行至吴会。
吴会非我乡，安得久留滞。
弃置勿复陈，客子常畏人。

曹植（192—232）：

《白马篇》
白马饰金羁，连翩西北驰。
借问谁家子，幽并游侠儿。(幽并，河北、山西一带)
······

228

《送应氏》其一

……

中野何萧条，千里无人烟。(中野，野间)

念我平常居，气结不能言。(平常居，平生与故旧的住处。

气结，悲愤梗塞)

能够欣赏崇高伟大的作品，自己就崇高伟大。

顺势而下，要讲到竹林中去了。不过我只讲阮籍、嵇康两位。一是七贤之中，阮籍、嵇康，最杰出，二是因为粗解容易，细味难。

原因：阮籍（210—263）为要避杀身之祸，诗写得暧昧晦涩，表面看，儿女之情，其实寄托甚深的。但不了解他的身世处境，难道感受不了他的诗吗？不然，艺术家、艺术品、艺术欣赏者，三者自有微妙的关系。艺术家的身世，不必直说，艺术品中会透露出来，欣赏者不必了解艺术家传记，却能从作品中看出他是怎样一个人。

《咏怀》其三

嘉树下成蹊，东园桃与李。

秋风吹飞藿，零落从此始。(飞藿，豆叶)

繁华有憔悴，堂上生荆杞。(荆杞，灌木，指杂树)

驱马舍之去，去上西山趾。(趾，山脚。西山，首阳山，
伯夷、叔齐所居)

一身不自保。何况恋妻子。

凝霜被野草，岁暮亦云已。

又有下面几句：

《咏怀》其六十七

……

外厉贞素谈，户内灭芬芳。

放口从衷出，复说道义方。

委曲周旋仪，姿态愁我肠。

这是一首讽刺诗，表面装得纯洁高超，生活却臭不可闻。
偶尔放肆，露了心里话，马上改口仁义道德，卑躬屈膝的样子，
令人讨厌。

但古代虽然专制，诗人还可以悲哀。我遇到的时代，谁悲
哀，谁就是反革命。所以热爱生活啊、健康积极向上啊，饱含
恶念，是阴谋，是骗局，是透明的监狱，是愚民的毒药。我一
步步看出这种虚伪，用心之刻毒，远远超出古代。对照起来，
要在汉末、魏晋、南北朝，做个艺术家、做个诗人，并不很难，
在我青壮年时代，你要活得像个人，太不容易了。所以我同情

阮籍，阮籍更应该同情我哩。

中国文学史，能够称兄道弟的，是嵇康（224—263，一说223—262）。他长得漂亮——如果其貌不扬，我也不买账——嵇康的诗，几乎可以说是中国唯一阳刚的诗。中国的文学，是月亮的文学，李白、苏东坡、辛弃疾、陆游的所谓豪放，都是做出来的，是外露的架子，嵇康的阳刚是内在的、天生的。后世评嵇康，各家各言，最好的评语，四个字：兴高采烈。

举一个例：

《赠秀才入军》其十（秀才嵇喜，嵇康之兄）

……

良马既闲，丽服有晖。

左揽繁弱，右接忘归。（揽，张弓。繁弱，古良弓。接，搭
　　　　　　　　　　　　箭。忘归，古良箭）

风驰电逝，蹑景追飞。（景，影也。飞，鸟也）

凌厉中原，顾眄生姿。（凌厉，奋战）

再举一例：

《赠秀才入军》其十五

息徒兰圃，秣马华山。

流磻平皋，垂纶长川。（磻，以绳拴石击鸟，音波）

目送归鸿，手挥五弦。

俯仰自得，游心太玄。

嘉彼钓叟，得鱼忘筌。（筌，捕鱼的竹笼）

郢人逝矣，谁可尽言？（郢，楚国都。请石匠送斧削去鼻尖
的一点石灰）

作诗，即有此"天生丽质"。以上两首，最有嵇康风范，在整部中国诗史上也显得非常卓越。李白、杜甫，总给人"诗仙"、"诗圣"之感，屈原、嵇康，给我的感觉是"艺术家"——"艺术家"是什么？我的定义，是"仅次于上帝的人"。

嵇康为什么是艺术家？人格的自觉。风度神采，第一流。

所以第一流的艺术品，还得分两类：

一，艺术品高度完美，艺术家退隐不见。

二，艺术品高度完美，艺术家凌驾其上。

以画家论，前者如魏拉士开支，后者如达·芬奇、米开朗琪罗——艺术家贵在"自觉"，原始艺术如彩陶和后来的敦煌、云冈，因为制作者没有艺术家的自觉，只见作品，不见作者。自然界呢，花、叶、山、水，奇妙在似乎有作者的，而且非常自觉，所以总是使我发愁，使我的无神论始终无不起来。我是一个很不好意思的无神论者。这个命题留待以后讲。

最高兴最安慰的是：二三流艺术家是自觉不了的。不是说，"好，自觉这样重要，我决计要自觉了"——这可更糊涂，更装腔作势，搭臭架子了——成熟自觉的艺术家，如水蜜桃，不到成熟，香味不出来，但桃子自己也闻到了，就笑眯眯的，越发香了。

第一流的艺术家，非常自爱（不是自恋），会自我观照，自我脱离，以供自我观照，用神驰的眼光对待自己。

通常的解释是，二流三流也有成熟期。我的见解是：唯一流才有成熟可言——你们去考察最伟大的艺术家，几乎全是这样的，有的明显些，有的含蓄些。反正哪里有艺术，哪里便有"人"。我一天到晚爱艺术，爱人，没有工夫爱"人类"。我是人类的远房亲戚。

王麓台（王原祁，号麓台，1642—1715），率意，但不是率真，不是率性。看起来老笔纷披，成熟了，然而没有香味。率意而不率性，更无率真可说。因为他没有什么至性、至真，亦即，他是二流。"四王"始终是摹仿的群体。魏拉士开支，也避开创造美而创造一流的丑。然而，丑毕竟不是美，二流人物再自觉，也不可能晋身一流。

现在要讲陶渊明了。

我十岁认识陶先生，于今五十多年，算是比较理解他了。我和你们认识不过五年七年，自然只能交浅言浅。

陶渊明（约365—427），双重的隐士，实际生活是退归田园，隐掉了。文学风格是恬淡冲和，也隐在种种高言大论之外。上次我说屈原是中国古代文学的塔尖，曹立伟立刻问：那么陶渊明呢？这一问问得好。我当时的回答是：陶渊明不在中国文学的塔内，他是中国文学的塔外人。

正由于他的第二重隐士性，所以生前死后，默默无闻。

按我的论点，"知名度来自误解"，没有错：梁代昭明太子误解陶潜，陶于是名声大噪——萧统是我在乌镇的邻居，我在《塔下读书处》卖弄过这份阔气——昭明太子对陶渊明的诗实在看错了，说，读陶诗有利于名教（孔孟之道），可以使贪者廉、懦者立。实在见鬼。既是贪婪之徒、胆小之辈，根本不配，也不会去读陶诗。

读陶诗，是享受，写得真朴素，真精致。不懂其精致，就难感知其朴素。不懂其朴素，就难感知其精致。他写得那么淡，淡得那么奢侈。

请看：

《和郭主簿二首》其一（主簿，掌管文书的官吏）

蔼蔼堂前林，中夏贮清阴。（蔼蔼，茂盛）

凯风因时来，回飙开我襟。（凯风，南风）

息交游闲业，卧起弄书琴。

园蔬有余滋，旧谷犹储今。（滋，繁殖）

234

营己良有极，过足非所钦。

春秫作美酒，酒熟吾自斟。

弱子戏我侧，学语未成音。

此事真复乐，聊用忘华簪。（故作轻放，意则决然）

遥遥望白云，怀古一何深。（似问如答，荡涤不尽）

纪德不是总说，要怎样才能写得真诚，陶渊明就是最好的回答。但纪德即使精通中文，读了陶渊明还是没有用。因为纪德提出这个问题，问题就大了，就没有希望解决了——陶潜从来不会想到"怎样才能写得真诚"。

再看下面几首：

《和郭主簿二首》其二

和泽同三春，清凉素秋节。

露凝无游氛，天高肃景澈。（游氛，雾气）

陵岑耸逸峰，遥瞻皆奇绝。（陵，大土山。岑，小而高的山）

芳菊开林耀，青松冠岩列。

怀此贞秀姿，卓为霜下杰。

衔觞念幽人，千载抚尔诀。（诀，法则）

检素不获展，厌厌竟良月。（检素，平时志愿）

《归园田居》其一

少无适俗韵，性本爱丘山。

误落尘网中，一去三十年。

羁鸟恋旧林，池鱼思故渊。（羁，关在笼中。池，捕养在塘中）

开荒南野际，守拙归园田。（保本分）

方宅十余亩，草屋八九间。（方宅，住房四周面积）

榆柳荫后檐，桃李罗堂前。（荫，遮蔽。散布）

暧暧远人村，依依墟里烟，

狗吠深巷中，鸡鸣桑树巅。

户庭无尘杂，虚室有余闲，

久在樊笼里，复得返自然。

《归园田居》其二

野外罕人事，穷巷寡轮鞅。（人事，社交。鞅，套马颈的皮带）

白日掩荆扉，虚室绝尘想。

时复墟曲中，披草共来往。（墟曲中，村落偏僻处）

相见无杂言，但道桑麻长。（杂言，农务以外的活）

桑麻日已长，我土日已广。

常恐霜霰至，零落同草莽。（霜霰，雪珠。草莽，野草）

《归园田居》其三

种豆南山下，草盛豆苗稀。

晨兴理荒秽，带月荷锄归。(兴，起。秽，音晦)

道狭草木长，夕露沾我衣。

衣沾不足惜，但使愿无违。

《庚戌岁九月中于西田获早稻》

人生归有道，衣食固其端。(归有道，有遵循的原则)

孰是都不营，而以求自安！

开春理常业，岁功聊可观。

晨出肆微勤，日入负末还。(末，音类)

山中饶霜露，风气亦先寒。

田家岂不苦？弗获辞此难。

四体诚乃疲，庶无异患干。(或可免意外的祸患)

盥濯息檐下，斗酒散襟颜。

遥遥沮溺心，千载乃相关。(遥遥沮溺，"长沮、桀溺耦而
　　　　　　　　　　　　　　　　　耕")

但愿长如此，躬耕非所叹。

《饮酒并序》

余闲居寡欢，兼比夜已长。偶有名酒，无夕不饮。

顾影独尽，忽焉复醉。既醉之后，辄题数句自娱。纸

墨遂多，辞无诠次（考虑次序）。聊命故人书之，以为欢
笑尔。

……

结庐在人境，而无车马喧。
问君何能尔？心远地自偏。
采菊东篱下，悠然见南山。
山气日夕佳，飞鸟相与还。
此中有真意，欲辨已忘言。

……

清晨闻叩门，倒裳往自开。
问子为谁欤，田父有好怀。
壶浆远见候，疑我与时乖。
褴褛茅檐下，未足为高栖。
一世皆尚同，愿君汩其泥。
深感父老言，禀气寡所谐。
纡辔诚可学，违己讵非迷！
且共欢此饮，吾驾不可回。

《杂诗》
人生无根蒂，飘如陌上尘。
分散逐风转，此已非常身。

落地为兄弟，何必骨肉亲！

得欢当作乐，斗酒聚比邻。

盛年不重来，一日难再晨。

及时当勉励，岁月不待人。

《读山海经》

孟夏草木长，绕屋树扶疏。

众鸟欣有託，吾亦爱吾庐。

既耕亦已种，时还读我书。

穷巷隔深辙，颇回故人车。

欢言酌春酒，摘我园中蔬。

微雨从东来，好风与之俱。

泛览周王传，流观山海图。

俯仰终宇宙，不乐复何如？

……

什么是陶潜的现代意义？

汉赋，华丽的体裁，现在没用了。豪放如唐诗，现在也用不上了。凄清委婉的宋词，太伤情，小家气的，现在也不必了。要从中国古典文学汲取营养，借力借光，我认为尚有三个方面：

诸子经典的诡辩和雄辩，今天可用。

史家述事的笔力和气量，今天可用（包括《世说新语》）。

诗经、乐府、陶诗的遣词造句，今天可用！

陶诗的境界、意象，在现代人看来，还是简单的，但陶诗的文学本体性的高妙，我衷心喜爱。如：

平畴交远风，良苗亦怀新。（《癸卯岁始春怀古田舍二首》）

有风自南，翼彼新苗。（《时运》）

他不是中国文学的塔尖。他在塔外散步。我走过的，还要走下去的，就是这样的意象和境界。"采菊东篱下，悠然见风筝"，我就像脱线的风筝，线断了，还向上飞。陶先生问："不愿做塔尖么？"我说："生在西方，就做伊卡洛斯，生在中国，只好做做脱线的风筝。"

我与陶潜还有一点相通：喜欢写风。文笔、格调，都有风的特征。

李后主，"乱头粗服"也好——前提是"天生丽质"。

第二十讲

中世纪欧洲文学

一九九零年二月二十五日

我讨厌此书，尼采的书是老虎的书、老鹰的书；《忏悔录》是"羊"的书，是神学的靡靡之音、宗教的滥情。奥古斯丁是"羊"叫，找依靠的人性，是共性、个性在一起，我不喜欢他的个性，共性也无用。麻雀是鸟，鹰也是鸟，"鸟性"有什么用？

好比一瓶酒。希腊是酿酒者，罗马是酿酒者，酒瓶盖是盖好的。故中世纪是酒窖的黑暗，千余年后开瓶，酒味醇厚。中国文化的酒瓶盖，到了唐朝就掉落了，酒气到明清散光。"五四"再把酒倒光，掺进西方的白水，加酒精。

后来贝雅特丽齐出嫁，二十五岁死时，一直不知道但丁爱她。《新生》就是写这一段爱——每个人都经历过一段无望的爱情，"爱在心里，死在心里"。

《神曲》涵盖甚大，中世纪哲学、神学、军事、伦理。以现代观点看，《神曲》是立体的《离骚》，《离骚》是平面的《神曲》。《神曲》是一场噩梦，是架空的，是但丁的伟大的徒劳。

《伊利亚特》太幼稚，《神曲》太沉闷，《浮士德》是失败的，都比不过莎士比亚。莎士比亚是诗剧，诗不能长的。"诗"与"长"，不能放在一起的。诗是灵感，灵感是一刹那一刹那的，二十四小时不断不断的灵感，哪有这回事？

诗难以数千行。不能以故事入诗。中国诗太聪明、太魂灵，不肯上当。音乐分乐章，许多是失败的。

中世纪距今也有千余年了，只知道是黑暗时期，到此为止，黑暗千余年中有什么东西？不知道了。我宿命地对中世纪有兴趣，现在慢慢知道了。

人类正好被压抑，埋藏一段时期，而又文艺复兴。

我在作品中一有机会就谈到中世纪。现在我们去欧洲，是中世纪以后的欧洲。细察，仍然到处可见中世纪之前的欧洲。公元476年到1492年左右，划为中世纪。这种算法，是自西罗马灭亡后到哥伦布发现新大陆，是中古时期。

我们算这笔账，最后是要看看中古黑暗之后，会不会有东西出来。

罗马灭亡前二百年，欧洲文学几乎停顿。罗马灭，文化完全灭亡。现在去欧洲，看到的都是文艺复兴后新起的文化。

罗马人等欧洲人，那时都是军旅生活，没有文化。一千年间，欧洲就是战争、瘟疫、饥荒。平民受贵族压迫，上下两个层面的文化都荒芜。当时的统治者并非像中国"文革"存心毁灭文化。他们对此是有疏漏的。书本没有完全毁掉失散，在教会中被头脑好的教士保护，并手抄研究，遂有本笃派（Benedict），专事保护古典名著，供地下流传。这一派，是黑暗时期的光明。

"文革"时期的压迫毁灭，无缝可钻。

英伦三岛，较欧陆稍好，保留一点文化。欧陆，以西班牙略不同。西班牙从服于伊斯兰教约八百年（约709年到文艺复

242

兴）。但是古阿拉伯人比今天的阿拉伯人聪明，《可兰经》要读，《圣经》也读，所以当时都到西班牙去留学。

司汤达说：我活过，爱过，写过。我是：因为活，我爱，因为爱，我写——我爱中世纪，读懂我的书，要懂得中世纪，才能真明白。

黑暗时期发光的人物：

比德（The Venerable Bede）教士。在八世纪写过一部《盎格鲁人教会史》（Historia ecclesiastica gentis Anglorum）。彼德（Peter the Hermit）给在德国及法国的第一次十字军做过演讲。罗吉尔·培根（Roger Bacon），倡导怀疑。圣·奥古斯丁（St. Augustine），地位很高。圣·杰罗姆（St. Jerome，347—420），他是伟大的基督教学者，我们现在看到的《圣经》定本就是他翻译成拉丁文的。

峰尖，最高的人物，但丁，敲响中世纪的丧钟。

他们都是教会中人。中世纪凡有头脑、心肠、才能者，都出自教会。最好的香水、葡萄酒、白兰地，也是教会里弄出来的。

圣·奥古斯丁生于354年，写一书，名《上帝之城》（The City of God），又凭《忏悔录》（The Confessions）赢得文学地位。我讨厌此书，尼采的书是老虎的书、老鹰的书；《忏悔录》是"羊"的书，是神学的靡靡之音、宗教的滥情。奥古斯丁是"羊"叫，找依靠的人性，是共性、个性在一起，我不喜欢他的个性，共性也无用。麻雀是鸟，鹰也是鸟，"鸟性"有什么用？

上面两位奥古斯丁、杰罗姆，将教会文件提高到文学上来，继承人是圣·本笃（St. Benedict）。千年之内，只有这几个人在保存文化，太不够了。

好比一瓶酒。希腊是酿酒者，罗马是酿酒者，酒瓶盖是盖好的。故中世纪是酒窖的黑暗，千余年后开瓶，酒味醇厚。

中国文化的酒瓶盖到了唐朝就掉落了，酒气到明清散光。"五四"再把酒倒光，掺进西方的白水，加酒精。

当时欧洲各国都暗暗藏着长诗短诗，最大的诗，就是德国长诗《尼伯龙根之歌》（*The Nibelungenlied*），包含三十九个冒险故事，无非战争、英雄、宝藏、爱情、龙、死亡、美人……比不上《荷马史诗》的伟大。这样一个混沌复杂的长故事，讲不完，不必讲。大而化之，听听瓦格纳的歌剧就可以了。

还有一部史诗叫做《贝奥武甫》（*Beowulf*），大约出于七世纪，丹麦皇宫与妖怪的故事，现在在北欧总能见到以这些故事为题材的作品。另一部史诗是《熙德之歌》（*El Cantar de Myo Çid*），有点纪实性。到西班牙去，要注意那是基督教和伊斯兰教的地方。熙德是一个伟大人物，忽而帮基督教，忽而帮伊斯兰教。这个人非常西班牙气，忽而这样，忽而那样。他得到人民爱戴，到十九世纪还歌颂这样一个反复无常的西班牙性格。

这部史诗很简单，但是宏丽热情。

还有一部史诗是《伊达》(*Edda*)，为两部古冰岛文学的总集，一部为《新伊达》(*Younger Edda*)，一部为《古伊达》(*Elder Edda*)，写亚当夏娃以来的世界史，与基督教传说相符。

这些史诗都出于民间，作者不详。

还有《丽那狐》(*Reynard the Fox*，又译作《列那狐》)，以智狐讽刺统治昏庸，流传民间。作者不可考。大致是修道院中的圣女，一说是德国作品。

中国文学也充满狐狸精传统。在中国，狐是妖，色，邪，害人。没有一条狐狸像西方那样被作为智者的象征，这是东西方的不同。

长诗《玫瑰传奇》(*Romance of the Rose*)，作者洛利思(Guillaume de Lorris)。第一部分四千行，第二部分一万九千行，作者是法国中部人，其余不详。他所写的恋爱经过，又聪明又愚蠢，技巧美丽，把关于恋爱的一切抽象的东西都拟人化。他死后，另一作者迈恩(Jean de Meun)续写。这种写法非神非童，我们现在已受不了，当时广受欢迎，远传英国。

最值得讲的，是中世纪的行吟诗人，边流浪边唱歌。初起于西班牙，传到意大利，后来传到法国和德国，欧洲文化就这样流来流去（小提琴最初产于阿拉伯，成了欧洲的一大乐器）。

我爱行吟诗人(Troubadours，或译作游吟诗人)，如果我和海涅(Heinrich Heine)之流活在中世纪，亦当是行吟诗人。

行吟诗人全盛期约两百年，从十一世纪到十三世纪。地位很高，不是穷乞丐的模样，受到贵族崇拜，各自有经历，如十字军战士，讲起来各有一套。当时出世的人成了教士，入世的人去做行吟诗人。他们傲视贵族，但总归辛苦，居不定，食无时。

行吟诗人的黄金时代有一可纪念的日子，1453年某月某日，欧洲各行吟诗人集会，比赛评奖。

比行吟诗人差一点的是法国北部的宫廷诗人（Court Poets）。与意大利文艺复兴时期的宫廷诗人不同，后者是仆欧，略近于南宋时期的宫廷清客或幕僚。

他们崇尚武士精神，文学上不行，但理智、思想颇好，是欧洲思辨传统的先驱。《罗兰之歌》（*Chanson de Roland*）是很有成就的作品，出于十一世纪无名作者，写军人罗兰为奸人所害，全军覆没。

另有《罗马人的行迹》（*Gesta Romanorum*），内容庞杂，英国乔叟、莎士比亚，都在此中取材。

这样讲下去，天渐渐亮了。敲响中世纪丧钟的人物，但丁（Dante）来了。他的诗写得好，而且有象征性。有人诗写得好，没有象征性。

据但丁的传记说，但丁不像雕像中那样威严相，而是金发美男子。十二岁就开始写起来了——我也是十二岁就写起来呀，发育时，生理上也会渴望写诗——但丁就这样写起来。

《神曲》（*Divina Commedia*），即"神的喜剧"。我爱他的《新生》（*La Vita Nuova*），写初恋。

但丁生于1265年，九岁遇到贝雅特丽齐（Beatrice），从此爱情主宰了他的灵魂。未通音讯，又九年，但丁再遇到她，仍无语。后来贝雅特丽齐出嫁，二十五岁死时，一直不知道但丁爱她。《新生》就是写这一段爱——每个人都经历过一段无望的爱情，"爱在心里，死在心里"。

但丁多才，活跃于政治舞台，当过佛罗伦萨行政官，喜讽刺、评论、辩论，收集美女的名单。

《神曲》是欧洲空前的巨型文学著作。此前的拉丁文文学粗糙，但丁第一个精心提炼意大利语言，提升为文学。俄国普希金提炼俄罗斯语言，提炼德国语言的是马丁·路德（Martin Luther）。

画家乔托（Giotto）和但丁是好友，两人都是文艺复兴的桥梁。

《神曲》涵盖甚大，中世纪哲学、神学、军事、伦理。以现代观点看，《神曲》是立体的《离骚》，《离骚》是平面的《神曲》。《神曲》是一场噩梦，是架空的，是但丁的伟大的徒劳。

文学不宜写天堂地狱，宜写人间。

《伊利亚特》太幼稚，《神曲》太沉闷，《浮士德》是失败的，都比不过莎士比亚。莎士比亚是诗剧，诗不能长的。"诗"

与"长",不能放在一起的。诗是灵感,灵感是一刹那一刹那的,二十四小时不断不断的灵感,哪有这回事?

我要写长诗。灵感怎么办呢?珍珠如何成项链?靠当中那根线。整个现代文化是造成这根线的,通俗讲,这根线就是哲学。

我到美国后写了几年散文,又起了诗的乡愁。

诗难以数千行。不能以故事入诗。中国诗太聪明、太魂灵,不肯上当。音乐分乐章,许多是失败的。

但丁,从前是诗重于他的人,后来是诗、人并重,再后来,是人重于诗。所谓"人",指他的象征性。

他个人的生活很动荡,是两派之争的牺牲品。一派拥护教皇,一派拥帝皇,他想调和而不成,终靠近宗教派。帝派得势后,被逐出佛罗伦萨,据说甚至远及巴黎、牛津。一度要他回故乡,以持烛忏悔为条件,为他坚拒。流亡途中,成《神曲》。

他很像屈原,死时,愈显得年轻。

他的想象力、结构力,极超越。他设计维吉尔(Virgil)、贝雅特丽齐这样的人物,佩服。前者导引游地狱,完毕后隐去,后者白衣而降。

基本结构,是大灵感。字里行间,小灵感也。

我的大灵感呢?讲出来容易,写来难。不讲,写出来再讲。

现代智慧得以解脱的是什么?宗教的偏见,道德的教条,感情的牵绊，知识的局限。

以但丁为例，他那么高的才华，那么好的心肠，但他的头脑是宗教的。他把许多伟大的诗人放到地狱里。古代的智慧，很可怜。

中世纪还有几位人物。

佛罗萨尔特（Jean Froissart），历史学家，主英雄崇拜，写英、法史记，序言中鼓励一切勇敢的心。他说，死一千个平民，我没有感觉。死一个英雄，我痛哭。

薄伽丘（Giovanni Boccaccio），写《十日谈》（*Decameron*），散文之父。

乔叟（Geoffrey Chaucer），英国诗的祖宗。

托马斯·马洛礼（Thomas Malory），英国中世纪后期，著《亚瑟王之死》（*Le Morte d'Arthur*）。

维庸（François Villon，或译作维容），法国诗人。职业强盗，常被捕。行刑前神秘逃脱。诗很和谐，嘲讽生命，夸耀罪行。

念新作的长诗。哈代（Thomas Hardy）说："多记印象，少谈主见。"我的诗多是对中世纪的"印象"。初稿，不押韵，后试韵，并一韵到底，不改韵。《长恨歌》、《琵琶行》，都不是一韵到底的。

念诗。

《中世纪的第四天》

三天前全城病亡官民无一幸存
霾风淹歇沉寂第四天响起钟声
没有人撞钟瘟疫统摄着这座城
城门紧闭河道淤塞鸟兽绝迹
官吏庶民三天前横斜成尸骸
钟声响起缓缓不停那是第四天

不停缓缓钟声响了很多百十年
城门敞开河道湍流燕子阵阵飞旋
街衢熙攘男女往来会笑会抱歉
像很多贸易婚姻百十年前等等
没有人记得谁的自己听到过钟声
钟声也不知止息后来哪天消失

木心的母亲，摄于上世纪五十年代初。1956年，木心首
次蒙冤入狱，半年后获平反出狱，母亲已忧病而死。

木心，摄于1946年他在杭州的第一次个展，时年十九岁。三十九年后，木心在哈佛大学举办第二次个展，已经五十八岁了。右图：在木心的遗物中发现了这幅照片，估计摄于上世纪六十年代初期，木心三十岁出头。那件毛衣的样式，我确信是木心自己设计的，他的身边，想必是展览场所的物件，那一时期，木心经常出任大型展览设计师。

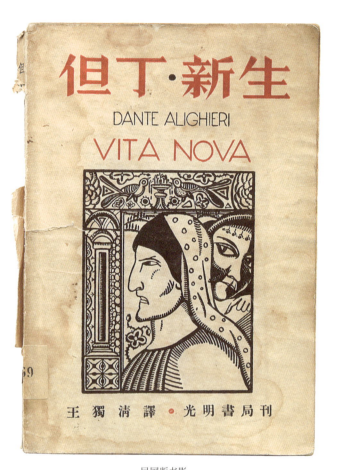

但丁·新生

DANTE ALIGHIERI

VITA NOVA

王 獨 清 譯　光明書局刊

民国版书影。

少年史地叢書

希臘一瞥

商務印書館發行

浮士德故事

謝頌羔
來薩通
月偉
哪符嶺
著
譯

莎士比亞的

李爾王

梁實秋譯

英國文學史綱

金東雷著

蔡元培題

林琴南之和著
黑奴籲天錄
海進步書局印行

世界文學名著
愛的敎育
愛米契斯著
夏丏尊譯

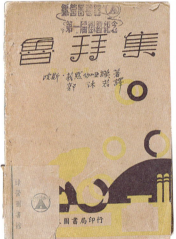

第一屆優良國書紀念
集拜魯
德哀伽屑辨熙霓斯·裴
郭沫若譯

世界戲劇名著
沙樂美
王爾德著
沈佩秋譯
啓明書局印行

民国版书影。

民国《小说月报》书影。木心说，他年青时每期必读。

中国古典文学民国版书影。这些彩版封面，可能即
木心所说的民间读本，为当时的仆佣阶层所喜。

唐诗（一）

一九九零年三月十六日
在陈丹青家

如此看，中国诗的衰亡是正常的、命该的、必然的。盛过了，不可能盛之又盛。天下哪有不散的筵席——从整体上来观照，中国不再是文化大国，是宿命的，不必怨天尤人。所谓希望，只在于反常，异数。用北京土话说：抽不冷子出了个天才。

我的看法是，古人协韵是天然自成，到了沈约他们，用理性来分析，其实便宜了二流三流角色。对一流诗人，实在没有必要。沈约本人，一上来就做过了头，形式的完整使诗意僵化了。

六句完全对仗，但很不自然——自然造人，知道该双的双、该单的单：两耳、两眼、两乳、两手、两脚、一头、一鼻、一嘴、一脐、一性器——所以沈约的主张，流弊是后人的文字游戏，小丑跳梁，一通韵律便俨然诗人。当然，沈约不负这个责。纵观中国诗传统，有太多的诗人一生为了押韵，成了匠人，相互赞赏，以为不得了。

这份名单，吓死人。中国是超级诗国。英国算是得天独厚的诗国，诗人总量根本不能与中国比。

教我读杜诗的老师，是我母亲，时为抗战逃难期间。我年纪小，母亲讲解了，才觉得好。

所谓中国的"中世纪",是从齐(公元479年)至明(约公元十六世纪前后,明代的中叶),前后也是一千年余。中国的中世纪,正好是大放光明的时期。偏偏在这一千年间,中国文化放尽了光芒,享尽了繁华。有点像人的交运,中国少年交运——后来倒霉了。

唐诗、宋词、元曲、明清小说,是中国文学最好的时期。

先讲诗。中国,可说是诗的泱泱大国。从未有一个国度,诗的质量如此之高。歌德羡慕极了,陶诗翻译成法文,法国人也直道伟大。

真能体会中国诗的好,只有中国人。

唐诗可分二期。第一期,是变化古诗为近体诗,讲唐诗,要从沈约讲起。古诗格律不森严,《诗经》、《楚辞》、《古诗十九首》,都较自由。从宋、齐、梁、陈,开始格律化了,这格律,到唐朝盛极。

竟然直到"五四",都在这格律中。说到诗,即问五言七言,是绝是律。

有利有弊。所谓"艺术成长于格律,死亡于自由"。另一理,格律发展到饱和点、顶点,自会淘汰、求变。

中国诗的演变,脉络清晰。既是连贯呼应的,又是段落分明的——唐诗宋词,有一种精神上的亲戚关系。

唐是盛装,宋是便衣,元是裤衩背心。拿食物来比,唐诗是鸡鸭蹄膀，宋词是热炒冷盆，元曲是路边小摊的豆腐脑、脆麻花。

如此看，中国诗的衰亡是正常的、命该的、必然的。盛过了，不可能盛之又盛。天下哪有不散的筵席——从整体上来观照，中国不再是文化大国，是宿命的，不必怨天尤人。所谓希望，只在于反常、异数。用北京土话说：抽不冷子出了个天才。

到近代，又出天才，是时代埋没不了他。因为他的天才比时代大，他的艺术的寿命比时代的寿命长。屈原天才，比时代大。曹雪芹，《红楼梦》一向是禁书，但禁不了。而《红楼梦》是写于唐宋元明之后的呀，文学的黄金时代早就过完了。可是曹先生照样有事情做，时代压不死他。他之后，又茫茫然一派残山剩水，即使出现几个文学精英分子，但他们的天才比他们的时代小，小太多了。中国不会有文艺复兴。港台富了，没有文艺。文化五彩沙漠。期待时代转变，不如期待天才。

政军史上，有时势造英雄之说。文学史没有这么阔气。有好时代，出天才，也有出天才，时代窝囊。

沈约之后，格律诗成熟，此前曹家、建安七子，功不可没。所谓诗的古体，从《诗经》下来，都是四言为主，不事对仗，较口语化。曹写短句，不靠对仗。五言大兴后，渐由散漫趋向工整，由质朴进入雕琢。诗，开始讲究字面上的美丽，引出唐诗。

名句：

　　白云抱幽石，绿筱媚清涟。

四名词，四形容词，二动词，已很讲究。

齐初，沈约、王融、谢朓等合起来创造诗律，供诗人参照。当时，诗人都不反对。心甘情愿，争做美丽的五言诗。

对仗好，动词对动词，形容词对形容词，却很自由地玩弄。外国没有的。

文字游戏，做作，不真诚，不自然，但实在是巧妙，有本领。

齐，是唐诗的序曲期，出现之久，序曲唱得很长。

这里要做技术性的补充解释：诗的新韵律所以创立，主要因为梵文在发音方法上影响了中国，其发音比中国语言精密。后定平、上、去、入四声法，过去中国对诗的韵律并不多加分析，之后，讲究了。

沈约，字休文，吴兴武康人，生于公元441年，幼贫苦，笃志好学，研通群籍。初仕宋，为尚书度支郎，入齐为步兵校尉、管书记，侍太子，又曾出为东阳太守，此时已经成了一代宗师了。当时沈约作《四声谱》，谢朓、王融赞和，以身作则，倡言为诗必须讲究四声，否则不作谐和论，世称永明体（齐武帝年号）。永明体，四声法，将每个字纳入声部，俨然诗韵的"宪法"，后人说某诗出韵，即否定的意思，其实束缚了后世诗人的手脚。我的看法是，古人协韵是天然自成，到了沈约他们，用理性来分析，其实便宜了二流三流角色。对一流诗人，实在没有必要。沈约本人，一上来就做过了头，形式的完整使诗意僵化了，例：

《石塘濑听猿》
嗷嗷夜猿鸣，溶溶晨雾合。
不知声远近，惟见山重沓。
既欢东岭唱，复伫西岩答。

六句完全对仗，但很不自然——自然造人，知道该双的双、该单的单：两耳、两眼、两乳、两手、两脚、一头、一鼻、一嘴、一脐、一性器——所以，沈约的主张，流弊是后人的文字游戏，小丑跳梁，一通韵律便俨然诗人。当然，沈约不负这个责。纵观中国诗传统，有太多的诗人一生为了押韵，成了匠人，相互赞赏，以为不得了，这是很滑稽的。

总之，沈约做过了头。形式完整，诗意僵化了。该不对称时就不对称，文字岂可句句对称？

梁有《昭明文选》。萧家三子，父萧衍，共四人（萧衍、萧统、萧纲、萧绎），为唐诗的黄金时代奠定基础。后来，又出了江淹（"江郎才尽"，指的就是他，才尽而能出名。"名落孙山"，孙山是最末一名，也因此留名）。

庾肩吾、庾信、王褒，都好，都是江南文人。

当时北方文学家少而平平，有高昂者，其征行诗传为佳作："垄种千口牛，泉连百壶酒。朝朝围山猎，夜夜迎新妇。"（高昂《征行诗》）

还有"天苍苍，野茫茫，风吹草低见牛羊"（《敕勒歌》）。

都是素人野民之歌，天然真切，博得后世传诵。

隋炀帝杨广好文学，诗集有五十五卷，其中"寒鸦飞数点，流水绕孤村"，真是好的。宋秦观知其好，借用在自己的词中，减一字，"寒鸦数点，流水绕孤村"，确实更好。

《木兰辞》亦为此时期的作品，艺术价值高于当时一切诗歌之上。

看古诗，要看正宗作品，也要看冷门的夹缝中的诗。

宋、齐、梁、陈、隋，比魏晋，是差的，比唐朝，也差劲，说明什么？说明文学脉络没有断。"五四"运动后，是绝望的断层。

唐文学是"经济起飞"后的"文化起飞"？非也。我以为没有必然性。当时一夜之间，遍地文学。李世民以诗取官，执政者是内行，通诗，擅书法，武则天也通文学，这是第一原因。

出了一大批天才，第二原因。老太太、童子能读，连卖浆者、牢头也读诗——不是诗好，是人文水准高。

《全唐诗》，我家的藏书楼中有，凡九百卷，入录的作者二千二百余人，诗的总数是四万二千八百余首，时间跨度三百年——从《诗经》到隋朝，一千多年间，诗的总数只及唐诗几分之一！

问我有没有全部读过四万二千八百首，没有。我不至傻到乱吞唐诗。读诗，嘴要刁。即使《唐诗三百首》，我真喜欢的，恐怕不到一百首，这一百首呢，每首读过一百遍也不止吧。

唐诗分四个时期：初唐、盛唐、中唐、晚唐。

初唐——唐兴至玄宗开元之初，凡百余年。

盛唐——开元至代宗大历初，凡约五十年。

中唐——大历至文宗太和九年，凡约七十年。

晚唐——文宗开成初至唐末，凡八十余年。

初唐诗人中，王勃、杨炯、卢照邻、骆宾王称"四杰"——其实魏徵倒是初唐正宗第一诗人。陈子昂呢，是唱唐代文学宣叙调的男高音、领唱者。此外是沈佺期、宋之问、刘希夷、张若虚，都是初唐的诗人代表。

盛唐诗人：李白、杜甫、王维、孟浩然、王昌龄、高适、岑参。

中唐诗人：韦应物、韩愈、柳宗元、白居易、元稹、刘禹锡、孟郊、贾岛。

晚唐诗人：杜牧、李商隐、温庭筠、罗隐、司空图、陆龟蒙、杜荀鹤。

这份名单，吓死人。中国是超级诗国。英国算是得天独厚的诗国，诗人总量根本不能与中国比。

这四个时期，不可一刀切，有横贯，有承继。划分时期，是为了看看天才降生的壮观景象，简直像放烟火，令人眼花缭乱、目不暇给。每个诗人风格不相同，各自臻于极致。用现代话说，在自己找到的可能中尽到了最大的可能（第一要找到一个大可能，然后发挥到极点）。

大家兴奋起来了，但我不是说大鼓，是讲文学史。学术，第一要冷静，第二要有耐性。

自隋入唐的诗人，有虞世南（558—638），字伯施，余姚人，大书法家。我非常喜欢他的字，尤其那一撇，风情万种，每次都撇到你的痛处、痒处、伤心处，所以不敢忘记他。请大家留意他的法帖，极大的享受。

魏徵（580—643）呢，好在一洗六朝丽靡的习气，写来十足丈夫须眉，文学价值并不高。

王勃才是大天才，字子安，绛州龙门人。生于大约公元649年，神童，六岁能文词，九岁指摘颜师古《汉书注》之误。未及冠，才名扬闻京邑，授朝散郎，客于沛王府。二十七岁时往交趾省父，渡南海，溺亡。著有诗文集约三十卷。

初唐四杰中，杨炯、卢照邻、骆宾王，还有六朝旧习，无

258

甚独创性，王勃无疑是冠军。

四杰之后，建树唐律的体格者，有宋之问、沈佺期二人。崔融、杜审言等助之。《新唐书·宋之问传》谓：

> 魏建安后讫江左，诗律屡变。至沈约、庾信，以音韵相婉附，属对精密。及宋之问、沈佺期，又加靡丽，回忌声病，约句准篇，如锦绣成文，学者宗之，号为沈宋。

看上去这是进步，是成熟，其实做法自毙，已伏下危机。不过，对唐代诗人不致大害。以下沈佺期诗一首，来看七律的圆熟：

《古意呈补阙乔知之》
卢家少妇郁金堂，海燕双栖玳瑁梁。
九月寒砧催木叶，十年征戍忆辽阳。
白狼河北音书断，丹凤城南秋夜长。
谁谓含愁独不见，更教明月照流黄。（流黄，黄茧之丝）

陈子昂（约661—702），不附庸沈宋体系，独树一帜。我对陈子昂情有独钟。他是文官，还曾随军东征契丹，后父亲病重，辞官还乡里，竟被贪吏关押，死于牢中，四十三岁。他的性格、品质，是魏晋风度的精神苗裔。

> 《感遇诗三十八首》之三十五
> 本为贵公子，平生实爱才。
> 感时思报国，拔剑起蒿莱。
> 西驰丁零塞，北上单于台。（丁零，匈奴）
> 登山见千里，怀古心悠哉。
> 谁言未忘祸，磨灭成尘埃。

　　这样的诗，在当时徐庾体盛行之际，当然是难能可贵。而现在看来，又觉得人生观世界观逃不出报国、杀敌、怀古、人生无常这类概念性的主题。

　　与陈子昂同时，而亦不受沈宋拘束者，尚有刘希夷、张若虚——而子昂真像一位男高音，先引吭高歌：

> 《登幽州台歌》
> 前不见古人，后不见来者。
> 念天地之悠悠，独怆然而涕下。

　　开元、天宝，中国文艺复兴的幕布徐徐拉开，主角很多，太多——李白是男中音，杜甫是男低音。李白飘逸清骏，天马行空，怒涛回浪。杜甫沉稳庄肃，永夜角声，中天月色。他们既能循规蹈矩，又得才华横溢，真真大天才，随你怎样弄，弄不死他。

从前的文士总纠缠于李杜的比较，想比出高低来。他们二人恰是好朋友——不必比较。

李白，字太白，号青莲。公元701年诞于蜀，原籍陇西。少年时，宏放任侠，一说因事手刃数人，逃亡路线经岷山、襄汉、洞庭，东至金陵、扬州。因识郭子仪（唐名将，身系唐室安危者二十年），得脱罪。既去齐鲁，与孔巢父诸人交游，大概就在这时结交杜甫。李白喜欢嘲弄杜甫。杜甫沉挚，真爱李白。李白的性格很明亮，像唐三彩上的釉。他喜欢夸张吹牛，奇的是不令人讨厌。什么道理呢？他毕竟有底。他写给韩荆州的信《与韩荆州书》中有说：

白陇西布衣，流落楚汉。十五好剑术，遍干诸侯。三十成文章，历抵卿相。

明明是大话，但单看文字音节，就好。而且剑术有两下子，否则一人怎能杀数人？李白是个人生模仿艺术的大孩子。据说有外国血统，通外文，长相异于汉种，思想属于道家一路。贺知章（659—744），玄宗时礼部侍郎，精书法，旷达善谈，山阴人，见李白，叹曰："子诚谪仙人也。"李白病卒于安徽当涂，年六十二。

杜甫，字子美，号少陵，湖北襄阳人。公元712年生，祖父是文学家。少贫。开元年间在苏州、绍兴一带游历。曾赴京兆（长安）应进士试，不第。天宝时曾作《奉呈韦左丞丈》一诗，有自传性：

纨袴不饿死，儒冠多误身。
丈人试静听，贱子请具陈。
甫昔少年日，早充观国宾。
读书破万卷，下笔如有神。
赋料扬雄敌，诗看子建亲。
李邕求识面，王翰愿卜邻。
自谓颇挺出，立登要路津。
致君尧舜上，再使风俗淳。
此意竟萧条，行歌非隐沦。
骑驴三十载，旅食京华春。
朝扣富儿门，暮随肥马尘。
残杯与冷炙，到处潜悲辛。
……

今欲东入海，即将西去秦。
尚怜终南山，回首清渭滨。
常拟报一饭，况怀辞大臣。
白鸥没浩荡，万里谁能驯？

唐代诗人善于推销自己，我并无反感。韩愈差些，猴急。杜甫尽管说自己好，其实他自己比他说的要好得多。后来终于被玄宗注意了，使侍制集贤院，授右卫率府胄曹参军。安禄山之乱，长安陷落，玄宗逃到四川，杜甫为贼所捕，困居长安城中。

《春望》
国破山河在，城春草木深。
感时花溅泪，恨别鸟惊心。
烽火连三月，家书抵万金。
白头搔更短，浑欲不胜簪。

历史就是命运。神秘在安禄山乱时，浪漫主义全盛期过去了，完成了，李白可以退休了，杜甫的天性本是沉郁的，悲剧性的，正合适写忧伤离乱。如果杜甫一生富贵、繁华安乐，他的诗才发挥不到这样高。他的诗，一部分我作为艺术看，一部分作为史料看。

李白是浪漫主义全盛期的代表——上帝真是大导演，会选主角，让杜甫在安禄山之乱后写动乱中的唐朝，例如：

《宿府》
永夜角声悲自语，中天月色好谁看？

这是贝多芬交响乐慢板的境界（音乐丰厚，诗比起来，单薄了）。晚年七律：

《登高》
风急天高猿啸哀，渚清沙白鸟飞回。
无边落木萧萧下，不尽长江滚滚来。
万里悲秋常作客，百年多病独登台。
艰难苦恨繁霜鬓，潦倒新停浊酒杯。

近乎钢琴协奏曲，有贝多芬、勃拉姆斯风范。杜甫功力极深，请特别注意他的联句，对仗工整，感觉不出用力，而且无懈可击。另一个特征是，别人忽略的、不去写的东西，他偏写，写得精彩，大手笔：

《述怀一首》
……
麻鞋见天子，衣袖露两肘。
朝廷愍生还，亲故伤老丑。
涕泪授拾遗，流离主恩厚。
柴门虽得去，未忍即开口。
寄书问三川，不知家在否。
比闻同罹祸，杀戮到鸡狗。

山中漏茅屋，谁复依户牖。

摧颓苍松根，地冷骨未朽。

几人全性命，尽室岂相偶。

嵚岑猛虎场，郁结回我首。

自寄一封书，今已十月后。

反畏消息来，寸心亦何有。

……

教我读杜诗的老师，是我母亲，时为抗战逃难期间。我年纪小，母亲讲解了，才觉得好，因此闹了话柄：有一次家宴，谈起沈雁冰的父亲死后，他母亲亲笔作了挽联。有人说难得，有人说普通，有人说章太炎夫人汤国梨诗好（汤是乌镇人），我忍不住说：

"写诗么，至少要像杜甫那样才好说写诗。"

亲戚长辈哄堂大笑，有的认为我狂妄，有的说我将来要做呆头女婿，有的解围道：童言无忌，童言无忌。更有挖苦的，说我是"四金刚腾云，悬空八只脚"。我窘得面红耳赤，想想呢，自己没说错，要害是"至少"两字，其他人根本没有位置，亲戚们当然要笑我亵渎神圣，后来见到，还要问：

"阿中，近来还读杜诗么？"

杜甫晚年携家避居夔州，五十五岁了。《秋兴八首》即为晚年之作，"晚节渐于诗律细"。"老来渐知粗中细，细到头来又变粗"，各人的路不同，一般人只不过是自己老了，也细了，就沾沾自喜近乎杜甫了，其实恐怕细不久就断了。

杜甫又飘游四方，出瞿塘，下江陵，溯沅、湘，以登衡山，卒达耒阳。时发大水，十日不得食，县令知之，送酒食至。据说有牛肉和白酒，因为吃了不消化，又大醉，死于客舍。

读杜诗，要全面，不能单看他忧时、怀君、记事、刺史那几方面。他有抒情的、唯美的，甚至形式主义的很多面。

不必说杜甫是中国最大的诗人，我在《琼美卡随想录》中是这样给杜甫定位的："如果抽掉杜甫的作品，一部《全唐诗》会不会有塌下来的样子。"

唐诗（二）

一九九零年三月三十日

大家不耐烦听史迹，都想听我讲观点。观点是什么？马的缰绳。快，慢，左，右，停，起，由缰绳决定。问：缰绳在手，底下有马乎？我注意缰绳和马的关系。手中有缰，胯下无马，不行。

我的观点，有的可发表，有的只能讲讲，有的，必得死后才可以发表。譬如"看山不是山是要死人的"，你们懂吗？

从前皇帝的老师有人叫"亚父"，太子的老师有人叫"洗马"。你们都是"太子"，我做你们的"洗马"。

小马、大马、千里马——千万不要骑驴。

读天才的作品，自己也好像是天才一样。

《红楼梦》中的诗，如水草。取出水，即不好。放在水中，好看。

有人来听听，又不来了。现在听者比较稳定了。前期是"无政府主义"，现在是"企业化"。艺术家应该是"无政府主义"，但人类后来"无"不下去了，就"企业"。我们也如此，无可奈何地"进化"。

　　大家不耐烦听史迹，都想听我讲观点。

　　观点是什么？马的缰绳。快，慢，左，右，停，起，由缰绳决定。问：缰绳在手，底下有马乎？我注意缰绳和马的关系。手中有缰，胯下无马，不行。

　　所谓马，即文学艺术，怕走乱了，所以要缰绳。先古艺术是没有缰绳的，好极了，天马行空。不要把缰绳看得无往而不利。我是先无缰，后有缰，再后脱缰——将来，我什么观点也不要。

　　观点有用，又无用，无用，又有用。最后都要脱缰的。

　　为什么大家着急听观点？图方便。

　　我要是真的来摆观点，不那么好消受的。如溪水流过，有人带桶，带杯子，或者麻袋，或者竹篮。杯桶可以盛水，麻袋竹篮漏光。

　　我的观点，有的可发表，有的只能讲讲，有的，必得死后才可以发表。

　　譬如"看山不是山是要死人的"，你们懂吗？

　　譬如"穆罕默德打电话给山，山不在"，什么意思？怎么解释？不好消受的。

再譬如"天才与狂人相近",不对,"天才与狂人正相反",够解释的。

又如"生命好,好在没有意义",不能乱说的,要出问题的。

什么时候能用这些观点呢?有马以后。

先无马,后有马,后千里马,后脱缰——可以用我的观点了。

画家、音乐家,很直观,更要摆脱观点。

禅宗,最早祖师是释迦的徒弟,见释迦拈花,笑,得传。再传到达摩,等等。有观点吗?不用说的。这还要高。

从前皇帝的老师有人叫"亚父",太子的老师有人叫"洗马"。你们都是"太子",我做你们的"洗马"。

小马、大马、千里马——千万不要骑驴。(笑)

以上还是观点。下面讲个故事:

丹青去意大利,路遇达·芬奇和两个学生,乔万尼(Giovanni Pisano)和弗朗切斯卡(Piero della Francesca)。有人马至,其中华衣者是拉斐尔,领头人是沙莱(Salai,曾是芬奇学生,见芬奇老了,转投拉斐尔门下)。只见沙莱抬起下巴,过芬奇而不看。芬奇见了,忙低下头。拉斐尔见,向芬奇深深行礼。徒弟丹青看在眼里,知道芬奇低头是替叛徒的人性卑劣羞。到了郊外,芬奇眼光复柔和。

拉斐尔说过：我给芬奇解鞋带都不配的。拉斐尔有马，沙莱有马。芬奇不骑马，走路。他不需要马。

时时记得马与缰绳的关系。

这几天在考虑，唐代诗人谁最有代表性？（"代表性"，是党的说法，奇怪）排下名来，只能是以下（硬硬心肠）：王勃、王之涣、王昌龄、高适、陈子昂、孟浩然、王维、崔颢、李白、杜甫、韩翃、孟郊、韩愈、刘禹锡、白居易、柳宗元、元稹、贾岛、李贺、杜牧、李商隐。

　　王勃《送杜少府之任蜀川》
　　城阙辅三秦，风烟望五津。
　　与君离别意，同是宦游人。
　　海内存知己，天涯若比邻。
　　无为在歧路，儿女共沾巾。

这首诗易解，但要推敲。前两句首联，三四句颔联，后两句是颈联，末二句是尾联。此诗首联与颈联用对仗。通行者，是颔联与颈联用对仗，首尾二联不必对仗——上来就是布景，壮阔，有气派。到颈联"海内"句，十足男子气，阳刚，是唐诗中少有的阳气。

读天才的作品，自己也好像是天才一样。

王勃《山中》

长江悲已滞，万里念将归。

况属高风晚，山山黄叶飞。

末一句最好。字很轻，景大。

据说开元间，王之涣与高适、王昌龄赴酒楼，有名伶唱曲，三人相约，以自己的诗被唱多寡的机会来定高下。先是高适的作品被唱了，高适得意。王昌龄的作品接着也被唱了，两人都意气扬扬望着王之涣。王之涣说，不急，要看其中最美的一位歌者唱什么。最后轮到她了，便唱了下面这首"折杨柳"羌笛曲：

《凉州词》

黄河远上白云间，一片孤城万仞山。

羌笛何须怨杨柳，春风不度玉门关。

前面王昌龄的诗：

《芙蓉楼送辛渐》

寒雨连江夜入吴，平明送客楚山孤。

洛阳亲友如相问，一片冰心在玉壶。

高适的诗，较有名的还有：

《听张立本女吟》
危冠广袖楚宫妆，独步闲庭逐夜凉。
自把玉钗敲砌竹，清歌一曲月如霜。

就诗论诗，唐诗中这类诗作，是出类拔萃。

按理说，李白是唐诗人第一，但实在是杜甫更高，更全能。杜晚年作品，总令我想起贝多芬。李白才气太盛，差点被才害死。读李白，好像世上真有浪漫主义这么一回事。唐人比西方人还浪漫。歌德说，各时代的特征都是浪漫主义。我说，青年人会向往各种主义，但要他们自己提出主义，只能是浪漫主义。

骚人（离骚之骚），诗人也。迁客，贬官也。

李、杜二人，承继有别。李白承继《楚辞》，杜甫承继《诗经》。

杜甫《望岳》
岱宗夫如何，齐鲁青未了。
造化钟神秀，阴阳割昏晓。
荡胸生层云，决眦入归鸟。
会当凌绝顶，一览众山小。

头两句的意思：泰山如何呢，去齐鲁之国，远远能望见青山山影，起句以远距离托出泰山之高。这是全唐诗中最奇句。直到明朝的莫如忠，还感慨道："齐鲁到今青未了，题诗谁继杜陵人？"（《登东郡望岳楼》）

向日为阳，山背为阴，天色一昏一晓，判然于山的阴阳面，大胆用了"割"字，韵极佳——至此已近泰山。

再近，细看，云层出不穷，心胸受涤荡，长时目不转睛，眼眶要裂了似的，归鸟飞，天已暮。

"会当"，唐人口语，"一定要"。

这首诗刻石于泰山麓，鉴为绝唱。杜甫作此诗，时二十四岁。

《梦李白》（二首）

死别已吞声，生别常恻恻。

江南瘴疠地，逐客无消息。

故人入我梦，明我长相忆。

恐非平生魂，路远不可测。

魂来枫叶青，魂返关塞黑。（梦中）

君今在罗网，何以有羽翼？

落月满屋梁，犹疑照颜色。

水深波浪阔，无使蛟龙得。（梦醒）

浮云终日行，游子久不至。
三夜频梦君，情亲见君意。
告归常局促，苦道来不易。
江湖多风波，舟楫恐失坠。
出门搔白首，若负平生志。
冠盖满京华，斯人独憔悴。
孰云网恢恢，将老身反累。
千秋万岁名，寂寞身后事。

　　以死开始，亦以死（身后事）终。至性至诚之作，只有这等大诗人能写出。

　　《红楼梦》中的诗，如水草。取出水，即不好。放在水中，好看。

唐诗（三）

一九九零年四月十三日

而其中最高的境界，还是帝皇、天、神话，因而想到中国历代诗人的形上境界，总是高不上去，离不开治国平天下之类。

想想害怕。假如我生在唐代，生在民国前任何一个朝代，怎么可能突破诗的体裁，自开新路。绝、律、词、曲的宿命局限性，无论如何不能与音乐同飞翔。我写过古体诗词，知道旧瓶装不了新酒，而现代诗中的情操意象，古代人完全不可想象。

宋玉是屈原的学生，为老师写过赋。杜甫年幼时，不敢自比屈原、宋玉，只是个景仰者，到了他写这首诗时，无疑是大诗人了，决不在宋玉之下。但杜甫还是称宋玉为师。

温州的夏承焘先生，号称近百年第一词家，浙江大学中国文学系教授，我们长谈、通信，他每次寄作品来，都写"木心仁兄指正"，他快近六十岁，我当时才二十几岁。

不以唐而以汉入诗，一是拉开距离，二是暗寓讽刺。我认为这是最有"唐风"的一首诗。如果只选一首来代表"唐诗"，我推荐此首。

李商隐是唐代唯一直通现代的诗人。唯美主义，神秘主义，偶尔硬起来，评古人，非常刻毒凶恶。

大家听课应该是什么态度？两句老话：

正心诚意，阳明兼得。

前一句好解。后一句，"阳"，行动的意思；"明"，智慧、见解、立场的意思。

继续讲杜甫。《秋兴》八首，向来受推崇，为杜甫晚年炉火纯青的杰作，而且是长诗。杜甫自道"晚节渐于诗律细"，史见各家评论，莫不竭尽称颂。我感到遗憾的是，刻意在文字上求精工，意象僵涩。而其中最高的境界，还是帝皇、天、神话，因而想到中国历代诗人的形上境界，总是高不上去，离不开治国平天下之类。

杜甫是中国诗圣，贝多芬是德国乐圣，博大精深，沉郁慷慨。贝多芬晚年的作品与杜甫晚年的作品相比，贝多芬就远远超越了。

想想害怕。假如我生在唐代，生在民国前任何一个朝代，怎么可能突破诗的体裁，自开新路？绝、律、词、曲的宿命局限性，无论如何不能与音乐同飞翔。我写过古体诗词，知道旧瓶装不了新酒，而现代诗中的情操意象，古代人完全不可想象。

再推论下去，人类的伟大高贵，完全在于精神生活，在于少数的精神贵族，亦即天才和天才的朋友（欣赏者）。

哈姆雷特的近侍，是霍拉旭（Horatio，又译作霍雷肖）。上次刘军电话中听我提起霍拉旭，兴致大发，就哈姆雷特与霍拉旭的关系谈了一个多小时。他说好像是久不洗澡，忽然洗了个热水浴，又给冷水淋了一遍。

哈姆雷特是天才，霍拉旭是天才的朋友，谁也少不了谁。二者关系，是天才和朋友的关系、智慧和行动的关系。

哈姆雷特临死时，霍拉旭要自殉，哈姆雷特说："你得活下去，把这件事告诉世人。"霍拉旭答应了，天才死了，天才的朋友为天才作证，甚至可以说，艺术家是通过朋友的手才把礼物赠给世界的。

所谓史家、评家、收藏家、媒体传播家、演奏家、指挥家，都是天才的朋友。长期的朋友，后来成熟了，正式成了天才，朋友又来了——朋友中，有的人后来成熟，上升为天才，这便是天才的家谱。

有诗为证。请看杜甫《咏怀古迹》：

> 摇落深知宋玉悲，风流儒雅亦吾师。
> 怅望千秋一洒泪，萧条异代不同时。
> 江山故宅空文藻，云雨荒台岂梦思。
> 最是楚宫俱泯灭，舟人指点到今疑。

宋玉是屈原的学生，为老师写过赋——最初为徒时，是天才的朋友，后来自升为天才。杜甫年幼时，不敢自比屈原、宋玉，只是个景仰者，到了他写这首诗时，无疑是大诗人了，决不在宋玉之下。但杜甫还是称宋玉为师。

再下来，又有一个杜甫的学生（朋友），步了这首诗的韵：

　　　　飘泊春秋不自悲，山川造化非吾师。
　　　　花开龙冈谈兵日，月落蚕房作史时。
　　　　萧瑟中道多文藻，荣华晚代乏情思。
　　　　踪迹渐灭瑶台路，仙人不指凡人疑。

这个中国诗人写这首诗时，二十四岁，诗境已开拓为尼采型的自强者了。

或曰："你有什么资格在讲文学史的时候夹进自己的诗？"我答："请容许我做天才的学生和朋友。如果杜甫还在，我会把我的诗寄给他。"

温州的夏承焘先生，号称近百年第一词家，浙江大学中国文学系教授。我们长谈、通信，他每次寄作品来，都写"木心仁兄指正"，他快近六十岁，我当时才二十几岁。

我之所以在课堂中偶尔夹进自己的诗文，用心是：古典、古代、古人，与我们相隔远了，火腿虽好，有的难免有哈喇味。罐头食品固是老牌名牌，但我把自己当生菜色拉送给大家开胃解腻，用心不可谓不好，老吃客很喜欢生菜的。

韩翃《寒食》

春城无处不飞花，寒食东风御柳斜。

日暮汉宫传蜡烛，轻烟散入五侯家。

寒食节的解释有多种，最有据的是纪念介子推，表示晋文公的悔意。去掉这个典故，寒食，很美。一年中有一天吃冷食，游玩赏春，多好。可惜后来不作兴了。

唐德宗特赏此诗，韩翃本是小官，德宗提升他为驾部郎中知制诰，特别在委任状上写了此诗，批道："与韩翃。"因为当时江淮刺史也叫韩翃。

这首好在纯记印象，不发主见，而含意似颂似刺。韵节、色调、气象，浑然一体。

寒食，全国禁火，唯皇帝许可特敕京城街中燃火，近贵宠臣也分到这份"恩典"。"轻烟散入"，中官走马传烛。"五侯"，有两说，一是东汉外戚梁冀一族，二是东汉桓帝宦官单超等。

不以唐而以汉入诗，一是拉开距离，二是暗寓讽刺。我认为这是最有"唐风"的一首诗。如果只选一首来代表"唐诗"，我推荐此首。

从史料看，白居易（772—846）是个向上爬的人，功名心强，但实在写得好（谈《长恨歌》、《琵琶行》，惜未记）。

杜牧《过华清宫》三首之一

长安回望绣成堆，山顶千门次第开。

一骑红尘妃子笑，无人知是荔枝来。

杜牧《江南春》

千里莺啼绿映红，水村山郭酒旗风。

南朝四百八十寺，多少楼台烟雨中。

杜牧反佛，以上绝句也不表主见，纯记印象。

李商隐（约 812 或 813—约 858）是唐代唯一直通现代的诗人。唯美主义，神秘主义，偶尔硬起来，评古人，非常刻毒凶恶。

《无题》四首之二

飒飒东风细雨来，芙蓉塘外有轻雷。

金蟾啮锁烧香入，玉虎牵丝汲井回。

贾氏窥帘韩掾少，宓妃留枕魏王才。

春心莫共花争发，一寸相思一寸灰。

华丽，深情，典雅。首句、末句，自然，滋润。和肖邦一样，有分寸，非常有分寸。一、二句不必对，三、四、五、六

280

要对，尾句不必对。

《锦瑟》

锦瑟无端五十弦，一弦一柱思华年。
庄生晓梦迷蝴蝶，望帝春心托杜鹃。
沧海月明珠有泪，蓝田日暖玉生烟。
此情可待成追忆，只是当时已惘然。

我仿李商隐诗如下：

沧海蓝田共烟霞，珠玉冷暖在谁家。
金人莫论兴衰事，铜仙惯乘来去车。
孤艇酒酣焚经典，高枝月明判凤鸦。
蓬莱枯死三千树，为君重满碧桃花。

本课笔记内页："再无事，再不相干，再难，我可以弄他成诗。"

第二十四讲

宋词（一）

一九九零年四月二十八日

> 东来紫气已迟迟，群公有师我无师。
> 一夕绛帐风飘去，木铎含心终不知。

要有"会当凌绝顶"之慨——山不是你的，但要登顶。诸位不要抄。以上不是诗。

文化是个大生命，作者的个人生命附着于这大生命。有时候，时代还没开花，他先开花了。

有人评"李后主乱头粗服皆好"，似乎中肯，我以为不对：几时乱了头、粗了服？自然界从来没有"乱头粗服"的花，李后主是"天生丽质"，和别人一比，别人或平民气，或贵族气，他是帝王气。

范仲淹"先天下之忧"的名句，很正经。但写起词来，和女人一样善感——词人一写词，都像女人一样。

词分所谓"婉约派"和"豪放派"。以西方的说法，是柔美、壮美之分。向来是婉约派占上风，算是词的正宗。但为人所骂，说是儿女私情、风花雪月，又推崇苏东坡、辛弃疾等——我以为不对，弄错了。词本来是小品，是小提琴。打仗可用枪炮，不要勉强小提琴去打仗。

诗，格律严谨，有流弊。好处是深谙格律后，任何事皆可入诗：交际、文告、通信，连判决也能以诗出——更不必说抒情诗。爱情，蛮有意思的，一举一动都带着诗性——文雅，达意，连骂人、损人、酒令，也用诗。当时就是这么流行，今天能这么试试吗？

是实验，也是游戏。我答应过大家：以诸位名字入七绝诗最后一行。赞、讽、赏、劝，都入诗：

金高

玉做鬓钗锦作袍，疑曾瀛台共早朝。

抛却神州干戈事，金风涤荡秋云高。

（喻女性贵族。喻对中国的绝望）

丹青

蒿莱生涯剧可怜，幸有佛耳双垂肩。

桐花万里山山路，独折丹桂上青天。

（典：凤凰非梧桐不停）

素宁

惯裁玉笔独沉吟，情到恨时转多情。

不争春柳烟媚色，素心秋兰自宁馨。

葆元

昂藏七尺眉轩雄，坐似静山行如风。

毋友太不如己者，葆真归元道无穷。

全武

李家从来韵事多，画坛情场不蹉跎。

金屋新藏碧眸女，全凭文武韬略何。

学林

知君用心如月明，月照沟渠波难清。

家有娜嬛一角好，学满五车入琼林。

（典：娜嬛，上帝的图书馆）

立伟

沛国曹门出诗魁，风流千古意徘徊。

锦心绣口破万卷，授笔立就气英伟。

李菁

杨家有女新长成，春来细着绿罗裙。

随郎归看晴沙岸，李白行过草菁菁。

捷明

粤海荔湾结君庐，朝闻福音夕反刍。

程门立雪深一尺，才思便捷泻明珠。

秋虹

娟娟贞女礼岱宗，夫子最怜香膏浓。

忽闻清磬断复续，秋霖才过仰彩虹。

雅容

为拯大夏觅英雄，破浪乘风不计功。

报来达赖喇嘛使，玉肩咿哑迎笑容。

李和

艺侣春明乐同科，画楝稳栖呢喃多。

东风不嫌翠羽薄，桃李门墙合祥和。

再无事，再不相干，再难，我可以弄他成诗。

东来紫气已迟迟，群公有师我无师。

一夕绛帐风飘去，木铎舍心终不知。

（从前儒家讲课，有红帐，开课，称绛帐）

一对鹦鹉并头语，软玉温香谁及伊。
自劳自食逍遥客，似讥世上尽执迷。

其舌如簧，其羽若锦。
偶逢枝头，顾盼生情。

墨可作五色，五色与墨同。
祢衡一赋在，千古笑曹公。

要有"会当凌绝顶"之慨——山不是你的，但要登顶。
诸位不要抄。以上不是诗。

绝句、律句，自齐到唐，到全盛期，渐渐太过成熟而烂。很像生物，会生长、发展、衰老、残败。这就是文化形态学。文化是个大生命，作者的个人生命附着于这大生命。有时候，时代还没开花，他先开花了。

词，开始得很早。在唐代，李白已写词，写得很好。越是有才华，越是敏感的诗人、文人，越是开风之先。盛唐时期，李白就写出《菩萨蛮》：

平林漠漠烟如织，寒山一带伤心碧。暝色入高楼，有人楼上愁。

玉阶空伫立，宿鸟归飞急。何处是归程？长亭更短亭。

还有他的《忆秦娥》：

箫声咽，秦娥梦断秦楼月。秦楼月，年年柳色，灞陵伤别。

乐游原上清秋节，咸阳古道音尘绝。音尘绝，西风残照，汉家陵阙。

当然，这两首词的作者自古考证不定，多数学者认为是李白写的。即使不是，也是唐人之作，开风气之先无疑。

到南唐，李家出大词家，完全成熟。南唐二主，可说是词祖，后主李煜，被称为"词中之帝，亡国之君"。

先讲南唐中主李璟（916—961），他传世之作仅三首（或四首），凭这样几首词而在中国文学史占一席地，太便宜了，做皇帝总是合算。

《浣溪沙》
菡萏香销翠叶残。西风愁起绿波间。还与容光共憔悴，不堪看。

　　细雨梦回鸡塞远。小楼吹彻玉笙寒。多少泪珠何限恨，倚阑干。

　　真是享乐主义，是爱情至上、唯美主义的皇帝。鸡塞：鸡鹿塞，陕西横山县西。轶事：冯延巳作《谒金门》，有"风乍起，吹皱一池春水"，中主云"干卿何事"，对曰"未若陛下小楼吹彻玉笙寒"也。

　　后主李煜（937—978），字重光。善属文，工书画，妙音律，尝著《杂说》百篇，时人比之曹丕《典论》，又有集十卷，不传。传于今者诗词五十余首，他不幸是末代皇帝，宋兴师灭南唐，煜降而被俘，最后被毒死。他的词明显地分两时期，早期宫廷生涯，豪华富贵，晚期沉痛悲怆。

　　《浣溪沙》
　　红日已高三丈透，金炉次第添香兽。红锦地衣随步皱。
　　佳人舞点金钗溜。酒恶时拈花蕊嗅。别殿遥闻箫鼓奏。

　　《玉楼春》
　　晚妆初了明肌雪。春殿嫔娥鱼贯列。笙箫吹断水云间，重按霓裳歌遍彻。

临风谁更飘香屑。醉拍阑干情味切。归时休照烛光红，待放马蹄清夜月。

《望江南》

多少恨，昨夜梦魂中，还似旧时游上苑，车如流水马如龙，花月正春风。……

《清平乐》

别来春半。触目愁肠断。砌下落梅如雪乱，拂了一身还满。

雁来音信无凭，路遥归梦难成。离恨恰如春草，更行更远还生。

《捣练子令》

深院静，小庭空。断续寒砧断续风，无奈夜长人不寐，数声和月到帘栊。

《相见欢》

无言独上西楼，月如钩，寂寞梧桐深院锁清秋。

剪不断，理还乱，是离愁，别是一般滋味在心头。

《破阵子》

四十年来家国，三千里地山河。凤阁龙楼连霄汉，琼枝玉树作烟萝，几曾识干戈。

一旦归为臣虏，沈腰潘鬓消磨。最是仓皇辞庙日，教坊犹奏别离歌，垂泪对宫娥。

《虞美人》

春花秋月何时了。往事知多少。小楼昨夜又东风，故国不堪回首月明中。

雕栏玉砌应犹在，只是朱颜改。问君能有几多愁，恰似一江春水向东流。

《浪淘沙》

帘外雨潺潺，春意阑珊。罗衾不耐五更寒。梦里不知身是客，一晌贪欢。

独自莫凭栏，无限江山。别时容易见时难。流水落花春去也，天上人间。

真是绝命诗也。李煜的词，究竟怎样来看？

一，纯发乎至性，直抒心怀，内在的醇粹，如花如玉，所以不必提炼造作。后来的词家，再也没有李后主的自然。

二，形式处理有其天然的精美，想也不想到什么人工雕饰。有人评"李后主乱头粗服皆好"，似乎中肯，我以为不对：几时乱了头、粗了服？自然界从来没有"乱头粗服"的花，李后主是"天生丽质"，和别人一比，别人或平民气，或贵族气，他是帝王气。

三，艺术没有第一名，词也没有第一名，李煜并非写得"最好"，他是他自己的好，风格性强。就文学风格言，他每一首词就有一个整体感，值得画家参悟。范宽《溪山行旅图》，繁复之极，整体感却强得没话说。

这是先天性的问题，所谓力的涵盖美。莫扎特说，他就像对待一只苹果那样对待一部交响乐（先天禀赋不济的艺术家，后天可以补，补得好，也可像是先天有那份光荣）。

李煜不是伟大，是天才，但被后人评为伟大的诗人。说他年轻时唯美主义，爱情至上，遭亡国之痛，被俘后写出悲伤感人的诗篇——这样就算伟大吗？以上评论还是迂腐。我认为他是几位天才词家之一，他的想象是个人的，他的人格不具象征性，但他的悲伤上升不到伟大的境界。

屈原、杜甫，那是伟大，可是和莎士比亚相映照，分量不够了——中国的诗，量、质，无疑是世界上最大的诗国，可是真正伟大的世界意义的诗人，一个也没有。

二李（皇帝）之后，宋的词家有：范仲淹、晏殊、宋祁、张先、欧阳修、柳永、晏几道、王安石、苏轼、秦观、贺铸、周邦彦、李清照、辛弃疾、姜夔、吴文英，共十六家。

晚唐时，词已盛行。南唐，出二李。至宋，词成为主要的创作形式。唐安史之乱结束后（天宝年间，安禄山反叛长安，后为子杀，其子又为别人杀，史称安史之乱），宋初出现所谓"百年盛世"时期，百年间比较安定，城市经济繁华，中心在汴京，文化渐盛。妓院馆楼需唱，词于是发达，上下阶层均欢迎，上层写雅词，下层写俚词。

中国的文化，秦以前是人民的文学，秦以后是士大夫的文学，前后起到感情平衡的作用。士大夫的雅，寄托于文学。所谓"诗言志"，我以为其实是"诗言情"。皇帝、大臣、刺史、州官，全会写诗。

范仲淹"先天下之忧"的名句，很正经。但写起词来，和女人一样善感——词人一写词，都像女人一样。

词分所谓"婉约派"和"豪放派"。以西方的说法，是柔美、壮美之分。向来是婉约派占上风，算是词的正宗。但为人所骂，说是儿女私情、风花雪月，又推崇苏东坡、辛弃疾等——我以为不对，弄错了。

词本来是小品，是小提琴。打仗可用枪炮，不要勉强小提琴去打仗。有人说：我的文学有志报国！很好，你去报国，不要弄文学。

范仲淹（989—1052）：

《苏幕遮》

碧云天，黄叶地。秋色连波，波上寒烟翠。山映斜阳天接水。芳草无情，更在斜阳外。

黯乡魂，追旅思。夜夜除非，好梦留人睡。明月楼高休独倚。酒入愁肠，化作相思泪。

《渔家傲》

塞下秋来风景异，衡阳雁去无留意。四面边声连角起。千嶂里，长烟落日孤城闭。

浊酒一杯家万里，燕然未勒归无计。羌管悠悠霜满地。人不寐，将军白发征夫泪。（近乎壮美）

晏殊（991—1055）：

《浣溪沙》

一曲新词酒一杯，去年天气旧亭台，夕阳西下几时回。

无可奈何花落去，似曾相识燕归来，小园香径独徘徊。（他是大玩家，一生幸福）

宋祁（998—1061）：

《玉楼春》

东城渐觉风光好，縠皱波纹迎客棹。绿杨烟外晓寒轻，红杏枝头春意闹。

浮生长恨欢娱少，肯爱千金轻一笑。为君持酒劝斜阳，且向花间留晚照。

张先（990—1078）：

《天仙子》

水调数声持酒听。午醉醒来愁未醒。送春春去几时回？临晚镜。伤流景。往事后期空记省。

沙上并禽池上暝，云破月来花弄影。重重帘幕密遮灯，风不定。人初静，明日落红应满径。

欧阳修（1007—1073）：

《阮郎归》

南园春半踏青时。风和闻马嘶。青梅如豆柳如眉。日长蝴蝶飞。

花露重，草烟低。人家帘幕垂。秋千慵困解罗衣。画梁双燕栖。（一点不用力气，色调控制得非常好）

晏几道（约1030—1106）：

《临江仙》

梦后楼台高锁，酒醒帘幕低垂。去年春恨却来时，落花人独立，微雨燕双飞。

记得小蘋初见，两重心字罗衣。琵琶弦上说相思，当时明月在，曾照彩云归。

王安石（1021—1086）：

《桂枝香》

登临送目。正故园晚秋，天气初肃。千里澄江似练，翠峰如簇。归帆去棹残阳里，背西风、酒旗斜矗。綵舟云淡，星河鹭起，画图难足。

念往昔、繁华竞逐。叹门外楼头，悲恨相续。千古凭高，对此谩嗟荣辱。六朝旧事随流水，但寒烟、芳草凝绿。至今商女，时时犹唱，后庭遗曲。

苏东坡（1037—1101）：

《水调歌头》

明月几时有？把酒问青天。不知天上宫阙，今夕是何年。我欲乘风归去，又恐琼楼玉宇，高处不胜寒。起舞弄清影，何似在人间？

转朱阁，低绮户，照无眠。不应有恨，何事长向别时圆。人有悲欢离合，月有阴晴圆缺，此事古难全。但愿人长久，千里共婵娟。

秦观（1049—1100）：

《满庭芳》

山抹微云，天连衰草，画角声断谯门。暂停征棹，聊共引离尊。多少蓬莱旧事，空回首、烟霭纷纷。斜阳外，寒鸦数点，流水绕孤村。

销魂，当此际，香囊暗解，罗带轻分。谩赢得青楼，薄倖名存。此去何时见也？襟袖上、空染啼痕。伤情处，高楼望断，灯火已黄昏。

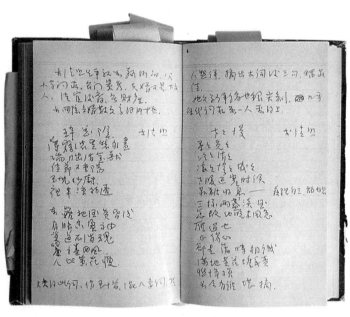

本课笔记内页："她（李清照）的文学评论也很尖刻，几乎宋代词家无一人看得上。"

第二十五讲

宋词（二）

一九九零年五月十一日

全篇反思绵绵，真正词家。诗词的迷人，是
迷人在意思不同，声音好听。后半阕不如前，
但贯气。柳永更是通篇贯气，转折也更多。

词家的好戏，是铺过去、铺过去，须好看，
否则露马脚。

每个人都记得一点唐诗宋词。我临睡前背背，
就睡着了。

好在整个运用。写荷花，一句不提荷花。
笔致很顺利、滋润。

最后两句不敢去解释，一解，就破坏掉。忧
伤到极点。

肖邦的触键，倪云林的下笔，当我调理文字，
与他们相近相通的。放下去，就要拿起来，
若即若离。

（课前看画册）马蒂斯（Henri Matisse）——现在看他们，不一样了，废品太多。包括印象派，后人还应该精化。艺术家，最好是晚年达到连自己都意外的境界——少年、中年，想不到老年能画出这样的画来。

舒伯特、贝多芬如果不死，还有得好写。

中国的中世纪文学，诗，词，今天要讲完。下次讲中世纪的波斯文学。但中国的中世纪文学讲不完，还有小说，还有东西。

秦观，历史上对他的评价还不高，还不全面（我以为词有几家是行家：柳永、秦观、李清照、周邦彦、吴文英，是正宗行家。苏东坡、王安石等，不是正宗词家，是好词家）：

《望海潮》

梅英疏淡，冰澌溶泄，东风暗换年华。（在诗里少用，在此用很生动）金谷俊游，铜驼巷陌，新晴细履平沙。（无可写，写，写得妙）长记误随车。正絮翻蝶舞，芳思交加。（不通的，但好极了）柳下桃蹊，乱分春色到人家。（太好了）

西园夜饮鸣笳。有华灯碍月，飞盖妨花。兰苑未空，行人渐老，重来是事堪嗟。烟暝酒旗斜。但倚楼极目，时见栖鸦。无奈归心，暗随流水到天涯。

全篇反思绵绵，真正词家。诗词的迷人，是迷人在意思不同，声音好听。后半阕不如前，但贯气。柳永更是通篇贯气，转折也更多。

下面再来一首秦观的《鹊桥仙》：

纤云弄巧，飞星传恨，银汉迢迢暗度。金风玉露一相逢（好句），便胜却、人间无数。（随意铺铺，因有好句在胸）

柔情似水，佳期如梦，忍顾鹊桥归路。两情若是久长时，又岂在、朝朝暮暮。（这两句，好句）

这首词我从小读了就感动，感动到现在。才华丰润，真懂得用情。

《满庭芳》

晓色云开，春随人意，骤雨才还晴。古台芳榭，飞燕蹴红英。舞困榆钱自落，秋千外、绿水桥平。（这两句夸张，但非常自然）东风里，朱门映柳，低按小秦筝。（典型宋味）

多情，行乐处，珠钿翠盖（指男），玉辔红缨（指女）。渐酒空金榼，花困蓬瀛。豆蔻梢头旧恨，十年梦、屈指堪惊。凭栏久，疏烟淡日，寂寞下芜城。

这首词，精炼，唯美。

《踏莎行》

雾失楼台，月迷津渡。桃源望断无寻处。可堪孤馆闭春寒，杜鹃声里斜阳暮。

驿寄梅花，鱼传尺素。砌成此恨无重数。郴江幸自绕郴山，为谁流下潇湘去。

自然，好，不必深究如何好法。苏轼对这首词大赏。

贺铸（1052—1125）：

《青玉案》

凌波不过横塘路，但目送、芳尘去。锦瑟华年谁与度？月桥花院，琐窗朱户，只有春知处。

碧云冉冉蘅皋暮，彩笔新题断肠句。若问闲愁都几许？一川烟草，满城风絮，梅子黄时雨。（最后三句令人妒忌，后人因此称贺铸为"贺梅子"）

周邦彦（1056—1121）：

《满庭芳》

风老莺雏，雨肥梅子，午阴嘉树清圆。地卑山近，衣润费炉烟。人静乌鸢自乐，小桥外，新渌溅溅。凭

302

栏久，黄芦苦竹，拟泛九江船。

　　年年。如社燕，飘流瀚海，来寄修椽。且莫思身外，长近尊前。憔悴江南倦客，不堪听，急管繁弦。歌筵畔，先安簟枕，容我醉时眠。

每个人都记得一点唐诗宋词。我临睡前背背，就睡着了，真是风雅性感。

　　《苏幕遮》
　　燎沉香，消溽暑。鸟雀呼晴，侵晓窥檐语。叶上初阳干宿雨。水面清圆，一一风荷举。
　　故乡遥，何日去。家住吴门，久作长安旅。五月渔郎相忆否。小楫轻舟，梦入芙蓉浦。

李清照（1084—1155），她的生平就是艺术品。父亲是大学问家，名门闺秀，夫婿又是大文人。她是清官的后裔，无多财。李清照回忆夫婿的散文，写得好极！

　　《醉花阴》
　　薄雾浓云愁永昼，瑞脑销金兽。佳节又重阳，玉枕纱厨，夜半凉初透。
　　东篱把酒黄昏后，有暗香盈袖。莫道不销魂，帘卷西风，人似黄花瘦。

李清照的丈夫得此词，也作词十五首，混入妻子的词。请人点评，结果摘出李词最后三句，称最佳。

她的文学评论也很尖刻，几乎宋代词家无一人看得上。

《声声慢》

寻寻觅觅，冷冷清清，凄凄惨惨戚戚。乍暖还寒时候，最难将息。（护理自己，古称将息）三杯两盏淡酒，怎敌他、晚来风急。雁过也，正伤心，却是旧时相识。

满地黄花堆积，憔悴损，如今有谁堪摘。守着窗儿，独自怎生得黑。梧桐更兼细雨，到黄昏，点点滴滴。这次第，怎一个愁字了得！

（略《西青散记》，清代农家女词人贺双卿）

《念奴娇》

萧条庭院，又斜风细雨、重门须闭。宠柳娇花寒食近，种种恼人天气。险韵诗成，扶头酒醒，别是闲滋味。征鸿过尽、万千心事难寄。

楼上几日春寒，帘垂四面，玉栏干慵倚。被冷香消新梦觉，不许愁人不起。清露晨流，新桐初引，（这

304

两句偷《世说新语》。原著中没作用，她偷来就起作用。下句接得巧妙）

多少游春意。日高烟敛，更看今日晴未。（这句好像只有女子能写得出来）

《永遇乐》

落日镕金，暮云合璧，人在何处。染柳烟浓，吹梅笛怨，春意知几许。元宵佳节，融和天气，次第岂无风雨。来相召，香车宝马，谢他酒朋诗侣。

中州盛日，闺门多暇，记得偏重三五。铺翠冠儿、撚金雪柳、簇带争济楚。如今憔悴，风鬟霜鬓，怕见夜间出去。不如向，帘儿底下，听人笑语。（这又是女子才能写的句子，心肠、头脑、才能俱好）

《武陵春》

风住尘香花已尽，日晚倦梳头。物是人非事事休。欲语泪先流。

闻说双溪春尚好，也拟泛轻舟。只恐双溪舴艋舟。载不动、许多愁。

辛弃疾（1140—1207），爱国词人，其实"官倒"很厉害，贪污也多。

《南乡子·登京北口北固亭有怀》

何处望神州？满眼风光北固楼。千古兴亡多少事，悠悠，不尽长江滚滚流。

年少万兜鍪，坐断东南战未休。（从"不尽长江"到这句，好在流畅，有本事）天下英雄谁敌手？曹刘。生子当如孙仲谋。

《永遇乐》

千古江山，英雄无觅，孙仲谋处。舞榭歌台，风流总被，雨打风吹去。斜阳草树，寻常巷陌，人道寄奴曾住。想当年，金戈铁马，气吞万里如虎。

元嘉草草，封狼居胥，赢得仓皇北顾。四十三年，望中犹记，烽火扬州路。可堪回首，佛狸祠下，一片神鸦社鼓。凭谁问，廉颇老矣，尚能饭否？

姜夔（1155—1221），也称姜白石：

《扬州慢》

淳熙丙申至日，予过维扬。夜雪初霁，荠麦弥望。入其城则四顾萧条，寒水自碧。暮色渐起，戍角悲吟。予怀怆然。感慨今昔，因自度此曲。千岩老人以为有黍离之悲也。

淮左名都，竹西佳处，解鞍少驻初程。（以下几句似通非通，非常好）过春风十里，尽荠麦青青。自胡马窥江去

306

后，废池乔木，犹厌言兵。渐黄昏，清角吹寒，都在空城。（以上，前半阕最好）

杜郎俊赏，算而今、重到须惊。纵豆蔻词工，青楼梦好，难赋深情。二十四桥仍在，波心荡，冷月无声。念桥边红药（指玫瑰），年年知为谁生。

《念奴娇》

闹红一舸，记来时，尝与鸳鸯为侣。三十六陂人未到，水佩风裳无数。翠叶吹凉，玉容销酒，更洒菰蒲雨。嫣然摇动，冷香飞上诗句。

日暮青盖亭亭，情人不见，争忍凌波去。只恐舞衣寒易落，愁入西风南浦。高柳垂阴，老鱼吹浪，留我花间住。田田多少，几回沙际归路。

好在整个运用。写荷花，一句不提荷花。笔致很顺利、滋润。

《疏影》

苔枝缀玉，有翠禽小小，枝上同宿。客里相逢，篱角黄昏，无言自倚修竹。昭君不惯胡沙远，但暗忆、江南江北。想佩环，月夜归来，化作此花幽独。

犹记深宫旧事，那人正睡里，飞近蛾绿。莫似春风，不管盈盈，早与安排金屋。还教一片随波去，又却怨、玉龙哀曲。等恁时，重觅幽香，已入小窗横幅。

这首词重写杜甫诗，用句用典，本事高。

《暗香》

旧时月色，算几番照我，梅边吹笛。唤起玉人，不管清寒与攀摘。何逊而今渐老，都忘却、春风词笔。但怪得、竹外疏花，香冷入瑶席。

江国，正寂寂。叹寄与路遥，夜雪初积。翠尊易泣，红萼无言耿相忆，长记曾携手处，千树压、西湖寒碧。又片片吹尽也，几时见得。

词家的好戏，是铺过去、铺过去，须好看，否则露马脚。

《点绛唇》

燕雁无心，太湖西畔随云去。数峰清苦。商略黄昏雨。(此二句，好句子)

第四桥边，拟共天随住。今何许，凭栏怀古，残柳参差舞。

吴文英（约 1200—1260）：

《八声甘州》

渺空烟四远，是何年、青天坠长星。幻苍厓云树，
名娃金屋，残霸宫城。箭径酸风射眼，腻水染花腥。
时靸双鸳响，廊叶秋声。

宫里吴王沉醉，倩五湖倦客，独钓醒醒。问苍波
无语，华发奈山青。水涵空、阑干高处，送乱鸦、斜
日落渔汀。连呼酒，上琴台去，秋与云平。

《风入松》

听风听雨过清明。愁草瘗花铭。楼前绿暗分携路，
一丝柳、一寸柔情。料峭春寒中酒，交加晓梦啼莺。

西园日日扫林亭。依旧赏新晴。黄蜂频扑秋千索，
有当时、纤手香凝。惆怅双鸳不到，幽阶一夜苔生。

最后两句不敢去解释，一解，就破坏掉。忧伤到极点。

元曲，是分散的没有精炼过的莎士比亚。

好，宋词就马马虎虎讲到这里结束。

肖邦的触键，倪云林的下笔，当我调理文字，与他们相近
相通的。放下去，就要拿起来，若即若离。

波斯绘画（美国波士顿美术馆藏）

第二十六讲

中世纪波斯文学

一九九零年六月一日

各种时代，各国诗人，各抓各的痒。

艺术家打动这个世界，光凭艺术不够，凭什么呢？韵闻、轶事、半真半假的浪漫的传说（宗教要靠神话、历史要靠野史、外史、哲学要靠诡辩），说到底，艺术、宗教、历史、哲学，能够长流广传，都不是它们本身，而是本身之外的东西。

非常好的诗！我十四五岁时读，不懂，现在明白了。所以少年时读书多少，并不重要。古人说，少年读书如窗中窥月，壮年读书如阶前仰月，老年读书如山顶望月。

所以，东方没有狂欢节。魏晋和唐代那么多诗人、文士颂赞酒，没有一个人正面提出酒神精神。东方人写饮酒，说来说去还是在生活层次中盘旋。当然，现在看，悲剧精神并不能救西方人。东方呢，悲观主义早就没有了。现代中国人不懂得悲观。说到底，悲观是一种远见。鼠目寸光的人，不可能悲观。

欣赏古典作品，要有两重身份，一是现代人身份，一是古代人身份，如此欣赏，则进进退退，看到后来，一只眼是现代眼，一只眼是古代眼。

我从五十岁以后才知道做人的味道。你们现在便宜了，有只老羊在前面走，我年轻时糊涂啊，没人可问。

民国时，俄罗斯人，犹太人，波斯人，都到中国来。我们小时候叫波斯人"回回人"。波斯在古代是非常繁华的大国，被蒙古人征服后，几百年翻不了身。

波斯古画主要画植物，不太画人物、动物。波斯文学呢，恐怕大家一无所知。我备课时，中世纪波斯有好多诗人排在那里，他们一个个好像在问：说不说我？

时间不够，我只好割舍许多人。

那三百年，天上许多诗星都散到波斯去了。我少年时读了不少，其实我的文学是受到波斯影响的。

中世纪波斯受蒙古和阿拉伯侵略，武功失败，文学上却是成功的。如唐代，诗人辈出。也如中国，黄金时代一过，无以为继。以文化形态学看，花已开过了。

波斯原始的诗不像中国《诗经》能保留下来，都遗散了，不很重要。我以为，是当时没有出天才。从十世纪后，主要是十三四世纪，是波斯诗的黄金时代。

中国文学，波斯文学，都太早熟。

阿拉伯人带进波斯两件礼物：伊斯兰教，阿拉伯文。波斯人信从伊斯兰教者很多，以阿拉伯文写诗的也很多。所以，波斯诗分两类：波斯文诗和阿拉伯文诗。

各种时代，各国诗人，各抓各的痒。

波斯第一大诗人，鲁达基（Rudaki, Abu Abdollah Ja'far,

850—941），被称为"诗中之王"。诗逾一百卷，多已失传。传说他是瞎子，善琴、歌，在王前弹琴唱歌，后来失宠了，穷死。他最得宠时，奴隶两百，行李需要上百匹骆驼背。像唐代，所有诗人都歌颂酒：

把那酒，你可以称之为红宝石融化于杯中的酒，

带来给我，这酒还如一把出了鞘的宝刀，

在正午的阳光下照耀。

它是玫瑰的水，你可以说，蒸馏得纯净了。

它的悦人的甜蜜，如睡神之掌偷偷经过初倦的眼皮。

你可以称那杯子为云，那酒便是云中落下的雨。

或可以说，你所长久祈祷的充满心中的快乐，终于来到了。

如果没有了酒，所有的心都要如一片荒漠，困闷而黑暗。

如果我们的生命的呼吸已经告终，一看见酒，生命便会回来。

啊，如果一只鹰倏然飞下来，攫取了酒，带到天空上去，带到凡人不到之处，谁不会像我似的喊一声"好呀"！

第二十六讲　中世纪波斯文学

313

之后，另一诗人达恢恢（Abu-Mansur Daqiqi），写过史诗，信仰波斯古教。大约是同性恋，史记说被他所爱的一个土耳其少年奴隶杀死了。他的史诗因此未完成。他的抒情诗名重一时，后来被别人作素材用。以下是他的一首抒情诗：

> 停留得太久了，我轻轻地想：走吧。
> 除非是一位贵宾，也许还可以停留。
> 然而井中的水，储得时日太长，
> 便要失去流性，甜味也没有了。

苏丹马默德（Mahmad，940—1020）在位时，文学鼎盛。王善诗，宫廷诗人济济，以菲尔多西（Ferdowsi，约935—1020）最著名。有一天，三宫廷诗人宴饮，有异邦人想加入。三诗人故意为难：我们作诗联句，三句后你能联，入座，做朋友。他们故意将第四句的韵逼入最难处，不料来者轻易联上。此人即菲尔多西。三诗人立即向王上报：发现大诗人。

菲尔多西被称为波斯的荷马，词句华丽，意象无与伦比。情诗也写得很出色。例一：

> 我的头要是能偎靠在你胸前一夜，
> 它便要高扬到天空之上了；
> 我要把笔碎在水星的手指中，

我要把太阳的冠取来做奖品。
我的灵魂飞在九天之上，
高傲的土星还躺在我脚下，
啊，我真可怜那些爱我的人，
她们失望、悲苦，乃至死去，
如果你的美丽的嘴唇和眼睛成了我的。

菲尔多西有位老师，也是好友，阿萨地（Asadi），好诗人。苏丹王想请阿萨地写史书，一夜赶写史诗四千韵。阿萨地善写战争诗，自述五本书，以《日与夜》最有名。

以上是波斯文学黄金期之前的早期著名诗人。

另一群诗人开了新局面。代表人物：纳绥尔·霍斯鲁（Nasir I Khusraw，也译作纳赛尔·霍斯鲁，约 1004—1087）、莪默·伽亚谟（Omar Khayyám，约 1048—1131，我少年时很爱这位诗人，受影响）。

关于纳绥尔·霍斯鲁的传说很多。相传他原是小国国王，后来被放逐，著散文体游记。思辨，好说理，热情，有勇气。

虽然上帝创造了母亲，胸乳和奶汁，
孩子却要自己来吮吸。
你的灵魂是一本书，

第二十六讲　中世纪波斯文学

315

你的行为是书的字句：

除了妙语警句，不要写别的东西在你的灵魂上：

啊，兄弟，把美好的话写下来吧，因为笔是在你自己手中的。

又如，在《狄王》（*Diwan*）中：

身体对于你是铁链，

世界对于你是牢笼：

你竟以牢笼为家，

以铁链为好东西么？

你的灵魂是弱的，

且也赤裸裸无所事事：

去求智慧的刚强吧，

你的文字是种子，灵魂是农夫，

而世界是你的园地：

好好耕耘吧，接着你便有丰收。

莪默·伽亚谟的诗风，豪迈、旷达、深情，读他的诗比读李白的诗还亲切。他是世界上名声最高的波斯诗人，被称为"东方之星"。英国文人爱德华·菲兹杰拉德（Edward FitzGerald）译了他的诗。他的诗不重个人，不重时空，有一种世界性。

诗，艺术，有波斯风，有中国风、法国风，但不要纠缠于地方色彩。可以有现实性、针对性、说理性，但不要沾沾自喜于反映时代，不要考虑艺术的时代和区域。

世界是通俗的、呆木的。艺术家打动这个世界，光凭艺术不够，凭什么呢？韵闻、轶事、半真半假的浪漫的传说（宗教要靠神话，历史要靠野史、外史，哲学要靠诡辩），说到底，艺术、宗教、历史、哲学，能够长流广传，都不是它们本身，而是本身之外的东西。

回到波斯。有一位尼达米（Nidhami）回忆，他在宴饮中听伽亚谟说：

"我的坟，将来一定在一个地方，那里，树上的花，将每年两次落在我上面。"

这似乎是不可能的。但后来伽亚谟死了，约公元 1136 年时，尼达米去到伽亚谟的墓地，是一个星期五的黄昏，只见那坟头有一株梨树，有一株桃树，无数的花瓣几乎盖没坟墓。尼达米想起伽亚谟说过的话，掩面哭泣。

我所熟读的是他的《鲁拜集》（*The Rubaiyat*），是他最有名的代表作。鲁拜（Robajo）是一种诗体，四行诗。全集一百五十八首。

巴巴·太哈（Baba Tahir），生于十一世纪。国王敬重这位诗人，两人谈论上帝，王慕听，巴巴说上帝要我们讲德行，王从，巴巴捡起一只破瓶颈，给王，说：这是上帝送的指环。王就戴上——这是政治与文学最理想的关系。

巴巴仰慕阿皮尔·客尔（Abusa'id Abolkhayr, 967—1049），客尔是第一个把鲁拜体作为表达宗教的、神秘的、哲学的思想的诗人。首次见面，分开后，人问他们对彼此的印象，巴巴说：我所知道的，他都看到。阿皮尔·客尔说：我所看到的，他都知道——这是朋友之间最完美的关系。

俞伯牙、钟子期的友谊是"高山流水"，但并不形上，"知"与"见"，才是根本的。

阿皮尔·客尔的经验来自"灵魂世界"，他的风格异于其他诗人，别有深度。例：

I

先生，如我饮酒，

如我耗费生命于酒和爱的混淆，

请勿责备；

当我醒时，我和敌人并坐；

我忘怀自己时，是和朋友一起。

II

我说：你的美属于谁？

他答：因为只有我一个存在，故属于我；

爱者、被爱者与爱都是一个，就是我，

美、镜子和眼睛也都是一个，就是我。

Ⅲ

要去殉道的壮士们，为信仰而战；

他们难道不知：

更高尚的殉道，

乃是被朋友所杀而非死于敌人之手么？

非常好的诗！我十四五岁时读，不懂，现在明白了。所以少年时读书多少，并不重要。古人说，少年读书如窗中窥月，壮年读书如阶前仰月，老年读书如山顶望月——各位正是读书的好时节，丹青、全武、立伟，都在勤读，希望养成习惯。

悲剧精神，是西方文化的重心，悲观主义，是东方文化的重心；悲剧精神是阳刚的、男性的，悲观主义是阴柔的、回避现实的；西方酒神是狂欢，所谓酒神精神，东方人歌颂酒，是回避、厌世，离不开生活层面，从未上升到悲剧精神。

请注意，悲观、怀疑、颓废，始源是在东方，是中国、印度、波斯的智者、诗人，形成悲观怀疑的大气氛。西方的悲剧可不是主义，那是进取的、行动的，如《唐璜》、《曼弗雷德》、《该隐》、《哈姆雷特》、《浮士德》、《堂吉诃德》，十足男性。东方的悲观主义却流于消沉、颓废、阴柔、讳忌、回避。同样写饮酒，东方是借酒而忘忧、消愁，西方的酒神却是创造极乐、狂欢。

所以，东方没有狂欢节。魏晋和唐代那么多诗人、文士颂赞酒，没有一个人正面提出酒神精神。东方人写饮酒，说来说去还是在生活层次中盘旋。当然，现在看，悲剧精神并不能救西方人。东方呢，悲观主义早就没有。现代中国人不懂得悲观。

说到底，悲观是一种远见。鼠目寸光的人，不可能悲观。

所谓怀疑，悲观是个开场。然后是什么呢？西方没有完成。尼采刚刚开始叫起来："一切重新估价。"但也才刚刚叫起来。

悲剧，简单地讲，是人与命运的抗争。

鲁迅说："悲剧，是把有价值的东西毁灭给你看！"说对一部分。

以上波斯诗人都有神秘色彩，还有非神秘色彩的几位诗人：客特伦（Qutran），讲究文体和韵律；阿莎特（Fakhruddin As'ad Gurgani），浪漫，豪爽。

马克思说人类有阶级和阶级斗争。我认为人类只有知与无知的斗争。一切智慧都是从悲从疑而来。我不知道此外还有何种来源可以产生智慧。

十二世纪后半，波斯出现四位大诗人。

安瓦里（Ouhadodin Muhammad Anvari），多知识，懂天文，

有名言：行乞，是诗人的本质。另一句：诗人不到五十岁，不要写诗。我从五十岁以后才知道做人的味道。你们现在便宜了，有只老羊在前面走，我年轻时糊涂啊，没人可问。

我们欣赏古典作品，要有两重身份，一是现代人身份，一是古代人身份，如此欣赏，则进进退退，看到后来，一只眼是现代眼，一只眼是古代眼。

卡客尼（Khaqani），被称为"波斯高蹈派"（Persian Parnassus, 法国十九世纪诗派），重客观，重形式，追求雕刻美。戈蒂埃（Pierre Gautier）说：我爱酒瓶的形式，我不喝酒。又如：我喜欢黄金、鲜花、大理石，但上帝并不为我而来。

尼达米（Nidhami），专写传奇诗，品高，不事王侯，其诗纯洁宽厚、罗曼蒂克，天堂、地狱、美人、英雄都写。许多雅士不过避俗、拒俗，不能抗俗。人说疾恶如仇，我主张疾俗如仇。我写：通俗，通到我这儿不通。瓦格纳弄得个尴尬局面：他的故事情节是古代的，音乐是现代的，可以骗老实人，但他的朋友去看，他劝他们闭上眼睛。

1258 年，蒙古入侵波斯，死八十多万波斯人。珍宝、文物、名城，毁于一旦，几乎亡国。其时中国是元朝（忽必烈，1215—1294，在位三十五年，其父在位十三年，祖父成吉思汗，在位三十三年。三代人闹了近百年），西方人所谓"黄祸"，就是指这个时代。

但蒙古人对知识分子比较客气，当时波斯大诗人照出不误。

第二十六讲　中世纪波斯文学

路米（Jalalu'd-Din-i-Rumi），英法都有译本。其诗有现代精神，有新感觉、新观点。

沙地（Sadi），著《玫瑰园》（*Gulistàn*），被认为是波斯文学中最机智最精美的作品，在世界文学史上地位很高。

哈菲兹（Hafez）。西方说起波斯诗人，多知道他，歌咏少年、春天、夜莺、美。他活着时就很成功，与成吉思汗见过面，谈过话。以后到波斯去，应该去看看哈菲兹的墓，华美之极，上有其诗：

拿酒来，

酒染我的长袍。

我为爱而醉，

人却称我智者。

我以为这是写酒最好的一首诗。

伟大的诗人，悲剧精神和悲观主义是混在一起的。阳刚和阴柔是一体的，无所谓东方、西方，就像一个圆球，光亮，阴影，在一起。所有伟大的诗人，都这样。

这是古代的好，被他们占领了。好吧，要看我们了。

上果树，看见苹果。操镰刀，看见麦田。

知道了古典，现代就拿到了。不通古典，无所谓现代。

经过尼采，是智者。掠过尼采，是蠢货。

第二十七讲

阿拉伯文学

一九九零年六月十五日

艺术的宿命，是叛逆的，怀疑的，异教的，异端的，不现实的，无为的，个人的，不合群的。宗教的宿命是专制的，顺从的，牺牲个人的，积极的，目的论的，群策群力的，信仰的——其实就是政治。

《第九交响曲》。第一、第二乐章，是判的进行；第三乐章，是预示要断；第四乐章，大断。人类历史，只有这么一次大判大断。

我是有意给大家一个印象：唐宋两课，中国诗人、词家之多，眼花缭乱，接着说起波斯，大家以为怎能与唐宋比，但上次一讲波斯，又是眼花缭乱。今天讲阿拉伯，诸位心里恐怕又在想，沙漠国家有什么文化呢？时过境迁，其实我们看看唐人街，哪有大唐气象。

凡一国正式或非正式的文艺复兴，都是浪漫的、人文的、重现实的、异端的。中国的文艺复兴，一是春秋战国，一是唐代，另一或可说是五四运动。

凡是纯真的悲哀者，我都尊敬。人从悲哀中落落大方走出来，就是艺术家。而麦阿里并不是真的苦命。真的悲哀者，不是因为自己穷苦。哈姆雷特、释迦、叔本华，都不为自己悲哀。他们生活幸福。悲观，是一种远见。

艺术真是最大的魔术。音乐，奇怪，什么都不像的。一个音符不对了，怎么不对呢？无法说的。对了，也无法说的。

艺术家，是世界公民、无政府主义者，对各国文学都要关心。印度和阿拉伯的中世纪文学，不怎么样的。成就在戏剧。

阿拉伯现在没落了，从前很伟大的。

世界上最伟大的宗教建筑，在阿拉伯（新旧教有区别。西方所谓宗教艺术，指天主教）。伊斯兰教艺术不表现人，画植物。今天早晨我在想，为什么画植物？可能因为看到动物，人不太会想到神，看到植物，实在奇异，会想到神。怎么会如此神奇有致？有人说，植物是上帝的语言，人，可能是造物的异化吧。

已经定义过：中世纪，指四到十四世纪左右。那时，佛教在印度很薄弱的，不是想象中那么盛，只在释迦时兴盛过。伊斯兰教徒进入，蒙古人进入，强权武力之下，以慈悲为怀的佛教实在敌不过，反倒去中国发达去了。

古印度的婆罗门教还强着，因其等级森严。

故十世纪左右，伊斯兰教、婆罗门教，是印度主要教派。

玄奘取经是七世纪的事。此后佛经大大影响中国的哲学思想、文学词汇、艺术风格。印度戏曲当时也很繁荣，未见专著，不知是否影响过中国的戏曲，很可能的。当时印度有两大戏曲家：巴瓦希底（Bhavabhuti）、开里台沙（Kalidasa）。

巴瓦希底的作品不通俗，不是为公众和评家写，只为少数和他同一水准的人写。了不起！（是啊，世界广大，时间无穷，何必着急没有读者）如果听他的剧，事先要熟读剧本，否则听不懂。作品：《梅莱底与梅台瓦》（*Malati and Madhava*）。女郎梅莱底养育于尼庵，是待宰的祭品，到期便要捆起来献给神了。少年梅台瓦到尼庵读书，不平，出面与教徒斗，杀了主事者，救活梅莱底，终于成婚。最后由尼姑上场背诵经典。

开氏有印度莎士比亚之称，纯印度风。剧本《莎甘泰莱》（*Sakuntala*），写少年国王游猎，林中遇美女，相爱，成婚。王回国办事，留指环为信物。美女思念他，忘了向圣人献礼，圣人怒，诅咒王将不再认美女。美女沐浴时失了指环，然而生下孩子，她去寻夫，夫果然不认。正在这时，渔夫在水中觅得指环，送来，王复记忆，认了妻子。

和中国的共同点，是大团圆。东方没有悲剧，东方人比较弱。西方人强，斗争，牺牲。东方人以和为贵，妥协是上策。

急转直下，到阿拉伯。中世纪的阿拉伯很伟大。在亚洲西部，三大半岛之一，古代称大食国、天方国。凡是你们在古文中读到这两个词，就是指阿拉伯。东近波斯湾，南面阿拉伯海，西临红海，北接叙利亚、伊拉克，是世上最大的半岛。苦处，是三面大山，中间一块沙漠，苦死了，气候炎热。产骆驼。

当时生活在阿拉伯地区的民族叫做闪族，也称塞姆族、闪米特族（Semites），是高加索人的一个分支。头型长，身材高，肤褐色，事农牧业。多为小部落，穆罕默德统一后，定首都于麦加。历代主教是传播伊斯兰教，到处扩充，版图很大，成立阿拉伯伊斯兰教国家。直到十一世纪才可分成许多小邦，归土耳其人统治。

穆罕默德是英雄，又是主教。南行扩张到西班牙，故今西班牙伊斯兰教仍盛。穆罕默德朝强盛了几个世纪，直到成吉思汗出现，这才没落。但伊斯兰教一直留了下来。

思考题：政权只一时，宗教势力长久。

阿拉伯文学在伊斯兰教还没有兴起时，是个繁盛期，长达一百二十年左右。中世纪的东方，文星高照。

唐朝、波斯、阿拉伯，尽出诗人。个人有运，国有国运，地球有球运。中世纪的东方真是交了文曲星。那时哪家出了个诗人，别的邻族都来道贺，宴会长达几天。

诗是全体民众的心声，情感、见解的表达，诗是代言。他们说，比剑还快的，是诗，飞越沙漠。诗人，当时带有神巫的超自然的意义。阿拉伯世界对诗人的优待，比别国好。

阿拉伯诗，分为泉歌、战歌、祷歌、情歌、挽歌、讽歌。

为什么有泉歌？沙漠太干了，泉水可贵。

七大诗人：伊摩鲁、泰拉法、阿摩尔、赫里士、安泰拉、萨赫尔、拉比特。

伊摩鲁（Imru'u' I-Qayo）有许多浪漫传说。少顽，被父亲逐出家，四处流浪。后来父亲被杀，他得知消息，叫道："你毁了我的青春，又把复仇重任压在我身上。今天喝酒，明天办事！"大醉七天七夜，起誓：不饮、不肉、不色、不洗发，直到报仇。然后去抽签，签曰：不报仇。伊摩鲁对着神怒斥："你父亲被杀，你不报仇吗？！"

但最终没有报仇——这是抗争和命运的矛盾。

为什么后来没有报仇？他自己被杀了。他在宫中与公主通奸，于是被派往巴勒斯坦做官，行前被赐锦袍，袍有毒，上身即死。他是伊斯兰教创始前最伟大的阿拉伯诗人。穆罕默德称他是"到地狱之门的人的领袖"。

据说他的长诗辞藻华丽。

泰拉法（Tarafa）是别一种性格。机智，调皮，傲慢，讽刺的天才。自小就写讽诗，敌友皆讽。家人不喜欢他，逐出，后来才允许他回家。得到富人赞助，后来与君主相伴，得宠，受嫉妒。宫中出现讽帝诗，人诬告是他所写。帝怒，使其送信，他不知信的内容是死信，命收信者杀死他。死年不足二十岁。

阿摩尔（Amr ibn Kulthum）又是一种风格。人格高尚，勇气可惊，他母亲也是女中强者。诗名隆盛后，得国王召见，恩准母子赴宫廷宴饮。太后看不起，命母取盒，母说："谁要东西自己拿。"太后故意不听，继续说："我要盒，拿来！"母亲高喊："受侮辱啦！救命啊！"阿摩尔取刀趋前，杀皇帝与太后——后来如何，查不到，不详。

赫里士（Harith b.Hilliza），资料不详。

安泰拉（Antarah ibn Shaddad），擅武，以力著称。母为黑奴，故子亦为奴，得父亲承认，才算自由人。某日与父出，骆驼遭劫，父与强盗战，安泰拉若无其事。父怒斥，儿子说："一个奴隶只知喂骆驼和上鞍缰，打仗是不懂的。"其父立即叫道："你自由了。"安泰拉拔刀而起，大发威风。强盗死的死，逃的逃。安泰拉喜欢写战争，他的长诗可定名为战争的风景画卷。

萨赫尔（Zuhayr ibn Abi Sulma），歌咏战后的和平。其用功，比我厉害：四个月，一诗写成，此后，修改四个月，与朋友讨论四个月，一年成一诗——我写诗，顶多改四天。创作过程太长，艺术要死的。莫扎特、肖邦，都不肯过分雕琢。《浮士德》，写太久了，不成功。

拉比特（Labid Ibn Rabia），爱写沙漠。阿拉伯诗人中，他的诗最富于诗味。改信伊斯兰教后罢诗，说："《可兰经》已换取了我的诗句。"

自由、宗教，不相合的。自由是怀疑的、独立的，宗教是盲从的、专制的。蒙田、帕斯卡，个人是怀疑的、自由的，但活在宗教的环境中，活得很苦。

艺术家的精神是酒神的，行为是舞蹈的。软骨病不能跳舞。艺术的宿命，是叛逆的，怀疑的，异教的，异端的，不现实的，无为的，个人的，不合群的。

宗教的宿命是专制的，顺从的，牺牲个人的，积极的，目的论的，群策群力的，信仰的——其实就是政治。

一个艺术家笃信宗教后，是写不出东西的（请看艾略特）。

那好，文艺复兴如何解释？不是艺术和宗教一体吗？

达·芬奇和米开朗琪罗，骨子里是异教的，内心是希腊的，有自觉和不自觉的两面。文艺复兴是希腊精神被中世纪扼杀后再生的意思。

文艺复兴是一笔糊涂账。宗教把艺术全算到上帝账上，艺术家把功劳归自己。我以为赢家是艺术家，上帝也没输，输的是银行。

到欧洲去，不要做旅游者，要做世界文化的观察家和仲裁者。思想的力量，就是仲裁权。

耶稣的权是上帝给的。穆罕默德的权是真主给的。统治者的权，宣称是天下给的。马列的权，说是人民给的。艺术家的权，是思想给的。

笛卡尔说："我思故我在。""在"！

思想是判断，判，是客观的，断，是主观的。艺术家，在最高的意义上，是要"断"的。《卡拉马佐夫兄弟》，想断，没断好。有没有艺术家"判"也成功，"断"也成功？

《第九交响曲》。第一、第二乐章，是判的进行；第三乐章，是预示要断；第四乐章，大断。

第二十七讲　阿拉伯文学

人类历史，只有这么一次大判大断。

贝多芬伟大。艺术要能既判又断，大判大断，无人能与贝多芬比肩。

他是第一个宣称、标榜"艺术家"的人。他迎面朝皇家直走过去。皇家让他。

好了，回到沙漠。阿拉伯文学，我们这里翻译有限，以上七位之外，还有诗人——

我是有意给大家一个印象：唐宋两课，中国诗人、词家之多，眼花缭乱，接着说起波斯，大家以为怎能与唐宋比，但上次一讲波斯，又是眼花缭乱。今天讲阿拉伯，诸位心里恐怕又在想，沙漠国家有什么文化呢？时过境迁，其实我们看看唐人街，哪有大唐气象。

再介绍几位阿拉伯大诗人：

那比加、阿莎、阿尔卡马、康莎、阿克泰尔、法拉兹达、加劳尔。

那比加（Nabigha），生于伊斯兰教创始前，得国王宠，应命成诗，赞美王后。诗写得太好了，国王吃醋（上当啦。这是精致的心理学课题，美暗示爱，颂赞美暗示占有，别人的妻子、丈夫、情人，诸位要是大加赞赏，可要小心呢）。

人比动物弱。人要信仰。信仰是种怪僻。人脚站起来之后，思想也要站起来。

阿莎（A'sha），职业行吟诗人。走遍阿拉伯，恭维施者，等于乞丐。讽刺诗极有名，人不敢拒绝他的需求，否则就被讽刺。他在阿拉伯诗史上是很前卫的诗人，善写酒和宴会。

阿尔卡马（Alqama b.Abada），生平不可考，他最有名的诗是寄给获胜的敌方，恳求释放他的同族。

康莎（Khansa），女诗人，善写挽歌，名篇是悲悼她两位战死沙场的兄弟，据说极动人。

此后的诗人，大抵生于伊斯兰教兴起后——伊斯兰教初胜时期，政权忙于平定、扩张，文学撂在一边。历史上，宗教、政治、军事莫不如此，哪里有文学、艺术为政治服务的说法？

希伯来思潮：理性、禁欲、苦行、理想……

希腊思潮：感性、自由、行动、现世……

世界史不成文的规律，就是这两种思潮的消长起伏。糟糕的是：中国例外。目前超稳定结构，再过五十年，会更糟。

到了倭马亚王朝（Umayyad Caliphate，约661—750），古代异教精神复活，出乌麦尔（Umar Ibn Abi Rabi'ah）。富家子，专写情歌，歌颂尘世的肉欲。以伊斯兰教徒看，是有罪的，但他成为诗人的领袖，可见当时异教思想之普遍。

阿克泰尔（Akhtal），基督徒，别的教欲收买，不遂。

法拉兹达（Al-Farazdaq），一生多恋爱，对象总说是表妹。

表妹嫁法拉兹达，后悔，离异，忏悔，回来了，又后悔——王尔德说，由于误解，结婚了，由于理解，离开了。

加劳尔（Jarir ibn Atiyah），据说最差的诗也比别人写得好。有一位诗人巴喜夏（Bashar ibn Burd）故意写诗讽刺他，不获理睬，巴喜夏叹道："唉，如果他能讽刺我，我就成了世界上著名的诗人了。"

法拉兹达和加劳尔都是自由派，标榜除了情场，不打别的仗。

自公元750年阿拔斯王朝（Abbasid Caliphate）立基，到1258年蒙古入侵，整整五百年，出了许多大诗人、大学者、历史学家、哲学家，这就是阿拉伯回文学的黄金时代。

凡一国正式或非正式的文艺复兴，都是浪漫的、人文的、重现实的、异端的。中国的文艺复兴，一是春秋战国，一是唐代，另一或可说是五四运动。

阿拉伯文学黄金期五百年左右，全是宫廷诗人（带有文学弄臣的色彩）。代表诗人有：

莫底（Muti b.lyás）

阿皮诺瓦士（Abu Nuwas）

阿皮阿泰希耶（Abu'l– Àtahiya）

摩泰那比（Al–Mutanabbi）

麦阿里（Abu'l–Àláal–Ma'arri）

莫氏的作品神秀清逸。

阿皮诺瓦士贫寒，非纯阿拉伯血统，浪游沙漠，恃才傲物，大胆到与京都宫廷诗人群赛诗，大获全胜。到处得罪人，几次下狱。晚年忏悔，诗云：

> 噢，一杯。斟满它，
> 告诉我，它是酒，
> 若我能在光明里喝，
> 我绝不在暗处。
> 我醒时穷，
> 醉时就是富翁。
> ……
> 如果快乐，就把面纱去掉，
> 面纱有什么用？

他鼓吹享乐，叫别人不要害怕享乐过度。我记得他有一句话，诡辩，而且异端得厉害，大意是：

"尽情享乐吧，上帝的慈悲比人所能造的罪恶大得多。"（海涅说：上帝在天国里等我，我到了，他拿出糖果给我吃）

阿皮阿泰希耶，内向。作诗献于帝，得重酬，定年俸。爱上了女奴，女奴不爱他，阿皮阿泰希耶去修道，诗风变，成冥想诗，凭经验反省抒情。写死亡，不写复活永生（很像西方音乐家，借宗教抒自己的情。欧洲两千年艺术的精华，都是表面基督教，核心异端。中国孔孟之道，杰出的艺术家也是孔教的异端。阿拉伯也不例外），写死后幻想、快乐、空虚、无助，写得纯真朴素。他有定义："我的诗谁看？是那些爱他们所懂得的东西的人。"他的文字平淡：

> 人坐在那儿，
> 好像狂饮者拿起杯子，
> 世界给他的是一杯死的酒。
> 人们见先知就走开。
> ……
> 船在陆地上是不动的。
> 也许信仰是一切悲哀的妙药，
> 也许怀疑扬起一点点灰尘。

摩泰那比（al-Mutanabbi, 即 Abu'l-Tayyib Ahmad b.Husayn, 915—965），自命先知，信徒众多，事情闹大了，入狱，释放后四处流荡。后得国王宠爱，入宫后又与王不谐，逃往埃及，仍不适，流浪到巴比伦，为强盗所杀。我没读过他的好诗，但读过以下三段。诗曰：

在夜里，她松下三鬟黑发，
立刻造成四个黑夜，
当她抬头看天，
就有了两个月亮。

另有一诗：

我不过是一箭飞过空中，
落在地上找不到藏身之处。

又一诗：

那些久与世界熟悉的人，
一回首，
只觉外表美观，
余皆虚空，
圣人总是愚蠢，
只有愚者最快乐。

麦阿里（Abu'l-Àláal-Ma'arri，973—1057），生在叙利亚，盲人。淡泊自守，多产，名重于京都。母病，回家，在静修中度余生，冥想沉思。

　　　　我们笑，我们有什么要笑的呢
　　　　我们哭，只能哀哀地哭，
　　　　我们像碎了的玻璃。
　　　　从此不再铸造。

　　墓志铭："这个错误，父亲已经给我做了，我不再做。"

　　凡是纯真的悲哀者，我都尊敬。人从悲哀中落落大方走出来，就是艺术家。麦阿里并不是真的苦命。真的悲哀者，不是因为自己穷苦。哈姆雷特、释迦、叔本华，都不为自己悲哀。他们生活幸福。悲观，是一种远见。

　　阿拉伯没有伟大的史诗，比不上希腊和波斯。但阿拉伯有自己的诗体韵文。

　　纪德说，对他影响最大的两本书，是《圣经》和《天方夜谭》。

　　《天方夜谭》是许多人、许多作品整合起来的。《一千零一夜》（《天方夜谭》的别称），大灵感找得好！英译本共十七册，伯顿（Richard Burton）翻译。你们没有读过《可兰经》，却多少听到过《阿里巴巴和四十大盗》、《月光宝匣》、《阿拉丁神灯》、《渔父与魔鬼》、《会飞的鸟》，证明艺术比宗教更有生命。我在小学三年级时就参加演《芝麻门开》。《天方夜谭》在世界上不知有多少译本。

　　总之，阿拉伯是曾经光荣。前几年我在报上看到一则新闻，说阿拉伯某地扫黄，取缔色情书刊，竟把《一千零一夜》列入其中——可怜的，自己挖掉自己的眼睛："一"和"零"代表男和女，挖去后，只剩八个数字了。

本课笔记内页:"从不破格,乖乖的。西方、中国,都如此,在格式里拼命翻跟斗,不想到跑出来。"

第二十八讲

中国古代戏曲（一）

一九九零年六月二十九日

其实就是讲气话。另外有初次做爱的细节描写，大胆而精致，仍然守得住诗意，课堂不好讲，你们自己去看吧。比 × 影带不知精彩多少倍。

这种中国式的剧情，要中国式地理解它。赵五娘日后广受中国民间爱戴——"五娘和我结婚倒是差不多"——其实呢，不合情理：蔡邕可以暗中接济老家，也可写信向五娘解说。牛小姐既是好人，蔡邕可争取她的同情，先把老家安排好。反正中国古代的悲剧都是因为笨，因为没有电话，没有银行汇款。

中国剧作家的创作观念是伦理的，寓教于戏。有了这种观念……儿女情长，长到结婚为止；英雄气短，短到大团圆……不过是忠孝仁义，在人伦关系上转圈圈。

所有伟大人物，都有一个不为人道的哲理的底盘。艺术品是他公开的一部分，另有更大的部分，他不公开。不公开的部分与公开的部分，比例愈大，作品的深度愈大。

中国吃了地利上的大亏——天时，全世界差不多。地利，中国吃亏太大。中国与西方完全隔离。苏俄国土有一端在欧洲。人和，则儒家这一套弄得中国人面和人不和。可是中国又是全世界独一无二开口就叫"天下"的国家。什么"天下兴亡，匹夫有责"呀，常常是从海南岛到长白山，从台湾到西藏。所以中国人的视野的广度，很有限。

说来说去，给大家一个制高点。有了这个制高点，看起来就很清楚。一览众山小，不断不断地一览众山小。找好书看，就是找个制高点。

中国文学，有传接的脉络，见诸诗词、曲赋等。唯戏曲不传。今天的中国戏曲不是元曲的传接。京剧，是清朝忽然"暴发的"，是"野蛮的"。昆曲可说接续一点传统，但属于南曲的旁支，当时势力很弱。南北的曲艺，都不是中国古戏曲，唯民间还有一点点残存。

是故今天讲中国戏剧，是开追悼会。

中国戏剧开始得很迟。距希腊戏剧盛世，迟了一千八百多年（当时希腊有大剧场，是国民教育项目）。辽金侵入中原，是十二三世纪的事。

只能这样看：各民族文化发展，是不一样的。进化论，或唯物论，无法解释的。

春秋战国时，戏剧已有记载。演戏人叫优伶，其实是文艺弄臣，娱乐帝王，出怪言怪语，遥想起来，稍似话剧。优伶以巧妙的办法，以俏皮话，向皇帝进谏而不招祸。优伶本人不知道自己是艺术家。这萌芽，没有发展壮大。

为什么？历来文士是以诗赋笔论为得官的手段。读书人要做官，必要善于上述几种。戏剧，等于自绝于仕途，没人要。到了元朝，科举滞行很久，文士无所显露才情，正值民间演戏的风气倒盛行起来。许多文学家就尝试作剧。也有人说元朝曾以剧取士，我查不到史据，不敢轻信。

这很有趣，说明古人生命力还很旺。这就是中国戏剧兴起的原因。

古剧本都没有标点符号（古本《红楼梦》也如此），无常识，根本看不懂。古人头脑清楚，绝不乱。

常识有哪些呢：

科——作状、动作（或曰"介"）

白——说话。

曲——唱。

在剧本中，以曲为主。科、白很简单，甚至没有，让演员自主。莎士比亚剧中也不太用"科"。

宋朝伶人唱的曲，其实是词。金人占据中国北部，词作者可能觉得格律不够表现强烈复杂的思绪，也太嫌斯文，不够口语化，便另创新形式。这就是所谓北曲的起源。

十四世纪初，即元末明初，南方人也兴曲，与北曲并论，称南曲。此前南人也写曲，但归于北曲，北曲势力大，故称南人写北曲。南曲的独立发展是要到十六世纪，渐渐地，南曲夺取了北曲的地位，这中间经过两百年左右。

因为我们现在讲中世纪文学，今天讲曲，时段在十五世纪左右。

中国的第一位大戏剧家是董解元。他比莎士比亚还不幸。莎翁还有全名威廉，董解元，后世只知他姓董，"解元"，是说乡试考了第一。生于十二世纪后期，唯一一本《西厢记诸宫调》问世，是中国第一个剧本。其实呢，是供一个人自弹自唱的，题材是根据唐朝故事《会真记》，加了不少内容，文学价值很高，后人称《董西厢》。

> 莫道男儿心如铁，更不见满川江叶，尽是离人眼中血。

真正有才能的人，不管题材是否别人的，拿来就写，写自己的东西进去。

古时候的杂剧，有"折"，即"幕"。每戏必有四折，如交响乐。整部戏，即成"齣"（出）（南方如是说）。又是要加个"楔子"，即序言、序曲，中间也可加序，不一定在开场。

正末：男主角，才子。

正旦：女主角，佳人。

剧中配角只能白，不能唱，只有才子佳人能唱。唱时，不重唱，不合唱，佳人唱时，才子默——中国没有"和声"，也就没有二重唱——还有，一个演员在同一剧中，前后扮好几种角色，第一折饰书生，第二折就饰了神道了。

从前艺术家要么不创造形式，一旦创造，都严守格律。贝多芬之前的交响乐，从不破格，乖乖的。西方、中国，都如此，在格式里拼命翻跟斗，不想到跑出来。

较复杂的故事，四折实在概括不了。北曲行了很久之后，南人才把北方的成例突破（北人方脑子，南人圆脑子），无论哪个角色都可以唱：独唱、齐唱，主次角可轮番唱，有变化，主角也可休息。幕或折，都增加了，不再限于四折，多至十几折、十几齣（出）。

南曲开场总有宣叙全剧大意的引子，由副末（男配角）担任。引子名称繁多：家门始终、家门大意、家门、开宗、副末开场、先声、楔子，等等。

北曲不同，先只讲一个部分。

元曲第一期除了关汉卿、王实甫、马致远等大师，共约五十六位，多出生在北方，南方竟没有一人。发祥地在大都，即今之北京。

第二期约三十人，南人已占十七，尤以杭州为多，北人仅六七位，且与南方有关，或长期住在南方。

第三期约二十五人，北方仅一人，余皆南人——中国文化向来多如此，从北往南流。

南曲的中心是在温州、永嘉一带。

整体看，第一期最为元气旺盛，每个作家可写三十到五十个剧本。后两期，弱得多了。

也是通例。艺术家开宗的总是力强，成熟后就软。

总之，有一百多家，最杰出者六人：关汉卿、马致远、白朴、王实甫、郑光祖、乔吉甫。

关汉卿，大都人，生于1234年，一生写了六十三个剧本。多失传，剩十多本传世：《玉镜台》、《谢天香》、《金线池》、《窦娥冤》、《鲁斋郎》、《救风尘》、《蝴蝶梦》、《望江亭》、《西蜀梦》、《拜月亭》、《单刀会》、《调风月》、《续西厢》。

其中，以《窦娥冤》、《续西厢》最著名。

《窦娥冤》可谓中国唯一的悲剧，至今仍是保留剧目，连楔子共五折。楔子叙楚州蔡婆家道颇丰，夫亡，有一子。窦秀才向蔡婆借银数十两，到期不能偿还，将女儿端云给她作媳，改名窦娥。蔡婆赠资，秀才上京应举。

第一折，便转入波澜。赛卢医借了蔡婆的钱不能还，将她诱至郊野要绞杀，恰值张驴儿与父撞见，赛卢医逃离。张驴儿以救命恩人之身份，欲使其父娶蔡婆而自娶窦娥。娥夫已死，而娥守节不渝。

第二折，张驴儿遇赛卢医，迫使其给毒药，欲害蔡婆而可强占窦娥。其父误食而死，张驴儿诬指窦娥下毒杀其父，告官定了死罪。

第三折，高潮。窦娥临刑高喊冤枉，誓言斩首后她的颈血将飞溅丈二白练。时为大暑六月，上法场时，竟大雪纷飞。她说她死后，这个地方将大旱三年，颗粒无收。果然都应验了。

第四折，窦娥父亲中举后做了廉访使，到楚州调阅案卷，窦娥托梦诉冤。便捉了张驴儿、赛卢医，各定罪名。

还不是全悲剧，最末还是团圆，不过是负面性的团圆——要是改写，就要写告官、告民，均不通，这才真实、深刻：窦娥求官不应，民众也都说她有罪，她的冤扩大到个人与群体的对立，而官方民方竟都相信恶人张驴儿，激起她的大恨，发大诅咒，誓与暴吏暴民斗到底——这是个人与民间、民间与官方的双重对立。最后六月大雪，血溅白练，一片寂静，尾声是楚州灾景。

关汉卿《续西厢》，续的是王实甫《西厢记》。王氏《西厢》写到莺莺和张生分别，两人在草桥惊梦为止。关氏续为"张君瑞庆团圞"。董解元《西厢》原也是团圆的，但王实甫就高明了，不肯照搬。

关汉卿太老实，乡巴佬，去做这件傻事，被金圣叹（中国独一的大批评家）大骂山门，指斥狗尾续貂。

我也认为《续西厢》在文字上不乏佳作，但关汉卿怎会不理解王实甫的高明？中国人有个情结，姑称之为"团圆情结"，不团圆，不肯散，死乞白赖要团圆，不然观众要把作者骂死。希腊人看完悲剧，心情沉重，得到了净化。中国人看完了大团圆，嘻嘻哈哈吃夜宵，片刻忘其所以。

可怜的中国人！到现在只好逃亡，反不得团圆。

我少年时一读王实甫《西厢记》，就着迷。当然，《西厢记》原作是唐人传奇《会真记》，境界更高，是元稹自传性的短篇小说，顶刮刮古典写法。而王实甫又有浪漫主义又有现实主义的表现力，他凭一本《西厢记》，即可永垂不朽。

王实甫《西厢记》有四本，十六幕。四本连台好戏，上演起来很耐看。

古代爱情很好玩，都是一见钟情，我看简直是不见也钟情。关汉卿不及王实甫写得妙。如张生见莺莺后，王写：

> 我和她乍相逢，记不真娇模样，我则索手抵着牙儿慢慢的想。

又如：

> 想人生最苦离别，可怜见千里关山，独自跋涉，似这般割肚牵肠，倒不如义断恩绝。

其实就是讲气话。另外有初次做爱的细节描写，大胆而精致，仍然守得住诗意，课堂不好讲，你们自己去看吧。比 × 影带不知精彩多少倍。

马致远（约 1250—约 1321），善写神话传说，笔致潇洒。代表作《汉宫秋》，写王昭君故事，汉元帝成了主角，昭君是配角。其中写毛延寿潜逃匈奴，游说单于指名要王嫱做妻。汉廷官吏怕动刀兵，力劝元帝舍王嫱送匈奴和亲。元帝卒许之。番邦的使者护着昭君渐渐远了，元帝唱：

呀，俺向着这迥野悲凉，草已添黄，兔早迎霜，犬褪得毛苍，人搠起缨枪，马负着行装，车运着糇粮，打猎起围场。他、他、他，伤心辞汉主，我、我、我，携手上河梁。他部从入穷荒，我銮舆返咸阳。返咸阳，过宫墙；过宫墙，绕回廊；绕回廊，近椒房；近椒房，月昏黄；月昏黄，夜生凉；夜生凉，泣寒螿；泣寒螿，绿纱窗；绿纱窗，不思量。

关凝重，王委婉，马潇洒。

白朴（白仁甫，名朴，1226—1306），后于关汉卿（约1220—1300）、王实甫，作剧十五种，今存二种：《梧桐雨》、《墙头马上》。《墙头马上》写裴少俊与李千金之恋，有趣的喜剧。《梧桐雨》写唐明皇、杨贵妃故事，不妨看一段古本：

（正末扮明皇，做睡科，唱）【倘秀才】闷打颏，和衣卧倒，软兀剌方才睡着。

（旦上云）妾身贵妃是也，今日殿中设宴，宫娥，请主上赴席咱。

……

（正末唱）妃子，你在那里来？

（旦云）今日长生殿排宴，请主上赴席。

（正末云）吩咐梨园子弟齐备着。

（旦下）

（正末做惊醒科，云）呀，元来是一梦，分明梦见妃子，却又不见了。

郑光祖，传于今的剧本有四：《王粲登楼》、《倩女离魂》、《㑇梅香骗翰林风月》、《辅成王周公摄政》。以《倩》剧最为人称道：倩女与王文举恋，王赴京应举，倩女的魂儿离躯体而同去。

乔吉甫，作剧本十一种，流传三种：《金钱记》、《扬州梦》、《玉萧女》（全名《玉箫女两世姻缘》）都是叙唐诗人的恋爱史。

元灭，朱元璋征定中原，攻陷北京，明朝起。元曲的杂剧渐衰，继之是长篇剧本。先称"南戏"，后称传奇。最盛行的叫"荆、刘、拜、杀"，即《荆钗记》、《刘知远》（即《白兔记》）、《拜月亭》、《杀狗记》。还有就是《琵琶记》，作者是高明。

《白兔记》很通俗，作者不详，是民间优伶编排的。我们想象到从前的人认真演，认真听、看，同情李三娘，骂其兄嫂，觉得很有人情味。《杀狗记》上次已讲过，《荆钗记》是无巧不成书的公式，《拜月亭》也是才子佳人的悲欢离合，值得一讲

348

的是《琵琶记》。

《琵》剧题材据一民间传说，将一个大人物附上，耸人听闻。有人认为高明是讽刺其友王四（"琵琶"二字拆开了，头上就是"王四"），似乎有道理。但正统说法是取宋时流行的蔡中郎故事写此杰作，有一首宋诗：

> 陆游《小舟游近村舍舟步归》
> 斜阳古柳赵家庄，负鼓盲翁正作场。
> 死后是非谁管得，满村听说蔡中郎。

诗好，我所以记得。故事是说：蔡邕与赵五娘结婚才二月，父命其进京应举，不得已离别爱妻。到京后，以高才硕学中了状元，牛太师招赘，蔡邕不从。牛太师请天子主婚，蔡邕只好做了牛家女婿。此时蔡家已穷得见底，牛太师又不准女婿回，赵五娘一人侍奉二老，老人吃粥，她咽糠秕（民间皆知五娘吃糠），公婆死，她剪发卖了事葬（剪发卖发更为人道），然后背着公婆的画像，抱了琵琶，一路求乞上京。至牛府，始知丈夫并非贪图名利，而是受了逼迫。蔡邕知父母双亡，与五娘抱头大哭，同回故里祭墓。此后五娘与牛小姐相安，全剧告终。

这种中国式的剧情，要中国式地理解它。赵五娘日后广受中国民间爱戴——五娘和我结婚，倒是差不多。

其实呢，不合情理：蔡邕可以暗中接济老家，也可写信向五娘解说。牛小姐既是好人，蔡邕可争取她的同情，先把老家安排好。反正中国古代的悲剧都是因为笨，因为没有电话，没有银行汇款。

单以文学评价，此剧高明。赵五娘吃糠时唱：

糠和米本是相倚依，被簸扬作两处飞。一贱与一贵，好似奴家与夫婿，终无相见期。丈夫，你便是米呵，米在他方没寻处。奴家恰便是糠呵，怎的把糠来救得人饥馁，好似儿夫出去，怎的教奴，供膳得公婆甘旨？

这是有莎士比亚水准的。传说中，作者高明在沈氏楼中深夜写到这里，两枝蜡烛的火光突然相交，成为奇观，后来此楼名瑞光楼，真是千古美谈（汤显祖的《牡丹亭》也有过奇迹显现）。我是写到后来只有蟑螂爬上书桌。希望以后写出好东西，收到电话："木先生，我们感到你在写好东西。"这就比双烛交辉更有意思。

总之，北曲、南曲、杂剧、传奇，一路下来。朱元璋是个喜欢听剧的粗人。他的孙子朱有燉，就是剧作家。到了十五世纪以后，又出许多剧作家：沈受先、姚茂良、苏复之、王雨舟、邱浚、沈采，等等，就不一一介绍了。

中国戏剧以后还要讲。一个问题，中国戏剧是官方也提倡，民间也热衷，为什么没有出世界性的大作品？

中国戏曲虽然起步迟于希腊，却早于英国。英国十六世纪先出剧作家马洛（Christopher Marlowe），是莎士比亚的前辈，影响了莎氏和歌德（莎氏之时是十六至十七世纪）。中国第一期剧作家数量远远超过希腊和英国，而六大家的才华和剧本产量都很高，没有一个达到莎氏的高度。原因在哪里？

很简单，就是没有莎士比亚这份天才。但这话一句闷死，还得谈谈客观原因、社会背景、历史条件：

中国剧作家的创作观念是伦理的，寓教于戏，起感化教育作用，在古代有益于名教、风化、民情。有了这种观念，容易写成红脸白脸、好人坏人，不在人性上深挖深究。儿女情长，长到结婚为止；英雄气短，短到大团圆，不再牺牲了。作家没有多大的宇宙观、世界观，不过是忠孝仁义，在人伦关系上转圈圈。这些，都是和莎士比亚精神背道而驰的。

莎士比亚的作品，无为。剧中也有好人坏人，但他关心怎么个好法，怎么个坏法，所以他伟大。人性，近看是看不清的，远看才能看清。人间百态，莎士比亚退得很开。退得最远最开的，是上帝。莎士比亚，是仅次于上帝的人。

莎士比亚为什么退得开，退得远？因为他有他的宇宙观、世界观、人生观。

所有伟大人物，都有一个不为人道的哲理的底盘。艺术品是他公开的一部分，另有更大的部分，他不公开。不公开的部分与公开的部分，比例愈大，作品的深度愈大。

我爱艺术，爱艺术家，是因为艺术见一二，而艺术家是见七八。但艺术家这份七八，死后就消失了。你能和活着的大艺术家同代而交往，是大幸。

莎士比亚的宇宙观，横盘在他的作品中，如老子的宇宙观，渗透在他说的每一句话中。但不肯直说、说白。

中国中世纪剧作家，没有宇宙观、世界观、人生观，只有伦理——艺术家的永久过程，是对人性深度呈现的过程。莎士比亚的作品中好像在说：你们要知道啊，还有许多东西，作品里放不进去呀！

作品里放不下，但又让人看出还有许多东西，这就是艺术家的深度。

蒙田不事体系，深得我心。我激赏尼采的话：体系性是不诚恳的表现。但你们不能这么说。我这样说，我内里有体系，不必架构：这是第一层。如果你们来说，先已不诚恳，成体系，岂非更不诚实？第二层次、第三层次，不说。

我是庖丁解牛，不是吹牛。

莎士比亚能退远是非善恶，故能恶中有善，善中有恶。他到晚年，靠《哈姆雷特》露了一点点自己。

其实，还有作者主观上的问题。中国吃了地利上的大亏——天时，全世界差不多。地利，中国吃亏太大。中国与西方完全隔离。苏俄国土有一端在欧洲。

人和，则儒家这一套弄得中国人面和人不和。

可是，中国又是全世界独一无二开口就叫"天下"的国家。什么"天下兴亡，匹夫有责"呀，常常是从海南岛到长白山，从台湾到西藏。

所以，中国人的视野的广度，很有限。

莎士比亚写遍欧洲各国，中国人写不到外国去。莎士比亚心中的人性，是世界性的，中国戏剧家就知道中国人？中国人地方性的局限，在古代是不幸，至今，中国人没有写透外国的。鲁迅几乎不写日本，巴金吃着法国面包来写中国。当代中国人是中国乡巴佬。中国人爱说"守身如玉"，其实是"守身如土"。古代呢，就是三从四德。

莎士比亚，放之四海而皆准。中国元曲，放之四海而不准。

再其次，中国戏剧的唱词、念白，互不协调。唱有诗意，念则俗意。莎士比亚的唱词、念白，通体是诗。罗密欧、朱丽叶在阳台上的对话，是世界上最美的情诗，全世界听得懂。

元曲，唱（虚）念（实），太虚太实之间，不够相称，在艺术原理上是不太通的。京剧中不文不白的唱词，也有问题——现代电影已是话剧范畴，可是中国电影还有一个主题歌——所以，中国传统戏剧要发展，欠缺前途。

对人生，艺术家的理解很局限。

一句老话，中国没有出天才。龚自珍有句："我劝天公重抖擞，不拘一格降人才。"中国长久以来不降天才，降歪才。歪才一多，人才，正才，被歪才包围。

总之，一，剧作家缺乏高度，二，地利上自我隔绝，三，文白不协和。

再讲讲艺术家的深度。为什么要有深度？

艺术家纯粹是人间的，不是天堂地狱的。天堂地狱，没有深度。只有在天堂地狱之间，人间这一段看深度。谁把这深度处理好了，能上天堂，处理不好，下地狱。

抱着希望进天堂的艺术家，是二流的（被奉为一流）。一流艺术家知道没有天堂地狱，知道并无其事，当做煞有介事，取其两点成一线，这一线，就是他的作品的深度。这种人，我称之为在绝望中求永生。

要划分，世上大艺术家都是在绝望中求永生。贝多芬就是。

许多人都有神的观念，有神，就有希望。无神，绝望，怎么办呢，求永生。

人到底是进化还是退化？达尔文是错的。如果进化，希腊、巴比伦、埃及，不会亡。法国人家家看书，现在呢，看电视。

共产主义给了一个信仰，一个希望，一个天堂。西方很多大知识分子吸进去。

要拯救世界，先要高唱人文的整体性。

人类前大半部分的历史，是有神论，后来的历史，是有真理论。我以为有真理，就是有神论。到了说没有真理，人，真正站起来了。

科学弄到现在，有高倍望远镜观察宇宙，或是人类智能最高的时候，天才却不降生，思想家也不降生。

政治家，从来难有人谈到宇宙。他们没有宇宙观。现在，上没有宇宙观，下不通人性。要改，就是承认人性，很起码的东西，很起码的进步。

希望大家——规模大一点小一点，速度快一点慢一点，都无妨——超越自己。三年前的你，是你现在的学生，你可以教训那个从前的自己。

停课两个月，小别两个月，临别赠言——超越自己。

不是派、党、集团。一群人在一起，我比作一个星座。天上星座本来互相无关，是天文学家连起线来——留下的是还能闪烁的星，实在太少，许多星跌下去了，当初都很优秀的。

现在也是一个星座，看谁做恒星，谁做陨星。互相不要碰。

说来说去，给大家一个制高点。有了这个制高点，看起来就很清楚。一览众山小，不断不断地一览众山小。

找好书看，就是找个制高点。

现在再看毕加索、马蒂斯，过时啦！看希腊，不过时。为什么？很简单。服装要过时的，裸体不过时——两个乳房，过时？

论原理，艺术最好是像裸体。盐巴，总是咸的。艺术，最好的是人的——人性，人的本性。这世界，妖气魔气已经很重——过去是神气仙气——很多现代艺术是妖气魔气，后来变成鬼怪气。

回到莫扎特，不是真的回到莫扎特，是朝那个方向去。

如果真的有救，如所谓"第三波"说法——先是农业社会（第一波），后是工业社会（第二波），第三波是回到高的农业社会，人和自然又在一起了——那当然好，又有希望了嘛！不过我不太相信，不乐观。

归根到底，知道是什么病，好一些。一个高明的医生，面对绝症——越是绝望悲惨的年代，思想才真的亮。白天，不太亮的。夜里，灯满足于自己的亮度。

我写过：二十世纪，不是十九世纪希望的那样。

二十世纪条件最好，长大了，可是得了绝症。特别是近三四十年，没有大的战争，应该出大艺术家、大思想家。没有。

坏是坏在商业社会。

中国古代小说（一）

一九九零年九月七日

中国人的民族性，很善说故事。小时候家中佣人、长短工，都会讲故事，看上去很笨，讲起来，完全沉浸在故事里，滔滔不绝。中国哲学家也比西方哲学家更喜以形象说理，放进很多神话、传说、寓言，甚至笑话——这或许就是先秦诸子夹着早期的"袖珍小说"。特别是《庄子》《列子》，写本精美绝伦，收集起来，洋洋大观。那时的谋士、策士，进谏皇帝，也要会讲故事，否则要杀头。

在我看来，古代小说是叙事性的散文，严格说来不能算小说。直到唐代，真正的小说上场，即所谓"传奇"。唐人传奇精美、奇妙、纯正，技巧一下子就达到极高的程度，契诃夫、莫泊桑、欧·亨利等西方短篇小说家若能读中文，一定吃醋。

司马迁的《刺客列传》《游侠列传》，直接影响唐传奇。司马迁就是大豪侠，为李陵仗义一事，我以为最是豪侠。历史上的昏君、妖妃、贪官、污吏在，更使历代百姓盼望豪侠，哪怕是在小说里透一口怨气恶气。没有一个时代不向往豪侠，秋瑾、鲁迅，都应列为豪侠，在座诸位也不乏豪侠在。

我乌镇老家曾有"侠"来，搜宝不得，留字而去，指明天请查堂匾，梁上竟有棉被铺着，似荔枝、桂圆壳尽在。从前游侠着黑衣，盘扣密密麻麻，薄底轻靴。

中国文学有三层关系：我与母亲一层（士大夫），佣人一层（民间），还有我与佣人的师生关系一层。他们看宝卷、话本，有木版，有手抄，同样是《岳飞传》《梁祝》，但版本不一样的。凡当时流传的中国民间文学，今多已荡然无存。

"风雪夜，听我说书者五六人，阴雨，七八人，风和日丽，十人，我读，众人听，都高兴，别无他想。"我幼时读，大喜，不想后来我在纽约讲课，也如此。

秋天了，还很热。在座的，已是老中青三代人。今天再提：讲课到底为什么？前面已经说过，大家学画，何以要来听世界文学史？重申一下有深意。

画家如对世界文化缺少概念和修养，文人画就没有了。对文学、文化没有素养，会越来越糊涂。两例：毕加索（Pablo Picasso），夏加尔（Marc Chagall）。夏加尔是糊涂人，越画越糊涂，晚年总是重复，毫无意义。毕加索晚年，才气尽，习惯还在，但他内心清楚：他画不好了，脾气坏。

这悲剧，说起来是命。我说，是他们画画跟世界文化与精神的管道阻塞了。光靠画画的通道，通不到的。

新学期开始，还得重提这个。

中国从前讲琴棋书画要通，今天失传了，倒霉了。现在的中国科学家，你问他音乐，他以不懂为乐。我们在西方，要通气些，他们的人文教养正常。

有人想来听，打听"回目"，其实是听折子戏的心态。只要想想谁在讲，谁在听，就应该来。

中国小说萌芽期比戏曲还早，但比戏曲成熟得晚。《三国演义》、《水浒》、《西游记》，是直到戏曲高度成熟后才出现的，都在元朝以后（常识：《三国志》，《三国演义》，不同的。演义是故事性的，志是历史性的）。

中国人的民族性，很善说故事。

小时候家中佣人、长短工，都会讲故事，看上去很笨，讲起来，完全沉浸在故事里，滔滔不绝。中国哲学家也比西方哲学家更喜以形象说理，放进很多神话、传说、寓言，甚至笑话——这或许就是先秦诸子夹着早期的"袖珍小说"。特别是《庄子》、《列子》，写本精美绝伦，收集起来，洋洋大观。那时的谋士、策士，进谏皇帝，也要会讲故事，否则要杀头。

中国人都喜欢以故事情节打动别人。《汉书·艺文志》讲起中国多少学问门类，其中《诸子略》列有小说，录自"伊尹说"至"虞初周说"，凡十五家，作品一千三百八十篇，可见自周朝以降古代小说之兴旺。

很抱歉，一个字也没留下来，只是传说。

最早古的小说，《燕丹子》，叙荆轲刺秦王事，中国小说的老祖宗。稍后有《神异经》、《海内十洲记》两本古小说集，史传作者是东方朔，否定者也无他例可代。又有《汉武帝故事》、《汉武帝秘传》（又作《汉武内传》）两本小说，传作者为班固。还有《汉武帝别国洞冥记》（简称《洞冥记》），写外国，是想象出来的。还有古小说《赵飞燕外传》。

上述，均可能是晋朝人假托汉代人写的。

六朝之后，小说更繁，我分二类，一类写超自然的神怪，如《搜神记》、《续齐谐记》，一类记录民间的轶事、名言、警句、杂事，如《世说新语》、《西京杂记》（直到清代《阅微草堂笔记》也承续这一路，作者纪晓岚，清大才子）。

例,《搜神记》。有人名阮瞻,不信鬼,无人使其信,得意。一日有客,相谈,客也善言,甚投合。谈到鬼,阮说无鬼,客说有。辩久,客软化,自称鬼,变形吓唬阮,遂消去。阮不久死。

再引一段《冥祥记》:

> 宋,王淮之,字元曾,琅琊人也。世以儒专,不信佛法。常谓:"身神俱灭,宁有三世耶?"元嘉中,为丹阳令,十年,得病绝气,少时还复暂苏。时建康令贺道力省疾,下床会,淮之语道力曰:"始知释教不虚,人死神存,信有征矣。"道力曰:"明府生平置论不尔,今何见而乃异之耶?"淮之敛眉答云:"神实不尽,佛教不得不信。"语讫而终。

《世说新语》以外,还有一本《语林》,谈汉魏至晋的语言应对,可惜失传了,遗文尚有存者(《浮生六记》也险些失传)。

现代呢,资讯太发达,一批批被冲淹了。

在我看来,古代小说是叙事性的散文,严格说来不能算小说。直到唐代,真正的小说上场,即所谓"传奇"。唐人传奇精美、奇妙、纯正,技巧一下子就达到极高的程度,契诃夫、莫泊桑、欧·亨利等西方短篇小说家若能读中文,一定吃醋。

最好的是《霍小玉传》、《李娃传》、《南柯太守传》、《会真记》、《离魂记》、《枕中记》、《柳毅传》、《长恨歌传》、《红线传》、《虬髯客传》、《刘无双传》、《昆仑奴》等。诸位以后买来看，都是精华，可以说唐人传奇篇篇都好。

三类：恋爱故事、豪侠故事、鬼怪故事。

第一类谈爱情。例，《霍小玉传》。美女子霍小玉，霍王的后裔，有贵族血统。私生子，名不正，流落民间，成妓，引名人追求。其爱人李益赴官前经家族订婚，不敢抗，与霍小玉断。小玉资产用光，李益后高升入都，仍不理小玉。一日在庙，众人赏牡丹。有黄衫客引大家赴家赏牡丹，自称更美。次日，官人李益随黄衫客去，却往霍小玉家，避不得，相见。小玉当面号哭饮恨而死，成鬼，扰官人一家一世。

以上爱情传奇实在罗曼蒂克，感情张力猛大，悲欢喜怒，都唯美，十足唐风，现代中国不可能有。我少年时就羡慕那黄衫客，无名无姓，仅颜色，也没有通讯地址，妙极……我至今愿意寻找他。

《李娃传》，作者白行简，是白居易的弟弟（故事从略）。

第二类叙豪侠。凡浪漫时代都敬重豪杰。司马迁的《刺客列传》、《游侠列传》，直接影响唐传奇。司马迁就是大豪侠，为李陵仗义一事，我以为最是豪侠。历史上的昏君、妖妃、贪官、污吏在，更使历代百姓盼望豪侠，哪怕是在小说里透一口怨气恶气。没有一个时代不向往豪侠，秋瑾、鲁迅，都应列为豪侠，在座诸位也不乏豪侠在。

唐人传奇中的《红线传》、《刘无双传》、《虬髯客传》、《昆仑奴》，都很惊人。

例，《红线传》。女侠红线，是潞州节度使（相当于军区司令）薛嵩家中侍女。薛嵩有政敌，相争，红线知，请往探对方虚实。一更去，三更回，取对方枕边宝物回。次日，薛嵩送还政敌。大惊，和好。此事后，红线请别，举筵饯别之际，红线佯醉离席，不知所终。

好在写红线只写事实，武艺一笔不带着（与现在武打片正相反）。红线"适可而止"，身份露，飘然隐去，这才是大侠本色。而深藏不露又算不得大侠，她在等待最佳时刻。千里盗盒，难度极高，姿态优美（杀对手太容易了，要你防不胜防，只好求和，豪侠之豪，就豪在没有还价）。我小时候看京剧《红线盗盒》，大着迷，那刀马旦的行头，紧俏好看。

我乌镇老家曾有"侠"来，搜宝不得，留字而去，指明天请查堂匾，梁上竟有棉被铺着，似荔枝、桂圆壳尽在。

从前游侠着黑衣，盘扣密密麻麻，薄底轻靴。

《昆仑奴》也很生动。叙崔生奉父命往视大臣病，大臣命一妓以一瓯绯桃、沃甘酪奉客，崔生羞不食，大臣命妓以匙喂之。及生辞去，此妓送出院，临别出三指，反掌三度，再指胸前圆镜。崔生归，苦念妓，比画再三，莫解其意。家有昆仑奴名磨勒，见主忧苦，问其故，生告之。磨勒曰：出三指是她住第三院，三反掌是示十五之数，胸镜是指明月，盼你十五月圆

362

夜赴第三院相会。届时磨勒负主逾十重高墙，与妓欢晤，又负二人同出。后大臣知情，崔氏夫妇已隐去。磨勒受困，飞出重围。十余年后，崔氏家人在洛阳见磨勒在市卖药，容颜如旧。写得多么好啊！

第三类志神怪，而唐神怪写得更好。后来的《聊斋》文笔果然是好，论情节故事，却难有一篇比得《枕中记》、《南柯太守传》，明明是怪异的寓言，能写得如此人情深刻，阔大自然。

例，《枕中记》。穷书生得枕，梦见荣华富贵，娶美妻，登显官，寿八秩，儿孙满堂，乃含笑而逝，醒来如故。至此，所寄居的旅馆主人蒸黄粱，还没蒸熟。有道家思想，但蒸黄粱一节，实在是灵感。

中国文学大多古奥渊雅，专供士大夫欣赏，给成年人欣赏，没有儿童文学，但一直有民间社会存在，直到四十年前，消亡了。按我看，中国文学有三层关系：我与母亲一层（士大夫），佣人一层（民间），还有我与佣人的师生关系一层。

他们看宝卷、话本，有木版，有手抄，同样是《岳飞传》、《梁祝》，但版本不一样的。凡当时流传的中国民间文学，今多已荡然无存。主要靠口传，部分靠手抄，怎能留得下来？

敦煌曾发现钞本小说几种，今在大英博物馆。

古代民间文学都是白话文。白话文古已有之，绝非"五四"以后才有，其行文之生动，远过于今之白话文。

古代说话成一行业，分四家（派）。其一，小说，北方称"银字儿"。其二，说经，讲佛家故事，劝人为善，参禅悟道。其三，讲史，通俗浅显地解释通鉴、史话。其四，合生，讲当代故事，是报告文学、新闻，从古代讲到当时。

说书人的底本就是话本。宋以前，中国没有中长篇小说，只有叙述性散文、笔记、话本。元明以后，约十四世纪后，才出现长篇，所谓演义、章回小说。

历史说来不是有板有眼的。没有就是没有，来了就来了。

到《水浒》，技巧大有进步。人物一百零八，名字全是作者起的。起名字容易吗？可不是！一个小说家不会起人物名字，先已完蛋了。你看看现代小说起的那些名字。

武松、鲁智深、卢俊义、李逵、林冲……个性描写游刃有余，个个清楚，笔墨酣畅，元气淋漓。每个人出身穿着，细细地写，都有滋味——从此小说走上高峰，一反中国古文学阴柔气，一派阳刚气。

原本几乎没有见过，今本是金圣叹标点的，赞成悲剧结尾。《水浒》实在是才子书。作者到底是谁？有说是施耐庵，也有说是罗贯中，也有说，施耐庵作于前、罗贯中续于后。我的见解——至少是愿望——是施耐庵。但愿如是。我见过一篇施耐庵作的序，极好。

"风雪夜，听我说书者五六人，阴雨，七八人，风和日丽，十人，我读，众人听，都高兴，别无他想。"我幼时读，大喜，不想后来我在纽约讲课，也如此。

施耐庵性格有一点点像巴尔扎克——写起来兴致勃勃。

人说《水浒》女人写得不好，无好女人，可是《红楼梦》没一个完整的男人。求全，不是求完美。我不讲《水浒》，只望大家再读。我愿武断地说，大家从前是读其故事、人物，今再读，要去读施耐庵，读文学！

志：历史。演义：小说。

三国史料相当多，可说是对三国三分天下时代的纪念。唐纪念一回，宋纪念一回。文学家创《三国演义》，无损历史真实。让历史的还给历史，艺术的还给艺术。

罗贯中（约1330—约1400），据说是施耐庵的学生。陈寿写《三国志》，因写史，畏首畏尾，读起来急死人。《三国演义》则是纯粹的艺术，但不要以现代小说去要求它。

读三顾茅庐之第一顾——像什么？像协奏曲的引子，钢琴还没弹起来，前面已如此丰富。三顾时，孔明有诗，好诗！

> 大梦谁先觉，平生我自知。
> 草堂春睡足，窗外日迟迟。

孔明文集中没有这首诗，是罗贯中写的。厉害！

中国历史上才德兼备、最完美的政治家，是诸葛亮。

你们再看中国小说，又要消除现代人的迷障，又要隔岸观火，要跳过此岸，回到古代。向未来看是胸襟宽阔，向古代看也是胸襟宽阔。如能做到，是一种感知丰富、进退自如的境界——前可见古人，后可见来者。人，无非是借助过去和未来支撑的。陈子昂："前不见古人，后不见来者。念天地之悠悠，独怆然而涕下。"这是一种艺术的态度。艺术的态度是瞬间的、灵感的、认识变化的，此外是日常的、生活的基本态度，健朗的态度。艺术态度，生活态度，都要保持平衡、健朗。这种生活的基调——前见古人，后见来者——是所谓教养。教养何来？是艺术教养出来的。

艺术和生活是这样的关系，不相扰。但艺术教养可以提高生活。

"文革"之中，死不得，活不成，怎能活下来呢？想到艺术的教养——为了不辜负这些教养，活下去。

中世纪日本文学

一九九零年九月二十日

抱着原谅的心情去看这些诗，很轻，很薄，半透明，纸的木的竹的。日本味。非唐非宋，也非近代中国的白话诗。平静，恬淡。

不见哪儿有力度、深度，或有智慧出现。你要写却写不出来。真像他们的芥末、木拖鞋、纸灯笼。

《源氏物语》，是世界上的大小说，皇皇巨著，与《红楼梦》《圣西门回忆录》、《往事追迹录》并称四大小说。我曾与李梦熊高谈阔论这四本书，其实我只看过《源氏物语》的部分，其中一帖"桐壶"，好得不得了，文字像糯米一样柔软，但看全本，到底不如《红楼梦》。

怪味道。甜不甜，咸不咸，日本腔。作者在原业平，是平城天皇之子，当权的不是他（类似曹植的处境），而性情温静幽雅、愤世嫉俗（有点像贾宝玉），诗尚天真，很能动人（有点像纳兰性德）。

中国唐文化对日本的影响真是触目皆然。世界上再没有两国文化如此交织。但这交织是单向的，只日本学中国，中国不学日本。中国自唐以后，宋、元、明、清，照理可向日本取回馈，但一点影子也没有。中国人向来骨子里是藐视日本人，曰：小日本、矮东洋、鬼子、倭奴。其实是吃亏的，早就该向日本文化要求回馈。

我是日本文艺的知音，知音，但不知心——他们没有多大的心。日本对中国文化是一种误解。但这一误解，误解出自己的风格，误解得好。

也许你们年轻，对日本仇恨不深。我记得七十年代中日恢复邦交，在上海办交易展，升日本旗，市民愤怒惊心，往事全到心上，受不了。

现在讲日本文学。东方黄种人，日本是个异数，唯日本不没落，还强大如此。看日本产品，是先进发达，没话说，但日本人我总是看不起。

他们有武士道精神，无论复仇，侵略，建设，都一鼓作气。中国没有这股气。

这个民族值得大家注意。

他们的文化艺术和科技成就，是不相称的。不出大画家，不过是国门内称大。但是先在国内捧大，聪明的。

唐朝时日本人在长安留学，取中国名字，现在我们到日本留学。日本非常会用中国文化，很快拿过去，立刻变成他们自己的。

希望大家有机会都去日本看看。

日本文化源流，始自中世纪。日本古代没有文学，连有无文字都成问题。公元 284 年，中国晋朝时，大文人王仁东渡日本，把中国《论语》、《千字文》传到日本，日本始用汉字、汉文写文章，故中世纪日本完全受中国影响。

日本民族起源，据说是秦始皇谋长寿，差徐某人到日本去找长生不老药。徐回说有，但有龙鱼包围，不得进，非得童男童女才能入仙山，于是带去。他聪明，这是移民。

从此一去不复返，在日本岛上繁殖起来。

但看来徐未以文字教化。徐有文化，他可能根本未去日本，而日本族是自己遗传下来的。

日本的祈祷词与歌，称"和歌"。但形成不了文化。

中国人向来喜欢卖老，日本人不卖老。

八世纪时，日本进入奈良时代，文学出现可以看看的东西，散文出《古事记》，诗歌出《万叶集》，在日本古文学中很重要。

《万叶集》出在奈良时代末期，作者不详，据说是一个叫做大伴家持（约718—785）的编集起来，也加入自己的作品。共收集四千五百首，先后历一百三十年的作品。

特点是自然的、原始的、淳朴的。

形式分长歌、短歌、旋头歌、杂歌、四季歌、四季相闻等。广义地讲人伦情爱，父母兄弟夫妻相逢离别之类。日本文学若不讲解、辨味，单看是不习惯的。如看其工艺品、和服，得换一种眼光、角度。

柿本人麻吕

《短歌》

秋山的红叶繁茂，

欲觅迷途的妻,
但不识归路。

去年看过秋夜的月,
依旧照着,
同眺的妻,
渐渐远了。
……
相思着过了今朝,
有云雾笼罩的明日之春,
怎样过呢!

很浅,浅得有味道,日本气很强。好像和中国的像,但混淆不起来。

莫问立在那里的是谁,
是九月露水沾湿了等待君的我。
这样的深夜休要归来呀!
道旁的小竹上铺着霜呢。

抱着原谅的心情去看这些诗,很轻,很薄,半透明,纸的木的竹的。日本味。非唐非宋,也非近代中国的白话诗。平静,恬淡。

在日本人的居所里待着，思想会停顿的，太恬淡、娴雅。酒、茶、饭，有情趣——这种环境，没有思想，有，也深不下去。日本本国一个思想家也没有，都是从中国拿去和欧洲来的思想。

但日本总让我好奇，凡日本的东西，去看一眼。我称之为浮面效果。日本如浮萍，没根没底的。也非常狡猾，头头是道，没有下文。日本人不可以谈恋爱，也不可做朋友。很怪，终究是乏味的。

日本旗很有象征性，很倔强。有魔性，有恶意。很刻苦，也很享乐。日本人很会做自己的奴隶。

这个民族很难对付。

上次讲到俳句。五字，七字，三行。我写俳句，一点日本风也没有。不是排斥，是学不来，那么轻、薄、无所谓。

他们是真俳句，我是借借名称，性质上的比较厚、薄、轻、重，中日民族气质不一样。轻不一定不好，蝴蝶的翅膀，花瓣，都很薄，很好嘛。不必对浅的东西骄傲，也把自己弄浅了。

诗人柿本人麻吕，是大家（日人姓名，前两字是他出生地）。长歌写得最好。文字端丽，格调整齐。另有山部赤人，声调好听，想象丰富，两人并称为歌圣。

《山部赤人歌十首》

和歌浦中潮满时，

砂洲已看不见了，

白鹤朝芦边鸣着飞去。

夜渐深了，

长着楸树的清静河原，

千鸟频啼。

……

从明日起去摘嫩叶，

预定的野地，

昨日落了雪，

今天也落雪。

不见哪儿有力度、深度，或有智慧出现。你要写却写不出来。真像他们的芥末、木拖鞋、纸灯笼。

稗田阿礼，大臣，受天皇宠爱，天皇以历代皇位继承及皇家先代古史口授于他，太安万侣将这口传记录为历史。一个民族立国之初，都假托于神话，修国史也以神话为第一章——说日本国最初国土是流动不成形的，太阳月亮未照临过，一片混沌。后来出二神，其一以矛揽海水，矛上滴下的海水积成岛，神在岛上开始繁殖起来了。

一生生出海神、风神、云神……这种神话比比中国、印度的神话，不通情理，又没有西方神话的有趣，不讲了。

讲日本历史，总要讲到平安朝。太平盛世，豪华，公子个个多情，女子个个薄命，都很病态。当时有一门学问必修：恋爱学——如何献殷勤，写情书，眉目传情。因此出小说《源氏物语》，是世界上的大小说，皇皇巨著，与《红楼梦》、《圣西门回忆录》、《往事追迹录》（又译《追忆似水年华》）并称四大巨著。我曾与李梦熊高谈阔论这四本书，其实我只看过《源氏物语》的部分，其中一帖"桐壶"，好得不得了，文字像糯米一样柔软，但看全本，到底不如《红楼梦》。

一句话：是病态的，女性的，无聊的。客观地讲，平安朝的文字已成体系，照日本人自己看，就算文学黄金期了。

还因为出现了平假名、片假名之说。其实是整个借字和局部借字之说。如"伊"成"イ"，"宇"成"ウ"而已。日本人看起来结结巴巴，其实非常灵活，会图方便，借起来偷起来，很聪明。

平安朝名著《古今和歌集》。有天皇名"醍醐天皇"（897年—930年在位），叫大臣纪贯之召集四人收《万叶集》中未收入的和歌，凑成二十卷。其因果关系，我看是见到唐代文明文化的崩溃，觉得靠人靠不住，遂来创立自己的精神仓库。

汉文化也太艰深，日本人受不了的，不如自己来唱简单的和歌。这天皇爱舞文弄墨，上有好之，下必效之。照我的老说法：又正好当时出天才。

这全集以季节分册归类，其中有贺歌、离别歌、咏物歌、恋歌、哀歌、伤歌、杂歌，等等，思想基调是儒家道家的融合，如：

月非昔日之月，
春非昔日之春，
唯我乃昔之我。

怪味道。甜不甜，咸不咸，日本腔。作者在原业平，是平城天皇之孙，当权的不是他（类似曹植的处境），而性情温静幽雅、愤世嫉俗（有点像贾宝玉），诗尚天真，很能动人（有点像纳兰性德）。

当时最杰出的诗人是纪贯之（平安时代前期人）。幼承家学，每作一歌必推敲，务求稳健闲雅。例：

不知明日的我，
趁今日未落，
想念我的人儿吧！

再后来是源顺（村上天皇天历中人）最有名，作风多样，优美的如：

> 算算那映在冰上的月色，
> 今宵是中秋呀！

纤巧的如：

> 前年、去年、今年，前天、昨天、今天，
> 恋着君的我呀！

　　这种诗当时被认为怪诞、不见容，今天看来，没有意思。和"古道，西风，瘦马"不能比。创新，是创好的意思。现代人单纯局限于"创"，是个大陷阱，现代以为美已表达完了，来创造丑，丑看惯了，可以成美，这是美的概念的偷换。

　　还有《古今和歌集》的续编，《拾遗集》，扩大到马夫的歌的《催马乐》，还有《朗咏集》，是妇人花晨月夕的歌。佛家的梵唱，也都收入。

　　平安朝最重要的散文是"物语"，类似中国所谓"故事"。最好的是《源氏物语》，作者紫式部，是宫廷贵妇人，也是女官，父亲是大学问家。紫式部博学早寡，守在宫中，和《红楼梦》一样，是回忆文学。但和《红楼梦》不一样的，是她写完了。

你们最好去看钱稻孙译笔（好像他只译了《桐壶》一帖），后来丰子恺翻得不行。

其他还有很多"物语"。

"日记"，在当时也是很好的文学形式。"旅行日记"也是。

和《源氏物语》齐名的是《枕草子》，作者清少纳言也是贵妇人，女官，后半生隐居尼姑庵，极清苦。日夜置稿于枕边，思有得，即写，故不连贯，所述极繁，是随笔的先祖。

日本开始的文学是阴柔的，到镰仓时代（1186—1332），阳刚的文学出现了。当时内战起，全国重武轻文，保存文艺的是和尚。

平安朝文学温文儒雅。镰仓期文学剑拔弩张。

那时期文学是多元的，离乱的，个人的，党派的，武士道精神发扬起来。初期成日本文化黑暗期，也如西方一样，黑暗中有光明。出歌谣，悲怆，题材取中国故事。产生两种文学形式："能剧"，"狂言"。能剧是严谨的，狂言是洒脱的，都有男性气概。

以上都是散文。

韵文，产生一种"连歌"。如：

春到，
雪融化。

雪融化，

草就长出来了。

傻不可及。

从奈良朝进入平安朝，从平安朝进入镰仓时代，从镰仓时代进入黑暗期。记清楚了，将来到日本就可以明白。重点，是奈良和平安两期。

中国唐文化对日本的影响真是触目皆然。世界上再没有两国文化如此交织。但这交织是单向的，只日本学中国，中国不学日本。日本的文化、艺术、生活，都是中国模式。中国自唐以后，宋、元、明、清，照理可向日本取回馈，但一点影子也没有。中国人向来骨子里是藐视日本人，曰：小日本、矮东洋、鬼子、倭奴。其实是吃亏的，早就该向日本文化要求回馈。

到清末，连连派人东渡日本留学，或亡命日本。章太炎、鲁迅、周作人、茅盾、郭沫若、郁达夫，统统到日本，拆穿东洋镜。中国翻译西方文学，多数是从日文转手的。很多名词，如"影响"、"条件"、"经济"（经世济民），等等，是从日文照搬过来的。现在讲日本古代，还看不出日本厉害，讲到十九世纪日本，那就厉害了。

日本的好处是没有成见，善于模仿，不动声色地模仿，技巧拿到后，知道了，再改一改，就成为自己的了。

比如和服。始于汉服，宽袍大袖，但古汉服袖太长，今不合穿，日本人则还是宽袍大袖，截去过大之袖。今和服成世界性时装，而汉家衣冠早已死亡。

比如喝茶。中国讲究茶具，环境士大夫化。可是士大夫没有了，茶则沦为茶馆，卖茶叶蛋。日本却规规矩矩、恭恭敬敬弄成茶道（当然，日本真正懂茶道、行茶道的人也不很多，余皆野狐禅），其实是将茶弄成形上，成为一种礼，对茶这种最有性灵的饮料，保持尊敬，尊敬茶，其实就是尊敬自己。

比如插花。原是中国折枝的看家本领，宋朝院画的尺幅，是折枝的范本。《红楼梦》、《浮生六记》，都写到插花的艺术，不仅用花名贵，蒲草、野莲，甚至荆棘，也能采入，一瓶一缸，随心所欲，插花插到风晴雨露，还将蝴蝶、昆虫缀入花间——这给日本学过去了。中国失传。现在谁懂插花？连中国画家、工艺家的家中也放塑料花。日本人重视花道，甚至开办学校，从一些样本看，插出神来，令人拍案叫绝。

庭院布置，日本独步。

其他如空手道、食品、灯笼、纺织品、漆器、竹木器……日本都保持自己的面目，看似轻轻易易，都有用心。中国眼下的所谓民族风格，咬牙切齿，不伦不类。

真正理解日本文化的是谁？中国人。

我看日本生活情调，居高临下。他们再好，再精致，我一目了然。原因是中国太腐败。

提到东方，日本可以看看。希望在座都去日本看看，看看日本芸芸众生如何芸芸。我是日本文艺的知音，知音，但不知心——他们没有多大的心。

日本对中国文化是一种误解。但这一误解，误解出自己的风格，误解得好。

老一辈人说，日本民族不得好死。但在死之前，可得好活。

"仅次于上帝的人。"图为木
心书房里的莎士比亚小像。

文艺复兴与莎士比亚

一九九零年十月十五日

中国的圣人教人做好事，自己不做。马基雅维利叫人做坏事，自己不做。他就事论事的那一套，与理想主义相反。

你和政治恶魔周旋，你要知彼知己。你讲实际，我比你更实际。你同恶人打交道，要恶过他的头。中国古代的所有军师斗法，都是马基雅维利一路。向来以为他公开宣扬恶，以恶制恶，我以为他是反讽。

我在狱中，曾经想起蒙田的一句话："哦，上帝，你要救我就救我，你要毁灭我就毁灭我，但我时时刻刻把持住我的舵。"

真正伟大的作品，没有什么好评论的，评论不过是喝彩。那年希腊雕刻来纽约展览，我看了，哑口无言。看不完的呀，我又不能躺下，躺下，尽看，也看不完。

你们看书可惜太少。不但少，遍数也太少。莎剧，我看过五六十遍，为什么呢？年年中秋吃月饼，多少月饼？上礼拜堂，天天上。《福音书》，我读过百多遍。每次读都不一样，到老也懂不透的。有人一看书就卖弄。多看几遍再卖弄吧——多看几遍就不卖弄了。

而他写到霍拉旭，真是伟大。哈姆雷特这个人，身边一定得有个霍拉旭这样的人。哈姆雷特对任何人说话都不正经，挑剔，疙瘩，唯对霍拉旭句句实话，心照不宣——不是霍拉旭伟大，不是哈姆雷特伟大，是莎士比亚伟大。

在座的画家很熟悉：文艺复兴是欧洲的老本。讲到文艺复兴，是指意大利文艺复兴。欧洲文艺复兴，是指别国。

Renaissance，"再生"之意。

公元十五到十六世纪之间，经漫长中世纪，欧洲文化在新的平面上复活了（目前的两德统一，有点像文艺复兴了）。但很难指哪年到哪年。我们常说的"近代"，有两种定义：一是指十九世纪产业革命以降；一是推得远了，自文艺复兴算起。从全世界历史来看，应从文艺复兴算起，从堂吉诃德骑着瘦马出来，"近代"开始了。

拿这常识、观念，可去看别人的理论。理论中，有实用的，从"知识"谈现代；有非实用的，从"审美"谈现代。

圣·奥古斯丁死后六百多年间，修道院留下了中古以前的欧洲文化。西方文化的这个"文化虎子"，还是在西方这个"虎穴"中。但敲钟唤醒文艺复兴的人，是意大利的但丁和英国的乔叟。

我们讲文学史，要扯到历史。公元 1453 年，君士坦丁堡被攻陷，希腊的文化人逃到意大利，把希腊文化艺术带到意大利，这份很厚的礼物，就是后来文艺复兴的种子。

当时哥伦布发现美洲，德国已有印刷厂，意大利已会造纸（李约瑟曾论证中国的火药和马蹄铁，摧毁了欧洲中世纪的封建王朝）。欧洲对世界发生了新的看法，新的观念。整个欧洲弥漫着政治文化的种种新问题，造成空前的思想活跃。新的疑问形成新的答案，新的解答形诸印刷与传播。

蒸汽机推动了产业革命，印刷机推动了文艺复兴。

为何发生在意大利？最靠近希腊，本土又有罗马文化。故有说法：佛罗伦萨之于雅典，一如月亮反映了太阳。

文学史，讲谁好呢？我想，讲马基雅维利，讲阿里奥斯托。以后去旅行前，要好好读那国的书，了解熟悉后去，有收获。

马基雅维利（Niccolò Machiavelli，1469—1527）是佛罗伦萨人。三十岁不到出任佛罗伦萨共和国秘书，常出使外国和法国路易十二的宫廷，与意大利主教、军事领袖西萨·布琪（Cesare Borgia，也译作凯撒·博吉亚，1475—1507）谈判（达·芬奇即曾被西萨·布琪雇用），后被政敌所害，入狱。晚年隐在小村里写作。最重要著作《君主论》（Ic Principe），拿破仑、希特勒，都读。

我可大胆地说，人类中最有独特性格的就是马基雅维利。他怪在判断力、观察力非常敏锐，但办起事来非常率性，老要人做坏事，自己不做坏事。

他自称是人类的公共秘书。所谓"风声雨声声声入耳，家事国事事事关心"，即马基雅维利。

他是个怪杰。你们翻翻世界伟人的辞典，耶稣、苏格拉底、柏拉图……马基雅维利总是列位其中。他的《君主论》，讲韬略，讲权谋，与中国兵法比，更赤裸裸谈论权力与统治。中国讲权谋，有遮羞布、幌子、大旗，马基雅维利直截了当讲。

中国的圣人教人做好事，自己不做。马基雅维利叫人做坏事，自己不做。他就事论事的那一套，与理想主义相反。

他写西萨王背叛上帝，毫无怜悯，蛇蝎心肠，应受恶报。另一篇章中又奉西萨为统治者的楷模，大事赞赏。马基雅维利搞什么名堂？出尔反尔——很有趣，说穿了，他讲了两个层次的老实话。一，西萨是坏蛋，恶棍。二，要做统治者，不像西萨那样做，你做不成。

西方的拿破仑、俾斯麦等寡头，都以马基雅维利的理论为然。一切理论，凡要如此做，不如此做，都是或大或小或远或近的理想主义，马基雅维利的理论，是人和事实际是如何的。从这个观点看，霍布斯（Thomas Hobbes）、博林布罗克（Bolingbroke，一译作鲍林白洛克）、休谟（Hume）、孟德斯鸠（Montesquieu），都可说是马基雅维利的学生。

我以为培根论他最中肯。培根说："我们十分感谢马基雅维利。他写出了人所做的事，而不是人应该做的事。"

这当然是俏皮话。我对马基雅维利如何评价？

马基雅维利的观点或办法，应该看作一种反讽。你和政治恶魔周旋，你要知彼知己。你讲实际，我比你更实际。你同恶人打交道，要恶过他的头。中国古代的所有军师斗法，都是马基雅维利一路。向来以为他公开宣扬恶，以恶制恶，我以为他是反讽。

阿里奥斯托（Ludovico Ariosto），生于 1474 年（马基雅维利不是文学家，是人文学家）。三十一岁开始写他的长诗《疯狂的奥兰多》（*Orlando Furioso*），历十年成，是文艺复兴时代最纯粹最完美的诗，是那时的精锐之所在。

什么是文艺复兴的精锐？即对生命的兴趣，对生活的兴趣，对人的兴趣。而在当时宗教宣扬神的兴趣。神的兴趣，即死后的兴趣。

> 我不是我，不是从前的那个人，
> 奥兰多，他死了，他埋葬了。
> 他的最不快乐的爱，
> 杀死了他，割去了他的头。
> 我是他的鬼，走上走下，必须经过
> 这个痛苦的漫长的峡谷，
> 成为一个范例，一个定则
> 给别人看，
> 给那些把真诚放在恋爱上的蠢人看。

这是阿里奥斯托失恋后的诗句的大意。口气很像莎士比亚。莎士比亚受他影响。拜伦、普希金，都受他影响。阿里奥斯托是浪漫主义的祖父，我小时候读他的书，就喜欢他。

还有一位对后世影响很大的诗人，塔索（Torquato Tasso）生于 1544 年。多情。名著《被解放的耶路撒冷》（*Jerusalem Delivered*）。晚年半疯狂。

现在讲英、法、西班牙的文艺复兴。先讲法国。当时最伟大的作家是弗朗索瓦·拉伯雷（François Rabelais，约 1493—1553）。他与塞万提斯、莎士比亚并称为欧洲三巨人，伟大可想而知。

文艺复兴是苦行主义的中古精神之后的求知、行乐、进取、妩媚，这些精神正好集中于拉伯雷作品。拉伯雷年青时是教士，后来抛弃顺利的生活，成为在家的修士（也有修道者离开家庭）。他有三十多年传道生活，深知幽闭禁欲的坏处苦处。

我们和拉伯雷相隔数百年，我们也深知禁书禁欲的坏处，深知隔离审查的苦处。

拉伯雷老在作品中嘲笑圣女，扩大到嘲笑一切人和事物，刻骨铭心的嘲笑，但不冷酷，不愤怒。他的滑稽是纯朴的、忠厚的，他的深刻性正在于此。我曾给他一个名称，叫做"敏感的人道主义者，粗鲁的文学家"。

另一位蒙田（Michel de Montaigne，1533—1592），一度少

有人知。蒙田为人平和，新教徒受旧教徒迫害，起来报复，他认为何必害来害去，既为新教徒辩护，也为旧教徒辩护。

我总把他看成怀疑主义家谱里的前辈。"将容忍和自尊保持得最好的人。"这是我对他的评价。

容忍，最大度的容忍，自尊，最高度的自尊。我自勉，也共勉。但很难做到。我在狱中曾经想起蒙田的一句话，这句话，是他引自一位古代水手的：

> 哦，上帝，你要救我就救我，你要毁灭我就毁灭我，但我时时刻刻把持住我的舵。

另有一句：

> 世上最大的事，是一个人知道什么才是他自己的。

这句话对艺术家很好。人要临危不乱，临幸福也不乱。

国王对他说："我喜欢你的书。"他马上说："那么，你应该喜欢我的人。"可敬可爱！他憎恶狂热的信仰，恐怖的行为，残酷的刑罚。论及"人道主义"，不要忘了蒙田。

十六世纪是西班牙生气勃勃的时代。北非人、犹太人已被逐走，西班牙独立了——太阳下有一位断臂乞丐。英法记者要找塞万提斯。乞丐说：是我。记者惊讶：你会写东西吗？塞万提斯说：我写过一本《堂吉诃德》。记者说：你知道吗，你在英法大名鼎鼎。塞万提斯回答：西班牙人不知道，我是西班牙人，所以我也不知道。

从前骑士很惨，晚年退休后没保障，弱者当雇佣兵，强者当强盗。制度没落了，塞万提斯就写骑士。写到后来，他自己的血液流到主角身上，成为骑士的意念，觉得骑士的善良被浪费了。惟其浪费，才是真的善良。这是塞万提斯的伟大的善良。

塞万提斯（Miguel de Cervantes Saavedra），生于 1547 年，死于 1616 年，与莎士比亚同年同月同日死。典型西班牙男子冒险的一生。先与土耳其人打仗，失左臂，醒来后人告知失臂，他说："那右臂就更伟大更有力量了。"曾被强盗抢去，又赎回。

三十四岁写作（大家三十多岁写作，不迟啊），一边任小职。脾气不好，常入狱。出书后成名，一点好处也没有，还要饭。后十年写成《堂吉诃德》（*Don Quixote*）。这是一本以嘲笑开始、以祈祷结束的伟大的人道主义的杰作。骑士的行径怪诞不经，悖于情理，可是你读着读着，会深深同情他。这就是塞万提斯的文学魅力。少年人读《堂吉诃德》，不会懂的。

我二十三岁时，想论《哈姆雷特》，也要论《堂吉诃德》。这是人类的两大类型（停下来，向大家介绍屠格涅夫论这两种类型的著名演讲）。我的论文就是与屠格涅夫辩论。他贬《哈姆雷特》，因他自己是哈姆雷特型。但我不同意。我讲课是讲课，写作是另一回事，演讲也不一样。写作是面对上帝（艺术），讲课是面对学生（朋友），演讲是面对群众（平民）。

耶稣天然知道这层次。对上帝说的话，绝不对门徒讲，对门徒讲的话，不对群众讲。"该懂的懂，不该懂的就让他不懂。"

肖邦的音乐，就是对上帝说的，独自弹琴，点上蜡烛，众文豪只能偷偷躲在窗下院中听。

文艺复兴最有学问的人，一是荷兰的伊拉斯谟（Erasmus），一是英国人托马斯·莫尔（Thomas More），著有《乌托邦》（*Utopia*）。

当时人很重视知识，狂热追求知识。伊拉斯谟曾得教皇与各国国王请教，他以拉丁文写作，作品宏富，最著者有《愚人颂》（*The Praise of Folly*），讽刺世俗的众生。一出七版。什么缘故？我以为每个世俗的人都喜欢骂世俗的书，以此认为自己不俗。

莫尔和伊拉斯谟是朋友。

英国的文艺复兴是随着莫尔的著作而来的。他比莎士比亚约早一百年，与马基雅维利同辈，是英国文艺复兴的先驱者。

莫尔不是《乌托邦》初想者。最早的构想者是柏拉图的《理想国》。文艺复兴的可爱，是前可见古人，后可见来者。后现代其实也可以文艺复兴。我们发现了宇宙，又发现了基本粒子。这两大发现，应能产生新的文艺复兴。但科学跑得太快，人文跟不上。这悲剧，是忘记了古代的人文传统，而且抛弃了。

现代的知识爆炸，炸死了人性。故尼采当时就责怪启蒙运动，理性扼杀了人性。

英国文艺复兴的散文作家还有罗伯特·赫里克（Robert Herrick）。

从前整个欧洲，正规的写作都要用拉丁文。可是十六世纪但丁以意大利文写作，英国人以英文写作，发掘了本国的语言。在英国，伊丽莎白女王（Elizabeth Ⅰ）是个好国王，爱文学。在意大利，有美第奇家族（Medici family）。在当时，这两个伟大的文艺赞助人至关重要。

伊丽莎白女王登基前，已有两位诗人出现：托马斯·怀特（Thomas Wyatt），莎里伯爵（Henry Howard，the Earl of Surrey），以英文写十四行诗。后有西德尼（Philip Sidney）及斯宾塞（Edmund Spencer）。西德尼写诗、散文，兼学者和旅行家。他的《诗辩》（*Apology for Poetry*）是诗人卫护艺术的妙文。他的十四行诗集有些雕琢，但不失恳挚。斯宾塞是英国文学史上的大诗人，少年时已能翻译彼特拉克（Francesco Petrarca），第一部诗集《牧人的日记》（*The Shepheardes Calender*），献给西德尼。死后葬于西敏寺，位近乔叟之墓。代表作《仙后》（*The Faerie Queene*），比喻繁复，不易懂，写武士、巨龙，影响到后来的弥尔顿、蒲柏、济慈。

伊丽莎白在位时，又有雷利爵士（Sir Walter Raleigh）、德雷顿（Michael Drayton）、本·琼生、培根。

讲莎士比亚前，先要讲英国两位伟大的文学家。

本·琼生（Ben Jonson，约 1572—1637）。小莎士比亚八岁，两人是好友。他当过兵。二十多岁后与伶人为友，多作讽刺剧，如《每人都在他自己的滑稽中》(*Every Man in His Humour*)。上演时，莎士比亚是演员。

培根（Francis Bacon，1561—1626）是政治家、法学家，又是哲学家、文学家，每方面都占很高的地位。知识渊博，博及整个时代，思想感动整个世界，强调知识与实据。思想有血有肉，观点明达。论文集最佳，小说写过《新大西洋岛》(*The New Atlantis*)，实为他的理想国。他将自己的理想写得很仔细。

他的格言、短句，非常出色。我常爱接引他的话，与他别扭，侃大山。

莎士比亚，值得讲四小时、八小时……但这是文学史通论，只能以后慢慢来，准备足够，下功夫，才能讲。

莎士比亚碰不得。研究莎士比亚的书早已成了图书馆，永远发掘不完。其实真正伟大的作品，没有什么好评论的，评论不过是喝彩。那年希腊雕刻来纽约展览，我看了，哑口无言。看不完的呀，我又不能躺下。躺下，尽看，也看不完。

威廉·莎士比亚（William Shakespeare，1564—1616）。二十二岁到伦敦（奇怪，天才都知道离开家乡，都知道要到哪儿去。

从这点看，在座都是天才）。最初在剧场打工（我看是打基础），后修改古代剧本——这都对的，天才是天才，基本功都有的，不必进学校，不必硕士学位——后来写了二十年，成三十七个剧本。一类喜剧，一类悲剧，一类历史剧。代表作：

《仲夏夜之梦》（*A Midsummer Night's Dream*），喜剧。

《哈姆雷特》（*Hamlet*），悲剧。

《恺撒大帝》（*Julius Caesar*），历史剧。

剧中人物的身份和性格非常复杂，凡人、名人、仙人，一上台几句话，个性毕现，忘不了。这是极大特点。艺术家呈现这个世界，唯一的依本，就是他自己。

莎士比亚表现莎士比亚。

早期写喜剧，中期写历史剧，晚年写他深刻的悲剧。悲剧中又有喜剧的分子，他以为悲喜是一起的（中国的绍兴戏叫做苦剧，一苦到底，带好手帕去哭）。他最后的七年八年，安详而醇熟。他自己知道使命告终，地位永恒。可惜谁也没有对他说过：威廉，你是仅次于上帝的人。

正因为仅次于上帝，比上帝可爱。

我排列莎剧，精品中的精品，共十本：《仲夏夜之梦》、《暴风雨》、《威尼斯商人》、《恺撒大帝》、《安东尼与克丽奥佩特拉》、《罗密欧与朱丽叶》、《奥赛罗》、《麦克白》、《哈姆雷特》《李尔王》。

你们看书可惜太少。不但少，遍数也太少。莎剧，我看过五六十遍，为什么呢？年年中秋吃月饼，多少月饼？上礼拜堂，天天上。福音书，我读过百多遍。每次读都不一样，到老也懂不透的。

有人一看书就卖弄。多看几遍再卖弄吧——多看几遍就不卖弄了。

先看《罗密欧与朱丽叶》（*Romeo and Juliet*）。后人再写少男少女，写不过莎士比亚了！在伟大的作品前痛感绝望，真是快乐的绝望！阳台下罗密欧偷听朱丽叶的独白，之后的幽会，对白，黎明分别时的对话，是全剧的精华，凌绝千古。把朱丽叶定在十四岁，就定得好。两家世仇因是几代相传，忘记了，然而到少男少女殉情后，才见真情，两家明白不能再仇恨了。

《奥赛罗》（*Othello*），男主角代表爱，忠诚，嫉妒；黛丝德蒙娜代表纯真善良，另一家伙，伊阿古，代表恶。黛丝德蒙娜当众辩白爱英雄一段，非常精彩。伊阿古说坏话的技巧之高超啊，黛丝德蒙娜至死不明真相，死而无怨（瓦格纳少时写悲剧，发现全部杀光了，只好鬼魂上场）。爱与死是最接近的，最幸福与最不幸的爱，都与死接近。

不三不四的爱，倒是和死不相干。

《麦克白》（*Macbeth*），现在变成说是"心理剧"。非常阴惨恐怖，把女性恶表现得淋漓尽致。五十年代我在上海浦东高桥教书，寒暑假总有杭州来的学生住我家，伙食包在一家小饭馆。饭馆老板娘阴一套阳一套，我们吃足了亏，我就说，这是饭馆里的麦克白夫人。大家哗然大笑——给恶人定性定名，给善人一种快感，看透一个恶人，就超越了这个恶人。莎士比亚写出这恶，写到剥皮抽筋的快感。

《李尔王》（King Lear）是个家庭伦理的悲剧——啊呀！莎士比亚总是把事情弄大——写嫉妒，弄到奥赛罗那么大，写恶，弄到麦克白那么大……天才两条规律：一是把事情弄大，一是把悲哀弄成永恒——但这仅仅是李尔王一家的伦理关系吗？不，是人性的基本模式。现代中国、现代美国，多的是这种模式的翻版，而且越翻越糟。现代李尔王只有大女儿二女儿，代表正气的小女儿死了，不再复活，绝版了。

人世真没意思，因为真没意思，艺术才有意思。

《哈姆雷特》（Hamlet）是莎翁所有名著中最大的一颗明珠，宝石。全世界文学名著少了《哈姆雷特》，不可想象。凡生于莎士比亚之后的文学家，都再三熟读《哈姆雷特》——中国例外。

到了老年，莎士比亚似乎把郁结心中的哲学观点都放到丹麦王子形象上，但仿佛都是哈姆雷特、而不是莎翁所言。你们看原作，哈姆雷特和人的对白，与他自己的独白，完全是两种辞令语调，这是剧作者莎士比亚在遥控。是莎士比亚与哈姆雷特血肉相连，但又离得很远，远远地"遥控"。

许多作家喜欢死乞白赖地赖在角色身上，喜欢靠角色来说自己的话——用这个准则对照大批著名文学家，也不例外。可是莎士比亚、普希金、陀思妥耶夫斯基、福楼拜、司汤达、哈代、巴尔扎克，从不和剧中人发生暧昧关系——哈姆雷特是莎士比亚的精神上的儿子。可是这位父亲一点不通私情，冷静看他儿子表演。

哈姆雷特是个悲观主义者，但却是享乐主义者，是个思想者，不肯行动，觉得"我在思想里已做过一回了"。一个思想过度的人，行动非常软弱。

许多人不死，拖拖拉拉活下去，因为在思想上已经死过了。我要是续写《红楼梦》，会让贾宝玉拖拖拉拉活下去。

《哈姆雷特》其中有个最坏的叔叔，他却不多写。后来我懂了，有个象征即可，不必多写。整个古堡阴沉，唯奥菲莉娅（Ophelia）的死是明艳的一笔，白色和绿色。

思想多而行动少——悲观而享乐，最吸引女性。但爱上这种人，注定悲剧，不会有结果——林黛玉爱上一个贾宝玉。

而他写到霍拉旭（Horatio），真是伟大。哈姆雷特这个人，身边一定得有个霍拉旭这样的人。哈姆雷特对任何人说话都不正经，挑剔，疙瘩，唯对霍拉旭句句实话，心照不宣——不是霍拉旭伟大，不是哈姆雷特伟大，是莎士比亚伟大。

欧美人喜欢狗，我喜欢霍拉旭。

中译莎本，我以为最好的是朱生豪，译成全集。

本课笔记内页："著作《熙德之歌》，有中译本，写得堂皇，大起大落。"

第三十二讲

十七世纪
英国文学、法国文学

一九九零年十月（缺）日

我理解这种心情。我在狱中时，看见五十六个男人睡熟了，心想，好，大家统统释放了，出狱了——早晨醒来，大家又在牢里了。

中国很早就有弥尔顿《失乐园》全译本，我读后，不觉得很好，后来，我的侄女婿是弥尔顿专家，谈了三夜，觉得懂了。要问，问了才懂。

看到他的《随想录》后，大失所望，全是新教徒的思想。他应是神学家，这类智者，都被宗教催眠。神学更是宗教的催眠——所谓催眠，就是我的意志控制你的意志——这催眠的力量，在西方非常大，再聪明的科学家、文学家也受催眠。可是大思想家在催眠中，有时会醒来片刻，说出千古不朽的话。

（帕斯卡）另一句，很真切，直刺人心："那无限空间的永久沉默，使我恐惧。"——这是老子的东西嘛！

原来准备两讲，现在合并，要讲两个国家一百年间的文学，讲二十四个文学家。比起来，英法两国，应是十七世纪法国更昌盛一些，英国实在也不差。按理十七世纪整个欧洲文学是停顿的，但照样天才降生。

天才降生在哪里，哪里就出艺术。

那时的德、意、西班牙，一片沉寂，没有天才。但英法有天才。

读欧洲历史，别忘了两种思潮：希伯来思潮、希腊思潮。

希伯来思潮以基督教为代表，注重未来，希望在天堂，忽略现世，讲禁欲。组织上，教会统治一切；希腊思潮以雅典文化为代表，讲现世，享乐，直觉，组织上讲自由民主。现在东欧大变，是换了一种形式的希腊思潮。

始终是两种思潮消长、斗争，或隐或现。我看人类世界也就是这两种思潮的斗争。

英国，希伯来思潮主流。文艺复兴后，希腊思潮没有完全得胜，两者并存。

英国多清教徒，是新教的一派，反旧教、国教而起。旧教重形式，崇拜。新教以清纯简单为立教之本，基督教堂非常朴素。新教是民间的，老受压迫，有人移民到荷兰，也有人移民到美国。美国即新教徒建立起来的。

西方文艺复兴伟大的艺术家都是异教的，是广义的新教精神的体现。取旧材，表达自己的艺术观念，我以为是假借名义，比直接发挥更大胆。

米开朗琪罗的雕刻《大卫》，是古代以色列王，他弄成男性裸体美，当时何等大胆，不得了的大事。莎士比亚也异教得厉害，在清教徒看来，大逆不道。

当时诗人被看成魔王，达·芬奇被同代人看成巫士，路人见他，会将孩子拉回家。连他的学生也怀疑他，以致有吊死、摔死、发疯的学生。千万别做伟大天才的学生。

听我讲课，保证诸位不发疯，不自杀，不跌断腿。出卖呢，我不值三十个 Dollar。

而且我不来单方面宣扬希腊思潮或希伯来思潮。两种思潮不是谁赞成谁，是并存的，不可能消失。我倾向于希腊思潮得胜，不希望希伯来思潮再统治这个世界。

先讲所谓信仰。听起来，信仰是宗教事，其实信仰是广义的，政治信仰和宗教信仰，是同源的。一神论，在政治上表现为领袖崇拜，尊为神，斯大林、金日成，总要信仰集中在一个人身上，集一切权力。神、皇帝、领袖，是行使权力的基点，都很脆弱，经不起一点思考的余地，必须愚民，愚民的后果，我们都看到了。现在还要"坚持"，坚持的意思，就是总要倒的。

凡一种信仰，强制性愚民，一定阶段后，民会自愚。这现象不仅是当代，人类本身如此：自愚，而后愚人。

波提切利（Sandro Botticelli）把自己的画送到宗教裁判庭上去烧。中国"文革"，这种恶例更多。英国有诗人将自己的诗作当众烧掉——幸亏被朋友抢了下来——早就有这种事了。

十七世纪的赫里克（Robert Herrik，1591—1674），自然美，生命美，写在诗里——他在信仰上是教会诗人，文学上是自然美的诗人，双重人格，两种思潮并存（据说阿尔卑斯山春季奇美，教士走过，就不看）。比他更可爱的洛夫莱斯（Richard Lovelace，1618—1657），美男子，骑士，招清教徒恨，判他死刑。死前在狱中写诗，死时才四十岁。下面是他在狱中写的几句诗：

石墙不能就是监狱，
铁窗也不能成为笼子；
沉静的心灵，
视这些为一所隐居之屋。

我理解这种心情。我在狱中时，看见五十六个男人睡熟了，心想，好，大家统统释放了，出狱了——早晨醒来，大家又在牢里了。

两种思潮在同一时、同一人身上并存，有为之而死，有为之而留存文学。我更喜欢伯顿（Robert Burton，1577—1640），散文一流。有一书名《忧郁的解剖》（*The Anatomy of Melancholy*）。他文中常接引"古人说"如何如何，其实是他自己写的。这办法很有趣，我也要用，捉弄那些以博学著名的人。

英国人日常口语中常带伯顿的熟语：

> 矮人在高人之肩上更高。
>
> 鞋匠赤脚走路。
>
> 便士聪明，英镑糊涂。
>
> 鸭子从前都是天鹅。
>
> 上帝有殿堂，恶魔也有住宅。

托马斯·布朗（Thomas Browne，1605—1682），文字俊美，雕琢得玲珑剔透，难读难懂。

但上述都只能归入二流。十七世纪只出一位大天才：弥尔顿（John Milton，1608—1674）。西方视他和莎士比亚齐名，最有名是《失乐园》（*Paradise Lost*），写亚当、夏娃逐出伊甸园之后的情形。中国很早就有弥尔顿《失乐园》全译本，我读后，不觉得很好，后来，我的侄女婿是弥尔顿专家，谈了三夜，觉得懂了。要问，问了才懂。

每一行弥尔顿的诗，都能看出他的性格。我心里长久记着他的这句话："每一行都要表现自己的性格。"这是我终生追求的，是诗人、画家、音乐家的格言。你把梵高、塞尚的画割开看，照样笔笔梵高，笔笔塞尚。大艺术家莫不如此。

潘天寿"文革"时写检查，贴出，第二天就被人分块盗走——字写得好呀。

我猜有人心里要问，说不出口，我来代说吧："那么，怎样才能做到每一行都有自己的性格呢？怎样才能每一笔画出性格呢？"这样问法，其实已经很难写出性格了。

要不落俗套。有小俗套，大俗套，后者是别人的风格，对你就是俗套——别人的雅，就是你的俗。

《失乐园》，是亚当、夏娃"犯错误"，"扫地出门，下放劳动"。老题材。题材不重要的。重要的是什么？技巧、形式、情操？都不是，最重要的是艺术。

这不是回答——但"艺术上什么是重要的"，不能是一个问题。我总是拿不是回答的回答，对应不是问题的问题。

弥尔顿写《失乐园》，不写上帝，写魔鬼撒旦，一点点情节，写了头四卷。后来亚当见夏娃吃了毒药后要受罚，于是他也吃，这是《圣经》没有的，弥尔顿自己添的。还说："男人是为了女人犯罪的。"

弥尔顿四十岁时，眼睛不好，四十三岁瞎了——荷马也是瞎子，贝多芬是聋子——他厉害，目盲后创作更盛，口授，写成《失乐园》（阿根廷文豪博尔赫斯盲目后，说："我得救了。"）。弥尔顿活到六十六岁。《失乐园》被认为是荷马、维吉尔之后最伟大的史诗。

另有清教徒诗人马维尔（Andrew Marvell，1621—1678），弥尔顿的朋友，善写自然。还有诗人沃尔顿（Izaak Walton，1593—1683），也尚自然，自小在上流社会，晚年退居田园，有四十年时间事写作，名作是《钓客清话》(*The Compleat Angler*)、《传记》(*Lives*)。

约翰·班扬（John Bunyan，1628—1688），在英国文学史极有名，代表作是《天路历程》(*The Pilgrim's Progress*)，论者认为读者会流泪。我读了，没有眼泪，入不了天路。我以为是成年人的童话，不过写得很有实感，对我，我不取，如成年人用奶瓶喝奶。寓言文体。他是补锅匠出身，自学，当兵，结婚，受洗，传道中渐有名声。违法后入狱，十二年狱中读书思考写作，等于领了十二年奖学金。《天路历程》即成于狱中。据说除了《圣经》，是世上读者最多的。我看是通俗读物。

此外还有塞缪尔·佩皮斯（Samuel Pepys，1633—1703）、约翰·伊夫林（John Evelyn，1620—1706），两人都以日记成名，受塞万提斯影响，可说是堂吉诃德的后继者。约翰·德莱顿（John Dryden，1631—1700），据说读他的书放不下来。我没读过，没有意见。

法国十七世纪：帕斯卡、笛卡尔、高乃依、莫里哀、拉辛、拉封丹。

我们到法国去，先碰到帕斯卡（Blaise Pascal，1623—1662）。在座大概只有一半人知道帕斯卡，但凡西方著名作家、思想家、科学家，总会在一生作品中提到几次帕斯卡。

也是一个法国詹森主义者（Jansenism），世界文豪中身体最坏。严格说来，他是数学家，也是计算机的"发难者"——以他的"程式"、"原理"——其次他才是文学家，或曰思想家。

他文体很好。搞运动的人找我，我对他们说，你们要学文学，否则你的话不动听。诸子百家，个个是文学家。

帕斯卡说："人是一支有思想的芦苇。"少年时一读到，心就跳。原话是："人是一支芦苇，自然界最脆弱的生命，不过是一支会思想的芦苇。"许多大人物在书首引这句话。托尔斯泰《天国在你心中》（*The Kingdom of God is Within You*）书首，即引此句。看完后，我觉得还是帕斯卡这句说得好。

看到他的《随想录》（*Pensées*）后，大失所望，全是新教徒的思想。他应是神学家，这类智者，都被宗教催眠。神学更是宗教的催眠（我们开了几十年的会，哪里是改造思想，全是催眠）——所谓催眠，就是我的意志控制你的意志——这催眠的力量，在西方非常大，再聪明的科学家、文学家也受催眠。可是大思想家在催眠中，有时会醒来片刻，说出千古不朽的话。

这些话，教会要看懂了，大逆不道，但帕斯卡居然被放过了。在我们那里，会放过吗？帕斯卡《随想录》厚厚一本，真有价值的句子凑在一起，不满两页。就凭这两页，帕斯卡感动了全世界。

这情形，我定名为"帕斯卡现象"。

后来证明，他的思想都是通过文学留下来的。神学家不理会他的文学，放过了。文学家也只注意他的警句，不在乎他的神学思想——那些句子夹在神学思想中，沙里淘金，才能留下来。

苏格拉底、柏拉图、亚里士多德，都在大量荒谬的包藏中，出现一点点真知灼见。

与此相反，中苏革命年代的学者和思想家都没这现象。连上智者也被整个儿催眠，没有清醒的片刻——真的智者、思想家，不能明争，懂得暗斗。苏俄的索尔仁尼琴，捷克的文学家，就懂得。

帕斯卡天性非常好，文笔清如水，我永远尊敬他。刚才那句话像谁的口气？像耶稣。"你们到田野里看什么？看芦苇吗？看先知吗？他比先知大得多了。"他还说："人只有靠思想才能伟大。"

从宗教立场讲，反动透顶。

但帕斯卡想到这里，就停下了。另一句，很真切，直刺人心："那无限空间的永久沉默，使我恐惧。"——这是老子的东西嘛！

直刺到最基本的一点：人和宇宙是这样一种关系。是最初与最后的关系。悲伤也没有余地，因为有情（人）无情（宇宙、上帝、神）没有余地，故谓恐惧。

帕斯卡是十七世纪法兰西一支伟大的芦苇。可惜这支芦苇思想得太少了。他也俏皮："假如克里奥帕特拉（Cleopatra，"埃及女皇"）的鼻子短了一点，整个世界史就要重写过了。"

后来他的思想被人发展：人是靠思想这个东西和宇宙对抗的。宇宙大，人小，人知道。宇宙无情，人也知道，这都是人厉害的地方，人类最可宝贵的是这一点。

这是个伟大的数学家，虔诚的神学家，又是个优秀的文学家、思想家。

高乃依（Pierre Corneille，1606—1684）。和帕斯卡正相反，生性浪漫，脾气大，情绪不平稳，和莫里哀是朋友，请莫里哀评论，莫里哀说："他是由魔鬼驱使写作的，魔鬼不在时，就写得不好了。"著作《熙德之歌》（Le Cid），有中译本，写得堂皇，大起大落。

笛卡尔（René Descartes，1596—1650）。哲学家，在法国文学史上有自己的地位，散文朴素流利，但应以哲学家对待他。

接下来是大人物了。莫里哀（Molière，1622—1673）。等于是法国的莎士比亚。本名波克兰（Jean-Baptiste Poquelin），叫不响，改艺名莫里哀。其实十七世纪乱世，没人热衷看戏，他们的演出都不成功不顺利。出巴黎巡回演出，也很艰辛。他以殉道精神事戏剧：没人看，我要好好弄。他演喜剧，他的脾气非常好，宽容大度，美男子，身材高，肤皮棕色，眉浓黑，同代人都承认他是一位伟大的喜剧演员和天才剧作家。

剧作《伪君子》（*Tartuffe*）、《孤独者》（*Le Misauthrope*）、《装腔作势》（*Les Précieuses Ridicules*）、《没病找病》（*Le Malade imaginaire*）。嘲笑的，不愤怒的，觉得好人坏人都是人。

我喜欢推到极端的偏激的艺术，也喜欢宽容大度的艺术。

莫里哀一生活得不愉快，唯法国太阳王路易十四曾给他撑腰，最后莫里哀死在舞台上。他的剧本影响法国日常用语，比任何法国文学家大。这种语言的实际影响和功劳，如但丁之于意大利，塞万提斯之于西班牙，莎士比亚之于英国。

拉辛（Jean Racine，1639—1699），也是大人物。从小在修道院受教育。长大后，亲戚都不喜欢他，看不起。因异端思想之诗被赶出教会。第一个剧本为莫里哀剧团上演，莫里哀还亲自饰演主角。上演两周后，拉辛又把他的剧本给了一个反对莫里哀的剧团去演，显然两人关系失和了。天才难得在同一时代出现，一同出现，又合不来。

我最喜欢拉辛的剧本是《费德尔》（*Phèdre*），写一位身心狂热的女人，台词非常有震撼力。世上每一位天才女演员都想演费德尔，每个天才男演员想演哈姆雷特。

此后搁笔，活二十年，得享尊荣，静度晚年。

拉辛脾气很坏，多心，善嫉，易怒，没有接受批评的雅量。不过天才高低最重要，我可以到莫里哀家做客，在戏台上看拉辛的作品，脾气坏，不要紧。

拉封丹（Jean de La Fontaine，1621—1695）。他的太太读书太多，不善家务，离婚。他把动物写得和人一样，驴、狼、兔、狐，说人话，通人情，做人事——但还是动物。

夏尔·佩罗（Charles Perrault），很有趣，甘居二流，专事搜集民间作品，再自己写一遍，《美人鱼》、《蓝胡子》、《小红帽》、《美女和野兽》，都是作品有名，他无名——我的警句来了：艺术家做不了主，艺术会做主。

以下的介绍，开点快车：

布瓦洛（Boileau，1636—1711），绝顶机智，有人称他近代贺拉斯。

塞维涅夫人（Madame de Sévigné，1626—1696），以书信著称，西方以她的书信为课本。

拉布吕耶尔（Jean de La Bruyère，1645—1696），悲观主义者，讽刺当朝大臣：把脸向着国王，把背向着上帝。

弗朗索瓦·费奈隆（François Fénelon，1651—1715），《给男人的信》、《给女人的信》，极有名，德国人尤其喜欢。

拉罗什富科（La Rochefoucauld，1613—1680），冷酷，重实际，以格言著称。引几则，算是这堂课的结束：

> 哲学很容易战胜过去与未来的罪恶，但现在的罪恶却很容易战胜哲学。
>
> 老人总愿劝告别人，借此安慰自己已不做坏榜样了。
>
> 我们对自己的好行为感到害羞，如果天国证明了我们的动机。
>
> 没有人真是像他们自己所想象的那么幸福和不幸。

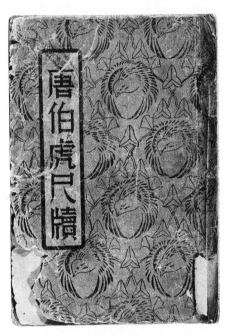

"后来民间所熟知的,是唐伯虎(寅)、祝枝山(允明)、文徵明。他们的诗文都放逸不居。民间传说他们放荡、无赖,其实不全是。唐伯虎是很正经的人。三人字画都非常好,唐伯虎的画神秀,秀润,近乎拉斐尔。"图为民国版《唐伯虎尺牍》。

中国古代戏曲（二）

一九九零年十一月二日

从前的戏，看不到考状元，不肯散的。情节是俗套的，但成就是文学的。

前有《牡丹亭》，后有《红楼梦》，曹雪芹也赞美，借宝黛之口，竭力称赞。这种情致，现代青年不易共鸣。我少年时家有后花园，每闻笛声传来，倍感孤独，满心欲念，所以爱这两句"良辰美景奈何天，赏心乐事谁家院"。

"智极成圣，情极成佛。"中国古代是知道的：佛比圣高。圣是现世的，佛是超脱的。历来所谓红学家几没有以汤显祖这句话触及《红楼梦》研究。

任性，要看任什么性。伟大的性，要任，大任特任……但话要说清楚：先要通情达理。所谓情，是艺术的总量。理，是哲学的目的。你不通不达，是个庸人；既通又达，充其量二流三流——我所谓通情达理，是指这个意思。如果你自问已够通了，够达了，那就试试任性吧。

作者在序中说："是编也，果有托而然耶？果无托而然耶？余亦不得而知也。"这是艺术家的态度，不能讲老实话，要守住分寸，真正的话不能说。

整个明文学，只有金圣叹是大批评家。领异标新，迥出意表。言人所不敢言不能言。我批评他，是他将人家原文肢解鳞割，迁就己意，使读者没有余地。拿现代俗话说，还是把读者看得太低。

这一期戏曲，大家一定很陌生，几乎不知道。作为文学史，不能陌生不讲，陌生更要讲，讲了就不陌生了。

从元朝讲到明末。

中国文体的变迁，有各个阶段，秦文、汉赋、唐诗、宋词、元曲、明传奇，这个概念值得品味（不是唐朝无文无词，但确实以诗为主）。现在讲的戏曲，以元为主，接明朝。

当时四大传奇，"荆、刘、拜、杀"（《荆钗记》、《白兔记》、《拜月亭》、《杀狗记》），那是为民间娱乐写的。曲文（唱词）和宾白（说辞、旁白）用的是民间的惯语，人人能懂。但不能满足文士，因此剧作者另找趋向，走文学的路，使戏文、宾白雅，以骈俪文出之（也称骈四俪六、骈体文，盛行于唐代，汉赋里已有因子）。《浣纱记》、《祝发记》，通篇没有一句散语，全是对句。

剧本从民间语言转为文人辞藻，又好，又不好。好，是雅致了，不好，是减弱了文学的元气。

我们要讲人物。构成文学史，不过是几个文学家；构成美术史，不过几个美术家而已。

最伟大的戏曲家，是汤显祖。他应该成为中国的莎士比亚，可惜没有成。另有郑若庸、屠隆、梁辰鱼、张凤翼、王世贞、沈璟、陆采、徐复祚、梅鼎祚、汪廷讷。后又有阮大铖、尤侗、李渔、李玉。

汤显祖（1550—1616），江西人。万历癸未年（1583）进士。官至礼部主事，因上书皇帝批评宰相，不受，下放广州一处做小官，后再做县官。穷，老不如意，住"玉茗堂"。"穷老蹭蹬，所居玉茗堂，文史狼藉，宾朋杂坐，鸡埘豕圈，接迹庭户。萧闲咏歌，俯仰自得。"

代表作《牡丹亭》（后来的昆曲折子戏《游园惊梦》即出于此），还有《南柯记》、《邯郸记》、《紫钗记》，合称"玉茗堂四梦"。所作诗文，后称《玉茗堂文集》。其中最好看的是书信，文字精妙，情理并茂，非常感人。

论戏曲，那时无人可与之比肩。上比，可与高明《琵琶记》等较量，下启，可与阮大铖《燕子笺》等一论。《牡丹亭》流传之广，影响之大，可与《西厢记》媲美。

《牡丹亭》甫写毕，有娄江女子俞二娘读后，大感动，病而死。杭州有美女冯小青，郁郁而死。有诗曰：

冷雨幽窗不可听，挑灯夜读《牡丹亭》。
人间亦有痴于我，岂独伤心是小青？

我说，这是女子的"维特之烦恼"。我欣赏另外一种传说：《牡丹亭》试演时，当时有玉兰树久不开花，丝竹管弦起时，满树齐开花——这种传说，真的，也好，假的，也好。

《牡丹亭》有五十五出，写杜丽娘和柳梦梅的恋爱。南安太守杜宝，假称杜甫后代，有女儿丽娘待嫁。春日午后丽娘在花园玩，回房后春悃，睡着，梦中见书生柳梦梅，托为柳宗元的后代，两人恋爱婚好。醒来后得相思病，丽娘自觉好不了，就画自画像（古人画像都不像的），画完就死了。

柳梦梅确有其人，一日见此画像，惊为天人，供奉画像，与之对谈。不久，杜丽娘鬼魂来了，相爱。柳梦梅开棺取杜丽娘，丽娘复活，成婚，且柳梦梅终于考中状元。

从前的戏，看不到考状元，不肯散的。情节是俗套的，但成就是文学的。《西厢记》后，《牡丹亭》居第一。

原来姹紫嫣红开遍，

似这般都付与断井颓垣。

良辰美景奈何天，

赏心乐事谁家院？

前有《牡丹亭》，后有《红楼梦》，曹雪芹也赞美，借宝黛之口，竭力称赞。这种情致，现代青年不易共鸣。我少年时家有后花园，每闻笛声传来，倍感孤独，满心欲念，所以爱这两句"良辰美景奈何天，赏心乐事谁家院"。

总之，汤显祖是极多情的——艺术家是什么呢？现实生活中用不完用不了的热情，用到艺术中去。艺术家都是热情家，热情过盛，情种如歌德、瓦格纳，也还是把最浓的情用到艺术中去。汤显祖自己在书信中有言：

　　　　智极成圣，情极成佛。

　　中国古代是知道的：佛比圣高。圣是现世的，佛是超脱的。历来所谓红学家几没有以汤显祖这句话触及《红楼梦》研究。

　　读汤显祖的信，可见其豪爽而温茂。他很自信，也很幽默。我称这种人是"通情达理而脾气很坏的人"。

　　汤剧的意义是，情真，可以只是梦见，情痴，死人可以复活。五十五出中，以《惊梦》、《写真》、《魂游》、《幽媾》、《冥誓》、《回生》诸出为精华。古代中国少女的情感总是抑郁不宣，汤显祖大胆而细腻地呈现，故历来少女爱读《牡丹亭》。

　　《南柯记》根据唐人传奇改编，《南柯太守传》，加些情节。《邯郸记》根据唐人《枕中记》改编。《紫钗记》也根据唐人《霍小玉传》改编，不如唐人传奇好。

　　上次我讲唐人传奇，特别推重《南柯太守传》、《枕中记》、《霍小玉传》，汤显祖正是取了这几则素材。每当碰到这种"所见略同"，很快乐。北京话是叫做"咱俩想到一块儿去了"。

　　汤显祖的唱词，常有很难唱的句子，唱者得改了才能上口。他很怒，说：我写的东西，不妨将天下人嗓子拗折。很霸道，很可爱。瓦格纳也有些作品不能演奏，得指挥改编后才好上演。

　　任性，要看任什么性。伟大的性，要任，大任特任。音乐家最任性的是贝多芬，乐谱中常标出："必须这样！"画家中最任性的是梵高。哲学家中最任性的是尼采。

但话要说清楚：先要通情达理。所谓情，是艺术的总量。理，是哲学的目的。你不通不达，是个庸人；既通又达，充其量二流三流——我所谓通情达理，是指这个意思。如果你自问已够通了，够达了，那就试试任性吧。

王世贞（1526—1590），有说《鸣凤记》是他所作。他不写古代题材，只写他的时代的事。当时大奸臣严嵩及其子严世蕃，父子两人专权误国。有一杨继盛上疏指责，为严氏父子陷害入狱，终死于东市，妻同殉。后又出忠臣邹应龙等，再上书弹劾严嵩，终于把严嵩扳倒，杨继盛因此在明史上得美名。

相传王世贞此剧写于严嵩垮台后，马上上演。演员认识严、杨二人，演来惟妙惟肖，大轰动。

《浣纱记》叙范蠡与西施之事。妙在范蠡和西施本是情人，有婚约，为了复国才抑制私情，架构了美人计。文词极美，故流传四方，尤其在苏州一带，年轻人都会唱《浣纱记》。

郑若庸，约1535年前后在世。早年有诗名，后写戏曲《玉玦记》。其中一段故事有趣，写婊子薄情，很真实，很成功，致使当时妓院断了生意。妓鸨请别人写妓女有义的剧本，遂使生意又好起来。

这正是王尔德所云：人生模仿艺术。

明人多取唐人传奇，说明明人创作力不够，没有大灵感。其余剧作家取自唐人传奇的，多弄糟了原作，小灵感害了大灵感。

沈璟（1553—1610），他把武松弄了个老婆，好好一条汉子就此完了——武松好，好在单身。

汪廷讷（1573—1619），他倒奇怪，写了个怕老婆的故事《狮吼记》。写苏轼之友陈季常害怕老婆，其妻柳氏善妒，苏轼设计赠以家姬，后以佛印禅师降伏了号为河东狮子之柳氏。这倒是难得的喜剧，情节对白很风趣，人物逼真，流传广。从前讽人怕老婆，曰："贵公有季常癖乎？"

还有一位顾大典，生卒年不详，写《青衫记》，写白居易，也是小灵感害大灵感，把"商人妇"写成白居易情人。这种改编很讨厌。

中国民族有个偏好，什么呢，喜欢"作美"。职业媒婆多，业余媒婆更多，这种民族心理很奇怪。

叶宪祖（1566—1641），《鸾鎞记》把温飞卿（温庭筠）和鱼玄机（道姑）作美，拉在一起。中国人爱这种团圆、状元、作美，是想把一切都当场在剧院里了结。西方不肯了结，带回家。西人强，中国人弱。

明末，有冯梦龙（1574—1646），有阮大铖（1587—1646），是大家。

冯梦龙的功劳在编纂三部书《警世通言》、《喻世明言》、

《醒世恒言》（短篇小说集），改编传奇十多种，功不可没。

阮大铖著有《燕子笺》，霍都梁赴京会试，恋名妓华行云，为她画像，把自己也画入，然后付裱。同时，礼部尚书的女儿亦将吴道子画的观音送去裱。结果两卷裱好送错了门，霍都梁的给了尚书女儿，她的容貌与画中人极像，可旁边站个陌生男人，而且非常俊秀，题款是"茂陵霍都梁写赠云娘妆次"。那小姐名叫郦飞云，更觉奇了，春日作词，咏叹此事。词笺为燕子衔去，恰巧落在霍都梁手里。后经战乱、失散，结局是一个飞云、一个行云，都做了霍都梁的妻——《燕子笺》好在文词精美，后来孔尚任在《桃花扇》里也赞赏了一番（《牡丹亭》、《燕子笺》、《桃花扇》，从前每家必备）。

清兵入关，杀人如麻，戏台寥落。平定局面后，剧作家又出来，有尤侗、李渔、吴伟业（又名吴梅村）。

吴伟业（1609—1672），代表作《秣陵春》，情节离奇，有特殊意义。作者在序中说："是编也，果有托而然耶？果无托而然耶？余亦不得而知也。"

这是艺术家的态度，不能讲老实话，要守住分寸，真正的话不能说。

尤侗（1618—1704），反当时潮流，不肯写才子佳人，是个批判现实主义者，讽刺打击当时权贵。时人有云，凡尤侗剧"登场一唱，座中贵人未有不变色者"。

李渔（1611—1680），号笠翁，写过约十六种剧作，文字绵密，结构适当，惜格调不高，太通俗。有散文集名《闲情偶寄》，主要谈演戏应该怎么演，非常内行，连怎样烧饭煮菜，都能写得娓娓动人。他多才多艺，有时走偏锋，走得玩世不恭。

再单独讲讲徐渭（1521—1593），字文长，画、诗、字，怪，可剧本不怪。有四种，总称"四声猿"，其实四个本子各不相干。第一本写祢衡击鼓骂曹（《狂鼓吏渔阳三弄》）。第二本写玉通禅师破戒而投胎，后沦为妓女（《玉禅师翠乡一梦》）。第三本写木兰替父从军（《雌木兰替父从军》）。第四本写黄崇嘏女扮男装中状元（《女状元辞凰得凤》）。

发挥一下：风格是一种宿命。

徐文长字怪画怪，剧本不怪，反倒不好了。叫梵高画工笔，完了。希腊人说：认识你自己。对艺术家，还有一句潜台词：认识你自己的风格。

一说：恨不早生三百年。给人说了。

我说：幸亏晚生三百年。古人忘说的，我来补说。

有人或在心里说，认识自己的风格有何难？希腊人知道，认识自己最难。

毕加索完成蓝色、粉红色（玫瑰）时期，认识自己了吗？等他看到黑人木雕，醒了过来。贝多芬到《第三交响乐》，才是自己。

认识自己的风格，是大幸事，很多人一辈子不曾享受这种幸事。但找到后能否成功，还难说。

杨慎，号升庵，才华高迈，著作浩繁。有三剧本。

王夫之，即王船山。写过一剧。

以上两位都是大学者，可见当时文人都写一手剧本，如唐人都作诗，宋人都作词，有那么一种集体潜意识。这种潜意识在汉文化一直到流到清末，断了，没有了。

这种既传统又发展的集体潜意识到"五四"断层，其严重性，是个思考题。

现在转向明朝的诗人和散文家。

戏曲是主流，诗和散文是冷落的。有的荒疏，有的古怪。到明末有两位大人物出，钱谦益、吴梅村，风气为之一振。他们的文风可以四字概括，精莹浑厚，开之后两百年文字局面。上海研究明史的人不少，你们回去要经得起问。

永乐年间有台阁诗人杨士奇、解缙、杨溥、杨荣。弘治、正德年间有李东阳的"茶陵派"。这一派提倡崇拜杜甫，拟古，当时有正本清源的效果。

永乐之后，另有李梦阳、何景明、徐祯卿、边贡、康海、王九思、王廷相，世称"七子"，号召回复秦汉文章，回复盛唐的诗风。

后来民间所熟知的，是唐伯虎（寅）、祝枝山（允明）、文徵明。他们的诗文都放逸不居。民间传说他们放荡、无赖，其实不全是。唐伯虎是很正经的人。三人字画都非常好，唐伯虎的画神秀，秀润，近乎拉斐尔。

"七子"之后，又有"七子"：李攀龙、王世贞、谢榛、宗臣、梁有誉、徐中行、吴国伦，均复古派。七人不团结，分裂，去二人，成"五子"，又有"广五子"、"续五子"，其实平平之辈。

最后有"末五子"，超过"前七子"与"后五子"。

没有排入"七子"、"五子"的大人物还有：唐顺之、王守仁（即王阳明）、王慎中、杨慎、徐文长（即徐渭）。

王阳明，创良知之说，是个体系，影响蛮大的，不论对不对，有功劳。其诗文不依傍古人，然格律严整。王慎中，文章淡永条达（韩愈评柳宗元"俊杰廉悍"）。唐顺之，善拟唐宋风格。杨慎，素以诗名。徐渭已讲过，十足的天才，齐白石愿做"青藤门下走狗"，就是指他。

"七子"、"五子"盛极一时间，还有归有光、茅坤。

归有光文章有司马迁、韩愈、柳宗元、欧阳修之风。茅坤，所谓"唐宋八大家"（韩愈、柳宗元、欧阳修、苏洵、苏轼、苏辙、王安石、曾巩）就是茅坤首先提出来的。

平时读点中国旧书的人，总会碰到所谓公安体、竟陵体，趁此解释一下：

明末，有袁宏道，与兄袁宗道，弟袁中道，著名于世，号称三袁，其文体奇诡，因为是湖北公安人，故标榜为公安体。

钟惺、谭元春，并驰文坛，都是竟陵人，故名竟陵体。

上次丹青说，在加州遇到一台湾女士，是桐城派后裔。丹青问：什么是桐城派？我讲了，现在丹青恐怕又忘了。（丹青：完全忘了）那是清代方苞、刘大櫆、姚鼐等构成的学派，主张为文简严整洁，中规中矩，是清代古文的正宗，因地点是安徽桐城，故号桐城派。这个派早就绝种，民国还有人标榜桐城派，被鲁迅骂了一通。上次我在哈佛大学遇见一个年轻学者，标榜桐城派后裔。

明将末，还有几位大师，要稍细讲。

钱谦益、吴梅村，可说是清代文学的祖宗，又处于改朝换代间。可是政治上有衰落、败北、灭亡、改朝，文学上没有，文学是连绵生息的。皇帝会被推翻，科学定律可以否定，文学艺术没有推翻这回事。

钱谦益（1582—1664），是一代宗师，清室入关，他去迎接，被后人看不起（石涛也去迎接的）。

吴梅村（即吴伟业），特别有才气，我评为英才天纵。二十岁即为翰林院编修（相当哈佛教授），诗作悲惋，以歌记事，称为诗中的史家。善画，笔端清秀，时与董其昌、王时敏等合称"画中九友"。

索性再讲下去。

顾炎武（1613—1682），代表作《日知录》，共三十二卷，其实是读书笔记，我评为博赡而能贯通。每记事，详录本末，引据浩繁，真大学者。

黄宗羲（1610—1695），年少时以义侠著称，明亡后著《明夷待访录》，是论治国平天下的书。入清后不仕，和顾炎武、王夫之同，以气节名高一时（王夫之更遁入深山）。

还有侯方域（1618—1654），又名侯朝宗，即《桃花扇》里的主角侯公子。

王士祯（1634—1711），别号渔洋山人，又称王渔洋，提倡神韵，评为清代第一大诗人。

朱彝尊（1629—1709），号竹垞，说到清词，必提到朱彝尊。

还有两位满人：纳兰性德（1655—1685），太清君（顾太清，道号太清，1799—1877）。

纳兰性德，完全是《红楼梦》里的公子哥儿。作词绵密清婉，留有《饮水诗词集》。我以为太阴柔，太弱。

太清君，人的性格好，词不过尔尔。

顾贞观（1637—1714），想写什么就能写出来。如马奈（édouard Manet），想画什么，画出来了。

徐文长，是整个中国文学史上最奇怪的人，成就在画，书画实在好。

比他更狂的是金圣叹（1608—1661），本名叫张采，后改名人瑞，字圣叹。单看姓名，知其玩世不恭。整个明文学，只有金圣叹是大批评家，入清不仕。为人傲奇，博览多通，其文汪洋巧姿，雅俗杂糅。他说："天下才子之书有六：一庄，二骚，三马史，四杜律，五水浒，六西厢记。"从前把小说入才子书，是大逆不道，他照选入，领异标新，迥出意表。文字犀利快明，纡曲而能尽情，言人所不敢言不能言。

我批评金圣叹，是他将人家原文肢解鳞割，迁就己意，使读者没有余地。拿现代俗话说，还是把读者看得太低。

历史使人通达，哲学使人明智。

中国古代小说（二）

一九九零年十一月二十三日

直到民国，说书仍然流行。我的表叔表哥下午都不在家，天天要去听书。1949 年前，苏州有光裕社、上海有润裕社，是说书集团，掌握说书界霸权，人才辈出。

旧时一般有知识的家庭，家中东一堆西一叠这类评话本，实在是中国民间的历史教科书。我家的男佣人讲得眉飞色舞，不识字的老实人听得久了，记住了，也讲得凿凿有据。

天才者，就是有资格挪用别人的东西。拿了你的东西，叫你拜倒。世界上只有这种强盗是高贵的，光荣的。莎士比亚是强盗王，吴承恩这强盗也有两下子。

宗教是面值很大的空头支票，艺术是现款，而且不能有一张假钞。宗教说大话不害臊，艺术家动不动脸红，凡是宗教家大言不惭的话，艺术家打死也不肯说，宗教说了不算数，艺术是要算数的，否则就不是艺术。艺术难，艺术家也不好意思说。

"封神榜"由姜子牙仲裁，封了许许多多大小角色，依我看，应推哪吒第一。他是尼采的先驱，是艺术家，是武功上的莫扎特，是永远的孤儿。

《金瓶梅》不然，器官生在身上，还是写成了人，几乎是性的陀思妥耶夫斯基——托尔斯泰，陀思妥耶夫斯基，完成了艺术，《金瓶梅》要靠你自己找出它的艺术。

中国小说第二期，光辉灿烂。历十五至十七世纪，从明建文帝到清康熙帝后半，是前后三百多年小说上的成就。

年长的中国人，必定熟知岳飞、杨六郎、薛刚、狄青、秦琼、孙悟空……这些姓名就是那三百年间流传开来，整个中国，家喻户晓，一直流传到二十世纪。到了六十年代，雷锋同志、王杰同志的名声，盖过了一切。

中国文化出现很严重的断层。自古汉文化从西北往东南流，到"五四"，到1949年，严重断层。台湾没有汉文化，流到东南就沉淀了。现在你问中国青少年，谁是薛刚、狄青、秦琼，怕不知所云。杨六郎也许略有所知。岳飞是被红卫兵打倒的，直到"文革"后，岳飞和我差不多同时平了反。

不是说笑话。我们讲课听课，就是修补焊接这个断层。

小说，是现在的词。当时叫做"平话"，也就是"评话"，"说书"，以口语敷演故事，带有动作，重点是说白。我小时候，说书分为大书、小书。宋时最盛行说书，平话尤盛于江南，出大师，有孔云霄、韩圭湖等，为陈其年、余澹心、杜茶村（即杜浚）、朱竹垞所赏鉴。最有名的是柳敬亭。

柳敬亭不唯技艺冠一时，学问人品，可敬可爱，实在是评话家的祖师。人长得又大又黑又粗，大麻子，每到清夜，三五好友听他说书，觉得他美极了。他说书，譬如讲武松进酒店，大喝一声，酒瓮嗡嗡作回音，完全是发挥创造。

直到民国，说书仍然流行。我的表叔表哥下午都不在家，天天要去听书。1949年前，苏州有光裕社、上海有润裕社，是说书集团，掌握说书界霸权，人才辈出，一般说书人登不了他们的台。有帮会性质，也和黑社会有关系。

小时候听说书，是文化生活一大享受。《子夜》、《家》，要是让评话家改编、讲，必定大妙。说书人懂艺术，茅盾、巴金未必懂。说书先生有所师承，"五四"没有了师承。光裕社、润裕社作为民间文化中心，对说书人是作教育作鉴定的。

"五四"新文学是民族文化断层的畸形产物，师承断了。创造社、新月派、语丝社，是临时性同人杂志，不成其为作育人才、指导群伦的文学机构。所谓新文化时期中国文学，匆匆过客，没有留下可与西方现代文学相提并论的作品。

可惜"平话"也只能传述古人的遗编，局限于市民阶层的生活消遣，有局限，没有创作。柳敬亭这样的大师，来过一次，不会再来了，然后是八年抗日战争，三年国共内战，文学艺术吵吵闹闹，一片荒芜。

遗憾。我们听不到肖邦弹琴，也听不到柳敬亭说书。

平话名著是讲史，是那时最流行的小说体裁。《五代史平话》因从开天辟地讲起，至周初，叫做《开辟演义》。《东周列国志》叙周室东迁到秦灭六国。《前汉演义》、《后汉演义》，述三国前的史实。《西晋演义》、《东晋演义》继三国后史实，与

《隋唐志传》并传于世。亦有《说唐前传》、《说唐后传》，再下来是《残唐五代史演义》、《飞龙传》。

旧时一般有知识的家庭，家中东一堆西一叠这类评话本，实在是中国民间的历史教科书。我家的男佣人讲得眉飞色舞，不识字的老实人听得久了，记住了，也讲得凿凿有据。从小野史看得多了，后来读正史，就容易读进去，记得住。

但必须声明，这种平话的文笔，不行的：凡依据史实的都嫌笨拙粗疏，有所想象的，则胡天野地，非常可笑。我小时很喜欢翻这类书，觉得滑稽，以此反证自己的历史知识。

我是给诸位添一点常识：中华民族，大而且古，人民群众文化水准一贯低落。古代，就是靠说书人的口传，使极大多数人保持一定程度的历史概念——很可惜，民间社会消失了，否则会有两条路，另一条是文人士大夫的路。

现在很多文人探讨中国文化的起源、流传、变化，没有人提民间这条路。

平话，以单个或几个英雄的叙述，讲历史：

《精忠全传》——宋南渡时，讲岳飞一生。

《英烈传》——叙明开国诸功臣。

《征东征西全传》——叙薛仁贵、薛丁山、薛刚的功绩。

《杨家将》——叙杨业、杨延昭（六郎）、杨宗保诸人事迹。

《五虎平西南传》——叙狄青荡平诸国事。

这些书，民间影响极大，我是听家里大人们讲的。春夏秋冬，每天晚上听。这间屋里在讲薛仁贵大战盖苏文，那间房里在讲杨宗保临阵私配穆桂英，走廊一角正在讲岳飞出世，水漫汤阴县，再加上看京剧，全是这些传奇故事。我清晰记得上辈都为英雄们忧的忧，喜的喜……奇怪的是，这种民间社会，《红楼梦》一点没有提到。《老残游记》、《儒林外史》，也只稍稍点到——不应该忘记这些民间文化，我将来还要说的。

鲁迅他们一味反封建反礼教，大概不以为这是值得注意的命题。周作人算是爱读闲书的，可惜忙于小玩意小摆设，捡了芝麻，忘了西瓜。他们兄弟二人对中国有爱而不知怎样去爱，最后还是谈不上爱。

这些英雄故事的感人力量，近乎西方的史诗。不过史诗有历史真实，有艺术真实，中国历代英雄传多半虚构，太想入非非，成不了一流历史小说。《三国演义》写诸葛孔明，写成了妖道，严格讲，不能算"艺术"。

有一部比较杰出，叫做《隋炀艳史》，成于十六世纪，叙隋炀帝始末。材料有根有据，来自《大业拾遗记》、《开河记》、《迷楼记》、《海山记》等稗史，句句有来历，很佩服。全书四十回，结构完密。

历史小说是不容易写得好。太真实，呆板无趣味（如东周列国、两晋演义）；离真实太远，则荒诞无据（如《杨家将》、《薛家将》）。只可惜当时没出伟大的文学家，不然可以又真实，又文学。所以讲史（平话）的盛极一时，都是宝塔，没有塔尖。

塔尖在哪里呢？不是历史题材，而是纯粹的创作：《西游记》、《金瓶梅》。

我们所见的《西游记》，是吴承恩作百回本，但有争论。相传此书为元朝长春真人邱处机作，实则《长春真人西游记》乃李志常所写，与吴承恩的《西游记》是不相干的。相干的是杨致和《西游记传》，才两薄本，一说吴承恩放大了十倍，此说比较可靠。两本对照，可见吴本的高超。

所以天才者，就是有资格挪用别人的东西。拿了你的东西，叫你拜倒。世界上只有这种强盗是高贵的，光荣的。莎士比亚是强盗王，吴承恩这强盗也有两下子。想象他的性情，是个快乐人，大有趣，孙悟空的模特儿，就是他自己——你们说呢？

还有《东游记》、《南游记》、《北游记》，故事变幻有趣，但文笔不济，远不如吴承恩的天才和功力。

吴承恩，字汝忠，别号射阳山人，明嘉靖中岁贡生，做过长兴县丞，著有《射阳先生存稿》。当时以"善谐谑"（即开玩笑）出名，杂记名震一时。可惜我没有读过他的杂记，据说失传了。《明诗综》有他几首诗，不怎么样。

我曾说"风格是一种宿命"，他是好证据——忽然他发现杨致和的《西游记传》，灵光一闪（可能拍案而起，大叫："有了，有了！"），《西游记》于是孕育而诞生。有了杨致和的骨架，吴承恩大展身手，找到自己，找到风格，连《南游记》、《北游记》的精华也拖了几段过来（铁扇公主即出于《南游记》）。

《西游记》全书一百回，前七回孙悟空大闹天宫，我认为是最好。自第八回，唐三藏出现，猴子就正经起来，味道就差。孙悟空的成功，是写了一个异端，一个猴子中的拜伦。中国文学史中从来没有像孙悟空这么一个皮大王，一个捣蛋捣上天的角色，也没有人这样大规模以动物拟人化，以人拟动物化。吴承恩灵感洋溢，他不知道，不仅中国，全世界写神话、童话的作家看了"大闹天宫"，都要佩服的。

可惜外国人看不懂，即便有好译本，人情、习惯、典故，总是隔膜。所以，《西游记》的妙，只有中国人懂。

吴承恩的幽默丰富，无往不利。八十一难关，关关不同，一魔一妖，一怪一仙，都各有性格，活龙活现，唐僧和三徒弟，性格毕现，绝不混淆，综合起来，是刻画人性。其中任何一段都是独立的好短篇。

文学作品的命运，想想可怜，好作品，总是被误解曲解的。历代红学家靠红学吃饭，鲁迅就挖苦过他们，鲁迅没有来得及论一论《红楼梦》——他不适宜做这件事，曹雪芹的"色"、"空"观念，鲁迅排斥的——只有王国维初步触到问题，因他用了叔本华、尼采的方法，但用得不熟练。看似哲学观点，还是佛学观点。

宗教这点东西，不足以讲《红楼梦》的丰富层面。宗教不在乎现实世界，艺术却要面对这个世界。譬如：

放下屠刀，立地成佛，是宗教。

放下屠刀，不成佛，是艺术。

苦海无边，回头是岸，是宗教。

苦海无边，回头不是岸，是艺术。

宗教是面值很大的空头支票，艺术是现款，而且不能有一张假钞。宗教说大话不害臊，艺术家动不动脸红，凡是宗教家大言不惭的话，艺术家打死也不肯说，宗教说了不算数，艺术是要算数的，否则就不是艺术。

艺术难，艺术家也不好意思说。

《红楼梦》可以浅读，可以深读，但看到的多数是误读。《西游记》的命运，可说非常成功，流行之广，像现代的畅销书，于是续作纷起，有《后西游记》、《西游补》等等，都是狗尾续貂。这也罢了，可怕的是许多后人做解释，有说是讲道的，有说是谈禅的，有说是劝学的，一句句注解，一节节剖白，一部大好的文学作品就这样肢解为道书、佛经、《大学》、《中庸》、孔孟之道——这就是中国。中国在明代就已这样荒谬可悲。

《西游记》之后，写奇幻的小说有《封神传》、《三宝太监西洋记通俗演义》。

《封神传》，作者一说许仲琳，叙武王克殷，却夹进神魔仙佛，不能算历史小说。中叙商纣暴虐，狐狸化身为妲己以迷惑他，用种种酷刑残害忠良，于是姜子牙奉师命下山辅助周武王，灭殷。过程中，许多魔怪帮助殷纣，许多神仙保佑姜子牙与魔怪斗法，终于取胜，纣王自焚，妲己化为原形而被诛。武王入殷都，大封功臣，故称之为《封神传》（我们小时候叫《封神榜》）。故事的场面大，多变，但文笔一般，限于民间社会，上不到文士阶层。

但其中写"哪吒闹海"一段，写出了中国的第二号异端，他比孙行者还任性，大闹龙宫，把龙王的三太子打死，而且抽筋剥皮，弄得他父亲下不了台，训斥儿子。哪吒便把骨肉拆下来，还给父母。观世音菩萨可怜这倔强的孩子，用藕为肢，荷叶为衣，莲花为头面，复活哪吒。传说中，哪吒穿着红肚兜，脚踏风火轮，手拿乾坤圈，是我童年时的偶像。

在忠孝至上的仁义之邦，哪吒是彻头彻尾的叛逆者，有极深的象征意义在。

简言之，世界荒谬、卑污、庸俗。天才必然是叛逆者，是异端，一生注定孤独强昂。尼采说，天才的一生，是无数次死亡与无数次复活，以死亡告终的，不如最后复活的伟大天才。

"封神榜"由姜子牙仲裁，封了许许多多大小角色，依我看，应推哪吒第一。他是尼采的先驱，是艺术家，是武功上的莫扎特，是永远的孤儿。当耶稣说，不像小孩子，就不能进天国，可能是指哪吒。

中国历史的契机，在明朝。造船业已高度成功，船却没有开到意大利。明朝，上海出了徐光启，意大利来一个利玛窦。

明万历年间，1597年，罗懋登编著有《三宝太监西洋记通俗演义》。三宝太监，即郑和，明宦官，本姓马，伊斯兰教徒，小名三保。明永乐年间奉帝命造大舶，七下西洋。两个任务：一，追踪政敌。二，炫耀武力。我看都错，没出息。皇帝太监目力短浅，不知当时西洋高明，当年航船范围仅限于南洋、印度、波斯，所谓历三十九国，不过是一些部落，使其心悦诚服。

中国后来的强弱，中国能否成为世界强国，明朝是关键，一入清朝，欧洲已经突飞猛进，中国失了历史契机，后来弄到一穷二白。先是失天时，再是失地利（指与西欧远隔），三是大失人和，外侮内乱频仍。现在只谈郑和下西洋（其实是东洋），所谓历史契机，是否有现实的可能？

有的。第一，十六世纪末的明朝，西方还未起产业革命，科技文明却已传进中国。《几何原本》前六卷，有中译本，两位大人物本来可使中国进入列强。一位是上海人徐光启（1562—1633，即上海徐家汇的来历）。万历年成进士，官至礼部尚书，兼东阁大学士，参机务。他是最早"崇洋"的中国人。自名保禄（Paul），信天主教。研究天文、数学、农业、盐业、物理、科学、军事，尤精于天文，结交很多外国学者。

第二位是意大利人，玛窦·利（Matteo Ricci, 1552—1610），自改中国名，曰利西泰，后人称利玛窦，是耶稣会传教士。万历八年由广东一路入北京，建教堂，传道，中文程度之好，好到你们拜他为中文老师。古文清通雅健，兼魏晋之简练，唐宋之流利。我看他的中文，实在佩服（足可做中国作协主席），而他最擅长的是天文、地理、医药。他和徐光启是至交，明神宗甚器重他。

我们试想，如果当时中国就派人去意大利（既然利玛窦能来中国，中国人当然有办法去意大利，然后顺理成章去法、德、西班牙，乃至英伦三岛），正好赶上文艺复兴。欧洲文艺复兴后有过一段停滞期，因为希伯来思潮又以新教形式统治欧罗巴。中国人如果取了文艺复兴的"经"，却不受希伯来思潮束缚，那么，十八世纪末，中国已是世界强国。

《西游记》名西而实东，只到了印度一带。孙悟空到底是只猴子，白白姓了孙，换了我，定会带了唐三藏往意大利跑，取来但丁的《神曲》、彼特拉克（Francesco Petrarca）的十四行诗。

明朝的历史契机，确实存在的。神宗赏识徐光启，又让利玛窦传布西方的宗教和科学，如果延为左右手，真正以天下为己任，神圣中华帝国的历史，整个要重写。

二十年前，我和音乐家李梦熊交游，他就想写《从徐光启到曹雪芹》。我们总在徐家汇一带散步，吃小馆子，大雪纷飞，满目公共车轮，集散芸芸众生。这时，中国大概只有这么一个画家、一个歌唱家在感叹曹雪芹没当上宰相，退而写《红楼梦》。

结果他没写这篇论文，我也至今没动笔论曹雪芹。不久二人绝交了。友谊有时像婚姻，由误解而亲近，以了解而分手。

明朝的历史契机怎么会无影无踪？一是嘉靖年间出了大奸贼严嵩，祸国至巨，二是万历年间出了魏忠贤等奸臣、宦官、酷吏、文字狱、党狱（"东林"是个学派，有"裴多菲俱乐部"性质。"党"，是魏忠贤扣的帽子，后魏贼虽死，"东林"平反，但阉监暗中仍然迫害志士仁人，直到明亡）。朱元璋杀功臣，伤了元气，明朝共长二百七十六年（从十四世纪中叶到十七世纪中叶），十六个皇帝，可说没出一个大才，所以徐光启、利玛窦抓不住历史契机。

但契机是明明存在的。

目前，我们又面临一个契机，因为全国人心思变。要汲取历史教训：先知只管"知"，不可贸然"行"，如此，则超乎胜败之上。历史的契机，往往在"置之死地而后生"。文艺复兴有此现象，当初的美国、二次大战后的日本、蒋经国的兴台湾，都是例。

回来说《三宝太监西洋记》，舞文弄墨，煞是讨厌，还是讲《金瓶梅》吧。

《金瓶梅》、《水浒传》、《西游记》，当时称为三大奇书。《金瓶梅》作者是谁，不可考定。据沈德符说是嘉靖年间大名士所做，因而拟为王世贞著。我儿时听说王世贞以此书献严世蕃，渍毒汁于书页，世蕃翻书，习惯以口涎润指而翻书，乃中毒死。

这三部奇书，奇在一部是给男人看的，一部是给小孩看的，一部是给女人看的。《水浒》着力写男人，女性带带过就算了（据说司汤达对梅里美说，你不会写女人，你写的女人还都是男人）。《西游记》是童心烂漫，我说给小孩看，是指有童心的成人。而《金瓶梅》对妇女性格的刻画，极为深细，近乎现代的所谓心理小说。

《金瓶梅》三个女主角，潘金莲、李瓶儿、春梅，还有月娘、孟玉楼、秋菊等，个性各个鲜明，语言处处生动，在文学上确有特定价值，其"方法论"影响到曹雪芹、张爱玲。《金瓶梅》的写法是非常厉害，这些女人你一句我一句，充满心机、谋略，细节中的你死我活，半句不让，阴森可怕。曹雪芹的"意淫"还是唯美的、诗的、慢条斯理，回肠荡气。《金瓶梅》是"肉淫"，是变态的、耽溺的、不顾死活的。分别论之，《红楼梦》是浪漫的，《金瓶梅》是现代的。

读《红楼梦》，难处在你必须高于作者（指观点，非指才具造诣），方能了悟此书巨大的潜台词。所谓"都云作者痴，谁解其中味"，曹雪芹早知道别人是读不懂的，这就是艺术家之为艺术家。《金瓶梅》呢，更容易误解，太像性书，五个X，英国性文学大师劳伦斯（D. H. Lawrence）看了也要张口结舌。作者像个幽灵，盯住几个女人和西门庆，看他们演出种种丑剧，此书最妙是淫秽下流的地方，亦暴露人性。

"性"，通常是器官在活动，没有"人"。《金瓶梅》不然，器官生在身上，还是写成了人，几乎是性的陀思妥耶夫斯基——托尔斯泰，陀思妥耶夫斯基，完成了艺术，《金瓶梅》要靠你自己找出它的艺术。

明朝的富贵人家和平民百姓，淫风大盛。杨乃武、小白菜的时代又何尝不然？我童年在乌镇所见，几乎家家户户都有见不得人的丑事暗暗进行。人类社会的底层结构，到了十九世纪的法国，才有文学家把兜底翻出来。我想了三十多年，要不要翻中国的底，顾虑重重。这是要扯破脸皮，血污狼藉的。我读《金瓶梅》比《红楼梦》仔细（《红》书明朗，《金》书幽暗，要放大瞳孔看，一如托尔斯泰明朗，陀思妥耶夫斯基幽暗），这两本书，我的感慨是：《红楼梦》惜在未由曹氏完成，《金瓶梅》的作者没有艺术家的自觉。

同期还有《玉娇梨》、《平山冷燕》、《好逑传》，都是才子佳人，悲欢离合，不足道。可以说说的是《野叟曝言》（即一个乡下老头在晒太阳时说话），作者夏敬渠（1705—1787）。他不仅说故事，且以之抒心情，发见解，还忍不住老是出场，失了文学的纯粹性。夏敬渠学问太好，通经史、诸子百家、礼乐兵刑、天文数学、医术，因为做不了官，一肚子知识放进书中，把文学撑死了，所以博学可耻。

宋人平话，同期也出现不少短篇，最流行的当推《古今奇观》，不是专著，是选本。冯梦龙辑宋明话本、拟话本为《古今小说》，后更名《喻世明言》，又有《警世通言》、《醒世恒言》，合称"三言"；所谓"两拍"，指初刻（《初刻拍案惊奇》）、二刻（《二刻拍案惊奇》），统称"三言两拍"。又有明代拟话本集《醉醒石》、《石点头》，《今古奇观》就是从这些书中拔萃精选出来的一个集子。

这类中国式的短篇小说，真是叫闲书。故事很有趣味，叙述宛转生动，看得头昏脑涨。我小时候看这类不许看的书，冷静明白：这不是文学。如当时的抗战歌曲、电影流行曲，也不是音乐。你们会说：那岂不等于世界上没有小说没有音乐了吗？

到后来，听到勃拉姆斯、舒伯特、瓦格纳，看到莫泊桑、契诃夫、欧·亨利，一见如故：这就是我所要的音乐、文学！这种本能的选择分辨，使我相信柏拉图的话："艺术是前世的回忆。"纪德也说得好："艺术是沉睡因素的唤醒。"再换句话："艺术要从心中寻找。"你找不到，对不起，你的后天得下功夫——你前世不是艺术家，回忆不起来啊。

"三言"是冯梦龙所编，冯崇祯年间做过县官，《通言》、《明言》、《恒言》主要保存在《今古奇观》中。统观《今古奇观》与《拍案惊奇》，总觉得在文学之外，只可作为素材（但改写重写又很费力），缺点是：

才子佳人，概念化。

一面是淫秽的描写，一面作道德的教训。

不懂得剪接，事事重头说起。

谜底出来了，还不停地做谜。

文字落俗套，口语不够生动。

"三言"、"两拍"属于、限于民间社会，士大夫阶层不关心，以为不登大雅之堂。也许幸亏不被关心，所以这些短篇小说自有民间的活气，从中可见那时代的风俗习惯、生活情调。我很有耐心看这类书，好比吃带壳的花生、毛豆，吃田螺、螃蟹，品赏大地的滋味、河泊的滋味。人要看点坏书。歌德叫人去看坏戏，说是看了坏戏，才知好戏的好。

明朝的笔记小说，文笔极好，很精练，极少字数把故事说完，还留有余韵。为什么？可能唐宋人爱写绝句，做文章精于起承转合。相比世界各国极短篇小说，中国的笔记小说可称独步。

可惜脱不掉两大致命伤：一，渲染色情。二，宣扬名教。"万恶淫为首"，就大写如何之淫，淫到天昏地黑，然后大叫：万恶呀！万恶呀！这种心理很卑劣，但和读者"心有淫犀一点通"。宣扬忠孝节义，把标准提到人性的可能之外，越是做不到，越伟大，结果本来做得到的，也不去做了。这叫做先伪善，后来呢，伪也不伪了，索性窝囊。这一窝囊，就是两三千年。

许多中国古代小说都有这倾向，先致了文学的命，提升不到纯粹性、世界性，而后致了平民百姓的精神的命。百姓靠这些读物过精神生活，近乎吸毒。文学家，固然要文字高超，最后还得靠"神智器识"统摄技巧。神智器识，可以姑且解作

"世界观"。世界观，意味着上有宇宙观、下有人生观的那么一种"观"。

笔记小说，首推《聊斋志异》。蒲松龄（1640—1715），字留仙，号柳泉，山东人。考运不济，在家授徒，七十一岁才成贡生，已是康熙年间了。他有诗文集传世，《志异》凡四百九十一篇，可分三类：一，据传说；二，想象虚构；三，重述唐宋旧文。从前对蒲松龄评价很高，说他愤世嫉俗，寓意讽谏，其实不然。蒲老先生不是曹雪芹的宰相之才。《聊斋》好在笔法，用词极简，达意，出入风雅，记俚俗荒诞事，却很可观。此后赞美别人文字精深，称之聊斋笔法。

艺术家的自觉，始自贝多芬："我是艺术家！"古代艺术家所以伟大，那是本能的自觉。贝多芬，是理性的自觉。

民国时期，开始译介各国文学史。图为
金东雷著《英国文学史纲》民国版。

十八世纪英国文学

一九九一年元月四日

所谓现代小说，现实主义，真是好不容易才形成的。神话、史诗、悲剧，好不容易爬到现实主义这一步。

两位英国诗人，一个奋斗，一个自杀，我都尊敬的。如果诸位以为我此说是公道的、中肯的，而自己也能自衡公道的、中肯的，那是什么？那就是教养。

上帝是立体的艺术家，艺术家是平面的上帝。耶稣是半立体的，十字架只有正面才好看，侧面不好看，非得把耶稣钉上去才好看。艺术家要安于平面。尼采和托尔斯泰都不安于平面，想要立体，结果一个疯了，一个痴了。

艺术本是各归各的，相安无事的。可是有了艺术家，把艺术当成"家"，于是"家家有本难念的经"。我讲课，是要你们自立，自成一家，自成一言。这过程很漫长的。

不回顾则已，一回顾，已经讲了三年了。既然三年讲下来，讲的在讲，听的在听，那味道就有点来了，乡下人的讲法，是"馒头咬到豆沙边"。

每一种文化，当它过去后，看回去，是有一个人作为前导、代表、象征。事前是无法预知的，事中，也是半知半觉，直到最后，它死了，同代人也不存在了，这时，历史开始说话：谁是前导，谁是代表，谁是象征。

由此看来，历史从不大声疾呼，历史只说悄悄话。有人问我：谁是最温柔的？我说：是历史。他从不哇啦哇啦，总是说悄悄话，但谁都要听他。

近例："五四"过去了。谁是代表？思考题。

英国十八世纪文学，有它的前导和代表：亚历山大·蒲柏（Alexander Pope，1688—1744）。

父为殷商，童年在人生的美景中长大。个矮，才高，十六岁发表《批评论》，成一名诗《夺发记》(*The Rape of the Lock*)，同时翻译了荷马的《伊利亚特》。脾气暴躁易怒，易树敌，成一大型讽刺诗，攻击他的敌人。他是攻击性的，锋利的。

讽刺在艺术中的位置是什么？我认为：直接的、有具体对象的讽刺，是不艺术的。但丁、歌德，有过很多讽刺诗（歌德曾和席勒天天写讽刺诗），被遗忘了。但《神曲》、《浮士德》流传，伟大。

鲁迅的大量讽刺文，对象太具体，今日没有人看了。

大的叛逆，要找大的主题。攻击上帝的，是尼采。攻击宇宙的，是老子。他们从来不肯指具体的人、事。

原则：攻大的，不攻小的；攻抽象的，不攻具体的。

我也气过、攻击过很多人事，但终于放进抽屉，不发表，不抬举他们——要找大的对象。

漫画，杂文，留不下来。音乐不能讽刺任何东西，没有"他妈的进行曲"。弹一曲琴，能把你的仇敌气死吗？音乐是纯粹的，这是它的弱，也是它的崇高。

杜甫写过讽刺诗，但知道此事不可多为，只写了几首就算了，不肯多写。"尔曹身与名俱灭，不废江河万古流"，讽刺诗也（这六首讽刺性的七绝，题目就叫《戏为六绝句》），多好，打在关键上，树立大的意思。

蒲柏以《夺发记》成为当时的文坛领袖。小史诗，分五章，想象丰富，才调优美，在英史上，被评为仅次于莎士比亚。最后的作品《人论》(*Essay on Man*)，也是诗，是哲理诗。《夺发记》是叙事的、抒情的，《人论》是哲理的，公推为英国史上最高贵的哲理诗。后生病，不能写作了，得年五十六岁。在世时攻击他的人不少，讽刺他的文字连续不断，都湮灭了，蒲柏还在。用英国说法，历史是最有风度的。

讲讲英国散文。十八九世纪，欧洲出现杂志，散文、论文因之发达。小说中的伦敦贵妇人，朝妆时就看报，听人读报。

出艾迪生（Joseph Addison）和斯梯尔（Richard Steele）。从前的文化生活，是读《圣经》、史诗、牧歌，到十八九世纪，读书始有和日常生活相关的兴味。两位作家是牛津同学，同生于 1672 年，共同办过好多报纸：《保卫报》（*The Guardian*）、《旁观者报》（*The Spectator*）等等。平时参与政治活动，写剧本。到 1718 年，两人闹翻了（友谊也像婚姻一样，要离婚的。中国人说法，缘尽而散）。

乔纳森·斯威夫特（Jonathan Swift，1667—1745）。我的童年的朋友，大人国、小人国、《格列佛游记》（*Gulliver's Travels*）的作者。你们没读过，也许听说过。他是爱尔兰人，被称为爱尔兰人的伟大儿子。他父母是英国人，他生在爱尔兰的都柏林。从作品看，他生活得平安顺畅小康，一定兴致勃勃，好心情。我成年以后才知道，他是个很苦命、孤独、乖僻的畸零人，愤世嫉俗，恨人类恨到极点，爱情上饱受痛苦。我知道后，觉得很对不起他。

小时候，我家里有一位常年工作的裁缝，为五个主人做衣服。有一天走进他的工房，见他裁剪、过浆、熨烫，一针针缝，烦琐极了，以后我穿新衣时，总感到有一种罪孽——现在轮到我做裁缝，你们中也有人像孩子，想走进我的工房，瞧瞧怎样裁剪缝制。我比老家的裁缝精明，门关上，不许人进来。

斯威夫特疾恨人类，又要写给人类看。晚年，曾有两年不说一句话。父穷,无遗产。他自小与贫困搏斗,初学于剑桥三一学院,后自力拼到牛津,在亲戚家打工,实为仆人。曾参加政党活动,但与人合不来。爱情中,他爱斯特拉小姐,但相敬如宾,每次必有第三者在场,他才与之说话。斯特拉小姐死,另有一女狂热爱他,他不爱,只爱着死去的斯特拉小姐。

还有一本《木桶的故事》(*A Tale of a Tub*)。我们读来好玩,其实是愤世嫉俗。他认为此书最好,晚年曾叫道:"上帝啊!我写此书时是何等天才啊!"

在我看来,斯威夫特是月亮,只一面向着人类,另一面照着他的情人。他晚年不说一言,真是好样的。艺术家。

我讲完了文学史课,也得从此沉默了。

再讲一位我们少年时的好友:丹尼尔·笛福(Daniel Defoe,1659/1661—1731)。《鲁滨逊漂流记》(*Robinson Crusoe*)的作者。小说,是近代的东西,从前的文学,都是神话。笛福开始写人间的事,当时新鲜极了。

笛福与弥尔顿是邻居,从小教育良好,父望其成为传教士,他想做文学家。

除《鲁滨逊漂流记》外,他还有什么作品?大家答不出吧。有。二百五十本,有传记、政论、诗、杂文、游记等。还办过报,那报是手写的——真不明白是怎么写的。他还反政府,入狱,罚款,一生忙忙碌碌。"救济"、"农业贷款"等等社会改革语言，是他提出来的。

《鲁滨逊漂流记》写成后，一再为出版社拒绝。给一个年轻人见义勇为出版了，四个月内再版四次，之后流传全球，连阿拉伯沙漠都有，中国也翻译得很早。

此时，逼真的文学代替了古代幻想的文学。古文学和新文学的分界在此。

我们要有耐心读古人的东西，要体谅他们的好奇心，如鬼怪之类。现代人喜欢真实——在陀思妥耶夫斯基以前，以为已写得很真实了，到陀氏一出，啊！文学能那么真实！到普鲁斯特，更真实。

我想将真实写到奇异的程度，使两大文学范畴豁然贯通。我憎恶人类，但迷恋人性的深度。已知的人性，已够我惊叹，未知的人性，更令我探索，你们都是我探索的对象——别害怕，我超乎善恶。

文学不是描写真实，而是创造真实——真实是无法描写的。上帝是立体的艺术家，艺术家是平面的上帝。耶稣是半立体的，十字架只有正面才好看，侧面不好看，非得把耶稣钉上去才好看。

艺术家要安于平面。尼采和托尔斯泰都不安于平面，想要立体，结果一个疯了，一个痴了。

笛福另一名著《伦敦大疫记》（*A Journal of the Plague Year*），纯为小说，出版后普遍认为是纪实，史家则引为资料。可大疫流行时，笛福只有五岁——他全是想象的。《鲁滨逊漂流记》是欧洲大陆第一本纪实性小说。另一小说《骑士回忆录》（*Memoirs of a Cavalier*），想象、纪实兼有，影响到后来的大仲马、司各特。笛福共六部小说，都很成功，《鲁滨逊漂流记》名气太大，自己压倒自己，没话说。

另一小说家，塞缪尔·理查逊（Samuel Richardson，1689—1761）。用书信体写作（补充常识：十八世纪英国，读小说是不好的事。中国亦然，看不起小说，绅士淑女读小说是不光彩的）。他的写作是"发乎情而止乎礼"，用现代话，是"热情规范于道德"。狄德罗认为，理查逊可与荷马等古典大家相提并论。斯塔尔夫人（认为歌德《浮士德》写得不好的就是她）高度雄辩，也大赏理查逊的小说，曾前往哭其坟，结果墓中是一位屠夫。

亨利·菲尔丁（Henry Fielding，1707—1754）。二十岁到伦敦，以剧本谋生，穷苦。小说有《汤姆·琼斯》（*Tom Jones*）。菲尔丁是典型英国人，亲身参与社会活动，接触各种人，作品属现实主义。理查逊是写给女人看的，菲尔丁是写给男人看的。

所谓现代小说，现实主义，真是好不容易才形成的。神话、史诗、悲剧，好不容易爬到现实主义这一步。

劳伦斯·斯特恩（Laurence Sterne，1713—1768）。英国哲人卡莱尔（Thomas Carlyle）将他比作英国的塞万提斯（当然比不上）。以古代讽现代，带点俏皮，玩世不恭。

托拜厄斯·斯摩莱特（Tobias Smollett，1721—1771）。以书信体写小说，代表作《克林考的旅行》（*The Expedition of Humphry Clinker*）。

安·拉德克利夫（Ann Radcliffe，1764—1823）。女作家。近代中篇小说受她影响，写夜，恐怖，心理。

蒲柏以后，英国诗人要算托马斯·查特顿（Thomas Chatterton）引我同情。

生于 1752 年，早熟，神童，幼年即能诗。研究古文，中世纪知识丰富，炼成奇异的古英文文体。聪明而能用假名，称其诗集是十五世纪古人遗稿之发现，去骗出版社，一般人竟也信了。直到后来被发现，遭斥责，赴伦敦找活，写小文谋生，活不下去，服毒自杀，仅十七岁九个月。

少年人是脆弱的，因为纯洁。二十七岁、三十七岁、五十七岁，人就复杂了，知道如何对付自尊心，对付人生。

他的诗《埃拉》（*Song from Ælla*）：

唉，我的回旋曲
伴我一同落泪
休假日不再跳舞

450

像河水般地流过去

他死了

在床上

那柳树底下

发如夜之黑

头如雪之白

脸如清晨之光辉

他已冰冷

在床上

那柳树底下

口音如画眉的歌唱

跳舞敏捷得如思想

手臂道劲，击鼓如雷鸣

他躺下了

在床上

那柳树底下

听乌鸦在拍翅膀

幽深的山谷都是荆棘

有谁在唱歌呢

一切都沉入梦魇

我的爱已经死了

去看看他吧

在那柳树底下

托马斯·格雷（Thomas Gray，1716—1771）。母亲是装饰品制造工艺人，竟能将儿子送进剑桥大学，后来成为剑桥近代史教授。格雷诗作极少，无人能以这样薄薄一本得诗台地位，且其中仅一首《墓畔挽歌》（*Elegy Written in a Country Churchyard*）。以一诗得地位，世上仅此公。

詹姆斯·汤姆逊（James Thomson，1700—1748）。代表作《四季》（*The Seasons*）。诗风真是朴素，反华丽雕琢。另有《懒惰之堡》（*The Castle of Indolence*），写了十五年。他是后来湖畔诗人华兹华斯一派的前驱。

威廉·柯柏（William Cowper，1731—1800）。诗咏大自然。爱小孩、猫与花，重现象、外形，不入思想情趣。

拉开去——世上有一类艺术家，我定名为"形相家"。比如梵高的画，无所谓思想深意或诗意，纯为形相，属形相型；音乐上，施特劳斯、德彪西，形相型。而另一类是灵智的。

华兹华斯、柯柏，是"形相家"，和梵高一样，要在自然形相上见上帝。上帝不在，与自己吵，就疯了——柯柏也疯了。

他们要是来找我，我告诉他们，他们属形相型，于是他们心有所属，理有所得，不吵了，安安静静，画画的画画，写诗的写诗。

我好思考，却偏爱形相型的艺术家，很好相处，可爱，单纯。弄灵智的人不好办，都是有神论者，挟灵智而令众生。

希腊雕刻是形相与灵智的合一。米开朗琪罗也是灵智与形相兼得，故灵智的芬奇嫉妒他。拉斐尔是形相型的。

尼采、瓦格纳，两人都灵智。

尼采也有形相的一面。他要回到希腊的灵与形的合一，但希腊雕刻是静的，尼采要动的、酒神的、肉身的。瓦格纳从形相通向灵智，尼采同他吵翻，他要回到希腊，又要超人，不要静默的石头，要动。他是灵智的，又迷恋形相，由隐而显，不平衡了，疯了。

灵智到极点，形相到极点，都是伟大的艺术家。

最高贵伟大的艺术，是灵智与形相的浑然合一。两者各趋顶端，也伟大。

回到英国。塞缪尔·约翰逊（Samuel Johnson，1709—1784）是英国文坛的领袖。才不太高，而人格伟大，影响文坛。

出身苦，父为小书商。求学牛津，极为穷困。母丧，撰文投稿，丧葬费乃由稿费偿付。不受权贵施舍，还奉养几位孤苦老人。他意志坚强，从不曾屈服。面丑，死命奋斗，与那位十七岁自杀的少年截然相反。

我又要跑野马，小孩的跑法——到底是坚强不屈好，还是撒手不管好？

我看不活，弃世，也是一种坚强。

我说过"以死殉道易，以不死殉道难"，说得太含糊。"殉"是动词，"道"是名词，"死"是助词。以死得道，是"殉"；不死而得道，也是"殉"；死而不得道，是"牺牲"；不死也不得道，是行尸走肉。牛羊死，有什么道不道。

然而以死殉道者看不起不死者，不死者又看不起死者……两者都没有得道。

真的以死而殉道，一定理解尊重那不死而殉道者；真得道而不死者，也一定理解死而殉道者。

这是对上帝说的，不必注。对学生讲，可以注此一注。

奥利弗·哥德史密斯（Oliver Goldsmith，1730—1774，以下作者，都和约翰逊有关系。约翰逊办文学会，以下皆会员）。其父为副牧师。求学于都柏林的三一学院。穷，写歌卖，每首五先令。往爱丁堡学医。1754 年，二十四岁，游历国外，两年后回来，身无分文，带回大量素材。后成书《世界公民》（*The Citizen of the World*），成名。仍然困苦。

十八世纪，贵族作为文人的保护人，已经没落，后来的"公众"，还没有起来，十八世纪是青黄不接期。他欠房租入狱，约翰逊来帮。成《维克菲尔牧师传》（*The Vicar of Wakefield*），约翰逊帮助推荐，出版得六十镑。此书不仅感动英国人，也感动了法国人、德国人。他的作品真朴可爱，明亮流丽，其为人也深得朋友们喜欢，1774 年死，噩耗传来，一片哭声。

我读过他的诗作《荒村》（*The Deserted Village*），写一个旅人回到故乡，指望重享童年时的暮色乡音，可是满目荒凉，从前的花园、住宅、学校，都已毁废了——那时我是个惨绿少年，惨得很，绿得很，现在头发白了，有朝一日回故乡，公路、高楼，兴旺发达，那也是一种荒凉哩。

埃德蒙·伯克（Edmund Burke，1729—1797）。政治思想家。其文学造诣表现在演讲词和政论中。译者以为他是一流诗人投身于政论中。

范妮·伯尼（Fanny Burney，1752—1840）。以书信体写小说，也以日记方式写宫廷事和约翰逊文学会的内容。

爱德华·吉本（Edward Gibbon，1737—1794）。就学于牛津大学。《罗马帝国衰亡史》（*The History of the Decline and Fall of the Roman Empire*），费时十三年写成，是他游历罗马后所作，大量考证，同代高层学者都非常赞赏。

休谟（David Hume，1711—1776）。大哲学家，历史学家。在英国，休谟、罗伯逊（William Robertson）、亚当·斯密（Adam Smith）、沃波尔（Horace Walpole）、切斯特菲尔德（Lord Chesterfield），都在文学史上列名。

今天以诗人开始，以诗人结束。

罗伯特·彭斯（Robert Burns，1759—1796）。苏格兰人，有"苏格兰莎士比亚"的称号。父有田产，幼时半农半学，一边吹口哨，一边将自然美和少年爱情配入音乐。（肉体和精神是一起发育的，你们有这体验吗？）

发育后，他厌倦做农民（我发育后，厌倦做少爷，要自己奋斗），强烈憎恨周围一切，决心赴远方，去西印度。没有路费，以他的诗出集，得稿费，结果大为轰动，钱源源来——他不走了。在爱丁堡，连政界也欢迎他，要他去征税。大家宴请他，他过量饮酒，着凉，死了。仅三十七岁。

暴得大名，不祥。

富于同情心，抒情诗那么长。他的诗很像一个人快乐时眼泪汪汪。我爱彭斯，可是现在已说不上来了，就像我爱过一个姑娘，她究竟是怎样的，现在也说不上来了。

詹姆斯·霍格（James Hogg，1770—1835）。苏格兰农家子，放牛放羊。最著名的诗是《云雀》（*The Skylark*），长诗《女王的足迹》（*The Queen's Wake*），在英国享有广大读者。

威廉·布莱克（William Blake，1757—1827）。生于伦敦。父亲是布商，儿子在发票背后画图写诗。享有诗名之外，也是英国的著名画家。

纪德认为世界上有四颗大智慧的星，第一颗是尼采（举手赞成），第二颗是陀思妥耶夫斯基（举手赞成），第三颗是勃朗宁（手放下了），第四颗是布莱克（我摇手了）。为了这份名单，我几乎与纪德闹翻——布莱克的画，我以为不是上品，文学插图，我讨厌。米开朗琪罗变形，变得伟大；他的变形，是浮夸。他画中的梦境和意象，太廉价了。

倾向梦的艺术，我从来不喜欢。梦是失控的，不自主的；艺术是控制的，自主的。苏东坡读米元章《宝月观赋》后，说"知元章不尽"，李梦熊听我谈到布莱克画，也说"知足下不尽"。

艺术本是各归各的，相安无事的。可是有了艺术家，把艺术当成"家"，于是"家家有本难念的经"。

我讲课，是要你们自立，自成一家，自成一言。这过程很漫长的。从前学师，没有毕业期的。苏秦、张仪、孙膑、庞涓，都是鬼谷子的学生，住处是鬼谷（云梦山），学成，师父才说可以下山了。从前有姜尚，姜太公，八十岁开始帮周朝打天下，八百年江山。他若见我，会说我年青——诸位还得安静诚实做功夫，别浮躁——姜太公八十岁前，是个全时宰猪宰羊的人。

一粒沙中见世界
一朵花中见天国
把无限存在你的手掌上

第三十五讲　十八世纪英国文学
457

一刹那便是永恒

　　形相和灵智结合，是布莱克最著名的诗（《天真的预言》，
Auguries of Innocence）。这在中国诗中，老话题了。为什么他写得
饱满，正常，健康？写酒，中国人老手。可是给西方人写来，
真健康。

　　学问、本领，就看你的观点、方法。无所谓正确不正确，
只要有观点、方法，东西就出来。

十八世纪法国文学、德国文学

一九九一年元月十八日

一个纯良的人，入世，便是孟德斯鸠；出世，便是陶渊明。

十八九世纪所期望于二十世纪的，不是像我们现在这样的——这些话只能对孟德斯鸠说说。我走后，孟德斯鸠会对夫人说：这个中国客人真是斯文，真是恶毒。

我年青时相信他坦白。最近我又读一遍，心平气和。他不坦白。没有一个人，从来没有一个人，真正暴露自己，打开自己的灵魂。不可能的。

我倒想成一本书，书名：《莱辛的危险》。一个人只要高超一点，对人就是危险的——高超太多，危险就大。

我说这些，说明文艺不需要提倡，也不需要经济起飞的，只要一点点自由，就蓬勃生长。这么说来，文学艺术多么可爱，多么可怜。

先介绍一点路易王（Louis）的由来。大家今后反正要到法国去，要多点常识。传说法兰西王，都用"路易"。最著名是路易九世，称"神圣路易"（Saint Louis），十二岁登王位（1226年），为人正直，虔信宗教。路易十二也著名，十五世纪（1498年）登基，政治讲仁慈宽恕，被称为"人民的父亲"。接下来是路易十四，好大喜功，好战，好建设，好文艺，由他建成今日所见的法国（到十八九世纪，成为世界文化中心），但军费浩繁，上流社会奢侈豪华，至路易十五，伏下后来法国大革命远因。路易十六，位至十八世纪末，此人优柔寡断，大革命时与皇后一起上断头台。

我们讲十八世纪法国文学，正值路易十五，统治很长，苛政，重税，没公道，没言论自由。西方讲严密统治，均提路易十四、十五——警察，告密，很发达。当时国库支出大，文化人不从，教会不从，士气低落。这样的时代，产生反抗文学。

上次说，一文化涌现，由一个人为先导、代表、象征。十八世纪法国文学的先导、代表、象征是谁？以后我们都要答得出。现在是"沙虫"，以后要变成沙龙。

孟德斯鸠（Montesquieu，1689—1755）。思想家，博学多才。家里世世代代为法官。孟德斯鸠初在色尔都（以出酒著名，蒙田故乡）学法律，后入选法兰西学院，有年俸，游历欧洲各国，曾在英国住过两年，细研英国宪政，回来后出名著《法意》

（*De l'Esprit des Lois*，今译《论法的精神》），成为今之民主国家立法之根本。三权分立，就是他提出的。今人研究法律，都要研究孟德斯鸠。

文学上的建树，是散文《波斯人信札》（*Lettres persanes*），假托信，讽刺法国政治，提出自己的理想。他扮成波斯人——梅里美扮成葡萄牙人——隔了一层，说起话来自由。文学都知道假托。

智者为人，必有三者兼备：头脑、才能、心肠。

三者，有一者弱，不好吗？

不，哪一点弱，正往往形成他的风格。对照自己，不够处加强，也可找到风格。

孟德斯鸠三者平衡（他也许是我的"谬托知己"），特异在哪里？他能持久地执着于自己明朗的心情。不易啊！一时一时的明朗心情，可以有。持久的明朗，太难。

"我每天早晨醒来，阳光明朗，我散步，写作。"他说。

"我有妻子，儿女，我并不怎么爱他们。"但他对他们很好。

又说："一个人在痛苦的时候，最像一个人。"这话由他说特别好，懂得人家的痛苦。

清瘦。稀发。

法兰西的传统：明智。孟德斯鸠特别明智。我一直爱他。别的法国前辈，我总有意见——蒙田，我要嘲笑他头脑硬，膝盖软。卢梭，我认为他对他的《忏悔录》应该从头忏悔。罗曼·罗兰、纪德、萨特，那就更不留情。但孟德斯鸠我不愿说他。这样的人太少有：明朗，平衡，通达，纯良。

中国人说："不事王侯，高尚其事。"

一个纯良的人，入世，便是孟德斯鸠；出世，便是陶渊明。

十八世纪法国文学兴风作浪的是谁？又是一个话题。

伏尔泰（Voltaire，1694—1778）。生于巴黎，小孟德斯鸠五岁。真名弗朗索瓦－玛利·阿莱泰阿（François-Marie Arouet）。求学时即离经叛道，脾气不好，常与父亲吵。暗下写讽刺诗，被捕入狱一年，时二十岁。此后游历六年，回来后与一公爵打笔战，又关六个月，出狱后被放逐英国。

我以为这都是因祸得福。扩大说，文学家、艺术家、思想家，都是因祸得福的人，不过闯祸别闯到死掉。

到英国后，他展开交游，与沃波尔（Robert Walpole）、博林布罗克（Bolingbroke）、蒲柏等俊杰来往，读莎士比亚，研究物理学……三年交游、阅读、研究，大有好处。有人说，伏尔泰离开法国时是个诗人，回法国时是个圣人（韩信过桥时，说：再过此桥，必是公侯将相）。

回国后展开政治活动，消融普法战争，与蓬巴杜夫人（Madame de Pompadour）成为朋友。他坐高位，拿高薪，照样冷嘲热讽。不久在宫廷失宠，到德国，住在腓特烈大帝宫中，住不惯（所谓大学，是知识的蜂房，但那年我去哈佛办展览，一字也写不出）。他也有很贪婪的一面——看他相貌，此公有非分之想——涵养功夫也不太好。国王给他看自己的几首诗，要他批评修改，对曰："要让我洗那么多脏衬衫。"

我以为，要能刻薄，也要能厚道。要能说出这样的话，也要能不说这样的话。

一句闹翻，他离开普鲁士到日内瓦去了，至死，成历史、哲学、剧本、诗共七十二卷。我看过不少，不喜欢。浮夸，和李斯特一样，都有点自鸣得意，江湖气。肖邦成功之处，恰是李斯特失败之处，肖邦的优雅出神之处，到李斯特手里就成江湖气。

我改文章，可以将羞耻改成光荣，为什么？希腊雕刻，你动一点点，就成耻辱。

他的长处，是讽刺嘲弄，锐利不可抵挡（但我以为他讽刺的本领不如庄子）。他表白明晰，见解犀利。人家尚未感到，他已成言，别人还在结结巴巴，他已口齿伶俐，大声发言。他被称为无神论者。他有钱，就盖了个大教堂，写上：伏尔泰献给上帝。他说：别人献给圣人，我只为主人做事，不为仆人做事。

伏尔泰已过时了。因为嘲笑是文学的侧面，光靠嘲笑不能成其伟大的文学。庄子不老是嘲笑，仅用一用，余力用到文学的正面。伏尔泰的意义比较大，世界性。鲁迅比较国民性、三十年代性。

引伏尔泰一首"客厅诗"：

> 昨夜梦中一顶皇冠戴在我头上
> 还有一位圣洁的女士，我爱
> 醒来时，睡神已留下一件最好的东西给我
> 我不过失去一顶皇冠

讲启蒙运动，我们仅限于百科全书派。十八世纪产生新观念、新知识。反抗暴政，反迷信，这种直到今世的新观念，都在《百科全书》字里行间——《百科全书》不能理解为我们今日的《百科全书》。此书是连续出版的。第一册 1751 年出，末一册 1772 年出，前后历二十一年。在巴黎，这伟大的工程是狄德罗完成的，完全由他的智、仁、勇完成。

狄德罗（Denis Diderot，1713—1784）。写过剧本、小说，也是哲学家。这些都是次要的。主要的是，他的姓名和《百科全书》永远连在一起。

缘由：一出版商提议，请他仿英国《百科全书》，出一部法国的《百科全书》。但一动手，他的工作就超出了常规的范围（技术性、工具性、参考性），涵盖了人类思想行动的各个范畴，尤其注重民治主义信条：国家政府之第一要务，乃要顾及人民的幸福。

伏尔泰、布丰（Buffon）等等，都是此书的撰稿人。伏尔

泰致狄德罗的信上说："你主持的工作，如巴比伦造塔的工作。好的，坏的，真的，假的，悲的，喜的，统统挑拢起来。有的文章如贵公子写的，有的如厨下仆人写的。"

书中的反抗性、叛逆性很强，越写越露骨，后来只得秘密出版。狄德罗干了二十年，年入不过一百二十镑。他是知识的传道者，不信神，认为只有知识和道德能拯救人类。这一点，他比伏尔泰、卢梭更彻底。尼采起来后，反对启蒙运动——理性主义从那时起——我起初也认为知识、道德能拯救人类，后来信服尼采。但那是人类的错，不是《百科全书》的错。

狄德罗精力旺盛，还翻译过许多名著。自己也有创作，文笔很好，如《拉摩的侄儿》（*Le Neveu de Rameau*）。歌德好此书，翻成德文。

狄德罗还是舞台和绘画艺术的批评家。

评狄德罗，我说：他相信的少，希望的多。而我，我们，恐怕相反：相信的多，希望的少。

十八九世纪所期望于二十世纪的，不是像我们现在这样的——这些话只能对孟德斯鸠说说。我走后，孟德斯鸠会对夫人说：这个中国客人真是斯文，真是恶毒。

博马舍（Pierre Beaumarchais，1732—1799）。父亲是个钟表匠。他天性逸乐，运气也好，常旅游，尽力激起法国人对美国独立运动的关心，竟至于晚年被人设罪名"不关心法兰西"而被逐出法国。作品有《费加罗的婚礼》（*Le nozze di Figaro*），《赛维利亚理发师》（*Le Barbier de Séville*），据说拿破仑爱看此书。

让－雅克·卢梭（Jean-Jacques Rousseau，1712—1778）。《忏悔录》（*Les Confessions*）的作者。在十八世纪是大人物。生于日内瓦，父为钟表匠。比起伏尔泰从小生活豪华，出入上流社会，卢梭出身中下层社会——成就不论阶层的高下，但气质是有影响的。我们不能想象屈原出身下层。

伏尔泰重理性，卢梭重感情，主张回归自然、原始——两人都不太平。卢梭攻击伏尔泰，与狄德罗吵架。

卢梭一生经历特别。初任书吏助手，后为雕刻匠学徒，十六岁离家漫游。后得贵妇人华伦夫人供养，去希腊做一位主教的秘书，还自己发明记谱法。后来他到威尼斯，当法国公使的秘书，也在巴黎任《百科全书》作者。三十七岁，成书《论科学与艺术》（*Discours sur les sciences et les arts*），发表野蛮人比文明人更高明的观点，成名。又成书《新艾洛绮思》（*Julie, ou la nouvelle Héloïse*），提倡感情至上。十年后，发表《民约论》（*Du contrat social*，今译《社会契约论》），小说《爱弥尔》（*Émile*）。

《民约论》是政论，被称为"革命的圣经"。这种书，我们要有一个历史的坐标来看：现在看，不过 ABC，可当时的皇权、教会统治那么长年代，卢梭出此说，真是伟大：

人生来自由，但无往不在枷锁之中！

比《共产党宣言》伟大多了。在十八世纪真是有如大敲其钟，当、当、当！

中国到今天还做不到。远远做不到。

这个人了不起的。"由个人专制变为全民的权力。"两百多年来，全世界喊的都是卢梭的口号。

文学上的位置，就凭他一部《忏悔录》。此书第一次，也是第一人，说："我愿完全无遗地表呈自己。""我非常坏，你们更坏。"

我年青时相信他坦白。最近我又读一遍，心平气和。

他不坦白。没有一个人，从来没有一个人，真正暴露自己，打开自己的灵魂。不可能的。

这方面，最有意思要算托尔斯泰，日记里真会老实写出一些花样。新婚之夜，也真把婚前事抖给索菲亚听，索菲亚难受死了，可是托尔斯泰还是把最该挑明的问题掩盖了。

什么是真正的真诚的坦白的呢？

我的回答是："我知道这是应该坦白的。我不敢说。"

只能坦白到这一层。再说，好意思说的，不一定好意思听——我这样说，已经很坦白。

我只写回忆录，不写忏悔录。

《忏悔录》中写景写情，文笔好，但不如歌德的《少年维特》

好。卢梭长得很俊，这类人都长得蛮好看，这是他们的本钱。

余从略。再说一句：十八世纪法国文学，是重理智的，是散文的法国，不是诗的法国。

我们现在游历到德国。

十七世纪德国同当时的英法相比，很惭愧，没有什么文学。到了十八世纪，忽然像一棵树，长高，繁盛，开花结果，不仅能媲美英法，且有称霸欧洲的势头。到歌德，横跨十八九世纪，尤为光华绚烂。

十八世纪德国文学，腓特烈大帝（Frederick the Great，1740—1786 年在位）有一份功劳。这位欧洲最有力的国王不算一个好主顾，吝啬鬼，但他爱招致文士，自己也写诗，自命风雅，"脏衬衫"很多。

文学艺术是充满生机的。或曰：文学艺术本身就是生机。统治者不去管它，它自会发芽滋长。如果统治者给点养料，马上蓬勃发达。

中国"五四"运动，相对说是百年来最自由的。皇权刚刚灭亡，国民党手忙脚乱，民间自行实行一种真实的百花齐放、百家争鸣。文学艺术家没有一个靠国家薪俸，很苦，互骂拿卢布、美元，其实都很穷。古代，最后一条路是隐退，或做和尚，或进修道院。中外皇帝不约而同都给你一条退路，但到我们，没有退路了。

我说这些，说明文艺不需要提倡，也不需要经济起飞的，只要一点点自由，就蓬勃生长。这么说来，文学艺术多么可爱，多么可怜。

我们现在自由了，快去写去！

戈特舍得（Johann Christoph Gottsched，1700—1766）。重理智，认为文学应遵守格律规则。剧本受法国剧作家影响。应该说十八世纪的德国文学，他是先驱者，但本身成就不高，模仿多于创造。

克洛卜施托克（F. G. Klopstock，1724—1803）。初以短歌出名，后以小说占文坛地位。大著《救世主》（*Der Messias*）历二十五年而成，长诗，以耶稣为主人公。

威兰（C. M. Wieland，1733—1813）。介绍莎士比亚进德国的文学功臣，耗费六十多年，翻译二十多种莎剧——原来德国人到那时才看到荷马和莎士比亚。

其时出文艺批评家，德现代文学有了生命。现在看"五四"，对西方文艺的火候是不够的。翻译是很旺盛，我在十八九岁时就读到本雅明·贡斯当（Benjamin Constant）的《阿道尔夫》（*Adolphe*），法贝·路易斯（Pierre Louÿs）的《阿芙罗狄德》（*Aphrodite*）等，都有译作，量多，面广——然而到现在没有出一个正面的大批评家。

莱辛（Gotthold Ephraim Lessing，1729—1781）。美学著作《拉奥孔：论诗与画的界限》（*Laokoon oder Über die Grenzen der Malerei und Poesie*），画画的都知道。莱辛曾任报纸编辑，写过不少剧评，做过图书馆主任。此三职很适合他，成就他此后的批评大才。他写过《戏院史》，也写过悲剧，希腊风。一般认为，他使德国人抛却对法国戏剧的模仿，改向对希腊悲剧和英国莎士比亚的研究。他著有评论集《汉堡剧评》，据说至今对戏剧有影响。我相信。

最著名著作《拉奥孔》，被称为十八世纪最伟大的批评著作。如何评价这本书？请歌德发言：

《拉奥孔》使我们由狭隘的可怜的观察，转为自由的思想的驰骋。

歌德、席勒，深受莱辛批评原理的指导。

莱辛此书名为《拉奥孔》，因其立论以希腊雕塑名作《拉奥孔》与维吉尔史诗《埃涅阿斯纪》中的拉奥孔为出发点。

拉奥孔是希腊传说中的预言家，智者。当希腊攻打特洛伊时，希腊人以木马藏兵，置于城门，特洛伊人欲取。唯拉奥孔识破此计，竭力阻止，因此触怒希腊保护神，神便派巨蟒将拉奥孔与他两个儿子缠咬死了。而特洛伊人不听其劝，取木马入城，马中兵出，最终攻陷特洛伊。《拉奥孔》雕塑即表现父子三人被蛇缠咬一瞬间的情状，而维吉尔史诗描写他们被蛇绞绕，痛苦挣扎的过程。

莱辛因此认为：诗与雕刻不同。诗中写拉奥孔，写详细过程。雕刻不能如此，是动而不乱，悲而不狂。

此说有何稀奇？

我答：古希腊人对此，生而知之，德国人生而不知，连歌德、席勒也觉得他说得有理。

当时他能如此雄辩、详细地说出来，不容易，说明当时莱辛比别人醒得早。他能引人入胜，而又非常真挚诚实。

莱辛真正吸引我的，是他的性格。他的文章能表现他的性格。我欣赏含有作者体温的文章。

可以称莱辛为老同志。他从来不立教条，且先后时有矛盾，自己来解释，解释不了时，笑笑。我没这好处。我写文章故意制造许多矛盾，你发现，是我的陷阱——我从来不在作品里说什么是对的，什么是错的。我一手持矛，一手持盾，希腊人死也不扔盾，我是矛、盾都不扔。

但我因此爱莱辛的老实。他有惊人的表白：

> 如果上帝右手拿着一切真理，左手拿着追寻真理的勇气，对我说："你选择。"我将谦卑地跪在他的左手下面，仰面道："父亲，给我勇气吧，因为真理只属

于你！"

好！好在这就是古典。

歌德一定偷偷地把这话记在本子上。歌德也说得好："只有一个同样伟大的人，才能了解莱辛。对于凡俗之辈，莱辛是危险的。"

我倒想成一本书，书名：《莱辛的危险》。一个人只要高超一点，对人就是危险的——高超太多，危险就大。

所谓高超：前面的九个问题都已知道了，来谈第十个问题。前面九个问题都不知道，还谈什么？

许多事只能讲讲俏皮话——"我思故我在"，"真理并非不可能"。泼妇曰：那我不思，我就不在吗？真理到底有没有？说！

匆匆表过，下次讲歌德与席勒。

第三十七讲

歌德、席勒
及十八世纪欧洲文学

一九九一年二月九日

感慨啊！以前母亲、祖母、外婆、保姆、佣人讲故事给小孩听，是世界性好传统。有的母亲讲得特别好，把自己放进去。

老子说"天地不仁，以万物为刍狗"。我说：作家不仁，以读者为刍狗。这样天地才能大，这样才能有伟大的读者来。最好读者也不仁——作者不仁，读者不仁，如此，"仁"来了。

法国斯塔尔夫人第一个说出，《浮士德》是写不好的。真聪明。第二个是海涅。第三个是我——第一个说老实话，第二个说俏皮话，第三个说风凉话。

自信，必须要的，这可测试一个人高贵卑下。见名人，要见其人，不见其名。大多数人是只见其名，不见其人。

歌德有格言：回到内心。陶潜的《归去来兮辞》，就是回到内心。

先讲刚才我在路上想到的事：世上有许多大人物，文学、思想、艺术，等等家。在那么多人物中间，要找你们自己的亲人，找精神上的血统。这是安身立命、成功成就的依托。每个人的来龙去脉是不一样的，血统也不一样。在你一生中，尤其是年轻时，要在世界上多少大人物中，找亲属。

精神源流上的精神血统：有所依据，知道自己的来历。找不到，一生茫然。找到后，用之不尽，"为有源头活水来"。西方也把《圣经》叫做"活水"。

伊莎多拉·邓肯被问及老师是谁，答：贝多芬、瓦格纳、尼采。

其实哪个教过她？但她找对了。只要找对了，或成功，或不成功，但绝不会失败。

听到贝多芬的一段，看到歌德的一言，心动：我也如此感觉，我也这样想过，只是没说出来，或说得没这么好——这就是踏向伟大的第一步。

歌德对我的影响就是这样的。不过精神上、思想上有这血统，技术上不一定如此，要说清楚。

佛教传衣钵，接续后，就自己发挥——这当中是要换的，从这一家换到那一家，甚至会超越，那是最高的。尼采，我一跟到底。罗曼·罗兰、高尔基这类，包括纪德，早就分手了，有时还要"批判"他们。

有终生之师，有嫡亲的，也有旁系、过房。父母不能太多的——找到了，要细翻家谱，一再研究，一再接触。讲歌德，不备课，随便讲讲，也讲不完。

多年来，忘不了歌德。

约翰·沃尔夫冈·冯·歌德 (Johann Wolfgang von Goethe，1749—1832)。寿长，横跨两个世纪，殁于十九世纪中叶。幼时爱听母亲讲神话——最初的家教，感慨啊！以前母亲、祖母、外婆、保姆、佣人讲故事给小孩听，是世界性好传统。有的母亲讲得特别好，把自己放进去。

这种非功利的教育，渗透孩子的心灵。如这孩子天性高，这就是他日后伟大成就的最初种子。

现在，这传统世界性地失去了。现在的电视教育，就是教人无耻——教得很成功。

歌德的父亲，正派人物，要儿子学法律。但他的兴趣在文艺、绘画、雕塑。他去作画，雕刻，恋爱，写剧本，经营剧场（他的素描不在各位之下），母亲赞成，父亲不喜。

"天行健，君子自强不息"就是歌德，也即《浮士德》(Faust)这部作品的精神。整个西方文化即浮士德精神。中国也有少数智者知道阳刚是正途，自强是正道，但一上来就趋于阴柔。

我主张正道，是正面地、直接地去阳刚，不得已时，阴柔。

西方文化是阳刚的，男性的，力夺的；中国文化是阴柔的，女性的，智取的——不过，这是指过去的传统。现在东西方文化都败落了，谈不上了。

他的相貌，体格，也完美体现浮士德精神。死后，人揭布窥其尸，无一处赘肉，无一处枯瘦。

歌德少年时画画，青年时代到意大利开眼，窥视了艺术的殿堂，从此放弃画画。说：我不是画画的。会画画的人，不画时，技巧会进步的，我一不画，就退步了。

他能自己这样想，了不起。说是退步，其实是自强。一个人能这么冷贤，第一，是能旁观自己，第二，是能知道自己，做自己的良师益友。

画画不画画，不要紧。这种公正的自我评断，才是造成大师的因素之一。

这是小事，大有深意。

读书，要确切理解作者的深意，不要推想作者没有想到的深意。上帝创造了这世界，但他不理解这世界；艺术家创造了这世界，他理解这世界。

《少年维特之烦恼》（*Die Leiden des jungen Werthers*），大家可以再读读。我最近又读，很好，元气淋漓。

文学要有读者，宿命的是，文学很难得到够格的读者。当时多少少年读《维特》后都自杀，这种读者我不要。至少不提倡这种作者与读者的关系。

任何作者，很难看穿读者。老子说"天地不仁，以万物为刍狗"（世界上最光辉的警句：一，想到了；二，说出来了；

三，讲得那么美妙），我说：作家不仁，以读者为刍狗。

这样天地才能大，这样才能有伟大的读者来。最好读者也不仁——作者不仁，读者不仁，如此，"仁"来了。

歌德写《少年维特》时，很高兴，二十五岁，正是心智最旺盛时。"写得其时"，是他的福气（我写过：老得很早，青春消逝得很迟，是艺术家）。

之后十二年间，写许多剧本。《艾格蒙特》（*Egmont*）、《依非吉尼》（*Iphigenie auf Tauris*）、《塔索》（*Torquato Tasso*），此三本最好。后来穷五十八年写《浮士德》。情节太多，不讲了。

音乐上的浮士德节目，可以开单子——

李斯特：《浮士德交响乐》，可以听。

马勒：《第八交响乐》第二部分。

柏辽兹：歌剧《天谴》，写浮士德。

博伊托：歌剧《梅菲斯托菲勒斯》（*Mefistofele*）。

古诺：歌剧《浮士德》。

布索尼：歌剧《浮士德博士》（*Doktor Faust*）。

舒曼：管弦乐、独唱、合唱，统称《浮士德场景精选》。

瓦格纳：《浮士德序曲》。

我只写了《浮士德的哈欠》。太难写了，吃力不讨好。庞大的主题常会引起我对哲理性的欲望，可是我数过《浮士德》，一共一万两千行，简直是座大山！小时候初读，读不进去，成年时再读，也只喜欢"序曲"、"书斋"这些开头部分，直到去年才一口气读完。歌德写了五十八年，我读了五十八年，他成功了，我失败了——写不好呀，这样的题材，用这样的方法，注定写不好的。

诗靠灵感，灵感哪来一万两千行！法国斯塔尔夫人第一个说出，《浮士德》是写不好的。真聪明（她是拿破仑的死对头，据说拿破仑的一个军官进到她的客厅，两小时后从那儿出来，就反拿破仑）。第二个是海涅。第三个是我——第一个说老实话，第二个说俏皮话，第三个说风凉话。

讲个典故：海涅访歌德。歌德问："在写什么近作？"海涅讽："写《浮士德》。"歌德窘怒，说："你在魏玛还有什么事？"海涅边退边说："进阁下殿，诸事已矣。"——都不让。

艺术不是以量取胜。但解决了量的问题后（求质），则量越多越好。一个人有无才能，是一回事；有才能，能不能找到题材，又是一回事。许多人才高，一辈子找不到好题材，使不上好方法，郁郁终生。

圣伯夫（Sainte-Beuve）给了福楼拜题材。福楼拜先写过《圣安东尼的诱惑》，宗教一类。圣伯夫请福楼拜看纪实新闻，遂成《包法利夫人》。

在座各位，就是苦于找不到题材，找不到方法。怎么找法？只有拼命去找。找不到，自我埋没；找到了，自强，参悟。

歌德最后的作品《威廉·迈斯特的学习时代》（*Wilhelm*

Meisters Lehrjahre），写得不好（找对以后，还是会找错的）。还有一本《亲和力》，或译《爱力》，写得非常好。两对男女，游乐中发现"你的太太与你不合而合于我"，对方也是，都找错。最后一个死，一个殉情。我以为这是他最好的小说。

如果把《浮士德》看成全世界文学顶峰，全世界错。

浮士德是北欧民间传说中的炼金术士，性格模糊，形象也窝囊，近乎妖道。歌德借了这题材，把浮士德提高到整个欧罗巴文化的精神象征，这是他了不起的功绩，我由衷钦佩。从文学角度说，《浮士德》不成功；从文化现象讲，《浮士德》伟大。

我承认《浮士德》在命题上的伟大。

约翰·克里斯朵夫，算是一种"典型"的期望。是什么呢？什么也不是。典型是牵强附会的，见树不见林的，一厢情愿的。如果艺术不伟大，不可能表达民族。血是艺术家自己的血，血管是民族文化的血管——才行。

伟大的艺术来自伟大的性格，艺术是无法培养的。

"与公瑾交，若饮醇醪，不觉自醉。"性格交友要锻炼到如此。

歌德所谓自强：他最会自我教育。约八十次恋爱，可是都成功，因为他迷途知返。我说："恋爱总是成功的。"为什么呢？你爱，那就成功了。歌德曾说："假如我爱你，与你无涉。"全世界欣赏这句话。

他有格言：回到内心。其实陶潜的《归去来兮辞》，就是回到内心。要学会自我教育，才能有良师益友。生活上可以做光棍，精神上可别做光棍。

《歌德对话录》，是我们艺术家的福音。我最早的自信来自歌德，心中暗暗大喜。纪德说得好：歌德不是高山，不是大海，他是阳光充足雨露滋润的半高原。

海涅一贯调皮，得理不饶人。他说："歌德老是坐着的，好多事需要他站起来，才能解决，但歌德坐着也是对的。"庙堂里的佛像都是坐着的，如果站起来，岂非庙堂的顶要破。

前年初春，我忽然记起歌德和海涅的旧事，写了一篇《浮士德的哈欠》——交朋友，要交大朋友；较量，也要找这样的大人物。歌德和海涅见面，我看，两个都是冠军。

自信，必须要的，这可测试一个人高贵卑下。见名人，要见其人，不见其名。歌德去见拿破仑，拿破仑站起来，向群臣说："看，这个人。"

这是当年耶稣出现时，罗马总督彼拉多说的话，尼采拿来作书名（《瞧，这个人》）。

大多数人是只见其名，不见其人。

歌德死于 1832 年，寿八十三岁。

弗里德里希·席勒（Friedrich Schiller，1759—1805）。父为军医。席勒初进军医学校，后学法律。性情寡合，漂游，一生做过军医、编辑、剧场经理、历史教授。在与歌德见面之前，双方都不以为然。初见，话不投机，后来见面，渐渐谈拢，谈了几天几夜。

据说斯坦尼斯拉夫斯基与丹钦科见面，谈了四天四夜。这很幸福。初不以为然，终以为然：友谊也是有顿悟的。我们读书可惜不能面见作者。现实中遇到知音，多幸福！

席勒的主要作品是剧本。当时剧本中的对话，以诗成文。纯诗他也写。特点：技法精明，情节动人。他是个"热情家"，不是热在儿女情长，而热在自由、斗争。

第一个剧本是《强盗》（*Die Räuber*），首演即获成功。其他代表作如《华伦斯坦三部曲》（*Wallenstein*），《奥尔良的女郎》（*Die Jungfrau von Orleans*），写贞德。

《威廉·退尔》（*Wilhelm Tell*）是他最后最大的作品，取材瑞士民间半真实半传说的英雄故事。歌德与席勒谈到他想为威廉·退尔写一部史诗，迟迟不成。席勒说：我来写吧。结果得了大成功。剧中以阿尔卑斯山作背景，为国献身的英雄引吭高歌，牧人和樵夫齐声伴唱，旭日，黎明，胜利的消息……反正十八世纪的欧洲人最爱看这种戏。

席勒的叙事诗也写得好。与歌德合出诗集。

他身体差，精神旺，最后边吐血边写作。我专题写过一篇席勒死前的痛苦，写精神强、肉体弱的悲剧：

他知道飞去哪里，但羽毛散落了，从云间跌下来。

我们都要注意身体。灵魂是演奏家，身体是乐器。身体好，才能公正、全面地思考问题。

世上有几对伟大的朋友，席勒与歌德是模范，至死不渝。每年元旦，两人都要写信祝贺，1805年，歌德无意中写上"最后的一年"，惊觉不对，换了纸重写，又出现"我们二人中，总有一个是最后之年"。

席勒终于是年死。

歌德平时喜怒勿形色，唯得知席勒死讯，双手掩面如女子般哭泣，后来说："我一半的生命死去了。"

这等友谊哪里去找啊。我苦苦追寻不得，只剩一句俏皮话："两个人好得像一个人——那么我一个人也可以了。"

寿四十六岁。通常铜像都独自站，歌德、席勒的铜像在一起。你们以后去魏玛，好好看看。

十八世纪，南欧重又醒来。

意大利曾是文艺复兴中心，之后却不复兴了。由此看人类历史，不是什么进步退步，而是进进退退的。这就是历史的景观。十五世纪，意大利复兴了，那么一直兴下去呀，可是后来不兴了。她曾是欧洲知识与智慧的领袖，十八世纪就要向英法借光。

意大利的哥尔多尼（Carlo Osvaldo Goldoni，1707—1793）。被称为"意大利的莫里哀"，是演员，戏剧家，又是文学家。

生长于威尼斯，温和开朗，多写喜剧，一生写了一百多本。歌德曾在威尼斯看过哥尔多尼的戏，说观者的笑声从头到尾不断。晚年迁居巴黎，到大革命时期，死于贫穷，人们忘了哥尔多尼和他喧哗的欢乐。

艺术家别在乎读者。把衣食住行的事安排好，而后定心只管自己弄艺术。别为艺术牺牲。为艺术牺牲的艺术家太多了。牺牲精神太强，弄得艺术不像话了。哥尔多尼八十岁时写一部自传，内容真真假假，评家以为不老实。

诗人帕里尼（Giuseppe Parini，1729—1799）。生性快乐多才，有长诗《一日》（*Giorno*），讽刺社会，分早、午、傍晚、夜四部分，写贵族少年的一日活动。

意大利十八世纪最重要的诗人是阿尔菲耶里（Alfieri，1749—1803）。从十六世纪开始，意大利悲剧家接二连三，但少有传世作品，阿尔菲耶里最成功。他生于意大利北部，少时游欧，回来一无所成，到二十五岁才顿悟，努力。

少年人一定要好的长辈指导。光是游历，没有用的。少年人大多心猿意马，华而不实，忽而兴奋，忽而消沉。我从十四岁到廿岁出头，稀里糊涂，干的件件都是傻事。现在回忆，好机会错过了，没错过的也被自己浪费了。

阿尔菲耶里写成十九部悲剧，六部喜剧，许多短歌，不仿莫里哀，近希腊传统。

西班牙文坛自塞万提斯后，到这里，始有活气。

维加（Lope de Vega, 1562—1635）。诗人，剧作家，青年时任贵族秘书。少有人如维加，能在当时就受到大赞赏（上帝给人礼物，要么在前，要么在后，不会前后都给的）。他写过一千八百多本剧本，但大多数被遗忘了。

卡尔德隆（Pedro Calderón de la Barca, 1600—1681）。生于马德里。过了一个时期的兵营生活，也做过牧师。他的诗极富想象力，结构精巧。他也写剧本，英国雪莱曾译过他的剧作。

快快转到葡萄牙。卡蒙斯（Luís de Camões, 1525—1580）。被称为"葡萄牙诗人之王"。十六世纪，葡国统御海上势力，出海盗船，卡蒙斯曾任水手（我从小迷恋那种三桅大帆船，一看见，心跳出喉咙来）。他的史诗《卢济塔尼亚人之歌》（*Os Lusíadas*），歌颂航海者达伽马远航印度的事迹。

往北去。斯堪的纳维亚半岛。现在那儿好极了，当时一片荒凉，文学乡巴佬。到十七世纪出了一个霍尔堡（Ludvig Holberg, 1684—1754），丹麦／挪威人（当时为一国），留学英国，戏剧家。

十八世纪后半是丹麦戏剧启蒙时期，出悲剧家欧伦施莱厄（Adam Oehlenschläger, 1779—1850）。其诗《有一处好地方》（*Der er et yndigt land*），后来是丹麦的国歌。

再赶到瑞典。瑞典也才刚醒来，哪有诺贝尔奖委员会？谢恩赫尔姆（Georg Stiernhielm，1598—1672）是第一位诗人，有史诗《赫拉克勒斯》（*Hercules*）。请注意，欧洲无论南、北、大、小国族，都有史诗。另一位达林（Olof von Dalin，1708—1763），是批评家、诗人，有英雄诗篇《瑞典的自由》（*Svenska friheten*）。最重要的贡献，是著四卷本《瑞典国史》（生前完成三卷）。瑞典国王古斯塔夫三世（Gustav III，1771—1792年在位）是个文艺的保护者，建瑞典学院、瑞典剧场，自己也写不差的剧本。

俄罗斯，十九世纪是文学泱泱大国，但是十八世纪的俄国几乎谈不上文学。除了流传的史诗、史记，没有小说，连抒情诗也没有。最早的启蒙人物是罗蒙诺索夫（Mikhail Lomonosov，1711—1765）。曾留学德国，功劳是拿莫斯科方言改订国语，制作了俄文的文法，被称为俄罗斯文化的奠基人。

十八世纪，俄国最大的作家是卡拉姆津（Nikolay Karamzin，1766—1826）。写成八大本《俄国史》，诚巨作。也写过小说《可怜的丽莎》，写村姑爱贵族而自杀云云，当时感动许多少年，远途跋涉到书中主角丽莎自杀的池旁，哭泣凭吊。

到了下一世纪，千古不朽的俄罗斯文学登场了。

本课笔记内页："到十八世纪，又有一个历史契机到来——也给错过了。"

十八世纪中国文学
与曹雪芹

一九九一年二月二十四日

中国士大夫也曾如奥地利和德国，晚宴后即是四重奏，饮酒必行令，行令必吟诗。这种风气，全没了。

我特别喜欢《偷桃捉住东方朔》，这喜剧比莎士比亚绝对不差，难得中国戏剧缠绵悱恻拖拖拉拉之中，有杨潮观的爽辣。

他"好像"读过叔本华、尼采。为什么？他熟读释家、道家经典——佛家的前半段，就是悲观主义，道家的后半段，就是超人哲学。

整体控制伟大：绝对冷酷，不宠人物。当死者死，当病者病，当侮者侮。妙玉被奸，残忍。黛玉最后为贾母所厌，残忍。他一点不可怜书中人，始终坚持反功利，反世俗，以宝玉、黛玉来反。

我以为后半部遗失了，曹雪芹是写完了的。哪天在琉璃厂找出来，全世界应该鸣炮敲钟，庆祝多了一个圣诞节。

上次说过，中国失去一个在现代强盛的历史契机。

明朝徐光启与利玛窦把西方文明传入时，几乎条件具备，可使中国中兴，可惜错过了。到十八世纪，又有一个历史契机到来——也给错过了。

康熙、乾隆，近百年承平，外交成功，内部无大乱，可媲美唐朝的开元、天宝年代。乾隆是比较享乐的，康熙则开明而有才华，本人对基督教、天文、艺术（音乐的和声也包括）、人文等西方文化，都感兴趣而研究。

总之，康熙非常通达，对西方宗教、文明、文化，皆雅好。

例：西人指出中国人拜祖宗，不必拜牌位，搞偶像崇拜。康熙答，纪念祖宗应该有画，但画不像，不如拜祖宗名字（牌位），不是搞偶像崇拜。

他有头脑，有为。

康熙的后半期，至嘉庆初年（康熙、嘉庆是年号），值十八世纪，是近代中国的全盛期。一般说起清，都说腐败，其实大不然。

还有一点常识：康熙、乾隆，不应称"皇帝"，而是年号。康熙名玄烨，世称清圣祖。

那时没有大学，已有讲官，相当于教授。时出《康熙字典》，出《古今图书集成》，开"博学鸿词科"（唐开元年间，曾设"博学宏词科"以考拔渊博能文之士。宋南渡后也置此科。清则改"宏"字为"鸿"），是高层的学术权威集团。

康熙之后，有乾隆时期，也是年号。野史说，乾隆不是清朝后代，所有清皇都是长脸，乾隆是方圆脸，说他是海宁人，暗中被调包的。

清高宗，名弘历，即乾隆皇帝。编《四库全书》。当时国富民强，文艺茂盛。不可避免仍有文字狱，但主要与重要的文人未受累（明朝文字狱厉害，不敢写，故晚明唯出小品）。汉赋、六朝骈文、唐诗、宋词等等古代文学形式，在清初这一百年内重新出现。《红楼梦》即是集大成者：有赋，有文，有诗，有词，有曲，有传奇，且极富作者个性。

这一百年是值得肯定的。

屈原、李白、杜甫、曹雪芹活到现在，只能自费出国。诸位不应以为笑话。

这一百年文艺作品菜单大要：

孔尚任——《桃花扇》

洪　升——《长生殿》

曹雪芹——《红楼梦》

吴敬梓——《儒林外史》

黄仲则的诗。

还有纪晓岚、袁枚的笔记。

黄仲则的诗，我推崇，可比近代中国的肖邦。

排排我们的情况：从1891到1991年，有什么文学？《子夜》？《家》？《金光大道》？《欧阳海之歌》？不能比。比较起来，只有《阿Q正传》。可惜质薄量少。

这一百年是文学的荒年。

老子说，大战之后必有荒年，我看是荒年之后，必有大战——大战荒年、荒年大战，即中国近代史。

希望在海外。说起来能自由立足，又能痛定思痛（因为大陆是痛不完的痛）。如果成功，是"文艺复兴个体户"。

中国不是说"走着瞧"吗？要在国外走着瞧：瞧中国。

当时无论传奇、杂剧，都产生杰出人物：孔尚任、洪升之外，有舒位、杨潮观、万树、蒋士铨、桂馥。都有一共同点：对白流利，述说真挚亲切，趣意新鲜，风格委婉。

孔尚任（1648—1718），字季重，号东塘，又称云亭山人。曲阜人，一说是孔子后代。官至户部主事，低于尚书。户部，指户口田税，自三国始设此部，民国时称财政部。

两本最著名：《桃花扇》、《小忽雷》。前者得不朽名（当时有"南洪北孔"之说），共四十出。主角侯方域，女主角李香君。故事有实据，渗透亡国之痛，与从前才子佳人悲欢离合不同。最精彩是文字流利，我小时候读，爱到至于手抄，有快感。

后来，在杭州还听过夏承焘专门讲《桃花扇》。

中国的《西厢记》、《桃花扇》，我以为可以和莎士比亚媲美。都是完美的悲剧，不以生旦团圆为结局，莎士比亚若识中文，看后会佩服，文字更是优美。可是中国文学两大致命伤：一是无法翻译，二是地方性太强。

翻译是对原著的杀害。

《桃花扇》当时奏演极盛，明室的故臣遗老观此剧，泪如雨下。孔尚任有一特点：正面而不加贬褒，以人物说话。他懂得显示艺术，隐藏艺术家。文字精炼完美，通篇无一处懈怠。

另有顾彩，孔的友人，改写《南桃花扇》，使剧中人团圆，结果没人看，淘汰了。像顾彩那种朋友，我不要。

《桃花扇》明显影响了《红楼梦》。（黑板上抄《哀江南》）

【北新水令】山松野草带花挑，猛抬头秣陵重到。残军留废垒，瘦马卧空壕；村郭萧条，城对着夕阳道。

洪升（1645—1704），杂剧有《四婵娟》，写四位杰出的女性，首位即谢道韫，可谓中国的女思想家，魏晋人。第二位女士是卫夫人，第三位是李清照，第四位是管夫人（即赵孟頫夫人，大画家，善画竹）。四婵娟名：咏雪、簪花、斗茗、画竹。

洪之《长生殿》，我不推崇（杨贵妃不是一个情种）。是爱情上的公式化概念化。

万树（1630—1688），字花农，宜兴人。做过官。每写成作品，请家伶奏乐吟唱。传奇八种。中国士大夫也曾如奥地利和德国，晚宴后即是四重奏，饮酒必行令，行令必吟诗。这种风气，全没了。

值得赞赏是杨潮观（1710—1788）。写短剧，机智爽快。我特别喜欢《偷桃捉住东方朔》，这喜剧比莎士比亚绝对不差，难得中国戏剧缠绵悱恻拖拖拉拉之中，有杨潮观的爽辣。他有莎士比亚之才，但我说过的，中国只有零零碎碎的莎士比亚。

杨潮观《偷桃捉住东方朔》（节引）：

（丑）在他门下过，怎敢不低头！东方朔见驾。

（旦）你怎敢到我仙园偷果？

（丑）从来说，偷花不为贼。花果事同一例。

（旦）这厮是个惯贼，快拿下去鞭杀了罢！

（丑）原来王母娘娘这般小器，倒像个富家婆。人家吃你个果儿也舍不得，直甚生气！且问这桃儿有甚好处？

（旦）我这蟠桃非同小可，吃了是发白变黑，返老还童，长生不死。

（丑）果然如此，我已吃了二次，我就尽着你打，也打我不死。若打得死，这桃又要吃它做甚？不知打我为甚来？

（旦）打你偷盗！

（丑）若讲偷盗，就是你做神仙的，惯会偷。世界上的人那一个没职事？偏你神仙避世偷闲，避事偷懒，图快活偷安，要性命偷生。不好说得，还有仙女们，在人间偷情养汉。就是得道的，也是盗日月之精华，窃乾坤之秘奥。你神仙那一样不是偷来的？还嘴巴巴说打我偷盗！我倒要劝娘娘不要小器。你们神仙吃了蟠桃也长生，不吃蟠桃也长生，只管吃它做甚！不如将这这一园的桃儿，尽行施舍凡间，教大千世界的人，都得长生不老，岂不是大慈悲、大方便哩！【锁南枝】笑仙真太无厌，果然餐来便永年，何得伊家独享！不如谢却群仙，罢了蟠桃宴，暂时破悭结世缘，与我广开园，做个大方便！

（旦）看你这毛贼倒说得好大方，我仙果岂能容忍凡人随便尝！

（丑）只是我还不信哩。你说吃了发白变黑，返老还童。只看八洞神仙，在瑶池会上，不知吃了几遍，为何李岳仍然拐腿，寿星依旧白头？可不是捣鬼哩，哄人哩！

（旦）既如此，你为何又要来偷它？

（丑）我是口渴得很，随手摘二个来解解渴，说甚么偷不偷!

桂馥（1736—1805），字未谷，曲阜人，也写短剧。热衷于写爱情。古代中国的爱情小说千篇一律，我看了就心烦，故从略。

夏纶（1680—1753），字惺斋，钱塘人。剧中一味寓教训，忠孝节义，看了也心烦，从略。他竟会写诸葛亮不死而灭魏、吴，使蜀汉统一天下，简直该打屁股。

蒋士铨（1725—1784）是大人物，字苕生、心馀，号藏园、清容，江西铅山人。乾隆二十二年进士，官至编修，诗文皆有名，剧本最好。细腻修雅，雍容慷慨，有才华又有阅历，故能情理深切。有曲九种，其一写文天祥（《冬青树》）。还有《临川梦》，写汤显祖，把汤剧作中人物（"四梦"）放在一起，汤显祖本人也出现。

作者与作品中的人物面对面，构想很有意思，不过容易流于油滑，煞风景。

唐英（1682—约1754），京剧《钓金龟》、《游龙戏凤》，皆出于他手。

十八世纪中国的小说和散文，第一是《红楼梦》，二是《儒林外史》，三是《绿野仙踪》。散文是笔记小说，纪晓岚的《阅微草堂笔记》等。

《红楼梦》，不必说故事了，我讲我的观点和一点推理。

《红楼梦》与《水浒》、《金瓶梅》、《西游记》，可并称四大小说。《西游记》谈仙佛鬼怪，胡天野地，容易写长；《水浒》写一百零八将，每一个好汉有一个故事，也不难铺陈；《金瓶梅》、《红楼梦》，一家一门，无奇澜，无衬景，从方法上讲，很高明，很现代。

世界范围看，也有四大小说。其中《源氏物语》、《圣西门回忆录》、《往事追迹录》和《红楼梦》一样，都是回忆文学。评判曹雪芹与普鲁斯特的高下，我不愿。《源氏物语》的紫式部，开头写得很好，越到后来越不行——钱稻孙译的《源氏物语》之首段《桐壶》，文笔实在好，有如水磨糯米。

《圣西门回忆录》我没看过。

曹霑（约1715—约1763），字梦阮，号雪芹，另一号为芹圃。祖父曹寅，父曹頫。曹寅是大官，江宁织造。文采好，出过诗、文、剧本。曹家豪富，以康熙六次出巡南方，四次住在曹家可见。也可见曹雪芹幼年生活环境多么豪华，决定了《红楼梦》的现实资料。

不过当时曹雪芹只有十岁左右，反证他早熟，对十岁以前的生活记忆确凿。

康熙五十一年曹寅死，后曹頫得罪朝廷，被抄了家，以后败落至于一贫如洗。他离开南京到北京，住在西山（时年十岁），那地方叫黄叶村。

曹雪芹十岁后这么穷，处在康乾的太平年间，如他肯就职，不至于穷到举家食粥，年命四十而断。

我的推断：

一，他是一个无政府主义者，虚无主义者，不肯经商做官，仅以卖画谋生。

二，脾气大，不愿受委屈。

三，是个唯美派，艺术至上者。

四，对自己的天才，有足够的自信。

五，早就立定志向，为艺术而殉道。

六，他"好像"读过叔本华、尼采。为什么？他熟读释家、道家经典——佛家的前半段，就是悲观主义，道家的后半段，就是超人哲学。

佛家以为生命是受苦，道家以阴柔取阳刚（酒神精神）。《易经》句句话向往阳刚，但不得已，以阴柔取之。

叔本华是生命意志，尼采是权力意志。曹雪芹大概因此不工作？他躲到西山，那儿没有居民委员会，有小脚，还没有小脚侦缉队。

我的修身原则：一，不工作；二，没人管；三，一个人。

都说曹雪芹就是贾宝玉，其实据资料，曹的性格一点不像贾宝玉（说是自传体小说，我以为艺术家和艺术品是不相干的。米开朗琪罗像大卫吗？）。可靠资料：曹高大魁梧，黑肤，声洪亮，一点没有南方文人的娘娘腔。我相信，这是大师相。

我从小讨厌徐志摩型的文人，细皮白肉，金丝边眼镜，忽而轻声细语，忽而哈哈大笑。所谓江南才子，最可厌——曹雪芹是北方人的血，又在南方生活过。他的颓废，是北派的颓废。我要继续写，是南派的颓废（江南，可分有骨的江南，如绍兴；无骨的江南，如苏州）。

《红楼梦》有许多名字：一，石头记。二，情僧录。三，风月宝鉴（以现代讲法，就是爱情百科全书，或爱情忏悔录）。四，金陵十二钗（"南京优秀女性传记"）。这些名称都缺乏概括力，最后还是以"红楼梦"传世。曹雪芹很调皮的，喜欢捉弄读者，但他把这些名字说出来，说明他展示多角度下笔的意图，等于画家展示创作的草图。

《红楼梦》书名，放得宽，不着边际，有艺术性。

《水浒传》写成时还有十来个读者，《红楼梦》当时的读者只有二三人，其中有敦诚、敦敏兄弟，也好诗，大雪天与曹雪芹饮酒。

《红楼梦》八十回，乾隆年间在北京问世，立即传开。当时没有出版社，讲的讲，抄的抄，传的传，忙忙碌碌，好像过年。当时，我想没人知道这是艺术品，更不知道曹雪芹是艺术家。不久就有好多不自量力的人续《红楼梦》，写了《后红楼梦》、《红楼梦补》、《续红楼梦》、《红楼圆梦》、《红楼复梦》、《绮楼重梦》，凡十余种，都要把《红楼梦》结局改为大团圆，后来统统自灭了，留不下来。

只有高鹗补的流传下来，但不是曹的原意了。

舒伯特《第八交响曲》（《"未完成"交响曲》），其实是完成的。曹雪芹可怜，没有完成《红楼梦》。

大家看《红楼梦》，戳穿了讲，是看故事，看花姑娘，看排场，看细故。怎样读才好？从空中鸟瞰：故事在南京大府，弄清楚家谱，"好像我家舅舅"，就可以看下去。曹雪芹的雄心，先编定家谱、人物、关系三大纲，就胜券在握。

曹雪芹立大纲，真是立得好！我们来看：

地点选得好。京城，首善之区。四季如春，或四季如冬，都不太好写。但他在书中又不明写南京。他知道一涉实地，就流俗。

朝代也选得奇妙，更高超了：曹本人是入旗的汉人，又是汉文化的伟大继承人。他不愿以满人眼光看汉文化。于是将时代虚拟，甚有唐宋之气——这是他审美上的需要。试想宝玉、黛玉等等都穿清朝服饰——完了，焉能写下去？所以整个荣国府、宁国府、大观园，建筑、庭院、生活道具等等，纯粹汉文化，有唐宋遗风，看不到满人的习俗。

时间空间的安排，大手笔！远远超过以前的小说，什么"话说某某年间，某府某县……"曹大师来两大落空，几乎没有时间、没有空间，或者说，有时间处就有《红楼梦》，有空间处就有《红楼梦》。凭这两点，他睥睨千古。

再是定姓名。一大难关。

曹雪芹先取贾（假）姓。名称有关联，又无关联，如秦可卿（情可亲），秦钟（情种）。元春入宫，迎春、探春、惜春则在家。贾政，官也。王熙凤，要弄权称霸的。黛玉，是忧郁的。宝钗，是实用的。妙玉，出家了。尤三姐，女中尤物也。柳湘莲，浪子也。

我相信曹大师曾经大排名单，改来改去，热闹极了。托尔斯泰、巴尔扎克、福楼拜、司汤达，看了一定大为动衷，大吃其醋。

艺术家仅次于上帝。

为小说人物起名字，非常难。虚构，不着边际，用真人，写来写去不如真名字那人好——名字与那人，有可怕的关系。

场景布置，宁国府、荣国府是旧建筑，大观园是新建筑。其名义，借元春探亲而建造大观园，其实是曹雪芹要安排这群男女。怡红院、潇湘馆，可即可离，走来走去，丫头、书僮，有事可做，要是不造大观园，众多人物挤在宁荣两府的小空间内，曹雪芹下不了笔。

时、空、名、景，四大安排，曹雪芹一上来就得了四大优势。我像是灌了四大碗醋，醋得头昏脑涨。后来的小说家续写《红楼梦》，看不懂曹雪芹的阵法，就要上前较量，必败无疑。比水准，比自觉，才可较量。

毕加索画了《阿维尼翁少女》，马蒂斯吃醋了，对着干，画了《舞蹈》，高明。张充仁到云冈后回来做佛头——居然访云冈而做佛头？

莫扎特的音乐，悦耳动听，许多人以为懂，其实太难懂了。难在哪里？难在它有那种气质品格。气质，还有待于提升品质，性格还须见诸风格。我们判断艺术，要看在它的品质与风格。

"红学家"一个劲儿糟蹋《红楼梦》，我很不开心。所谓红学家，是一家老小靠红学、靠曹雪芹吃饭。从清代到民国到现代，红学研究越来越恶劣。初还没有恶意，后来充满恶意和愚蠢。

艺术上只该有评论家，不该有好事家。

评论家只对艺术发言。古代艺术家不具名，也少有传记。北宗山水画家没有签名。这是最自然的态度。自然界的花开鸟叫，落落大方，叫过了，开过了，就算了。大到上帝，小到蒲公英，都不签名，不要钱。真正的批评家在评论中享受灵魂的冒险，也不用真名。

"脂砚斋"批点《红楼梦》，就隐掉了真姓名，金圣叹定名"才子书"，只谈作品，不谈作者。

自己不成熟的青年人，常有偷窥癖，因为自己空泛。艺术上的好事家，如鲁迅所言，是把姑嫂婆媳的喊喊喳喳搬到文坛上来。

中国的红学，大抵是喊喊喳喳之辈。

俞平伯评《红楼梦》，没有新创见、新发现。最早发难有三派：一是主张《红楼梦》叙康熙朝宰相明珠家事，纳兰成德就是贾宝玉（俞樾等主张）；二是谓宝玉系指清世祖（福临），林黛玉指董鄂妃小宛（王梦阮、沈瓶庵主张）；三是认为叙康熙时代政治史，"十二金钗"即指姜宸英、朱彝尊诸人（蔡元培主张）。还有人说，《红楼梦》演化明亡痛史，是和珅家事，清开国时六王七王家姬事。

实在都是无稽之谈。都不是评论家，而是好事家。

俞曲园，大学问家，蔡元培，一代宗师，通情达理，却也走进这死胡同。到胡适，倒指出这是曹雪芹的自传，一时以为中肯。王国维以叔本华和佛家的色空观念看《红楼梦》，一时皆以为然。

至此廓清了前三派的说法。

《红楼梦》之所以伟大，我以为幸亏不是曹雪芹的自传。《红楼梦》有自传性，但自觉摆脱了自传的局限。

书首的诗、词、文，看起来很老实，坦呈直说了。可是仍旧是止于暗示，一句实话不露，其实是拆了陷阱，让你掉进更大的陷阱。胡适就跌进去了。若是自传，那么自传是实的，艺术是虚的——试问，一个家庭会有这样多美丽智慧的女孩子，可能么？曹家破产没落，雪芹只十岁，至多十二岁，他的爱情经验哪里来？爱情没有神童的，能说《红楼梦》是自传吗？

艺术家有种特别的功能，即灵智的反刍功能。

《红楼梦》纯是虚构，而背景来自曹雪芹的记忆。我们童年少年的见闻，当时不理解；正好在不理解，囫囵接受了，记住了——艺术家有一种灵智的反刍功能，他凭记忆再度感受从前的印象。这种超时空的感受是艺术家的无穷灵感。《红楼梦》即是如此产生的。此其一。

其二，《红楼梦》的人物，是生活的幻化。我以为曹雪芹是唯美主义的。他要写出超现实的美男美女，他写这些幻化的超越的男女，有一种占有感：此即所谓意淫。

警幻仙姑说，宝玉是天下第一淫人。曹雪芹借此向读者眨一眨眼——我赐言：何以自谦？您才是天下第一淫公也，宝玉不过小儿科罢了。

曹雪芹天下第一伟大的意淫者。但他发乎情，止于艺术。

黛玉、宝钗、湘云、晴雯、妙玉、可卿、尤三姐、宝玉、秦钟、柳湘莲、琪官，各有各的可爱，令人应接不暇。用米开朗琪罗的话说："你们这样的美，我不能来参加你们的宴会。我来了会死的。"没有一个小说家能在一部作品中如此大规模地意淫。此其二。

其三，曹雪芹才大于文，用在《红楼梦》中，仅一部分。真正的艺术家，应有一种"自我背景"，深不可测，涵藏无穷。意大利"三杰"，他们的才智能量远远不是他们表现出来的这点东西（拉斐尔的自我背景少一点，故比较通俗，不如芬奇和米开朗琪罗莫测高深）。艺术家应该知道什么东西该留下来（作品），什么该带走，死掉算了。

曹精于绘画、书法、工艺、烹调、医理，《红楼梦》中稍微涉及，有的从来不提（他擅烹饪、工风筝，都是一流）。这就是艺术家的贞操、风范。

肖邦是杰出的演员，梅里美能做极好吃的点心，舒伯特会在琴上即兴画朋友的肖像，安徒生善跳芭蕾，剪纸艺术一流，颜真卿书法之外，武艺高强……我要说的是，大艺术家都有深厚的自我背景。

我们悼念艺术家，是悼念那些被他生命带走的东西："哦！只剩下艺术品了。"曹雪芹这方面是个典范。

《红楼梦》，我只读前八十回。高鹗应公平对待，也只有他可以续续，虽是这样结结巴巴的悲剧。可惜落入世俗，并不真悲。

曹雪芹的伟大，分为两极。

一是细节伟大，玲珑剔透：一痰、一咳、一物，都是水盈盈的，这才是可把握的真颓废，比法国人精细得多了。波德莱尔（Charles Baudelaire）不过是刘姥姥的海外亲戚。

再者是整体控制的伟大：绝对冷酷，不宠人物。当死者死，当病者病，当侮者侮。妙玉被奸，残忍。黛玉最后为贾母所厌，残忍。他一点不可怜书中人，始终坚持反功利，反世俗，以宝玉、黛玉来反。

我以为后半部遗失了，曹雪芹是写完了的。哪天在琉璃厂找出来，全世界应该鸣炮敲钟，庆祝多了一个圣诞节。

十八世纪的中国，有这样一位文学家，站那么高，写这样一部小说。他不知道希腊悲剧和莎士比亚，艺术原理上却和希腊罗马相通，甚至有过之而无不及。他自知伟大。写书，是他知道不能亏待自己；不去工作，是他不想亏待自己。

可惜他的自觉还有限，因为他的时代太不够了。他还没有Artist 的自觉。他的宇宙观是释、道、色、空，他的叛逆，还是反孔孟。我们活在二十世纪的幸运，是不必再靠"释"、"道"这两根拐棍行走了。就世界范围而言，悲观哲学、自由意志等等，都是路标，行路是要路标的。而伟大的艺术家是飞鸟、天鹅、老鹰，不看指南，飞就是，飞到死。这一点是后生者占了优势。

伍尔芙夫人讲座中讲（《一间自己的房间》，写得好极），假如莎士比亚有一妹妹，从乡下到伦敦谋生，被剧场总监奸污了，穷困而死了，埋在十字路口——曹雪芹应该有个弟弟，来纽约，租一间"自己的房间"，好好写。

中国是受了诅咒的民族。唐太宗把《兰亭序》随葬了，《红楼梦》后半部遗失了……为什么我以为是遗失了？因为从序言看，是写完以后的总结法，口气、意思，都像是写完的。所以八十回以后，还有希望，不绝望。

如果有人问：若曹雪芹有足够的自觉，那他会怎样写《红楼梦》？我答：他会删掉很多，改写很多。举例：

一开头应该没头没脑地开头，直写黛玉进荣国府。"贾雨村言"一章可免，因为是谜底，不当放在谜语的前面。

例二：宝玉游太虚幻境，可简化，但加强神秘虚幻的气氛。

例三：宝玉在秦可卿处午睡，稍嫌油滑，应改为迷离惝恍，烘托诗意。

例四：凤姐毒设相思局，有点恶俗，故事不必改，但文字更求卫生。

但曹雪芹只有过与不及，高鹗则是错与误。

将来回国，想出两篇论文：《鲁迅论》，《曹雪芹论》。

imaginist

想象另一种可能

理
想
国
imaginist

陈丹青笔录

1989—1994

文学回忆录 （下）

木心

上海三联书店

目 录

下　册

民国版《拜伦评传》和拜伦著作《曼弗雷德》。木心推崇的丹麦大评论家勃兰兑斯、翻译家韩侍桁的名字，出现在封面上。

第三十九讲

十九世纪英国文学（一）

一九九一年三月十日

拜伦自称不读书，死后发现其藏书里满是注解，真是天纵英才。

1948年我乘海船经台湾海峡，某日傍晚，暴雨过后，海上出现壮丽景色：三层云，一层在天边，不动，一层是晚霞，一层是下过雨的云，在桅顶飞掠——我说，这就是拜伦。

他的哈罗德、康拉德、曼弗雷德、该隐、唐璜，都是语言横蛮的小伙子，不读书不看报，漫游，抢劫，乱伦，骂上帝。这位怀疑主义的子弟尚未成熟，他的诗中的人物，都是捣蛋的美少年，胆大，气醇，赋厚。

老年人的仁慈是看清了种种天真。拜伦的诗和尼采的哲学，在我看来是如何的乳气，生的龙、活的虎，事事认真，处处不买账。

别以为从来就有个人主义，不，个人主义是从人的自证，人的觉醒，人与人的存在关系，然后才在世界范围内发展成个人主义。个人主义不介入利己利他的论题，是个自尊自强的修炼——但不必说出来。

上次未讲《儒林外史》等，下次讲到中国时，再讲。

十九世纪，想起来真是音乐、文学的嘉年华（二十世纪是绘画的嘉年华）。十九世纪文学之好，二十世纪达不到，看来人们也不愿意回顾。十九世纪被忘掉了，十八世纪更是"老掉牙"了——无知的人总是薄情的。无知的本质，就是薄情。

英国人说，十九世纪，上帝给我们太多文学的天才，音乐、绘画的天才就不肯给我们了——当十九世纪曙光初露时，英国诞生了几位天才诗人：华兹华斯、柯勒律治、骚塞。三人并称为"湖畔诗人"（Lake Poets），因三人在湖边做朋友，写诗得名——三人诗风是不一样的。接着又有拜伦、雪莱、济慈，更有名望。这样六个人，造成英国诗台的灿烂局面。

到维多利亚时代，出诗人更多，丁尼生、罗塞蒂兄妹、勃朗宁夫妇、哈代，等等，几乎可以和唐代媲美。不过先要打招呼，如果你们读原作，会觉得如此天真直白简单，看唐诗不会有这感觉。可在当时的英国，以为大好。

华兹华斯与柯勒律治的《抒情诗集》（*The Lyrical Ballads*，1798）出版，是英国浪漫主义的开始。序言中宣布的所谓英国文学新精神，现在读来有点言过其实，当时就是这样的（法国浪漫主义上台时，几乎吵架似的吵上来）。

威廉·华兹华斯（William Wordsworth，1770—1850）。律师

的儿子。剑桥受教育。1790年游欧，正值法国大革命。他同情革命者，与吉伦特派成员（Girondists）交朋友，回国后职志做诗人。当时诗人是没有收入的，他以律师、记者职业营生。时值他好友死，遗九百镑，遗嘱要他专以这笔钱做诗人——这样的事多美！华氏靠这九百镑成为诗人。

他在山顶租宅，在湖畔与柯勒律治和骚塞作诗。不久父死，又得遗产，更兼高职，以后得"桂冠诗人"（Poet Laureate）称号，高寿八十。诗人中运气最好的大概是他。

他歌咏自然与人生，以农家风物、儿童天趣入诗。

上次讲过柯柏，亦喜咏自然，但咏的是自然的外观。华氏以自己的情绪、情感观照自然，东方人读或感觉亲近，与王维略近，但王诗更恬淡隽永。华兹华斯与陶渊明比，更大不如，但在英国人看来，不得了。

我早年看这些英诗：写得真老实。他们写散步，就老老实实写。法国人卢梭晚年写过几次散步，写得好，真是成熟了，与写《忏悔录》时的卢梭不一样。大陆出版了这本书，买不到，我对它印象很好，内容记不得了，很想再看看。大家留心中文版《最后的三次散步》（*Rêveries du promeneur*，一译《一个孤独漫步者的遐想》）。

比较起来，华氏的抒情诗最好，题材、思想、文字，皆朴素。写小猫，小孩的自白，少女天真的对话和落叶。有诗曰《我们是七个》（*We Are Seven*），写不知生也不知死的小孩之间无邪纯真的对话，感人肺腑。

二十世纪，淳朴童真的小孩没了。现代、后现代的孩子，耶稣恐怕不答应他们进天国，耶稣说：孩子，去玩电脑游戏吧。

塞缪尔·泰勒·柯勒律治（Samuel Taylor Coleridge，1772—1834）。幼年失怙，在慈善学校长大。好读书，凭用功进剑桥，但游心于宗教、哲学书中。后来去当骑兵，不久又作罢。娶骚塞妻妹，得友人助，游德。写《莎士比亚论》之后成名。抽上鸦片，渐颓废。后来将妻儿托给骚塞，独往伦敦混了十九年，死了。只有许多未完成的诗和大计划。

名诗是《古舟子咏》（*The Rime of the Ancient Mariner*），叙事性质。他好写怪诞的故事，但文笔浓郁。他与华兹华斯性情完全不同，却是好友。或出于雅量，或是补偿心理。

罗伯特·骚塞（Robert Southey, 1774—1843）。布商的儿子。初入西敏寺公学，因发表反对体罚制度的文章而被开除。后来进入牛津。一时穷困，奋斗。正当成名，却因用脑过度而神经衰弱。据说出过一百零九本书，神经是要受不了（我不写这么多书，大家也别写这么多）。诗风与华氏相近。也有说法认为他的成就是散文。名作有《纳尔逊将军传》（*The Life of Horatio Lord Nelson*），据说是不朽之作，我没读过。

沃尔特·司各特（Walter Scott，1771—1832）。苏格兰爱丁

堡人。大学学法律，但志在小说。晚年负债重，身体衰弱。诗以古韵文传奇作蓝本，但思想新颖，文笔活泼，当时极受欢迎。

以上都是十九世纪前期的诗人。

拜伦。我的讲义写了十六页，曹雪芹先生可能有意见了。

乔治·戈登·拜伦（George Gordon Byron，1788—1824）。得年三十六岁，标准天才型人物的死亡。生于伦敦。父亲是家事不管的花花公子。母亲脾气坏。拜伦从小不相让，吵。拜伦是个穷的贵族。妈妈骂他"拐子"，他说：说这话的还是个人吗?

不幸的童年，使人性格尖锐。

上大学后是个捣蛋鬼，受罚。向往异国情调——这是十九世纪的特征。二十一岁游西班牙、希腊、土耳其，边游边写诗，就是《哈罗德游记》（*Childe Harold's Pilgrimage*），哈罗德是诗中主角名字。诗寄回英国，头两卷发表后，拜伦说："我一早醒来，一夜成名，成为诗台上的拿破仑。"

这就是拜伦：说得出，做得到；做得到，说得出。

1815 年结婚，1816 年离婚（正式分居）。就是这样。这种婚姻，就是拜伦风格。当时英国多么保守，舆论大哗。他一怒之下离国出走，说永远不回来了。

拜伦的脾气。

他是贵族、诗人、美男子、英雄，是多重性质的象征。我小时候一看这名字，还没读作品，就受不了了。再看画像，更崇拜。宝玉见黛玉，说这位妹妹好像哪儿见过。我见拜伦，这位哥哥好像哪儿见过。精神血统就是这样。席勒，我总隔一层；雪莱，我视为邻家男孩；拜伦，我称为兄弟。

人类文化至今，最强音是拜伦：反对权威，崇尚自由，绝对个人自由。

真挚磅礴的热情，独立不羁的精神，是我对拜伦最心仪的。自古以来，每个时代都以这样的性格最为可贵。

英国文学，莎士比亚之后，公推拜伦。

《哈罗德游记》历时六年，第一、第二篇以西班牙、葡萄牙、希腊、阿尔巴尼亚为背景。第三、第四篇以比利时、瑞士、意大利等地为背景——不是游记，而是见景生情。

我定义为"世界性的大离骚"。

在地中海的波浪间，在意大利的古堡间，在瑞士的雪山下，他的诗一句句涌出来。

坦白讲，我少年时得了这本《哈罗德游记》，屈原的《离骚》《九歌》就搁一边了。今年春节的那几天，我还用"哈罗德二世"的题名，写了一首诗。

另一本诗集名《海盗》（*The Corsair*），叙事诗，以地中海为背景。因陆地已为种种制度束缚，只有海上可以逍遥。主角康拉德（Conrad），崇高纯洁，但被人极度排斥，愤而当海盗，靠船、喽啰、剑术，一概反抗岸上的人类，只爱他的妻子，后来妻子死了，漂流不知所终。

《海盗》1814 年出版，正是英国诽谤拜伦达于顶点时，一出，销量即达一万四千册。当时每个沙龙都谈拜伦，谁不读，谁就是落后分子。

拜伦最重要的诗是《曼弗雷德》（*Manfred*），是他从瑞士阿尔卑斯山到意大利时所作。主人公曼弗雷德是个强烈的异端，悲观、厌世。当时歌德的《浮士德》第一部也刚问世——欧洲就有如此精神上的明星——歌德说："此诗是模仿我的，但却是一种新的东西。"法国人丹纳（Taine）评价二者曰：浮士德是庸俗的，曼弗雷德是血性的；歌德是普遍的，拜伦是个人的。

我来打个圆场，做点补充：《浮士德》之意义在于普遍的象征性，其精神是一面旗帜。旗帜是一片布，布有什么精神呢？而《曼弗雷德》是一把剑，是要杀伐的。歌德是伟人，四平八稳的——伟人是庸人的最高体现。而拜伦是英雄，英雄必有一面特别超凡，始终不太平的。英雄，其实是捣蛋鬼，皮大王，捣的蛋越大，扯的皮越韧，愈发光辉灿烂。

英雄和伟人是不同的。用在历史人物上，试试看，很灵的。嵇康是英雄，孔子是伟人。

莎士比亚的诗剧是可以上演的，拜伦的诗剧如《曼弗雷德》，不能上演。曼弗雷德有个妹妹，容貌神色肖其兄。两人亲爱逾度，成乱伦关系。后来曼弗雷德自悔，与妹妹争执，杀之，重罪，逃往阿尔卑斯山间徘徊。他受到良心的谴责，极端痛苦，但不肯依赖宗教求得解脱。有七个精灵来问他：你祈求的是什么？他不答。精灵说：开口呀，你要掌有最高的权力，我们也给。曼弗雷德高叫道：我什么也不要，只求忘掉自己。精灵说：那只有死。曼弗雷德说：死后而灵魂不灭，还是不能忘掉自己。

这诗很阴郁的。善恶只能自己判断。

歌德诗如交响乐，拜伦诗如室内乐。

另有诗剧名《该隐》（*Cain*），比《曼弗雷德》更强烈。也可谓文学史上最疯狂的作品。司各特评之为"伟大的剧本"，雪莱称拜伦为"弥尔顿之后无敌的大诗人"，托马斯·穆尔（Thomas Moore）写信给拜伦："《该隐》真可惊恐，令人不能忘情……这剧将永存世界人类的心底。谁都要拜倒于《该隐》之前。"歌德称此诗是空前的大作品，在英国文学上无可比拟，他甚至劝友人念好英文，读《该隐》。

故事来自《圣经》（诸位忙，可能还没读《圣经》）。亚当、夏娃罚到世界后，生子，即该隐。该隐种田，其弟亚伯（Abel）牧羊。奉祭耶和华时，该隐供五谷，亚伯献小羊。耶和华喜纳小羊，却拒绝五谷。该隐怒而烧之，把亚伯也杀掉了——他以为人在世上即罪孽，一切困苦他一人担当算了。耶和华将该隐逐到旷野，要他永久受人诅咒。该隐就把儿子也杀了，不想让儿子长大也受罪。

其实我们在大陆，都是曲曲折折的该隐。

英国朝野一致认为拜伦是恶魔，在有神论的世纪，此诗太强烈了。奇怪的是，《旧约》记录了该隐的故事。如果没有真事，不必编造——这明明是为异端树碑立传。

大陆出过他的《唐璜》(*Don Juan*)，是他最后的作品，未完成，共十六篇，取材西班牙民间传说，借以攻击英国的伪君子。唐璜，风流男子，风流偶傥，十六岁爱上五十多岁夫人，事变后出逃，途中遇海难，漂流到一岛，与海盗之女恋爱，被海盗卖掉。乔装潜入土耳其后宫，与宫女杂处。后又逃亡俄国，得到女皇叶卡捷琳娜 (Empress Catherine) 宠幸，受命出使伦敦，骂那些虚伪的贵族。

这首长诗非常见功力，地理、环境、战争，凿凿有据，知识渊博，观察精到，手段充分。拜伦自称不读书，死后发现其藏书里满是注解，真是天纵英才。1948 年我乘海船经台湾海峡，某日傍晚，暴雨过后，海上出现壮丽景色：三层云，一层在天边，不动，一层是晚霞，一层是下过雨的云，在桅顶飞掠——我说，这就是拜伦。

而我当时的行李中，就带着拜伦诗集。

拜伦拐腿，拐得好，非常拜伦。我首推司汤达描写拜伦。司汤达在世上最崇拜拿破仑和拜伦。有次在意大利，一晚会据称有拜伦。司汤达大喜，去，原来座位就在拜伦旁边。远远看见拜伦入场，他已昏昏沉沉，根本无心听音乐。他说拜伦皮肤如大理石中点了灯。那晚，他说未听到音乐，但看到了音乐。

歌德对拜伦一往情深，不可自抑。《浮士德》有一个人物，名欧福良（Euphorion），是浮士德与海伦之子，豪迈不拘，后来堕海夭折了，这是写拜伦。而歌德一大段悼念欧福良的诗，很明显，针对拜伦。

在我看，拜伦的一生是十足的诗人的一生，是伊卡洛斯的一生。

为了希腊独立，拜伦倾家荡产。他奔赴希腊前线，任起义军司令，得热病死去，整个希腊为之哭泣，鸣炮志哀。尸体运回英国，伦敦人山人海迎候，引为英国的光荣。伪君子和反对他的人都想与他沾点关系。

拜伦的精神家谱是西方的怀疑主义。这主义从古希腊一路下来，初始都用心用脑，但没有胆。蒙田临终，世故圆滑，请来神父（他想不到三百年后一个中国人会算他的账，算他头脑与膝盖的账）。歌德一有机会就赞美拜伦，因为在文学上或生活上，拜伦做了歌德想做而不敢做的事。伟人能够欣赏英雄，但英雄未必瞧得起伟人。

李清照懂，有诗曰："所以嵇中散，至死薄殷周。"

怀疑主义世家的长长谱系，到了拜伦，是出了英雄好汉。李白、杜甫，不属于怀疑主义世家，想做伟人，没做成，诗仙、诗圣也。金圣叹、李贽等等是怀疑主义者，但本钱不够。战国以后，中国没有出大思想家。鲁迅，是一个人物。他早期的思想宣言《摩罗诗力说》，就对拜伦大为赞扬，以为要救中国，必须提倡"恶魔精神"，可惜鲁迅先生的抱负只在反帝反封建，可惜他刚刚开始怀疑，就找到了信仰。

拜伦的个人至上，纯粹的独立，纯粹的自由，其实就是尼采的超人意志。

拜伦是本能的天性的反抗。

一百多年过去后，可以说，拜伦是"超人"的少年时期，是初出茅庐、跟着感觉走的超人。他的哈罗德、康拉德、曼弗雷德、该隐、唐璜，都是语言横蛮的小伙子，不读书不看报，漫游，抢劫，乱伦，骂上帝。这位怀疑主义的子弟尚未成熟，他的诗中的人物，都是捣蛋的美少年，胆大，气醇，赋厚。

尼采一来，超人进入中年壮年，他不再如拜伦诅咒上帝，干脆宣布上帝已死，更提出系统的理论。这是哀乐中年说的话。

所谓"哀乐中年"，是指中年人的悲乐格外深切。尼采纯然活在哲学中，生活一片空白、一片干旱，是个喝不到酒的酒神，所以疯了。疯了，就没有"晚年"可言——超人的晚年也要的。人到了老了，特别怀念少年时期。

青春活力是不浮夸的，装出来的活力才浮夸。拜伦的轻狂是一点不做作的——他喝酒，喝完就把杯子摔掉，说：我喝过的杯子不许别人再喝——尼采有没有在作品中看到他的先驱拜伦？我没有发现。

老年人的仁慈是看清了种种天真。拜伦的诗和尼采的哲学，在我看来是如何的乳气，生的龙、活的虎，事事认真，处处不买账……我是个残忍的人，一看再看，实在看得多了，徐徐转为仁慈。仁慈是对自己的放松，但对世事不放松。

艺术家是不好惹的。

超人有他的少年期、中年期、老年期。但超人没有更年期。

最后打个圆场：我们这个世纪、这代人的价值在哪里？

可以秋后算账。

拜伦只会叫：这是不对的！不公平的！不能忍受的！尼采呢，大老板（上帝）死了，小老板（耶稣）又不在，于是他说，一切重新估价。

拜伦可以流亡，做强盗，做 play boy，做军队统帅。他可以，他长得漂亮。但他的道路决不是普遍性的。尼采的"一切重新估价"呢，他来不及重新估价。从他死后到目前的一切，也需要重新估价。

过去的讲法：达则济世，穷则独善。我讲：唯能独善，才能济世。把个人的能量发挥到极点，就叫做个人主义。

不妨做个更通俗的图解：

希腊，开始认识自己；文艺复兴，是中世纪后新的觉醒；启蒙主义，是我们可以做些什么；到浪漫主义，是个性解放；到现代，才能有个人主义。

我的意思是，别以为从来就有个人主义，不，个人主义是从人的自证（希腊），人的觉醒（意大利），人与人的存在关系（法国），然后才在世界范围内发展成个人主义（以英、法、德为基地）。个人主义不介入利己利他的论题，是个自尊自强的修炼——但不必说出来。

二次大战前夕，是欧洲个人主义发展到最丰盛的不言而喻的时期。大战后忽然糊涂了，乃有存在主义。存在主义是个人主义的走调，个人主义是不言而喻的。

中国自外于世界潮流。中国没有个人主义。

"五四"以后，要在几十年内经历人家两千年的历程，也因为没有个人主义。革命一来，传统里没有"个人"，一击就垮。

这样来看拜伦以前如何，拜伦之后如何，所以见其可爱。

我这样形容他：至性，血性，男性。

在这一点，任何西方伟大的诗人都不能与拜伦比拟。

以下是一首小诗：

就此别了吧，

就是别了吧，

如果是永远也别了吧，

虽然我不原谅你，

也决不会背弃你，

就此别了吧，就是别了吧，

如果是永远也别了吧。

好，我们开了一个拜伦追悼会。来个大题小做：大家画画都找不到自己的风格，怎么办？所谓风格：由你来重新估价一切——下手马上不一样。

塞尚（Cezanne）重新估价苹果、风景……这又是小题大做。估价一切，本钱要足：天性，然后是修养。每个艺术家都要重新估价。

顺便说说——写作，论你尊敬者，"论"字放在后，如《塞尚论》、《鲁迅论》。论你不很尊敬者，"论"字可放前面，如《论某某某》。论不及水准者，不用"论"，起个别的题目，如《此岸的克里斯朵夫》、《塔下读书处》。

十九世纪英国文学（二）

一九九一年三月二十四日

二十岁，鼓呼爱尔兰解放运动，发传单，号召人民反抗政权。脸长得像姑娘，却是个脾气很大的造反派。他被家庭赶出，被学校赶出，被国家赶出（这是命。我少年时也被上海市长吴国桢批准的开除书开除，寄到家，我妈妈昏倒，家乡舆论大哗）。

鲁迅《伤逝》中涓生的屋里，墙上挂着雪莱的肖像。我小时候心目中的诗人，就是雪莱、拜伦、普希金。秀丽，鬈发，大翻领衬衫，手拿鹅毛笔——那时看到这副样子，就觉得是诗人，羡煞，却没想到"诗"。

我们小时候的小学教科书，有许多世界名著。唱莫扎特，我们却不知道。那时我就在教科书上读到了勃朗宁的诗，非常喜欢，叫做《花衣吹笛人》。这首诗有寓言童话的性质，但更有诗味。现在想想，我也是那个吹笛人——讲世界文学，就是吹笛呀。

我曾买到勃朗宁诗集，英文，很珍爱。"文革"中穷极，拿到上海旧书店卖。老板懂，看后说："他的诗没人要，他太太的我要，你有吗？"我只好将书抱回，一路上想："他要他老婆的，他要他老婆的。"

西方就有这好处：有这样健康的爱情教科书。中国要么道德教训，要么淫书；要么帝王将相画，要么春宫图。

我写东西时与奥斯汀和狄更斯比，奥斯汀太啰嗦，狄更斯太通俗，但我就是喜欢这两位作家。艺术上前人和后人的关系，是艺术上的天伦关系：前人哺育后人，后人报答前人，成天伦之乐。

珀西·比希·雪莱（Percy Bysshe Shelley，1792—1822）。英国古贵族子弟，世代传承。他有继承爵位和财产的权力，但和父亲合不来。十九岁宣布自己的"无神论"。出小册子，名《论无神论的必然性》（*The Necessity of Atheism*），与父亲闹翻，被牛津除名。又与一位非贵族女子结婚，被家庭逐出。这段婚姻又不幸，不久离婚。妻子在离婚后自杀。

同情他的身世。一个不安于既成见解的人，在当时就以"无神论"为标志，又打破贵族门阀观念。

二十岁，鼓呼爱尔兰解放运动，发传单，号召人民反抗政权。脸长得像姑娘，却是个脾气很大的造反派。第一部长诗《麦布女王》（*Queen Mab*），被当局仇视。1811年，他被家庭赶出，被学校赶出，被国家赶出（这是命。我少年时也被上海市长吴国桢批准的开除书开除，寄到家，我妈妈昏倒，家乡舆论大哗）。

雪莱去瑞士旅行，在日内瓦湖边碰到拜伦，从此友谊深厚，说死也为拜伦死。拜伦抽鸦片，请雪莱过海取货，结果溺死了（小道消息）。

拜伦与雪莱同时被介绍到中国。鲁迅《伤逝》中涓生的屋里，墙上挂着雪莱的肖像。我小时候心目中的诗人，就是雪莱、拜伦、普希金。秀丽，鬈发，大翻领衬衫，手拿鹅毛笔——那时看到这副样子，就觉得是诗人，羡煞，却没想到"诗"。

少年人都是由表及里的。

"我要把内心的光传给世人。"他少年时在泰晤士河畔立誓。

当时看了真感动啊！

现在以人生观、世界观、艺术观论，我和他已经没法谈了，好像童年的衣服，不能穿了——他当时"内心的光"，无非人民、平等、自由、博爱。今天怎样？哪里像他那时想的。艺术没有进化可言——艺术家却要不断进化。

这进化，指的是超越时代。

当时他是先知。他站在他的时代前面。我们今天读他的诗，也要站在今天的前面。

浪漫主义是一种福气，我们轮不到享受这种福气了。也因此今天我能写出和拜伦、雪莱不一样的诗。

他 1818 至 1822 年在意大利，创作力非常强盛：《伊斯兰起义》(*The Revolt of Islam*)、《解放了的普罗米修斯》(*Prometheus Unbound*)、《倩契一家》(*The Cenci*)、《给英国人民之歌》(*Men of England*)、《自由颂》(*Ode to Liberty*)、《西风颂》(*Ode to the West Wind*) ……他都想在诗中解决问题，在诗中做政治宣言。普希金也如此。其实那时谁懂政治？我们现在读到十九世纪所谓民主、自由的政论诗，都会感到幼稚滑稽。

非正式排排队：所有以思想"革命"的，有如下几类：

感觉上的民主主义——古代希腊民主思想。

感情上的民主主义——启蒙时代的浪漫主义和自由主义。

理论上的民主主义——社会主义、共产主义。

行动上的民主主义——暴力、独裁。

思想上的民主主义——二十世纪成熟的思想家。

十九世纪的民主主义，就是"感情上的民主主义"。雪莱如果不死，世人会说他是个"革命者"。拜伦如果不死，我看他是"反革命"——我喜欢反革命分子拜伦。

凡属于感情上的民主主义，现在看，是受不了的，可以说过时了，预言、反抗等等，过时了。《西风颂》有句"冬天来了，春天还会远吗？"这是雪莱的名言。

世界哪里是那样的。好人读了要上当的。

雪莱与拜伦性格不一样的。拜伦因为思想上的不成熟，呼天抢地宣扬他的怀疑，雪莱也因为思想上的不成熟，欢天喜地维持他的信仰——说句老实话，我看他们写的诗，只当风景看看。说一句狂妄严厉的话：他们都不懂得写诗。

西方人真正会写的，是小说，不是诗。中国人才会写诗，但不会写小说。现代中国人，散文、小说、诗，都不知道怎么写了。

约翰·济慈（John Keats，1795—1821）。一个清清白白的唯美主义者（王尔德后来成了个肮脏的唯美主义者）。诗篇《艾德美》（Endymion，也称《恩底弥翁》），取材希腊神话，初出时被世人骂，他气得发疯。他不知道可以视批评家为刍狗，也不知道知名来自误解。他老实，没有我这样老奸巨猾，他气出肺病来。他与雪莱、拜伦都通信，那信写得真好。

他应雪莱之邀到意大利养病。那时没飞机，马车颠过去，到了意大利，肺病已是后期，完了，二十六岁死于罗马。

病也有时代性。那时作兴肺病。

他是诗之花，是个薄命的男佳人。他与雪莱、拜伦不一样，一味赞扬美，对人间世事概不在怀。不过他们那时的唯美，照我看，唯是唯了，美还不够美。

不过想回来，对一朵花不能要求太高。一朵花活二十六年，已经不短了。他的墓在罗马。丹青去时还不知道，没去拜访，以后要去。

"这里躺着的是一个姓名写在水上的人。"（Here lies one whose name was writ on water.）这是他的墓志铭。

我最喜欢司汤达的墓志铭：

"活过，写过，爱过。"（visse, scrisse, amò.）

厉害得不得了，又谦虚又傲慢，十足阳刚。

济慈的诗：《艾德美》、《伊莎贝拉》（Isabella）、《夜莺》（Ode to a Nightingale）、《古瓶颂》（Ode on a Grecian Urn）。雪莱像云雀，济慈像夜莺。他总是写夜莺。

直到十九世纪末，维多利亚时代诗名最大的是丁尼生。

阿尔弗雷德·丁尼生（Alfred Tennyson，1809—1892）。桂

冠诗人，文学史上位置很高。其父为牧师，有三子，丁尼生最小。上剑桥"三一学院"时，作诗得奖。他的哥哥也擅诗，两人合出诗集。不久独自出诗集，三年后又出一本，但都被批评家严厉否定。他自此隐居九年，直到1842年，再出新诗集，诗名大噪。丁尼生最后得爵位，得桂冠。

温和，明净，讲究音韵，合英国绅士口味。长寿。他是英诗史上的福人。福人往往是俗人。我不喜欢丁尼生，桂冠诗人尤其讨厌，好像皇家宠物。

勃朗宁和丁尼生被称为当时的"诗台双星"。但我喜欢勃朗宁。

罗伯特·勃朗宁（Robert Browning，1812—1889）。受教于伦敦大学，一生生活宁静。早年写过戏剧，不好——他是诗人。后来找到自己，出诗集《铃铛和石榴》（*Bells and Pomegranates*）、《男人和女人》（*Men and Women*），渐得大名。

我们小时候的小学教科书，有许多世界名著。唱莫扎特，我们却不知道。那时我就在教科书上读到了勃朗宁的诗，非常喜欢，叫做《花衣吹笛人》（*The Pied Piper of Hamelin*）——有一个大城，老鼠成灾，市长招募灭鼠的能人，允诺厚赏。一个穿花格子衣服的流浪者说能灭鼠，市长高兴，请他行事。花衣吹笛人便吹响笛子，老鼠纷纷出洞来到他脚边，他边走边吹，走到河边，鼠群统统掉到河里淹死了。花衣吹笛人向市长讨报偿，市长赖账不认。吹笛人笑笑，转身走出市府，边吹边走，全城的小孩跟着他走出城门，不知去向。

这首诗有寓言童话的性质，但更有诗味。现在想想，我也是那个吹笛人——讲世界文学，就是吹笛呀。

他是个博大精深的诗人，淡远简朴中见玄思。他是写给少数智者看的，所以纪德称他"四大智星"之一。他像一座远远的山，不一定去爬，看到他在，我就很安心。他相貌极好。

伊丽莎白·芭蕾特·勃朗宁（Elizabeth Barrett Browning，1806—1861），通常称勃朗宁夫人。她是英国女诗人中最有成就的，相貌也极美。生于伦敦，知识广博精深，翻译希腊文学（《被缚的普罗米修斯》）。她最爱弟弟，弟弟不幸死于海难，她悲痛，隐居，以至瘫痪。

她名气大，长罗伯特·勃朗宁六岁。勃朗宁求婚。她先拒绝，后来感动，结婚。在意大利度蜜月，由于爱和葡萄酒，她康复了，能走路了。伍尔芙小说《爱犬富莱西》（*Flush: A Biography*），以他俩的宠狗的视角，描写他俩恋爱，写得真诚质朴。两人楼上楼下分别写商籁体（Sonnet，也称十四行诗），倾诉爱，交换：

不要怕重复，再说一遍，再说一遍，你爱我！（《葡

萄牙十四行诗集》第二十一首，*Say Over Again* ）

充满真情。他俩是世界上最完美的爱侣（李清照才高于丈夫太多，还是寂寞的）。勃朗宁夫人死在意大利：她与丈夫谈心说笑，觉得累了，就偎在他臂上睡去——无病痛，死了。《被放逐的戏曲》（*A Drama of Exile*）、《孩子的哭声》（*The Cry of the Children*），是她的名诗。流传最广的是她写给勃朗宁的诗。

我曾买到勃朗宁诗集，英文，很珍爱。"文革"中穷极，拿到上海旧书店卖。老板懂，看后说："他的诗没人要，他太太的我要，你有吗？"我只好将书抱回，一路上想："他要他老婆的，他要他老婆的。"

讲到马修·阿诺德（Matthew Arnold，1822—1888），文学理论和批评都要引他的话。他和丁尼生、勃朗宁恬静乐观的作风不同。他是怀疑论者。在牛津（大学）教诗歌，刊行诗集。但他的批评家名气压过诗名。死在意大利（我看不死则已，要死死在意大利）。

时代有点像个人：人的心情，明一阵，暗一阵，时代也如此。到阿诺德，理智和信仰冲突，直到悲观。再难受一阵子，济慈的后人又开始走济慈的唯美道路。

先有绘画的"拉斐尔前派"（Pre-Raphaelite），后来推广到文学。什么都不管，只想古代、中古、唯美。首领就是罗塞蒂兄妹。他们是意大利人，诗人，画家。

但丁·加百利·罗塞蒂（Dante Gabriel Rossetti，1828—1882）。他的十四行诗，据说是英国最好的。他的画怎样呢，不怎么样，只多了一种造型。他所特别喜欢的女性的脸，后来影响到鲁迅喜欢的比亚兹莱（Aubrey Beardsley）。

诗更有名的是克里斯汀娜·罗塞蒂（Christina Rossetti，1830—1894）。与勃朗宁夫人并称。有诗《鬼市》（*Goblin Market*），成名作。有一天，美国沙龙，克里斯汀娜在。青年文艺家在谈诗，谈到狂妄处，旁坐的罗塞蒂妹妹忽然站起来，说："我是克里斯汀娜·罗塞蒂。"然后离去。众人无话可说。

风范可嘉。

同时有莫里斯（William Morris），梅瑞狄斯（George Meredith），斯蒂文森（Robert Louis Stevenson），王尔德，哈代，斯温伯恩（Algernon Charles Swinburne），等等。均善诗。

哈代（Thomas Hardy）写诗起家，后来以小说得大名。八十三岁还出过诗集。还有一位道生（Ernest Dowson），其哀歌受人称赞，写酒、恋爱、失望。迷恋巴黎，是个颓废诗人，诗史总要提到他。另有一位菲兹杰拉德（Edward FitzGerald），译者，译波斯《鲁拜集》（*The Rubaiyat*），名载文史。十九世纪末，爱文学的青年每人一本《鲁拜集》。

这是文学史上的风流韵事。我在十三岁时见到《鲁拜集》

译本，也爱不释手。奇怪的文学因缘，凭本能觉得好。

那时的诗，已摆脱神话英雄事件。自湖畔诗派起，已倾向生活、爱、儿童、自然，属于感情上的民主主义。他们主张永恒的主题，但方法是向回走的。向回走的作用，是借古代的弹力，弹到前面。文艺复兴"三杰"都借古希腊之力，弹到前面去。

以诗论，勃朗宁强，借古代，显示现代气息。赏十九世纪英国诗，要保持距离，别以为诗到头了。不，诗的可能性多着呢。十九世纪的诗的矿藏，只发掘了一部分。

我写诗，神话、英雄、自然、爱情、儿童，都没有。诗的大路还有人在走——其实没人走——诗还大有作为。

十九世纪英国诗，值得读。维多利亚王朝的英国诗人，真如群星灿烂，讲不胜讲。中国人要好自为之。唐诗，仿佛是远山，是诗的背景——诗应该从我们这儿开始，移到近景来。曾用过的诗的材料、方法，我看都不是好材料、好方法。这个感觉我早就有，但不能公开说，说了，要被囚进疯人院。

但是十九世纪的小说，如哈代的几部，可以说是登峰造极——现在，我们自然而然从诗流到小说。

十九世纪英国小说谁开头呢？玛丽亚·埃奇沃思（Maria Edgeworth，1768—1849）。生于爱尔兰，终身不嫁。第一部小说《拉克林特堡》（*Castle Rackrent*），写地主农民。她的小说写社会问题，趣味浓厚忠肯，死时八十一岁。司各特很赞赏她。

第二位小说家就是司各特（Walter Scott，1771—1832）。也兼诗人，诗名高时，写了小说《威弗利》（*Waverley*），不自信，隐名出版，却大受欢迎。此后作二十九部小说，部部受欢迎。文笔收转自如，材料极其丰富，歌德大赞，称其伟大。晚年穷困，过度工作以偿还债务，虽然许多债本可以不用还的。

接下来是简·奥斯汀（Jane Austen，1775—1817）。《傲慢与偏见》（*Pride and Prejudice*）的作者，与司各特同代，很特异的女作家，生前几乎无人知道这么个女作家，小说名实相符。她的作品我以为是不易读的，写凡人凡事，六部小说，前后很完美。她的讽刺很平静，简朴的手法，很秀美。

女性作家中我非常推崇奥斯汀，有天才，有功力。那时女人写小说是笑话，要被人看不起的。奥斯汀就在那种翻板的小桌上写，听到脚步声，连忙盖上桌面。这样提心吊胆的写作生涯，竟能完成六部长篇小说——天才是埋没不了的。

查尔斯·狄更斯（Charles Dickens，1812—1870）。早年穷困，父亲还不出债，入狱，他探监。不幸的生活造就他的文学起点。他从未进过学校，一切自修。父亲出狱后送他到律师事务所工作，他不喜，宁可去当速记员，得以练习速记和文章的剪裁。得空喜欢在伦敦街头漫游（作家似乎都在大都市生活）。

初写滑稽有趣的东西登在报上，被人发现，请他去做连环画的脚本编写：《匹克威克外传》（*The Pickwick Papers*）是也。出版后，读者兴趣不在画而在文，迅速家喻户晓。

狄更斯二十五岁前后，小说开始一部部出来，广受欢迎。1842年游美，大受欢迎。晚年不写了，常在听众面前朗诵自己的作品。他的作品拍成电影最多，一拍再拍——《远大前程》（*Great Expectations*）、《大卫·科波菲尔》（*David Copperfield*）、《双城记》（*A Tale of Two Cities*）、《雾都孤儿》（*Oliver Twist*）、《老古玩店》（*The Old Curiosity Shop*）。

评价：正统文学批评说他艺术水准不够，认为是通俗小说作家。我以为这种批评煞风景。我喜欢他。在他书中，仁慈的心灵，柔和的感情，源源流出。说他浅薄，其实他另有深意。他的人物，好有好报，恶有恶报。但和中国式的因果报不同。他的这种"报应法"是一种很好的心灵滋补。托尔斯泰说：忧来无方，窗外下雨，坐沙发，吃巧克力，读狄更斯，心情又会好起来，和世界妥协。

我年轻时期忧来无方，也用这老药方。你们现在都忙，没有空闲忧恼，如果谁落在忧恼中，不妨试试：沙发、巧克力、狄更斯。

狄更斯的小说结尾，失散或久别的亲友又在一起了，总是夜晚，总是壁炉柴火熊熊然，总是蜡烛、热茶，大家围着那张不大不小的圆桌，你看我，我看你，往事如烟，人生似梦，昔在，今在，永在。

这种英国式的小团圆，比中国式的大团圆有诗意得多。我们大家在美国，说老实话，都在硬撑，谁不思念狄更斯结局中那张不大不小的圆桌？

我写东西时与奥斯汀和狄更斯比，奥斯汀太啰嗦，狄更斯太通俗，但我就是喜欢这两位作家。艺术上前人和后人的关系，是艺术上的天伦关系：前人哺育后人，后人报答前人，成天伦之乐。

威廉·梅克比斯·萨克雷（William Makepeace Thackeray，1811—1863）。响当当的大小说家。上海解放初期，许多文人看萨克雷。生于印度，五岁回英国。十八岁入剑桥，但他想学艺术，退学，写小文登报。到《浮华世界》（*Vanity Fair*，又称《名利场》）出版，成名。后来出《潘登尼思》（*Pendennis*），又以"英国十八世纪幽默家"的演讲著称。写上流社会，结构很强。讽刺寓意，好心肠，不是攻击性的。他的小说如一种皮鞋，好皮，好功夫，穿在脚上有点夹脚，不舒服。他的小说有点像任伯年，是小说能品中的大师。

爱德华·布尔沃–利顿（Edward Bulwer-Lytton，1803—1873）。早熟，母教很好，六岁能诗，十五岁出书。剑桥学生。步行游历全英国和爱尔兰。后定居法国。善谈，还在内阁参过政。作过小说《庞贝的末日》（*The Last Day of Pompeii*），情节浪漫，考证翔实。又有小说《未来的人类》（*The Coming Race*），提到当时还没有的电。

十九世纪后半叶英国文学，也是女作家领头登场：夏绿蒂·勃朗特（Charlotte Brontë，1816—1855）。她们是三姐妹，生于牧师家庭。本来是五个女孩，一个男孩，母亲死后，姨妈来照顾孩子。大女儿和二女儿都夭折了。夏绿蒂·勃朗特是老三，艾米莉（Emily Brontë，1818—1848）是老五，安妮（Anne Brontë，1820—1849）是老六，住在约克郡的桑顿村，旷野的偏僻一角，自然环境影响了她们的气质和文学风格。

三姐妹都在文学史占地位。安妮是诗人，也写小说，有名，但地位不如两位姐姐。

三姐妹在约克郡一直写到死，真正做到了生活和艺术的一元。生活和艺术家应该是什么关系？她们的实验很成功：终生不嫁，态度虔诚，成果卓越。这种自立、不嫁、求全、写，不一定使人佩服，但要深思。似乎艺术另有自己的上帝，而她们是上帝的选民。

一说《简爱》（*Jane Eyre*）是自传性的，其实她的经历和简爱不同。出书后非常轰动，直到二十世纪才冷清。艾米莉《呼啸山庄》（*Wuthering Heights*）的光辉盖过了《简爱》。

伍尔芙夫人对《简爱》的批评凶狠不留情。我以为《简爱》还是好。一是情操崇高，二是适合年轻人读，是爱情的好的教科书。年轻时不爱看此书，完了——感情上爱情上看不懂《简爱》，是个大老粗。对《少年维特》、《简爱》、《茶花女》、《冰岛渔夫》（皮埃尔·洛蒂）这几部爱情小说，如果看不懂，不爱看，那是爱情的门外汉门外婆。而且我可以判断他是个坏人，没出息。

西方就有这好处：有这样健康的爱情教科书。中国要么道德教训，要么淫书；要么帝王将相画，要么春宫图。

我到现在还想写一两部纯粹感情、爱情的小说，只是老了还写爱情，拿不出手。来美九年，敬爱情而远之。

你们还年轻，人生的季节已经错过了。如开桃花，是十日小阳春。

还是去读小说。

人生多少事，只能"虽不能至，心向往之"。人的幸福，其实就到心向往之的地步。整个音乐就是心向往之的境界，是拿不到的东西。

伍尔芙夫人扬《呼啸山庄》贬《简爱》。何苦来哉？前书适合老年人读，后书适合青年读。毛姆（Maugham）评《呼啸山庄》，说："令我想起绘画上的艾尔·格列柯（El Greco）。"

这几本书是爱情上的"福音书"。爱情在这个世界上快要失传了。爱情是一门失传的学问。

诗意上来时，文字不要去破坏它。现在我看到的中国的现代诗，字眼、文字都太刺眼（欣赏艺术需要本钱——天性、学问——没看懂的东西，是没有本钱）。

　　大家都结婚了。否则，就做个爱情上的流浪汉。已经结婚的，就地取材，自己、双方，创造新的快乐。

十九世纪英国文学（三）

一九九一年四月七日

他的行文非常迟缓，我读时，像中了魔法一样。他行文的本领，音乐家都得羡慕：如此长，温和。读时，心就静下来，慢下来。他写苔丝早起，乡村的种种印象描写，无深意，无目的。就是这种行文。

出书后遭冷落嘲骂。哈代人也老实，居然就从此不写小说了。如果我活在那个时代，一定仗义执评，痛骂那些有眼无珠的混账，使哈代先生心情转佳。

知识学问是伪装的，品性伪装不了的。讲文学史，三年讲下来，不是解决知识的贫困，而是品性的贫困。没有品性上的丰满，知识就是伪装。

什么是艺术家？要把天才用到生活上而不配，去用在艺术上者，就是艺术家。要自己识相。我第一次剃了头照照镜子，又黄又瘦，还有什么希望？这么一个人，只好乖乖儿画画，乖乖儿写文章。偶有风流，算是意外收获。

把愤慨而幽默、渊深而朴素混在一起的，是兰姆。在世界范围中，兰姆，瓦莱里，我特别认同。据说兰姆为人很好，人见人爱，我及不上。我是人见人恨。他热爱伦敦，我痛骂上海人——他脾气好，我也该学学。最好的东西总是使人快乐而伤心。魏晋人夜听人吹笛，曰：奈何奈何？

乔治·艾略特（George Eliot，1819—1880）。也是当时著名的女小说家，艾略特是笔名，很男性（乔治·桑也是笔名，很男性），本名玛丽·安·埃文斯（Mary Anne Evans）。少女时受良好教育，后来靠自学，成绩可观。通法、德、希腊、希伯来语，早年靠翻译起家。与父不合，父亲去世后离国旅游（说到旅游，想到观光业，非常痛恨。观光业一开始就不光彩。以后大家去，一定要了解该国历史。从前的大人物，一趟旅游，影响一生）。回国后迁去伦敦，住在《西敏寺评论》（*Westminster Review*）杂志出版人家中，任编辑，也大量投稿——最理想还是一大笔遗产，终生旅游。

初有短篇小说集《教区生活场景》（*Scenes of Clerical Life*），不太为人注意（始用乔治·艾略特笔名）。四十岁发表第一部长篇小说《亚当·彼得》（*Adam Bede*），出名。众人猜作者是谁——狄更斯段数高，不猜人，看笔调，说：一定是女作家。

后与评论家刘易斯（George Henry Lewes）同居，刘易斯有妻子，在守旧的英国舆论界，对此倒也不太责备，可见他俩很相配。刘易斯的思想后来在艾略特的小说中大有流露。爱情的内容其实很简单，没有多大内容。为何有的爱情造成这样大的历史景观？因为遇到挫折，不让他们爱，于是道德、智慧出现，才显得伟大。光是爱情，有多少东西？歌德说："高昂的热情，坚持不了两个月。"一个高明的演员，在台上的高潮不超过二十分钟。

爱情显得好时，不是爱情，是智慧和道德。刘易斯与艾略特的爱，相互影响，所以长久。

作品风格质朴，热烈，人事描写都写得实在而单纯。通体看来，很大气。就文学成就看，高于勃朗特三姊妹。毕生著作《罗慕拉》(*Romola*)，我没有看过。据说参考书用了五百多种。一般评论，英国女小说家以乔治·艾略特最伟大。

金斯莱兄弟。哥哥查尔斯 (Charles Kingsley，1819—1875) 更著名。终生任传教士。剑桥毕业，留任历史学教授。著作多。有小说、散文、诗。勤奋。小说三十五本，其中《希帕蒂娅》(*Hypatia*)，写一位优秀的希腊女子宣讲新柏拉图思想，被基督徒杀害。《水孩》(*The Water-Babies*) 是英国孩子热衷阅读的小说。弟弟亨利 (Henry Kingsley，1830—1876)，写过三部战争小说，名不如兄。文学史上总称"金斯莱兄弟"。

二流作家有威尔基·柯林斯 (Wilkie Collins，1824—1889)。他以情节取胜，写恶人，让人钦羡。为什么写恶人呢？司马迁擅长写、也喜欢写恶人。恶人有一种美，司马迁把他们列入"列传"。张飞在传统戏曲中是黑脸，但在颊边添些粉红，看去很妩媚。梅里美 (Mérimée) 也爱写恶人，强盗，流氓——卡门多恶，做爱时苍蝇多，击蛋于墙，移苍蝇叮蛋，自己脱身。

有本事，拿自己作模特，写出一个恶人，恶得美丽。

还有查尔斯·里德（Charles Reade，1814—1884）。文字风格很好，写淘金、游民。听说写文艺复兴很有本领。

刘易斯·卡罗尔（Lewis Carroll，1832—1898）。《爱丽丝奇游记》（*Alice's Adventures in Wonderland*）。据现在说，是为一个女孩写的。一出版即风行各地，几乎任何国家都有译本。

布莱克摩尔（Richard Doddridge Blackmore，1825—1900）。当时就写暴力，反对柔和的家庭小说。乡土味很重。

罗伯特·路易斯·史蒂文森（Robert Louis Stevenson，1850—1894），不是二流，而是大作家了。我这一辈，无人不读史蒂文森《金银岛》（*Treasure Island*），还有《新天方夜谭》（*New Arabian Nights*）。听说在英国也无人不读《金银岛》，尤为少年人喜。他是诗人，但被小说的名气遮盖。身体弱，租船在太平洋游荡，海上的空气与冒险恢复了他的健康。据说其书信写得极好，大家有心去找找看。

他的冒险小说一不写爱情，二不写悲剧。英文本领无敌，语言特别有弹性。纯技术地去享受、欣赏他的英文本领，一定很有趣。

梅瑞狄斯（George Meredith，1828—1909），杜·马里耶（George Du Marier，1834—1896），吉卜林（Rudyard Kipling，1865—1936）。这三人各有风格。梅瑞狄斯深刻，高超，文笔晦

涩。杜·马里耶是画家，后来成小说家，成功了。吉卜林最优秀，他的特点，是不用奇特材料，可以平凡事而写得恐怖。被许多人称为文坛上的"彗星"。1907 年得诺贝尔奖。曾来过中国。

乔治·艾略特、史蒂文森、吉卜林，这三人最好。

匆匆表过，留时间讲哈代。我一直崇拜他，将来可能写一篇哈代的论文。瓦莱里（Valéry）写过《波德莱尔的位置》，名字多好。我也要写《哈代的位置》。

他有多重意义。他的作品好到，在这个路子上我看到绝望为止。另一个陀思妥耶夫斯基，也让我绝望。有些伟大的作品一派拒绝模仿的气度，"不许动！"好像这么说。

托马斯·哈代（Thomas Hardy，1840—1928）。伦敦国王学院出身。十六岁学建筑，数度得皇家建筑师学会奖励，二十五岁后才专事文学。一个大问题：一个天才如何认识自己？如果哈代的才智用在建筑上，名利双收，前程远大——他不走。当时，他"一无所有"的是他的文学。一个天才是在他一无所有时，就知道自己的才能在哪方面。

起点，就要有这份自信。

然后，一本一本书，一个一个字，一个一个标点，证明自己是一个天才。

我认为哈代最好的小说是《苔丝》，全名《德伯家的苔丝》

（*Tess of the d'Urbervilles*）。还有一本《裘德》，全名《无名的裘德》（*Jude the Obscure*）。还有一本《归来》（*The Return of the Native*），中国曾有译名《还乡》。

他是真正的大家，大在他内心真有大慈大悲。他的行文非常迟缓，我读时，像中了魔法一样。文学家、画家，常会羡慕音乐家，而音乐家、画家，恐怕都得羡慕哈代行文的本领：如此长，温和。读时，心就静下来，慢下来。他写苔丝早起，乡村的种种印象描写，无深意，无目的。就是这种行文，描写，了不起。

《还乡》写的是艾格顿荒原，将来我一定要去。他的浪漫，一种平心静气的，看不出来的浪漫。我读时二十多岁，后来又读过几遍，对这本书非常迷恋。那位红土贩子，平凡，忠实。总有一天我要去艾格顿荒原住几夜。

像《苔丝》这种小说，福楼拜、托尔斯泰，看了都会发呆的。我想象福楼拜会说："我还是写得粗了，急躁了。"托尔斯泰，老实的滑头，也会说："他的才是小说，我们写的还不是呢……"如果给陀思妥耶夫斯基看，他会说："你注意到吗？我用的方法也是这样的。他用大调，我用小调。"

除了纯粹的文学欣赏，伟大的小说是可以测验人的。

哈代，陀氏，是一种方法的两种用处。公平地说，福楼拜、托尔斯泰，是耶稣的衣服的一部分，重外在；哈代、陀氏，是耶稣的心灵的一部分，重内在。排小说的位置，哈代、陀思妥耶夫斯基是第一流的。普鲁斯特、乔伊斯，不如他们。

艺术家贵在自觉。曹雪芹是半自觉的，哈代、陀氏是恰如其分地自觉；普鲁斯特、乔伊斯，太过自觉了。

《裘德》是哈代的压卷之作，不易读。我迷恋裘德这个人，他平凡，被人拖下泥潭，最后贫病交逼，高烧濒死时还在大雨中上山顶赴约。整部书悲怆沉郁，但伟大在平淡，一点不用大动作。

出书后遭冷落嘲骂。哈代人也老实，居然就从此不写小说了。如果我活在那个时代，一定仗义执评，痛骂那些有眼无珠的混账，使哈代先生心情转佳。现在历史还了公道，那帮批评家已无踪影，而《裘德》巍然长存。

我以后还要读。你们也一定要读，大陆有很好的译本。

以后我写长篇小说，一定要和两位人物商量——不是模仿——哈代和陀氏，不断不断看他们俩的书。

哈代可以教我的，是气度。向陀思妥耶夫斯基可学的，是一种文字的"粘"度，一看就脱不开了。

我们面临两种贫困：知识的贫困，尤其是品性的贫困。

哈代，多么沉得住气。伏笔吗？到后来他也不交代了。气度大！陀氏的结构的严密度，衣饰、自然、环境，都不写，全是人、对话，看得你头昏脑涨，又心明眼亮。

知识学问是伪装的，品性伪装不了的。鲁迅，学者教授还没看清楚，他就骂了。

讲文学史，三年讲下来，不是解决知识的贫困，而是品性的贫困。没有品性上的丰满，知识就是伪装。

哈代的小说，里面有耶稣的心，无疑可以救济品性的贫困。

英国小说谈到这里。还有两位可以谈谈：吉辛，王尔德。

乔治·吉辛（George Gissing，1857—1903）。短命才子，死后作品被人发掘。长得俊美，聪明，学生时每得奖，立志研究学问，十九岁时却跟一女子恋爱，造成不幸婚姻。妻子挥霍无度，逼得他偷，进监狱。出狱后流亡美国，靠写短篇小说谋生，后狼狈回伦敦。他很能写，特别是《狄更斯评传》（*Charles Dickens: A Critical Study*），但他败给一个女人。

奥斯卡·王尔德（Oscar Wilde，1854—1900）。生于爱尔兰都柏林（那儿老出文学家）。父亲是名医，母亲是文人，家庭沙龙里都是名流。幼年即博览名品，眼界气度都高阔。高唱唯美主义，宣传唯美主义，身体力行。访美，进海关时，人问有何要保险，他说："除了天才，我一无所有。"

太自觉了。用不着这样说。

剧本写得好。散文有《狱中记》（*De Profundis*，一译《深渊书简》），看是可以看的，但也就两三句话可以借借。"太阳照着是金色，月亮照着是银色，别人的事情，有一天会轮到自己。"说是很会说。大陆有《狱中记》译本，出书极少，成珍本——珍贵的杂书。萧伯纳认为，即兴的辩论，无人能与王尔德匹敌。口才极好。

他的唯美主义，是所谓"高举旗帜"的。他说："艺术模仿自然，我看是自然模仿艺术"。《谎言的颓败》（*The Decay of Lying*），论文，也写得好。我要损王尔德、罗曼·罗兰，是我从他们家进出太久，一出门就损——其实他们没有亏待我。

他说："所有的艺术都是无用的。"当时这样说，很痛快。又说："诗像水晶球，使生活美丽而不真实。"才气是横溢的——让萧伯纳佩服，不容易。他的"为艺术而艺术"，也可谓之"重新估价"。他反功利，反伪道德。他说："我是社会主义者！因为在社会主义国家，才能人人为艺术而艺术。"

现在我们可以说，那是艺术的屠宰场。我如果带他参观，一进门，墙上就挂着一张皮。我告诉王尔德：这就是唯美主义那张皮。

王尔德不愧为一个智者，言论锋利。不过，有时我想对他说：你别说得太多了。言多必失呀。

"作为一个个性独特的人，一个善于讲话、善于讲述轶事的人，王尔德是一个伟大无比的人。"萧伯纳原话。

"我把我的天才用在生活上，对于艺术，我只用了一点点。"这是他的逆论。在《道林·格雷的画像》（*The Picture of Dorian Gray*）中，他用透了这种逆论。当时看很痛快，现在看，逆论容易讨好羡慕智慧的人。我讨厌逆论，是因为说者常把读者看轻。说得通俗点，是小儿科。

　　我的东西，常被人误以为逆论，但我与王尔德的区别，是他的逆论基于说明什么东西，我并不急于说明什么。他是玉笼中的金丝雀，我是走在外面，听取一片鸟叫。

　　为人生？为艺术？这争论是世界性的。前后一百年，在社会主义国家是动武解决的，从世界范围看，这场水深火热的争论却越来越淡化，现在根本没有这种争论了。

　　大概到我四十岁时，顿悟了：为人生而艺术，为艺术而艺术，都是莫须有的。哪种艺术与人生无关？哪种艺术不靠艺术存在？

　　黑格尔讲，从小孩嘴里讲的格言，和一个成年人讲的格言，意思是不一样的。我是老人了。我为这两种思潮苦恼过几十年，现在我悟了，说了，是有意义的。给大家讲，是双重的补课。

　　我们现在到了一个新的平面，回头看，有一种重新评价的乐趣。先看中国：鲁迅真的是为人生而艺术吗？他的人生观还是比较狭隘的。他对人生的回答，还是比较起码的。徐志摩真的为艺术而艺术吗？他和艺术根本是一种游离的状态，没门儿。他的出国，不过是旅游，他的东西，没有点，没有面，没有线。所谓江南才子，他不过是"佳人"心目中的"才子"，鲁迅根本瞧不起他。他的所有东西都是浮光掠影。

　　总之，一个文学家，人生看透了，艺术成熟了，还有什么为人生为艺术？都是人生，都是艺术。

这争论，人类竟愚蠢了一百年。

少年时，人说我是为艺术而艺术。不肯承认，也不敢反对，好苦啊。

王尔德，文学技巧好，但整个控制不行。唯美到了王尔德身上，变成一种病（张爱玲也有这种病，常要犯病）。

王尔德的童话好。他的《快乐王子集》（*The Happy Prince and Other Tales*），是妙品——安徒生是神品——他的语言，妙在英国人才懂得的调弄语言。

他讲起话来气象很大。有一次喝醉后回旅馆，见纪德，一见就说："亲爱的，对人类充满深厚同情的文学，是在俄罗斯。"他又对纪德说："思想总是朝阴影飞去。太阳是妒忌艺术的。"

说得多好。

他的两大悲哀：一是唯美而不懂得美。他最喜欢的三张画根本不美，死神、裸体、翅膀之类。最怕是喜欢什么，就去艺术中找——这好比一个美食家张开嘴，口中没有舌头。二是他在生活上是个失败者。他自称"天才用在生活中"，正好相反。健康、灵活、明智、健美，善于保护自己，留后路，这才是生活中用天才。这是要本钱，要条件的。王尔德没有这个本钱。

什么是艺术家？要把天才用到生活上而不配，去用在艺术上者，就是艺术家。

要自己识相。

我第一次剃了头照照镜子，又黄又瘦，还有什么希望？这么一个人，只好乖乖儿画画，乖乖儿写文章。偶有风流，算是意外收获。伟大，才气，有什么用？面对美人，人家一笑，就跟人走了。

我们流亡国外，不好老老实实到中国街去买点菜吃。生活要保持最低限度的潇洒，不要像王尔德那样弄到老而丢脸，死在旅店。早年他与情人饮酒，挥霍无度。

他说：耶稣是第一个懂得悲哀之美的人。

最早翻译王尔德的，是张闻天。尼采的书的译者，是楚图南。

要自己会料理自己。思想家，第一不要疯。艺术家，第一不要倒下去。

本来站不直，靠艺术才站站好，怎能跌倒？连艺术的面子也会丢。我宁可同情疯的思想家，不同情跌倒的艺术家。王尔德没有晚年。他跌倒了，败了自己。所谓"不以成败论英雄"，那是指政治家、军事家。艺术，就要以成败论英雄。

哪有"此人写得不好，却是个天才"之说？

讲讲十九世纪的文学批评。

批评成为一种门类，从英国杂志开始。一是《爱丁堡评论》(*The Edinburgh Review*)，创刊于 1802 年。一是《每季评论》(*The Quarterly Review*)，创刊于 1809 年。两刊竞争，"批评"于焉诞生。

后又有二刊出，然后"评论"风行一时。这是文学的新的航向，新的福音（我一直主张办同人杂志——可是没有"人"呀）。

《伦敦杂志》(*London Magazine*) 出来后，更为成熟，全是一流人才一流作品，德昆西、卡莱尔，等等。

散文因此风气大盛。作家各找各的领土，新旧两派打仗，一时百家争鸣——岂不有点像我们的"五四"时期吗？

初期英国散文有三派：一派属《爱丁堡杂志》；一派属《伦敦杂志》；一派不属上述两杂志。

德昆西 (Thomas De Quincey, 1785—1859)。论文与散文全集，共二十二册，叙述本领极高，严肃而滑稽，幽默而恐怖，最出名的是《一个吸鸦片者的自白》(*Confessions of an English Opium-Eater*)，空空实实，真真假假，后来一提德昆西，都要提这本名著。

查尔斯·兰姆 (Charles Lamb, 1775—1834)。愈近现代愈受尊敬。我对他一见钟情。少年时能看到的，不过是别人节引他的话，一看就狂喜："童年的朋友，像童年的衣服，长大就穿不上了。"好啊！一句话，头脑、心肠、才能，都有了。

还有"吃饭前的祷告"，他说："轮到我祷告，曰：'在座没有牧师吗？谢天谢地。'"

把愤慨而幽默、渊深而朴素混在一起的，是兰姆。在世界范围中，兰姆，瓦莱里，我特别认同。据说兰姆为人很好，人见人爱，我及不上。我是人见人恨。他热爱伦敦，我痛骂上海人——他脾气好，我也该学学。

郑重推荐兰姆的《伊利亚随笔》(*Essays by Elia*)，是他的精华所在。另有《莎氏乐府本事》(*Tales from Shakespeare*)，流传极广，曾是最流行的英文课本。

他非常敬重古典作品，喜欢古典作品中的恬静。

最好的东西总是使人快乐而伤心。魏晋人夜听人吹笛，曰：奈何奈何？

兰姆写得这么好，我怎么办呢，也只有好好地写。

十九世纪英国文学（四）

一九九一年四月二十一日

但这种伟大崇高的灵智境界，进去容易，出来很难。一进去，年轻人很容易把自己架空。艺术家不能这样凭着英雄气息成长的。一个人要成熟、成长、成功，其过程应该是不自觉、半自觉、自觉这样一个自然的过程。罗兰、卡莱尔对我的不良影响，是因为他们一上来就给我一个大的自觉，一个太高的调门。

"历史是更伟大的圣经。"这话也是他说的。说得好！我们讲文学史，是在讲文学的圣经。我们学文学，就是文学的神学。

在中国，不稀奇。刘勰的《文心雕龙》，司空图的《二十四诗品》，文字都美极，美得无懈可击。这本应是文学的菜单，结果菜单比菜好吃。

福克纳领诺贝尔奖时说：说到底，艺术的力量，是道德力量。大鼓掌。可他平时从来不说这些大道理。他书中不宣扬道德的。道德在土中，滋养花果——艺术品是土面上的花果。道德力量愈隐愈好。一点点透出来。哈代，陀思妥耶夫斯基，耐性多好！哪里宣扬什么道德？现代文学，我以为好的作品将道德隐得更深，更不做是非黑白的评断。

批评是很广义的名词。讲文学史，当然是文学批评。就文学本题讲，所谓文学批评，是指散文。历史学家，善批评者，作品收入散文。

托马斯·卡莱尔（Thomas Carlyle，1795—1881）。大名鼎鼎。十九世纪后半的大批评家。我读罗曼·罗兰和爱默生时，起劲地读过一阵卡莱尔。我告别罗兰时，也告别卡莱尔。读书如交友。读万卷书，朋友总有千把个，但刎颈之交，不过十来人。卡莱尔不算。

父为石匠。农家子弟。求学于爱丁堡大学。当时学而优则教（士），他不想去当教士，最终决定坚持信仰，靠讲课、写作维持生活。长寿，身体却坏，一辈子胃病。

1825 年出《席勒传》（*The Life of Friedrich Schiller*）。1826 年结婚，此后撰稿为生，所作大多为德国文学论文。1837 年，出版重头书《法国革命》（*The French Revolution: A History*）。1841 年，将多次讲演成集《英雄和英雄崇拜》（*Heroes and Hero Worship*）——他的名字与此著作联在一起。后又出版另一代表性著作《过去与现在》（*Past and Present*）。

怎样评价卡莱尔？

他是很有魅力的男人，长得雄伟，爱默生推崇备至，敬爱他。我少年时，家中阴沉，读到卡莱尔句：

没有长夜痛哭过的人，不足语人生。

　　大感动。又有："打开窗户吧，让我们透一口气！"（呼吸英雄的气味）但这种伟大崇高的灵智境界，进去容易，出来很难。一进去，年轻人很容易把自己架空。艺术家不能这样凭着英雄气息成长的。一个人要成熟、成长、成功，其过程应该是不自觉、半自觉、自觉这样一个自然的过程。

　　罗兰、卡莱尔对我的不良影响（不是他们不良，是于我不良），是因为他们一上来就给我一个大的自觉，一个太高的调门。

　　人要从凡人做起，也要学会做观众。

　　罗兰一上来就起点太高，结果并不长进。他在师范大学时写信给托尔斯泰，是这点水准，到老得诺贝尔奖，还是这点水准。傅雷也相似，上来就给罗曼·罗兰写信，从法国留学回来，到红卫兵冲击，还在那些观点。

　　起点高，而不退到观众席，老在台上演戏，那糟糕极了。后来罗兰访苏，简直失态。

　　他是讲文以载道的。

　　卡莱尔在文学上比罗兰好，辞藻丰富，句法奇拔。他认为无情与冷漠是世上的大罪。他反对一切民主主义，要有英雄伟人出来领导——对的。可是英雄呢？伟人呢？

　　我以为是不得已，才找个民主制度。民主是个下策。再下策呢？一策也不策——明乎此，才可避免民主的弊端。

其他策，更糟，所以乃为上策。

所谓民主，是得过且过的意思。一船，无船主，大家吵，吵到少数服从多数——民主。

民主是不景气的、无可奈何的制度。卡莱尔痛恨快速发展的商业工业社会。眼光远。他反对物质主义。

我与他不同的是，他演讲，讲正经话，我只能讲俏皮话，笑话，骂人，写散文诗——骨子里，倒是英雄崇拜。

我反对民主？这话要有一个前提的。要这样讲下来，把民主和英雄主义对比下来，才可以讲讲。

"历史是更伟大的圣经。"这话也是他说的。说得好！

我们讲文学史，是在讲文学的圣经。我们学文学，就是文学的神学。

别说我反民主——别误解。目前，民主是唯一的办法。我希望今后有了真的民主，不要是现在现成的美国式的民主。拿一个更好的民主出来，这样子，受的苦没有白受。

不能把西方这种暴力、性、刺青……拿来。

约翰·罗斯金（John Ruskin，1819—1900）。生于伦敦，苏格兰人，父为酒商。童年少年很快乐。1839 年在牛津大学以诗得奖，四年后发表《近代画家》（*Modern Painters*），1849 年发表《建筑的七盏灯》（*The Seven Lamps of Architecture*），1853 年发表《威尼斯之石》（*The Stones of Venice*），均属艺术论文集。

他谈艺术，谈谈就谈到当时的社会道德，这是他关心的东西。他在伦敦大学讲艺术，都宣传社会道德、人生等等，也是文以载道派。他的目的，想创造纯洁、快乐的理想国。

"美学只有建立在道德的基础之上。"他说。

这种类型的文人，中国历代有的是，认为诗赋小道，安邦定国才是大丈夫所为。我的看法，你要做政治家、教育家，你就去做，别做艺术家。拿破仑指挥军队，贝多芬指挥乐队——这很好嘛。要拿破仑去指挥乐队，贝多芬去指挥军队？

罗斯金人是好的，心是热的，这是我的评论。他的观点今已无人感兴趣。

马修·阿诺德（Matthew Arnold，1822—1888）。现在还常常提到他。诗人，以批评家传世。他的可贵，是对产业革命以后的庸俗物质主义，大肆攻击。我们目前所处的平民文化、商品极权，是他预见的社会。他是有远见的。

罗斯金、卡莱尔，都可为了道德，艺术要靠边。阿诺德不这样。他从不标举什么具体的道德方向，他知道艺术的道德是在底层。

我常说，道德力量是潜力，不是显力。

福克纳（William Faulkner）领诺贝尔奖时说：说到底，艺术的力量，是道德力量。大鼓掌。可他平时从来不说这些大道理。他书中不宣扬道德的。

道德在土中，滋养花果——艺术品是土面上的花果。道德力量愈隐愈好。一点点透出来。

哈代，陀思妥耶夫斯基，耐性多好！哪里宣扬什么道德。

现代文学，我以为好的作品将道德隐得更深，更不做是非黑白的评断。

他的行文，流利庄重，不明说，多做暗示。他认为文学是人生的批评。我有一句不愿发表的话：

艺术家是分散的基督。

如果面对阿诺德，我就说给他听。

沃尔特·佩特（Walter Pater，1839—1894）。他是个老侠客，样子潇洒，文章漂亮。唯美主义的旗手，是佩特。唯美主义的健将，都是他的学生，王尔德也在他旗下。

唯美主义起于英国，到法国后，法国人却很自尊，不提佩特，其实法国那群精致玲珑的文人诗人，都受过佩特理论的影响。波德莱尔、魏尔伦、兰波、马拉美、瓦莱里、纪德，都从唯美开始，又能快步超越唯美主义，潇洒极了。

佩特文体美丽。在西方，这种美丽的论文体是自佩特首创的。在中国，不稀奇。刘勰的《文心雕龙》，司空图的《二十四诗品》，文字都美极，美得无懈可击。这本应是文学的菜单，结果菜单比菜好吃。

他的《文艺复兴》(*The Renaissance*)和《希腊研究》(*Greek Studies*)，都写得好极。他是文学上的雅痞。《想象的肖像》(*Imaginary Portrait*)是他写的美好而不可及的传奇。另有《享乐主义者马利乌斯》(*Marius the Epicurean*)。

此公不能等闲视之。

英国历史著作，麦考利（Thomas Babington Macaulay，1800—1859）写过《英国史》(*The History of England from the Accession of James the Second*)和《弥尔顿论》(*Essay on Milton*)。

据说此二书受到现代人的重视，远超过卡莱尔等人。他的文章无一页沉闷。他表白的是多数人的见解，可是别人表白不清楚，在他却是轻轻易易，通而不俗，文笔愉快。实际上，这种才能，正适合写历史。

托马斯·赫胥黎（Thomas Henry Huxley，1825—1895）。这个人文章要看。很好很好。达尔文的继承人、发扬者。他是生物学家，杂文、论文、讲演，文学价值都很高，看似轻松，毫不在意，而又雄辩，旁征博引。我很喜欢他的文笔，完全是文学家在那儿谈科学。请各位留意，碰到赫胥黎的作品，别忘了一读。

"这是文学上的水、空气，一定要有的。"民
国版大仲马小说书影。

十九世纪法国文学（一）

一九九一年五月（缺）日

不容易啊！人要做到这样。可是你去做做看？不容易啊！

人有那么一种心理,痛悔,内疚,等等,放在心里深思即可。一出声,就俗了,就要别人听见——就居心不良。人要想博得人同情、叫好,就是犯罪的继续。文学是不许人拿来做忏悔用的。忏悔是无形无声的,从此改过了,才是忏悔,否则就是,至少是,装腔作势。

自己不会写通俗小说,但我非常尊重通俗小说。这是文学上的水、空气,一定要有的。最好在三十岁以前读,而且一口气读完。

坦白一点:本人写的《上海赋》,用的是巴尔扎克的办法。台湾有老上海来信,说我比上海还要上海——巴尔扎克比现实还要现实。艺术不反映现实。现实并不"现实",在艺术中才能成为现实。现实是不可知的,在艺术中的现实,才可知。

福楼拜一定嫉妒巴尔扎克,一如芬奇嫉妒米开朗琪罗。巴尔扎克是动,福楼拜是静的。巴尔扎克,米开朗琪罗,多产;福楼拜,芬奇,是少作的。巴尔扎克和米开朗琪罗是精力的,苦行的,随便生活的;福楼拜和芬奇是精致的,讲究的。巴尔扎克伟大,福楼拜完美。

一路讲到这里，大家熟悉的人渐渐多了。

如果问，十九世纪法国文学是谁开的幕呢？大家以前随波逐流地读了一些小说，没有概念，这不是大家的错，时代使然。

翻译家做了很多事情。

当时有一本好书《十九世纪文学之主潮》，巨著，涵盖十九世纪整个世界文学，有全译中文本，每个作家都有肖像，道林纸精印，我翻来覆去读。现在的大陆、港、台作家们可能不记得这回事，书也绝版了。译者韩侍桁，好像没去台湾，也许在大陆，但从不见人提起。

著者，大名鼎鼎：勃兰兑斯（Georg Brandes，1842—1927）。

我凭记忆，先讲讲法国十九世纪文学先驱：斯塔尔夫人，夏多布里昂。

大家都说："法国文学我很喜欢，十九世纪法国文学，那是更喜欢！"——谁是开创者呢？不知道。

要知道，但是不作声。

斯塔尔夫人（Germaine de Staël，1766—1817）。生于巴黎，随夫姓。说歌德的《浮士德》是不讨好、写不好的，就是她。

嫁瑞士人，旋离婚。身为法国人，反拿破仑。据传拿破仑的一个亲信与她相谈两小时，回来立即也反拿破仑。拿破仑放逐她，于是她周游列国。两部文论集：《文学论》（*De la littérature dans ses rapports avec les institutions sociales*），《德国论》（*De l'Allemagne*），大有名。

说理流畅，不加修饰。虽说文学史上有地位，在我说来不太重要。

夏多布里昂（Chateaubriand，1768—1848）。被称为法国浪漫主义的父亲。他是虔诚的教徒，自己不打浪漫主义旗号，只想好好传教。文句优美，意象丰富。作品有《基督教真谛》（*Génie du christianisme*）、《殉道者》（*Les Martyrs*）、《勒内》（*René*）。当时在欧洲大流行。

记得我小时一见他的画像，一听他的名字，就以为懂了什么是法国浪漫主义：鬈发，长长的鬓脚，大眼，甜美的口唇，高领黑大衣，一手插进胸口，名字又叫夏多布里昂！

小时候其他主义搞不懂，浪漫主义好像一下子就弄懂了。现在我定义：个人的青春是不自觉的浪漫主义，文学的浪漫主义是自觉的青春。

我有兴趣的是他的《墓畔回忆录》（*Mémoires d'outre-tombe*），他死后出版，把自己的性格、为人，都说出来。与卢梭《忏悔录》比：卢梭是假装的、大有保留的、避重就轻的；夏多布里昂是诚意的，不想哗众取宠的，不装腔作势的，使人看了，想："啊！原来他是这样一个人，他没有我想的那么高。"这就是夏多布里昂的可爱，卢梭比下去了。

不容易啊！人要做到这样。可是你去做做看？不容易啊！

没有人，也没有神，有资格听我忏悔。人只能写写回忆录。谁有资格写忏悔录？写什么忏悔录？！

人有那么一种心理，痛悔，内疚，等等，放在心里深思即可。一出声，就俗了，就要别人听见——就居心不良。人要想博得人同情，叫好，就是犯罪的继续。

文学是不许人拿来做忏悔用的。忏悔是无形无声的，从此改过了，才是忏悔，否则就是，至少是，装腔作势。

要忏悔，不要忏悔录。

夏多布里昂在整个法国文学史上，是个男高音独唱。思想是旧的，文体是新的，感情是热的，正适合导引浪漫主义。

接下去，来了：

雨果、巴尔扎克、司汤达、大仲马、梅里美、福楼拜、乔治·桑，等等等等。

到现实主义之后，文学家已难以归类。

一个文学家、艺术家如果被人归类为什么什么主义，那是悲哀的。如果是读者、评家误解的，标榜的，作者不过受一番委屈。如果是作者自己标榜的，那一定不是一流。

王尔德不错的。但一标榜唯美主义，露馅了。你那个"唯"是最美的吗？人说陀思妥耶夫斯基现实主义，他光火，但有教养，说："从最高的意义上，是。"

凡概括进去的，一定是二流三流。

不要去构想，更不要去参加任何主义。大艺术家一定不是什么主义的——莎士比亚什么主义？

（很严肃地）要说笑话时，也不要说："我来讲个笑话。"

维克多·雨果（Victor Hugo，1802—1885）。诗人，小说家，戏剧家。一代文豪。十七岁踏上文坛。此后曾任上议院议员，竭力主张民主，拿破仑三世称帝时逃亡，事败，乃归。普法战争之际，为祖国尽心效命。死后国丧，巴黎人山人海，备极哀荣。

雨果的文学现象非常庞大。1827年他的《克伦威尔剧引》（*Préface de Cromwell*）发表时，巴黎像造反一样，宣称古典主义结束，浪漫主义胜利。

戈蒂埃得到拜访雨果的荣幸，隔夜要失眠的。

《巴黎圣母院》（*Notre-Dame de Paris*）、《九三年》（*Quatrevingt-treize*）、《悲惨世界》（*Les Misérables*），宏大，奇怪，振奋人心。用的是故事、情节、场面，人物是为故事、情节、场面存在的。

和陀思妥耶夫斯基相反：陀的故事情节场面是为人物存在，当人物说话时，故事、情节、场面好像都停顿了，不存在了。

雨果和陀思妥耶夫斯基比，陀更高超，符合原理。

雨果不要吗？要。可以这样：先看雨果，后看陀思妥耶夫斯基。我看雨果，就像看旅游风景。要看陀思妥耶夫斯基，累啦！跟他走，走不完。

雨果是公共建筑，走过，看看，不停下来。他不是我的精神血统。

史料：《悲惨世界》出版前，就译成九国文字。巴黎、伦敦、柏林、马德里、纽约、彼得堡等，同时轰动。豪华呀！

大仲马（Alexandre Dumas，1803—1870）。有黑人血统。文学老板。很会经营事业，有两百个伙计，小说工厂，日夜开工，出二百多种小说。《三剑客》（*Les Trois Mousquetaires*）、《基督山恩仇记》（*Le Comte de Monte-Cristo*），法国妇孺皆知，就像旧中国的关公、武松，家喻户晓。

我常以旁观者看这些通俗小说：如果没有《三剑客》，没有《三国演义》、《水浒传》，人们谈什么？何等无聊。自己不会写通俗小说，但我非常尊重通俗小说。这是文学上的水、空气，一定要有的（但是写鸳鸯蝴蝶派、琼瑶这样的通俗文学，我不要）。

通俗小说最好在三十岁前读，而且一口气读完。

书中结构很简单：吃得苦中苦，方为人上人。主角唐泰斯（Edmond Dantès）被打成"反革命"，他是靠自我平反，然后，有恩报恩，有仇报仇，报得精致讲究啊。作为一个有心性的男子，人生的快乐无非是有恩报恩，有仇报仇。人生不得此痛快，小说中痛快痛快。

武侠小说之不可取，太脱离现实。

孟子说：“恻隐之心，人皆有之。”

我看未必，倒是“报仇之心，人皆有之”。

但《基督山恩仇记》不是艺术品。我一口气读完《基督山恩仇记》，一点不觉得艺术，就觉得我生活了一场，痛快了一场。

大仲马是个老板，兰姆是个朋友，打打电话，散散心。

人生和艺术，要捏得拢，要分得开。能捏拢、分开，人生、艺术，两者就成熟了。捏不拢，分不开——大家过去不外乎人生、艺术的关系没摆好，造成你们的困境。

怎么办？捏拢，分开，学会了，学精了，就成熟了。

生活大节，交朋友，认老师，与人发生性关系，生孩子，出国，都要拿艺术来要求，要才气横溢。

唐泰斯在报恩报仇上才气横溢，我把他当人生看的，不是艺术。

你们在海外生活太平凡，太随俗。没有警句，没有伏笔。

唐泰斯发的是金钱之财，我们要发财，应该发的是天才的才，比伯爵更富有。

奥诺雷·德·巴尔扎克（Honoré de Balzac，1799—1850）。文学的巨人。对巴尔扎克，不能用什么主义去解释了吧。

面对他，思想的深度，文体，都免谈。谈这些，太小家气——哈代，你要纯性地读，狄更斯，充满友情去读，托尔斯泰，可以苛求地读。可是我读巴尔扎克，完全放弃自己。用北方话说，豁出去了。由他支配，我没意见。

他的小说，忽然展开法国十九世纪生活。

坦白一点：本人写的《上海赋》，用的是巴尔扎克的办法。台湾有老上海来信，说我比上海还要上海——巴尔扎克比现实还要现实。

艺术不反映现实。现实并不"现实"，在艺术中才能成为现实。现实是不可知的，在艺术中的现实，才可知。

他人很怪，以为自己善于经营事业，但诸事皆败，死心写作，靠稿费版税，写作还债，一辈子还不清的债——可见他的生活一点不现实，一进入文学，就现实了。

我早年就感到自己有两个文学舅舅：大舅舅胖胖的，热气腾腾、神经病，就是巴尔扎克，二舅舅斯斯文文，要言不烦，言必中的，就是福楼拜。福楼拜家，我常去，巴尔扎克家，只能跳进院子，从后窗偷看看。

他的手稿，据说是全世界最潦草的。

他写作时穿着浴衣，蓬头垢面，一个人在房间里大声说话，是和小说中的人物对话、吵架。十九世纪的墨水干得慢，要用吸墨纸，吸墨纸也是二十世纪初才流行，所以巴尔扎克用粉吸墨，像爽身粉、胡椒面。写个通宵，他就把粉洒在稿纸上，叫道："好一场大战！"

他常常忽然失踪，半年一年没消息，戈蒂埃、布耶（Louis Bouilhet），好朋友们以为他死了。忽然，下午，高大的巴尔扎克冲进来，扔一捆手稿在沙发上，随之倒下，大叫："给我吃的！"

他的世界中，人、事、物，都是夸张的，就方法论言，和米开朗琪罗的壁画是一样的。

一进入他的书，就感到他每个人物的精力。

福楼拜一定嫉妒巴尔扎克，一如芬奇嫉妒米开朗琪罗。

巴尔扎克是动，福楼拜是静的。巴尔扎克，米开朗琪罗，多产；福楼拜，芬奇，是少作的。

巴尔扎克和米开朗琪罗是精力的，苦行的，随便生活的；福楼拜和芬奇是精致的，讲究的。

巴尔扎克伟大，福楼拜完美。

巴尔扎克的生活一点也不愉快。他是文学劳动模范。

他在爱情上是个理想主义者。

每一部都是独立的，各部又是连贯的。《人间喜剧》(*La Comédie humaine*)，总计划未完成，但和《红楼梦》缺后半部不一样。他的未完成不遗憾。

他是整体性的渊博。社会结构，时尚风格，人间百态，什么都懂。法国小说家中要论到伟大，首推巴尔扎克。他的整个人为文学占有，被作品吸干。人类再也不会有巴尔扎克了。所幸我们已经有他。

巴尔扎克万寿无疆！

STENDHEAL. 1783-1842.

本课笔记内页："早年我看不起乔治·桑，后来一看就服。
福楼拜称她大师。福楼拜言必由衷，不是随便说说的。"

十九世纪法国文学（二）

一九九一年六月二日

年青人无私无畏，其实私得厉害、畏得厉害，只有那点东西，拿掉就没有了。年青人谈人生，谈世界，其实说的是自己。

她与缪塞、肖邦，都有情恋，传说一时。她说肖邦有最优美的性格，最恶劣的脾气，最仁慈，又最刻薄。大家听了叫好，我以为没说出什么——情人，情人眼中的人，其实都是这样。

读福楼拜，要读进去，要读出来。我读时，与福楼拜的年代相差一百年，要读出这一百年；读《诗经》，相差三千年，也要读出来。

艺术充满艺术家的性格，比肉体的繁殖还离奇。维特、哈姆雷特、贾宝玉、于连，都流着作者的血。我喜爱于连，其实是在寻找司汤达——上帝造亚当，大而化之，毛病很多；艺术家造人，精雕细琢，体贴入微。

因瞧不起波旁王朝，司汤达的遗体葬在意大利——这不是好事，也不是坏事，是件很有意思的事。

居斯塔夫·福楼拜（Gustave Flaubert，1821—1880）。最早被译为福罗贝尔。巴尔扎克是文学上的巨人，福楼拜是文学上的圣人，以文学为宗教的最虔诚的使徒。父为外科医生，极有名望，反对儿子从事文学。父子吵，父亲说："你学了最无用的东西。"儿子说："脾脏有什么用？但割去脾脏，人就死了。"

《包法利夫人》（*Madame Bovary*）出，评价说福楼拜秉承医学的冷静，解剖人性。有漫画，画他一副医生打扮，在解剖包法利夫人。

十三岁，在学校小报当文学编辑。少年时的读物是莎士比亚、蒙田、雨果、马拉美。练习写小说，写上层社会青年的思想感情，流露他鄙视庸俗，浪漫主义情怀。

年青人都经过浪漫这个阶段。我们这两代人，时代动荡，以革命的名义来表达浪漫——入党、入团、参加少先队等等。加上运动轰轰烈烈，劳动的辛苦——你们被剥夺了浪漫主义的人权：浪漫主义是青年的人权。

你们的青春没有花朵，只有标语、口号、大字报。我们的青春在二次大战烽火中度过，在国共内战中度过。解放后，浪漫情怀被剥夺。我常常说浪漫情怀，意思是青年应该是这样的。我们没有像样的青春，至今恨恨不已。但可以安慰的，是死乞白赖拉到一点浪漫主义的尾巴，不是猪尾，是孔雀屏，有点光彩的。

"五四"得到的，就是西方浪漫主义的一点回光返照。

福楼拜的青年期健康，浪漫，像模像样。他也有苦闷，但我定义他们那种苦闷是"室内的苦闷"。

年青人无私无畏，其实私得厉害、畏得厉害，只有那点东西，拿掉就没有了。年青人谈人生，谈世界，其实说的是自己。年青人可以学音乐，画画，跳舞，但写小说不胜任。

对年青人一生的转变有重要影响的事件，如下：

死亡，最亲爱的人的死亡。

爱情，得到或失去爱。

大病，病到几乎要死。

旅行，走到室外，有钱的旅行和无钱的流浪。

福楼拜青年时即旅游，看世界。1849 年 11 月到 1851 年 5 月，约一年半，他到了南欧，到了开罗、亚历山大埠、大马士革、贝鲁特。三十岁回来，成熟了。三十六岁写成《包法利夫人》，四十一岁写成《萨朗波》（Salammbô），四十八岁完成《情感教育》（L'Éducation sentimentale）。

初写《圣安东尼的诱惑》，不成功，遇到大批评家圣伯夫（Sainte-Beuve），劝他写"黄色新闻"。三思，懂了，写成《包法利夫人》。出书后打官司，说他伤风败俗。律师为他雄辩，大胜，福楼拜以《包法利夫人》一书题赠。

三部作品都可说是精心结构：《包法利夫人》，极完整的肖像；《萨朗波》，斑斓、广阔、丰富；《情感教育》，交响乐。

他是世界文学中最讲究文法修辞的大宗师。他本人是个对世界的绝望者，深知人的劣败，无情揭露。他的小说人物都是些不三不四、无可奈何的角色。晚年说：我还有好几桶脏水（粪便），要倒到人类头上。

《包法利夫人》最完美，《情感教育》博大精深。他写的都是些他看不起的人，主张不动感情，不表立场。

我接受福楼拜的艺术观、艺术方法，是在二十三岁。当时已厌倦罗曼·罗兰。一看福楼拜，心想：舅舅来了。我到莫干山时，读的是福楼拜、尼采，由挑夫挑上山。

读福楼拜，要读进去，还要读出来。我读时，与福楼拜的年代相差一百年，要读出这一百年来；读《诗经》，相差三千年，也要读出来。

上次谈到艺术家的道德力量，大家可能觉得是个谜团，也可能终生是个谜团，谁能打破这个谜团，是各人造化。

福楼拜是个道德力量特别强、又特别隐晦的人物。《包法利夫人》在我看来是道德力量非常强的小说，但在当时，几乎被判为伤风败俗的大淫书。

艺术家的道德力量究竟是什么？大家思考。

他的艺术力量很奇妙。写极平庸的人与事，却有魅力，仔细看，有美感。有人以灯光照透他的书页，想要寻找魔力。纪德称其书是"枕边书"（他俩是同乡），将福楼拜视为老师。

我当年的枕边书是《红楼梦》。

福楼拜的好友布耶（Louis Bouilhet）早死，福楼拜难过，乔治·桑写信劝，劝得好：

"现在我看清为什么他死得那样年轻，他的死是由于过分重视精神生活，我求你，别那么太专心文学，致志学问。换换地方，活动活动，弄些情妇，随便你。蜡烛不应两头点，然而你却要点点这头，又点点那头。"

文学家之间的友谊，真伟大。

那时乔治·桑已经七十岁了，对福楼拜谆谆劝导。福楼拜不响，埋头写。三篇世界名著就此产生，永垂不朽，特别是《一颗简单的心》（Un cœur simple）。我第一遍读时，全心震动，之后大概重读过十几二十遍，乔治·桑却没来得及读到。

艺术家的关系，就要像乔治·桑与福楼拜之间那样，说得出，听得进，做得到。当时乔治·桑对福楼拜的批评指责，是在艺术观、方法论上面的否定，很重。按世俗眼光，当时福氏已名满法国，一代宗师，哪容得别人指责？可是福楼拜真会听劝，起初他还招架辩解，后来竟会说："那么，您叫我怎么办呢？"

接着，他就一声不响写出了《一颗简单的心》。

福楼拜死，学生莫泊桑说："终于，这次他倒下了。文学杀死了他，正如爱情杀死了一个情人。"左拉说："情形是这样的——鲁昂（Rouen）五分之四的人不知道谁是福楼拜，另外五分之一的人都恨他。"

送葬者寥寥。但有左拉、莫泊桑、屠格涅夫——够了，够了。

屠格涅夫写信给左拉，说："用不着把我的悲痛告诉你。他是我最爱的人。"

把警句写在案头床边，俗。但我年青时曾将福楼拜的话写在墙壁上：

　　艺术广大已极，足可占有一个人。

乔治·桑（George Sand，1804—1876）。父母早丧，随祖母生长于农村。十三岁入巴黎修道院，后来又回农村，在乡下如饥似渴读书。十八岁嫁男爵。丈夫只知吃喝，乔治·桑很厌恶。后携一子一女到巴黎（附带说，艺术家都有两个本能：脱离家庭，到大都市——其实有两面：离家而不入都市，枉然；入都市而仍有家庭，枉然）。以男装现身巴黎酒吧和沙龙，后以笔名乔治·桑独立发表作品。

她与缪塞（诗人）、肖邦，都有情恋，传说一时。她说肖邦有最优美的性格，最恶劣的脾气，最仁慈，又最刻薄。大家听了叫好，我以为没说出什么——情人，情人眼中的人，其实都是这样。

《安蒂亚娜》、《莱丽亚》、《木工小史》、《奥拉斯》，均为小说，不太好。我要推荐的是《魔沼》（La Mare au diable）、《弃儿弗朗索瓦》（François le Champi）、《小法岱特》（La Petite Fadette）这三本书，乔治·桑的精华，纯粹乔治·桑风格：温婉，清丽，细而不腻，好像没有人在写，自然流露。

少男少女最难写——那样简单，那样不自觉——乔治·桑写来好极了，这是女性的优越。以母爱入文学，但又严守文学的规范，对角色不宠爱，不姑息。

她先是个诗人，再做个母亲——早年我看不起乔治·桑，后来一看就服。福楼拜称她大师。福楼拜言必由衷，不是随便说说的。

三部都是中篇。晚年写神话之类，不好。生活过得平静幸福。按理说，司汤达、巴尔扎克、福楼拜三者并立，当中夹不进乔治·桑。但乔治·桑实在是伟大的。

司汤达（Stendhal，1783—1842）。他的《红与黑》（Le Rouge et le Noir），实在是奇峰。《红楼梦》、《红与黑》，都是奇峰。原名玛利-亨利·贝尔。出身资产阶级家庭，早丧母。父亲是个思想保守的律师，祖父倒有启蒙思想。司汤达早年曾经从军，跟拿破仑征战欧洲。后定居巴黎，读书，准备写作。是个强人，好男儿。读书打仗，读书写作，干脆利落，时间也扣得很紧。

他研究哲学，观察人物性格，勤学苦修凡五年，自己造就自己，很有办法。历练成熟后又入军队，担任皇家及军队高职（早年曾随军征战莫斯科）。拿破仑失败后，司汤达流亡米兰，与"烧炭党人"来往，还研究音乐、美术。他的初期文章是评论音乐、美术的。

巴尔扎克是大舅，福楼拜是二舅，教我谆谆，司汤达是好朋友。他的初期作品，信不信，是写莫扎特传，写海顿，写《意大利美术史》，写完献给拿破仑。也写游记，据说博大精彩，笔法泼辣，其时不过三十多岁。

刚才提到的"烧炭党"，不是真的烧炭，是集会时穿烧炭工衣服。司汤达一直自称"米兰人"，希望在墓碑上写"米兰人"（艺术家和国家的关系，一个是艺术家无祖国，一个是艺术家决定国家）。司汤达被米兰人赶出，回巴黎，穷到有时一天一餐。他交游广阔，应英国报纸聘写报道，批评法国时政，死后结集名《英国集》。同时还写《论爱情》（De l'Amour）——世间只有两篇《论爱情》：柏拉图和司汤达——文字不多，点到为止。

1823 年写《罗西尼的一生》（Vie de Rossini），见解警辟，品位高超——个人艺术背景如此，长篇小说中却一字不谈音乐。凡大师，都这样，内心汪洋一片。后来又写《拉辛与莎士比亚》（Racine et Shakespéare），书中观点，为后来批判现实主义形成道理。

1827 年，第一部小说《阿尔芒斯》（Armance）问世，可理解为《红与黑》的前奏。第二部《法尼娜·法尼尼》（*Vanina Vanini*, 1829），革命与爱情之火熊熊燃烧——后收入中短篇集《意大利遗事》（*Chroniques italiennes*）——这时司汤达四十六岁。以其人生洞见，三十多年历练，遂动手写《红与黑》（*Le Rouge et le Noir*），一年成稿，乃世界文学史上的奇迹。尼采对此书极为推崇。

他是文学上的军事学家，还以近二十年间，得成《拿破仑传》（*Napoléon Bonaparte*）。

五十年来，凡有中译本司汤达，我都注意，从来没有一次失望过。欣赏艺术，是单恋，艺术理也不理你的，还是靠爱。《红与黑》的故事，不讲了，去看书。一讲，成教条，成故事。可注几点："红"指军装，"黑"指教袍。主角于连（Julien）夹在两者中间，故称"红与黑"。

艺术充满艺术家的性格，比肉体的繁殖还离奇。维特、哈姆雷特、贾宝玉、于连，都流着作者的血。我喜爱于连，其实是在寻找司汤达——上帝造亚当，大而化之，毛病很多；艺术家造人，精雕细琢，体贴入微。

尼采比司汤达晚生六十一年（司汤达死后两年，尼采出生，所以司汤达没听到尼采的赞美），他特别注意司汤达的心理分析。司汤达和梅里美的小说，就是尼采提倡的酒神精神——尼采自己没有这样讲。他不讲，我就讲。

司汤达去今一百五十多年。他是个有酒神精神的文学家。

因瞧不起波旁王朝，他的遗体葬在意大利——这不是好事，也不是坏事，是件很有意思的事。

第四十五讲

十九世纪法国文学（三）

一九九一年六月十六日

读巴尔扎克，读左拉，要有耐力，要花工夫。一拿起都德的书，轻快，舒适，像赤了脚走在河滩的软泥上。

专门谈短篇小说，十九世纪后半叶到二十世纪上半叶，是一个时期，可以解作老派的短篇小说，莫泊桑、契诃夫、欧·亨利，是代表。

上帝说："可怜的孩子，你到地上去，有高山大海，怕不怕？"亚当说："不怕。"上帝说："有毒蛇猛兽。"亚当说："不怕。"上帝说："那就去吧。"亚当说："我怕。"上帝奇怪道："你怕什么呢？"亚当说："我怕寂寞。"上帝低头想了想，把艺术给了亚当。

艺术没有进步进化可言，我们读前辈的书（看画、听音乐），应有三种态度：设想在他们时代鉴赏；据于自己的时代鉴赏；推理未来的时代鉴赏。

龚古尔兄弟也是福楼拜时期的文学家。两兄弟合写小说，同一个风格，精密观察社会，尤注目于平民生活。兄埃德蒙（Edmond de Goncourt，1822—1896），弟裘里斯（Jules de Goncourt，1830—1870）。家产富，死后，余产设"龚古尔学会"，颁龚古尔文学奖。

附带谈谈所谓"奖"。凡有数据比较的竞赛，才能排名次。赛跑、跳高，快一秒、高一公分，就分冠亚军。钢琴比赛，无法公正评判——"奖"这种东西，闹着玩玩的，庸人们不识货，凭得奖、不得奖起哄。这点道理假如不懂，其他的虚荣更是看不破了。

埃米尔·左拉（Émile Zola，1840—1902）。生于巴黎，家贫，熟悉下层生活，曾做书局发行员，业余写短篇小说，渐有名。任某报编辑，因勇于批评旧派而被去职，更勤于著作（他与塞尚是同窗好友，曾同住，据说左拉成名了，塞尚搬出，不想沾左拉的光）。左拉为著名冤案"德雷福斯事件"（The Dreyfus Affair）辩护，已在晚年，以他的声望，正面、直接发挥艺术家的道德力量，伸张人道和公理，震动力极强，十分可敬可佩。

据说后来为煤气毒死，也许是谋杀。

"左拉"与"自然主义"几乎是同一个词，我早年不看他的作品。后来耐心读，才知道写得很好，悟到艺术品都是艺术家的头脑、心肠、才能，三者合一。三者可有侧重，但不可能单凭其一。全靠才能，没有头脑、心肠，行吗？全凭头脑，根本不具心肠，也无才能，行吗？又或者，心肠大好，"无才便是德"，头脑又是一包糨糊，行吗？

左拉长于科学分析，但并非纯客观描写，其实宜于中年、老年读。他的写作规模极为庞大：《卢贡·马卡尔家族》（*Les Rougon-Macquart*），共二十卷，类似巴尔扎克的《人间喜剧》。《三大名城》（*Les Trois Villes*）三卷，伦敦、罗马、巴黎。《四福音》（*Les Quatre Evangiles*）四卷（非宗教）。论技巧，当然远不如福楼拜，但奉告诸位别上论家的当，硬把左拉称为自然主义——单凭头脑、才能，不够创造艺术，多多少少要有一份心肠的。

阿方斯·都德（Alphonse Daudet，1840—1897）。我有一份偏爱。读他的书是很好的休息。都德幼年贫苦，身体又弱，后来住在巴黎，靠写作为生。

读巴尔扎克，读左拉，要有耐力，要花工夫。一拿起都德的书，轻快、舒适，像赤了脚走在河滩的软泥上，感觉好像早该这样享受一下。我特别喜欢他的《磨坊书简》（*Lettres de mon moulin*）。有一个我的学生兼朋友的年轻人，曾经写了九个短篇小说，非常像都德的《磨坊书简》，因为手稿与我的手稿存在一起，"文革"抄家同归于尽，想想比我的损失更可惜：我能再写，他却不能再写了。

都德，可说以心肠取胜。这个人一定好极了，可爱极了，模样温厚文静，敏感，擅记印象，细腻灵动。偶现讽刺，也很精巧。其实内心热烈，写出来却淡淡的，温温的，像在说"喏，不过是这样啰"，其实大有深意——也可说没有多大深意，所以很迷人。

我特别喜欢这种性格，沉静而不觉其寡言，因为一举一动都在说话。偶尔兴奋了，说一阵子，你会感到很新奇，想到他平常不肯多说，真可惜——而他又停了，不好意思了。

这就是都德。他的性格、文风，全然一致。这样的人品，即使不写作，我也认他为艺术家、好朋友。推荐你们读都德的书，从《磨坊书简》开始，然后读《小东西》（*Le petit chose*）、《莎孚》（*Sapho*）、《达拉斯贡的狒狒》（*Tartarin sur les Alpes*），写法国南方风俗民情，处处动人，用不完的同情心。

有人把他比作狄更斯、莫泊桑，我想：你们去比吧，我不比。只在心里说："不一样的，不一样的。"都德不是大家，但赢得我永远的爱。别的大师像大椅子，高背峨峨，扶手庄严，而都德是靠垫。我不太喜欢二流画家，更不喜欢二流音乐家，却时常看重二流的文学家。我感到劳累时，需要靠垫，文学有这好处，画和音乐不能作靠垫的。为了答谢艺术的知己之恩，我将写一部分文字给人做做旅途上的靠垫。

居伊·德·莫泊桑（Guy de Maupassant, 1850—1893）。生于法国西北诺曼底省迪耶普，没落贵族家庭，舅舅是诗人、小说家，母亲颇有文学修养。十三岁到鲁昂上中学，老师是布耶（Louis Bouilhet，"巴那斯"派／高蹈派，诗人）。1870年，二十岁的莫泊桑到巴黎读法律，值普法战争，被征入伍。两年后供职于海军部和教育部，系小职员。

他在中学时已作多种体裁的文学习作，后来更勤奋。福楼拜是干舅舅，是他亲舅舅和母亲的朋友，所以把莫泊桑当外甥，上来就很严厉。福楼拜读了莫泊桑的习作，说：

"我不知道你有没有才气，你这些东西表示有某种聪明，但年青人，记住布丰的话，'天才，就是坚持不懈的意思'，用心用力去写吧。"

福楼拜首先要莫泊桑敏锐透彻地观察事物，"一目了然，这是才情卓越的特权"。福楼拜的"一字说"，当然更有名：

"你所要表达的，只有一个词是最恰当的，一个动词或一个形容词，因此你得寻找，务必找到它，决不要来个差不多，别用戏法来蒙混，逃避困难只会更困难，你一定要找到这个词。"

这话是福楼拜对莫泊桑讲的，结果全世界的文学家都记在心里。

我也记在心里。以我的经验，"唯一恰当的词"，有两重心意：一，要最准确的。二，要最美妙的。准确而不美妙，不取，美妙而不准确，亦不取。浪漫主义者往往只顾美妙而忽视准确，现实主义者往往只顾准确而忽视美妙，所以我不是浪漫主义，也不是现实主义。

经验：越是辛苦不倦找唯一的词，就越熟练。左顾右盼——来了，甚至这个词会自动跳出来，争先恐后，跳满一桌子，一个比一个准确，一个比一个美妙。写作的幸福，也许就在这静静的狂欢，连连的丰收。

怎样达到此种程度、境界呢？没有捷径，只能长期的磨练，多写，多改。很多人一上来写不好，自认没有天才，就不写了，这是太聪明，太谦逊，太识相了。

天才是什么呢？至少每天得写，写上十年，才能知道你是不是文学的天才。写个九年半，还不能判断呢。司汤达没写《红与黑》时，如果问我："MX 先生，你看我有没有文学天才？"我就说："谁知道，还得好好努力吧。"

莫泊桑每写一篇就给福楼拜审阅，二人共进早餐，老师逐字逐句评论，一丝不苟。凡有佳句、精彩处，痛加赞赏，莫泊桑是受宠而不惊。如此整十年，莫泊桑愈写愈多，而福楼拜只许他发表极少的几篇（中国的武功，练不成，不许下山）。

1879 年，某夏夜，六位法国文学家聚会梅塘别墅，商定各写一篇以普法战争为背景的短篇小说，汇成《梅塘之夜》（*Les Soirées de Médan*）出版。1880 年 4 月，《梅塘之夜》问世。六位中有五位是著名作家，数莫泊桑是无名小子，但他的《羊脂球》

（*Boule de Suif*）被公众一致赞为杰作中之杰作。

法国文坛一片欢呼，除了莫泊桑，最高兴的当然是福楼拜。

除了早年的诗和诗剧，莫泊桑传世之作都写于 1880 年到 1890 年，计：短篇小说三百篇，长篇小说六部，游记三部，以及关于文学、时事政治的评论。

所谓社会主义文学理论，总把莫泊桑、巴尔扎克、福楼拜、左拉划为"自然主义"，就是批判和暴露现实的，又对贵族资产者有所留连，唱挽歌。这种论调貌似公正，使中国两三代读者对法国十九世纪几位大小说家有了定见。

什么"有进步的意义，也有反动的作用"，什么"有艺术成就，也有时代性局限"，什么"既要借鉴，也要批判"。好吧，既有如此高明的教训，他们写出些什么呢？

自从列宁提出"党性高于一切"，艺术要表现党性，党性指导艺术，而高尔基宣称文学即是人学，与列宁唱对台戏。也许列宁没有这个意思，没料到党性会发展到目前这样的程度。

仅就文学而论，何以苏联也有新的、好的文学作品？帕斯捷尔纳克的《日瓦戈医生》，索尔仁尼琴的《癌症楼》，肖洛霍夫的《一个人的遭遇》，不是写出来吗——这不是问题，倒是我上述论点的解答：凡是得到世界声誉的苏联作品，都是写"人性"，尤其是帕斯捷尔纳克，他是马雅可夫斯基、勃洛克（Alexander Blok）的好朋友。

中国近百年没有文学杰作。所谓继承本国传统，吸收外国经验，都是空话。什么"典型环境典型人物"，还是不知"人性"为何物，只会向怪癖的人性角落钻，饥饿呀，性压抑呀，好像"人性"就只一只胃，一部生殖器。

回头再看法国十九世纪的小说家，不是什么"自然主义"，什么"批判现实主义"，是一秉西方人文的总的传统，写"人"，写"人性"。追根溯源，就是希腊神殿的铭文："认识你自己。"

动物不要求认识自己。动物对镜子毫无兴趣。孔雀、骏马、猛虎，对着镜子，视若无睹。人为什么要认识自己呢？一，改善完美自己；二，靠自己映见宇宙；三，知道自己在世界上是孤独的，要找伴侣，找不到，唯一可靠的，还是自己。

艺术的功能，远远大于镜子。艺术映见灵魂，无数的灵魂。亚当出乐园，上帝说："可怜的孩子，你到地上去，有高山大海，怕不怕？"亚当说："不怕。"

上帝说："有毒蛇猛兽。"亚当说："不怕。"

上帝说："那就去吧。"亚当说："我怕。"

上帝奇怪道："你怕什么呢？"亚当说："我怕寂寞。"

上帝低头想了想，把艺术给了亚当。

莫泊桑从平凡琐屑中截取片断，构思、布局，别具匠心，文词质朴优美，结局耐人寻味。契诃夫赞叹："莫泊桑之后，实在没有什么短篇小说可言了，不过大狗叫，小狗也叫，我们总还得汪汪汪地汪一阵子。"

《羊脂球》至今看，还是好。《于勒叔叔》也好，稍感疏浅露骨。《项链》大有名，现在读，可能嫌粗糙了。其他以此类推，是老派的短篇写法。他的长篇小说平平，只一篇《皮埃尔和让》（*Pierre et Jean*）极好，好得不像是莫泊桑写的。

一定要比的话，巴尔扎克、福楼拜、司汤达，更有未来的意义和价值。司汤达的光射得最远，莫泊桑的光较柔和，以后可能黯淡了。地位始终在的，契诃夫还是不及莫泊桑。

莫泊桑体质好，但消耗得厉害。十年全盛期过完，得了严重的神经官能症，近乎疯狂，四十三岁就逝世了。

大器是大器，可惜没有晚成。

专论短篇小说，十九世纪后半叶到二十世纪上半叶，是一个时期，可以解作老派的短篇小说时期，莫泊桑、契诃夫、欧·亨利，是代表。二十世纪后半叶，世界性地产生了新的短篇小说，体裁、风格，大异于老派。法国、英国领先，美国随之而起，南美大有后来居上之势，日本也蹿上来了。

中国，不谈。

新型的短篇小说，特征是散文化、不老实、重机智、人物和情节不循常规。最好先读老派的，再读新派的。先读新派，嘴巴刁了，再读老派会觉得笨、啰嗦，把读者当傻瓜。

我写的短篇《静静下午茶》，在十九世纪中叶是不成其为短篇小说的。给莫泊桑、契诃夫看，会说："你搞什么名堂？"可见一百年光景，文学变得多厉害。

正因为不再那么写了，我特别尊重老派的写法，那种写法，当时非常前卫的。同一道理，当今的前卫作品，将来也会被指为笨、啰嗦，把读者当傻瓜。王羲之《兰亭序》有说："后之视今，亦犹今之视昔。"——有一点要申明，上述这种历史变迁，未必是文学的进步进化，而是文学的进展。艺术没有进步进化可言，我们读前辈的书（看画、听音乐），应有三种态度：设想在他们的时代鉴赏；据于自己的时代鉴赏；推理未来的时代鉴赏。

举例：希腊雕像（胜利女神），那是三种鉴赏态度都能完全完满肯定。之外，莎士比亚的诗剧、莫扎特的乐曲，也是昔在、今在、永在。也许将来有一天，有一个时代，希腊雕像、莎士比亚、莫扎特都被否定，更新的艺术"超过"了他们，怎么说呢？

好说。不必等未来，已经发生过了。十月革命后，马雅可夫斯基一群先锋战士高喊："把莎士比亚、托尔斯泰扔到大海去。"中国十年"文革"，号称八个样板戏，一个钢琴协奏曲，一幅油画，横扫西方资产阶级的全部艺术。

结果是马雅可夫斯基自杀，江青完了。

这种死，不是殉道，而是无路可走。马雅可夫斯基，值得惋惜，他无疑是天才。帕斯捷尔纳克劝过他，提醒他，他不听，直到死前在"最后的一次讲演"时，才流露政权要逼死他，他知道，在劫难逃，只好以失恋的名义自尽。

我同情他，爱他，忘不了这个俄罗斯血性汉子。

十九世纪法国文学（四）

一九九一年六月三十日

论小说，浪漫主义、写实主义，还分得清。诗、诗人，本来是糊涂的，若要把某诗人归于某派，其实难。这也是诗的好处，诗人占了便宜。上次讲过画小孩子最难，小孩通体不定型，不易着笔，诗人便是小孩，没法归类于派别。

我七岁丧父，只记得家里纷乱，和尚尼姑，一片嘈杂，但我没有悲哀。自己没有悲哀过的人，不会为别人悲哀，可见欣赏艺术必得有亲身的经历。1956年我被迫害，死去活来，事后在钢琴上弹贝多芬，突然懂了，不仅懂了，而且奇怪贝多芬的遭遇和我完全不同，何以他的悲痛与我如此共鸣？

我在三十岁之前与戈蒂埃好好打过一番交道：那时我要当个纯粹的艺术家，戈蒂埃说他喜欢鲜花、黄金、大理石，他不在乎酒，而在乎酒瓶的形式，又说"耶稣并不是为我而来到世界"。单是这些，我就跟他合得来。

博学虽然可耻，但使人心宽。心宽而不体胖，希望大家尽量博学吧。

回到法国十九世纪末叶。法兰西三大小说家——巴尔扎克、福楼拜、司汤达——缔造了文学丰碑，接下来再开局面，另辟蹊径，进入二十世纪了。新的一群法国作家，以法朗士、布尔热、洛蒂为代表。

阿纳托尔·法朗士（Anatole France，1844—1924）。以法国之名为名，作品的确是地道的法兰西风。生长在巴黎书商家，有好古之癖，中学时代对希腊文学情有独钟。"德雷福斯事件"中，他曾与左拉等人联名声援。欧洲大战时，发表反战言论，战后参加巴比塞（Henri Barbusse）等作家组织的"光明社"活动，高呼正义与和平，赢得同胞的尊敬。

词句细腻，风趣雅致，古今题材都能得心应手。《钿盒》(L'Étui de nacre)、《泰绮丝》(Thaïs) 是古事新编。《红百合》(Le Lys rouge)、《趣史》(Histoire Comique) 写近代。《企鹅岛》(L'Île des Pingouins) 讽刺现代文明。《波纳尔之罪》(Le Crime de Sylvestre Bonnard) 是传奇性的。他的文字，清澈素净，思想却倾向革命。

我总是不喜欢法朗士，我的诗《剑桥怀波赫士》有一句"那渊博而浅薄的法朗士，与我何涉"，当然，只是说说俏皮话，认真讲起来，法朗士是个十分法兰西风格的大作家。

保罗·布尔热（Paul Bourget，1852—1935）。以诗人、批评家闻名，后来才写小说，注重心理分析。司汤达之后，布尔热最善表现人物的内心活动。他既攻击唯美主义，又攻击唯物主义，他自己是理想主义。他有一书名《近代爱情心理学》(*Physiologie de L'amour Moderne*)，我想看而找不到书。谁偶尔碰到了，不妨翻翻，告诉我究竟如何。

皮埃尔·洛蒂（Pierre Loti，1850—1923）。少年时期任职海军，经波斯、埃及、中国、日本，后来采为写作素材。《菊子夫人》(*Madame Chrysanthème*) 就写他在日本的故事。《冰岛渔夫》(*Pêcheur d'Islande*) 最佳。他与布尔热不同，布尔热是心理观察家，道德观念很强，洛蒂是印象主义者，色彩的、音响的、诗意的，笔下人物鲜活。

上次已推荐过《冰岛渔夫》。要看黎烈文译本，台湾译本差强人意。

小说家就讲这些。附带说，那时，俄国小说传译到法国，仁慈博爱的情怀感动了法国人，这是一桩大事。

十九世纪的法国诗人，分"浪漫派"、"高蹈派"、"象征派"。

法国浪漫派的诗，是整个浪漫派文学的一支，破除旧格律，向内取材于心灵活动，远则上溯中古、远古，至于异国、异乡。

高蹈派是对浪漫派的反动。反对浪漫派的粗率，反对热衷于自我表现，主张诗是客观的、非主观自我的，而追求纯洁、坚固、美丽，其实是一种新的古典主义。他们连莎士比亚、但丁，也嫌野蛮，所以高蹈派的寿命不长。

接着来了象征主义。象征主义反对高蹈派的纯客观，他们的批评家古尔蒙（Remy de Gourmont）说："人之所以要写诗，就是为了表白人格。"

好了，说到这里，赶快要告诉大家，这三派以及其他许多附属的派，并不是吵架，更不打架。诗总归是诗，写出来，也分不清到底什么派——高蹈派的德·列尔（Leconte de Lisle）所写，象征派的魏尔伦（Paul Verlaine）所写，我看看都差不多。我觉得这三派的诗人都很孩子气，喜欢标榜，但不排斥、不仇视，到底是法兰西人。

论小说，浪漫主义、写实主义，还分得清。诗、诗人，本来是糊涂的，若要把某诗人归于某派，其实难。这也是诗的好处，诗人占了便宜。上次讲过画小孩子最难，小孩通体不定型，不易着笔，诗人便是小孩，没法归类于派别。

由此可见，西方社会、西方文化之多元，由来已久。

法国的浪漫派诗歌，始于谢尼埃（André Chénier，1762—1794）。三十二岁死于断头台。他的诗，从古希腊、罗马得灵感。这里，又触及前面讲的奇怪现象了：谢尼埃是浪漫派诗人的先驱，而他的诗又充满古典精神，写得柔和可爱，自然而然，放入希腊古诗选中亦不逊色。可惜死得太早。

真正的浪漫派第一大诗人，是拉马丁（Alphonse de

Lamartine，1790—1869）。少年时喜读卢梭和斯塔尔夫人的作品，后从军，不久复归。因所恋的妇人病死，他将热烈的情思发为诗歌，于1820年出版，名为《默想》（*Méditations poétiques*），大获成功，登上大诗人的宝座。之后又发表《新默想》（*Nouvelles Méditations*）等诗集。"二月革命"时曾为临时政府首领之一，后来帝政复辟，他退休故乡。著作丰富，除了诗，有小说、杂记、史书等，但还是以诗著称。

小说《葛莱齐拉》（*Graziella*），极感人，极多情，我非常喜欢，可能带有自传性。他的诗却大概由于翻译，实在看不出好。但有人说，十七世纪后，法国久未听到这样好的诗歌了。

雨果是当时的诗王，占了近五十年的王位。小说、戏剧，名声极大，诗名尤大，抒情诗、叙事诗、史诗，各体俱精，最著名的有：《秋叶集》（*Les Feuilles d'automne*），《光与影》（*Les Rayons et les Ombres*），《静观》（*Les Contemplations*，亦称《沉思集》），《街荫之歌》（*Les Chansons des rues et des bois*），《历代传说》（*La Légende des siècles*）。

以我的兴趣，宁愿看雨果的小说，他的诗总觉得"过时"了。但雨果确实擅写诗。举一个例，他在某诗中写一位母亲之死，她身边的孩子才五岁，聪明活泼，嬉闹歌唱如常，毫不知道母亲永远离开了他。最后，雨果写道：

悲哀是一只果子

上帝不使它生在

太柔软的载不起它的枝上

　　这无疑是诗人的头脑和心肠，心肠柔软，而头脑冷冽，雨果又有才，写了出来。

　　我七岁丧父，只记得家里纷乱，和尚尼姑，一片嘈杂，但我没有悲哀。自己没有悲哀过的人，不会为别人悲哀，可见欣赏艺术必得有亲身的经历。1956年我被迫害，死去活来，事后在钢琴上弹贝多芬，突然懂了，不仅懂了，而且奇怪贝多芬的遭遇和我完全不同，何以他的悲痛与我如此共鸣？

　　细细地想，平静下去了，过了难关。我当时有个很稚气的感叹："啊，艺术原来是这样的。"那时我三十岁。我的意思是说，三十岁之前自以为颇有经历，其实还是浅薄。

　　所以谈雨果，我尊敬他，他有伟大的仁慈，他对法兰西、对世界、对全人类都是爱、都关怀，你在思想、感情、兴趣上与雨果歧异，可是面对这样一位伟人，心里时时崇敬，这是我们对前辈们应有的态度。

　　维尼（Alfred de Vigny，1797—1863）。作品不多，却很精湛，他悲观而安定，不怨天不尤人，名作《狼之死》（*La mort du loup*），叙老狼负伤而忍痛，默然而死，极感人。

维尼是世袭的公爵，早岁从军，退伍后专心写作，戏剧、小说都很有名，诗集有两册，在法国诗台上占光荣的一席。维尼少年始写诗，年寿愈高，诗愈精醇，形式愈为齐整。

我崇赞维尼的人品风范，一是敏于感受，二是坚强而上进。拉马丁的悲哀是个人性的，维尼的悲哀是人类全体性的。他因此通向仁慈，境界开阔。他有一篇小说，可惜名字记不起了，写一青年被人谋杀，情节奇妙而充满诗意。我读了大为感叹，诗人该像维尼那样，参透人情世故，依然天真纯洁。

缪塞（Alfred de Musset，1810—1857）。十足巴黎风的法国才子，终生不做事，沉溺于醇酒妇人，消耗生命和感情。诗的调子是哀伤的，二十岁就发表作品。此后十年继续写诗、戏剧、小说，曾与乔治·桑恋爱，分离后很痛苦，为此写了不少抒情诗。缪塞的抒情是狂热的、豪放的，他很崇拜拜伦，论艺术上的精深，他胜拜伦一筹，当然，拜伦的光彩雄伟，无人能及。

戈蒂埃（Théophile Gautier，1811—1872）。"为艺术而艺术"（Art for Art's Sake）这个口号，就是戈蒂埃首先提出的，是他结束了浪漫派而开创高蹈派。他以画家的身份到巴黎，却成了诗人。

说来有趣，我在三十岁之前与戈蒂埃好好打过一番交道：那时我要当个纯粹的艺术家（现在不纯粹了，关心政治、历史，杂七杂八），戈蒂埃说他喜欢鲜花、黄金、大理石，他不在乎酒，而在乎酒瓶的形式，又说"耶稣并不是为我而来到世界"。单是这些，我就跟他合得来。

读他的《莫班小姐》（*Mademoiselle de Maupin*）、《珐琅与螺钿》（*Émaux et Camées*），附和福楼拜对他的嘲笑："可怜的戈蒂埃，诗句写得这样好，就是写不好一首诗。"——有一次我和郭松棻谈天，不知怎么一转，转到戈蒂埃，二人对答如流，旁边一位王鼎钧先生是台湾资深老作家，他惊骇道："你们怎么读过这种书，我连知也不知道。"——其实戈蒂埃并非冷门，不过因为郭松棻对他有所了解、有些兴趣，使我快慰，有一种他乡遇故知的亲切感。

连续讲了龚古尔兄弟、左拉、都德、莫泊桑、法朗士、布尔热、洛蒂、拉马丁、雨果、维尼、缪塞、戈蒂埃——各位至少多了一些概念，以后在别处听到，看到，就不致全然陌生了。

博学虽然可耻，但使人心宽。心宽而不体胖，希望大家尽量博学吧。

十九世纪法国文学（五）

一九九一年九月十五日

现代诗，波德莱尔开了一扇门，兰波开了一扇门。此后，门里涌出妖魔鬼怪。但波德莱尔和兰波可以不负责任。

气质和品味，我更近瓦莱里。但我一直偏爱波德莱尔。不忘记少年时翻来覆去读《恶之花》和《巴黎的忧郁》的沉醉的夜晚。我家后园整垛墙，四月里都是蔷薇花，大捧小捧剪了来，插在瓶里，摆书桌上，然后读波德莱尔，不会吸鸦片，也够沉醉了。

如果李商隐懂法文，一定与马拉美倾谈通宵。二十岁前，我曾一味求美，报纸也不看——受他影响。宋词。马拉美。后来醒过来了：一个男人不能这样柔弱无骨。是骨头先醒过来。

我爱的物、事、人，是不太提的。我爱音乐，不太听的。我爱某人，不太去看他的。现实生活中遇到他，我一定远远避开他。这是我的乖僻。艺术家的乖僻，是为了更近人情。

法国十九世纪诗，把这种手法用得隐晦，不可捉摸。托尔斯泰对此大加挞伐。托尔斯泰说什么，发什么脾气，让他说去，最好的办法是连连点头，说："Yes Sir! Yes Sir!" 其实他骂的都是有才华的人。象征主义的败类出在二十世纪。托尔斯泰倒是骂得太早了。

兰波，无法对付的。永远那么自信，狂妄。他，马雅可夫斯基，叶赛宁，是世界不宠他们，他们自己宠坏自己，都是自恋狂。

上次讲了三派：浪漫派、高蹈派、象征派。高蹈派可以再讲讲。

法国十九世纪的一派诗风，在浪漫派之后，特点是反浪漫派，以戈蒂埃为开山祖。德·列尔是个代表，标榜避开主观感情、想象，注重客观、事实、理性，追求形式完美，手法参考音乐和雕塑。大陆的讲法，是形式主义。实际上，他的诗还是有主观想象，形式也没有雕刻那样完美。如此标榜，主要是想避开浪漫主义的流弊。

世上各种主义，都对的——对一面。要这样看。

浪漫派人物，有谢尼埃、雨果、缪塞，等等。到了高蹈派，已是 1866 年。德·列尔出一诗集《今日的巴纳斯》（*Le Parnasse Contemporain*），众诗人参加，有普吕多姆、埃雷迪亚、科佩等。"巴纳斯派"，就是高蹈派。

依次讲。德·列尔（Leconte de Lisle，1818—1894）。生于法属非洲，少年时游历印度。回法后参加傅里叶（Fourier）的社会主义团体，热衷政治活动。后来写诗，弄翻译，译介荷马的《伊利亚特》（你们看，法国人也到十九世纪才看到荷马）。诗集有《上古之歌》（*Poèmes antiques*）、《悲歌》（*Poèmes tragiques*）。高蹈派的中坚。

在中国的文艺界，你问德·列尔，很少有人知道。克洛岱尔（Paul Claudel）还到中国来过，在福建为官数年——听到你不知道的人事，不要说："我怎么不知道！"我要是听了不知道的人和事，感觉自己无知、惭愧、惶急，愿意听人讲。听了，就知道了——这是正常的，是对不懂的事物的态度。

德·列尔是诗人中的叔本华，是个悲观主义者。他对希腊有研究。顺便说，高蹈派的诗人都是慕古的。德·列尔反现代文明，赞美死亡。诗风优雅、光洁、纯白如大理石。现在对法国还有影响。

对中国一点没有影响。从前李广田出过《西窗集》，收入许多法国诗。

普吕多姆（Sully Prudhomme，1839—1907）。原是工程师，后潜心学哲学，诗集很多。《公平》（*La justice*）、《幸福》（*Le bonheur*），以诗体写哲学伦理，不用哲学论证，用形象表达。对人类痛苦有很柔和的同感，文字上很恰当。法国哲理诗自他始，此后哲理诗成格局。

埃雷迪亚（José-Maria de Heredia，1842—1905）。特别讲究形式。高蹈派主张非情绪、非个人。埃雷迪亚严格遵从这信条，写古代战争，不带丝毫个人情感。名诗集有《战利品》（*Les Trophées*），十四行诗（Sonnet）体裁（很像宋词的长调短调。十四行，前八行，后六行，可分上阙、下阙）。

科佩（François Coppée，1842—1908）。以诗和戏剧著名。家世贫困，一生在贫民窟度过，后来专写贫民生活，找到自己的风格。他以高蹈派精细的手法写平民：小贩、工人、贫女。

波德莱尔，什么派都不是。他在法国诗台的重要性不下于塞尚之于法国近代绘画史，是一个真正成功的诗人。纪德在《地粮》（*Les nourritures terrestres*）中说："有个好公式：要担当人性中最大的可能，成为人群中不可更替的一员。"波德莱尔做到的。

我补充，在许多可能中找一个大的可能，塞尚找到了，大到自己完不成，那么多后人跟着去实现去发展。

"人群中不可更替的一员"，这是基本的。这就是风格。

伟大人物的话，想想有道理，想想有道理。比如芬奇说："知与爱是成正比的。"知得多，爱得多。爱得多，知得多。

夏尔·波德莱尔（Charles Baudelaire，1821—1867）。不属于什么派，不属于什么主义。这是真正伟大的艺术家。向来称波德莱尔是"恶魔的诗人"，诗人是纯洁善良的，怎会是恶魔？我觉得很对——事物有各个面。过去的艺术只有一面景观，波德莱尔显示另一面景观。

有神性的一面，还有魔性的一面。波德莱尔对魔性有特殊敏感。神性是正面的诗的素材，已用得太多。魔性，别人还看不清时，波德莱尔已先看、先觉、先用、先成功。

但回头看，波德莱尔还是位天使。他是站在现代诗门口的铜额的天使。其实他的手法还是老式的。

现代诗，波德莱尔开了一扇门，兰波开了一扇门。此后，门里涌出妖魔鬼怪。但波德莱尔和兰波可以不负责任。

一部《恶之花》（*Les Fleurs du mal*），雨果评："你创造了一种新的战栗。"

他对声、味、色、香，特别敏感。写夜，写死，写尸布，写游魂，写怪鸟，写来都很美。一句老话：化腐朽为神奇。

闻一多学的就是波德莱尔。

生活上也追求神奇。吸大麻，情妇是黑种人，得遗产，一天用掉一半。但丁经过了地狱，波德莱尔从地狱里出来——都有话可以说。

波德莱尔推崇美国的爱伦·坡（Allan Poe）。爱伦·坡在美国无闻，先在法国给叫起来的：波德莱尔翻译了他的作品。波德莱尔的散文写得极好，你们读了，一定觉得：这样好的散文诗，怎么以前没有读过？

他这种印象、思维、感觉，我们都有，捉摸不着。他却很精巧，大大方方表现出来。例如《沉醉》：

> 你醒来，醉意减消，去问询微风波涛、星辰禽鸟，那一切逃循的，呻吟的，流转的，歌唱的，交谈的——现在是什么时刻。它们会说，沉醉的时刻，快去沉醉于诗，沉醉于美，沉醉于酒。

气质和品味，我更近瓦莱里。但我一直偏爱波德莱尔。不忘记少年时翻来覆去读《恶之花》和《巴黎的忧郁》的沉醉的夜晚。我家后园整垛墙，四月里都是蔷薇花，大捧小捧剪了来，插在瓶里，摆书桌上，然后读波德莱尔，不会吸鸦片，也够沉醉了。

他说：巴黎的夜晚，每个窗口亮着灯，真想走到每个窗口看看。

这种感觉，我们不是都有吗？

又说：香水用完，闻闻还香，伸给狗闻。狗打个喷嚏，走掉。

临死的一念：呀！世界上好看的、好听的、好吃的，我经历过些。可是我也可以弄好看的、好听的、好吃的，但还没有弄出来——慢慢死，弄出来。

让·黎施潘（Jean Richepin，1849—1926）。也不属于任何派。怪杰。漂泊四方。《穷途潦倒之歌》（*Chanson des gueux*）是他第一本诗集。小说、戏剧都有名，精于心理描写。调子惊世骇俗，曾被政府送入狱。

象征派，也叫象征主义。到底什么是象征主义？

也很简单。譬如爱伦·坡有诗《乌鸦》（*The Raven*）。乌鸦代表命运，代表他灵魂中黑暗的一面。凡写到乌鸦，就代表这——以一面代表另一面，以显的一面代表隐的一面。

象征，是很古老的手法。比、兴是也。

法国十九世纪诗，把这种手法用得隐晦，不可捉摸。托尔斯泰对此大加挞伐。托尔斯泰说什么，发什么脾气，让他说去，最好的办法是连连点头，说："Yes Sir! Yes Sir!"

其实他骂的都是有才华的人。象征主义的败类出在二十世纪。托尔斯泰倒是骂得太早了。

象征派领袖，保罗·魏尔伦（Paul Verlaine，1844—1896）。少年成名，天天泡酒吧，少年人前呼后拥。公案：他碰到了兰波，两人一起闯了大祸。兰波当时从乡下出来，寄诗给魏尔伦，约见。魏尔伦发现兰波还是个大男孩，成了好友。魏尔伦爱兰波，抛弃妻子与兰波出走，二人浪游至英国、比利时，兰波却一再提出要离开，魏尔伦绝望中枪击兰波，兰波不死，魏尔伦入狱后，兰波撤诉，魏尔伦出狱，但从此消沉，五十几岁死。

魏尔伦有大才。诗集《今与昔》（*Jadis et naguère*），情绪细腻而热烈。自云：

　　　这里没有一行不是生命。

这是诗人的话。

"如果你愿意，那么一起走。不愿意跟随，那我一个人走。"他说。他把生命直接放到诗里，又把诗放在生活里。论文集也出色。名著《诗艺》（*Art poétique*），第一个提出音乐是一切艺术的最高点："艺术不必清晰，不必理论，不必要机智，而必须要音乐。"

他写诗不拘格律。"自由诗"始自魏尔伦。

写过宗教诗，据说是法国文学中最优美的宗教诗。说明他虽纵酒，但始终知道感情的升华。

品德、思想、作风，都好。他对兰波一往情深，而兰波是野马，不回头。

马拉美（Stéphane Mallarmé，1842—1898）。又是一个大诗人，可与魏尔伦并称象征派双璧。

马拉美终生做一个中学教师（舒伯特是个小学教师）。沉静的，自我完美的，柔和，高超，诲人不倦。他真是一代宗师。纪德什么的，都从他那里来。他说，我写诗，就是为了诗。德彪西是他的好朋友。《牧神的午后》（L'après-midi d'un faune），以马拉美诗为本。

诗幽暗晦涩，连他的好友也不能完全理解。有时又会写得好比太阳出，一目了然。读起来要着迷，柔美、婉转，非常享受，好像吃东西。

还有《片叶集》（Pages），富于音乐性。故法国以外读者少，连法国读者也少。以中文读，也可读出韵致。他是美文学，清醒，颓废，如果李商隐懂法文，一定与马拉美倾谈通宵。二十岁前，我曾一味求美，报纸也不看——受他影响。宋词。马拉美。后来醒过来了：一个男人不能这样柔弱无骨。是骨头先醒过来。

他是美人鱼之歌，水手都会迷得跳下去。

他人品道德硬铮铮的。纪德临死以前回忆马拉美，写得好，好得像是马拉美的遗嘱。纪德对他感恩戴德："我们再也管不了这个世界。最近得到非洲少年来信，还在想人类得救问题，使我这个行将就木的老人还不至于绝望地死去。大地还有盐味。"

马拉美的学生中，有的信仰宗教，有的信仰法西斯。

兰波（Arthur Rimbaud，1854—1891）。至今还可说是西方诗的神童。极度早熟。今年（1991年）是他一百年殁日。我为文论兰波，两万字，11月出版。

一生下来，助产小姐出外取水，兰波已从床头爬下来到门口，双目圆睁。幼年读书，成绩令老师惊讶。后来翻翻画报，作起诗来。不要旅行的，翻翻画报就行了。很小就想离开家，每次出门，不带一分钱。

天才有共性，内在共通。去体会分析这种共性，很有趣，很有玄学价值。听到聂鲁达说马雅可夫斯基和兰波很相像，我心中狂喜。没有人知道我为什么狂喜。我写他，心中充满对他的爱。因为是爱，不能不说老实话。

他写过《醉舟》（Le bateau ivre），我以之题名《醉舟之覆》。开头是引弥尔顿诗"恶呀，你来作我的善吧"。

我爱的物、事、人，是不太提的。我爱音乐，不太听的。

我爱某人，不太去看他的。现实生活中遇到他，我一定远远避开他。

这是我的乖僻。艺术家的乖僻，是为了更近人情。明白这种乖僻，对米开朗琪罗，对贝多芬的荒诞行为，感到特别亲切。

我爱兰波，总得说几句话。一拖四十年，今年终于将这份债还了。

兰波与马拉美也很好。兰波诗中也富音乐性。

我在文中很残酷地处理兰波。我对他进行了一次情杀。魏尔伦打中他的左手，我中其心脏。

兰波，无法对付的。永远那么自信、狂妄。他，马雅可夫斯基，叶赛宁，是世界不宠他们，他们自己宠坏自己，都是自恋狂。

作品有《地狱一季》(*Une Saison en Enfer*)、《彩画集》(*Illuminations*)。不多讲，大家看我的文章。

还有象征派诗人拉佛格（Jules Laforgue）、古尔蒙（Remy de Gourmont），略过。

讲讲十九世纪法国的戏剧和批评。

百年中，法国文坛非常热闹。小说丰富得满出来，诗都是第一流的。现在不得不讲一讲戏剧和批评——法国的光荣是在十九世纪。以后不再了。

中国的唐朝，离我们太远了。以后要出，只有像曹雪芹那样的文学上的孤家寡人。

十九世纪法国戏剧是随浪漫主义一起来的（所谓打倒古典主义，是打倒伪的、僵化的、教条化的古典主义）。当时法国剧坛上，伪古典主义是有霸权的。

大仲马（Alexandre Dumas）写了一百多个剧本。《亨利三世及其朝代》（*Henri III et sa Cour*）、《奥托尼》（*Antony*）是代表作。《亨利三世》是丈夫逼妻子诱其情夫来，杀之。《奥托尼》是情人杀人妻，告诉丈夫说："她是纯洁的。我杀她，是我爱她，她不爱你！"

雨果、维尼、缪塞，都写剧本。雨果（Victor Hugo）向以情节胜场。《欧那尼》（*Hernani*）写一个贵族女不爱王子，爱强盗（庄子也爱强盗）。《吕布拉》（*Ruy Blas*），叙皇帝爱上了仇人派来的间谍。这种诡谲的剧情，也只雨果大手笔才能写得华婉动人。维尼（Vigny）写了《查特顿》（*Chatterton*），细腻活泼。缪塞（Musset）的剧本放肆任性，以为上不了舞台，上演后大受欢迎。而最轰动的，还是小仲马的剧本。

小仲马（Alexandre Dumas Fils，1824—1895）。大仲马的私生子，家教严，被关起来，写完再放出来。有《茶花女》（*La Dame aux Camelias*）等二十多个剧本。论技巧，胜于大仲马，结构严密，人物真切，在法国长期有影响。

到了亨利·贝克（Henry Becque，1837—1899），风气转移，以直觉观感入剧，开"自由剧"先河。

安德烈·安托万（André Antoine，1858—1943）。写法比较现代，将人生一片片切开，放到舞台上，较自由，但不加渲染的真实，观众难以接受。

莫里斯·梅特林克（Maurice Maeterlinck，1862—1949）。比利时人，法文写作，象征主义。

当时社会剧和心理剧写中产阶级形形色色。作者有白里欧（Eugene Brieux）、拉夫顿（Lavedan）等。

以下讲文艺批评。法国在1824年创办《地球报》（*Le Globe*），指导文艺运动，引介各国作品。

十九世纪法国第一位大批评家是维尔曼（Abel-François Villemain），作品是他的文学讲义，他是文学的史家。

尼撒（Nizard）与维尔曼观点相反，重理想教导，认为文艺是知性的，时代、个人，他不管。

哪个对？都对。对了一面。

更大的批评家上场了：圣伯夫（Sainte-Beuve，1804—1869），即批评指导福楼拜的那位。本为医生，谈谈谈谈，就弃医从文，在报上发表谈话、文论，汇成《星期一评论》（*Causeries du Lundi*），历十一年。他的治学方法是个案研究，常为了深究某一个作家，闭关十五天，从家世、生平、性格，慢慢体味。他在《文人写照》（*Portraits littéraires*）中试图建立一种批评的科学，立意伟大。但这是不能成功的。

丹纳（Hippolyte Taine，1828—1893）。师承圣伯夫，立科学批评法，仍嫌偏激。先是教师，后专攻文学。说"生活是为了思想"，出《英国文学史》（*Histoire de la littérature anglaise*），序言标榜，治文学史须从三项下功夫：一，种族；二，时代；三，环境。每个作家受制于这三大影响。这种极平常的见解，当时竟被奉为圭臬。后来才有人批评他过于机械，越到近代，丹纳的方法越遭非议。

勒南（Ernest Renan，1823—1892）。与丹纳相反，重理想，偏怀疑主义。对宗教有深入研究，不像丹纳那样立模式。游耶路撒冷，写《耶稣传》（*Vie de Jésus*），写成一个伟大的人，出书后轰动，中译本称《人之子》。又有《基督教的起源》（*Histoire des origines du Christianisme*）。文体庄严细腻，真正的基督徒，破迷信，还耶稣真相。

这两课一共讲了多少？斯塔尔夫人……

"我对普希金，一直未解除'敬意'，但和海涅是赤脚兄弟，打打闹闹。"图为民国版海涅作品书影。

第四十八讲

十九世纪德国文学

一九九一年十月六日

当时所谓东方，止于波斯、阿拉伯。中国从未被西方了解过。太可怜，太神秘。中国，不可能被西方汉学家来了解，还得我们自己来——用他们听得懂的话，告诉他们不懂的事。

所谓东方，中国才是代表，补给西方，正是对的，因为西方最缺的就是中国的东西：含蓄，以弱制胜。东方西方要是真的相通，文明才开始。可是要唤醒东方，中国，非得西方来理解。

什么是悲观主义？我以为就是"透"观主义。不要着眼于"悲"，要着眼于"观"——悲观主义是一个态度，一个勇敢的人 的态度。

可惜我们不懂德文，听说尼采原文读起来铿锵有力，坠地作金石声，以后找个纯种的日耳曼男人朗读几段《查拉图斯特拉》听听。说尼采是哲学家，太简单了。我以为他是：一个艺术家在竭力思想。我常想：尼 采，跑出哲学来吧！

精神世界再高贵，也是贞洁的，透明的，无私的。我们讲文学史课，胜于读书，就好在可以讲私房话。要守住：公开场合，正式发表，不能讲私房话。将来出我的讲稿，私房话出不出？思考题。其实很简单，把"不能讲的"，也讲出来。

我看鲁迅杂文，痛快；你们看，快而不痛；到下一代，不痛不快——而今灯塔在动，高度不高，其间不过一百年。个人遭遇时代，有人手舞足蹈，有人直接介入。我以为，遭遇大事要先退开。退开，可以观察。谁投入呢？有的是。

先打招呼：十九世纪德国文学不能和法国比。自歌德、席勒始，影响不衰，但不如英法。原因是拿破仑打到德国，德国即俯首听命，战败国心态。老回想中世纪的光荣，当时德国建造了宏丽的教堂。

中国人讲德国货好，恩格斯时代却以为德国货最差。

德国人非常爱国，自尊。德国浪漫主义的精神所在，就是慕古和爱国。到叔本华，德国文学才出光华（大哲学家，都和文学一气）。

从第一期讲起。先有蒂克（Ludwig Tieck，1773—1853）。生于柏林，功在推动浪漫主义诗潮。主要作品是童话，才不甚高（弄童话，总得是诗人。安徒生是诗人）。

施莱格尔（Friedrich von Schlegel，1772—1829）。理论家，浪漫主义批评家的领袖。他哥哥威廉是翻译家，译了莎士比亚的作品——可怜啊，当时德国人还没有读到莎士比亚！近代文学，没有翻译，不可设想。民国时称创作是处女作，翻译是媒婆："啊，又在做媒婆啦？""是呀，我做不了处女呀！"

什么叫"嘉年华"？就是狂欢节。和"谢肉祭"是一回事，嘉年华（Carnival）是音译。当时爱伦·坡译介到法国，如同嘉年华，大轰动。俄国文学译介到法国，又大轰动。

少有一种中国的新译本超过老译本。中国有些新译家和新诗人一样，写封信，写个便条，别字连篇，文句不通，却在翻译世界名著。

还有诺瓦利斯（Novalis，1772—1801）。诗人。我喜欢他。出书后，许多别人的文中接引他的文句，说得好极了。只活了二十九岁，死于肺病。我少年时见他一张铜版肖像，眼神特殊，一直不忘——人是可以貌相的。从他身上说，以貌取人是行得通的。心有灵犀，一点是通的。有诗集《零片集》（*Fragments*）。他的句子，一读狂喜，通灵。

德国浪漫主义第一期寿命很短，止于1804年。当时，德国政治很暗淡，神圣罗马帝国松散凋零，被拿破仑打坏了。诗人、作家们的爱国心给激发起来。这一时期，有亚宁（Ludwig Achim von Arnim）、格雷斯（Joseph Görres）、布伦坦诺（Clemens Brentano）、格林兄弟（Brüder Grimm）等等，他们不再沉湎于浪漫主义第一期的想象，转而写当代的现实生活，编写德国民间故事，追写国民的历史。1813年，拿破仑败于莫斯科，德国人又唱起爱国诗，但无甚佳作。这一时期的主要成就和光荣，是克莱斯特（Heinrich von Kleist）的戏剧和小说（略记）。

诗人中，吕克特（Friedrich Rückert）有崇尚东方的倾向。当时所谓东方，止于波斯、阿拉伯。

中国从未被西方了解过。太可怜，太神秘。中国，不可能被西方汉学家来了解，还得我们自己来——用他们听得懂的话，告诉他们不懂的事。

所谓东方，中国才是代表，补给西方，正是对的，因为西方最缺的就是中国的东西：含蓄，以弱制胜。东方西方要是真的相通，文明才开始。可是要唤醒东方，中国，非得西方来理解。

要讲清楚：我讲的中国，是指嵇康他们。我讲俄国人，是讲普希金，不是讲他的第九世孙——一个大胖子，又胖又蠢。

小说领域的三位代表性作家：富凯、霍夫曼、赫林。

富凯（Friedrich de la Motte Fouqué，1777—1843）。一生在中世纪骑士时代气氛中（战败国心态：慕古，爱国）。中国也如此。历史上许多智者不理会他存在的时代。米芾收字，只收到晋代为止，唐字不收。蒙田只和古人交朋友。海德格尔只读希腊古文，人问他现代如何，他想想，说："梵高画的靴子。"

希腊古文——梵高的靴子。

所谓理想主义，要么是向未来看，要么，其实是向古代看。"现在"没有多大意思。

霍夫曼（E. T. A. Hoffmann，1776—1822）。他是天才的作家，多写超自然的世界，搞场面，弄气氛。霍夫曼竭力模仿司各特（Walter Scott），但不及。

德国浪漫主义最后一期，以乌兰等作家为代表。乌兰（Ludwig Uhland）是有名的中古研究者，以抒情诗闻名文坛。莫里克（Eduard Mörike）诗才一流，也写小说。莱农（Nikolaus Lenau）是奥地利人，天性悲观，来到美国，失望。又回到欧陆，悲观愈深，疯狂。情绪、思想，都悲观。莱农像拜伦，都是绝望者。莱农在奥地利是大诗人。

什么是悲观主义？我以为就是"透"观主义。不要着眼于"悲"，要着眼于"观"——万事万物都会过去的，人是要死的，欲望永远不能满足，太阳底下无新事……这就是悲观。悲观主义是一个态度，是一个勇敢的人的态度。

得不到快乐，很快乐，这就是悲观主义。如此就有自知之明，知人之明，知物之明，知世之明。

一切都无可奈何，难过的，但是透彻。

十九世纪浪漫主义的精髓，都在音乐中，德国骄傲的是音乐。音乐与文学关系，是看在歌剧和歌曲。韦伯（Friedrich Wilhelm Weber）、马契尼（Heinrich August Marschner）等等的歌剧，舒伯特、舒曼的歌曲，是浪漫主义顶峰。

叔本华、尼采，不是浪漫主义。他们深远影响到德国文学及世界文学。叔本华的随笔是很好的散文。尼采的《朝霞》、《艺术的启示》，特别是《查拉图斯特拉如是说》，是一流的艺术品。可惜我们不懂德文，听说尼采原文读起来铿锵有力，坠地作金石声，以后找个纯种的日耳曼男人朗读几段《查拉图斯特拉》听听。

说尼采是哲学家，太简单了。我以为他是：一个艺术家在竭力思想。

我常想：尼采，跑出哲学来吧！

1830 年 7 月，法国革命震动全德，产生"少年德意志"（Junges Deutschland）文学运动，作风写实，倾慕自由，最有代表性的作家是海涅。

海因里希·海涅（Heinrich Heine，1797—1856）。德国犹太人。他称得上是浪漫主义的儿子，既充满梦想，也面对现实。他的象征性介于两者之间：歌咏仙岛的美丽，又为贫民的苦难呐喊，在陶醉与绝望之间，互不碍。

"我同情革命。但我知道有一天无产阶级会把艺术打得粉碎。"他说。

海涅交织的是爱美之心和同情心。他要是活到现代，会好得多，可以心安理得爱他那些艺术——幸福，就是心安理得地爱艺术。

我青年时，爱艺术，但爱得心不安、理不得——在中国，在那时——直到 1982 年出来了，才爱得心安理得。这过程，说说容易，一挣扎，五十年。

最高兴的是：我对了，他们错了。有时走在路上，忽然一高兴："我对了。他们错了。"

他们的势力真是大呀！

一个人，只要心里有了爱，一生就弄得半死不活——这是海涅的散文。我对普希金，一直未解除"敬意"，但和海涅是赤脚兄弟，打打闹闹。海涅和安徒生是好朋友，居然写诗送给安徒生，一起划船。

原文是这样：

谁有一颗心，心里有爱，就被弄得半死不活。

要敢于和古人称兄道弟，亲密无间。不是高攀。艺术面前人人平等，这样，孤独的内容就多了，这样，艺术视你为"归人"，而不是"过客"。四海之内皆兄弟，指的是精神界，在这精神界里，是兄弟。这兄弟有三类：

架上书，案头书，枕边书。

精神世界再高贵，也是贞洁的，透明的，无私的。我们讲文学史课，胜于读书，就好在可以讲私房话。

要守住：公开场合，正式发表，不能讲私房话。将来出我的讲稿，私房话出不出？思考题。

其实很简单，把"不能讲的"，也讲出来。

艺术，是光明磊落的隐私。

光明磊落，是态度，不是艺术；隐私，更不是艺术——两者在一起，就是艺术。

私，越隐越私；光明，越磊落越光明——越是光明磊落地说隐私，艺术越大。

从来的大艺术家都是讳莫如深。

耶稣有多少隐私！

1827 年海涅诗集《歌集》（*Buch der Lieder*）出版，满纸夜莺、玫瑰、紫罗兰。为什么呢？当时这些已用滥，他要再来用，以示他用得好——禅家叫做"截断众流"。不解者骂他不诚恳，其实是他年少气盛（三十岁前作品）。后来有《北海之歌》（*Die Nordsee*），就越写越诚挚了。七月革命使海涅把法国当成新耶路撒冷。他迁居巴黎，写了很多散文。

左派嫌他不革命，右派嫌他不够艺术。

读海涅，要读他的人格——把诗意扩大到整个人格，可放诗意处，就放上诗意：这是普希金。

他的风采，有逸气。丹麦的勃兰兑斯爱海涅，说他是一只羚羊，抓他不住。

看一个诗人，不要完全注意他的诗——他的肖像，散文，他的整个人。海涅是犹太人，无祖国。他是世界主义的，而德国人当时国家至上。他心仪法国气质，又佩服拿破仑。

他没有一首诗我读来完全钦佩（可能因为诗太难译），但他的散文，我没有一篇不佩服：逸趣横生，机智雄辩。他的哲学论文、游记杂感，都好透了，处处见到他这个人，一看就知道是个大诗人在写散文，左顾右盼，神采风流。他说黑格尔是条蛇，又说亚当夏娃中的那条蛇，是女的黑格尔。又说："姑娘，让我吻你，反正我走了就不会回来的。"

"文革"期间，陈伯达在中央会议上嘲笑海涅，我实在气愤：他也配对海涅乱叫。结果我被批斗。

海涅晚年卧床，双目失明，肖像憔悴，却永远俏皮。有诗给妻子：

> 亲爱的，我知道我死后
> 你会常来看我。
> 来时步行，
> 回去千万坐马车。

恳切，又是说笑话。我当时看到这首诗，心头一酸，一热。这才叫诗（二十多岁写不出的，非得老了来写）。

好，讲到这里。海涅死了，讲别人。

蒲尼（Ludwig Börne）是少年德意志的中坚分子（海涅也参加，若即若离），善写政论。

这又让我想起鲁迅。所谓短兵相接，我总认为是报界巨擘的事，大文学家、思想家，除非实在让不开，则挺身而出，但总不必纠缠。大骨节眼，大转折点，"投一光辉"才好，这才是为先驱——海上的灯塔一定要有高度，不能低于水面，而且一定是固定不动的，不能游来游去。我看鲁迅杂文，痛快；你们看，快而不痛；到下一代，不痛不快——而今灯塔在动，高度不高，其间不过一百年。

个人遭遇时代，有人手舞足蹈，有人直接介入。我以为，遭遇大事要先退开。退开，可以观察。谁投入呢？有的是。

我不是灯塔，但可以小小发点光，充充浮标。我的象牙塔移到海上，可以作灯塔。

真的灯塔，是象牙塔。

十九世纪德国文学、俄国文学

一九九一年十月二十日

我读书的秘诀是：看书中的那个人，不要看他的主义，不要找对自己胃口的东西，要找味道。在我看来，叔本华、康德、尼采、瓦格纳不是四个人，而是一个人，都通的。或者说，这"一个人"有时悲观，有时快乐，有时认真，有时茫然。试问，哪有一个人从小到老悲伤，或从早到晚哈哈大笑的？

尼采有哈姆雷特的一面，也有堂吉诃德的一面，我偏爱他哈姆雷特的一面，常笑他堂吉诃德的一面。现在读尼采看来是太难了——很多人是在读他堂吉诃德的一面。

他在抗战前后的中国曾红极一时，台湾诗人亦不乏追慕里尔克者。他的想象力造型力甚强，不过我不喜欢他，思想、技巧，太表面。中国是隔一阵子总要举一人出来叫嚣，其实谁也没学会。西风东渐，确有其事，无论哲学、政治、经济、文学、艺术，从民国初年开始，大大地刮过西风，但刮不出成果来。

世界上什么事情最可怕呢？一个天才下起苦功来，实在可怕极了。

简洁是大天才的特征（在希腊，是典范）。有人向普希金请教："很早你就同烦冗为敌，同废话作战，教给我，如何才能巧妙地与简练为伍？"不知普希金怎样回答。如果普希金授权我作答，我写道："先生，来信太啰嗦，祝简练。"

茹可夫斯基是普希金的老师，读了学生的诗，送普希金一张照片，上面写道："给我的学生，他的失败的先生敬赠。"照片我也有，还不知道题赠给哪一个学生。

史笔、文笔，是不一样的。文学与史学的大问题，至今无人提出来研究。

小说在古代德国（古典文学时期），不足道，浪漫主义时期也不见不朽的大作。十九世纪，小说活跃起来。一是主观命题，以古茨科（Karl Gutzkow）为代表，代表作是《精神的骑士》（*Die Ritter vom Geiste*）。一是描写客观，以伊默曼（Karl Leberecht Immermann）为代表，代表作是《奥皮霍夫》（*Der Oberhof*）。

"五四"的新文艺青年，最爱读《少年维特之烦恼》。最风魔的却是《茵梦湖》（*Immensee*），作者是德国的施托姆（Theodor Storm，1817—1888），当时几乎时时处处碰到人家在读《茵梦湖》，我一时找不到，急死了，终于找到，不过是写初恋、失恋，情景交融，很柔和，很罗曼蒂克，但我本能觉得这类纯情的作品不经久。现在看，《少年维特之烦恼》站得住，《茵梦湖》已被忘记了。你们有机会遇到《茵梦湖》，不妨大略看看，借此知道"五四"时期年轻人的心态和取向。

当时德国小说家甚多，史比尔赫根（Friedrich Spielhagen）、法莱泰（Gustav Freytag）、海泽（Paul Heyse）、毕齐乌斯（Albert Bitzius）、奥尔巴哈（Berthold Auerbach）、罗伊特（Fritz Reuer）、凯勒（Gottfried Keller）、冯塔纳（Theodor Fontane），等等，现在少有人提起了。我认为迈尔（Conrad Ferdinand Meyer，1825—1898）的短篇小说最杰出，风格简明，客观到了冷酷的地步。

当时的德国小说不如德国戏剧。提到戏剧，就想到瓦格纳（Wagner），其实有三人，均为代表：黑贝尔（Hebbel）、路德维希（Ludwig）、瓦格纳，三个人都生于 1813 年。前两位在德国是广为人知的，在中国却不知名。

理查德·瓦格纳（Richard Wagner，1813—1883）写的是"乐剧"（Music Drama），与一般歌剧的区别是：歌剧主要是唱，乐剧则以乐队与歌唱并重。瓦格纳本想写交响乐，听贝多芬，自知不敌，遂写乐剧。他生活豪奢，常背巨债，一时想去做强盗，临别听贝多芬《第九交响曲》，决定还是做音乐家。

瓦格纳的乐剧，只能听，看不得。最好的作品是《特利斯坦与伊索尔德》（*Tristan und Isolde*）和《帕西法尔》（*Parsifal*）。《特利斯坦与伊索尔德》写爱，写情欲。初演，尼采说：

"第一个不协调和弦出，回答了蒙娜丽莎之谜。"

瓦格纳好用半音，后人多受影响。《帕西法尔》，可谓得道，成圣，恬淡空旷，其中有一段《快乐的星期五》，写耶稣受难。他是艺术家中最霸气的一位，易招反感。托尔斯泰一见之下，奋起搏击。但托尔斯泰错了，瓦格纳的真挚、深沉，尤其到了晚年，真正炉火纯青，返璞归真，《帕西法尔》是少数几个艺术的极峰，可以说是托尔斯泰理想的艺术。我初听《帕西法尔》，觉得艺术到这样子，无法批评。

黑贝尔（Christian Friedrich Hebbel，1813—1863）。深受少年德意志的影响，可贵在纯粹用自己的原创力观察人生。

他认为戏曲描写外在行动的时代过去了，剧场的真正功能是表现灵魂的内在运动。这种角度史无前例。他是浪漫派悲观主义的夕阳中燃烧的个人主义火炬，影响到后来的易卜生（Henrik Ibsen）和北欧其他作家。

奥托·路德维希（Otto Ludwig, 1813—1865）。比较差些，他写实，做了黑贝尔、瓦格纳的补充。

康德重理想，叔本华重真实。普法战争以后，叔本华在青年中还大有影响，要到尼采出来，叔本华才让位。而尼采又从叔本华出来，再舍弃叔本华。

这里必须郑重声明：哲学家、文学家、思想家、艺术家，要说谁超过谁，谁打倒谁，都是莫须有的，不可能的，不可以的。

我读书的秘诀是：看书中的那个人，不要看他的主义，不要找对自己胃口的东西，要找味道。

在我看来，康德、叔本华、尼采、瓦格纳不是四个人，而是一个人，都通的——或者说，这"一个人"有时悲观，有时快乐，有时认真，有时茫然。试问，哪有一个人从小到老都悲伤，或从早到晚哈哈大笑的？我们说说家常话：尼采的意思其实是，生命是悲观的，但总得活；要活，就要活得像样！尼采有哈姆雷特的一面，也有堂吉诃德的一面，我偏爱他哈姆雷特的一面，常笑他堂吉诃德的一面。

现在读尼采看来是太难了——很多人是在读他堂吉诃德的一面。

我们所处的时代和尼采的时代相比，是他那个时代好。他的时代，天才大批降生在德国、欧洲。那时代是工业时代。我以为工业时代是男性的，商业时代是女性的——我们正处在阴柔的商业时代。二十世纪末期碰上这个时代，其实倒霉。

我的对策，是索性抽掉这个背景。

在我作品中看不到这个时代。曹雪芹聪明，抽掉他的时代。他本能懂得时空必须自由。大观园在南京？北京？他不让你弄清楚。莎士比亚对他的时代，毫不关心，他最杰出的几部作品，都不写他的当代。

再去看尼采的书：当时的德国连影子都找不到。他把事实提升为诸原则，他只对永恒发言。

艺术家可以取材于当代，也可以不取材于当代。到目前，没有人正面提出艺术可以不表现时代——但我不主张艺术不去表现当代，这样会做作。

戈哈特·豪普特曼（Gerhart Hauptmann，1862—1946）。比尼采小十八岁，诗人气质，思想接近尼采，初期剧作是写实主义的，有《日出之前》（*Vor Sonnenaufgang*），成名，又有《孤独的人》（*Einsame Menschen*）、《织工》（*Die Weber*）、《獭皮》（*Der Biberpelz*），都力量充沛，后来慢慢写到象征主义去了，出代表作《沉钟》（*Die versunkene Glocke*）。在"五四"时期颇有影响，我曾把《沉钟》的主角列为"超人"，写入我的论文《伊卡洛斯诠释》。主角海因里希是一位铸钟匠，年轻美貌，独立铸成巨大的铜钟，设法运到高山顶上，中途受挫，巨钟坠入海底，海因里希随之殉身，变成海底阴魂，每撞其撞，而世人不闻。

我年轻时很喜欢这个剧本，现在呢，真对不起，终不脱少年情怀，故作老成，文艺腔太重，看轻读者。十九世纪象征主义曾经盛极一时，今天无人问津了。当时呢，对高超的人来说太浅，对普通的人则太深，两头不着实。

另有苏德尔曼（Hermann Sudermann，1857—1928）。小说《忧愁夫人》（*Frau Sorge*），也是"五四"时期广为传阅的书，我没看过，只知他是大戏剧家，攻击当时的社会制度。

还有阿图尔·施尼茨勒（Arthur Schnitzler，1862—1931）。奥地利人，以描写维也纳社会生活著称，优雅轻灵。《爱情之光》（*Liebelei*，英译：*Light O' Love*）、《梦幻的故事》（*Traumnovelle*）、《寂寞的路》（*Der einsame Weg*）是他的名作。

里尔克（Rainer Maria Rilke，1875—1926）。诗人，象征主义健将，曾为罗丹的秘书，当年是一班少年表现主义抒情诗人的领袖。他在抗战前后的中国曾红极一时，台湾诗人亦不乏追慕里尔克者。他的想象力、造型力甚强，不过我不喜欢他，思想、技巧，太表面。

中国是隔一阵子总要举一人出来叫嚣，其实谁也没学会。

西风东渐，确有其事，无论哲学、政治、经济、文学、艺术，从民国初年开始，大大地刮过西风，但刮不出成果来。

原因很多，概括地说：西风一到中国，就变成东风——西方军大衣、"派克"（Parka）大衣一进口中国，北方人就叫"皮猴儿"——在中国，儒家意识形态深深控制着中国人的灵魂。梁启超、章太炎、胡适、鲁迅，都曾反孔，最终还是笼罩在孔子阴影里。中国的集体潜意识就是这样的，奴性的理想主义。总要找一个依靠。真正的思想家完全独立、超党派，中国没有。

西风东渐，要看这次历史契机，西风到日本，还是西风，从不提日本民族、日本特色，闷着，里面还是大和魂。日本人是经济动物，中国人是政治动物。中国的政治经济，还有点希望，哲学艺术，很难看到希望。或许可以借将来政治经济的进步来从事哲学艺术。

我一直关心中国的政治、经济，从来不关心哲学、艺术、思想界的争论。文艺界的吵闹，我毫无兴趣，而政治上、经济上每有风吹草动，十分敏感。

做生活的导演，不成。次之，做演员。再次之，做观众。

德国的文学家，还有诗人德默尔（Richard Dehmel），写得明媚、高洁；剧作家霍夫曼斯塔尔（Hugo von Hofmannsthal），神秘光彩；菲比希（Clara Viebig）以写贫民和孩子们的生活著称；胡赫（Ricarda Huch）是女诗人，技术精纯，想象丰富；

托马斯·曼（Thomas Mann），小说严正热情，散文恬淡优美；瓦塞尔曼（Jakob Wassermann）的小说，曾被比作狄更斯、陀思妥耶夫斯基，有先知的权威性。

十九世纪德国的文学很兴旺的，但一般说起，就是少数几个文学家，施托姆凭一本《茵梦湖》，豪普德曼凭一本《沉钟》，盛传百年，想想不很公平。

文学家个人的命运和文学史的大命运，往往不一致。要注意个人的作品，不要随文学大流，大流总是庸俗的。小时候母亲教导我："人多的地方不要去。"那是指偶尔容许我带仆人出门玩玩。现在想来，意味广大深长。在世界上，在历史中，人多的地方真是不去为妙。

现在讲到十九世纪俄国文学了。

今天要讲俄国了。俄国文学没有像中国那样有长远的传统。俄国文学实发于十九世纪，就一百年，天才纷纷降生，这是一大异象，谁也解释不了。起初当然受欧罗巴影响，不到百年，俄国文学成熟了，反过来影响欧罗巴，整个世界忙不过来地读俄国文学。

茹可夫斯基（Vasily Zhukovsky，1783—1852）。俄国文学开山老祖，大大的功臣。浪漫派诗人，拜伦、席勒都是由他引进俄国。他仁慈、慷慨、热诚、优雅，简直是位圣人。一个民族有这样一位人物，文艺不复兴也会复兴，何况天才一五一十一百地掉在俄罗斯的黑土上。

十二月党人于 1825 年在圣彼得堡发动革命，失败了，死了不少优秀青年。浪漫主义思潮却更加汹涌，普希金就出现于这样一个时代。

普希金（Alexander Pushkin，1799—1837）之前，俄文不纯粹的——但丁之前，意大利文很尴尬。德文，是由马丁·路德清理的。马丁·路德曾说：我好不容易把马厩里的粪便清除了——当时俄文夹杂许多外来语，古体今体，条目混乱。普希金，第一个用纯粹的俄文来写美丽伟大的著作。

文字与语言关联，又有非语言的因素，不能颁布法律来规定语言，靠语言学家也整理不好，只有天才特高的文学家，他为自己而使用文字，一经应用，文字生机勃勃。中国的白话文，用得最好的不是胡适他们，而是曹雪芹。

普希金被公认是俄国文学的太阳，相当于莫扎特在音乐上的成就。他生来就是诗人，在皇村学校时就构想长诗、喜剧、长篇小说，没有别的要做——这种才是天生的艺术家，不改行的，起点就是终点，终点也是他的起点。世界上什么事情最可怕呢？一个天才下起苦功来，实在可怕极了。

普希金小时候大量阅读父亲的欧洲藏书，又读俄国前辈杰尔查文（Gavrila Derzhavin）、巴丘什科夫（Konstantin Batyushkov）的作品。茹可夫斯基是普希金的老师，读了学生的诗，送普希金一张照片，上面写道："给我的学生，他的失败的先生敬赠。"

照片我也有，还不知道题赠给哪一个学生。

1813 至 1815 年，普希金写的还是前辈巴丘什科夫的"轻诗歌"（light verse），即所谓"阿那克里翁体"（Anacreon，讴歌醇酒、美人），过了两年，转调了，写单恋的痛苦，心灵的早衰，青春消逝的悲伤，这又是茹可夫斯基的风调。

任何天才免不了模仿期（贝多芬的第一、第二交响乐，就明显地受莫扎特、海顿的影响），而天才的特征，又是不顾死活要找自己的风格。"风格"的定义，我最近想到的诠释是："敏于受影响，烈于展个性，是谓风格。"当年巴丘什科夫自以为循循善诱，规范普希金，普希金回答道："不，我要艰难地走自己的路。"

就我少年的记忆，模仿别人风格时，不知怎的，神闲气定，俨然居高临下，其实根本不知道自己的风格在哪里。姊夫姊姊看了我的诗，两人商讨："弟弟年纪这样轻，写得这样素净，不知好不好？"我心里反驳："年纪不轻了，素净当然是好。"

但我知道他们的忧虑。大抵富家子弟，行文素净是不祥之兆，要出家做和尚的。

普希金少年就有心冲出狭隘的个人抒情的范围。1814 年写出《皇村回忆》（*Recollections in Tsarskoe*），引起狂热赞美。文学界前辈给予高度评价。有一幅画，画着他朗诵这首诗的高贵姿态。那些俄国老作家可不像中国老作家，一感到普希金出现，情不自禁叫起来："这是一个巨人，将超越我们所有的人。"有的说："看哪，这个坏蛋已经写得多么好啊。"

普希金自己呢，独爱拜伦，他说："我爱拜伦，爱得发狂。"在一首《白昼的巨星已经黯淡》的诗的副题，明明写着："仿拜伦。"

说来凑巧，我近来也怀念拜伦，写了一首《哈罗德 II》，大意是哈罗德又到了西班牙。还写了一首《致普式庚》（普式庚，今译普希金），第一句就套用普希金的口吻。这是一种新技法，在现代画面的百忙之中，不期然地放进一点点古典，特别有静气，仿佛一个强盗吞下一粒定心丸。

一个人的艺术作品，留在世界上，实在是不死的。对于我，拜伦、普希金完全是活着的。

普希金非常关心政治，很参与，这我不认同。我要是活在"五四"或者抗日时期，不会去写反帝反封建的诗。抗战、救亡，会参加。写诗，我不会弄"同胞们，杀鬼子"这种调子。笔和小提琴一样，不能拿小提琴杀敌。你要搞政治？不如搞军事，搞军事，不如搞政变——一张小纸条，取你千军万马。

诗人关心政治，写政治诗，事过境迁，留不下来的。现代的文学家聪明冷静了。索尔仁尼琴、昆德拉都是旁观祖国的大风大浪，一个在美，一个在法，很安静。这两位还不是灯塔型人物，却能像灯塔一样，不动。

普希金如果生于现代，又是侨居外国，写得更起劲，更好，我想他是不写意识流的，明白、清新，这才是大路。我们会很谈得来的，相互改改诗——要是他精通中文的话。

在普希金之前，俄国的诗人，诗人而已，普希金是第一位"艺术家的诗人"，这是别林斯基（Belinsky）的评价，很中肯。杰尔查文善于描写景色，音调铿锵有力。巴丘什科夫造型优美，格调和谐。茹可夫斯基有迷人的音乐性。这些特征，普希金一下子就吸收了。据说看普希金的原稿，非凡的简洁。

简洁是大天才的特征（在希腊，是典范）。有人向普希金请教："很早你就同烦冗为敌，同废话作战。教给我，如何才能巧妙地与简练为伍？"

不知普希金怎样回答。如果普希金授权我作答，我就写道："先生，来信太啰嗦，祝简练。"

作文，第一就要简练。简练就是准确，就是达意。

果戈理也很懂普希金的好，他说："普希金的每一句话之所以强有力，只由于这句话与别的话联结在一起，才有整体的重量，如果离开了整体，这句话就软弱无力。"

绘画，通这个道理，书法亦复如此。

普希金对希腊诗下过极大的功夫（别林斯基称希腊为"艺术工作坊"），流放时期写的《海仙》、《缪斯》、《少女》、《戴奥

632

尼娅》、《夜》，都是希腊艺术作坊的学艺品。普希金读希腊诗，也只是读译文，但像别林斯基所说："深厚的艺术本能，弥补了不能直接研究古代作品的缺陷。"

别林斯基这些话，也替不通外国文的同志们做了解嘲。当初我们凭印刷品、留声机接触西方绘画、雕塑、建筑、音乐，没有被误导，完全靠艺术的本能。将来一定要到希腊去，用手指触摸神殿的柱子。

海涅、司汤达对拿破仑大颂赞，而普希金与拿破仑的关系，真是难为他了。文学家的爱恨，是自由的，纯个人性的，而史家的爱恨是有标准的，非个人的，所以艺术家一谈历史，脸色凝重。司马迁写《史记》，很为难，雄辩、巧辩，甚至诡辩，为他所喜欢的人物讲几句话。他喜欢项羽，按理"成者为王，败者为寇"，只有帝皇传才能列为"本纪"，可是司马迁却写作《项羽本纪》，全文处处突出项羽的性格才能，最后虽然狠狠批评了一句，整体看，明明是小骂大帮忙。

我完全认同司马先生的用心良苦。《滑稽列传》，《游侠列传》，都是司马迁兴趣所钟，别开生面，其他史家是不写的。司马迁在《史记》中做尽了小动作，因为实在写得好，其他史家奈何不得。

史笔、文笔，是不一样的。文学与史学的大问题，至今无人提出来研究。

论到性格才华的惺惺相惜，普希金喜欢拿破仑，而国情民心使普希金不能言出由衷，他写于 1821 年的《拿破仑》原是列为"颂诗"的，但按照当时的社会舆论，拿破仑是"凶恶的侵略者"、"残暴的专制君王"。三年过去后（普希金大概想了三年），他改变了说法，称拿破仑是"叛逆的自由的继承者和元凶"。小贬大褒，无疑承认拿破仑的英雄性。

事情早已过去，我着眼于诗人的用心。凡使诗人为难的事，不论大小，我最感兴趣。他们为难的事，轮到我，也为难，好在许多使古人为难的事，我不为难了，古人的梦，由今人来醒。纪德说得好："最快乐的梦，不及醒寤的一刻。"

《致大海》(*To the Sea*) 一诗，是普希金向浪漫主义告别，拿破仑、拜伦，都消失了。写《欧根·奥涅金》(*Eugene Onegin*) 时，普希金的制高点是超逸的了。他关心时事，但一到艺术，就十分纯粹。这一点，致命地重要。陀思妥耶夫斯基读了太多太多的历史和哲学，小说中一点不肯流露，所谓"冰山是只露八分之一在水面上"。但是，现实的归现实，艺术的归艺术。艺术不能跟现实走，艺术也不可能领着现实走。所以普希金全面关注现实，而作品如此之纯。

第五十讲

十九世纪俄国文学再谈

一九九一年十一月三日

要去评价一个伟大的人物，你自己是怎样一个人物？这是致命的问题。

论家认为这是冈察洛夫的功绩，我不以为然。小说不是药。俄国后来的大不幸，不是克服"奥勃洛莫夫"可以解决。中国人向来要求文学有益于名教，都落空。文学所能起的道德作用，仅就文学家自身而言，一般读者的好或坏，不是文学教出来的——艺术有什么好呢？对艺术家本人有好处：写着写着，艺术家本人好起来。

陀思妥耶夫斯基的粗糙是极高层次的美，真是望"粗"莫及，望"粗"兴叹。如汉家陵阙的石兽，如果打磨得光滑细洁，就一点也不好看了。尊重这粗糙，可以避免自己文笔光滑的庸俗。

自从"意识流"写法和其他种种写法出现，我都不以为然，不过是将人剖开，细看，说"这是心，这是肺"。深刻吗，新奇吗？爱情的深刻，必得解剖肾脏、生殖器，才算真正懂得爱情吗？上帝把心肺包起来，是故意的！

文学的最高意义和最低意义，都是人想了解自己。这仅仅是人的癖好，不是什么崇高的事，是人的自觉、自识、自评。

最近又读一遍《复活》，实在写得好。笔力很重，转弯抹角的大结构，非常讲究，有点像魏碑。十足的小说，试以别的小说来比，都会显得轻佻、小聪明、小趣味。

莱蒙托夫（Mikhail Lermontov，1814—1841）。普希金之后最有才华的诗人。在短命诗人中，尤为短命。

我喜爱和理解莱蒙托夫，是在喜爱和理解普希金之前，听音乐，也是先爱贝多芬，后爱莫扎特。这是少年人爱艺术的过程。十七岁到杭州，我不喜欢西湖，胸中充满着崇高伟大的理想，最好是看到高山大海，悬崖峭壁，所以要听贝多芬，要读莱蒙托夫。

我想过，如果少年青年时喜欢莫扎特、普希金呢？那是要环境优裕，生活平静。我的童年少年很苦闷，没有心情接受普希金那种典雅的美。倒是暴烈、粗犷的美容易起共鸣。但要说真正理解，十六七岁的人不足认知贝多芬，也谈不上懂得莱蒙托夫。

莱蒙托夫出奇的早熟，文学风格、人生境界，都早熟。前面讲普希金狂热推崇拜伦，而莱蒙托夫写道：

不，我不是拜伦，我是另外一个。

这才是真正的异端，把他放在异端之中，他还是个异端。你学拜伦？学尼采？你已经不是一个异端。

普希金死后，莱蒙托夫的长诗《诗人之死》（*Death of the Poet*），轰动整个俄国。被沙皇政府放逐高加索，他在那里写了很多豪放的诗，我曾为之配曲。《当代英雄》（*A Hero of Our*

Time）的主角名皮恰林（Pechorin）就是莱蒙托夫自己，或者说，是作者心灵的投影。皮恰林比欧根·奥涅金（Eugene Onegin）更使我感到亲切，奥涅金是世俗的，皮恰林是艺术的。普希金花了一点力气塑造了奥涅金。皮恰林却是莱蒙托夫的心灵肖像，用了极高超的反讽笔法。

很多读者，尤其是女读者都骂皮恰林为坏人，是个不义之徒，不知皮恰林是高贵的、真情的，他的苦闷是虎落平阳被犬欺的苦闷。莱蒙托夫命意在此，书名是个反讽。皮恰林是最优秀的青年，但被埋没了，成为受嘲笑的失败者。

也有很多评论家（包括所谓思想家）把艺术家文学家的忧郁痛苦归罪于时代、政治，以为这一解释很公正，很深刻，其实浅薄。

莱蒙托夫首先是对世界、对人类（人性）绝望了，对他当代的一切又持鄙视否定态度。拜伦亦如此。

艺术家、诗人的悲哀痛苦，分上下两个层次，一个是思想的心灵的层次，对宇宙、世界、人类、人性的绝望，另一个是现实的感觉的层次，是对社会、人际、遭遇的绝望。

高尔基、鲁迅、罗曼·罗兰，有下面的一个层次，而对上面那个层次（即对宇宙、世界、人类状况、人性本质），未必深思，一旦听到看到共产主义可以解决社会、生活、人际关系、个人命运，就欣欣然以为有救了。

所谓一流的大师，上下两个层次同时在怀。莎士比亚只在怀于上面这个层次（也许就是这一层，鲁迅不在乎莎士比亚），尼采也只就上层次而发言（音乐家呢，先天限制他只有上一层次）。回到莱蒙托夫，他不是哲学家，但本能地怀有上层次的痛苦，又憎恶他所处的那个时代。

他对生命极为厌倦、厌烦、厌恶，二十多岁就认为自己是从人生舞会中退出的孤独者，在冷风中等待死神的马车。这种自觉，这种哲理性的感慨，吸引我追踪他。

他写皮恰林在驿站上等马车，四周无人，颓丧疲倦，一忽儿马车来了，人来了，皮恰林腰杆笔挺，健步上车，一派军官风度（说到这里，木心作状模仿那种姿影）。我们在世界上，无非是要保持这么一点态度。

莱蒙托夫的抒情诗好，小说也好。他的叙事诗《姆齐里》（*Mtsyri*，英译：*The Novice*），中国有译本，题为《童僧》，写一个收养在修道院中的男孩，神父管教甚严，他每夜梦见家乡亲人。某夜狂风暴雨，男孩逃出修道院，在森林中漫走了三个日夜。当神父们找到他时，他因为和豹子搏斗，跌入深坑。孩子抓住一把草根不使自己陷落，一只白鼠一只黑鼠不停咬着草根，眼看要断了，草尖上有一滴花蜜，姆齐里叫道："让我尝一滴蜜，我便死去！"

书中的修道院，就是世界，白鼠黑鼠，就是白昼与黑夜，死去之前想要尝一滴蜜！（我们这些流亡者岂不都像姆齐里。）莱蒙托夫也死于决斗。他的大眼睛泪汪汪的，真是悲剧的眼睛，天才诗人的眼睛。

受普希金影响的诗人很多，平平不足道，只有克雷洛夫
(Ivan Krylov，1769—1844) 有其价值和地位，寓言最有名，诗
轻灵美妙，音节铿锵，当时十分流行。

俄国写实主义文学开始得比任何一国都早，普希金时代过
去，果戈理时代到来，从此俄国写实主义文学大规模开始。普
希金、莱蒙托夫的作品，也可说是写实主义的先声。

果戈理 (Nikolai Gogol，1809—1852)。十九岁到圣彼得
堡，想做演员，不成功，去部里当办事员，不久离职，专事写
作。1829 年，两部描写俄罗斯乡村的小说集出版，立刻获得
茹可夫斯基和普希金的赞赏。早期作品《狂人日记》(*Diary of a
Madman*)，开后来心理分析小说的先路，鲁迅受到影响。另有
《外套》(*The Overcoat*)、《钦差大臣》(*The Government Inspector*)，更
是名篇，讽刺挖苦是其主调。屠格涅夫说："我们啊，都是从
《外套》里出来的。"

同期，有《聪明误》(*Woe from Wit*，又译《智慧的痛苦》)
一剧极成功，作者是格里鲍耶陀夫 (Aleksander Griboyedov，
1795—1829)。

接着就是冈察洛夫 (Ivan Goncharov，1812—1891)。他
的文学生涯四十五年，但作品很少，除了几部札记和游记，

小说只三部：《平凡的故事》（*A Common Story*）、《悬崖》（*The Precipice*），都好，尤其是《奥勃洛莫夫》（*Oblomov*），哄传一时，写出一个典型：人不坏，甚而很好，可是一味的懒，有思想，没行动，连女人、爱情也刺激不了他，只想躺在沙发上。这种人物在中国的富贵之家多得是，我不觉得新奇。但在俄国当时，知识阶层人手一本，都觉得血管里有些"奥勃洛莫夫"。

论家认为这是冈察洛夫的功绩，我不以为然。小说不是药。俄国后来的大不幸，不是克服"奥勃洛莫夫"可以解决。中国人向来要求文学有益于名教，都落空。文学所能起的道德作用，仅就文学家自身而言，一般读者的好或坏，不是文学教出来的——艺术有什么好呢？对艺术家本人有好处：写着写着，艺术家本人好起来。

冈察洛夫之后，俄国文学的黄金时代光临了：

屠格涅夫（Ivan Sergeyevich Turgenev），六十五岁。

陀思妥耶夫斯基（Fyodor Dostoyevsky），六十岁。

托尔斯泰（Leo Tolstoy），八十二岁。

托尔斯泰十岁时，陀思妥耶夫斯基十七岁，而屠格涅夫二十岁，这三位天才，是一代人。

伊凡·谢尔盖耶维奇·屠格涅夫（Ivan Sergeyevich Turgenev，1818—1883）。父亲是没落贵族，母亲性情怪僻，有大庄园。童年屠格涅夫对农奴制度的残暴乖谬，愤懑不平，他回忆："在我生长的环境中，打人、拧人、拳头、耳光……简直是家常便饭，我对农奴制充满了憎恨"，立誓"我这一生，决不与农奴制妥协"。他由家庭教师授业，后全家迁居莫斯科，进莫斯科大学语文系，翌年转彼得堡大学文史系。1838年赴柏林大学主攻哲学和古典语文学，后又回彼得堡，得哲学硕士学位。

屠格涅夫大学时期的习作多为浪漫抒情诗，长诗《帕拉莎》发表后，获别林斯基好评，两人从此友谊深厚。1847年别林斯基在欧洲养病时，相偕遍游欧洲。人说别林斯基影响了屠格涅夫，我认为屠格涅夫也影响了别林斯基。

屠格涅夫与母亲关系很坏，不得接济，靠稿费生活，写了十来个剧本（写受苦的小人物）。母亡，得遗产，大富裕。

1852年果戈理逝世，他撰悼文，彼得堡当局不许发表，改寄《莫斯科新闻》，遂以"违反审查条例罪"被捕，不过听说只是关在家里，期间写出杰作《木木》(Mumu)。

沙皇对屠格涅夫反农奴制观点无法容忍（俄国的皇家与地主密切配合，国民党与地主却不"团结"，只知榨取捐税租粮）。《猎人笔记》(A Sportsman's Sketches) 是屠格涅夫的力作，共二十五篇短篇，第一篇发表，批评家就喝彩，接着篇篇精彩。描写俄国中部农村景色、生活、人伦，对含垢忍辱、备受欺凌的农民寄予深切的同情。

中国文学不也写农村吗？以阶级斗争的观点写，极其概念化。屠格涅夫用的是人性的观点、人道的立场，至今还有高度的可读性，我很喜欢《猎人笔记》，以后还想再看一遍。

五十年代到七十年代是他的创作全盛期。

《罗亭》（*Rudin*），第一部长篇，在座应该看一遍：凡好思想、善词令、脱离实际、缺乏毅力者，都叫做"罗亭"。我也曾被艺专的学生叫做"罗亭"，我心中暗笑，他们读不懂《罗亭》，不理解我，又辩不过我，拿这顶罗宋帽压过来，不过中国的知识分子和艺术学生，当年着实读了一点俄国书。

接着是《贵族之家》（*A Nest of the Gentry*）、《前夜》（*On the Eve*）、《父与子》（*Fathers and Sons*）、《烟》（*Smoke*），最后是《处女地》（*Virgin Soil*）——这些中译本当时销路非常之好。大学文科院、艺术院校的宿舍里，满眼是这些小说的中译本——据说读屠格涅夫原文，修辞、文法、结构，极为精美，陀思妥耶夫斯基和托尔斯泰也比不上。即便在欧洲，如此工于文字技巧，也只少数几个。他和福楼拜是好友，两人都是文字的大魔术师。

他在西欧度过大半生，几乎每年回国（真让人羡慕）。最后一次是1880年参加莫斯科普希金铜像揭幕典礼，发表讲辞。下一位讲演者是陀思妥耶夫斯基，讲完后，屠格涅夫上前拥抱他，说：你才是真正的天才！

1883年在巴黎逝世（脊椎癌）。遵遗嘱，遗体运回彼得堡（俄罗斯人爱文学，送葬者上万人），葬在别林斯基墓旁。这才是真正的朋友，以后到俄罗斯找到别林斯基墓，旁边就是屠格涅夫了。

屠格涅夫密切反映了他的时代，而他的自我背景，上下两个层次都有。他的悲哀是形而上的，证见他的散文诗《大自然》。他梦见了"大自然"的化身，她在沉思，他便发问道："伟大的母亲，你一定在为人类的幸福思考吧？"大自然母亲道："我想怎样在跳蚤的后腿加一条筋，让它逃走时可以更快些。"

他有一篇极好的演讲《哈姆雷特与堂吉诃德》。他自己是哈姆雷特型，因此大力夸奖堂吉诃德型（像哈姆雷特那样深思，像堂吉诃德那样勇敢）。因为是伟大的创作家，他的文艺批评就特别中肯。

屠格涅夫是艺术家，是艺术的文学家。

费奥多尔·米哈伊洛维奇·陀思妥耶夫斯基（Fyodor Mikhailovich Dostoyevsky，1821—1881）。生于医生家庭，从小爱文学。遵父意学工程，毕业后专事写作。与涅克拉索夫（Nikolay Nekrasov）、别林斯基过往甚密，为"彼得拉舍夫斯基小组"的成员（Petrashevsky Circle，十九世纪四十年代进步知识分子反封建农奴制的团体）。

小说《穷人》（*Poor Folk*），继承普希金、果戈理传统，但他自己的风格全在其中。当时他初到彼得堡，无名，《穷人》一发表，诗人涅克拉索夫拉了别林斯基半夜敲门，对陀氏说："俄国又诞生了一个天才！"

我第一次读完《穷人》，也叫起来。要从近代的几位文学大人物中挑选值得探索的人物，必是陀思妥耶夫斯基。而当时真正理解他的人（指文学家）很少。别林斯基受不了他对人性剖析的无情。后来的高尔基以为陀氏是恶的天才，中国则由鲁迅为代表，认为陀氏是残忍的。

要去评价一个伟大的人物，你自己是怎样一个人物？这是致命的问题。

尼采，纪德，一看之下，就对陀氏拜倒。尼采说，陀氏是"在心理学上唯一可以教我的人"。越到近代，陀氏的研究者、崇拜者越多，而陀氏的世界，仍然大有研究的余地和处女地。自从"意识流"写法和其他种种写法出现，我都不以为然，不过是将人剖开，细看，说"这是心，这是肺"。深刻吗，新奇吗？爱情的深刻，必得解剖肾脏、生殖器，才算真正懂得爱情吗？上帝把心肺包起来，是故意的！

潜意识、无意识、性压抑、变态心理，什么什么情结，比起陀思妥耶夫斯基，哪里比得过！意识流那点手法，三分才气七分用。陀思妥耶夫斯基的大手笔，一味自然，那样奇怪曲折，出人意外，但都是自然的。这才是高超、深刻。

1849 年，陀氏被捕，判死刑。在刑场即将枪决的一瞬间，沙皇特赦，改判四年苦役，六年军役。罪名呢，一，朗读别林斯基致果戈理的信，内容是反农奴制度的。二，筹备秘密印刷所。三，参与彼得拉舍夫斯基小组。当时俄国左翼的论调，认为陀氏在这之前思想进步，苦役流放后，成了唯心主义，敌视革命，攻击车尔尼雪夫斯基（Chernyshevsky），中了沙皇的毒计，成了反动的说教者。

事情哪有这样简单。政治才是简单的，艺术家复杂得多哩！政治家非黑即白，艺术家即非黑又非白，我有句：

"艺术家另有上帝。"（或作"艺术另有摩西。"）这话送给陀氏，正合适。托尔斯泰是不会接受的，他认为艺术家只有上帝。

不要在陀氏的书中追究思想信仰、道德规范。文学的最高意义和最低意义，都是人想了解自己。这仅仅是人的癖好，不是什么崇高的事，是人的自觉、自识、自评。

讲开去，求知欲、好奇心、审美力，是人类最可宝贵的特质——"知"，宇宙是不可知的；"奇"，人以为奇，动物不以为奇；"美"，更是荒唐，梅兰竹菊，猴子毫无反应。

说回来，人类要自救，只有了解自己、认识他人，求知、好奇、审美，是必要的态度。艺术、人类，是意味着的关系，即本来艺术与人类没有关系，但人类如果要好，则与艺术可以有关系——这就是我所谓"意味着的关系"。

个别人，极少数人，他要自尊、自救，他爱了艺术，艺术便超升了他，给他快乐幸福。绝大多数人不想和艺术有什么关系——在中国尤其不相关——如此看陀思妥耶夫斯基，反动也罢，革命也罢，我不在乎。

我特别在乎喜欢的是他文笔粗糙（要还债呀，飞快地写，一脱稿就进厂印刷。他哪有屠格涅夫、托尔斯泰的优闲？），但真的艺术确实另有上帝。陀氏的粗糙是极高层次的美，真是望"粗"莫及，望"粗"兴叹。如汉家陵阙的石兽，如果打磨得光滑细洁，就一点也不好看了。尊重这粗糙，可以避免自己文笔光滑的庸俗。

　　我曾说："贫穷是一种浪漫。"这一点陀氏最拿手。被侮辱被损害的人心中，有神性之光，其实是陀氏心灵的投射。托尔斯泰最爱上帝，他的上帝是俄国农民的上帝，公共的上帝，陀氏的上帝是他自己的上帝，近乎艺术的上帝了。在世界可知的历史中，最打动我的两颗心，一是耶稣，二是陀氏。

　　尼采感动我的是他的头脑和脾气。

　　陀氏的小说一传到欧洲，大家惊呆了。相比之下，欧洲作家就显得是无情无义的花花公子。说来奇怪，中国人不理解陀氏，俄国人半理解不理解，苏联时期他被排入黑名单，高尔基出头批判他。所以欧洲之伟大，之可爱，在于懂得陀氏。俄罗斯出了陀氏，欧洲人为之惊叹，是十九世纪的美谈。

　　陀氏的读者在欧洲，情况有点像佛教，释迦牟尼后来在印度吃不开的，到了中国，佛教兴盛了。接受欧洲洗礼的中国人，会爱陀思妥耶夫斯基。欧洲一般的评论，认为陀氏"最能表现神秘的斯拉夫民族的灵魂"，这是狭义的。陀氏是世界性的，尼采、纪德不会把陀氏仅仅看做俄国式天才。

他的小说，本本都好：《穷人》、《双重人格》（*The Double*）、《女房东》（*The Landlady*）、《白夜》（*White Nights*）、《脆弱的心》（*A Weak Heart*）、《被侮辱与被损害者》（*Humiliated and Insulted*）、《地下室手记》（*Notes from Underground*）、《罪与罚》（*Crime and Punishment*）、《白痴》（*The Idiot*）、《少年》（*The Adolescent*）、《群魔》（*Demons*）、《卡拉马佐夫兄弟》（*The Brothers Karamazov*）。

文学家以他心灵的丰富描写人物，陀氏的小说，就是他心灵丰富。什么体验生活，与劳动人民同吃同住同劳动，结果写出书来，假、大、空。纪德说："艺术家是把内心的某一因素发展起来，借许多间接经验，从旁控制，使之丰富。"陀氏写《罪与罚》中的拉斯柯尔尼科夫（Raskolnikov），福楼拜写包法利夫人，托尔斯泰写安娜，都是这样。

所以福楼拜说："不要吵了！包法利夫人就是我。"

克鲁泡特金（Peter Kropotkin）认同陀氏的写法也是如此，但结论道："既然拉斯柯尔尼科夫就是陀氏，那么，像这样的人，是不会去谋杀一个老妇人的。"

看起来不失为观点，实则愚蠢。歌德说："世上一切的罪恶我都会去做的。"是的。艺术家都可能去做的，结果没有去做。做什么呢？做艺术。

少年维特死了，歌德活下来。

百年来，陀氏在欧洲的名誉持续上升。他的"理解场"在欧洲，其中，纪德最是竭尽心力，多次长篇讲演，出专集。他自己的《背德者》（*L'Immoraliste*）就是陀氏的影响。我读《背德者》，隐隐看到陀氏在背后指指点点，我乐极了：这就是文学的圣家族啊！

现在的文艺评论常常有这种论调，说"作者的矛盾的世界观限制了他的艺术才能"。请问，你们世界观正确，出了什么作品？

最后，引纪德的话说："读陀思妥耶夫斯基，是一件终身大事。"

列夫·尼古拉耶维奇·托尔斯泰（Leo Nikolayevich Tolstoy）。生于 1828 年 9 月 9 日，父母亲都是古老而有名望的大贵族。十岁前父母双亡，而家道富厚。在《童年》、《少年》、《青年》这几本好书中做了详细的描写。这几本书写得真好！写他自己难看、害羞、正直、善良，写到哪里好到哪里。凭这几本书看，就是个大文学家。

1844 年进喀山大学东方语系，一年后转法律系。受法国启蒙运动思想的影响，反沙皇专制。1847 年退学回家，在自己的领地上尝试改革（假如我当时已经成年，很可能也会做这种傻事），结果农民不信他，也不接受（农民怕上小当，革命来了，上大当很起劲）。1851 年赴高加索当下级军官，在 1854—1855 年的克里米亚战争立功。《塞瓦斯托波尔故事集》（*Sevastapol Sketches*）就是那段经历，也为他累积了《战争与和平》的战争场面素材。

1857 年，1860 至 1861 年，两度游历欧洲，然而不喜，完全否定欧洲文明，对金钱地位的崇拜引他愤怒，这一怒，终生不平息，回国后又在自己的庄园办学校，做调解人，当陪审员，维护农民的利益（奇怪的是，他一生只爱农民，只见农民，不见人类），临死前还在想：农民是怎样死的？不过从电影上看，俄国农村、农民，确实可爱。

1862 年和索菲亚结婚，婚后大量写作。他的写作，一上来就风格独特，手法精纯。他写书，处处是艺术，可是他写《艺术论》(*What is Art*)，不知所云。

我少年时看书，求好又求全，五十年后，才能做到求好，不甚求全——但求全之心，不能没有，否则要降格，怎么办呢，有办法的，就是托尔斯泰那里求不到的，别家去求，一家家求过去，在陀思妥耶夫斯基那里求不到，屠格涅夫那里求。再有欠缺怎么办呢？还有一家，就是你自己——纪德有言："做到人群中不可更替的一员。"

1864 至 1869 年，去五年成《战争与和平》(*War and Peace*)。史诗型的巨著，一出版，屠格涅夫就将法文版寄福楼拜，福楼拜大赏，马上回信，说："这是天才之作，虽然有些章节还可以商酌，不过已经是太好了。"屠格涅夫大喜，复信说："好了，好了，只要福楼拜先生说好，一切都好了。"

艺术家就该见好就叫！十九世纪有福了，天才间如此相互爱惜，真令人感怀，又一次证明"道德来自智慧"。

《战争与和平》的情节、场面，写得非常好；人物，我以为不够好。他写这种大构，粗中有细，从容不迫，顺手写来，极像文艺复兴的巨匠画壁画，大开大合，什么也难不倒他。其实全书七易其稿，都是夫人手抄，装起来整整一马车。

接下来 1873 至 1877 年，写成《安娜·卡列尼娜》(*Anna Karenina*)，人物就写得出色精当，故事和场景极其动人。列文(Levin) 那些长篇思考和教义探讨是嫌累赘，但全书前前后后什么都是艺术，只好买账。

安娜身上渗透了托尔斯泰的魂灵。他把自心种种不可能实现的幽秘情愫，放在安娜身上。这件事，只好与托尔斯泰一对一面谈（或者和陀思妥耶夫斯基对谈），他会承认。旁人在，他就不承认了，还会关照：不足为外人道！

他的正面流露是列文，大谈社会改革的理想、宗教信仰的探索。因为尊重托尔斯泰，我认真看这些段落，不反感，不轻视。读书要有品德，不要跳过列文。

写完《安娜》，为便于孩子上学，托尔斯泰举家迁往莫斯科。调查贫民，探访监狱，更加紧哲学、宗教、道德、伦理的研究。可怜这位老先生学不进去，他一碰到哲学、伦理，就蠢了。最初读尼采，欣喜若狂，稍后，大骂尼采，整个儿否定了超人哲学。他的头脑里早就自有一套，别的思想塞不进去。不要紧，托尔斯泰再蠢也伟大。高尔基曾为了托尔斯泰的固执而受苦，心里叫道："你这老魔术家别作弄我这初出茅庐的小伙子。"还说，托尔斯泰与上帝的关系很暧昧，好比一个山洞里的两只熊，总要咬死一只。高尔基《回忆托尔斯泰》，写得极好，希望在座一读。

之后写《黑暗之光》（*The Power of Darkness*）、《伊凡·伊里奇之死》（*The Death of Ivan Ilyich*）、《哈吉·穆拉》（*Hadji Murad*）、《舞会之后》（*After the Ball*）等中短篇，篇篇都好，《谢尔盖神父》（*Father Sergius*）尤其好。最后的杰作，是《复活》（*Resurrection*）。

我十几岁时看，浮光掠影，三十几岁读，基本上懂了。最近又读一遍，实在写得好。笔力很重，转弯抹角的大结构，非常讲究，有点像魏碑。十足的小说，不准许拍电影、演舞台剧。福楼拜、哈代、狄更斯都会钦佩这本书。试以别的小说来比，都会显得轻佻、小聪明、小趣味。

《复活》特别重，老了读，最好。我还想静静看一遍。

托尔斯泰当时的国际地位非常高，一不高兴，直接写信给皇帝，劈头就说："你忏悔吧！"朝廷要办他，宪兵将军说"他的声望太大，俄罗斯监狱容不了他"，到底不敢动，但利用最高教会机关宣布托尔斯泰为"邪教徒、叛教者"，开除教籍，这时他快近八十岁了。

1910 年 10 月 28 日，他决定摆脱贵族生活，离家出走，中途受凉，得肺炎，死于阿斯塔波沃（Astapovo）车站，遗体不准葬于教会墓地，依照他的遗嘱，葬在故乡庄园，没有十字架，没有墓碑——伟大！

下面是我最近写的诗：

树林的远处

出现了骑马的宪兵

列夫·托尔斯泰的棺木

徐徐放下墓穴

几万人跪地，唱

永垂不朽

有谁用很不协调的高音

喊道：警察跪下

宪兵们纷纷落马一齐跪倒

开始撒土，唱

永垂不朽

十九世纪俄国文学续谈

一九九一年十一月十七日

我年青时，把高尔基看做高山大海，特别羡慕他的流浪生活。我生在一个牢一样的家庭，流浪？那简直羡慕得发昏。

写长篇，要靠强大的人格力量，极深厚的功底。哈代、陀思妥耶夫斯基、曹雪芹，哲学、史学、文学的修养，深刻啦！

象征主义是脱出民族传统意识的一种自由个人主义。对你们几乎没有影响。"十月革命一声炮响"，没有给中国带来象征主义。作为世界性流派，象征主义成就很大，至今有影响（中国近代艺术，缺了象征主义这一环节）。

前面得有古典浪漫，而后现实写实，才会有唯美象征。但中国也有人追求过唯美、象征。何其芳、李广田、卞之琳、冯至、闻一多、艾青。张闻天翻译过王尔德，楚图南翻译尼采。

假借中苏友谊，我们比台湾、甚至欧洲更接近俄国文学。这倒是优势。现在补上俄国象征、唯美一代的作品，那就是人生一乐，就是俄国文学的老资格的欣赏者。

俄国真所谓文学大国。从托尔斯泰、陀思妥耶夫斯基、屠格涅夫，所谓写实主义传统，到目前为止，还在不断作育俄国青年作家，他们还在发扬这个传统。

这个传统不会消失的，是会永恒的。但写实主义这说法不准确，姑且用之。

三大家同时，还有一位诗人，即涅克拉索夫（Nikolay Nekrasov, 1821—1878）。中国有译本，流行过，《严寒，通红的鼻子》、《谁在俄罗斯能过好日子》。风格特异，专写俄国农民的痛苦，同情农民，反农奴制。有说他是个复仇的忧伤的诗人。

早年生活贫困，"有三年，我没有一天不挨饿。"他说。

戏剧家奥斯特洛夫斯基（Alexander Ostrovsky, 1823—1886）。生于莫斯科，年轻时是个戏迷，口不离戏。曾任商事法庭（Commercial Court）书记，后以之为题材写喜剧，得罪商人，控告到沙皇尼古拉二世。名著有《家庭幸福》（*The Picture of Family Happiness*）、《破产》（*The Bankrupt*）、《他人之车不可坐》（*Stay in Your Own Sled*）。最有名是《贫非罪》（*Poverty is No Vice*）、《大雷雨》（*The Storm*）。

1949 年后，大陆出过不少他的书，上演过他的戏，地位相当于托、陀、屠三位。

戏剧特点：故事不新奇，但情节环环扣紧，极适舞台。不写好人坏人俗套。他认为生活中好人坏人是混杂的，后来斯坦尼斯拉夫斯基（Stanislavski）也是这个传统。这是俄国文学的特质。

当时批评文学的项目，争论极盛，各走极端。争什么呢？为人生而艺术，还是为艺术而艺术。

俄国文学以"为人生而艺术"为主调。前有别林斯基，后有车尔尼雪夫斯基，力主为人生而艺术。

中国三十年代文坛大受影响，左翼在背后善加利用，一直到1949年后成为意识形态控制。当时所谓人民性、民族性，即来自俄国。四十年代，这些"斯基"的著作已大量翻译，现在可以知道是左翼的计划、谋略，1949年后即大量上市。

现在的民主概念，和十九世纪别林斯基们的民主概念是不一样的。东欧现在敲响的钟声，不是以前的钟声。

回到"为人生，为艺术"。中国的所谓反"为艺术而艺术"，主"为人生而艺术"，是既没有"为艺术"，也没有"为人生"。

"为人生"，"为艺术"，两派都关进集中营，相见了，才叹道："我们都太忠厚了。"

从人格论，别林斯基们是高尚的人，勤于思考，勇于行动，但他们太重视实际效应，到后来的普列汉诺夫（Plekhanov）就滑头了，不好对付了。

别林斯基、高尔基们，后来都反对陀思妥耶夫斯基。

陀思妥耶夫斯基无疑是比他们大得多多、高得多多，他才真是为人生而艺术，反而别林斯基和高尔基们对人生知道得太不够了，没有弄清人生是什么。

三位大师之后，俄国文学并不衰落。高尔基、契诃夫、柯罗连科、安德烈耶夫。

安东尼·契诃夫（Anton Chekhov，1860—1904）。祖父是农奴，后赎身自由。父亲开小食品杂货铺。契诃夫兄弟幼年站柜台。后来父亲破产，举家迁莫斯科。契诃夫进莫斯科医科大学，一生行医，写作。早期写作为点稿费，多写幽默作品，近乎滑稽。

契诃夫作为一个人，非常有意思。谦和、文静、克制、优雅，通达人情。高尔基回忆契诃夫，写得好！

半夜了，天很冷，契诃夫打电话："请你来一下。""什么事？""我恋爱了。"高尔基去，哪里是恋爱，只是与他谈谈，走走，然后说："你可以回去了。"

他常教高尔基写作。怎样写作呢？契诃夫说："下雨了。"就这样写。

契诃夫始终方寸不乱。

高尔基与契诃夫的通信极好：

今天收到你寄给我的表，我真想上街拦住那些人，说："你们这些鬼，知道吗？契诃夫送给我一只表！"

多可爱！

契诃夫不是一个思想家。他知道俄国是不幸的，常在忧伤中，他对未来，一片茫然。如果问他，他大概说："总会好起来吧。"那潜台词是："否则怎么办呢。"

他和同代人比，有教养。当时俄罗斯有两种类型，要么是狂热的、战斗的、革命的，要么是悲观颓废的，悲观到要杀人、自杀。相较之下，有那么一个契诃夫，特别宝贵。

他说，短篇，莫泊桑已是王。不过，大狗叫，小狗也要叫——这点自知之明，也多么宝贵。

说到短篇，二十世纪远高于十九世纪。

契诃夫的短篇，写得太通俗。一定要说他的成就，现在冷静比较，比下去了。鲁迅说契诃夫的小说是"含泪的微笑"，中学水准。我以为，文学不需要含泪，也不需要微笑。

艺术是不哭，也不笑的。

马克西姆·高尔基（Maxim Gorky，1868—1936）。他在当时是个传奇人物，是个青年偶像，是个文学明星。

现在你们不以为然了。我年青时，把高尔基看做高山大海，特别羡慕他的流浪生活。我生在一个牢一样的家庭，流浪？那简直羡慕得发昏。文学家历来是书斋里出来的，哪有靠什么流浪，走遍俄罗斯，走成一个文学家！

直到我十二年劳改后，才不怕高尔基。所以话说回来，高尔基确实有教于我。

少年人应有强烈的羡慕，咬牙切齿的妒忌——这样才能使软性的抱负，变成硬性的。高尔基的三部曲：《童年》（*My Childhood*）、《在人间》（*In the World*）、《我的大学》（*My Universities*），至今应该是青少年的教科书。

他早年困苦，成名也很快。首篇发表在柯罗连科（Vladimir Korolenko）任编辑的杂志上，后来出书，立即卖完。

他的天才、性格，适逢其时。1905年前后，俄国青年正在等候着这么一位天才。

他最好的是，以文坛新秀与托尔斯泰、契诃夫交往。他的优势是写先辈没有经历、也没有写过的东西。真要说到功力、思想、修养，他就不够了。他一写长篇就不行。

写长篇，要靠强大的人格力量，极深厚的功底。哈代、陀思妥耶夫斯基、曹雪芹，在哲学、史学、文学上的修养，深刻啦！

写长篇小说，不可轻举妄动。

说到头来，高尔基是一个不可替代的作家。他善于理解人，善于爱人。最好的作品，是对文学长辈与同代人的回忆，读了，也能理解他，爱他。

在生活中、现实中的道德行为，要做出自己的牺牲的。而文学艺术不是一种牺牲性的道德力量，这种力量越强，越能感人。俄国文学，真有伟大的道德力量。

比起来，德国人的耳朵和头脑特别灵，法国人的眼睛嘴唇特别灵（善美善爱）——俄国，俄国人，有一颗心，为了这心，我对俄国文学情有独钟。

大革命后，高尔基苦苦求情于列宁，放了许多文学家和知识分子。斯大林时代，他保住晚节，没有留下歌功颂德的文字，没有违背良心。

结论：契诃夫、高尔基，都是好人。在我心目中总归有他们的位置。

老朋友介绍过了。介绍新朋友还得从我读书时讲起。

1947 年前后，当时中国社会气氛，颇似 1905 年的俄国革命失败后那一段。那时我喜欢读的已不是高尔基，是安德烈耶夫。

列昂尼德·安德烈耶夫（Leonid Andreyev，1871—1919）。少年贫困。后一跃成名。首作出，高尔基大为赞扬。当时革命失败，青年人不再欣赏高尔基的慷慨激昂，喜欢安德烈耶夫的灰调子。作品：《往星》（*To the Stars*）、《黑面具》（*Black Masks*）。写死，写战争残酷，写人生无意义，写命运（年青人偏偏喜欢谈论死，谈论生命无意义）。

后来他也逃亡。

索洛古布（Fyodor Sologub，1863—1927）。也是悲观者，比安德烈耶夫还要激烈，诅咒死，也诅咒生，抒情诗凄美。

阿尔齐巴舍夫（Mikhail Artsybashev，1878—1927）。强烈的个人主义，无政府主义。

萨温科夫（Boris Savinkov，1879—1925）。一个个人主义、悲观主义的作家。代表作《灰色马》（*The Pale Horse*）。他还是一个暗杀者，入狱后越墙而死。

我做学生时，床头书架，竟都是这些人的书（1949 年后都禁为反动作家）。

他们虽非大部头作家，但他们都用了自己的诚恳、天性，去思考，表现，怀疑，悲观，甚至暗杀。俄国，一遇到事情就认真（秋瑾、徐锡麟带有这种色彩）。无政府主义产地是英法，在俄国大行其道。

当时兴起一种呼声，综合了为人生、为艺术的两种思潮，这时响起了尼采的声音："一切重新估价。"

在俄国，持这种完善的观点的发言人是梅列日科夫斯基（Dmitry Merezhkovsky，1865—1941）。大师型的文学家，写小说、诗、批评，思想上崇尚尼采。他的个人主义以文学艺术为指归。他的论文集名《论托尔斯泰和陀思妥耶夫斯基》。

我读过他的《诸神复活》（*The Romance of Leonardo Da Vinci*），写的是意大利文艺复兴。长期留在意大利，查资料，包括达·芬奇的私账。是历史小说，以芬奇为主线，书很惊人。当时在上海诸院校中颇为流传。

另一位女作家，是梅列日科夫斯基的妻子，季娜依达·吉皮乌斯（Zinaida Gippius）。称：

我是我的奇异的诗句的奴隶。

这是象征主义了。

俄国的象征主义兴起时，声势很猛，但已接近革命，灾难将降临这些个人主义者。他们反对现实主义的典型论，反对自然主义的生物解剖性表达，反对浪漫主义直白的抒情，他们主张以象征主义表达作品的思想。

源头是叔本华哲学。都有唯美主义、个人主义色彩。这是当时的世界性潮流。兰波，叶慈，都是。俄国略晚一步，但是都赶上了。

这些作家的个人风格性很强。巴尔蒙特（Konstantin Balmont）注意辞藻的优雅华美；勃罗索夫（Valery Bryusov）讲究形式结构的完整，有古典风；梅列日科夫斯基的诗，含意高雅深远；伊凡诺夫（Vyacheslav Ivanovich Ivanov）追随梅列日科夫斯基，文笔也极好，人称"带有婴儿口吻的苍老的风格"。

十九世纪末俄国文学多么兴旺——以上这些作家，都被中国砍掉了。

好景不长。十月革命后，人们的思想剧烈震动，很快，象征主义烟消云散。梅列日科夫斯基夫妇由高尔基求情，放出俄国。余人向政权投降。

象征主义是脱出民族传统意识的一种自由个人主义。对你们几乎没有影响。"十月革命一声炮响"，没有给中国带来象征主义。作为世界性流派，象征主义成就很大，至今有影响（中国近代艺术，缺了象征主义这一环节）。

象征主义诗人勃洛克（Alexander Blok，1880—1921）。有诗《十二个》（*The Twelve*）。出身彼得堡贵族家庭，受自由、科学、文学、艺术的家教。其妻是化学家门捷列夫之女。

写神秘虚幻的另一个世界。1905年后，他面向现实，回到俄罗斯和人民，离开象征主义。十月革命后，接受高尔基指教，投效革命，三十天成诗《十二个》，写得热情洋溢，是革命狂想曲。最后写到耶稣，把十二门徒换成十二个红军战士。结果被高尔基和马雅可夫斯基批评。

艺术上的技巧，有他宿命的归属性。安格尔画毛泽东？康定斯基设计列宁纪念碑？行不通。叫梵高画斯大林？马蒂斯画宋美龄？

当你已获得个人性技巧时，就要明白你的归属性。这样就可以事半功倍。

纵观俄国从茹可夫斯基到勃洛克，从十八世纪到二十世纪这一百二十年：古典浪漫的时代（当然是普希金），现实和写实的时代，象征和唯美的时代——和世界各国是同步的。但慢了一步，这是劣势。但在古典浪漫时期，因普希金、莱蒙托夫，而有了优势；到写实时代，出陀氏第一、托氏第二、屠氏第三，占尽优势，至今想来心跳不已、崇敬不已，至今见到俄国人，给他几分面子；象征和唯美主义，他们不及欧洲，没有尺寸大的人物。

中国，和世界不同步。中国不会浪漫、唯美，给唐宋人浪漫、唯美去了。写实倒是有过了，但鲁迅、茅盾、巴金，才不如陀氏、托氏高。鲁迅的诗和哲学的底子不够，写不成长篇。

前面得有古典浪漫，而后现实写实，才会有唯美象征。

但中国也有人追求过唯美、象征。何其芳、李广田、卞之琳、冯至、闻一多、艾青。张闻天翻译过王尔德，楚图南翻译尼采。

中国近代文学：琳琅满目，一篇荒凉。

最近消息传来，俄国文学拼命想复兴，翻老账，出老书，面包没有，书多得很（文学家，原来一定要哲学和诗的基础）。1949 年后，假借中苏友谊，我们比台湾、甚至欧洲更接近俄国文学。这倒是优势。现在补上俄国象征、唯美一代的作品，那就是人生一乐，就是俄国文学的老资格的欣赏者。

下次讲俄国二十世纪文学，那就要讲到马雅可夫斯基的未来主义和超现实主义。

"肖邦的爱国,层次高了。他怎么爱法? 我代他表
达:'我爱波兰,我更爱音乐。'"图为木心书房中
的肖邦照片。

十九世纪波兰文学、丹麦文学

一九九一年十二月一日

文学家，诗人，应该别有用心。文学家的制高点，远远高于政治家——这一点，中外古今从来弄不清，也没有人索性去讲一讲。

从前的所谓"哲理诗"，其实都是神的赞美，感恩，所以古代的哲理诗，我们现在是不能承认的。西方一切归于神，中国一切归于自然，我以为两边都落空。其实遇到哲理诗，可以先咳嗽一声，然后再去看。今后，有哲理诗来了，它一定不标榜自己的信仰、哲理，像个小孩不知道自己的天真。

真的写大主题，还是不能写古代，不能太隔。要写当代，至少上一代，陀思妥耶夫斯基写古代？完了。曹雪芹写唐宋？完了。艺术家的宿命，不能写太远的过去、太远的将来。要有"真实性"。艺术家要安于这种宿命。写当代，写出过去，意味着将来，就可永恒。

一个艺术家，从爱国出发，又回到爱国，还是比较一般的通俗的爱国——肖邦的爱国，层次高了。他怎么爱法？我代他表达："我爱波兰，我更爱音乐。"

近代文学批评家，勃兰兑斯可以排名第一。别人没有他博大精深。但要是有天才，不要做大批评家。总是不高超的。艺术是点，不是面，是塔尖，不是马路。大艺术家，大天才，只谈塔尖，不谈马路的。

讲起波兰，我们对波兰都特别好感，肖邦的琴声，尼采的祖国。一个灵秀的国家，又从来多灾多难。东接苏联，南邻捷克斯洛伐克，西接德国，北面是立陶宛，西北面临波罗的海，历来兵家之地，大家看重这块地方。

面积三十一万平方公里，平坦，初为王国，首都华沙。十八世纪，俄罗斯、普鲁士、奥地利三国灭波兰，此即肖邦亡国之痛。常听到"奥匈帝国"（Austria-Hungary）——匈牙利文称"奥斯马加"（Osztrák-Magyar）——乃是 1867 年，奥地利与匈牙利联合组成的。奥帝兼匈帝，共用军队，币制度量统一，各自行政，历五十一年，直到第一次世界大战解开。十月革命后，波兰趁机独立，成共和国，后又被苏联控制，成盟国之一，直到目前才又独立。又穷又乱，想靠宗教复兴（波兰女子据说最好，刚强，温柔）。

波兰古代没有文学可言。所谓波兰文学，指十九世纪。此前只有：莱依（Miko aj Rej，1505—1569），卡拉西基（Ignacy Krasicki，1735—1801）。算老作家，不讲不好意思。

十九世纪正是奥匈帝国统治时期，混乱黑暗，波兰全被瓜分，文学却是黄金时期。这又扯到文学与时代的关系。战国、春秋、魏晋时期，文艺复兴……这些时期，偏偏文学、文艺最昌盛。

乱世，有天才降生，文艺就灿烂光华。这是我的论点，反历史唯物论。乱世激起人的深思，慷慨，激情。

乱世一定出文艺吗？也不。天才，可以的；乱世，不一定。

波兰文学的始祖，密茨凯维奇（Adam Mickiewicz，1798—1855）。一部《塔杜施先生》（*Pan Tadeusz*），有如普希金之于俄国。当时整个世界是浪漫主义，概不例外，波兰是略晚一步。

密茨凯维奇是浪漫主义领袖。出生时是波兰被瓜分的第三年。他说他在襁褓中已戴上镣铐。思想上受伏尔泰影响。

早期诗，不够有意思。"欢迎啊！自由的曙光！"我也能体会，写的人觉得这很重要——这种诗没人写，也不好。你老兄要写，那也好。多少诗人都有这个层面。

然而，文学家，诗人，应该别有用心。文学家的制高点，远远高于政治家——这一点，中外古今从来弄不清，也没有人索性去讲一讲——相反，其他文学家好像逃避现实，耽于享乐。文人爱国，救国，那样也好。密茨凯维奇的诗，后来成了波兰起义的战歌。

爱国文人以良心为武器，冲啊杀，鲁迅也以战士自命。

我有机会遇到密茨凯维奇，也不会劝他，只会让他当心安全，让他还是写的。他后来入狱，流放到俄国彼得堡，最后流放到莫斯科，和普希金在一起。

这种流放，我们也得试试。

这时候，他的诗写得好起来了。爱情十四行。（鲁迅写起《朝花夕拾》来，这就好了，是艺术家，一份热发两份光。）

后来密茨凯维奇见解广阔了，和普希金一起到底有好处的（海涅、杜甫、辛弃疾，还是聪明，最后都写自己的东西）。

密茨凯维奇有长诗《康拉德·华伦诺德》(*Konrad Wallenrod*)。华沙当局为这诗向俄国警告，要抓他，他又逃，写了《塔杜施先生》，波兰贵族的生活，家世，反抗，战斗。鲁迅说，这部书使他永垂不朽。后来不写诗了，编刊物，当教授，参加战斗。后染时疫，死于君士坦丁堡。

与其说是诗人，不如说是英雄。这些诗，现在没人读。

斯沃瓦茨基 (Juliusz Słowacki, 1809—1849)。在国际上名声大于密茨凯维奇（在中国，只知道密氏）。讲究文字功夫。音节完美，想象丰富。他的观点，把文学看做艺术教育，有"诗人中的诗人"美称。作风近莎士比亚，擅写悲剧。史诗《贝尼奥夫斯基》(*Beniowski*)，未完成，讨论种种宗教问题。对波兰的衰败表白出悲哀的深思，又转为热情，成许多诗。他有艺术家态度，写幻想，写恐怖，能直面人生。

克拉辛斯基 (Zygmunt Krasiński, 1812—1859)。喜欢思考，对人类历史大事都要追究。二十一岁有《非神的喜剧》(《神的喜剧》，即但丁大作，中国译成《神曲》)。他思考理想的完美和现实的卑鄙，推论民主与专制必冲突，预言了阶级斗争。他的想法是靠信仰，靠宗教，以此安慰波兰人。

从前的所谓"哲理诗"(philosophical poem)，其实都是神的赞美，感恩，所以古代的哲理诗，我们现在是不能承认的。

西方一切归于神，中国一切归于自然，我以为两边都落空。其实遇到哲理诗，可以先咳嗽一声，然后再去看。今后，有哲理诗来了，它一定不标榜自己的信仰、哲理，像个小孩不知道自己的天真。

三位诗人，一位是英雄，一位是爱美的艺术家，一位是爱神的信徒——加起来就是波兰的浪漫主义。浪漫主义都有爱国、爱美、爱神这么三种特征。

还有其他作家，不必一一介绍了。

显克维奇（Henryk Sienkiewicz, 1846—1916）。主要得讲他。生于地主家庭，在田庄长大。后全家迁往华沙。大学时代即发表短篇小说，歌颂资产阶级务实上进的精神。对资本主义抱乐观态度。后去英法美游历，看到工业发展，也看到压迫，发表《旅美书简》（*Letters From a Journey*），骂美国，回来后成一系列短篇。

到十九世纪八十年代，波兰资本主义分化，贫富悬殊。当时沙皇和普鲁士王国在波兰禁波兰语，他苦苦探索，认为爱国热情和宗教信仰能救国，成三部小说：《火与剑》（*With Fire and Sword*）、《洪流》（*The Deluge*）、《伏沃迪约夫斯基先生》（*Fire in the Steppe*），世称"三部曲"，呼唤波兰人民团结一致抵抗外国。

后写中篇小说，也很长，什么《波瓦涅茨基一家》（*The Polaniecki Family*）、《毫无准则》（*Without Dogma*）。到1890年，发

表《你往何处去》(*Quo Vadis*)。写古罗马尼禄时代,写基督徒早期受迫害,运用历史材料,非常见功力。

福楼拜的《萨朗波》,梅列日科夫斯基的《诸神复活》,还有《你往何处去》,都是写历史的力作。写古人很难,可是很有快感,好像另做了一世人。

《你往何处去》值得一看。获 1905 年诺贝尔奖。手法写实,英雄美人智者暴君,大起大落。

真的写大主题,还是不能写古代,不能太隔。要写当代,至少上一代,陀思妥耶夫斯基写古代?完了。曹雪芹写唐宋?完了。艺术家的宿命,不能写太远的过去、太远的将来。要有"真实性"。艺术家要安于这种宿命。

写当代,写出过去,意味着将来,就可永恒。

显克维奇的笔力很强,功力深。这种浩浩荡荡的历史小说,和《三国演义》一样,我归入通俗文学。凡通俗文学,我把它当人生看,不当它艺术看,看得心平气和。

生活中遇到一个人,蛮有意思,又没有多大意思——通俗文学。这样就平心气和。

这就是为人之道,艺术之道。

一个艺术家,从爱国出发,又回到爱国,还是比较一般的通俗的爱国——肖邦的爱国,层次高了。他怎么爱法?我代他表达:

"我爱波兰,我更爱音乐。"

他到了波兰边境，最后还是回巴黎，用钢琴对祖国说话。我们将来回国，是去看"艺术"，不必大喊大叫。

十九世纪斯堪的纳维亚、北欧，丹麦、瑞典、冰岛、芬兰，欧洲西北，介于大西洋与波罗的海中间，有基阿连山脉纵横中央，东瑞典，西挪威。

丹麦十九世纪也是浪漫主义风气一时。领袖是欧伦施莱厄（Adam Oehlenschläger，1779—1850），受歌德、席勒影响。作风倾向怀古，悲剧，有"斯堪的纳维亚诗王"之称。

巴格森（Jens Baggesen，1764—1826），诗人。

伯特克（Ludvig Adolph Bødtcher，1793—1874），诗人。

英格曼（Bernhard Severin Ingemann，1789—1862），诗人。

还有很多，可见十九世纪他们的文学兴旺。到十九世纪中叶，忽然暗下去了。这么暗了一下——安徒生出来了！

评论家说："诗神分散给丹麦众多诗人，后来收回来，送给一个童话作家。"

安徒生（Hans Christian Andersen，1805—1875）。最早他介绍到中国来时，误为"英国安徒生"。早期他想演戏，学芭蕾，剪纸剪得非常好，他也写过小说——后来忽然想到写童话。

有深意。一个人到底适宜做什么？要靠他自己去选择。选择对了，大有作为，选择错了，完了。

三十而立，指的是选择对了。选择错了，是"三十而倒立"。

访师问友，是选择的开始。大选择中有小选择。画画，大选择，但毕加索选安格尔的路，错了。贝多芬选择哲学？完了。他的哲理思想不放在音乐上？完了。

天才，会选择。有过程，是斗争过程。舒曼（Shumann），父母不让学琴，他刻书桌为琴面，父母允。提香（Titian），四十岁前不画画。齐白石，六十岁后才找到路。梵高要是考上中央美院，会去学徐悲鸿。

如果安徒生演戏，跳舞，我们现在都不知道他是谁。剪纸，生意也不会好。忽然他写童话（瓦莱里，最善数学）。

安徒生童话的全盛时期，已经过去。要么再来，要么不再来了。影响长达七八十年！

两个来源：其一，古老传说，他改编。其二，全凭想象。

他最高的本领，是用小孩子的眼睛看世界：

　　老妇人的头被砍掉了，身体躺在那里。

不得了！这是他的写法。小孩子也看到这个——看到了，小孩却写不出来。

海涅很佩服他，写诗献给他，一起划船，做朋友。

豆荚里的豆，整整齐齐排着……他们觉得世界都是绿的。

好啊！

这种东西——小男孩，小女孩，锡兵——写到诗里去，不自然的，写到童话里，好极了，有了诗意。

小孩只交同龄的朋友，安徒生的童话，老少咸宜。几个月前我又读了一遍，还是觉得好。

你只要看看别人写的童话，格林、乔治·桑、歌德、王尔德，都写过童话——不如安徒生。他的童话是真的。

安徒生的秘诀？很难学到的。

有评曰：小孩是善恶不分的，野蛮的，胡来的，安徒生有这个东西。他用心肠写作。有金光，有美彩。一个饱经风霜、老谋深算的人，也爱安徒生——这个人全了。

现在小孩子看太空超人，妖魔鬼怪，不要安徒生了。不是安徒生的悲哀，是人类的悲哀。我看到玩电脑的小孩，心想：你们很不幸。

"历史地"看问题，安徒生越来越可贵。会读他，是享受。他还写过诗，游记，自传，都历历动人。

安徒生追悼会开到这里，下面要讲一个丹麦的好人。

格奥尔格·勃兰兑斯（Georg Brandes，1842—1927）。十九

世纪六十年代，欧洲新思潮风起云涌，把这种精神活力介绍给北欧的，是勃兰兑斯。他是大学者，在大学开讲"十九世纪文学之主潮"，起到唤醒群伦的作用，影响巨大，情况踊跃。大学校长把他开除，他跑到柏林。几年后，他播下的思想种子，在丹麦开花了，他成为丹麦最有权威的思想家、批评家。阅书太多了，像图书馆，可贵在对每个人都有中肯的批评。

《十九世纪文学之主潮》(*Main Currents in Nineteenth Century Literature*)，共六大本，对莎士比亚、尼采、易卜生、拜伦、海涅，都写过专论，还写过《俄国印象记》、《法兰西印象记》、《人与作品》。

大人物。经历弥漫，观察精密，力量沉重。中国没有这样的人。鲁迅是战士，蔡元培是教育工作者。鲁迅的《中国小说史略》，评得很中肯。

当时丹麦大学生根本不知尼采，勃兰兑斯专门开讲尼采，立刻大放光彩。

注意一下：大陆的韩侍桁翻译过《十九世纪文学之主潮》，中山文化教育馆出。

近代文学批评家，勃兰兑斯可以排名第一。别人没有他博大精深。但要是有天才，不要做大批评家。总是不高超的。

艺术是点，不是面，是塔尖，不是马路。大艺术家，大天才，只谈塔尖，不谈马路的。

批评家是能人，好人，勃兰兑斯是大能人，大好人。

受到勃兰兑斯感召的作家，非常多，德拉克曼（Holger Drachmann），雅各布森（J. P. Jacobsen）。

他真的是一代宗师——中国既没有一代，也没有宗师。

但是丹麦的作家、批评家，还有很多。

一个天才的诞生，必然是战争。如果有人反对你，你应该说："情况正常。"

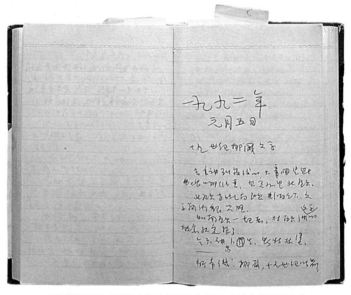

本课笔记内页："北欧在当时南欧影响之下，文学艺术很兴旺。"

十九世纪挪威文学、瑞典文学

一九九二年元月五日

天才号码大了，要走出去。许多不肯离开老地方的作家，或到了国外写不出的作家，和易卜生比，我可名为"易不生"——不生蛋了。

我年轻时，常常听说有人妻出走——中国只有一个真的娜拉：秋瑾。革命，赴死。她是完成了的娜拉。其他娜拉都未完成，中国许多娜拉走过一条路：去延安。

"同情心"在中国人心中分量很重，其实就是人道主义，是仁慈，慈悲，分量很重的。世界上最重要的就是同情心。人要靠人爱，此外没有希望。人到教堂，或养猫狗，不过想从神，或从狗，得到一点爱的感觉。真正的同情，应该来自人，给予人。俄国文学的同情心，特别大。

与鲁迅同代的，郁达夫学卢梭，郭沫若学歌德，茅盾学左拉，巴金学罗曼·罗兰——学得怎样？

我在三十年代的茅盾书屋中见到这些北欧的译本，可见当时中国译者花了许多功夫，后来却看不到什么作用：延安、二流堂来的人，作品中有世界文学的影子吗？有中国传统文学的影子吗？假如唐宋之后，中国直接进入十九世纪，接受世界文学影响，那可精彩啦！

去年讲到最后的大章回是斯堪的纳维亚，其实就是北欧。北欧在当时南欧影响之下，文学艺术很兴旺。和南欧一起想，对欧洲文学的概念就完整了。

今天讲易卜生（Henrik Ibsen）、斯特林堡（August Strindberg）。

有个常识：挪威，十九世纪以前没有独立文学，是和丹麦联在一起的，浑然不分，直到十九世纪才有自己的文学运动、地位和杰作。

每种文化都有它的生老病死。十九世纪前的挪威文学还没有开花结果。挪威十九世纪文学可有三个时期：

前驱者时期，易卜生时期，新运动时期。

第一时期以三作家为代表。第一个是韦格朗（Henrik Wergeland，1808—1845）。诗人，革命家，爱国志士。作品特点：力量宏大，热情，热烈，人称"北方的卢梭"，三十七岁死，留下作品很多。

第二个是科莱特（Camilla Collett，1813—1895），是韦格朗的妹妹，提倡写实主义小说，是女权主义急先锋，哥哥三十七岁死，她却活到八十几岁。

当时写实、女权都才刚刚开始。

第三个是魏尔哈文（Johan Sebastian Welhaven，1807—1873）。文学批评家，传记作家，也是抒情诗人，他是个世界主义者。

这三位前驱者都有成就，但都未达到世界性成就和声誉。以后总会去北欧，看到这些名字，心里凉凉的："我知道。"这才是旅游的乐趣。

前驱者的路是酝酿，是等待天才。

天才来了：易卜生（Henrik Ibsen，1828—1906）。易卜生的出现，带来挪威文学的黄金时代。他是一个半世纪以来最伟大的戏剧家。

文学史、美术史，不过是天才的传记。

童年不幸。药店学徒，没进过学校。一切写作能力，全自学。《喀提林》（*Catiline*）是用无韵诗体写的悲剧。喀提林是罗马的叛逆者，易卜生把他写成革命英雄。

当时有人名波尔（Ole Bull），创办剧场，识易卜生，聘为顾问，报酬优，每年要他提供一个剧本（莎士比亚也有类似经历）。

药店学徒——剧院顾问——戏剧家。

他大部分生涯不在挪威。三十六岁离国，迁居意大利，此后遍游欧洲，大部分时间在德国。他很老了才回到国内，度过晚年。

天才号码大了，要走出去。许多不肯离开老地方的作家，或到了国外写不出的作家，和易卜生比，我可名为"易不生"——不生蛋了。

他的一生以诗歌开始的。写革命的诗歌，又以象征性的戏剧结束。剧本四个时期：一，浪漫主义的（六部）。二，转变到写实，但有浪漫有写实。三，写实的（六部）。四，象征的（六部）。

他的表现方法不执着于极端。梅特林克执着于象征，左拉一本自然主义，易卜生则是平允的，批判的，有想象，经过理性，达到自觉。这个态度，非常大气。

我反对"主义"。一个艺术家标榜一个主义，不论什么主义，态度非常小家气。

顾炎武说过一句话："一为文人，便无足观。"好像连他的笑容也能看到，如见其人，闻其声。

我扩大一下："文学、哲学，一入主义，便无足观。"

东坡闻米芾《宝月观赋》，曰："恨二十年相从，知元章不尽。"（《与米元章九首》之四）

这种信收到了，多开心！

易卜生早期的韵文，取材古代传说。当时挪威怀旧。不久时代变了，易卜生写成《皮尔·金特》（*Peer Gynt*）、《少年党》（*The League of Youth*）、《皇帝与高里留》（*Emperor and Galilean*）、《布兰德》（*Brand*）。易卜生自己认为《皇帝与高里留》最好，流传最广的是《皮尔·金特》，写挪威人的弱点：有才，自己不知怎么用（这是许多国的人都有的毛病），到处流浪，后来得到爱，被爱拯救。

我的定义：皮尔·金特是平民的浮士德。

不久，他放弃浪漫的诗的写法，去写现实生活，他之所以得世界声誉，靠这期间六部写实剧。

《社会栋梁》（*Pillars of Society*）写一德高望重的社会名流，后来大家发现他是个无耻之徒。《傀儡家庭》（*A Doll's House*），写娜拉，恋爱结婚，丈夫有经济困难，娜拉假冒签名，救了丈夫。丈夫知道后，看不起她，平时当她玩偶，娜拉渐知，出走。

好在对话，好在真实。主题更好，影响了欧洲和全世界。走后如何？各不相同。许多人还是回去了。你们时代不同，我年轻时，常常听说有人妻出走——中国只有一个真的娜拉：秋瑾。革命，赴死。她是完成了的娜拉。其他娜拉都未完成，中国许多娜拉走过一条路：去延安。

文学，这样地写，这样地影响，后来是这样的结果——也蛮有意思。现在上演，不会有太多观众了，但这个剧本还是好。

靠文学艺术来解决社会问题，开始就打错算盘。我从来不想靠笔济世救人。鲁迅，论文学改造国民性，完全失败。

可是鲁迅的文学，无疑是"五四"以来第一人。

易卜生又有《群鬼》（*Ghosts*）。写父亲生活放荡，儿子却是个有为青年，正在有为时，父传的梅毒发作，死了。

这些戏一上演，凡伪善的丈夫，堕落的父亲，无耻的名流，都恨他、骂他。易卜生不但不退，又写出一本《人民公敌》

（*An Enemy of the People*）。我非常喜欢这个剧本，在纽约看过演出，实在好。

主角斯多克芒（Stockmann）说："世界上最孤立的人是最强大的！"

接下来写《雁》（*The Wild Duck*），是理想主义者的不幸。又成《海妲》（*Hedda Gabler*），写一个女人的感情、命运、遭遇。不提问题，忠实描写。

很多批评认为易卜生热衷社会问题的提出和解答，我以为他本质上还是一个诗人。

到了晚年，他又去写纯粹诗意的想象的剧本。《海上夫人》（*The Lady from the Sea*）、《大匠》（*The Master Builder*）、《罗斯马庄》（*Rosmersholm*）、《小爱友夫》（*Little Eyolf*）、《博克曼》（*John Gabriel Borkman*），还有《当我们死人醒来时》（*When We Dead Awaken*）。注重心灵，神秘，象征的作风。

现代把他看成过时过气的，其实他是不朽的。他的社会剧不公式，不概念，是不过时的。

什么是现实呢？就是不公式、不概念化。所谓"体验生活"，这种方式本身就是概念的。

我不反对写实主义，我反对伪写实主义。徐悲鸿是伪古典伪写实。他的弟子既不懂古典，也不懂写实。

易卜生写对话极精炼，一句不多。他之前，挪威戏剧对话用丹麦话，到了易卜生，用挪威语。受他影响，瑞典出现

682

斯特林堡，丹麦出现勃兰兑斯，德国霍夫曼斯塔尔（Hugo von Hofmannsthal），意大利贾科萨（Giuseppe Giacosa），英国，是萧伯纳（George Bernard Shaw）。

他有自己的舞台世界和独到之处。他担当了一个人性的可能。而且是大的可能，而且发挥到极致。

挪威还有比昂松（Bjørnstjerne Bjørnson，1832—1910）。他和易卜生同时代。易卜生离开剧场时，比昂松接下去。他与易卜生不同，牵涉很广，多方面，由浪漫、写实，进入象征（同时有唯美派，高踏派）。

易卜生专心写剧本，也写诗，比昂松写戏剧，写小说、诗、政论，作品繁多，比起来，不如易卜生精审。

有才者，贪博，其实不如精。博而不精，很可笑的，这也可以用在爱情上。

比昂松最著名剧本《新结婚的一对》（*The Newly Married Couple*），写一个女子从少女到妻子的性格心情。小说多写北方挪威农民的生活。他的演说很多，以作家兼社会家，是名人，在各界出面，属人格影响大于作品影响的一类（中国的蔡元培，法国的卢梭，美国的爱默生，均属这类人）。

他个性火辣辣的，为祖国热情奔走，晚年被人称为"老熊"。他是第一个得到诺贝尔奖的挪威人，可见诺贝尔奖向来喜欢风云人物。

比昂松是属于挪威的，易卜生是属于世界的。

乔那士·李（Jonas Lie，1833—1908）。名声仅次于比昂松、易卜生。童年生活在最北部的海岸，作品多写故乡。当律师，三十五岁才开始写作（大家，还不迟）。他在写实主义流行的时期，独写他的浪漫，但不写史诗，写挪威家庭的平静生活。人在巴黎，写故国。

新运动时期。经前两个时期，挪威文学不但独立，而且蓬勃发展。作家很多，大抵二流，对于挪威重要，对我们太隔。最杰出者，汉姆生（Knut Hamsun，1859—1952）。译家认为他是易卜生、比昂松的后继者，个性很强，到处流浪。少年时到过美国，充满冒险经历。中国没有他的译本，据说是冷酷的描写，注重心灵，又有同情心，颇似俄罗斯。

"同情心"在中国人心中分量很重，其实就是人道主义，是仁慈、慈悲，分量很重的。世界上最重要的就是同情心。人要靠人爱，此外没有希望。人到教堂，或养猫狗，不过想从神，或从狗，得到一点爱的感觉。但真正的同情，应该来自人，给予人。俄国文学的同情心，特别大。

挪威作家中最近俄罗斯者，汉姆生。我特别看重他这点同情心。

半自传小说《饥饿者》（Hunger），写饥饿发狂的心理。又写《维多利亚》（*Victoria*），超现实的，是现代牧歌。汉姆生曾得诺贝尔奖。

瑞典当时小说多，剧本多，诗人多，但散文不及丹麦。到十九世纪末，受法国现实主义影响，又受到易卜生和勃兰兑斯影响，瑞典起来了，出奥古斯特·斯特林堡（August Strindberg，1849—1912）。

斯特林堡是个精力充沛、性情乖僻的人。易卜生初见他的照片，说：这个人将来比我更伟大（现在看，我认为易卜生还是比斯特林堡更伟大。他凭照片能出此判断，已经伟大）。

斯特林堡长相雄伟，像海盗王。易卜生同情妇女，斯特林堡极力反对女权运动，把男人失败归罪于女人。有小说《红房间》（*The Red Room*），短篇小说集《已婚的人》（*Getting Married*），都写这意思。

心态不太平衡，作品或好或差，有时粗率，有时好得无与伦比，但天性一直保持着：忠实的观察，大胆的表现。剧本《父亲》（*The Father*）、《朱丽小姐》（*Miss Julie*），都写男人因女人堕落。

家庭背景：杂货店。败落后，母亲沦为佣人，他的出生被视为多余者。十三岁，母亡，继母苛待他。早熟，深思，此后从事过各种职业，及长，开始写作。直到成为文学院人士，方始安定。

1879 年，《红房间》出版，揭露瑞典社会各个层面，一举成名。1883 年旅居瑞士，又因《已婚的人》讽刺妇女运动，被控亵渎罪，送回瑞典受审，所幸判决无罪。

结婚三次，皆不幸，一度精神失常。

他成剧本六十多种，戏剧性强烈，有股苦味。最有名的是《朱丽小姐》，写主人公爱上仆人，最后自杀。他写心灵与欲望的冲动，令人想起瓦格纳，也可说他是查拉图斯特拉在瑞典的使徒。他最爱读尼采。

有作品《通往大马士革之路》（*To Damascus*），已开始手法打乱、时空交换的写法。主角唯一人，独白，叙说对世界的绝望，对爱情的恐惧。又有《梦剧》（*A Dream Play*），写天神的女儿要下凡，嫁给律师，失望，又回天堂。

他是个悲观主义者。他总是要证明：那最宝贵的东西就是得不到的东西，人是制造痛苦的工匠。

小说一流。剧本最多。有自传体小说《仆人之子》（*The Son of a Servant*），又有《在海边》（*By the Open Sea*），写得刻画入微，元气淋漓。

"这一切都是尼采教我的。"他说。最后一部作品《黑旗》（*Black Banners*），猛烈抨击权贵。他奋斗一生，令人感动而尊敬。他是由性格上接近尼采进而从思想上受到激励的。退远了看，易卜生和斯特林堡都是超人哲学。

人称斯特林堡是"暴风雪之王"。

在斯特林堡之前，没有独幕剧。他之后，独幕剧才正式确立为一艺术种类，如莫泊桑以后，短篇小说始成为短篇小说。

瑞典还有一位重要的女权运动家艾伦凯（Ellen Key，1849—1926）。她不是文学家，当初对中国影响很大，晚年写作《爱情与结婚》（*Love and Marriage*），提倡母爱、人伦。

还可提提海登斯坦（Verner von Heidenstam，1859—1940）。诗人，散文家，慕古，唯美。善写各时代各地域的美的追求，有唯美主义倾向，和当时瑞典的现实主义风气不合。

我在三十年代的茅盾书屋见到这些北欧的译本，可见当时中国译者花了许多功夫，后来却看不到什么作用：二流堂来的人，作品中有世界文学的影子吗？有中国传统文学的影子吗？

假如唐宋之后，中国直接进入十九世纪，接受世界文学影响——那可精彩啦！可是空掉这么一大段。

一句话：唯有天才才能接受影响（只有健全的胃口才能消化影响）。敦煌、云冈，受到多少外来文化的影响！鲁迅之为鲁迅，他是受益于俄国文学的影响，写好了短篇小说。他的中国古典文学修养也一流。但他接受得有限，成就也有限。

与鲁迅同代的，郁达夫学卢梭，郭沫若学歌德，茅盾学左拉，巴金学罗曼·罗兰——学得怎样？

第一心不诚，第二才不足。

讲到斯堪的纳维亚文学，时时刻刻想到北欧如何受到南欧影响——北欧文学的高度出现了。

再说一遍：艺术家是敏于受影响的。

再添一句：受了影响而卓然独立的，是天才。

过去没有受过影响，现在补受也不迟。受了影响，不要怕自己不能独立。我曾模仿塞尚十年，和纪德交往二十年，信服尼采三十年，爱陀思妥耶夫斯基四十多年。凭这点死心塌地，我慢慢建立了自己。不要怕受影响。

"智者，是对一切都发生惊奇的人。"

第五十四讲

十九世纪爱尔兰文学

一九九二年二月十六日

最高一层天才，是早熟而晚成——不早熟，不是天才，但天才一定要晚成才好。有的是晚而不成。

大思想家最有意思的是他们的短句，而不是他们的体系。

我不是基督徒，不想进天国，人间已寂寞，天堂是没有沙的沙漠——天堂里不是已经有很多人吗？但丁、浮士德……真要是面对面，多不好意思——叶慈是希望耶稣来的。托尔斯泰和高尔基谈道：啊，耶稣要是来了，俄国这班农民怎么好意思见他？

这些道理，我在《哥伦比亚的倒影》中表呈过了。可以说我是到了海外才比较有深度地了解叶慈，以前在上海与李梦熊谈叶慈，很浅薄的。

古典艺术顺服自然。二十世纪艺术，一句话：人工的艺术。我在六十年代热衷于颂扬人工的艺术，七十年代忙于活命，没多想，八十年代到美国，大开"人工"的眼界，就厌倦了，也看清自己天性中存着古典主义的教养。但我赞赏古典，不是古典的浪子要回家。我是浪子过家门，往里看看，说：从前我家真阔气。

十九世纪爱尔兰文学，号称文艺复兴。当然不比欧陆文艺复兴，但就爱尔兰言，摆脱大不列颠文学影响，可以说是。

爱尔兰民族名称，是凯尔特（Celtic），有自己的文化艺术，与英国有别（英格兰、苏格兰、威尔士三岛与北爱尔兰，合称大不列颠，爱尔兰是独立的）。十九世纪后，爱尔兰总想独立，到1921年成，内政自主，外交仍属大不列颠，首都在都柏林。

心灵诚恳，对超自然的力量，比别族强烈。基督教是主教，但有自己古老的异教的神。那些神都是小妖魔、小精灵，活在水泽森林边。人是可知的，神是不可知的，小妖魔、小精灵是中间传播者。

爱尔兰民族是世界上最具童心的民族（海涅也常写小妖魔、小精灵）。爱尔兰早期文学都以神怪为渊源，成了传统，古到基督纪元之前。古代传说可分三大系：一，神话系（Mythological Cycle）。二，红枝系（Red Branch Cycle）。三，芬尼亚系（Fenian Cycle）。

神话系，讲诸神冲突。故事纷乱，主角巨大，唯美形象，性格粗鲁轻率，不定型。比较原始。红枝系，也称英雄系，故事大抵发生在耶稣纪元七八世纪，情节优美，故事较有条理，有结构。芬尼亚系后于红枝系两百年，主要人物是芬·马克·孔海尔（Finn Mac Cumhail）与其子奥西恩（Ossian），他们既是武士，又是诗人，是一群芬尼亚武士的中心。这三系的传奇最初是韵文，后来加进散文。此为爱尔兰古代文学史。今天只讲十九世纪。

哥德史密斯（Oliver Goldsmith）、伯克（Edmund Burke）、王尔德（Oscar Wilde），这几位说是英国文学家，其实都是爱尔兰人。当时有派，称"少年爱尔兰"（Young Ireland）。当时还有德国人提"少年德国"，清末，梁启超曾提出"少年中国"。

初有曼甘（James Clarence Mangan，1803—1849），"少年"中以他天才最高，为"爱尔兰文艺复兴"（Celtic Revival）的先驱者。小说家有埃奇沃思（Maria Edgeworth）写爱尔兰人的生活，又有李弗（Charles Lever）写少年浪子的故事。洛弗（Samuel Lover）写农民生活。

这几位小说家的特点，是描写仔细，这时代中产阶级最重要的作家叫格里芬（Gerald Griffin，1803—1840），专写中产阶级生活，诗也很可爱，尤其情诗。

因爱尔兰文艺复兴作家很多，被遗忘而当时重要的作家，只能略去。今天这堂课全部讲叶慈（William Butler Yeats，1865—1939）。

中译很多：夏芝、叶芝、叶慈。爱尔兰文学最杰出的人物，当属叶慈。早年受斯宾塞（Spenser）、雪莱影响。年少才气横溢，中年韬光养晦，晚年大放光明，长寿，影响广泛。

（在座中间，金高韬光，略微养晦——"韬光"，盖起光来，

"养晦"，装得很倒霉的样子。)

初写《奥辛的漫游》（*The Wanderings of Oisin*），进入创作期，成为象征爱尔兰精神的代表人物（不要为自己得不到风格而着急，要把性格磨练得锋锐。性格在，风格就在，性格越锋锐，风格越光彩）。

最高一层天才，是早熟而晚成——不早熟，不是天才，但天才一定要晚成才好。有的是晚而不成。林风眠，后来画的画不能看了。他的年龄超过叶慈，晚年却如此悲惨。他自己讲过："我晚年不好的，六十四岁要死。"结果没死，但六十几岁时，"文革"起来，入狱。

叶慈大部分诗写民间传说和信仰，有浓厚的爱国色彩。1895 年出《诗集》，是前中期的佳作，以山川风物、乡村农民的感想入诗。看他一生，早年称颂自然与人情之美，晚年倾向神秘主义。有诗集称《苇间风》（*The Wind Among the Reeds*），是代表作。此后的诗集比较深奥，一般称比较难懂。

出生在一个画家家庭，自己以写作为生。成名后曾出任国会议员和教育视察员。早期诗承十九世纪后期浪漫主义，充满世纪末的悲哀，有唯美主义倾向。他厌恶商业文明带来的骚乱，希望远离现实世界，到想象中的小岛去生活。《茵纳斯弗利岛》（*Lake Isle of Innisfree*），抒情诗集，写的是他以上的情怀。

叶慈是我少年期的偶像，一听名字，就神往，这种感觉我常有，许多人也有。这道理要深究下去，很有意思——人有前世的记忆（我最早看到的还是"夏芝"的译名，已觉得很好了）。

他的几个观点，我有同感。但讲下去，又要离开他了：

一，厌恶，乃至痛恨商业社会。

二，历史是个螺旋体。

三，两千年是个大年。

四，世界已保不住中心，已经来的，将要来的，是反文明。

以上，即使不算真知灼见，也比别的诗人高明得多。他将这些意思表现在诗里，不是体系性的哲学说理。诗不能注解，一注解，就煞风景。

含义过分隐晦，是一种失败。T. S. 艾略特的诗，太隐晦，太多注解。我写诗，从不肯注解。中国古诗，好用典故，我警惕，不愿落在这种美丽的典故里。我随时克制自己，一多用，就落俗套。如果用典，我很慎重。

五，贵族政治（因有财产，知书达理，才能产生高尚的统治者，是廉洁的，会保护艺术）。

六，人类历史是由"旋体"和"反旋体"两个圆锥体构成的，前者代表空间、客观、道德；后者代表美感、时间、主观。

七，世界末日将要到来，基督重临人间主持最后审判。

八，宇宙间存在一个"大记忆"，一切经验、知识都汇集"大记忆"中。

这样，我把叶慈的思想，从他的诗中提出来，列成八种观点，等会儿说。

（休息）闲聊：

六十年代我外甥女婿寄来英文版《叶慈全集》，我设计包书的封面，近黑的深绿色，李梦熊大喜，说我如此了解叶慈，持书去，中夜来电话，说丢了。我不相信，挂了电话，从此决裂。

借叶慈名义，整理整理我们自己的观点：

一，他反商业社会。商业社会是什么？人类开始，没有商业，只有物物交换，互补有无，两厢情愿，皆大欢喜，人际关系很单纯、很朴素。商品社会是人际关系的恶化。从前双方都是物的主人，欺诈性小。商人不是物主，是物与物之间的人物，他持货，货又成筹码，成货币。一件物品成了商品，反复转折，才到人手中，这样反复转折的过程，乃商业社会结构，养活了一大群不事生产的人。商人之间又勾结，又利用，形成世界大网，这大网就成资本主义的意识形态（读马克思《资本论》，很有味道的）。

商品社会的缘起，形成，到意识形态。到了意识形态，即成极权。商业广告，就好像社会主义国家到处都是标语口号，只是社会主义极权是硬性的，资本主义极权是软性的，但都是极权。但资社两边的利益目的不同，所以斗争，社会主义要权，资本主义要钱。根本不同，是"权"直接关系到统治者的人格生命，"钱"间接关系到统治者的人格生命，故后者略微好受一点。

暴君可以暴到死，还有家族接。西方总统要换，如不换，也必出暴君。但两种意识形态比较，纲目繁多，不是一两种可以说尽，我只是想说，商业社会，不是文化，也不是文明。

我们在美国，美国治国大计，是实用主义理论，最有名杜威，还有皮尔士（Charles Sanders Peirce）、詹姆斯（William James）——这种哲学是没有远见的庸人哲学。

什么是实用主义？认为真理是相对的，随时代变而变。见效，是真理，不见效，非真理。总之，要为我所用。我，第一性；真理，第二性。推论下去，是没有真理。真理，被架空了。

这个架构，是很迷人的。

所以纽约港口的大女人是"自由女神"，不是"真理女神"。实用主义，单从理论上不失为一种见解。在实际效果上讲，美国因此大富大强，可是世界却在坏下去。我从小鄙视好莱坞和美国生活方式，所以在痛恨商品文化上，我和叶慈一致（实际生活中我们有机会赚钱，还是要赚，赚到后，还是反商业文化）。

可怕的是，这已经形成了。形成了，就很难回去。所以西方很多人怀旧，怀念那种朴素的人际关系。

我最早的解释是：伊卡洛斯进了迷楼了。

思想上，我们还是要反对商业社会。你看纽约，谁不是商品？

二，历史发展螺旋体。这比喻很好。简单说，所谓"螺旋"，周而复始，又不在一个平面上，历史事件确实往往重复，又不是翻版。有人说历史是进化的，此说只能迷惑一班迷恋物质的凡夫俗子。进中国博物馆，光看陶器，一朝不如一朝，越古越好，越现代越不好。

到底何谓文明？爱因斯坦写给五千年后的信里，大意是说：二十世纪除了交通、通讯发达，余无可告美，希望以后的人类以我们的状况为耻辱，而能免于这种耻辱。

叶慈此说是诗人之说，说说也好。以我这"散文人"看，世界是没有定向、没有规律的。世界这只大船根本没有船长，有人毁坏，有人修补，但不问这船究竟航向哪里。可以预见，这船会爆炸，会沉没，沉没在宇宙里。

三，两千年大年。这说法有点意思。从巴比伦到耶稣，两千年，从那时到现在，又是两千年。此说完全是西方的算法，中国对不上。很多智者寄希望于新世纪，我是彻底的悲观主义者——二十一世纪不会出现什么奇迹，不会回到莫扎特，不会"第三波"（The Third Wave，第三次浪潮），但也不会完。商业社会是个帝君，共产主义败在帝君手中。

四，世界已失中心，将来反文明。后一句是对的，前一句只是讲讲。世界曾经有过中心吗？第一、第二世界，罗马、大唐，也只是一方之霸。真要说世界精神文化的中心，没有看见过。看历史，这中心不可能。没有救世主，不会有一致的方向。他讲的世界中心，大概是指基督教。

反文明，则早在反了。所有现代文明，只是新技术，新技术不产生任何真的文化艺术。科学技术的革新，不是精神文明的发展。

文化，是一个概念，文明，不是一个概念。现在，我觉得，文明、文化是一个含义，文明不能包括科学技术，科学技术高明，不等于文明高明。从前用刀杀人，现在用枪杀人，文明吗？更野蛮。

文明，应该是指精神道德的高度。

文化，应该是指心灵智慧的创造。

现象上看，科学技术的方便，非常文明似的。家用电器在中国成了人生奋斗目标，可是经济起飞不等于文化起飞。倒是相反，经济起飞，价值观颠倒了，大家唯利是图。而空气污染，生态破坏。所以叶慈的"反文明"不失为"预言"，证实了诗人所见不谬。这些道理，我在《哥伦比亚的倒影》中表呈过了。可以说我是到了海外才比较有深度地了解叶慈，以前在上海与李梦熊谈叶慈，很浅薄的。

五，贵族政治。我以为是政见，是理想主义的。叶慈生在十九世纪末，有这种政见，其实是在为贵族政治唱挽歌。贵族的没落消亡有二：自身衰落，王朝淘汰。

以中国清宫世袭而言，一代不如一代。法国皇朝，近亲通婚，渐出白痴，没落（普鲁斯特的《往事追迹录》，有所描写）。这是贵族自身的问题。而政治制度，当今早已大变。日、英等皇家都只是摆设，模特儿。

叶慈所谓贵族政治，是出于概念，一厢情愿。马克思以为工人阶级是当然的统治阶级，也是一厢情愿，出于概念。

我以为贵族政治不可能了。由艺术家来统治？有几个艺术家有政治头脑？物质上的贵族，不可能执政。精神上的贵族，也不会去执政，他有自己的境界。艺术家是无人保护的，不求人，自己好好生活。《易经》有言："不事王侯，高尚其事。"岂非贵族得很！

六，人类历史是"旋体"（gyre），比较形而上。那是一个数学词，叶慈分成正旋、反旋，究指何意，不详。我无法自作多情去解释。但他把道德／美感、时间／空间、主观／客观对立，我以为不是。"社会科学"一说，不成其为科学，我当初就不承认。

人类本身是不确定的易变体，人人不同，人在不同的环境中又要变。如此情形，如何以科学分析归纳为公式定律？

大思想家最有意思的是他们的短句，而不是他们的体系。

明白社会科学不成其为科学，再去观察分析人，倒每有真知灼见。

七，世界末日问题。西方一千年前就以为世界末日到，大为恐慌，因为十世纪时，民智未开，以为要来，结果不来，过了一千年，也不来。"耶稣重临"是比喻，不是事实。他来不来，与我无关。他的才智性情使我着迷。我不是基督徒，不想进天国，人间已寂寞，天堂是没有沙的沙漠——天堂里不是已经有很多人吗？但丁、浮士德……真要是面对面，多不好意思——叶慈是希望耶稣来的。托尔斯泰和高尔基谈道：啊，耶稣要是来了，俄国这班农民怎么好意思见他？

我的看法，是耶稣来了，还是从前的耶稣——人类却不是从前的人类了。所以耶稣还是不要来好。

零零碎碎的耶稣，不断会来的。

叶慈晚年趋神秘。但他的神秘，恐怕也不出乎奇迹出现的那个模式：假先知横行、毒龙喷火、大水灾、地震，然后基督降临。从诗的想象力来看叶慈的构想，还是老一套，不神秘。

我觉得高山大海没什么神秘的，山，许多大石头，海，许多水也。人和自然是个比例问题。我们捡一块石头，喝一口水，不会觉得神秘，高山大海不过如此，怎么神秘了呢？

细节上，我倒觉得动物、植物是神秘的。

我读叶慈的唯美，神秘诗，比较失望，不唯，不美。

八，宇宙中有大记忆。这是诗人本色，是一个不成其为理论的理论，可与柏拉图的"前世的记忆"、黑格尔的"宇宙的总念"，顾盼生姿。

我看叶慈此说是"蛋论"。宇宙是蛋白，叶慈说是蛋黄——我看宇宙是个混蛋。

说正经的。我以为宇宙的构成，是个记忆性的构成。或者说，宇宙的结构，类似人脑的记忆的结构。我不说宇宙是记忆的，也不说人的记忆是宇宙。哪一说高明？

这样子——叶慈的说法，是少年的说法，我的说法，是中年的说法，我们来期待一个老年的说法吧。

以上八点，也算我们对这位爱尔兰的诗人很优待。我和叶慈五十年交情。他说："我心智成熟，肉体衰退。"这种悲叹，每个人都有的，他说出来了。

中国婴儿生出来屁股上都有乌青，打出来的那种乌青，外国小孩没有这种乌青的。

他说："一个老人不过是卑微之物，一件披在拐杖上的破衣裳。"（《航向拜占庭》）。

古典艺术顺服自然。二十世纪艺术，一句话：人工的艺术。我在六十年代热衷于颂扬人工的艺术，七十年代忙于活命，没多想，八十年代到美国，大开"人工"的眼界，就厌倦了，也看清自己天性中存着古典主义的教养。但我赞赏古典，不是古典的浪子要回家。我是浪子过家门，往里看看，说：从前我家真阔气。

"人工"这说法，很好，有益处。对于"人工"的理解、重视，对于艺术家是必要的锻炼。叶慈有先见。

也可以这样地即兴判断：自然是曲线的，人工是直线的。毕加索说，直线比曲线美。

我以为这样说好些：有时，直线比曲线美。

本课笔记内页:"在美国讲美国文学"、"他从艺术家的观点去重视良知问题(爱默生也如此),这就很好,很好。"

十九世纪美国文学

小说家不是上帝，上帝也不写小说。作家好像天然地有回答读者的任务，真可怕。

我也学过这种写法。一般认为他的作品诙谐，警辟，我还发现一个特点：他写得很秀美。这特点可贵。他像个老大粗，忽然来这么秀美一下。

我同意他的意见：人体好就好在是肉。不必让肉体升华。所谓灵，是指思想，思想不必被肉体拖住。让思想归思想，肉体归肉体，这样生命才富丽。

我认为惠特曼真的称得上是自然的儿子。许多人自称是自然的儿子，可他们自己多么不自然。《诗经》，自然的，唐宋诗词，不自然了。

我到美国买的第一本书，是爱默生。张爱玲译的。我喜欢这本书。

今天在美国讲美国文学——不是常听到"五月花"（Mayflower）吗？是轮船名，载英人开到新大陆，多数是清教徒。这船开到美国，美国文学就开始了。

什么是清教徒？英国国教教徒之一派，十六世纪后半，这派起而反对旧教，主张彻底改革教会。旧教中许多仪式他们看不惯，主张立教的根本，是简单纯净。

清教一起，受到迫害，于是逃。有逃到荷兰，有逃到美国。历史学者说，"五月花"一到美国，美国文学开始。

这说法可以修改。因船一到，只是带来文化，船上没有专业作家，没有文学天才，那还不是文学。当时是十七世纪（1620年），此后一直还是殖民世纪，至十八世纪，才始现文学，只是传扬宗教，十七、十八世纪的小说、散文、诗等等纯文学，美国还没有。

到十八世纪后半，1776年，美国宣布独立，文学才真正开始。第一篇不朽的文字，就是杰弗逊（Thomas Jefferson，1743—1826）写的《独立宣言》（*Declaration of Independence*）。雄辩，有魄力，气势很大，标榜的境界很高，至今是美国学子必读课本。

当时最大的人物是富兰克林。我不说他是文学家。

本杰明·富兰克林（Benjamin Franklin，1706—1790）。典型美国性格。他们不是从英国来么？却典型美国：出身穷，经历丰富，成大名。做过出版商，后从政，做公使，又是科学家，避雷针的发明者，放风筝，把电传下来——会做生意，会奋斗。

纽约中国街附近有个美国老商人，我看他做生意从善如流，爽快，聪明，就像富兰克林。

富兰克林的理论质实，见解允当，很能感染启发。尤其《自传》（*Autobiography*），可称不朽之作。我称他是美国式的性情中人。这种人，很可以谈谈。

这样我们进入十九世纪了。

英法德俄，是十九世纪的文学基地。而美国能仅次于以上四国，占一席之地。其实美国文学十九世纪还是属于欧洲的。十九世纪前，欧洲人的口头禅是"美国没有文学"，杰弗逊、富兰克林毕竟不是文学家，是杂家——直到欧文，专业的文学家有了。

华盛顿·欧文（Washington Irving，1783—1859）。美国有两个开国元勋，一是政治上开国的华盛顿，一个是文学上开国的华盛顿。萨克雷称他是"从新世界派来的文学公使"。

他的第一本书是《纽约史》（*A History of New York*）。第二本是《见闻札记》（*The Sketch Book*，又译《速写集》）。《见闻札记》是他成名之作，写得清妙。欧文的正统作品是《华盛顿传》，生动真切（华盛顿写华盛顿）。

他是美国文学创始人。他不是一个狭隘的爱国主义者，在英国、西班牙都住过好些时候。在英国写过《旅行述异》

（*Tales of a Traveller*），在西班牙写过两部小说，《攻克格拉纳达》（*Chronicles of the Conquest of Granada*）和《阿尔罕伯拉》（*Tales of the Alhambra*）。写得好，就被美国任命西班牙大使。

另一位同代作家库珀（James Fenimore Cooper, 1789—1851）。脾气和欧文相反，欧文和善好脾气，库珀急躁，好斗。写作严肃，说故事高手，在海上经历奋斗，写来精彩。熟悉水手航海技术，写到海，得心应手，凡英文写海的作家，都以库珀为领袖。英人康拉德（Joseph Conrad）系写海专家，说库珀爱海，以最高的理解去看海，书中写出了"夕阳的色彩，星光的和静，晴天与暴风雨，海水的伟大的寂寞，看守着海的海岸的静默"。

库珀著名作品，一本叫做《海盗》（*The Pilot*），一本叫做《水巫》（*The Water Witch*）。

欧文与库珀，是把人生的外观的奇妙构成作品。后继的霍桑与爱伦·坡，描写人生的内部。

霍桑，爱伦·坡，这二人都是我们钦佩的。

纳撒尼尔·霍桑（Nathaniel Hawthorne, 1804—1864）是新英格兰清教徒后代，他本人却不是清教徒。他从艺术家的观点去重视良知问题（爱默生也如此），这就很好，很好。所以他能把祖先不能说的人性内部的冲突，写成小说，以清教徒的心灵，而不是态度去了解人性，这是他的伟大处。

大学毕业后即以小说为生，文笔纯净，美国读者不了解，不爱读他，只有少数文学者爱他的才。爱默生就赏识他。

他说："我是美国文坛上最无名的。"说得倒也痛快。

然后写《红字》（*The Scarlet Letter*）。年四十六岁。一举成名，霍桑、出版商都吃惊。他说，这是一部"最没有阳光"的小说。只印五千份，印好后就拆了版。销光后，只得重排。

我说："这小说没有太阳光，却有月亮光。"

主角海丝特·白兰（Hester Prynne），丈夫外出，她与家乡一个少年恋爱生子。丈夫回家，知道了——衣服上有"奸妇"（Adulteress）的红字"A"，是她被判要终生戴着的。她始终不肯说出和谁通奸，自我放逐到荒地，苦干，为善，把孩子养大。她丈夫留在镇上工作。少年情人也在镇上，内心日益痛苦。白兰与他见面，说逃吧，他不肯，向公众承认，最后死在白兰臂上——他自己就是教士，受不了。

霍桑把宗教的不可见的道德力量，与情人间的心灵变化，写得非常紧张真实。许多人读后写信给霍桑，讲自己的诱惑、痛苦。

小说家不是上帝，上帝也不写小说。作家好像天然地有回答读者的任务，真可怕。

他可以说是美国文学史上第一个写悲剧的人。

可是第二部他写起神秘的东西，写奇谈怪论，写得好。

写古迹和神话，使美国文学也有了传奇。又写《奇迹书》(*A Wonder-Book for Girls and Boys*)、《林莽故事集》(*Tanglewood Tales*)，关于希腊神话。美国儿童接触希腊神话，得于霍桑的功劳。

他一部书一个样，每部书都成功，这是他的特点。

欧文、库珀、霍桑，都是生前成名，亲眼看到自己的声誉，生活也富裕。爱伦·坡却终生贫困，无名，才高于他们，却早夭。到他生诞百年，俄英欧各国都感谢坡的光辉照到了他们的文学。

埃德加·爱伦·坡 (Edgar Allan Poe，1809—1849)。自学成才，在报馆打工。他洁身自好，很谨慎，对文学虔诚，不肯轻易下笔。世界文学史上记满潦倒贫困的文学家名字，他是少数伟大的名字之一。他穷，但深知自己的才华、伟大，他是真的贵族，高额头，一副苦脸，像猫头鹰，深沉。

出身艺人家庭，从小是孤儿，少年在英国受教育，二十岁发表诗。

他的主张、思想：纯艺术，纯诗，认为文学创作纯粹是主观思维的过程，小说要追求效果和气氛，反映现实是次要的。他的小说内容很颓废，但文学高度精炼。很怪诞，情调晦暗低沉，技巧醇熟，神秘色彩浓厚，形式精美。马拉美、波德莱尔都称他为精神上的领袖。现在很多文学理论都从他出。

世上有两位故意以侦探悬疑小说来探讨心理活动的，一是陀思妥耶夫斯基，一是爱伦·坡（比福尔摩斯的作者早得多，福尔摩斯的作者毕竟太通俗了）。

坡认为破案不重要，重要的是人在这情节中的心理性格变化。这在当时新极了，现在是普遍了。

作品《厄舍古屋的倒塌》（*The Fall of the House of Usher*）、《一桶酒的故事》（*The Cask of Amontillado*）、《红色死亡的假面舞会》（*The Masque of the Red Death*）。写变态心理，颓废，死亡心理。还写过《金甲虫》（*The Gold-Bug*）、《被盗的信件》（*The Purloined Letter*）。他是侦探小说的首创者。

论者谓他是梦幻的诗人，又非常理性，这二者并存，在文学史上少有。歌德等是二者兼而有之，而坡在这点特别尖锐化，特别现代。

我认为他不属于博大精深型，是梦幻神秘，又出之理性之笔，百年来无人超过他。

他是个文学强人，时代社会不喜欢他，他奋斗至死。我常说的"自我背景"，道德力量，他有，他死后的声誉总算弥补了他生前的厄运。

每年他的祭日，总有一个黑衣黑帽男人到他墓前持酒献花，十数年不断。

奇才有奇遇。

十九世纪前半美国小说家，除了欧文、库珀、霍桑、坡，还有一个女作家，当时比他们更轰动一时，作品《黑奴吁天录》（*Uncle Tom's Cabin*，又译《汤姆叔叔的小屋》）。她名叫斯托（Harriet Beecher Stowe, 1811—1896）。托尔斯泰将这书列为"少数真正的艺术之一"，林肯称她"挑起解放黑奴一场大战"。

现在没人读了。不是艺术。托尔斯泰说了不算。

她用心良苦，值得尊敬。咱们人生上宽厚，艺术上势利。颠倒过来呢：人生上势利，艺术上宽厚。那完了！

后来出了好几位大作家和有才情的文人——马克·吐温、威廉·迪安·豪威尔斯、亨利·詹姆斯（中国也有，比如胡兰成。有才情的文人，张爱玲，女作家）。

马克·吐温（Mark Twain, 1835—1910）是个深沉博大的美国人。豪威尔斯称他是美国文学的林肯。在美国作家中无人像他那样知识广博，熟知美国生活。他是西南人（中西部，南方），常住东部。由于做新闻记者，旅行过世界各地。这种职业最好。旅行后的通讯，出书《傻子的旅行》（*The Innocents Abroad*），也译作《海外的呆子》，我在"文革"时读。又有书《哈克贝里·费恩历险记》（*Adventures of Huckleberry Finn*），描写自然景色范围很广，趣味复杂，说是写给少年儿童看，其实可以给成人看。

以一个少年人看美国文化，说明美国没有文化。

大家比较熟悉的是《汤姆·索亚历险记》（*The Adventures of*

Tom Sawyer）。两书当时很流行，马克·吐温自认后者比前者好。我以为都不甚好。

《败坏了哈德莱堡的人》（*The Man That Corrupted Hadleyburg*），讲欺骗。又有《神秘的客人》（*Mysterious Stranger*），讽刺小说，有点像英国的斯威夫特，憎恶人类，狠狠讽刺。

豪威尔斯（William Dean Howells，1837—1920）是十九世纪后半叶美国文坛一代宗师。是他教导了马克·吐温，也奖掖了许多青年人。他的作品完整，完美，但平庸，缺乏气魄。他批评别人的书，有眼力，见解独到。

亨利·詹姆斯（Henry James，1843—1916）才是大作家。他除了自己生在美国，成年生活都在欧洲。他的知识只限于旅馆、博物馆、图书馆，却是个世界性作家。短篇小说著名。欧洲人都很敬重他。他多写生活在欧洲的美国人。

其余人略而不讲，除了欧·亨利（O. Henry，1862—1910）。短篇小说幽默滑稽，常能及人性秘密，构思奇特，结局出人意外，我也学过这种写法。一般认为他的作品诙谐，警辟，我还发现一个特点：他写得很秀美。这特点可贵。他像个大老粗，忽然来这么秀美一下。

我认为，前面这些作家都不算什么世界性大小说家。但有一个人，不得不拜倒他：赫尔曼·梅尔维尔（Herman Melville，

1819—1891）。他是大师级的。出身纽约，少丧父，家贫，做过职员、店员、水手、教师。水上生活对他的创作有决定性影响，许多小说写航海中的遭遇和人物。早期亦多写异国风土人情和对社会的见解。

直到他写出《白鲸》（*Moby Dick*），展开伟大壮丽的画面，有劲，阳刚——饭后两个好汉掰手腕，通宵不分上下，一批批公证人退走、休息，还不分上下，有劲啊！

很神秘，很有象征性。据说是捕鲸鱼的百科全书。还有杰克·伦敦，他和梅尔维尔才是美国的大作家。

《白鲸》中的亚哈船长，所向无敌，遇到白鲸，不行了。回陆地后，想想算了，结婚了，婚礼夜，忽然想出海把白鲸宰了，凭他被白鲸咬剩的一条腿捕鲸，搏斗，后来人、鲸都死，白鲸身上插满标枪——白鲸之白，那是因为老了，发白了，象征性大！

他写时，并不当它是象征写的，这好。读来直接从生活来的，一点不概念，不是故意写的。

杰克·伦敦（Jack London，1876—1916），大家都知道，母亲是个女巫，从小很苦，成大名，最后自杀的。别墅被人烧掉，在旧金山发一小册子，遍请有才能的人食住，住到愿意离开的时候。

每天早饭后请人讲故事，晚上写出来。

《马丁·伊登》（*Martin Eden*）、《野性的呼唤》（*The Call of the Wild*）、《海狼》（*The Sea-Wolf*），好啊，伟大。

换换。美国的诗人。

革命时期，有一诗人叫弗瑞诺（Philip Freneau，1752—1832），美国第一个诗人。作品有《印第安的坟墓》（*The Indian Burying Ground*）、《野生的忍冬》（*The Wild Honey Suckle*）。

第一个重要的诗人是布赖恩特（William Cullen Bryant，1794—1878）。曾任纽约晚报编辑五十余年，一辈子做。是论文家，批评家，诗名最盛，技巧淳熟，风调清新，描写景物中寄托深思。曾翻译《奥德赛》。

诗人中，应推爱伦·坡为怪杰。诗集仅薄薄一本，即表现最优美的形式。最著名的诗是《乌鸦》（*The Raven*），暗示有力，富于色彩，刺激情绪，对法国象征主义特别有感应。以现代诗的成就讲，坡的成就未必太高，当时的象征、比喻，故意造作太多。

坡的散文、小说、评论，都充满诗意，这才是真正的诗人（李白写散文，苏东坡、欧阳修写散文，都诗意浓厚）。真正的诗人，在其他体裁上都是诗意的。可见在文学中，诗毕竟是最高的形式。

美国最交运的诗人是朗费罗（Henry Wadsworth Longfellow，1807—1882）。脾气和蔼，谦虚，甜甜的，凉凉的，我称他是"冰淇淋诗人"。曾封为桂冠诗人，我又要说了：是平民的桂冠诗人。美国的平民需要他。中国的贵族看不上他，钱锺书却研究他，钱锺书是这样的。

洛威尔（James Russell Lowell, 1819—1891）。次要的，带过讲讲。自称受雪莱影响，歌颂自然，讽刺诗写得较好。

梅尔维尔、爱默生，也算诗人，都不重要。大诗人是惠特曼。

沃尔特·惠特曼（Walt Whitman, 1819—1892）。代表作，也是全集：《草叶集》（*Leaves of Grass*）。中国有很好的译本，我曾很喜欢。散文诗（free verse），无旧诗的形式拘束，忽长忽短，充满诗意。歌自然，男人，女人，新兴的工业，等等。

又精美，又粗犷。十足是大地的，自我的，阳刚的。

我是先读尼采，再读惠特曼，好像高山峻岭上下来，到海中洗个痛快澡，好舒服。

他是非常人间的。当时美国正处于上升时期，初期工业时代是浪漫。他很穷，没人出他诗集。活着时无人承认他是大诗人——还是写，写得豪放："国家议会要开会，要我去参加，可我和一个青年约好，到时候，还是到海边去，和他躺在一条被单下。"

二十世纪初才声名大噪，现在又忘了他。

我认为惠特曼真的称得上是自然的儿子。许多人自称是自然的儿子，可他们自己多么不自然。《诗经》，自然的，唐宋诗词，不自然了。

他写的人体，美感，性感。

我同意他的意见：人体好就好在是肉。不必让肉体升华。所谓灵，是指思想，思想不必被肉体拖住。让思想归思想，肉体归肉体，这样生命才富丽。

并非惠特曼对我有影响——是我喜欢他。那些珠光宝气的桂冠诗人，我不喜欢。

他的诗读了令人神旺。

论文作家呢？爱默生（Ralph Waldo Emerson，1803—1882）。

我到美国买的第一本书，是爱默生。张爱玲译的。我喜欢这本书。

出身清教徒。自己不是牧师。"我爱耶稣。但叫我穿上黑袍去传道是不愿意的。"他说。

他不讲结构，说到哪里是哪里。但文句、思想，很可爱，很可贵。美国知识分子口中常常引他的句。

他非常会接受别人的思想，别人的警句美思，到他那儿即爱默生化了。谈话是没有结构的。他是个谈话的好手，常有可爱的句子，宝贵的思想。他说：

保持世界的力量在于一种道德良知的潜流。

梭罗（Henry David Thoreau，1817—1862）。是爱默生的朋友。爱默生有钱，梭罗穷，在爱默生家打工，爱默生尊敬他。读他写梭罗的传记，非常感动：他多么了解梭罗。在他笔下，梭罗是另外一种类型的自然之子。

一个死掉的孩子的鞋子，还要给他的弟弟穿，这个世界真悲哀。

这是梭罗的句子。

看他的相，还是一个知识分子。我喜欢最好是一身肌肉，可是坐在那儿写，全是知识。

一身好肉，里头是一颗黄金的心！

他有书《瓦尔登湖》（*Walden*），可以看的。他描写自然，同时写哲思。美国是不出哲学家的，但他倒真是认真在思想。他厌恶都市，到瓦尔登湖畔隐居两年，木屋，木梁，写此书，心很静。

迷路，先找路，找不到，不找了，任凭两只脚走，走回了家。

他写。

我到那湖看过，真失望。书是写得不错。

下次讲中国，回去看看。

本课笔记内页："他善棋，好鸦片。松江人，常住上海，在报馆做编辑，标准文人，妓院中的老客人，阅历丰富。"

第五十六讲

十九世纪中国文学

一九九二年三月八日

从前的媒婆，不得了，我亲自见过……匆匆来去，走以后，空气都变了。打扮得干干净净，头发梳得一丝不乱，

从前考试，一定要考这。见功夫，很难，我曾有对句："钱塘有潮不闻声，雷峰无塔何题诗？"《燕山外史》，全以骈俪体写成。

我喜欢的一百零八将都给他弄死了。我很为万春太息。他笔力雄健，又善结构，为什么不去自己写小说题材，要去和《水浒》闹？可见才华不等于头脑——当然，头脑也不等于才华。

小时候吃过晚饭，佣人就在家里讲这些，讲到忘记时，"日行夜宿，日行夜宿……"但不肯翻书。翻书是坍台的。

所以我很怀念从前的民间社会，可惜不再来了。我也不过是享受到一点夕阳残照，那时年纪小，身在民间社会，不知福，现在追忆才恍然大悟，啊呀啊呀，那可不就是民间社会吗？

怎么会有一天在纽约与你们讲《七侠五义》？人生是很奇怪，没有一点好奇心是不行的。

十九世纪中国文学没有什么大天才。中国近代文学盛期，是在十八世纪，有《红楼梦》等等。十九世纪，是欧洲文学兴旺，但没有影响中国。西风还未东渐，也没有出大天才，不过文学的命脉总算没断。

戏曲，四个人有成就：黄燮清，周文泉，陈烺（灯光很亮很亮之意），余治。

黄燮清（1805—1864），字韵珊。著作《倚晴楼七种曲》。一，《茂陵弦》，写司马相如和卓文君的故事。茂陵，汉武帝陵，相如晚年居于此。二，《帝女花》，写明朝庄烈帝女长公主与周驸马的故事。三，《鹡鸰原》（鹡鸰，鸟名，《诗经》里有句"鹡鸰在原"，指兄弟友情），写曾友于故事。四，《凌波影》，写曹植遇到洛神事。五，《鸳鸯镜》，写谢玉清与李闲事。六，《桃谿雪》，写贞女吴绛雪事。七，《居官鉴》，写王文锡居官清正事。

其中，《茂陵弦》与《帝女花》写得最好。大抵雄伟气概不足，旖旎风韵有余。他是十九世纪中国剧坛的头牌。

周乐清（1785—1855），号文泉，曾任县官，出差上京，途中写成八种剧本，合称《补天石传奇》八种。一，《宴金台》，叙燕太子丹兴兵伐秦雪耻事。二，《定中原》，叙诸葛亮灭吴魏事。三，《河梁归》，叙李陵灭匈奴而归汉事。四，《琵琶语》，叙王昭君归汉事。五，《纫兰佩》，叙屈原复苏，用于楚怀王事。六，《碎金牌》，叙秦桧被诛，岳飞灭金事。七，《紞如鼓》，叙邓伯道复得子事。八，《波弋香》，叙荀奉倩夫妇终得偕老事（弋，指射飞禽）。

希腊悲剧是勇者的文学，中国这些东西是弱者的文学。大抵都是作者对历史事件和人物的空想，以虚构快人心，补偿历史的缺憾遗恨。以这种观点创作，决定了写不好的，近乎儿戏，反历史、反悲剧，使人更加软弱污浊。所谓"平反"，自古如此。"文革"后全国人民搞平反，争平反，大抵就是出于这种传统心态。

陈烺（1743—1827），作有《玉狮堂十种曲》，分前四种，后六种。前四种：一，《仙缘记》。二，《海虬记》。三，《蜀锦袍》。四，《燕子楼》。后六种：一，《同亭宴》。二，《回流记》。三，《海雪吟》。四，《负薪记》。五，《错姻缘》。六，《梅喜缘》。有多种是用《聊斋》故事写成剧本。以《燕子楼》最著名。

以上三人都是照明朝人的戏曲模式创作，成"昆曲"曲调。何谓昆曲？指以昆山的腔调唱出的戏曲。当时有北曲、南曲，一度南曲伴奏仅用弦索，唱北方的官腔。后改革者出，姓魏，加入笛、笙、琵琶等各种乐器。他活跃于昆山，昆山腔由他倡扬得名。他叫魏良辅。

京剧，西皮二黄，简称皮黄。

余治（1809—1874），以皮黄写剧，他在京剧史上很重要，是京剧的祖师辈人物。《庶几堂今乐》是皮黄世家少有的自己的剧本。原书近四十种，今传世二十八种，如《砵砂痣》等，今日还在上演。

　　再说小说。十九世纪虽说中国没出大小说家，但那时小说家倒是各有地盘，都写前人所未写。陈森写《品花宝鉴》，文康写《儿女英雄传》，韩邦庆写《海上花列传》。最有名是李汝珍的《镜花缘》，人物以女人为中心，比如写到媒婆。

　　从前的媒婆，不得了，我亲自见过……匆匆来去，走以后，空气都变了。打扮得干干净净，头发梳得一丝不乱。"烟是好久不抽了。"一会儿拿起一支烟了——"喔哟，忘了忘了！"

　　李汝珍、陈森、文康、韩邦庆，他们的好处，是都各垦各的处女地，不袭取前人一针一线。非常奇怪，很难分析原因。我猜他们其实并不自觉，而是当时环境、心情所使然。

　　比如，《镜花缘》写海外奇遇，《品花宝鉴》写戏剧界的同性恋，《儿女英雄传》写女侠客爱上公子，《海上花列传》写上海妓女。（略记当年梅兰芳的别名：畹华）

　　李汝珍（约1763—约1830），字松石。这人很怪，是个杂家。通音韵，懂看相、算命、风水、土遁（一秒钟内到上海）、星相等等。书法、棋道也有研究。如此聪明，不得志，晚年写小说，排遣寂寞，不久死，得年六十多岁。

　　一生的兴趣都放在《镜花缘》中了。一大段谈音韵，大段谈艺术，谈酒令、相术等等。历史背景放在初唐，时有徐敬业，讨伐武则天，败，将士散。有唐敖（书中主角）与徐有旧，唐妻弟林之洋，海外贩运，唐随行散闷求仙，路上遇到许多奇事。史料根据是《山海经》之类，加油添酱，成小说。唐敖后来上神山，成仙。再后来武则天开考招女状元，女杰又讨伐武则天等。

书不精粹，不一致，有深刻的讽刺，滑稽的描写。缺点是议论冗长，结构混乱，最差劲的是前半后半全然不呼应，前半诸才女文雅纤丽，后半忽然耍刀弄枪，破阵杀敌——荒唐。这是对小说的一般要求，不是求全责备，所以总归算不了艺术品。想象力倒蛮丰富的。

《儿女英雄传》写得较好，民间流传甚广。作者文康，道光初年至光绪初年在世。结构比《镜花缘》要缜密得多。写侠女何玉凤，假名十三妹，父被奸臣杀，要报仇，练成高强武艺，到处云游。在客栈遇安骥，美少年，有学问，被强盗困，十三妹救之。后来杀父奸臣为朝廷斩首，十三妹不必报仇，打算出家，为人劝阻，与安成婚。且有女张金凤，与安骥同落难者，由十三妹做媒，共成安骥金玉之妻。

完全是传奇，理想化，人物写得很生动。最好是"十三妹大闹能仁寺"，说书名段，妇孺皆知。缺点是宣传封建道德，优点是全靠北京话写，十分流利，仅次于《红楼梦》。

附带提一提《荡寇志》，作者俞万春（1794—1849）。他反

《水浒传》，专写一百零八位好汉的末路，非死即诛，情景凄怖，我看不下去，我喜欢的一百零八将都给他弄死了。我很为万春太息。他笔力雄健，又善结构，为什么不去自己写小说题材，要去和《水浒》闹？可见才华不等于头脑——当然，头脑也不等于才华。

这种小说，从前民间有的是，连男女佣人都知道，朗朗上口。

也要讲讲《燕山外史》，作者陈球（约1808年生，卒年不详）。他靠卖画为生，善写传奇，工骈俪（两马走，骈；两人并，俪。从前四六骈俪，"落霞与孤鹜齐飞，秋水共长天一色"是也。从前考试，一定要考这。见功夫，很难。我曾有对句："钱塘有潮不闻声，雷峰无塔何题诗？"）。《燕山外史》，全以骈俪体写成。

还有《平山冷燕》，作者不记得，也都是"才子佳人"小说，文字极工对仗，不免处处板涩，但影响了后来的鸳鸯蝴蝶派。

《品花宝鉴》，作者陈森（约1797—约1870），常州人，长住北京，熟于梨园内部情况。当时京城士大夫都是以狎伶为习，招来陪酒歌舞，直到清末才渐息。当时称男妓"相公"，原语是"像姑"，不雅，遂称"相公"。主角杜琴言，也同时是"女主角"。中国旧小说，仅此一部，写戏剧界中同性恋。我小时候偷看，莫名其妙，其中有伶人杜琴言者，我以为是女伶，其实是男子。后来看懂了，就失去兴趣了。

另一部《青楼梦》，作者俞达（？—1884），具名慕真山人。书成于光绪四年，也写妓女，可算妓女小说始祖。也可说是俞达的回忆录（光绪年间），专写妓院生活。

《海上花列传》写得高明，是写实主义的。中国近代小说，到了《海上花列传》，脱尽浮妄的旧习。当然，《金瓶梅》、《红楼梦》在前，按说不应该再落入"传奇"老套，但事实是，从《金瓶梅》、《红楼梦》到《海上花》的中间，又出了很多传奇。

作者韩邦庆（1856—1894），字子云，笔名"云间花也怜侬"（古文中"侬"指"我"，"云间"是松江旧名）。他擅棋，好鸦片。松江人，常住上海，在报馆做编辑，标准文人，是妓院中的老客人，阅历丰富。此书用上海方言，夹很多苏白，全国性推行困难。张爱玲非常喜欢，亲自翻译成国语。

结构不强，比较散漫，因是报人，为文多据社会新闻增加情节。好处是笔法生动，引人入胜，影响了几十年，一定要说怎样的文学价值，说不上。

讲到这些，发点感想：《品花宝鉴》、《海上花列传》，论题材，极好，作者又真实体验过来，才情也不错，就是达不到《红楼梦》的高度，因为作者是文人报人——奇怪的是，曹雪芹怎么有艺术家的自觉？

当时还流行《三侠五义》、《施公案》、《彭公案》等，讲述英雄好汉，写包公断奇案，破案要有警探。

《三侠五义》作者石玉昆，出了书，流行在1879年左右，一直流行到 1949 年解放。这一大读物，家喻户晓，后改成《七侠五义》。主角包拯，中国理想的清官，俗称包青天、包龙图。三侠是南侠展昭、北侠欧阳春、丁氏双侠丁兆兰与丁兆蕙。五义（五鼠）是指卢方、韩彰、徐庆、蒋平、白玉堂等人。这书结构完整，故事奇妙多变，文辞流利明白，比现在的警匪片、侦探片、武打片精彩得多了。

小时候吃过晚饭，佣人就在家里讲这些，讲到忘记时，"日行夜宿，日行夜宿……"但不肯翻书。翻书是坍台的。

所以我很怀念从前的民间社会，可惜不再来了。我也不过是享受到一点夕阳残照。那时年纪小，身在民间社会，不知福，现在追忆才恍然大悟，啊呀啊呀，那可不就是民间社会吗？

怎么会有一天在纽约给你们讲《七侠五义》？人生是很奇怪，没有一点好奇心是不行的。

《施公案》出在《三侠五义》之前，写得比较老实拙直，但当时也很流行，讲康熙时清官如何判案。"名臣断案，侠客锄奸"，这类书就是这八个字，最易吸引人。

很怀念从前的民间社会。

诗人在十九世纪很寂寞。不过，还是有精英分子——梅曾亮、张维屏、金和、黄遵宪、王闿运、龚自珍、何绍基、郑珍、莫友芝、李慈铭、曾国藩（曾，还有左宗棠，文章好极了）。

梅曾亮（1786—1856），字伯言，善古骈文，诗简练明白：

满意家书至，开缄又短章。

尚疑书纸背，反覆再端详。

没有什么大不了的，但他有他的意思（据说有个色鬼看到一裸女照片，将照片反过来）。

张维屏（1780—1859），字子树。有《听松庐诗钞》（他的诗，暂找不到，从略）。

龚自珍（1792—1841），号定盦。名句：

我劝天公重抖擞，不拘一格降人才。

才气纵横，磊落不群。当时一群年轻人非常喜欢他的诗。

黄金华发两飘萧，六九童心尚未消。

叱起海红帘底月，四厢花影怒于潮。

何绍基（1799—1873），字子贞。精于"小学"（语言文字之学，包括文字学、训诂学、音韵学）。诗崇拜苏东坡和黄山谷，有《东洲草堂诗钞》。

郑珍（1806—1864），字子尹。诗沉郁，严整，当时是大家：

前滩风雨来，后滩风雨过。

滩滩若长舌，我舟为之唾。

曾国藩（1811—1872），字伯涵，号涤生，湘潭人。乡村起兵，平洪秀全得名。一代文人保护者。有《曾文正公诗集》。编过《十八家诗钞》。

金和（1818—1885），字弓叔。和郑珍并称两大家，诗风沉痛惨淡。

黄遵宪（1848—1905），字公度，广东人。有《人境庐诗草》。名句：

我手写我心，古岂能拘牵？

即今流俗语，我若登简编。

五千年后人，惊为古斓斑。

王闿运（1833—1916），字壬秋，湖南湘潭人。做过民国国史馆馆长。诗风直追魏晋。齐白石曾拜他为师。他日记中写：今日齐木匠来，文尚成章，诗学薛蟠体。

李慈铭（1830—1894），字炁伯（炁，气也，同声）。与王闿运同为骚文大家。

再讲散文。当时"古文派"是继承"桐城派"的余绪，曾国藩气派大，境界高，也不能脱尽桐城派。所谓桐城派，不过是文学上某一种文章作法。姚鼐（鼐，大到可以供牛住的鼎）为其理论完成者。他主张写文章简单整齐严格，反对华而不实，是清文学正宗，上来自韩愈文风，又溯宗诸子百家。桐城派传了两代。此后古文家受影响。

另有不属古文派（桐城）又不属骈文派的，有包世臣（龚自珍也算）、谭嗣同、俞樾（俞曲园，是俞振飞的族辈，所以俞很神气）。

谭嗣同有书《仁学》，为戊戌政变被害六君子之一，锐意振新，言论大胆，力主"改革开放"。

本课笔记内页："鲁迅没有担当这些，热心于枝枝节节，说得再好，还是枝枝节节。"

十九世纪日本文学

一九九二年三月二十二日

写景，要闲，要寂，要淡。我所写的短句早已超出规定，嬉笑怒骂都有，可谓俳句的异化，但我守住不出三句的规矩。

看日本，真是眼花缭乱，一目了然——或时而眼花缭乱，时而一目了然。

能创造影响的，是一个天才，能接受影响的，也是一个天才。"影响"是天才之间的事。你没有天才，就没有你的事。（笑：孩子几岁了？喜欢吃什么？爱吃就多吃点……歇着，别累了……慢慢会好的。）尽管受影响，几乎不用脱掉影响。

没有评论家，苦在哪里呢？是直到现在，不是谁好谁坏的问题，而是什么是好什么是不好的问题，都没有弄懂。

中国文学有一天要复兴，两种天才一定要出现——创作的天才，批评的天才。能不能兼？可以，但必须是天才。其实全世界都在等待。各国都缺少这样两种天才。

近代，十九到二十世纪，日本文学很兴旺。东亚，只有日本人得诺贝尔奖。好处是明治维新以后，确实是一浪高过一浪。

按说他们的文化历史，不过是唐家废墟，从中国移植过去的，弄成平假名、片假名，就是拿中文的正楷字和草书的一部分，作为日本字的"字母"。日本展览中的所谓"壳場"，即小卖部，将"卖"（賣）误成"壳"。

他们的明治维新比我们早，全面，彻底，又输给中国许多新名称、新字词——是文化的反弹，反弹的文化。无论家庭装束、园林艺术、道具器物，你一看，这不是中国的么？已经是"日本"的了。

自从平安朝后，日本文学转入平淡。平安朝，以平安京（京都）为都城的历史时代。接下来是镰仓朝、室町朝。这两朝文学命运掌握在武士和僧侣手中，要对武士歌功颂德，或宣扬佛家的避世，停滞在一个没落的阶段。冬去春来，到江户时代（1603—1867），日本文艺又兴旺了。

江户文学是全面复兴的，有和歌、俳句、小说、戏剧，纷纷兴起。歌坛（和歌）有香川景树（1768—1843）作为代表人物。俳坛有松尾芭蕉（1644—1694）——日本姓氏，指生于何处，或所居之处的特点，如田中、松尾、香川等，后二字自取。子，中文称男子，日本人称女子——小说，有井原西鹤、山东京传、曲亭马琴，戏曲有近松门左卫门。

支配江户时代文学的思想，是儒家的伦理学说。

松尾芭蕉，在日本到处可以看到他的俳句，也有诗。他的笔号桃青，是个旅行诗人。他的俳句是有闲寂的趣味。

俳句的规矩，是十七字组成一句短诗：第一句五字，第二句七字，第三句又是五字。公认是用来写景的。后来五字一句，也成俳，二句也成，三句也成，但不能有四句。

写景，要闲，要寂，要淡。我所写的短句早已超出规定，嬉笑怒骂都有，可谓俳句的异化，但我守住不出三句的规矩。

果然，再多，就失了俳风。下面是例子和我的翻译：

　　古池や蛙飛びこむ水の音

青蛙，跳进古池的声音
我译：古池，青蛙跳进，水之音

　　枯枝に烏のとまりたるや秋の暮

乌栖在枯枝上，秋色已暮了
我译：枯枝上栖着乌，秋已暮了

　　年暮ぬ笠きて草鞋はきながら

戴着斗笠，穿着草鞋，不知年之暮

我译：不知年之暮，斗笠，芒鞋

"青蛙，跳进古池的声音"这句，世界有名。

还有"十年后，那个咳嗽着回来的男人"，石川啄木
（1886—1912）句。

芭蕉是俳句大师，学生很多，如榎本其角（1661—1707）、
服部岚雪（1654—1709）、森川许六（1656—1715）。

江户文学的特点是平民文学的兴起，散文流行，民间喜爱
的叙事性散文，写得像小说一样。

"浮世草纸"，即写实小说（"浮世"是佛家言，意为人生）。
始创者井原西鹤（1642—1693），独具慧眼，知人心秘密、市井
罪恶，作《好色一代男》，大受欢迎，乃作《二代男》、《三代
男》、《好色一代女》、《男色大鉴》，后来遭官方禁止，改作武
道和历史小说。他的思想特色是平民的、物质的、讥讽的、精
细的、本能满足的。

井原西鹤之后，"草纸"的内容与形式渐变，封面表纸赤
者称"赤本"，黑者称"黑本"，黄封面称"黄表纸"。"赤本"
夹谈妖怪，"黑本"杂以实物录，"黄表纸"则讽刺、滑稽。

另有"读本"，以劝善惩恶为宗旨。"洒落本"，以花街柳
巷为题材。"人情本"，比"洒落本"更专精于巷谈野语。

江户时代的最大特产，叫"净瑠璃"，创始者即近松门左卫门。"净瑠璃"，即诗剧。

近松门左卫门（1653—1725），写了一百多种，被比为日本的莎士比亚。他的诗剧分"时代物"（即历史剧）、"世话物"（即社会剧）、"心中物"（情死剧）、"折衷物"（有史，有社会，混合写）。因为写得多，有人以近松比拟莎士比亚。日本哪里出得了莎士比亚？

江户时代，小说、诗、戏剧都有很大进步。所谓江户，就是东京旧称，古代是武藏国的一部分。

看日本，真是眼花缭乱，一目了然——或时而眼花缭乱，时而一目了然。

接下来是明治、大正时代。所谓明治维新，是个持久的运动，始自明治朝。明治和大正时代是日本文学最进步的时期。日本从那时起可算真正有了自己的文学。

此时能继承江户文学，又能努力向外发展。芭蕉、西鹤、近松，都后继有人。

文学有两类：一是独自完成，但不影响别人。一是独自完成，却给予别人、后人影响，滋养后人的艺术。两类各有好处。莎士比亚，不断影响别人；屈原之后，成所谓骚体；塞尚自我完成，不知影响多少人；曹雪芹，也是一个源头，张爱玲学了一点点，就有滋味。

能创造影响的，是一个天才，能接受影响的，也是一个天才。"影响"是天才之间的事。你没有天才，就没有你的事。

（笑：孩子几岁了？喜欢吃什么？爱吃就多吃点……歇着，别累了……慢慢会好的……）

尽管受影响，几乎不用脱掉影响。

明治维新十年以前的文学小说，都是吃了前朝的残羹冷菜，好在命脉不断。

看中国，断层不断，不止一次，是三次断层。

一是"五四"的文言与白话之争。文言转白话，是时代使然，但转得太急，两派都太意气用事，用吵架方式、革命方式，弄到"五四"以后，不懂古文了。

二是启蒙与抗日救亡的矛盾。西方影响正要继续进来，抗日救亡，就完全不顾文化教育。蔡元培终于也疲倦了。

三是革命和愚民。文学艺术成了丫头。

这是中国近代的文化悲剧。现在中国有转机，出现不少小奇迹，希望有中奇迹、大奇迹。

明治时代以来文学进步的原因，大致如下：

一，日本朝野各界锐意改革。

二，欧美文化思潮入境。

三，民众生活积极进步。

四，日中战争，日俄战争，他们胜了。

五，人才频出。

上一阶段的江户末期文学，已颓废，山穷水尽，明治、大正时期是个不能不振作起来的新局，也可说是死里求生（我们中国现在也面临这样一个情况，"文革"末期，山穷水尽，不能不振作）。政治、经济、文化、教育，明治时期整体性地求改革，而且几乎全部西化、欧化。

日本当时接触西欧文化，也很肤浅。德川幕府时期，是从荷兰得知一点欧洲文化。明治以来，欧风美雨源源而来，衣、食、住、行，日本人都喜欢，都用。我们从日本电影上看到，他们学得蛮入流，有模有样（其实中国二三十年代，租界洋场上的人也是有模有样的）。

最初流进日本的，以英美文化为主，然后是法德的。明治文学的黎明期，有寝馈于英国文学的坪内逍遥（1859—1935），有对德国文学造诣很深的森鸥外（1862—1922），又有崇拜法兰西的中江兆民（1847—1901），倾倒于俄罗斯的长谷川辰之助（1864—1909，笔名二叶亭四迷），这样各有所宗，各唱各调。日本文学左右逢世界之源，就蓬勃发达了。

中国"五四"也是这样的好景观，人才更多于日本，翻译也很热闹，但经不起后来的一刀切。

文学家中有写小说的，写长诗的，写俳句的，写戏剧的，而各品类中之佼佼者，多达二三十人，可见阵容之大。尤其可贵的是出了十多位评论家！

"五四"以来，中国够分量的评论家一个也没有啊！出了一个战士，鲁迅先生，出了一个教育家，蔡元培先生。没有评论家，苦在哪里呢？是直到现在，不是谁好谁坏的问题，而是什么是好什么是不好的问题，都没有弄懂。

鲁迅没有担当这些，热心于枝枝节节，说得再好，还是枝枝节节。让鲁迅评论，他也担当不起来。丹麦的勃兰兑斯把近代欧洲文学统统读过，统统来写，写成《十九世纪文学之主潮》套书。鲁迅在文学上缺乏自己的理论，也缺乏世界性的艺术观。谈绘画，谈到木刻为止。对音乐，鲁迅从来不谈。

中国要文艺复兴，批评家一定要先出来，一个两个批评家不够的。中国文学有一天要复兴，两种天才一定要出现——创作的天才，批评的天才。

能不能兼？可以，但必须是天才。

其实全世界都在等待。各国都缺少这样两种天才。

明治文学进程分五个时期：

一，第一期前半是黑暗期。初，内乱频起，新与旧、保守与进步的斗争很激烈，大家顾不到创作。第一期后半是准备期，民众势力抬头，国乱稍平，翻译工作竞起，新思想成长。

二，日本近代文学的黎明期。坪内逍遥主张现实主义。理论研究成三派：砚友社，民友社，早稻田派。

三，文风转变期。由写实转为观念，日本的观念小说有点近乎象征和神秘主义，宜于知识分子读，不久又过时了，转为社会小说和家庭小说。

四，转为自然主义。这个"自然"与法国的"自然主义"不同，是指不造作，听其自然，但也有像法国自然主义的注重细节描写的特点。此时，许多评论家出现。

五，新理想主义代替了自然主义，更丰富，更复杂。

从这历程来看，一步一个脚印。到第五期，艺术与社会的关系加强了，至此可分三派：

人道派，以武者小路实笃（1885—1976）为中心，出杂志《白桦》，又称白桦派。

享乐派，以永井荷风（1879—1959）为代表。

唯美派，以谷崎润一郎（1886—1965）为代表。

依习惯，都称这几位文学家名字的前两字。

还有许多作家跨越十九世纪到二十世纪，如芥川龙之介（1892—1927），我以为是最杰出的，这要到讲日本现代文学时再说——还有川端康成、三岛由纪夫——芥川是个真正全盘接受西方文化的人，中国没有这样的人。他到过中国，和清末文人接触过。

他的散文和短篇小说，写得极好，电影《罗生门》就根据他的两篇小说合并改编。他真正称得上世界公民。日本文学以芥川为最高，后他因严重的神经衰弱自杀。上述三者，都是自杀的。"人生真不如一行波德莱尔的诗。"即是他的句子。

以人最可爱，是芥川，以日本性格论，是三岛、川端，最成熟。

本课笔记内页："《道德经》，宜深读。《离骚》，宜浅读。《道德经》若浅读，就会讲谋略，老奸巨猾，深读，会炼成思想上的内家功夫。"

二十世纪初期世界文学

一九九二年四月五日

不要因为莎士比亚而不看易卜生，也不要因为易卜生忘了莎士比亚。永恒是长长的一连串现实，现实是短短的一小段永恒。应该放在什么位置上，谓之"精深"，在妥当的位置上放得很多，谓之"博大"。

世界上的书可分两大类，一类宜深读，一类宜浅读。宜浅读的书如果深读，那就已给它陷住了，控制了。尼采的书宜深读，你浅读，骄傲，自大狂，深读，读出一个自己来。

《道德经》若浅读，就会讲谋略，老奸巨猾，深读，会炼成思想上的内家功夫。《离骚》若深读，就爱国、殉情、殉国，浅读，则唯美，好得很。《韩非子》，也易浅读。

我也想写党的颂诗，可是一触这主题，才气马上横溢不出来。你看，这种题目一不许悲哀，二不许怀疑，三不许说俏皮话，四不许别出心裁……那完了。世界青年联欢节时，我也写过诗："我爱我的祖国，我也爱别人的祖国。"这就完了。

胡适当时在《新青年》上发表《文学改良刍议》，中国的新文化、新文学，才算一浪一浪过来。这样一个过程——从《官场现形记》到《人间词话》——没有渐变，一下子跳到新文学，中国的文学改革，先天不足，各方面不成熟，思想不渗透，文字也夹生。

本来计划讲到十九世纪，大家挽留，讲下去。

讲了三年了，把前面的古代、中古、近代讲下来，现在要讲到我们活着的世纪了。我总感慨，十九世纪的文学是个盛世，到十九世纪末，有世纪末之感。大家没有感受到这个。现在看，这是人类的自作多情。"世纪末"，是无法划清的。文学是千丝万缕的人文关系，不是世纪的转换斩得断的。

决定二十世纪特征的，是1914年的欧战和1917年的俄国革命。这是近代人性破裂的两大基因。欧战是欧洲自渎性的，自己难为自己。革命是一种被蹂躏的残害，对人性而言。这个观点说来话长，现在不讲，以后要写专文，论现代人性怎么被破坏的。

前几年讲古代，中世纪，近代，是分国家、挨秩序、经地域介绍过来的，以增听者常识——通俗地说，凡事当前，要有感觉、有观点；斯文地说，发挥艺术家的神、智、器、识。

据平时课余闲谈，知道大家和以往不同了。课未完，常识已多了不少，神闲不少，气定不少。

要改一改讲法：按题目，分流派讲。没有前面这些常识，不能这样讲。不按题分派讲，常识再多也没用，那么中途来听又不来听的人，是人一走，我这儿茶还未凉。

二十世纪文学巡礼，先讲英国。

除哈代、吉卜林，就要讲康拉德（Joseph Conrad, 1857—

1924）。康拉德极富原创性，作品整练有力。他是波兰人。父母早死，舅抚养大，所幸有好家庭教师，十七岁从马赛登船，从此二十年在海上生活。1886 年入英国籍。航海经历丰富。三十八岁开始发表第一部小说，小说名《阿尔马约的愚蠢》（*Almayer's Folly*）。1897 年出小说《纳希修斯的黑奴》（*The Nigger of the 'Narcissus'*），序文中说出他对现代小说的见解。

初重形式句法，后期疏宕起来（放松了）。不含教训，不主张革命，纯以生动有力见长。写海，感觉整个海浮现在面前。初多写东方故事，后来有小说《诺士特洛摹》（*Nostromo*），是他最成功的作品。故事复杂，人物众多，写成功失败，爱与恨，是近代生活的大观。又有《秘密委员》（*Secret Agent*）、《在西方眼光下》（*Under Western Eyes*）、《机会》（*Chance*）等小说，都是欧洲生活描写。又写《得胜》（*Victory*）、《得救》（*The Rescue*），据说《得救》最完美。

对自然界赞美，我以为还属有神论。

赫伯特·乔治·威尔斯（H. G. Wells，1866—1946）。出身布尔乔亚，谋生求学都做过大奋斗，从事过新闻业。1895 年首次发表他的传奇（《时间机器》，*The Time Machine*）。他的小说都是幻想的，现在看过时了。倒是他写的《世界史纲》（*The Outline of History*，1920），我读来兴味盎然，译本很好。

约翰·高尔斯华绥（John Galsworthy，1867—1933）。一般都知道他是小说家，其实他的戏剧更能代表他。他是很有主见的人。著作有《法利西岛》（*The Island Pharisees*）、《村屋》（*The Country House*）。

柯南·道尔（Arthur Conan Doyle，1859—1930）。《福尔摩斯》，大家都知道。不能算文学家的，但名气太大了。

萧伯纳（George Bernard Shaw，1856—1950）。戏剧家、评论家，又是个热心的社会主义者。为人富于机智，才思纵横。创作《华伦夫人的职业》（*Mrs. Warren's Profession*）、《坎迪达》（*Candida*）、《武器与人》（*Arms and the Man*）。1925 年获诺贝尔奖。

他说自己是个典型的爱尔兰人，是"生来的孤儿"（指精神和心灵）。赞美他的人，说他每一句都是原创的，反对他的人，也承认他的才能。

当年随母亲到伦敦，先在电话公司干。后写作，也参加过革命工作，到海德公园演说，起劲读马克思。

说来抱歉，我一听到萧伯纳就不佩服（正如我一上来就讨厌甘地）。很简单：既是思想家，何必去找马？不是我有慧眼，而是诚实地看事情。宗教、自然，只要诚实地去看，都好。

明于析物力，陋于知人心，这是马克思理论的要害。

这些人（萧伯纳）不论才华如何高超，口才如何雄辩（不论道德理想如何高超），我不取。

萧伯纳、高尔斯华绥等，都是批判社会的，文学上受了易卜生的影响。如何定位？

不要因为莎士比亚而不看易卜生，也不要因为易卜生忘了莎士比亚。永恒是长长的一连串现实，现实是短短的一小段永恒。应该放在什么位置上，谓之"精深"，在妥当的位置上放得很多，谓之"博大"。

美国文学。

杰克·伦敦（Jack London，1876—1916）。上次讲过，要补充。这位天才，真的凭直觉，达到极高的知识水准，很可贵。他是十足用肌肉来思想——他是既崇拜尼采，又崇拜马克思。要平衡尼采和马克思，这人只有死。

美国人对杰克已经很淡漠。这是悲哀的。我为他不平。美国人忘了杰克，德国人忘了雷马克（Erich Maria Remarque）。

我特别推崇他的《海狼》、《野性的呼唤》。写得很好，很壮烈。阳刚的美，可望不可即。艺术家是飞蛾，扑向美的火，烧死。托马斯·曼的《威尼斯之死》，是阴柔的。杰克的是阳刚的。

为了避开伤感，我放弃了好多题材。

辛克莱·刘易斯（Sinclair Lewis，1885—1951）。老写平凡的所谓"邻家故事"，开一代风气。美国是西方第一个主张平民化的。美国的富翁也平民气十足。好莱坞的广义，也是平民式的。

法国文学。

当时特别有名的是罗曼·罗兰（Romain Rolland，1866—1944）。他无疑是个热心正派的绅士，我少时受他的影响，如果今天还受他影响，我一事无成。一，罗兰将艺术、艺术家极度概念化。二，他的道德力量是极度迂腐的。

世界上的书可分两大类，一类宜深读，一类宜浅读。

宜浅读的书如果深读，那就已给它陷住了，控制了。尼采的书宜深读，你浅读，骄傲，自大狂，深读，读出一个自己来。罗兰的书宜浅读，你若深读，即迷失在伟大的空想中。

帕斯卡谈到蒙田，还说蒙田谈到自己太多了。

罗兰的所谓轰轰烈烈，其实就是婆婆妈妈。理想主义，其实是一种伤感情调。

法兰西忘掉了《约翰·克里斯朵夫》。罗兰的理想主义，是英雄主义。英雄主义自卡莱尔来，但罗兰的英雄主义是迂腐的、无用的。

傅雷的英雄主义，第一个回合就不战了，倒下去了。这里是对事不对人，他死，毕竟是勇气。

《道德经》，宜深读。《离骚》，宜浅读。《道德经》若浅读，就会讲谋略，老奸巨猾，深读，会炼成思想上的内家功夫。

《离骚》若深读，就爱国、殉情、殉国，浅读，则唯美，好得很。

《韩非子》，也宜浅读。

此时法国出了个柏格森（Henri Bergson，1859—1941）。出身犹太家庭，以《时间和自由意志论》(*Time and Free Will*) 出名。他的哲学，简单说，就是直觉哲学、生命哲学、创造哲学。意思是从时间的本质上，打破心与物的二元论，建立一元的形而上学。今天不细讲。这种学说，正符合青年们的心理需要，分清物与心的界限，活力至上。

在欧战前成名的法国大作家还有很多，如克洛岱尔（Paul Claudel，1868—1955），为中国熟知。他在上海、福建做过外交官。欧战发生后，许多作家狂热从军（战后统计，九百多位作家死于战事），只有少数人冷静、自守。

战前，立体派诗人很活跃（从绘画的立体派过来），有阿波利奈尔（Guillaume Apollinaire）、雅各布（Max Jacob）、萨尔蒙（André Salmon）。

他们是立体派中坚，他们有他们的道理：过去的艺术是模仿，现在要创造。阿波利奈尔有名言：当人要模仿步行时，创造了车轮，而车轮不是一条腿。超现实主义是这样出现的。

这固然是高明的诡辩，但我要和他吵：向来的艺术，并非真是只在模拟，他们也超写实，是隐的超写实，现在不过是显的超写实。因为纯粹的写实从来没有成为艺术。

他是出奇兵，我要正规军，大军压境。

我以为，未来派是立体派与达达派之间的介体。未来派主将马里内蒂（Filippo Tommaso Marinetti），主张以机械代替恋爱。我也不反驳，只要问：马里内蒂先生，你自己做得到吗？

立体、未来、达达，这三派势力实在不小。

德国文学。

苏德尔曼（Hermann Sudermann）、豪普特曼（Gerhart Hauptmann）是老作家。新作家有恩斯特（Paul Ernst）、威特金特（Weidkind），他们主张新古典主义。凯泽、哈森克里夫（Walter Hasenclever）他们提倡表现主义。

表现主义始自德国，文学、绘画，都有影响。文学宣言说："我们人的精神，不但是吸收印象，这种精神反映这微妙的自然，要融化外在印象，以自我表达之。"

凯泽（Georg Kaiser，1878—1945），写过《加莱的义民》（*Die Bürger von Calais*），罗丹有同名雕塑。英法交战，法军败，为英军包围。忽来使者，只要加莱城出六人死，可大赦全城市民。加莱市开参议会，一军官认为可耻，对英法皆可耻，号召大家宁死不受此辱。另一参议员艾斯太修（Eustache）主张接受，自愿成六死者之一，保全全城。大家感动，另有六人报名，共七人。艾斯太修说，明天到广场集合，最后来的人就不必去了。翌晨，六人早到广场，唯艾斯太修未到。不久，人抬其尸而来，终见艾斯太修必死的决心。英王感动，又适得太子，不杀六人，大赦全城。艾斯太修永远为法人、英人尊敬纪念。

俄国文学。

1917 年后，俄文坛完全改样。老作家或停笔，或流亡。新作家汹涌而来：赫列勃尼科夫（Velimir Khlebnikov）、马雅可夫斯基（Vladimir Mayakovsky）。马雅可夫斯基十三四岁入党，才气横溢。后来为保全党的颜面，装成失恋而自杀。他的形象、天才，是一流，可是没有艺术品。

我也想写这类颂诗，可是一触这主题，才气马上横溢不出来。你看，这种题目一不许悲哀，二不许怀疑，三不许说俏皮话，四不许别出心裁……那完了。世界青年联欢节时，我也写过诗：

"我爱我的祖国，我也爱别人的祖国。"

这就完了。

大革命前后的散文，都受莱美沙夫（Aleksey Remizov）影响。小说到战后才渐渐恢复。皮涅克（Boris Pilnyak，1894—1938）是当时最受欢迎的作家，有小说《赤裸之年》（*The Naked Year*），短篇也很好。还有巴别尔（Isaak Babel，1894—1940），是革命后小说家中最成功的，初写几百字的极短篇小说，但其中有刺人的力量。

意大利文学。

二十世纪初是邓南遮（Gabriele d'Annunzio，1863—1938）

的天下，但帕皮尼（Giovanni Papini，1881—1956）写过《耶稣传》（*Storia di Cristo*），震动全欧。他的心态很勇敢，不信传统的偶像，以人的角度写耶稣。中国曾有好译本，读时如面真的耶稣。

帕皮尼是高贵纯洁的绝望者，贫苦孤独，作品温厚细腻，摸下去，才知他的底牌——他最爱尼采。他爱尼采，又写耶稣。

大美学家克罗齐（Benedetto Croce，1866—1952），代表作《美学原理》（*Breviario di estetica*），影响了欧洲批评界。

西班牙文学。

伊巴涅斯（Vicente Blasco Ibáñez，1867—1928）。有中文译本《启示录四骑士》（*Los cuatro jinetes del apocalipsis*），《血与沙》（*Sangre y arena*），写斗牛士。

贝纳文特（Jacinto Benavente，1866—1954）。先学法律，后写小说，抒情诗，又写戏剧，和易卜生、萧伯纳是一路的，对西班牙社会痛加讽刺。

下面通盘带一带——

犹太文坛也很有起色。多以意第绪文（Yiddish）写。我只想谈宾斯基（David Pinski，1872—1959）。大戏剧家，思想近于安德烈耶夫，非常绝望。

匈牙利文学。摩尔（Mór Jókai，1825—1904），小说家，被

称为匈牙利的司各特。

当时裴多菲（Sándor Petőfi，1823—1849）是个民众景仰的英雄，在战场上失踪，不知所终。中国有一位孙用翻译过他的诗集，优美，天然流露。

保加利亚文学。伐佐夫（Ivan Vazov，1850—1921）。人称，由于伐佐夫，世界文学不得不向保加利亚看一看。

最后谈到中国。二十世纪初期的中国还是很落后。相对世界文学可提的，只有一李宝嘉（1867—1906）写的《官场现形记》、《文明小史》，还不懂小说写法，结构松散，尚能表现真实，倾动一时。吴沃尧（1866—1910），写《二十年目睹之怪现状》，也是揭发时弊。

他们是欧洲大文豪的同代人，还晚于他们。

还有《老残游记》，作者刘鹗（1857—1909）。《孽海花》，作者曾朴（1872—1935），字孟朴，别号东亚病夫（从前别号很多而怪：天虚我生、不肖生、半老书生等）。《老残游记》写江湖医生老残的经历，文笔不错，可你说它是文学，又不像。《孽海花》作者很有学问，通一点西洋文艺，译过法国小说《肉与死》。

西风慢慢吹过来，吹到曾孟朴，有点感觉。

当时无人写戏曲，研究戏曲的人却很多。王国维写过《曲录》，吴梅（1884—1939）写有《顾曲麈谈》（麈，音主，意指大鹿的尾巴，状如拂尘；鹿行，追随前鹿之大尾）、《词余讲义》。

王国维（1877—1927），字静安，浙江海宁人，可算是二十世纪初唯一的中国批评家。他已读过叔本华、尼采，他的《人间词话》，可以读读。他是第一个发现《红楼梦》是悲观主义的。中肯的。

其他词人、诗人，也有一大批，多被人忘了。诗人，有郑孝胥、陈三立、陈衍、沈曾植，都是崇宋诗的。词人，有朱祖谋、况周颐、冯煦、曹元忠、王国维。

翻译家，有林纾（1852—1924）、严复（1854—1921）。林纾，有功是有功，译文不知所云。他是听人念，然后组成中文。

提倡新学，有康有为（1858—1927）、梁启超（1873—1929）、章炳麟（1869—1936，号太炎）。章说是提倡新学，但不翻译，他是大国学家。

胡适（1891—1962）当时在《新青年》上发表《文学改良刍议》，中国的新文化、新文学，才算一浪一浪过来。

这样一个过程——从《官场现形记》到《人间词话》——没有渐变，一下子跳到新文学，中国的文学改革，先天不足，各方面不成熟，思想不渗透，文字也夹生。

李宝嘉，根本不懂西方文化。孟朴、王国维，稍知表皮。康、梁是实用的，借西方改革中国政治，并非真的要西化。章太炎的最高理想，是用道家的方法论解释佛家的目的论，这境界，他以为高得不能再高了。他对外国牌香烟嗜之若命，西方哲学，他不理睬的。

中国现代文学之所以弄不好，实在是先天不足，再加上后天失调。

"五四"，劲是足的，生命力是强的。抗战后，就没有文艺了。再往后，文艺忘了本。后来，反右，反胡风，"五四"一点元气，完全斫伤。近十年，恶补了一阵，对西方现代文艺，生吞活剥。

这都是后天失调。港台自由，文艺也乏善可陈。不全是政治问题，总之先天失调。

讲讲苏曼殊（1884—1918）。

《题拜伦集》

秋风海上已黄昏，独向遗篇吊拜伦。

词客飘蓬君与我，可能异域为招魂。

《本事诗·乌舍凌波肌似雪》

春雨楼头尺八箫，何时归看浙江潮？

芒鞋破钵无人识，踏过樱花第几桥？

《東法忍》

来醉金茎露，胭脂画牡丹。

落花深一尺，不用带蒲团。

结论——没有结论的结论——既然这是国运，可能会否极泰来。我看不到了。你们也许看得到。昨夜我想到陆游二句：

王师北定中原日，家祭无忘告乃翁。

等你们告诉我。我们以后回国，是绝望者的播种。

在纽约，木心从古董市选来各种镜框，亲手用颜料涂饰做旧，乐此不疲，然后嵌入文学家肖像，放在他的书房里。图为陀思妥耶夫斯基像。

木心书房里的尼采像。

木心书房里的托尔斯泰像。

左页上图：伍尔芙夫人。下左：波德莱尔。下右：莎士比亚。本页上图：普希金羽毛笔自画像。下图：晚年纪德。

民国版书影。那时瓦莱里译作梵乐希，契河夫译为柴霍甫。

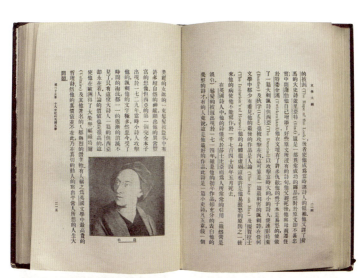

民国版书影。上图是郑振铎《文学大纲》内页。下左为国人编写的《雪莱生活》。下右为马宗融译屠格涅夫《春潮》。

这条小小的窗棂，是木心故
家唯一的遗物，七八十年前，
一个乌镇的男孩在家里开始
阅读文学、想象世界。1995
年秋，我私访乌镇东栅财神
湾孙家花园，在废弃的旧居
窗格掰下这段朽木，带回纽
约，交给木心。此后，直到他
逝世，这段窗檐就放在他的
书桌上。

第五十九讲

二十世纪现代派文学

一九九二年四月十九日

是佛家思想的欧化——而且说了一半。他讲的是佛家讲的"人间苦"，另一半，清静、超脱，叔本华不讲，讲下去，就成宗教。他的哲学，不讲救世一套。

都不要相信哪个哲学家讲出了终极真理。人就怕去求真理——找到了，就已经不是真理了。

他说理智不能认识世界，我看直觉也不能认识世界。或者说，理智认识理智的部分，直觉认识直觉的部分。

讲到现在，是个关头。我们面对现代，有所为，"为"什么？有所不为，"不为"什么？我自己还没有创作出什么，我的文学，身处死地，但我不甘心，还是要求生。诸位来听课，应该说，也是为了求生。

艺术家唯一可靠的是直觉。可是莫扎特的直觉，只有莫扎特有。

附带说说：中国有没有现代派和后现代派？有，但等于没有。都是浅尝者。最有功的是翻译。李广田、卞之琳、盛澄华，译笔都好极。

菜吃到这里，跟我们特别有关系了。

中国有译名，称"先锋派"。讲清楚：现代派、先锋派，不是单一的流派，是许多反传统文学的种种流派的总称。

当十九世纪快结束时，世界各国知识分子对现实都不满，精神苦闷、消沉、悲哀，所谓世纪末的悲哀。中老年知识分子退回内心，守住自我（最后一块阵地），通称个人主义。年青知识分子喜欢标新立异，倾向"安那其主义"（Anarchism，即无政府主义）。巴金、许杰，在当时都属这一类。

无政府主义——主张回到最原始的状态，无政府、无军队，单凭道德良心生活——行不通的。他们有的就暗杀政府人员（推到早一点，老子、庄子，无政府主义）。

现代派文学是在这样的时代特征下产生的。

最早出现的流派，即上次讲过的象征主义。波德莱尔的《恶之花》被称为象征主义的奠基石。他本人不这么想，是后人评价的。

第一次世界大战（正确讲是"欧战"）发生前后，直到二十世纪二十年代，各种派别先后出现，形成高潮，有后象征主义、超现实主义、意识流小说、未来主义等等。

一批有世界性影响的作家：爱尔兰的乔伊斯（James Joyce）、奥地利的卡夫卡（Franz Kafka）、法国的普鲁斯特（Marcel Proust）、比利时的梅特林克（Maurice Maeterlinck）。诗人有英国的叶慈（W. B. Yeats）、艾略特（T. S. Eliot），意大利的庞德（Ezra Pound）。

到了三四十年代，因为反法西斯，文学又出现转入现实主义的流派。苏联、西欧，都出了许多小说家，有的入党，有的放弃个人主义。

但那时的现代派文学，在第二次世界大战前后，暂时沉寂。法国阿拉贡（Louis Aragon），美国法斯特（Howard Fast），都加入共产党，罗兰、纪德，也亲共。

二战后，悲观气息又起，存在主义应运而生。

存在主义风行一时后，现代文学再度风起云涌，可称后现代文学。有萨特、加缪（Albert Camus）代表法国存在主义，是存在主义的创始人和主将。

以法国的尤奈斯库（Eugène Ionesco）、爱尔兰的贝克特（Samuel Beckett）、美国的阿尔比（Edward Albee）代表荒诞派戏剧，法国的罗布－格里耶（Alain Robbe-Grillet）代表新小说派，海勒（Joseph Heller）、冯尼戈特（Kurt Vonnegut）代表美国黑色幽默派，奥斯本（John Osborne）代表美国"愤怒的一代"（Angry Young Men）。

他们大都和存在主义哲学有关联，艺术上各有标榜，各有特色。

现代派在思想内容上有何特点？鼓吹非理性主义。

什么是理性主义？从苏格拉底到启蒙运动，到十九世纪末，很长一条理性主义道路，后有直觉主义起来对抗。

这一来，和传统文学大大不同了。欧洲从希腊、文艺复兴到十九世纪，都是提倡理性，多是现实主义的。现代派反这个东西。

二战前，现代派文学受的是叔本华、尼采、柏格森哲学影响。二战后现代派文学，受的是存在主义哲学影响。

我一直讲存在主义并无新意，是大战后青年人没有心思去细读叔本华、尼采、柏格森的原典，存在主义是前三者思想的通俗化、平民化，抄近路，正好合了战后青年的胃口。

咱们还是谈谈存在主义老祖宗：叔本华、尼采、柏格森三人的哲学。

叔本华（Schopenhauer），认为生存意志（或称生命意志、生活意志）是万物之源，理性是管不住的，宇宙意志，即人的意志，就是我的意志，世界就是"我的意志"。意志，是不尽的欲望，厌倦，欲望没有尽头，人的一生充满痛苦。

是佛家思想的欧化——而且说了一半。他讲的是佛家讲的"人间苦"，另一半，清静、超脱，叔本华不讲，讲下去，就成宗教。他的哲学，不讲救世一套。

不能不承认，叔本华哲学讲清了一个东西。

柏格森（Bergson）认为，生命的冲动是宇宙万物的主宰。

物种形成进化是这种冲动的派生物。理性无法了解这世界，科学知识是理智的概念，人造的符号，不能翻译宇宙本质，只有凭直觉达到主体客体无差别的境界。

这对所有现代艺术起了深刻广大的影响。

要注意，都是反对古代的论调。都不要相信哪个哲学家讲出了终极真理。人就怕去求真理——找到了，就已经不是真理了。

尼采（Nietzsche），早期是叔本华的信徒。后来反对叔本华，悟到叔本华的生命意志不符他的想法——权力意志。

由此产生超人哲学——人从猴变，已看不起猴。现在人不行，就要超人。他认为要超人、强人来统治这个世界上的弱者、平民。可谁是超人？强人？法西斯利用他，他知道了，不会喜欢法西斯的。

他提出"艺术就是艺术"（这接近真理）。此前，艺术被说成各种东西。他又说："艺术高于一切。"这又说得好。

是很大的一刀砍下来。

以艺术的原理来看这个世界，你想，如果世界像交响乐一样，多好！其实冥冥之中，艺术一直在保护人类——如果这世界没有这艺术，能想象吗？

还有一个人不能忘掉：弗洛伊德（Freud）。他的"潜意识说"，对艺术有莫大的影响。是艺术家内在的潜意识的外化。以性解释一切。

接下去就是存在主义。他们宣称：先有主观意识，再有客观存在。认为世界是荒谬的，人生是痛苦的，我反抗，故我存在。福楼拜说：唯心、唯物，都是出言不逊。

影响现代艺术的四位大哲学家。两位是贵族性的：叔本华和尼采。他们影响的人，在二十世纪寥寥可数，但都是大师级的艺术家，数得着的，都是位置最高的。

两位是平民性的：柏格森和弗洛伊德。深得人心，影响广泛。

叔本华没有原创性，是佛教的欧化，尼采是贵族中的贵族，可以好好研究下去。

柏格森是现代野蛮人。弗洛伊德的影响，在二十世纪是全方位的（包括各种色情业）。论影响，弗洛伊德最大，尼采最小——应该是这样，也是我们这个世纪的悲哀。

现代派文学的思想来源表过了，其文学特征：

一，强调表现自我，不重视环境描写，把个人内心活动作为写作的重心。人的情绪、联想、幻觉这些微妙变化，是现代派作者的拿手戏。人的异化，人的非人，是他们感兴趣的。是寻找自我的文学。

英雄，伟人，不见了。人物都是卑零的、微末的、畸形的、游离于社会之外的陌生人。

我从前也写这些小人物，我的感觉是这些小人物身上还有点人味，写英雄伟人，太肉麻。

二，以前传统的写实主义，典型环境典型人物这套把戏被抛弃了。现代文学的人物都是模糊的，形象支离破碎的。也有书做成活页的、不装订的，可以随看。

我认为好多现代派作品是滥用自由。没有一种技法是必然成功的。

三，象征手法。表现派、荒诞派作家也都用象征手法。以直觉、感应、偏爱来运用象征手法。以具体形象表现抽象概念，物质形象表达微妙幽谧的思想感情。现代派的用感觉表达思想，是认为思想可以还原为感觉，是柏格森那里来的。

他们反对"典型说"的现实主义，又反对浪漫主义直接表达感情。这种说法，是可以赞成的。

还有所谓"意象主义"，可成一派。但和象征主义有分不开的关系。

四，意识流。这是现代派作家普遍采用的。这意识流，可以说完全是新的，适合表达主观的内心世界，又开发了潜意识的结构和深度。

我用意识流的方法写散文——意识流小说已经给人写得很成功了。第一个用，用得最成功的，是普鲁斯特——序言写得非常成功，但序就是散文。

五，荒诞。也是手段、方法，把现实事物夸大到极度怪异、不可能。可说是大规模的漫画，是处心积虑的幽默。

六十年代我曾写过一个剧本：一男一女结婚，亲友送许多家具，婚后，又总是拣便宜的家具买进。三幕之后，台上全是家具，丈夫回家，门口叫一声，妻子从台角曲曲折折绕转弯身好半天才能投入丈夫的怀抱。最后一幕，把所有家具都卖了，剩一棵圣诞树。

以上，大致五种，还不全面。

接下去讲"后现代派"。

二次大战后，欧洲人的精神、灵魂，处处是废墟、创伤，感到前途渺茫，情绪低沉。听说德国大学生战前好读尼采，战后好读老子——老子毕竟挠不到德国青年的痒，存在主义乘虚而起。

认为自我的存在，才存在，自我高于一切。群众是愚蠢的。最大的恐惧就是死亡——人存在，就是等待死亡。爱尔兰作家贝克特（Samuel Beckett）的剧作《啊，美好的日子》，开幕时一个老妇在台上，半截身子已埋在黄土中，但仍然按照习惯，每天梳头、洗脸、刷牙，嘴里说："啊，美好的日子。"

黑色幽默揭露黑暗、愤怒，但又知道没有希望。

我们现在所处的时间、地点，是非常有幸的：现代过去了，后现代乏了——我们到了痛定思痛、闹定思闹的时候。我们的立足点不是痛，不是闹，而是"思"。

叔本华的"人生无常，欲望不能满足"，没有多大新意。古印度、波斯、中国的诗文，早已讲得透彻，而且东方人以自己的方式得到快乐。欲望固然是野马，而高超的骑手，驰骋如意。叔本华本人就很长寿。

尼采高超，不可估量，今天还有余地——但毕竟还是常识。别人没有这点常识，所以他高超：光凭关于"艺术"这两句话。不过这两句话，在我看来是"粗话"，不必对粗人说的。尼采是入世的，所以他疯狂。庄子佯狂，但他是出世的。佯狂是为自保，尼采不知自保。

他真正的伟大，是"一切重新估价"。

他观察、思辨的博大精深，无人可比。可是人不知他的真相。他总是从最原始的角度来看世界，想世界。

二十世纪不配受尼采影响。以后的世纪，恐怕也不会受他影响。但是总有这么一个两个艺术家，飞得很高，毕生实践"艺术高于一切"。

柏格森所谓"生命冲动"是宇宙万物的主宰，词义上是错误的。宇宙是无机物构成的，其中只有极少极少一部分有机物是含生命的，才扯得上"冲动"。这样，柏格森的理论效应就缩得很小很小了。

他说理智不能认识世界，我看直觉也不能认识世界。或者说，理智认识理智的部分，直觉认识直觉的部分。

世界是可以形容的吗？物质、生命，这是人在说。

人能创造、能应用的，只限于符号，除了我们才懂得的一些符号，我们什么也没有。科学的符号不能反映世界本质，哲学符号、艺术符号，能反映世界的本质吗？

直觉也不能反映世界——但直觉创造艺术。

音乐全靠直觉，可以使所谓主客体达到无差别的境界。

他对现代艺术影响是大。但没有柏格森，现代艺术也会这样的。在柏格森之前，艺术家凭生命冲动凭神秘直觉已经工作了几千年了。他的生命冲动说，是哲学的"马后炮"。

生命冲动说相对于宇宙，是以极小的"卵"击极大的"石"。

但艺术家唯一可靠的是直觉。可是莫扎特的直觉，只有莫扎特有。

弗洛伊德对大家都有好处，对心理学、医学、文学、娱乐圈有好处，对警察局破案，也有好处。他的性学说，以偏概全，又要解释一切。只这么一说，好；说一切，不好。

（休息。聊到占卜、求签、算命，惜未记）

后现代来势汹汹。我是规规矩矩思想门第出身——从希腊一路过来——十五六岁时初听到现代派，心里吃慌，但紧跟着，后现代来了（我们知道时，在西方都是过时了的）。

整个世界文学史，是一浪推一浪，浪漫反古典，现实反浪漫，但那时比较客气，你中有我，我中有你。歌德，古典、浪漫都有。现代派，是大反特反，离谱，破坏作用很大。

世纪末，现代派已经破灭。再反下去，要么置之死地而后生，要么永劫不复。

讲到现在，是个关头。我们面对现代，有所为，"为"什么？有所不为，"不为"什么？

我自己还没有创作出什么，我的文学，身处死地，但我不甘心，还是要求生。诸位来听课，应该说，也是为了求生。

我们处的时代其实非常好——四十多年和平，冷战结束，共产破产。当然，做人最好是十九世纪，既然生在二十世纪，还是八九十年代最好。

我要是活在二十世纪三十年代，不好。至少驳不倒唯物辩证法，会和鲁迅先生吵，不会像现在这样看得穿。

当时尘埃没有落定。八九十年代，可以窗明几净，坐下来说，坐下来写。

波德莱尔说：现在是沉醉的时候。我说：现在是思想的时候。

"现代派"是哪一天诞生的？半世纪来评家争论不休。

以庞德观点，凡二十世纪以后，都算现代。

威尔逊（Edmund Wilson），把 1870 年定为现代派的诞生。

美国批评家康诺里，认为是十九世纪八十年代。

裴德尔认为合理的时代是始自 1900 年。

也有比较诗意的说法，是说堂吉诃德骑着瘦马出来时，"现代"开始了。

我以为意思不大。文学不是战争，没有开战日。

勃兰兑斯说应算始于 1890 年，我以为比较中肯。波德莱尔《恶之花》发表，是 1857 年（以上是讲现代派的初生）。

也有关于现代派的下限：

美国有说 1970 年，现代派文学终结了。而克洛德·西蒙 1985 年得诺贝尔奖后，法国又搞起新小说派来，还没有完。拉美的马奎斯（大陆译马尔克斯）1982 年得诺贝尔奖。

我看这下限未可预知，还能有一百年余波。

现代派已有大成者：普鲁斯特、乔伊斯、伍尔芙夫人。

我内心的口号是：不做大成者，要做先驱者。一入流派，就不足观。所谓时髦，就是上当的意思。

以上云云，是简单介绍，不是详细分析。

附带说说：中国有没有现代派和后现代派？有，但等于没有。都是浅尝者。

二十年代，出洋留学风气很盛，特别是到法国。有一个叫李金发的，不但读象征派的诗，且将波德莱尔、魏尔伦称作"我的名誉老师"。1925 年在《语丝》上发表一首《弃妇》，又出版诗集《微雨》、《食客与凶年》、《为幸福而歌》，自称象征主义。我读过，幼稚的。

冯乃超、王独清、穆木天、胡也频（1931 年和柔石一起被国民党处决），都是现代派，很年轻，才华有限，对西方文化领会很浅。

三十年代后，有施蛰存、杜衡合编《现代》月刊，又有戴望舒、梁宗岱等创《新诗》月刊。少年时代我很兴奋地看他们的刊物，总觉得译作好，他们写得不好。

徐志摩也很卖力。冯至，还标榜受里尔克影响。比较像样的是何其芳。三十年代初出《预言》，他自称受瓦莱里影响。他的文字比较流利，唯美，用点小象征（比八十年代后的现代诗人好，大气）。他后来去延安。他研究过艾略特。

他们追求西方现代诗，是投机，后来参加革命，也是如此。最有功的是翻译。李广田、卞之琳、盛澄华，译笔都好极。

讲这么点旧事，常识。

再转入正题：

唯有把叔本华、尼采、柏格森、弗洛伊德这四位近代的思想先驱，反反复复弄懂，才可能有所超越。

中国当代有两件事可做：

一，忠实、精美地翻译出版原著，不要加按语。

二，堂堂正正开展学术研究，赞尼采，就极力赞扬，反对尼采，就极力反对，都讲出来。

本课笔记内页:"从前我的学生,谈的都是文学。'文革'后,撑不住了。为什么?""各用各的精明技巧呈现心灵的流动性、矛盾性、可变性。"

第六十讲

影响二十世纪文学的哲学家（一）

一九九二年五月三日

我们要原谅每个哲学家的结结巴巴。

是啊，你看希腊雕刻，听巴赫、莫扎特，全是直觉，什么话也无法说，你有什么好说？还有对美人的直觉。读小说，虽然有种种详尽的描写，但你认识一个人物，也是直觉。禅宗的悟，本也是天才的事，许多人也学禅，硬参，苦死啦，苦得有人变了疯子，有人做了骗子。

哲学有它的可悲性，一定要靠文字语言。文字、语言，能够达意吗？如果文字语言不能达，哲学的"意"就比文字语言更深刻吗？我以为，有时候文字语言高于意义。

几乎每个哲学家都要落到自己的陷阱中，拿一个观点去解释一切，就豁边了。我有比喻：思想是个杠杆，它需要一个支力点。思想求的支力点就是各种主义，靠这些主义为支点，思想家的杠杆翘了翘——世界如故。

从前我的学生，谈的都是文学。"文革"后，撑不住了。为什么？想起来了——我没有同他们讲哲学。没有哲学底子，做人没有一个根基，他们顶不住，我顶住了，就是这道理。

亨利·柏格森（Henri Bergson，1859—1941）。出身巴黎高层次知识家庭，犹太人，文学、数学俱高超。高中即展露才华。巴黎高等师范学院毕业后，一直在巴黎任中学教师（马拉美终身中学教师，舒伯特小学教师）。1897 年，升任法兰西学院讲师，1900 年，任教授，开讲希腊罗马哲学课程，发表一批重要的哲学著作，并来美讲学，初步架构了他的哲学体系。

1923 年被推介为哲学学会主席。1927 年得诺贝尔文学奖（六十八岁），誉其"丰富而生气勃勃的思想，表达手法的卓越"。

1937 年写遗嘱，全面回顾他的生命和哲学。主要著作：《时间与自由意志》（*Essai sur les données immédiates de la conscience*）、《物质与记忆》（*Matière et mémoire*）、《形而上学导论》（*Introduction à la Métaphysique*）、《创造的进化》（*L'Évolution créatrice*）、《道德和宗教的两个来源》（*Les Deux sources de la morale et de la religion*）。

文笔非常好，读下去有味道，结构严谨，风格汪洋恣肆，被称为欧洲散文的典范。和尼采比，不一样，尼采完全是诗，是艺术的。柏格森还是个哲学家，但通文学。

直觉主义——直觉主义和反理性主义，互为表里。直觉主义，即可谓反理性主义；反理性主义，包含了直觉主义——是柏格森哲学的认识论的本质、特征，也是他方法论的基础。

一，人的理性不能认识世界，也不能认识真理。感觉、判断、概括、演绎、归纳等等，都不能认识世界，也不能表达真理。一切理性的求知活动都是采用静止、僵化、不变的概念去接触流动变化的生活冲动。感觉、判断等等是人造符号创造出来的，不能揭示实在事物的本形和本意，至多提供实在事物的投影。

这是完全反马列的，反唯物主义的。

二，超感觉的直觉，是认识世界、把握真理的唯一方法。直觉——超越理智、超越世界表象的一种内心体验，使主观和客观成为无差别的境界。"所谓直觉，是理智的交融，使人们置身于对象之内，以便与其中独特的、从而无法表达的东西相符合。"这是他对直觉的定义。

我们要原谅每个哲学家的结结巴巴。

三，直觉的三大特征：

A，直觉的认识对象，不同于理性的认识对象。理性停留在事物的表面、局部、外圈，都是相对的，而直觉可以达到事物的绝对的领域，即是发生冲动的，不停变化、运动、绵延的领域。直觉"能朝向事物的内在生命的真实运动"，解释生命的内在本质，探讨宇宙万物的奥秘。

B，就进行的方式看，理智是靠感觉思维和实践而进行的。直觉是凭意志的努力，使人的心灵"违背自身，一反它平常的思想所习惯的方向"，超越感性、理性和实践的过程，这只能借力于自身的天才。换言之，直觉是天才人物的特质、特权。

C，以直觉的目的而论，不同于理智为实践而用。直觉排除任何实际功能，为直觉而直觉，是空灵、唯美、享乐的。

中国的庄子、老子，都是凭直觉创造他们的哲学。莫扎特、肖邦都是凭直觉作曲。释迦牟尼、耶稣，也是靠直觉传道。

柏格森的哲学，是为了天才写的，是为艺术家写的。天才创作了作品，其他天才和非天才一起享受。

在《时间与自由意志》中，柏格森提出了"生命哲学"（Philosophy of Life）的纲领，他认为：绵延（Duration）、基本的自我、真正的时间、生命的冲动（Élan vital），这些因素构成了世界的基础和本质。

在这些因素中，最要紧的是弄懂这个"自我"。

他认为，"自我"是由"我们通过深刻反省"而达到的。这种反省使我们掌握内心状态，并使我们把内心状态视为鲜活的、变化着的东西。而在这基本的"自我"以外的东西——即所谓日常生活、客观世界——只是"自我"的鬼影。这样，"自我"岂非就是世界的来源，而且一直会绵延下去。

所以，"自我"的绵延，绵延的"自我"，两者等同，这便是最基本的存在。

柏格森之前，一般认为"自我"是一种精神实体。柏格森认为"自我"是纯情绪性的，是"自我"延绵本身，是心理体验本身。

他否定传统说法，认为"自我"运动是循逻辑的，他认为"自我"是绝对自由的，与逻辑是相互排斥的。为强迫"自我"纳入逻辑，等于取消"自我"。

如此说来，"自我"只有质，没有量，无法认识，语言也失效（佛、道，都讲这东西，到了禅，就"不讲"了）。

再则，"自我"是不间断的，无法切割的，因此语言失效，一着语言文字，心理体验的流程就会僵死，因而歪曲了"自我"。

这在西方很新，中国都有过，道家、释家、魏晋玄学，只是描述得文雅一点。

柏格森的时空观：

他说：在我之外，什么都没有——在运动着，这就够了。

很接近《易经》。《易经》就是"动"的理论。"经"，在古文中与"迳"、"径"相通。

唯物论非常恨这东西。他们的目的论太强。列宁看到爱因斯坦出现，很烦恼，问是否有人能驳倒他。

自我绵延不具有物质性的功能。他说："没有已经造成的事物，没有自我保持状态，只有正在变化的状态。"

"如果我们把'倾向'看做一种开始了的方向变化，那么一切实在都是'倾向'。"

他不认为运动变化有什么主体。运动也没有物质属性。他说，运动是精神的属性，是一种心理上的综合，而不占有空间的过程。运动是绵延，而非广度，是性质，而非数量。

他认为时间不是一维的，无所谓倒退、顺进，无所谓过去、未来。故黑格尔说，宇宙是由概念预设的，世界不过是其演绎。

柏格森的美学观：

他没有专门的美学著作，他以哲学影响西方艺术家。在审美意识和审美对象的关系上，他认为只有直觉是沟通、构成审美对象与审美意识的纽带。掌握生命现象和精神实质，靠直觉。分析综合、演绎归纳，都不能把握美，发现美。

是啊，你看希腊雕刻，听巴赫、莫扎特，全是直觉，什么话也无法说，你有什么好说？还有对美人的直觉。读小说，虽然有种种详尽的描写，但你认识一个人物，也是直觉。

禅宗的悟，本也是天才的事，许多人也学禅，硬参，苦死啦，苦得有人变了疯子，有人做了骗子。

在座多数是画家，越是上乘的画，越重直觉。说起来，绘画凭视觉，看一张画的整体感，则全靠直觉。伦勃朗，塞尚，远远望去就是伦勃朗，就是塞尚，这不是直觉吗？

"以直觉把握美"，对后来的艺术家影响莫大。

我以为柏格森是"为艺术家而思考的哲学家"。

在美的本质上，他否定美有客观的属性，认为自我、生命冲动，是万物本源，体现最高的美。所以，他的美学也可谓之"生命美学"。

现代艺术表现多层次的心理结构，表现原始的生命之流，在内心中碰撞、冲突、激荡、升腾、逆转，各用各的精明技巧呈现心灵的流动性、矛盾性、可变性，还表现灾难性、孤独感、毁灭感。

柏格森的生命哲学，有一点不好懂——他讲得不够透辟。他说：

> 生命，是心理的东西。

哲学有它的可悲性，一定要靠文字语言。文字、语言，能够达意吗？如果文字语言不能达，哲学的"意"就比文字语言更深刻吗？我以为，有时候文字语言高于意义。

可译：生命，是心理之物。

或者：生命，是心理之象。

或者：生命，是心理的现象。

他又说：意识，或毋宁说是超意识，是生命之流。

我译成：与其说意识是生命之流，不如说，超意识是生命之流。

"绵延意味着意识，由于我们以绵延的时间来描写事物，所以我们在事物深处加添了某些意识的成分。"

用艺术家之间的平等关系看哲学家，比较能了解柏格森的这段话。他这样写法，委婉动人。

他总是把绵延与生命等同。他结论说："这就是在时间中流动的我们的人格，也就是绵延的自我。"

自我，绵延，产生生命，生命派生世界万物。神秘的，在于"自我"、"绵延"这两说。

他的兴趣不在自我的形成与由来，避开。他认为生命冲动即是人的自我绵延，也就是世界的客观基础。

他认为人是生物进化最有成效的产物，人的本质就是世界本质，构成派生万物的神秘力量。

前述我都同意，这一点，我不能与他妥协，即生命哲学这一点，我不以为然。

我认为宇宙和生命是两个构成。宇宙是无机物构成的，无所谓生命冲动。人类、动物、植物，是有机物组成的，有所谓生命冲动。

生命在宇宙中是偶然的，是反宇宙的。其倾向是毁灭自己，不是进化，是恶化。

所以，康德说：对于宇宙的没有目的，感到恐怖。

他说，生命派生万物是千差万别的，大概可分两种基本类型、倾向：

生命冲动的自然运动。

生命冲动的自然运动的逆转。

前者是直接向上喷发的，产生一切生命形式；后者是往下掉的，产生一切无生命的物质。这两者又是对立的，又是渗透的，一致的。生命冲动有三个特点：

任意的，冲动的，盲目的。

几乎每个哲学家都要落到自己的陷阱中，拿一个观点去解释一切，就豁边了。

我有比喻：

思想是个杠杆，它需要一个支力点。思想求的支力点就是各种主义，靠这些主义为支点，思想家的杠杆翘了翘——世界如故。

我以为这种支力点是不存在的。

我最有兴趣的还是柏格森的直觉论和唯天才论。

弗洛伊德（Sigmund Freud，1856—1939）。大心理学家，也是精神病医生，精神分析学派的创立者。生于奥地利，父母犹太人。四岁迁居维也纳，童年由父亲教课。天赋高，后转入维也纳医学院学医。得博士学位。

他有好友名布洛伊尔（Josef Breuer），教授，也是医学家，为一位女病人治疗歇斯底里，用催眠术医好。弗洛伊德得启示，想到人的意识背后另有潜在的强烈意识，乃创立自己学说。他认为人类分三种意识：

意识，前意识，潜意识。

例如，治好精神病人，要让病人自由联想，挖出潜意识里压下去的不能满足的欲望，这欲望不能满足，遂发疯。他指的这层潜意识，主要是指性意识。

当一欲望抑制到自己都不觉得时，就可能导向发疯。

催眠，是让你解脱，控制住意识，潜意识的动机、欲望于是上升，得到满足，病愈。

1895 年，他和布洛伊尔合出一书《歇斯底里的研究》(*Studien über Hysterie*)，奠定精神分析学的基础。

他又自我分析，发现自己恋母，嫉妒父亲，遂发明"俄狄浦斯情结"(Oedipus complex)，即恋母情结。

他的朋友不同意此说，分开。弗洛伊德遂与另一朋友佛里斯 (Willhelm Fliess) 共同研究，以通信方式（传说弗洛伊德是同性恋、阳痿者）。

凡伟大者，得到一个奇妙的角度，见人所未见。

十九世纪九十年代，犹太人在欧洲已受到迫害，他坚持研究出《梦的解析》(*Die Traumdeutung*)，时 1900 年。此书是精神分析学的代表作。可当时遭到冷遇，只印六百本，卖了八年才卖完。但世纪初，他名满天下。1923 年患口腔癌，三十年代法西斯起，他逃到英国。1939 年死于英国。

另有书《精神分析引论》、《精神分析引论新编》、《精神分析学》。

他认为：精神过程都是无意识的。有意识的精神过程不过是孤立的动作。

有意识是孤立的，无意识是本质。意识，只是冰山的一角。意识是能认识自己、认识环境的一部分。潜意识是人自己不了解的，内心隐蔽的深藏的一部分。

精神病源，往往都是性冲动。正是那些性冲动，是人类最高艺术的动力，"其贡献是再高估也不为过的"。

潜意识与性本能是相关的。（歌德说："世界一切罪恶的事我都可以去做，但我没有去做。"）潜意识在大的厅，意识在客厅，中间有看守者，凡涌进客厅者，前意识也，然后成为意识。

每种意识，最初都是无意识。无意识是第一性的，意识反而是第二性的。

分析毛，也要着眼他的潜意识——他的意识，是党、国家、人民、马列。

从功能上讲，无意识固然丰富、深广，但意识毕竟是人的心理状态的最高形式。那位看门人，我称之为"技术官僚"。

三部分人格的结构：

本我（id），是人的本能。包括生存本能和死亡本能，是生物的冲动。属潜意识范畴，也是人的原始力量的来源。按快感原则，人的一切活动都是要满足原始欲望。破坏性、侵略性、自杀、强奸、打架，都是死亡本能，不受理性道德的束缚，如听任发展，社会大乱。

自我（ego），是人格结构的表层，是现实性的本能。婴儿只有本我，慢慢长成自我，本能始终想到快乐，教育使本能只好接受原则。自我精明能干，调节本我，本我是被自我管着的。

超我（superego），是指道德化了的自我，高了一层。本我循快乐原则，自我循现实原则，超我循道德原则。本我是"要不要"，自我是"能不能"，超我是"该不该"。

有了超我，我们才和动物有了区别——动物多是本我，及一部分自我。

（笑）"义犬救主"的"犬"，有点"超我"。

他说，超我有两种。一是良心，一是自我理想。良心，是世世代代道德积累沉淀下来，几乎成本能，自我理想，是我要成为怎样一个人。

梦的解析。

一，梦是一种精神活动。动机往往是寻求满足的愿望。

二，梦是潜意识的自我表现，自我、超我稍稍休息时，本我放出来了——但超我、自我还是看管着，人很少能在梦中真正快乐过、满足过。

天才的潜意识和性欲特别强——天才的自我超我，也要特别强。

三，梦是极度歪曲的潜意识的表现，如不是，让潜意识统统放出来，那岂非现实生活还不如梦好？

四，不论好梦、坏梦，对人都是有好处的。梦中美景往往超过现实，如心称意的做梦远远超过现实。

弗洛伊德认为梦与精神病有相似之点，梦，精神病，都是潜意识得不到满足的现象。

我的结论：意识，是人性的，潜意识，是魔性的。

本课笔记内页："而最大的活力，是潜意识和性本能。""我以为更好的说法，是我们悲伤，是因为哭，因为哭，我们更悲伤。"

第六十一讲

影响二十世纪文学的哲学家（二）

一九九二年五月二十三日

平心而论，意识流，宜写短篇小说，更宜写散文。

我们在现实中不能满足的，在梦中未必能得到满足。在生活中可以用智慧等等解决许多问题，而在梦中却往往愚蠢。

现代派小说一上来就嘲骂前辈的文学"不真实"、"不自然"。一百年过去了，现代派小说水落石出，相比前辈，他们更不真实、不自然。所谓真实、自然，是达不到的，文学，最多只能弄到接近真实，近乎自然。

艺术家分类，像抽屉，把人物从不同抽屉里拿出来——但是要分析人物，不要分析抽屉。

这两例，我以为举得很坏。说严重一点，是诬陷了两位文学人物。《俄狄浦斯》剧主角明明不知道他杀的是父亲。该剧所强调的是希腊悲剧的主题"命运"。《哈姆雷特》的一个主题，是思维太发达，行为太软弱，To be or not to be。弗洛伊德有两重错误：一，为说明他的理论，强拉文学名著附会。二，他对两文学主角的想法，是卑污的。

恋母、恋父，是有的。但无伦之爱与情欲之爱，毕竟不同的。一切爱都以性欲为基础，也不对。人类有很多种感情。儿子爱母亲，是一种孺慕，大人对小孩的爱，是慈爱。

他们，心理学家们，是把鱼拿到桌上来观察。我们，艺术家，是从水中观察。论情操，艺术家宗教情操最高，论哲学思考，艺术家思考得最深，论心理分析，艺术家的心理分析最透。

弗洛伊德认为人的精神机制和人格结构，可分意识、前意识、潜意识——而最大的活力，是潜意识和性本能。"梦是愿望的达成"，这种愿望和潜意识相关。"精神病是潜意识受到压抑所致"——潜意识和性本能，也是文学艺术创作的原动力。

弗洛伊德说："所有梦都是以个人为中心的。"

很对。在梦里也没有附庸于别人的事。现实生活中大不如此。现实生活中以自己为中心的情形是极少的。为什么？

不必求解答。作为一个有趣的现象即可。

他认为，文学艺术就是白日做梦。

现代派作家尤其着重自我，经常描写人的性本能，发掘人性的奥秘，喜写梦魇、幻觉、意识流、暗示、象征、自由联想。例如乔伊斯的《尤利西斯》（*Ulysses*）写性本能和变态心理。其中写女主角半睡半醒，历四十页，没有标点。试举一例：

> 一刻钟以后在这个早得很的时刻中国人应该起身梳理他们的发辫了很快修女们又该打起早祷的钟声来了她们倒不会有人打扰她们的睡眠除了一二个晚间还做祷告的古怪牧师以外隔壁那个闹钟鸡一叫就会大闹起来……

现代派就是装疯卖傻，让那些比他们更疯更傻的人叫好。做爱高潮可以维持两天？我不相信。

女人穿裙子，那裙子两里长，又怎样？

法国普鲁斯特是意识流，他的《往事追迹录》，原文约一百五十万字，全是主人公一圈套一圈的记忆，被认为是意识流的开山作。

意识流，仅仅是一种写作法（我认为），不是新发明，不能拿这个来反对二十世纪以前的非意识流小说。

二十世纪意识流的几位代表作家，我认为没有一个达到成熟完美。

意识流是个间歇的现象，不能扩大为整个人生。

意识流说到头是弄巧，所以很容易成拙。

人主要还是以意识构成的。乔伊斯、伍尔芙夫人……我看他们从非意识流转向意识流，又从意识流转向非意识流，总觉得他们很狼狈。

平心而论，意识流，宜写短篇小说，更宜写散文。

《往事追迹录》的引子《睡眠与记忆》，就写得好极了。伍尔芙夫人《一间自己的屋子》（*A Room of One's Own*），也是很好的散文。

现代派小说一上来就嘲骂前辈的文学"不真实"、"不自然"。一百年过去了，现代派小说水落石出，相比前辈，他们更不真实、不自然。

所谓真实、自然，是达不到的，文学，最多只能弄到接近真实，近乎自然。

我有个小小的野心：看看谁用得更素净、大家气、朴素自然。

近代诸小说都脱不开弗洛伊德影响。什么是弗洛伊德的文艺观？文艺，是人的本能冲动的净化和升华。他举二例，先是希腊悲剧家索福克勒斯的代表作《俄狄浦斯王》，后是《哈姆雷特》——完全可以讨论。

他说：人在儿童时代，第一个性冲动对象是母亲，因此恨父亲。俄狄浦斯弑父，是童年愿望的达成。而引起共鸣，是因为我们也有同样的情结。弗洛伊德此说为著名的"俄狄浦斯情结"。

哈姆雷特能做种种事，却对弑父娶母的王无可奈何，因他内心也想弑父。弗洛伊德说哈姆雷特比叔叔好不了多少。

弗洛伊德又说，所有女孩都恋父，恨母。

这两例，我以为举得很坏。说严重一点，是诬陷了两位文学人物。

《俄狄浦斯》剧主角明明不知道他杀的是父亲。该剧所强调的是希腊悲剧的主题"命运"。《哈姆雷特》的一个主题，是思维太发达，行为太软弱，To be or not to be。

弗洛伊德有两重错误：一，为说明他的理论，强拉文学名著附会。二，他对两文学主角的想法，是卑污的。

可是世上小人多，弗洛伊德的学说大为流行。二十世纪实在是个平民的恶俗的世纪，谁把神圣伟大的东西拉下去，搞臭，大家就鼓掌。

恋母、恋父，是有的。但无伦之爱与情欲之爱，毕竟不同的。一切爱都以性欲为基础，也不对。人类有很多种感情。儿子爱母亲，是一种孺慕，大人对小孩的爱，是慈爱。

当然，最强烈的爱必含性欲，但最高贵的爱完全不涉性欲。古代"朋友"间的义气，虽死不辞，弗洛伊德该如何解释？

做学术探讨，还得顺着弗洛伊德说讨论下去。弗洛伊德艺术是"本能宣泄说"，这是大家可以同意的。也可说是"苦闷的象征"。司马迁也有类似说。

弗洛伊德之艺术是白日梦，对吗？对，也不对。

我们平时不能满足的，在梦里哪里能得到满足——可能中国人还不如外国人吧？我说，我们在现实中不能满足的，在梦中未必能得到满足。在生活中可以用智慧等等解决许多问题，而在梦中却往往愚蠢。

我更同意瓦莱里的说法：艺术和梦正相反。

我以为人生和梦都是不可停留的，因此人生之虚空和梦是一样。生活中的官能感觉，比梦中强得多了。梦里比较不灵敏，生活中比较灵敏。梦里的我是胆小自卑，没有主见的。

以上，我以为。

弗洛伊德说：一切艺术以自我为中心。

这也不是新说。

人的一切活动都以自我为中心，区别是：有间接的，有直接的。王自我中心，太监非自我中心。但太监得王宠，事王，最后是间接的利我。在家里，太监是自我中心的。

直接的自我中心是目的，间接的自我中心是手段。

文艺家在作品中表现自我，是理所当然的，在于表现方法千差万别。

"自我中心说"，弗洛伊德无甚创见。

弗洛伊德说艺术家与神经病相差无几。可是神经病走的是不归路，艺术家是要回到现实的。

我以为艺术家和神经病不同。现实主义的艺术家，比一般人更参透现实。

而一个艺术家如果疯了，不可能创造乐曲、文章。

西方的求知精神令人惊叹，也令人讨厌。他们好像侦探，一刻不停盯着你。弗洛伊德想摸艺术家的老底，说要追踪到艺术家的童年——童年时好游戏，百般设法游戏，得到快乐。艺术家的创作也如此，只是比小孩更认真云云。

这太大题小做了。

小孩玩耍，如酒神，玩过就玩过了。而艺术家是精神性的，伟大的。小孩都玩，将来有几个成为艺术家？大艺术家？

儿童时代的苦恼，长大以后找到象征了，就成艺术家。

我以为弗洛伊德是生物的心理学派。"不幸的童年可以造就作家"（海明威语）是属人文的心理学派。

我们自己来做，不必麻烦弗洛伊德这样的专业心理学家。

弗洛伊德把幻想分两类：野性的，性欲的。不满足，即发生精神官能症。

我不以为然。艺术家的幻想，就是幻想，是精神活动，不是欲求。艺术家幸福满足时，也幻想。

弗洛伊德太平民气。

阿尔弗雷德·阿德勒（Alfred Adler，1870—1937）。奥地利精神病学家，弗洛伊德的信徒，后建立自己的学说，称"个人心理学"。

其说分三点：一，人格的整体性统一，不主张把人分割成本我、自我、超我。二，统一的人格以及各种精神活动，都有明确的目标，因此人才能和社会环境相适应。这精神目标，是要取得"优越"，人把取得"优越"作为总目标。这有点道理的。三，人对"优越性"的渴望，是因为人有自卑感。自卑感发源于儿童时期（因幼小，无知，要靠人生存长大），这种自卑的补偿作用就是对优越的渴望。如渴望拥有支配权、富有等等。

儿童越自卑，越不如意，志向、渴望越大，追求越忠实。

后来，他修正这观点，把个人优越目的改成社会奋斗。这改得不必要。个人优越和社会奋斗不矛盾。

他说，每个人都想摆脱自卑感，获得优越感，自卑感太甚，就发神经病。

作为弗洛伊德的补充，阿德勒的学说很好。

卡尔·古斯塔夫·荣格（Carl Gustav Jung，1875—1961）。瑞士的精神病学家。发展修正弗洛伊德说，建立了"分析心理学"。

他也认为人有潜意识，但不将之看成全是性冲动和犯罪欲。他在弗洛伊德说的"自我"之外，加出一个"自身"（self）的概念，自我包括在自身之中。自我是我的意识的主体，自身是我的总体的主体。

人与人之间差别很多，大致有两种基本倾向，成为定势：一个定势指向人的内部世界，一个指向人的外部世界，内倾、外向也。

基本正确。但构成人的不可能全是内倾或外倾，一时内，一时外，思想、知识、经验，会改变人的倾向性。

希腊罗马的大演说家，有的私下非常怕羞木讷的。

这是我对荣格的一点补充。另一补充，是两种倾向的人彼此有吸引力——性格丰富的人，到处有吸引力。

他又肯定心理机能共四种：思维、情感、感觉、直觉。然后再把内倾外倾、与上述四种心理相结合，分成八种类型：如内倾思维型、直觉型、情感型、感觉型。又如外倾思维型、情感型、感觉型、直觉型。

如男性多外倾思维型，女性多内倾情感型。政客、商人之类，多外倾直觉型，艺术家多内倾直觉型，等等。

荣格生在现代，现代心理学多以他的理论为说，故名气很大。弗洛伊德学说，运用到艺术上来，是有点显著效果。而荣格的学说比较合小布尔乔亚胃口，对艺术家就大大不够了。艺术家分类，像抽屉，把人物从不同抽屉里拿出来——但是要分析人物，不要分析抽屉。

威廉·詹姆斯（William James，1842—1910）。美国著名心理学家，称"机能派心理学"。也是美国实用主义哲学的奠基人之一。

有必要讲讲"实用主义"。美国建国方针、生活形态，全是实用主义立足点，世界也都在美国这个强大的翅膀下。

也称唯用主义、实际主义。"实践上有效果，即真理。"

美国的皮尔士（Charles Sanders Peirce）、杜威，英国的席勒（F. C. S. Schiller），都是实用主义哲学家。他们共同的观点，认为真理是相对的，变动的，凡适合时代环境者，即真理。从前的"真理"说，是至高无上的，绝对的，永恒的，客观的。

实用主义其实取消了真理，是平民哲学、商人哲学、市侩哲学。

机能派心理学，也即实用主义哲学之一支。"存在即有用。"

一，詹姆斯认为心理学属于自然科学范畴，是关于心理活动的现象及其条件的科学。

二，作为心理学研究的意识，不是可以判断的，而是像锁链、列车、河流，谈到意识，只能说意识流。他说：意识总是对它的对象的某些部分发生兴趣，而把其他部分加以排斥（通俗解：意识选择它的对象），近于文学说法。

三，提出三种研究心理学的方法：A，内省法，观察自身报告所发现者。B，实验法。C，比较法。

四,三种论：A，本能论。B，习惯论。C，情绪论。

本能是冲动，它与习惯的关系是：绝大多数的本能是为了引起习惯的缘故才被赋予的。凡是有天赋倾向的习惯，可谓本能，而情绪不是客观世界引起的，而是身体内部的变化和表情引起的。我们悲伤，是因为我们哭了；我们发怒，是因为我们打人了；我们怕，是因为发抖了。

我以为更好的说法，是我们悲伤，是因为哭，因为哭，我们更悲伤。

他们，心理学家们，是把鱼拿到桌上来观察。我们，艺术家，是从水中观察。

论情操，艺术家宗教情操最高，论哲学思考，艺术家思考得最深，论心理分析，艺术家的心理分析最透。

"'上帝死了'——不过和'唯心唯物出言不逊'一样。"图为晚年尼采照片,他疯了后,又活将近十年。讲课期间,木心复印了这张图片,分送大家。

第六十二讲
象征主义

一九九二年六月六日

尼采预言"超人"会降生——这是一场梦。还属于进化论。我以为超人不会诞生的。个别艺术家作为超人，早就诞生了——早就死亡了。他们不会造福人类，和人类不相干的。

我的思想系统、人生观在哪里？你们在我书里是找不到的。我知道，去弄那些东西是要上当的。我与尼采的关系，像庄周与蝴蝶的关系。他是我精神上的情人。现在这情人老了。正好五十年。

"瞧！这个人"这句话，只能讲耶稣，耶稣这个镜头不能抢，只能一次。只有耶稣能讲"成了"——尼采是"疯了"。我们呢？"完了"。

诗近于歌，是诗的童稚往事，诗之求韵，和音乐比，小儿科。歌与诗靠得越近，越年轻。音乐，根本没有诗之所谓"平上去入"，音乐上的长调短调和文学上的用法大不一样。音乐是有声的诗，诗有音乐感，可以做做，音乐与诗，可以神交，不可"性交"。

对照之下，文字，是宿命要入言诠。马拉美为了营造气氛，写得很累，德彪西写得很流畅。文字不要去模仿音乐。文字至多是快跑、慢跑、纵跳、缓步、凝止，音乐是飞翔的。但音乐没有两只脚，停不下来——一停就死。

讲十九世纪时，已讲过，粗讲，现在细讲。因为现代派文学的源头，都从象征主义来。

大家想听尼采（Friedrich Nietzsche），先讲一段尼采。上次讲叔本华、尼采、柏格森、弗洛伊德四位，我把叔本华、尼采归为贵族，柏格森、弗洛伊德为平民。

爱因斯坦书房墙上，一直挂着尼采的肖像——一个物理学家，家里挂着悲观主义者的肖像，心明眼亮。

唯物主义，悲观不起。

要解放自己，叔本华、尼采、柏格森、弗洛伊德，是对症下药的，吃下去有好处。

作为一个现代人，如果忽视尼采，不会有什么价值。

我来美国最大的快事，是当今优秀的思想家、作家、艺术家，都从尼采那里来——博尔赫斯（Jorge Luis Borges）、阿多诺（Theodor W. Adorno）、昆德拉（Milan Kundera）、安瑟·基佛（画家），等等。

然而尼采很难讲。

从学术研究角度看尼采：悲剧起源、酒神精神、日神精神、上帝死了、"人样的、太人样的"——就是这些东西。曾是我少年时的荫福，也是靠这东西一步步自立起来——但后来我对这些论点越来越淡化。

"悲剧"起源，还是希腊人的，他们不说而已。

"酒神精神"也是希腊人的，但希腊人对酒神和阿波罗神，

796

是平衡的。尼采强调而已。如用酒神精神原则构成国家民族人文系统，当然好——但属于理想主义，绝对不可能的。酒神精神是少数天才的事。

"人样的、太人样的"——很简单，现在人类是太不像人样了。人类这概念都快没有了——先是人类人类了⋯⋯人类太人类了⋯⋯现在是人类太不人类。尼采希望人类超越自己，照中国人说法，人类世风日下，今不如昔。

尼采预言"超人"会降生——这是一场梦。还属于进化论。我以为超人不会诞生的。个别艺术家作为超人，早就诞生了——早就死亡了。他们不会造福人类，和人类不相干的。

再拆一个尼采的西洋镜——权力意志。这是对自由意志的反抗。没有权力意志的。所谓自由意志，就是宇宙的无情。人类在对宇宙的抗争中，一上来就失败，是有情人对无情人的对话。说到底，自由意志（宇宙）不可抗拒。所谓权力意志，只是说到无话可说、硬要说下去的话。

"上帝死了"——不过和"唯心唯物出言不逊"一样。上帝活过吗？

尼采作为哲学家，如上。我以为他的价值，在于他作为思想家：他的警句、散文、杂感——要这样去读他。

我的思想系统、人生观在哪里？你们在我书里是找不到的。我知道，去弄那些东西是要上当的。我与尼采的关系，像庄周与蝴蝶的关系。他是我精神上的情人。现在这情人老了。正好五十年。

许多人说话，不诚恳。尼采诚恳。

他疯了。本可再写十年二十年。他唱的是"宣叙调"——这是宿命的，有些口号，只能由宣叙调唱。他不是哲学家，他不知道。他是思想家。我们只能做一个善于思想的艺术家。不善思想的艺术家，将那点思想害了艺术。

尼采的《瞧！这个人》（*Ecce Home*），其实已经疯了。凡应由自己说的让人说了去，是傻子；凡应由别人说的自己来说，是疯子。

"瞧！这个人"这句话，只能讲耶稣，耶稣这个镜头不能抢，只能一次。只有耶稣能讲"成了"——尼采是"疯了"。我们呢？"完了"。

"象征主义"（Symbolism）是近百年来西方现代文学影响最广、波及面最大的潮流。可分前期与后期的象征主义。

这个称谓最早出现在 1886 年。9 月 18 日，长住法国的希腊诗人让·莫雷亚斯（Jean Moréas）在《费加罗报》发表《象征主义宣言》（*Le Symbolisme*），主张用"象征主义"这个词形容当时的新文学。这个词，他以希腊文 *symbolon* 出之。希腊文中，*symbolon* 原指木板或陶器分成两半，友人各取一半，重逢后出示，表示信物。几经演绎，这个词被定义为"凡表达某种概念的，即象征"，和"比喻"不同。

法国诗人勒内·吉尔（René Ghil）出版《言词研究》（*Traité du Verbe*）一书，马拉美（Stéphane Mallarmé）作了序言，试图系统肯定波德莱尔诗中出现的新倾向、新成就，用了"象征主义"一词。

波德莱尔（Charles Baudelaire）的《恶之花》（*Les Fleurs du mal*，1857），被公认为象征主义开山之作。

前期象征主义可分三阶段：

第一期在波德莱尔之前，可称为萌芽期。法国诗人贝尔特朗（Aloysius Bertrand）、奈瓦尔（Gérard de Nerval）、洛特雷阿蒙（Comte de Lautréamont），加上美国诗人爱伦·坡，均为代表。他们的诗和诗论，对波德莱尔及此后诗人有影响，但还不能称为象征主义。

第二期是波德莱尔时期。他是鼻祖，这期可称为先锋期。

第三期是兰波、魏尔伦、马拉美。他们是正统的前期象征主义。前期象征主义至此出现全面的高潮，淹没了趋向没落的颓废派，也和正在流行的巴纳斯派（即高蹈派）相抗衡。

十九世纪末，象征主义向西欧、北美传播，出现后象征主义。当时法国前期象征主义已没落，莫雷亚斯离开象征主义，兰波、马拉美相继死亡。后期象征主义在东方、俄国、亚洲，也蔓延。

这前后两期，是全西方的文学思潮，可与十九世纪浪漫主义大潮流相比。

象征主义的艺术特征，和现实主义的根本区别，一是外在的，一是内在的。它和浪漫主义大异其趣。浪漫主义直抒，象征主义隐晦、映射。

象征主义也反对实证主义和自然主义，重视直观的认识和艺术的想象作用；反对高蹈派的造型美（黄金、鲜花、大理石），强调音乐性，浓厚的神秘色彩，有独特的美的定义；冲破传统诗歌的禁区，扩大诗的题材范围。

波德莱尔自己说：

> 整个可见的世界，不过形象和符号的库藏。这些形象和符号，该由诗人的幻想来给他位置和价值。

也即诗人的幻想力消化改造这些符号形象。

艺术不是模仿，是提炼和创造。

到了瓦莱里，无视外在现实，注重内在真实，比波德莱尔更为内心，写感情和理性、灵魂和肉体、生与死。

到了 T. S. 艾略特，提出寻找主观感情、思想的客观对应物，让书中人物自己说话，诗人退开。

现在看来，波德莱尔、瓦莱里、艾略特等，都很偏激，要反外在。因为他们要反对浪漫主义、反对现实主义、反对自然主义。

浪漫主义太滥情，现实主义不重灵性，自然主义太重细节——说句公道话，象征主义确实有话要说，有理可争，有事可做。这三位诗人有理论，有作品（相貌也都很好），诗人兼批评家的，是他们。

象征主义反对以孔德（Auguste Comte，法国人）为代表的实证主义（他是研究社会学的祖师，晚年思想趋向神秘），也反对左拉为代表的自然主义。

象征主义以为现实世界后面，隐藏着理念世界；实证主义、自然主义，始终停留在事物表面，不能深入理念世界。

但象征主义实践这些理念时——我来通俗地批判一下——一举一动都要象征，多么小家气。推广来说，我反对任何主义，一提主义，就是闹别扭。

《恶之花》是写得成功，但用狭隘的象征主义一说，很煞风景。不要搞一个主义，拿这主义去批评人家，然后自己跌进去。

诗人、批评家不好兼，容易自设陷阱。自具批评精神，诗写得更精彩，就好了。

说教者，夸张虚情假意，重视模仿，一遇到象征主义，就遇到大敌。自然风景、人的活动，都不会出现在象征主义作品中。他们要使意念有摸得到的形状，但形状属于从属地位，只是可感知而已，表明与意念有相似性。

俄国勃留索夫（Valery Bryusov）说：象征主义用语义深刻的手法来表现。

这些说法都可以认同，但拿来做信条，兢兢死守，反自绝生机。凡标榜鲜明、教条分明的主义，完得特别快，特别惨。

他们明白日常生活中肤浅的感受，他们并不要求读者理解，他们说些什么，要似懂非懂，略有了悟——我们现在看，一目了然，我看太孩子气——女孩子气——是高明的文艺腔，有了腔，文艺也不会太高明。

马拉美的一套，后来到乔伊斯就太过分。

后来，诗人想从音乐里回收他们的财产——音乐是听的，文学是看的，我以为两回事。诗近于歌，是诗的童稚往事，诗之求韵，和音乐比，小儿科。歌与诗靠得越近，越年轻。音乐，根本没有诗之所谓"平上去入"，音乐上的长调短调和文学上的用法大不一样。

音乐是有声的诗，诗有音乐感，可以做做，音乐与诗，可以神交，不可"性交"。

浪漫主义时期，音乐家追求诗意、音乐诗、标题音乐等等。象征主义时期，诗人反过来追求音乐性，面子也不要了。到了后期，更强调音乐性，艾略特的诗出现"四重奏"的格式，诗人真是忘了本。希腊诸神，管音乐和诗的神是分开的。

音乐、诗，两边都要保持自尊。

歌词，合音乐可以，当诗念，不行。可以当众朗诵的诗，是粗坯。文字不是读、唱给人听的，文字就是给人看的。

我有意识地写只给看、不给读、不给唱的诗。看诗时，心中自有音韵，切不可读出声。诗人加冕之夜，很寂静。

读诗时，心中有似音乐非音乐的涌动，即可。

（休息）念自撰对子两幅，颇好笑，惜未记。

象征主义的主旨和本质。

波德莱尔认为，美是这么一种东西：它带有热忱、愁思，有点模糊不清，引起人的揣摩测想。

马拉美认为：高蹈派直接表现对象，等于把诗的乐趣去掉四分之三。象征主义有神秘性，一点一点把对象暗示出来，用以表现心灵状态，反之也一样，先选定对象，经过一系列猜度，把某种心灵状态表现出来。

我们看马拉美《牧神的午后》（*L'après-midi d'un faune*），写牧神"潘"似睡非睡，进行着和仙女们若有若无的交欢，环境朦胧，认为美是无法捉摸的。德彪西也以音乐写过同一题材，比马拉美成功。

对照之下，文字，是宿命要入言诠。

马拉美为了营造气氛，写得很累，德彪西写得很流畅。

文字不要去模仿音乐。文字至多是快跑、慢跑、纵跳、缓步、凝止，音乐是飞翔的。但音乐没有两只脚，停不下来——一停就死。

　　后期象征主义，简单说，就是诗人们不再以朦胧为能事，而是想表现超人类。梅特林克（Maeterlinck）说：

　　　　人生的真正意义，不在我所感知的世界里，而在于目不能见、耳不能闻、超乎感觉之外的神秘之国中。

　　叶慈晚年一心沉入宗教。

　　以前我充满渴望，以为象征主义会产生什么奇迹，可读到他们的代表作，致命地失望——反复读，反复失望——象征主义到这个时候象征不动了。他们要追求真善美，追求不到，硬把善和美分开。

　　兰波说：

　　　　有一天，我把"美"放到膝盖上，她使我感到痛苦，我于是凌辱了她。

　　当然，波德莱尔、兰波，都曾经出于对旧世界、旧道德的反叛，作惊人语，但在行为上，在生活中，已经有恶的倾向，接受恶的诱惑。

人类恼羞成怒。

马拉美一辈子做中学老师。追求纯艺术。

象征主义势力很大，现代、后现代都从那里来。

浪漫主义，毕竟是古典主义的浪子。

我以为，文学上现实主义成就最大。当然，欧洲人出身古典主义，但没有逃出，而是把老家翻新了（自然主义等都属于现实主义）。

象征主义是小儿子，认为现实主义太迂，浪漫主义太傻，但他们从弄权出发，又回到宗教，算什么？

此后种种主义，都是自己标榜的。只有两个主义不是自己标榜的，而是后人称呼的：古典主义，现实主义——莎士比亚，托尔斯泰，哈代，陀思妥耶夫斯基，巴尔扎克。这些人没有提出、标榜什么主义。

心中有个象征主义的"数"，对答就能如流，而且看到什么新潮流，足够应付。

Symbol，是木板、陶器。我们下凡，人人都分到上帝给的这块板，却失落了——怎么办呢，自己造那块板，然后找上帝手中那块板。很难，但可以找找。

"伍尔芙说,莎士比亚、托尔斯泰,
都是双性人,比常人不知丰富多少。"
图为木心书房中的伍尔芙夫人照片。

第六十三讲

意识流

一九九二年六月二十一日

我个人的经验：开始学写，无头绪。后来，几天，就通了。1959 年国庆十周年时，我在家自己写意识流的东西。不用在小说上，用散文。

意识流的远祖，就是内心分析和个人独白。它有它的老祖宗。乔叟《坎特伯雷故事集》中写过一个"巴斯妇人的独白"。莎士比亚写过《麦克白》中的独白。司汤达写过独白与对话的比较。托尔斯泰写安娜自杀前的内心独白。所以意识流是水到渠成，不出意识流也不可能。陀思妥耶夫斯基，远远高过意识流诸家的成就。他是抗拒模仿的。毛毛糙糙，厉害，学不了。

现代作家，自己应该又是伯乐，又是千里马。伯乐是意识，潜意识是千里马。一个伟大的小说家应是潜意识特别旺盛、丰富，而意识又特别高超、精密，他是伯乐骑在千里马上。

"智者，是对一切都发生惊奇的人"。放纵你的好奇的行为，享受官能之乐，对一切要抱着豁达大度，对世界万物抱着"无可无不可"的态度。都有兴趣，但别迷恋。一句话：明哲而痴心。再一句话：痴心而保持明哲。

他们的小说不是矫枉过正，而是矫正过枉，是算尽机关太聪明，反误了小说性命，写得太苦，读得太苦，双重何苦。

乔伊斯说："流亡，就是我的美学。"这句话，我在一篇短文中写道："'流亡，这是我的美学'，我不如乔伊斯阔气。我说，美学，是我的流亡。"

讲意识流小说，先解释"意识流"是什么意思：

继象征主义以后，十九世纪末、二十世纪初兴起的一个重要的文学流派，盛行于二十世纪二十到四十年代，二十年中遍及欧美各国，对二次大战后许多文学现代派都有影响，到现在还有影响。

谁第一个用意识流手法？不可查考。查考出来也没有意义。这是一种时代的艺术风气，不少艺术家不自觉、半自觉地用这种手法。

当然，叔本华、柏格森、弗洛伊德的哲学起了启迪作用。

象征主义通向意识流，顺理成章，很适宜作为意识流的一个起点。象征主义到后期，注重心理分析，一重心理分析，自然就通向意识流。

意识流出现在象征主义之前，不可思议，之后，就显得非常自然。不过前几派都有信条、纲领、宣言，意识流是默默地流。

普鲁斯特、乔伊斯、伍尔芙夫人，都是意识流小说的杰出代表。

以前讲的浪漫主义、象征主义，都有点硬来，信条、纲领、宣言，都用上。意识流不结盟、不标榜，发展得很自然、很健全，大家一声不响地写。

上来三个人，三个都是大师，成就可观，在世界范围悄悄形成气候，同时，他们自己开花，自己结果。作品写成后，才提出理论。现在看，要谈意识流小说，还是普鲁斯特、乔伊斯、伍尔芙夫人。

意识流，是从心理学的术语借过来的。是美国实用主义哲学家威廉·詹姆斯（William James）在《论内省心理学所忽略的几个问题》一书中，第一次提出"意识流"（Stream of consciousness）这个说法后又在另一本书中重提。他说：

意识流并非片段的联接，而是流动的，用一条河来比喻意识的流动，是最适合了。

意识既是流动的，你可以去注意其中你有兴趣的，挑出来，构成你自己的世界。

所谓客观的，不以人的意志为转移的那种东西是不存在的。每个人认为是"事物"的东西，是从意识中随便划分出来的。

后来，柏格森提出"心理时间论"。他认为我们平常所认为的时间，是依时刻秩序延伸，是宽度、长度，是数量概念，而"心理时间则是各个时间相互渗透，表示了时间的强度是个质的概念，我们越深入意识的概念，这心理时间的概念越强"。

他还强调："真实"，存在于人们意识不可分割的波动之中。他劝告作家深入人的意识，随着心理波动去把握真实。

詹姆斯提出的意识流，弗洛伊德予以肯定，又补充："意识流由下意识决定的，下意识的核心是性。"

这成为欧洲的狂热的讨论。

劳伦斯说："意识流是詹姆斯不朽的表达方法。"

心理学家和作家对话了。在写作上的具体方法，就是写"心理时间"。

意识流小说的理论基础很雄厚。最重要的是，意识流小说一上来就出了大师。

当时普鲁斯特已发表《往事追迹录》，大轰动。接着，电影、戏剧、诗歌，都形成意识流手法。

四个代表人物：法国的普鲁斯特，爱尔兰的乔伊斯，英国的伍尔芙夫人，美国的福克纳。作为流派，存在二十年。

我个人的经验：开始学写，无头绪。后来，几天，就通了。1959年国庆十周年时，我在家自己写意识流的东西。不用在小说上，用散文。

普鲁斯特《睡眠与记忆》，伍尔芙夫人《一间自己的屋子》，写得好极了，就是散文。

意识流是不是个新发明？十九世纪前没人用过吗？

意识流的远祖，就是内心分析和个人独白。它有它的老祖宗。从乔叟到托尔斯泰，就有。乔叟《坎特伯雷故事集》(*The Canterbury Tales*) 中写过一个《巴斯妇人的独白》("The Wife of Bath")。莎士比亚写过《麦克白》中的独白。司汤达写过独白与对话的比较。托尔斯泰写安娜自杀前的内心独白。

所以意识流是水到渠成，不出意识流也不可能。

陀思妥耶夫斯基，远远高过意识流诸家的成就。他是抗拒模仿的。毛毛糙糙，厉害，学不了。

意识流的哲学背景：

这类哲学家分布于法、英、美。比如英国的洛克、柏克莱、休谟，属经验主义哲学，影响了伍尔芙夫人。整体来说，柏格森学说的影响最大。柏格森认为，理论科学都无法把握实在，唯直觉和非理性的内心经验才能够；理性认识事物的外表，直觉认识事物的内核。直觉，要借助于天才。

普鲁斯特中学时就研究柏格森的哲学。《往事追迹录》的观点与柏格森哲学一致。

到了亨利·詹姆斯，第一个提出意识流小说方法，被认为是意识流创作理论的先驱。他有三个论点：真实论，有机整体论，叙述角度论。

詹姆斯直接影响到乔伊斯、伍尔芙夫人、福克纳。伍尔芙夫人的《海浪》（*The Waves*），以六个人物的不同视角，用内心独白，断续勾勒出彼此从儿时到暮年的一生。福克纳写《喧哗与骚动》，以四个人物的观点讲述同一个故事。

亨利·詹姆斯有文章《论小说的艺术》（*The Art of Fiction*，1884），把"真实感"列为最重要的追求目标，说如果小说没有真实性，其他优点等于零。

真实必然有无数形式，小说究竟应该写何种形式？他先指责传统小说结构破坏了真实感，反对旧小说的程式化、因循。他说：

> 艺术的领域，是全部生活，全部感觉，所以艺术是全部经验。

我以为不然。艺术不可能全息、全范围地表现生活。他说的还是反映论。但他毕竟是小说家，他还说：

> 经验是各种印象构成的，所以印象就是经验。

> 印象首先构成小说的价值，印象的深浅决定小说的强弱。

一个心理上的原因，在我想象中是个画意盎然的东西，这可使你去从事一种提香式的努力。

　　康拉德称亨利·詹姆斯是"一个描写优美良知的史学家"。

　　关于"有机整体论"。

　　詹姆斯认为小说是独立自足的有机结构，和社会、历史、作者本人不相干。其中的思想感情，是素材进入作品被艺术化、形式化之后的结果，已不是艺术家原来的思想感情，已自在，以连续不断的整体发生自己的作用。

　　他要求小说作者充实小说内在规律，不要以主观的因循的观念干扰作品。

　　大致可以。但我也有意见。中国有许多小说创作是以主观公式破坏了小说，是负面效果。他太强调了小说的本体性，小说好像是妖魔、狐狸精，好像小说高于小说家。

　　对小说家和小说爱好者，这一说，还是太粗浅。

　　小说与作者的关系，正可用上意识和潜意识的说法。提笔之前，是意识为主，下笔后，潜意识慢慢起作用，活动起来。我认为在这过程中，还是意识驾驭潜意识。现代作家的意识很强，能以之擒纵潜意识。现代作家，自己应该又是伯乐，又是千里马。伯乐是意识，潜意识是千里马。一个伟大的小说家应是潜意识特别旺盛、丰富，而意识又特别高超、精密，他是伯乐骑在千里马上。

伍尔芙说，莎士比亚、托尔斯泰，都是双性人，比常人不知丰富多少。

托尔斯泰长篇《战争与和平》曾有七稿之多，放纵潜意识跑马，最后仍以意识控制定稿。

梦和艺术是两回事。疯子和艺术家是两种人。

梦是散乱的、不自觉的，艺术是完整的、自觉的。疯子是破坏的，天才是创造的。艺术家的意识及潜意识要特别平衡。

意识要加强，增加知识，经历，逻辑，善于推理，训练记忆——如何训练潜意识？

扩大兴趣范围，"智者，是对一切都发生惊奇的人"。放纵你的好奇的行为，享受官能之乐，对一切要抱着豁达大度，对世界万物抱着"无可无不可"的态度。都有兴趣，但别迷恋。

一句话：明哲而痴心。

再一句话：痴心而保持明哲。

还有一张底牌：意识是神性的，潜意识是魔性的，两者相加，即人性。

尼采疯狂，就是一个没有喝过酒的酒神。

我好艺术，曾轻视科学，但后来想到现代文明、文化，科学、艺术各为一翅，不能缺一，所以花了十多年功夫补天文、物理科学等事。

感谢前辈的愚蠢给我留下许多处女地。前人的愚蠢，是后人的聪明。

音乐绘画是自己创造语言，文字呢，本身就是语言。所以文学弄得不好，就是一个疤，一个疤。

关于"叙述角度论"。

詹姆斯说：过去的一切小说采用的是全知角度，对小说中人物活动全都了如指掌，全知全觉。但在真实生活中，我们从不可能全知全觉。

如果放弃这一套，用一个叙述者的角度，往往更真实；或借书中人物的角度，去度其他人物。

我认为传统小说取全知角度，果然是个缺点，但不致命，还看写得好不好。艺术本来就不同于真实，全知角度写得不好，就是蹩脚的侦探，失败的媒婆。詹姆斯的"叙述角度说"，使小说家明智。我爱用第一人称，就不是全知角度，我用回忆录体写小说。

但全知角度不能全部放弃。要用得好，写大场面，战争，还是得用全知角度。

以上詹姆斯三论，不失为现代小说的知人之明和自知之明，批判了传统，开创了现代。

以下讲普鲁斯特的论点（他们好在小说写出后才提论点）：他提出"主观真实论"，把现实分为二类型：

一，简单的、表面的、同一的、客观的。

二，复杂的、内在的、特殊的、主观的。

如一个餐厅，一个花园，对大家来说都是一样的，外表的，客观的。又如一件事，各人的印象、各人感受不同。在普鲁斯特看来，第二类的现实才是基本的，真实的。进一步说，这主观真实原本存在于每个人身上，作家不是将之创造，而是翻译出来。

作家的功能、职责，是充当这么一个翻译家。

我认为"简单的真实"是无意的、无机的存在；复杂的真实是有意的、有机的、有情的存在。

作家不仅是主观的、自己的翻译家，还是得创作。作家有个文字关。一切符号都是不真实的，文字是符号中的符号。但艺术不是为了"真实"——顶多只是追求一点"真实感"，用这点"感"来辅助美感。人的天性喜欢美，因为美代表永恒。

普鲁斯特纠缠在真实或不真实、外观或内观，但这里有个前提："真实"不可能，"真实感"可能。

梦中做爱，真实感不够，要真的做——比较真实，目的是辅助美感。人天性要永恒。冰雕，要化的；石雕、铜雕，永恒了——可还是要毁灭的。

普鲁斯特的时间观念。

他认为，人在空间里占的位置是有限的，但在时间中的位置却是无限的。从前的、记忆中的印象永在，和现在的时间可以重叠。

当时这观点很新。现在是老生常谈（时间、空间，给台湾文学讲臭了，台湾的空间，就是一个岛，台湾的时间，就是没有唐、宋、元、明、清）。

我这样分：感觉上的时间，感觉上的空间。

记忆中的事物，有当时的时间性，但还是属于记忆的范畴，不是时间的范畴。

由于普鲁斯特对时间的解释有偏执，所以小说中许多篇章别扭。他们的小说不是矫枉过正，而是矫正过枉，是算尽机关太聪明，反误了小说性命，写得太苦，读得太苦，双重何苦。

乔伊斯还写美学论。他说：

正当的艺术应该导致心灵的静止。

美感情绪是静止的，它抓住人的心灵，高居于欲望和厌恶之上。

艺术家把自己非人化了。

艺术中的非个人化、非人格化——他反对主观人格，避免其介入小说。这在福楼拜已做到了。这说法如针对浪漫主义——说得好。但乔治·桑对福楼拜说："你隐藏着你的心，可你心里的爱、厌恶，谁读不出来？"

乔伊斯说："流亡，就是我的美学。"

这句话，我在一篇短文中写道：

"'流亡，这是我的美学'，我不如乔伊斯阔气。我说，美学，是我的流亡。"

第六十四讲

未来主义

一九九二年十月四日

谈主义，是一种现代病。试看古人，从雅典到文艺复兴，都不标榜主义。因为主义总是一种偏见，甚至是强词夺理，终归是自我扩张，排斥异己。

这是一种貌似深刻的浅薄——他们本质上都属于极权主义的。马雅可夫斯基是左的极权，马里内蒂是右倾极权。果然，他后来发表《未来主义与法西斯主义》，二战后积极参加法西斯党活动，为墨索里尼效力。法西斯党掌权后，马里内蒂出任科学院院士，意大利作家协会主席。

不要刻意造作，要放松。别死心眼，别找到一个形式就不得了。别的形式、风格，在等着你呢。

我是只看艺术，时代不时代，根本不在乎。什么"划时代"啦，"时代重镇"啦，让人家去讲吧。一句话：时代超强的作家，他赢了，只赢了一个时代。对千秋万代来说，他输了。

他（阿波利奈尔）是点燃了自己的火，烧了别人的饭。这是我的评价。那么糟糕的未来主义理论，在绘画的立体主义那么好，那么成功。

一个夏天过去了。今天我们讲"未来主义"。未来主义在二十世纪文学、艺术中都曾风行一时。产生在哪里？意大利。强势，迅速传到俄国，后来到英法。

创始人是意大利诗人、戏剧家，马里内蒂（Filippo Tommaso Marinetti）。1909 年 2 月 20 日，他在法国《费加罗报》发表《未来主义宣言》（*The Futurist Manifesto*），那就是未来主义流派诞生的标志。

1910 年，他又发表《未来主义文学宣言》，宣扬未来主义文学理论和创作原则。1913 年，他和帕拉泽斯基（Aldo Palazzeschi）合编了一个未来主义文学刊物，叫做《拉切巴》（*Lacerba*）。同年，他去俄国宣传未来主义，促进俄国未来主义发展。

他们做事是这样做的：真的创立一个主义，发表一个宣言，接着是文学宣言，然后办杂志，然后到别国去宣传——多么认真。近几十年，这种现象不见了。这也是个"进化"，他们那时的认真，有点傻的——但现代人不再那么认真了。

他们还在佛罗伦萨举行"未来主义晚会"（Futurist Evenings），扩大影响。

1915 年，马里内蒂和其他人发表了未来主义戏剧宣言。1916 至 1918 年，马和基蒂创刊《未来主义意大利》。

从打旗号，到实践，到出刊，未来主义在世界范围闹起来。

看回去，三个感慨：

一，文学艺术最好是各行其是，听其自然。提特定主张，一伙人合在一起干，注定要失败的。凡主义，都是强扭的瓜，不甜，烂得也快。

二，谈主义，是一种现代病。试看古人，从雅典到文艺复兴，都不标榜主义。因为主义总是一种偏见，甚至是强词夺理，终归是自我扩张，排斥异己。

三，正好是这种自我扩张的强词夺理，注定该主义的局限性，使之无法融会贯通，不能贯通，其机能就弱。凡主义、流派，都不可能繁荣一百年，至多几十年。

我们有冷静的余地。所以平心静气谈谈别人的主义。

排排名单。未来主义代表作家：

意大利：马里内蒂、帕拉泽斯基、基蒂。

法国：阿波利奈尔。

俄国：马雅可夫斯基、勃洛克。

意大利是发源地，俄国闹得很凶，法国，因牵涉到一大批画家，此派也不可等闲视之。

哪些作品是代表性的？

马里内蒂《他们来了》（戏剧）。基蒂《建筑》、《黄与黑》（戏剧）。帕拉泽斯基《我是谁》（诗）。马雅可夫斯基《夜》、《穿裤子的云》（诗）。

阿波利奈尔对画家的影响大：当时毕加索是个傻瓜，谁也不知，是他捧起来。

理论：提倡文学艺术要着眼未来，要提出和传统不同的主张。"未来主义是现代精神。"马里内蒂说。

我又要嘲笑他们了：当时他们的"现代"，就是工业革命大祸临头的时代，是我们现在这出大坏戏的开场，也是现代文明走向不归路的开场。

他们歌颂机械文明，进取性的运动，歌颂速度，描写大都市，朝拜都市文明，盲目歌颂战争，从都市和战争中发现美：机械美、速度美。

后来呢，我们亲眼看到生态破坏，二次大战，一句话，人性破灭。机械美？速度美？那是丑的，当时他们不知道。

他们取材，反对客观模仿现实，要发掘潜意识里捉摸不定的力量，纯抽象，纯想象地把握一切。

（念马雅可夫斯基一段诗）

窗户把城市大地狱分割成

一座座的小地狱，吮吸着灯光

汽车像红发魔鬼飞扬了起来

狂吼着喇叭，就在耳旁

当时很新。一个乡巴佬进城的诗。算很聪明了：城市大地狱，窗户小地狱，汽车像魔鬼，可是，这算什么诗呢？

主张更新文学语言，反对整个文学传统。他们认为胡言乱语正是诗。造生字，消灭形容词、副词、标点，借助符号音乐表达。俄国人：打倒作为工具的文字，实现自我发挥的文字，乌拉！

这是一个坏孩子的捣蛋，一个生命力旺盛的败家子。

马雅可夫斯基的梯形句子，是阿波利奈尔想出来的。这样可以不可以呢？可以的。但我以为这是小事情，不必大惊小怪。不是什么新创、开展。

以上云云，是粗枝大叶的。既然把未来主义做讲题，手书还得精细一点。下面一个个作家分析。

中心点在意大利，参加者最多，波及也广。马里内蒂是头，其次是帕拉泽斯基，再下是帕皮尼（Giovanni Papini）、索菲奇（Ardengo Soffici）、布奇（Anselmo Bucci）。

马里内蒂（Filippo Tommaso Marinetti，1876—1944）。生于埃及某港的意大利家庭，后随父母迁居巴黎，受到法国现代文学影响。1899 年回意大利，学法律。在法国时，他曾在 1893 年发表过象征主义诗歌，1909 年发表《未来主义宣言》。

作品语言刻意不合规范，模仿生活中音响和数学符号。短剧《他们来了》，开幕时灯光明亮，左方有门窗，通花园，右方也敞门，靠墙安乐椅，椅两边各四把椅。人物是总管，两个燕尾服仆人。总管说："他们来了。""他们倦了。"于是仆人上上下下忙着准备，种种新命令，仆人来回换一次道具餐具，最后总管说一句无意义的话，退下，仆人又将各道具复原，其他道具退回后台，台上留下道具椅子之影，完了。

聪明的，有点意思的。这种东西在当时演，很吓人的，煞有介事。

布莱希特（Bertolt Brecht）后来就弄得比较心平气和。你看，当时他们兴兴轰轰在弄，同时的纪德照样平心静气写自己一套。

这是一种貌似深刻的浅薄——他们本质上都属于极权主义的。马雅可夫斯基是左的极权，马里内蒂是右倾极权。果然，他后来发表《未来主义与法西斯主义》，二战后积极参加法西斯党活动，为墨索里尼效力。法西斯党掌权后，马里内蒂出任科学院院士，意大利作家协会主席。

马里内蒂的理论提出：

摈弃一切旧传统。

向星辰挑战（笑），认为除了斗争，诗歌就是勇气，反叛。

未来主义要以运动为核心，速度、音量、能量，机械、技术，宣告一种新的美，速力的美。

战争、暴力、恐怖，都是为了破坏传统，创新。

创造未来的艺术（也是口号）。

休息。

木心（笑）：郭沫若有诗说：要把红旗插遍全宇宙。我听了，说：你去插！

我们说："文革"全是这一套。

木心：中国那时是假戏真做，未来主义是真戏假做。不要吃奶油，他是吃饱了来的。

人类的本能是破坏，毁灭。这是生态现象。你看花，要发芽，要开花，然后萎谢，会烂掉。

进化论？没有进化论的。还有尼采的超人，哪里来超人？没有的。

帕拉泽斯基（Aldo Palazzeschi，1885—1974）。诗人、小说家。生于佛罗伦萨商人家庭，当过演员。1905 年发表《白马》（*I cavalli bianchi*），1907 年发表诗集《灯》（*Lanterna*）。1909 年与马里内蒂共同创未来主义。同时发表诗《诗》（*Poemi*）、《纵火犯》（*L'incendiario*）。他一洗华丽雕琢的诗风，作品三要素：疯狂、忧愁、悲哀。

在技术上，他切断了理性思维的逻辑，制造运动的美，用一系列类比、感应、象声词，作为他的新奇立意，往往忽然宕开一笔，造成新的艺术境界。

他是意大利诗人中佼佼者，还写了不少小说。政治上属中产阶级的温和派，和马里内蒂有分歧。1914 年退出未来派。三十年代法西斯主义猖獗一时，他隐居书斋，拒绝与墨索里尼政权往来。这人还不错，不像马里内蒂那样疯狂。

诗一例：

我是谁
我，或许是一名诗人
不，当然不是
我的心灵之笔
仅仅描写一个字——
"疯狂"

我，也许是一名画家
不，也不是
我的心灵的画布
仅仅反映一种色彩——
"忧愁"

那么，我是一名音乐家
同样不是
我的心灵的键盘
仅仅演奏一个音符——
"悲哀"

我……究竟是谁

我把一片放大镜

置于我的心灵前

请世人把它细细的察看

——我的心灵驱使的小丑

现在来评价，其实很差，但正是未来主义一群作家的心声，这首诗有着时代的象征。一般评家很重视所谓时代性，把艺术价值看得平淡次要，甚至无视。我是只看艺术，时代不时代，根本不在乎。什么"划时代"啦，"时代重镇"啦，让人家去讲吧。一句话：时代超强的作家，他赢了，只赢了一个时代。对千秋万代来说，他输了。

帕皮尼（Giovanni Papini，1881—1956）。诗人，散文家。一生的思想发展三阶段：早年实用主义，信仰美国实用主义杜威、詹姆斯哲学，强调经验。一战后，转向宗教寄托，研究《圣经》，入天主教，写《耶稣传》。法西斯主义起，他转而崇信法西斯，有诗《我的意大利》，成官方人士。战后躲在家中写书。

完全随波逐流。从别人的思路转向别人的思路。那种转向，无源无基，无因无果。所谓思想，是有异于人的思想，所谓发展，是不成熟到成熟，不是朝秦暮楚。帕皮尼的失败是可耻的。

一个人要有一个方向。中途可以有种种走法，但方向不能乱变。忽而佛教，忽而天主教，忽而伊斯兰教。帕皮尼还有另一面，1903年创刊名《列奥那多》（Leonardo），成意大利唯美主义阵营。这一面，好坏不知，但有这一面。

这是帕皮尼。跳来跳去的帕皮尼。

基蒂，是意大利未来主义戏剧的代表人物——意大利情况大致如此，我们转到法国。

未来主义宣言传到法国，阿波利奈尔起来响应（他是波兰人）。他创说"立体未来主义"，发表《未来主义的反传统》。把绘画中的立体主义引入文学创作，为了探求更高的现实美，探求第四度空间，把雕塑、绘画、音乐融在一起，成所谓"绘画诗"，有图案，有色彩，有格式（立体），有音响。

他自己有作品，把鸽子放在作品上，意图反战。

他还成立"立体诗"，楼梯型的，马雅可夫斯基接过去，大干特干。

这种形式，难过死了，走楼梯不是很累吗。这是什么作为呢？我以为是下策，是离开文学本体的要把戏。艺术是在有限中表现无限，诗嘛，大大方方一行行排开来写。

他们要把鼻子放在额头上，两腿放在肩膀上——美吗？让他们去美吧。我看阿波利奈尔遇到这样的情人，不会爱的。

绘画呢，本来是表达三度空间的，第四度是假想的，性质是说俏皮话，不是物质的。所以可以假想四度空间。文学，是时间性的，是意象性的，所谓空间效果，对文学而言，是意味着的效果，不是实际感受的效果。

下面还要讲各种艺术的局限。

他们反对因循守旧，嘲笑古典主义和温文尔雅。他们又是反资本主义的，认为资本主义贪婪、吝啬、胆怯、狡猾、吹牛、凶残、自私、扼杀天才、污染世界。

骂骂而已，他们还是在资本主义中生存。

阿波利奈尔（Guillaume Apollinaire，1880—1918）。私生子，母亲是波兰贵族。生长于法国，当过职员、伙计、保姆。一战爆发后参军（已入法国籍），1916 年重伤，退后方。1918 年结婚，不久即死，三十八岁。

从事创作时间不长，诗歌、理论的影响却很广。诗集有《动物小唱》（Le bestiaire ou le cortège d'Orphée），《醇酒集》（Alcools），《被杀害的诗人》（Le poète assassiné），《美好的文字》。

不用标点符号，说诗的旋律顿挫就是标点。这倒可以，但不要去故意排斥、标榜。偶尔用用标点，也俏皮。文学上艺术上，刻意要这样，要那样，最后是害自己的。

不要刻意造作，要放松。别死心眼，别找到一个形式就不得了。别的形式、风格，在等着你呢。

他有些警句，还是好的。我给他整理过了，如：人想有第三条腿，轮子因此诞生。

他的评论也很独到，毕加索、布拉克（Georges Braque）皆受其惠。

他是点燃了自己的火，烧了别人的饭。这是我的评价。那么糟糕的未来主义理论，在绘画的立体主义那么好，那么成功。

教训：各种艺术，各有其领域，所谓各擅胜场，不要搞到你的局限性之外。什么是你的局限性，要看你的神、智、器、识。中国山水画的"四王"，知自己的局限，笔笔仿黄大痴，但不知把自己局限中的领域扩大。

马克斯·雅各布（Max Jacob，1876—1944）。未来主义诗人。犹太人。原想当画家，识毕加索。1909 年自称见耶稣显灵，从此从文。出散文集《海岸》，散文诗集《骰子盒》（*The Dice Box*），小说《显花植物》、《人生百态》，诗《中心实验室》（*Le laboratoire central*）。此诗据说是立体派中未来主义最强烈的作品。

1921 年，厌倦城市生活，到海边茅舍过日子，边祈祷，边写作（我不祈祷，如给我住茅舍，一边写作，一边还是写作）。还去西班牙旅行。晚年成歌谣集《海边》。二战为法西斯捕入集中营，肺病死。

死后声誉大振，遗作出版。

他的好处，是复活了中世纪诗歌的题材，把宗教故事和神秘主义重新引入诗台，主题是"着了魔的灵感和基督教神圣的矛盾冲突"，很有深意的。他的技巧现代，把直觉、幻觉提到技巧的首位。他对现代文学确有影响。

皮埃尔·勒韦迪（Pierre Reverdy，1889—1960）。诗人，伦理学家和小说家。在外省乡间成长，自然景色给他很深的影响——洪水、风暴、灾难，全是自然界的恐怖。

1909 年定居巴黎，与阿波利奈尔和毕加索为友，闹未来主义。1915 年发表散文诗。1916 年创刊物《北—南》，说明对诗的形象的定义。诗的形象应"自己鼓翼而来，不应是人为的制造"。这理论听来很普通，就是"自动诗"作法。后来超现实主义就是用此法，以不相干的形容词、动词拼凑，很奇，有时很美。

有诗《椭圆形的天窗》（*La lucarne ovale*）、《伪装的骑师》（*Les jockeys camouflés*）、《麻布领带》（*Cravates de chanvre*）、《废铁》（*Ferraille*），散文《鬃毛手套》（*Le gant de crin*）、《船上的书》（*Le livre de mon bord*），小说《人皮》（*La peau de l'homme*）、《塔朗的盗贼》（*The Thief of Talan*）。

风格哀婉凄切，孤独忧愁。后来加缪的《局外人》受他影响，他是存在主义小说的先人。

漫长暑假，大家都有一点经历，不妨讲讲，互相关怀一下。丹青去加州展览，有成功，得到权威的肯定，请他自己讲讲。

未来主义、表现主义及其他

一九九二年十月十八日

怎么办呢，我想了好久，决定退出文艺界，去搞工艺美术，不太积极，也不太落后，尽量随大流，保全自己。

当时同学中走我这条路的，找不到第二个，都去革命了。他们来看我："木心，你还挂贝多芬像、达·芬奇像？你还挂这些!"当时，这些都算是非问题，没有余地。

他太傻，应该逃。我不是说过吗，天才的第一特征，就是逃。天才是脆弱的，易受攻击的，为了天才成熟，只有逃。

未来主义，没有远见、预见，不成其为先知——未来主义没有未来。

我自己也承认，我是到了纽约才一步一步成熟起来，如果今天我还在上海，如果终生不出来，我永远是一锅夹生饭。

我的问题是：艺术曾经重复过客观现实么？从来没有过。这个问题是现实主义的全部奥秘。我愿做现实主义的辩护士。

我从小也想写，写后烧，真是少年不知"烧"滋味。烧不得的! 但境界真是高。卡夫卡像林黛玉，肺病，也爱焚稿，应该把林黛玉介绍给卡夫卡。

上次讲了未来主义的发生、发展，也讲了意大利未来主义的个人传记。今天讲俄国未来主义的情况。早在 1911 年，有一个俄罗斯作家叫谢维里亚宁（Igor Severyanin），有书《自我未来主义的序幕》，提出"自我未来主义"之称，俄国未来主义开始了。下一年，马雅可夫斯基、布尔柳克（David Burlyuk）、赫列勃尼科夫（Velimir Khlebnikov）联合出版了诗集《给社会趣味一记耳光》（*A Slap in the Face of Public Taste*），这名字想得蛮好。三个人都是诗人。同时也写了个宣言，三人同时登上未来主义文坛，成为代表人物。

十月革命前夕，思想界知识分子的理智、情感，都处于极度动荡。大家都以为被历史所要求，从左倾的角度去提"一切重新评估"。很快，知识分子放弃未来主义，投向共产主义，写诗歌颂革命，以为是献身，以为自己从个人主义转向共产主义——这就是当时俄国和共产主义的彼此误解，误解的中介，就是文学。

这段历史，我也有体会。1949 年前，上海艺术学院学生起劲地读克里斯朵夫、普希金、托尔斯泰，桌面都压着这些人物的照片。到了解放军渡江，上海杭州一个接一个"解放"了，一解放，又纷纷去参军，他们自己以为"心路历程"顺理成章——后来呢，克里斯朵夫、普希金，统统放弃，极少数人还留恋，也留恋不了多久。我当时知道，非常难，我要走的路，被截断了。怎么办呢，想了好久，决定退出文艺界，去搞工艺美术，不太积极，也不太落后，尽量随大流，保全自己——我看俄国那批人，太悲惨。

未来主义者，其实都带有虚无主义，革命是不容的，岂止不容，还要打击、根除。三十年代后，未来主义烟消云散。鲁迅先生说过，俄国的革命诗人，撞死在革命的纪念碑上。

当时同学中走我这条路的，找不到第二个，都去革命了。他们来看我："木心，你还挂贝多芬像、达·芬奇像？你还挂这些！"

当时，这些都算是非问题，没有余地。

所谓中国文艺复兴，是文艺复兴个体户。这种个体户多起来，中国文艺可能复兴。

知识分子对快速变化的社会，感到困扰，要反抗，又无力，因此悲观绝望。所谓当时文学艺术上的未来主义，实在是虚无主义，个人主义。他们渴望破坏，渴望新的境界。马雅可夫斯基说：把普希金、陀思妥耶夫斯基、托尔斯泰，从现代生活的轮船上扔到海里去！

把他们扔到海里去，是犯罪行为，恶是要恶报的。

他们讲速度美、动荡美，我认为是少见多怪，歌颂都市美，我认为是乡巴佬。

唯一可以肯定的，是他们倒各有特色，各有主张、风格。比中国的千人一面，公式化、概念化，好得多。

意大利未来主义，与俄国很多相同。俄国未来主义很激进，对索洛古勃（Fyodor Sologub）、波留洛夫（Karl Bryullov）、蒲宁（Ivan Bunin）、安德烈耶夫（Leonid Andreyev）等等，统统否定。

我提这观点：一种主义和一个人一样，靠排他，总是寿命不长。所谓创作，是自我的完美、升华，要完美、升华，总要汲收，哪里能靠排斥别人。

一种艺术和另一种艺术，是映照的关系。艺术和艺术之间，艺术家和艺术家之间，艺术品和艺术品之间，是一种映照的关系。

艺术上不存在谁压倒谁，谁吃掉谁。

意大利、俄国，不同处是意大利未来主义是右倾的，俄国未来主义是左倾的。其实，左派最后并不容纳马雅可夫斯基。

稍微解释一下：什么是"自我未来主义"？谢维里亚宁说：

> 世界上一切牺牲都是为了我。
> 活着的东西活着吧，唱歌吧，
> 世界上只有你和我，
> 我和我的愿望。

又说：

我——自我创造

　　老练的美神的杰作

　　这种诗，要来问我：好不好？不好。坏不坏？不坏。我要说，这种诗很傻，像鸟一样叽叽呱呱叫，什么意思也没有。

　　意大利人讲"四度空间"的未来主义，俄国人讲诗的形式、格式。俄国人后来说出什么"共产主义的未来主义"。结果呢，俄共说那是"革命的幼稚病"。

　　马雅可夫斯基（Vladimir Mayakovsky，1893—1930）。出生伐木家庭，九岁进文科中学，后转学莫斯科。参加罢课游行，和社会主义分子来往。1908年加入俄国社会民主工党，多次入狱，在狱中大量读书。当时俄国流行一种说法："革命和艺术不相容。"

　　用现在的说法看，是一种很聪明的说法。能提出这个中肯的意见，是有先见的，是先知式的判断。最早有这先知的，是海涅。他和马克思为友，可是他看到巴黎公社起来，哭了，他说：革命起来后，我所爱的艺术就完了。

　　陈伯达还在报告中说：海涅在革命起来后，吓破了胆。

　　我说，海涅凭他的诗人气质，一开始就发现了无产阶级来者不善。

　　马雅可夫斯基比海涅天真多了。他内心爱好艺术，不愿走老路，要创新，可是革命已经起来了，不容他的个人主义。他太傻，应该逃。我不是说过吗，天才的第一特征，就是逃。天才是脆弱的，易受攻击的，为了天才成熟，只有逃。

我认为逃是以退为进，大天才的标志都是逃。马雅可夫斯基如果逃出苏联，在欧洲写诗，多好，他无疑是个天才。

可是他后来把未来主义改成社会主义现实主义。1925年，他宣称未来主义与共产主义不能携手同行，要批判未来主义——你看！

艺术家，思想家，在任何时代、社会，一定是异端。什么道理？因为任何时代、社会，艺术家、思想家总会批判这时代、这社会。要马雅可夫斯基做歌功颂德的顺民，他不肯，最后在党内文艺圈批他攻他，最后只得自杀。可又不能说是为了党气死，还要为党顾点面子，留下诗，说是为了爱情。

爱情的小舟撞在礁石上，沉没了。

我曾经写过一首长诗，题名《火车弥撒》，就为悼念马雅可夫斯基。借他的例，写党与艺术的矛盾。诗稿还在，但问题不再新鲜，没多大意义，作废了。

附带讲讲这个：一个中国人，一个中国艺术家，出不出国，是个终身大事（因为我希望马雅可夫斯基能出来）。古代中国人怎么样呢？他们必须游历名山大川，可是今天，名山大川不够了，我们要游历世界上的名城大都。

我自己也承认，我是到了纽约才一步一步成熟起来，如果今天我还在上海，如果终生不出来，我永远是一锅夹生饭。

我非常感激新大陆。

接下来，到不到欧罗巴，又是一件终身大事。

美国使你成熟——欧洲使你超越！

这样，我们在世界上也算看过了，画过了，写过了，爱过了。我们可以对上帝这么说：老兄，不虚此行。

也许问，开放以来，不是有千千万中国人到美洲欧洲吗？入籍定居，你怎么说？我答：他们是为了钱，美洲是什么，欧洲是什么，概不在怀——他们是"不识欧洲真面目，只缘身在欧洲中"。

（座中学林问：马雅可夫斯基哪里触犯了党？）

木心：他歌颂党，但名气影响太大，必除。

再补充几句：马雅可夫斯基死后，斯大林出来说：马雅可夫斯基是我们时代最有才华的诗人——好，血迹洗掉了。

马雅可夫斯基的确是个天才型的人物。写诗，会画，会设计，朗诵更好，有才气。有诗《穿裤子的云》（*A Cloud in Trousers*），这题目，我就钦佩他。他说：

我要是温柔起来，像一朵穿裤子的云。

他是白白牺牲。他的诗，是有才华，《好》（*Good!*）、《列宁》（*Conversation with Comrade Lenin*）、《穿裤子的云》。他的才华浪费了。为什么现在他还在文学史上占一席地？在苏联地位很高？

这算是文学的成就、成功吗？

他的诗，颂党，颂列宁，好，现在苏联没有了，列宁的遗体也要拍卖，他的诗，充其量是革命的殉葬品。

这是马雅可夫斯基生命悲剧之后的艺术悲剧。他上当了。在共产主义运动中，他什么也没有得到。

他是落空的天才。那样单纯、热情的人物，在俄国，在中国，都不会再有了。

马雅可夫斯基追悼会，开到这里——一个人，一个艺术家，不要轻信任何主义。他的诗，全是废品。苏联完了，今天看的他的诗，不知所云，一个一事无成的天才。

因为在座都是画家，我略约讲讲绘画中的未来主义。

意大利普乔尼（Umberto Boccioni，1882—1916），1910 年发表绘画上的未来主义宣言。宣言共十三条：

一，一切模仿的写实的形式，必须受到藐视。一切创造的革新的形式必须受到歌颂。

二，对"和谐"、"趣味高雅"，必须进行反抗。

三，艺术批评家是无用的，有害的。

四，为了表现骄傲、狂热、街头吵闹、快速飞驰，这样的现代生活首先要把曾经用过的一切主题一扫而空。

五，"疯子"应该看做荣誉的称号。

六，在绘画中的补充是绝对必要的，就像诗里的自由韵律，音乐中的"对位赋格"。

七，宇宙之力应在绘画中得到表现。

八，表现自然，最重要是真挚和纯粹。

九，运动和光，摧毁肉体的物质性。

以上正面主张。以下四个反对：

十，反对现代艺术变成绿锈的沥青色。

十一，反对在平淡的色彩上造成浅薄低级的仿古风格，以及模仿埃及人的直线。

十二，反对虚假的独立派，他们和从前的学院派是一样陈腐的。

十三，反对绘画中的裸体，他们像文学的通奸一样让人作呕。但对裸体，不是从道德观念，而是裸体的单调感，今后十年不要画裸体（这条很有意思，要说明——当时房间里挂着好多裸体画。艺术家不爱画老婆，爱画情人的裸体）。

重复一遍，结束这一章：

无论文学、建筑、诗、舞蹈、绘画，未来主义都反对表现静态。反对表现美女、和谐，要表达汽车、速度、飞跑。他们在威尼斯广场散发二十万张传单，还是有建筑师奥图（Aalto），设计帐篷式的建筑。

结论：

未来主义随时代而起，并非领导了时代，所以未来主义不过是当代主义。

未来主义，没有远见、预见，不成其为先知。他们没有灵感，不配称为先知。

未来主义是本质上的无政府主义者，可是无政府主义者主张回归自然耕种，手工业，但未来主义是个人主义的，喜欢城市都会，歌颂大工业生产。他们是都会的无政府主义，不是田野无政府主义。

据以上三点——未来主义没有未来。

可是未来主义影响到现在，好的叫做影响，坏的叫做流毒。接下来，还有表现主义。不过是：一个村子里有户人家。

顾炎武：一为文人，便无足观。

我补充：一入主义，便不足观。

（丹青问：为什么人喜欢标榜？）

木心：偷懒。不提主义，是累的。

表现主义。这是个大题目。

本世纪到了三十年代，欧美表现主义盛极一时。先在绘画，后来扩张到文学、戏剧。最早于 1901 年巴黎的一次画展上出现这一用词。1911 年，马里内蒂（Marinetti）在柏林《狂飙》（*Der Sturm*）杂志上发表表现主义宣言和其他理论著述。再推前，作为运动，前驱者是德累斯顿画家集团"桥社"（Die Brücke），后来又有慕尼黑画家集团"蓝骑士"（Der Blaue

Reiter)。

"桥社"、"蓝骑士"二团政治观不一样，艺术上一致：反写实，重表达主观。主张客观事物引起主观激情，才有艺术。

文学上的表现主义也始自德国一次大战前，小说、诗、戏剧，大量出现表现主义手法，很有成就。有奥地利诗人特拉克尔（Georg Trakl），捷克诗人魏菲尔（Franz Werfel），德国诗人海姆（Georg Heym），还有贝恩（Gottfried Benn）。小说家有奥地利的卡夫卡（Franz Kafka），捷克的恰佩克（Karel Čapek）。

共同特点：批判社会弊端，刻画人性，以荒诞的情节和真实的细节来描写，很新。现在还可以用，描写内心恐惧、困惑。

戏剧方面，表现主义先驱即瑞典的斯特林堡，他用大段独白，时空交错。

大战前后有一批颇负盛名的戏剧家，德国有托勒尔（Ernst Toller），凯泽（Georg Kaiser），还有美国的尤金·奥尼尔（Eugene O'Neill）。

二十年代是他们的辉煌时期。

表现主义比未来主义强，至今还有影响，时而回光返照，时而东山再起。

他们反对传统现实主义，认为客观世界已经存在，何必重复？这个问题很有深意——我的问题是：艺术曾经重复过客观现实么？

从来没有过。

这个问题是现实主义的全部奥秘。我愿做现实主义的辩护士，今天暂且说一说，以后再说。

他们喜欢表达下意识，神秘。戏剧方面，他们借助道具、布景、灯光、音响、面具，使人物的激情舞台化，再构成梦境、幻象，目的是直接诉诸感官和直觉。

对现实生活中的活人活事不感兴趣，倾向探讨抽象的哲理性的问题：人性和暴力，个人和群众，人的异化。重视社会整体的东西。人物性格不加刻画（很容易概念化），因此人物面目不清，行动飘忽，有时名字也没有（高级的浅薄）。和象征主义相近，有血统关系。情节离奇荒诞，篇篇求怪。

再进一步探讨它在文学上的渊源——祖宗是波德莱尔。

自从波德莱尔，文学的笔锋从外在转到内在。到马拉美，更聪明，看到世界要变，我们无法与世界争，只好回到内心，维持稳定。他不再表达现实，只写内心活动。他说：

> 表达我们生命的奥秘，赋予我们存在的真实感，以完成我们精神的业绩。

通达。炉火纯青。涵盖性极大的。还有瓦莱里。作为马拉美的学生，他说得更透明：诗人的天赋，是创造一个与实际事物无关的世界。

这种文艺观的涵盖性非常大，表现主义只是择其一部分。

总之，表现主义重纯粹主观——但难道有纯粹的主观吗？波德莱尔、马拉美的诗句，都和客观现实有关的呀。

但在他们说的时候，想的时候，讲得起劲的时候，我也就笑笑。不要拆穿西洋镜，要讲礼貌。

表现主义的"生父"是斯特林堡。

弗兰兹·卡夫卡（Franz Kafka，1883—1924）。生于布拉格犹太中产家庭。父亲是百货批发商，脾气暴躁。1910 年进布拉格大学学文学，后转学法律。毕业后在保险公司当职员。中学时就喜欢易卜生戏剧，大学参加文学活动，和一个叫马克思·布罗德（Max Brod）的很要好。这个布罗德留下了他的作品，否则不会有卡夫卡。

卡夫卡还深受丹麦克尔凯郭尔哲学影响。

一句老话：性格决定命运。卡夫卡郁郁寡欢，老在疗养院过日子。写作勤奋，老不满意，毁掉，所以作品很少。1922 年病重，辞职。两年后死。托布罗德烧毁他的全部作品。布罗德答应，卡夫卡死。布罗德想想不能烧，乃出卡夫卡全集。

我小时候读到这里，感动。卡夫卡境界是高的。我从小也想写，写后烧，真是少年不知"烧"滋味。烧不得的！但境界真是高。卡夫卡像林黛玉，肺病，也爱焚稿，应该把林黛玉介绍给卡夫卡。

小说：《苦役营》、《变形记》、《格拉克斯》、《中国长城的建造》、《饥饿的艺术家》、《地洞》（以上中短篇），《美国》、《审判》、《城堡》（以上长篇，都未完成），通信集、散文、七篇速写。

才子薄命。身体弱。终身独居。少年时受父亲压。十月革命，人家兴高采烈，他毫无反应（这在当时不容易），不愧是老子和克尔凯郭尔的读者。他一意求新时，对不同派也从不反对，自己另辟蹊径。评家把他和莎士比亚并列，可见之高。我不同意这么比，但也不想贬低卡夫卡。他高洁，诚实，他要烧稿，何等高洁。他读老子，反反复复读，说：我的智力不及老子。他读不懂，就这么说（其实是懂了的，读了老子夸夸其谈，反而是不懂），又何等诚实。

凡是高洁、诚实的人，都是悲观的，都是可敬可爱的。

休息时有句：

在外总是镀，回国才是金。
借问行路人，何如普式庚？

卡夫卡及其他

一九九二年十月二十四日

喔哟！卡夫卡这个名字一听就好像不得了。等到看见照片——这么苦命。从耳朵、眼睛，一直苦到嘴巴。这么苦命，和中国贾岛一样。

这种转了味的人道主义，很感人，陀思妥耶夫斯基，福楼拜，从来没用过这种手法。

"现实"像墨水，我蘸一蘸，写"永久意义"。但不能没有墨水，不能不碰现实。我年轻时不看报，唯美，空灵，抽象，很长一段时间如此，不好的，不行的。一定要有土壤，肮脏的土壤，不然生命就没有了，味道没有了。

人好，语言就会好——艺术本来想救人类的，救不了，结果倒是救了艺术家自己。救不了艺术家，那他是个凡人，不能怪艺术。

这种声音曾经很熟悉，现在陌生了——那是贝多芬的声音，是《第九交响乐》的合唱。但艺术救不了世界。苏联宪法通过时，唱《第九交响乐》，中国国庆十周年，唱《第九交响乐》。

他们有个人主义的人文背景。个人主义，我归结为：自立，自尊，自信。你不能自立，无法自尊，不能自立自尊，何谈自信？

秋季时间拨晚一小时，都不知，全早到了。

课前闲谈。谈中国目前大富、巨变，文化前途如何？木心：我们目前忧国伤时，是一回事，个人主义打算，是另一回事。从个人主义角度说，还是现在这样好。上海解放前，我也觉得上海是个罪恶的城市，可是一"解放"，水清了，我知道我错了。个人主义的空间没有了。

巴黎当时也是罪恶之渊，大家都往巴黎跑，在不安定中求安定。纪德说："在暴风雨的中心是安静的。"达·芬奇看了米开朗琪罗的西斯廷天顶画，说："我不如米开朗琪罗，但他是暴风雨，我是那个中心，上帝在那个中心。"

（说到中国目前经济好）木心：很简单，好钢琴家，要有一架好钢琴；一架，足够了。好钢琴家连一架琴也没有，惨了——可是不会弹，钢琴再多也没有用。

今天讲卡夫卡。他是可以讲讲的。他的作品，上次讲了，后来他要烧掉。今天讲他的主要作品：《美国》（*Amerika*）、《审判》（*Der Process*）、《城堡》（*Das Schloß*）、《变形记》（*Die Verwandlung*）。

《美国》是他假想的。他没到过美国。主角是个德国少年卡尔·罗斯曼，受女佣引诱，得私生子，父母责罚。他写美国妇女饥寒交迫，死在街头，打工者因疲倦昏倒在地上。警察残暴，流氓横行敲诈。

他只是借美国名义虚构了一个资本主义社会，表现社会矛盾。我看是不成熟的，不成功的，一般评价也不高。

《审判》有点意思了。主角是个银行襄理，叫约瑟夫·凯（Josef K）。一天早晨，秘密法庭宣布要逮捕他，他慌得不得了，自问无罪，到处申辩，找律师。律师说，法院是个藏垢纳污的地方，如你是犯人，有冤也无处申。于是他去找法院画师，画师说，法院一经对某人申诉，就已定罪，无法反驳。他又找谷物商人帮忙，谷物商说，我为自己的案子折腾二十年，倾家荡产，还没结果——主角终于觉悟，法庭有强大背景，能把无罪人捉来，审讯，密探接受行贿，法庭推事都是无才无能的，最后，主角在黑夜里被法庭处死。

故事就是这样。写法模模糊糊，气氛恐怖、压抑，说来是作者在奥匈帝国统治下捷克人的心情。

卡夫卡生在奥匈帝国末期。什么叫"奥匈帝国"（Austria-Hungary）？ 1867 年奥地利、匈牙利联合组成，匈牙利人称呼"奥斯马加"（Osztrák-Magyar）。由奥王兼匈王，两国军队合用，度量衡、关税、币制，两国一致，此外分行制度，历五十一年，直到一次大战后，分解独立。捷克是一战后独立的，首都是布拉格。

《审判》已有他自己风格。主角名字 K 是作者第一人称字母。细节很真实，色调很阴森，我们可从读者立场看，解作"真理可望不可即"。小说有一人物是牧师，他说："真理是有的，通往真理的路障碍重重，但我们不可能闯过去，因此真理找不到。”

这个悲观主义论调，从宗教出发，上升为哲学，又回到宗教。人类的上智者的痛苦，是明知真理是有的，可是得不到。下愚者快乐，无痛苦，他们不需要真理，所以他们没有失望。人类中多的是既不上智，也不下愚，忽觉有真理，忽觉无真理，忽而找找，忽而不找了。这是我的看法，但确是从《审判》中引申的。

当时他写的背景还是奥匈帝国。帝国去掉后，情况还是存在——后来捷克来了苏联老大哥。

接下去，我将这问题再扩大化。艺术品分三大类：

一，有现实意义，没有永久意义。

二，有永久意义，没有现实意义。

三，有现实意义，有永久意义。

大家对照自己，属于哪一类？所谓社会现实主义，大致属第一类（十九世纪俄国那种“批判现实主义”，和“社会现实主义”不同）。例如歌颂斯大林，按“讲话”写的那些作品，当时确有现实意义，现在没有了，只限于一国、一个短时期。

不以反映现实为务，属第二类，如塞尚、梵高。苹果、向日葵有什么现实意义？几千年前，几千年后，苹果，向日葵，都是这样。

再举例，属第三类——像托尔斯泰、狄更斯、哈代，既有现实意义，又有永久意义。历史过去了，永久意义仍在，甚至更强。1812 年过去，《战争与和平》不过去。

如果着眼于永久意义，更好，如《复活》，等到它的永久意义出现，连它的现实意义也带进去。

这样的分法，我是在旧事重提：为艺术而艺术，为人生而艺术。现在看来，这争了一百年的事，双方都不知在说什么——文理上先不通：什么叫为艺术而艺术？为人生而艺术？比如，什么叫为吃饭而吃饭？

为人生而艺术？难道有为狗为猫的艺术？

都没说清楚。说清楚后，不叫"平反"，是"反平"。

回过来说三类：第一类属宣传，广告，流行文化。都只有现实意义，没有永久意义，实用第一。本世纪津津乐道的"次文化"，没有永久意义，严格讲，也不能说现实意义，只能说是有市场，有销路。

所谓次文化，就是反文化。可能文化会死在次文化里，次文化是个杀手，要杀掉文化。这点没人提过。

唐宋元明清统统给杀死。一个没有文化的富国，等于肥胖的白痴。

扯远了，回来，讲《城堡》，这是他的代表作。

主角也是 K，他请求在城堡近郊落户。去了，找了好久，找不到，冒充土地测量员，得向导，走一整天，还是找不到。K于是勾引城堡官员的情妇，还是达不到目的。小说到此结束——K直到临死，才得到城堡允许，可在郊区落户。

城堡代表官方机构，高高在上，民众怎么也靠他不拢。这样粗浅的解释，是对不起卡夫卡的。

城堡的现实意义，是指奥匈帝国。永久意义：所谓真理、自由、法律，应该都是存在的。可是荒诞的世界总是设置种种障碍，永远达不到。想尽办法，以为得到一点点可能，结果又有障碍，永远达不到。

艺术上谈谈。

从前我和李梦熊谈卡夫卡，其实都没有读过他，都是骗骗自己。来美国后只听港台文人卡夫卡、卡夫卡，家里还挂着他的像——我心中觉得情况不妙。一个人被挂在嘴上，总是不妙。

结果偷偷读了卡夫卡——港台文人根本是奢谈，炒股票似的炒卡夫卡——卡夫卡手法是很好，写得朦胧，但笔法很肯定。再看下去，发现他是个寓言。

寓言宜短不宜长。

寓言一长，读着读着，读者已经悟了，到后来，大悟没有了，分散了，卡夫卡上了自己的当，所以他要烧掉。

他的色调很灰，意象很特别。官僚抽宗卷，办公室里一片宗卷倒声，这种写法好。

你们要读《城堡》。注意开头几段，功力非凡。

下面还要谈到现实主义和表现主义的关系。

我还是喜欢现实主义。醒着做梦和梦里做事，总是醒着好。醒着做是"拥抱"，梦里是"touch"（触摸）。

梦里爱一个人，总是爱不好的。

喔哟！卡夫卡这个名字一听就好像不得了。等到看见照片——这么苦命。从耳朵、眼睛，一直苦到嘴巴。这么苦命，和中国贾岛一样。

"现实"像墨水，我蘸一蘸，写"永久意义"。但不能没有墨水，不能不碰现实。

我年轻时不看报，唯美，空灵，抽象，很长一段时间如此，不好的，不行的。一定要有土壤，肮脏的土壤，不然生命就没有了，味道没有了。

现实是永久的一环。

《变形记》，主角格里高尔，旅行推销员，忠心耿耿，安分守己，忠于职守，每天劳碌奔波，从来不敢偷懒。有天醒来，发现变成大甲虫。背上坚硬如铁，肚子有棕色甲片，很多细腿。而他又要赶五点火车去推销，钟点已是六点半。不久家人、秘书，都来了，他慌得掉在床下，秘书骂说经理已怀疑他要贪污，他辩，但秘书听不到。他爬出门，秘书吓跑，母亲昏倒。父亲把他打回屋。后来只有妹妹进来送食，打扫。他本来养家，成了甲虫后，家计无着，父亲打杂，母亲缝纫，妹妹出去做佣人。

有一天父亲追打这甲虫，以苹果击，后来苹果烂在甲虫背上。房屋被分租，妹妹为人拉琴，甲虫爬出偷听，被赶，他退回房，妹妹锁门。第二天甲虫死在屋内，全家高兴，去旅游。

妙是妙在他写格里高尔的心理。写到后来，自己都变成甲虫，读者也会感到自己是甲虫。我们都同情这甲虫，他原来是个秉性善良的人，一家之主，节衣缩食，省钱持家，供妹妹上音乐学院，成了甲虫后，还爱家人，只望自己死。

这是一种独特的人道主义。主题是这样的——被侮辱被损害的人，来爱侮辱他损害他的人。

这种转了味的人道主义，很感人，陀思妥耶夫斯基，福楼拜，从来没用过这种手法。

他死了，全家去旅游，这写得好！

对现代文学影响很大：荒诞、象征、现实，很自由地结合在一起。也可以说他在现代文学中开拓新技法，新境界，新造诣（"诣"，即到一个地方）。

《城堡》，《变形记》，手法是他个人的偏好，他完成得很好，他的作品并未完成，但风格完成了（有的人作品完成了，风格没有完成）。

这里要说到荒诞与现实的互补关系。这是一条大路（这可以解释丹青最近的画），也可以说是"互动"。为什么说是条大路？因为人世间的事，充满真实性的荒诞，真实的事，一派荒诞。

现实主义整个已有的成就，十九世纪是实实在在的现实主义。

这不叫进步，叫发展。以我个人的喜爱，我偏于实实在在的现实主义。正如我重视醒着的生活中的事物，认为假想的梦中的事物不够味。

但这样可以平实对待卡夫卡和马尔克斯——不必大惊小怪。这不是空前绝后。未必胜于十九世纪，虚虚实实未必胜于实实在在。

结论是，我们还有路可以走。

关于卡夫卡讲到这里。下面换一个作家来讲。

卡雷尔·恰佩克（Karel Čapek, 1890—1938）。捷克戏剧家，小说家。伏契克（Julius Fucik）说他是捷克文学中最有世界性的作家。父亲是乡村医生。他在大学里学哲学，毕业后任记者，1920年发表《万能机器人》（*Rossum's Universal Robots*），一举成名，又发表与哥哥合作的《昆虫生活》（*Pictures from the Insects' Life*）。接着，发表《长生诀》（*The Makropulos Affair*，又译《马克罗普洛斯事件*》)、《白色病》（*The White Disease*）、《母亲》（*The Mother*），都是剧本，主题都是反对资产阶级独裁，反法西斯主义。小说影响大的有科幻小说《专制工厂》、《原子狂想曲》（*An Atomic Phantasy*）、《鲵鱼之乱》（*War with Newts*）、《第一救生队》。主题同上，反帝国主义战争罪恶。

他的表现主义继承了斯特林堡的传统，用夸张、扭曲、荒诞的形象，反映严肃的现实。

人的异化，是人的毁灭。科学物质昌盛，少数人赚钱，多数人受害——我总以为这是外在的、硬性的，写时痛快，于事无补。是一种发脾气的理想主义。

还是书生论政。

不反对他写。我自己不会写。对现代现实，我最多写一些简短恶毒的评语，给朋友看看，一笑，反正是完了的。人类的现代化，无非是人类自毁的速度加快。

阿尔弗雷德·德布林（Alfred Döblin，1878—1957）。这个人有点意思了。生于德国犹太小商人家庭，贫寒，本人长期行医为业。在表现主义刊物《狂飙》上发表小说《黑窗帘》（*Der Schwarze Vorhang*），一举成名。早期还有三小说：《王伦三跳》（*Die drei Sprünge des Wang-lun*）、《瓦伦斯坦》（*Wallenstein*）、《山、海和巨人》（*Berge Meere und Giganten*）。

《王伦三跳》，以十八世纪晚期中国为背景，影射德国的黑暗现实。王伦是道教点传师，老子的忠实信徒，主张"勿抵抗"。我想这是反讽，以宿命论、不抵抗主义来批判专制暴政。

《瓦伦斯坦》我没有看过，从略。《山、海和巨人》，写公元二十至二十七世纪的人类故事，古生物复活，和人类打，主题是人创造高度物质文明，导致人自己退化。

中期，长篇小说《柏林，亚历山大广场》（*Berlin Alexanderplatz*）、《一九一八年十一月》（*November 1918, eine deutsche*

Revolution，又称"四部曲"，包括《市民和士兵》、《被出卖的人民》、《部队从前线归来》、《卡尔与罗莎》四卷，是他代表作，歌1918年德国革命，颂卡尔·李卜克内西）。

当时对资本主义和无产阶级都有误解。资本主义看得见，共产主义看不见。以看不见批判看得见，当然容易。现在共产主义看得见了，资本主义呢，变样了。

晚期，长篇《哈姆雷特，或漫漫长夜的结束》(*Hamlet oder Die lange Nacht nimmt ein Ende*)，探讨每个人在社会历史的发展和毁灭中的责任。

论技术，他能大刀阔斧，又能精雕细琢。他是反映论者，主题先行者，反映现实，加以批判——等到共产主义过去，他的现实意义过去。

再讲几位诗人。

格奥尔格·特拉克尔（Georg Trakl，1887—1914）。生于奥地利萨尔茨堡，和莫扎特同乡。这个人我同情他。他在年轻时学药剂学，后任职军中药务稽查，在前线见战争残酷，要疯了，曾试图开枪自杀，被救下，写诗反战争。这是个好人。

他受梅特林克和兰波影响，表现主义、象征主义都用。有诗《塞巴斯蒂安在梦中》(*Sebastian im Traum*)、《寂寞者的秋天》(*Der Herbst des Einsamen*)、《夜歌》(*Gesang des Abgeschiedenen*，一译《死者的歌》)。风格忧伤哀婉，沉郁顿挫，有杜甫、屈原的味道。他是个真性情的人道主义者，也写优美温馨的诗，一边反战，一边向往平和幸福的生活，意境深远，格调高雅，对德国当代写作有影响。

人好，语言就会好——艺术本来想救人类的，救不了，结果倒是救了艺术家自己。救不了艺术家，那他是个凡人，不能怪艺术。

弗兰兹·魏菲尔（Franz Werfel, 1890—1945）。捷克人，出身布拉格工厂主家庭。作品有诗集《世界之友》（*Der Weltfreund*）、《我们是》（*Wir sind*）、《审判日》（*Der Gerichtstag*）。基本主题探讨人的道德责任，以真挚激昂的热情寻找答案。他习惯用各种题材表达一个思想。什么思想：人必须依照良心的嘱咐来对照自己的行为。他痛恨道德沦丧、人性堕落，他的主题是道德良心。

但这永远是诗的主题，各时代写法不同而已。

他境界还是高的。他写战争，不写惨状，写人在战争中的道德沦丧，不友爱，残酷，自私，他是真诚、有见地的。风格明快温柔，优雅匀称，从心底里透出优越的情致。别忘了所谓表现主义一般都靠怪诞恐怖，有点歇斯底里，他是表现主义中的异数。他表现温柔。

他也写戏剧，却抽象模糊，不易理解。

他认为现代社会是金钱造成人的堕落，传统的人与人的友谊丧失了，只有金钱关系，感情不通，思想不通，没有抱负理想。这都对的。他又写人性的光明伟大，"唯有天良和道义能拯救世界。"要人们醒来，恢复责任和友爱。他说：

　　我是你的，我是大家的，我们是兄弟，别存心跟我作对，啊，有朝一日，我们彼此张臂拥抱，那该多么好。

　　这种声音曾经很熟悉，现在陌生了——那是贝多芬的声音，是《第九交响乐》的合唱。但艺术救不了世界。苏联宪法通过时，唱《第九交响乐》，中国国庆十周年，唱《第九交响乐》。我来这么说：

　　只有艺术才能救人类。

　　但艺术救不了人类。

　　问题不在艺术而在人类。

　　我们属于艺术，不属于人类。

　　我是已经冷静了——上次丹青说我其实是热情的。我说，有那么一点，一点点热过了的情——因此我喜欢魏菲尔的诗，读一首给大家听：

　　你小时可曾玩过枪

　　有木塞背带的枪

可曾弄坏扳机

如今我沉在遐想里

你和我一起哭吧

不要心肠太硬

德国诗人格奥尔格·海姆（Georg Heym，1887—1912）。出生于西里西亚。在柏林攻读法律，做过候补推事。和表现主义作家往来亲密。他是个好人，见人落在冰里，自己跳下去救，死了。二十五岁。

他生前出过一本诗集《永恒的一天》(*Der ewige Tag*，1911)，这题目不祥。死后又出一诗集。他把庄严典雅的古典风格和放荡不羁的现代技巧结合起来，格律整齐，赋予神奇瑰丽的想象。早死，可惜。

下次讲表现主义的戏剧作家（现在表现主义还大有余波），他们个性特别强，在同一风格下各有风格，为什么？

他们有个人主义的人文背景。

个人主义，我归结为：自立，自尊，自信。你不能自立，就无法自尊。不能自立自尊，何谈自信？

西方艺术家个个有自己的风格。这一点，我们吃亏了。

最后来一句半俏皮话：个人主义就是健康。

祝诸位健康！

第六十七讲

表现主义、
达达主义、超现实主义

一九九二年十一月八日
（缺课）

意象主义（一）

一九九二年十一月二十二日

"自由诗"这名称是有问题的。如果有人问我："你写格律诗呢，还是自由诗？" 我答："我不写格律诗，也不写自由诗，我写诗。"

格言是给别人用的。大家都记得某人的某句格言，认为很有启发，以至终生受惠，却不知写格言的人自己未必用的。

构成句子文章的所有名词、动词、介词、形容词、副词、助词、俚语、典故、专门名词、术语、连接词、感叹词，甚至标点，都要使唤自如，唯我独用，又要使人不陌生，读起来只觉得天然自成，而风味风格，却使人无从模仿——这，才算是文学家。

两次大战之间，意大利出现过一个诗的流派，"隐逸派"（L'ermetismo），在意大利举足轻重。理论、方法，渊源于法国象征主义，同时派生出意大利的未来主义。他们认为，诗不是描写社会生活，无法表现真实，只能寻求个性真实，超脱现实，刻画内心的微妙、孤独、忧郁、悲伤。

　　但隐逸派还是曲折接触外在世界，如反法西斯，爱祖国。

　　艺术特色：

　　一，采用象征、隐喻，比象征派更悲伤，更浓重。

　　二，长于从自然中撷取内涵丰富的景物，使情景妙合。

　　三，精炼语言。

　　四，重音乐效果，认为音韵比字句更具内涵，更有表现力。

　　隐逸派是小派，有限，下面讲"意象主义"（Imagism）。这是现代英美诗的一个大派，流行于二十世纪早期，创始人是庞德（Ezra Pound）和休姆（T. E. Hulme）。中坚分子有希尔达·杜利特尔（Hilda Doolittle），艾米·洛威尔（Amy Lowell），理查德·奥尔丁顿（Richard Aldington），弗林特（F. S. Flint），马多克斯·福特（Ford Madox Ford）等。

　　十九世纪英国维多利亚王朝的诗，充满宗教训诫气味，故作艰深，未久即使人厌烦，实在是诗被宗教道德僵化了。到十九世纪九十年代，英国也出现了所谓为艺术而艺术的唯美思潮。

上次批评了为艺术而艺术。这提法，说不通的。但我何尝不知当时的苦衷？这提法，意图是为振兴艺术，我完全谅解的——我自己少年时也信为艺术而艺术。现在时隔一百年，可以挑剔字眼，说说俏皮话。为艺术而艺术，为人生而艺术，都不知所云。

为艺术而艺术，当时大而化之，英国诗台一时醇酒美人，无病呻吟，诗法混乱，如此便有后进决心革除积弊，其中有志气才华的年轻人风云聚会，于是起"意象派"运动。

意象主义不像未来主义、达达主义那样无法无天，没爹没娘。意象主义有来源，可分为三方面：

一，法国的象征主义。然而象征主义随意性大，任意赋予事物以象征性；意象主义则尊重客观，避免改变事物的形状特质。"意象主义"和"意象派"两个词，是庞德创造的。他说："意象是一刹那间思想和感情的复合体。"

二，古希腊、古罗马的诗和诗论。意象派诗人学习古典，食古而化。

三，中国古典诗词（也提到日本的俳句）。庞德是研究老子哲学的，翻译了不少中国古诗，收入《华夏集》（*Cathay*）。

讲到这里，大家可以透一口气。未来派，达达派，超现实主义，把人整死了。一到意象主义，清风吹来，呼吸畅通。我再概括一下意象主义的以上三个来源：

一，尊重客观（现实的）

二，继承古典（纵向的）

三，参考东方（横向的）

其实意象主义针对欧陆的未来主义、达达主义、超现实主义而发，可说是"实迷途其未远，觉今是而昨非"。话虽如此，但因事在人为，意象主义的发展和内部成员的变化，复杂得很。

主义、派，都是吃力的，不讨好的。

下面点明意象主义的历史契机。它的活动期，可以分三个阶段：

酝酿形成阶段（1908—1912）。

高潮阶段（1912—1914）。

衰落阶段（1914—1918）。

有人说，意象主义产生在休姆的伦敦文艺沙龙里。休姆师承柏格森，强调思想过程中的感情作用，认为逻辑思维的概念中是有意象的。庞德与他观点一致，便一同组织了意象派运动。

此后诗人们一面阐发理论，一面致力实践，办刊物、出集子，声势渐起，影响欧美诗台。

不久一战爆发，诗人从军了。这时，庞德转变观点，认为意象主义已成新的形式主义，便另办《风暴》（*Blast*）杂志，鼓吹漩涡主义，与意象主义对立。1914 年后，意象主义渐趋衰落，1918 年，风流云散。

意象派消失了，影响至今宛在。不要小看了意象派，它是有生命力的。前面讲过，它有根有源，有所建树，有功劳的。

举个例子，七十年代美国诗台的新派代表罗伯特·布莱（Robert Bly），被称为"新超现实主义"，他的诗，仍有意象主义的特征。"我活着一天，就有光海升起"，"我仿佛看见，石头里面的眼泪，就像我的眼睛在地底下凝视"。诸如此类。

布莱倾心中国古诗，他的很多诗，有唐诗味。

意象主义还有以下特点：

一，反对十九世纪末的颓败诗风，反对机械模仿，反对把诗变成美的谎言和个人梦幻，主张结合再现与表现，物、理、情一致，内容与形式和谐，以意象代替形象。追求瞬息间与对象融合，达到"物我合一"的"忘我"境界。诗中的意象既是感悟，又是经历。

二，反对说教，训诲。什么是新鲜的，什么是陈腐的，要重新评价。念一首庞德的《树》（*The Tree*）：

　　我是丛林中的一棵树

　　静静挺立着

　　知道前所未见的事物的真谛

　　知道月的女神和月桂花环

　　还知道那对老夫妇宴请诸神

他们在高原上种植榆树和橡树

直到众神被恳求并被迎入心灵深处

他们才显示这番奇迹

尽管我是丛林中的一棵树

却懂得许多新鲜事物

以前我却一直认为是荒诞的

三，参酌古希腊、古罗马、中国、日本的诗，因其年代久远，经得起时间的考验，反而新鲜，永葆青春。愚蠢的未来派、达达和超现实吃了亏，意象派却知道要占便宜，以庞德最为突出。

四，更新语言，不用废字，不用缺乏表现力的字。要口语化，又要有音乐性。庞德有一个说法：

只有当所咏的事物建立起一种比固定韵律更美的节奏时，或者说，只有当这种节奏比格律规定的抑扬顿挫更为真实、贴切、直捷，更有利于理解，更加是感情的一部分时，才能写自由诗。

庞德的要求，时人以为过于苛刻、高超，我倒觉得这是自由诗的起码、起点。自由诗比格律诗更难写，所以我写自由诗。"自由诗"（free verse）这名称是有问题的。如果有人问我："你写格律诗呢，还是自由诗？"我会答："我不写格律诗，也不写自由诗，我写诗。"

意象主义能知道以上四点，奉作信念与实践，那是高明，也可说是"弃邪归正"，只是"正"得还不够。

讲讲庞德，大家对庞德有好奇心吗？

艾兹拉·庞德（Ezra Pound，1885—1972）。美国现代主义盟主。狂人，怪杰，西方现代诗的巨星。出生于爱达荷州小职员家庭，先后在宾夕法尼亚大学、纽约哈密尔顿学院攻读语言文学。1908年第四次到英国，在伦敦与美学家、哲学家休姆相识，入其沙龙，与之共创意象主义。1909年出版诗集《面具》（*Personae*），为意象派之首作，自此成为伦敦文坛领袖。

1914年编选第一本《意象派诗选》（*Des Imagistes*），创办了《自我》（*The Egoist*）杂志，自任主编。但同年忽然抛弃了意象主义，认为不够现代。他鼓吹"艺术是一种强力"、"漩涡是最大强力的顶点"，遂大力呼喊"漩涡派"理论。可是应者寥寥，不成气候。

庞德早期的诗，格调清新，感情亲切，技巧富于独创。后来写的长诗（现代史诗），不及早期（史诗的时代早已过去，现代无史诗可言）。

庞德识人。他发现并培育了一代新诗人、作家，其中如泰戈尔、艾略特、海明威，三个都得过诺贝尔奖。艾略特《荒原》

(*The Waste Land*) 的前半部分，几乎可说是庞德的代笔。

四书——《大学》、《中庸》、《论语》、《孟子》

五经——诗、书、礼、易、春秋

庞德是中国迷——不能算"中国通"——他对方块字，真是识字不多，但他猜度。他对中国古诗、孔孟之道，佩服得五体投地。他亲自翻译了中文诗和儒家经典。我原以为庞德瞎胡来，但据刘军说，庞德译得别有风味。是依据中国古文古诗作灵感，自己创作了一番。我看是外国厨师烧中菜，外国人吃起来配胃口。

这个狂人讲究吃穿享乐，长得一副大师派头。但狂人毕竟危险。二次大战，他站在法西斯那边去了。

1945 年，他被美国政府捉拿归案，定叛国罪。幸亏文化界知名人士奔走呼吁，得从轻发落，受监视保护，失去自由，留住了性命。1959 年开释，移居意大利，又参加新法西斯党。

一个诗人，参加党，无论什么党，都是愚昧的。你做诗人，已经入了最好的党了，何必屈尊去和小党坏党厮混？庞德是狂人，不是天才。中国的文学、文化没有教好庞德，先是弃邪归正，后是大邪特邪。法西斯不是超人哲学，是反文化的，要毁灭世界。恺撒、拿破仑是英雄，希特勒、墨索里尼是暴徒。对英雄，可以成败论得失，也可以不论成败与得失，对于暴徒，无话可说，打倒，消灭，根治。

庞德主编的第一本《意象派诗选》，入选诗人除了前面几员大将，还有美国的约翰·弗莱彻（John Gould Fletcher）、詹姆斯·乔伊斯，等等。意象派是松散的文学集团，有宗旨，无组织，虎头蛇尾。庞德才出版了第一本年刊，便拂袖而去。劳伦斯、福特、弗莱彻、艾略特、乔伊斯，都是忽而这样，忽而那样，最终脱离意象主义运动，各奔前程。

说到中国迷，除了庞德，其他如福特、弗莱彻都有这个倾向。福特曾编撰了一部《文学的发展》，从孔子写到近代的长篇巨著。弗莱彻非常爱李白和道家学说，认为道家是东方的象征主义。

休姆（Thomas Ernest Hulme，1883—1917）。英国著名哲学家、美学家，西方现代主义奠基人之一。曾在剑桥大学深造，后独立研究哲学、美学和欧洲语言。赴加拿大、比利时、意大利、德国，求师访友，在伦敦组织文艺沙龙，名传遐迩。

1914 年投笔从戎，1917 年死于战场。死后声誉更大，在先锋派文艺家心目中成了传奇英雄（思想家的战场在精神领域，肉体上战场，极不智的。肉体力量小，头脑力量大，但头脑不能自存，一定要肉体顶着它。一个思想家而没有想清楚这点，可惜）。

休姆的思想：起初他发表了几篇关于柏格森的论文，之后与庞德制订意象主义纲领，宣扬"人类中心说"和表现自我的主观美学，反对伪古典主义，反对宗教原则，反对纯技巧，号召研究拜占庭和东方艺术，他认为新的诗即意象诗，要"严格、优雅、活泼"。他强调词汇的作用，词汇是"概念的物质负荷"、"具有最高的表达意义"。

他甚至下结论："诗只是词汇的镶嵌。"

先是反对纯技巧，最终又落入词汇的陷阱。文学修辞，关键不在某个用词妥当贴切（福楼拜的"一字说"，即找到你唯一准确的那个字，也是 ABC），而是构成句子文章的所有名词、动词、介词、形容词、副词、助词、连接词、感叹词，还有俚语、典故、专门名词、术语，甚至标点，都要使唤自如，唯我独用，又要使人不陌生，读起来只觉得天然自成，而风味风格，却使人无从模仿——这，才算是文学家。仅仅计较词汇丰富、恰当，顶多是个学者。

比如钢琴家，我们要求他不要弹错，那他没有弹错，就算成功么？安东·鲁宾斯坦自己承认，演奏时一半音符是在地上。怎么办呢？大家去捡音符？

我不佩服休姆的论调，太起码了。福楼拜呢？福楼拜是太老实了，话又没讲清楚。他自己写作时，才不止这个拿来教莫泊桑的土法子。达·芬奇用色，把颜色用秤子称了，再调，以区别色度，但实际画起来，早已忘其所以。

我曾说：格言是给别人用的。大家都记得某人的某句格言，认为很有启发，以至终生受惠，却不知写格言的人自己未必用的。

最后讲一位女诗人。

艾米·洛威尔（Amy Lowell，1874—1925）。美国著名诗人、文艺批评家，意象派运动后期的主将。世家后裔，未上学，全在家教。天资聪明，兴趣广泛，反抗世俗，特立独行。二十岁后立志做诗人，十年间默默研究诗艺。1912 年出版诗集《五彩玻璃的圆屋顶》（*A Dome of Many-Coloured Glass*），此时意象主义风行欧美诗台，她很快与庞德等结盟入伙。虽然她对这个运动起不了太大影响，但她执着、自信，成为真正有创造能力的意象派诗人。

1914 年庞德走了，她团结剩下的意象派诗人，主编年刊，苦苦支撑，成为后期意象派的领导人。著作：《剑刃与罂粟籽》（*Sword Blades and Poppy Seed*）、《男人，女人和鬼魂》（*Men, Women and Ghosts*）、《浮世万象》（*Pictures of the Floating World*，又称《浮世绘》）、《东风集》（*East Wind*）。

她研究美国和法国诗人，著有《法国六诗人》（*Six French Poets*）、《美国现代诗歌趋势》（*Tendencies in Modern American Poetry*）。也研究过英国浪漫主义诗人济慈的生平和诗作，著有《济慈传》厚厚两大卷。

这件事令人感动。济慈诗不多，命又短，而竟遇到知音，为他耗尽心血写了这样长的传记，太有幸了。

意象主义（二）

一九九三年元月九日

中国三十年代就出此书译本。这书好在哪里？尽管描写性，它还是小说。如今以性挂帅，拼凑成小说的书，抽掉性，溃不成小说。《金瓶梅》、《查泰莱夫人的情人》，是小说。

性行为是写不好的。宿命地写不好的。酒是什么味道？烟是什么味道？文字描写官能，是无能的。长篇大幅性描写，是缺乏小说的自知之明，又缺乏性欲的知人之明。

我们所处的宇宙是无情的物质环境。在这客观上无情、主观上绝望的环境中，人的最高的快乐是肉体的官能的刺激，是性欲的追求和满足，这满足的一刹那，足以与宇宙的虚无绝望相抗衡。仅仅此一刹那，无所谓存在不存在，无所谓虚空不虚空，无所谓绝望不绝望。性，是神奇宝贵的生命的唯一可能。

最近自编散文集，自我鸟瞰：喔哟！话太多了！可是想想要是不说呢？喔哟，肚子里话多着呢！

李梦熊六十年代曾对我说：现在不是艺术的时代。是的。但什么时候是？如果艺术家创作时是艰苦的，得到名利后才快乐，那我不做艺术家——我创作时已经快乐啦！名利如果有，那是"外快"。

上次讲意象主义：它的发生、发展、特点、主要人物。今天继续下去。

理查德·奥尔丁顿（Richard Aldington，1892—1962）。英国诗人、小说家、批评家、翻译家，同时又是新闻记者。加入意象诗人集团，与美国意象派诗人希尔达·杜利特尔女士成夫妻。两夫妇协助庞德出版诗集。

1916 年，他志愿参军，受伤后回来，出版诗集，反战。此后主要从事小说创作。1929 年出版长篇小说《英雄之死》（*Death of a Hero*），同情战争中无辜死者，是英国杰出的反战小说。1930 年出短篇小说集《通向光荣之路》（*Roads to Glory*）。1933 年出版长篇小说《人人都是敌人》（*All Men Are Enemies*），写战后迷茫的一代。再后来，创作一些新的作品人物，个人主义怀疑论者，虽不成熟，但都在找目标。

1937 年与杜利特尔离婚。1939 年侨居美国。1946 年到法国，后卒于法国。最著名作品是《阿拉伯的劳伦斯》（*Lawrence of Arabia*），批评英国假装拯救阿拉伯。

我赞赏奥尔丁顿，是他保持传统，英勇地和现代文学的反传统辩论。正面见解：艺术要寻找本质，用鲜明合度的形式，把本质表达出来。

英国的劳伦斯，曾风行一时，我们年轻时争看。

戴·赫·劳伦斯（D. H. Lawrence，1885—1930）。诗人、小

说家，也写戏剧、散文。《查泰莱夫人的情人》（*Lady Chatterley's Lover*）使他驰名世界，许多人却不太知道他也写诗和散文，是意象派作家。

出身贫家。父为矿工，酗酒。母亲是小学教员，常和父亲吵架。家庭不和乐，母亲全心爱他。他靠教低年级班的薪水读完书，以教职谋生。后来写小说《白孔雀》（*The White Peacock*），登出来了，决心当文学家。在大学爱上教授夫人，写很多情诗。后来教授夫人抛弃丈夫和三个小孩，与他私奔欧洲大陆，后又去过澳大利亚和美国。两人情感诚笃，从此劳伦斯多产，成四十多本书，终死法国。

劳伦斯的文艺观。他说：诗、小说，应该直接表现主客观事物，表现有血有肉的意象，排除宗教、哲学和道德说教。

他特别重视官能作用，排斥理性作用：

　　血和肉比智力更聪明，我们头脑中所想的可能有错，但我们的血所感觉到的，所相信的，所说的，永远是真实的。

这是诗的、文学的说法。我同意劳伦斯，却要补充：

血和肉果然比智力聪明，可是没有头脑，生命会被血肉所断送，这也"永远是真实的"——我十分愿意不听智力，听从血肉，生命当然快乐、疯狂，但我不敢。我不放纵，还是靠头脑生活。见到劳伦斯，我会对他说："你也不敢。"

《查泰莱夫人的情人》（1928 年出版）是他最后一本小说，一出就被禁。英国一直禁到 1960 年——中国三十年代就出此书译本。

这书好在哪里？

尽管描写性，它还是小说。如今以性挂帅，拼凑成小说的书，抽掉性，溃不成小说。

《金瓶梅》、《查泰莱夫人的情人》，是小说。

人是有情动物，人的世界就是有情世界。男女之爱是情之一种，男女之爱至上者，是排除其他爱、其他情的。所以恋爱至上者不是自杀，就是情杀。

性行为是什么？是多种爱的表现中的一种，而且是低级的行为。凭什么说是低级呢？

请问：强暴是性行为吗？谁也不能不说一声"Yes"，不然不成其为强暴；强暴是爱吗？谁也不能不说一声"No"，因为是爱，就不成其为强暴。就这样，我断然把性行为判定为爱的低级的行为。

人的肉体的快乐，是用眼耳鼻舌身（佛家语）分别享受色香味。要说狂热、陶醉、销魂——那只有性欲的满足才可能达到极顶，享受肉体的最高快乐。

音乐、宗教、建筑、舞蹈等等，是精神上的享受，也能使我们狂热、陶醉、销魂，但和肉体无关。肉体在精神活动中无动于衷，胃痛的，照样痛。手触火，痛；手触画，没有感觉。耳朵并不懂音乐，眼睛并不懂绘画，艺术，不给肉体什么快感，是纯灵智的。

人和艺术的关系，是和日神的关系：清明、观照。狂热的陶醉，是酒神精神。

神离我们太远。梦近点，艺术更近——再近，近不了了。

有人不肯罢休的，还要近——只有神，只有梦，只有艺术，只有理想、想象、智力、经验，而没有本能、直觉、欲望，是不成其为人的。

这就要说到尼采所想象的"酒神精神"，这种精神，只有性欲的高潮才能真正达到。可怜这两位艺术的"酒神"：尼采，贝多芬，在性欲上都没有达到极乐。这是太隐私的事，所以大师们谁最配为酒神，不知道。

官能世界和艺术世界，是不通的，是两个世界。

我看《金瓶梅》中的性，不高明。《查泰莱夫人的情人》中写性，也词不达意。不通的。官能世界无法和艺术世界沟通——可能这把尼采逼疯了。他想把酒神精神放到艺术中，放不进。他不知道，酒神精神只有通过感官才能实现。

性行为是写不好的。宿命地写不好的。

酒是什么味道？烟是什么味道？文字描写官能，是无能的。长篇大幅性描写，是缺乏小说的自知之明，又缺乏性欲的知人之明。

我们所处的宇宙是无情的物质环境。在这客观上无情、主观上绝望的环境中，人的最高的快乐是肉体的官能的刺激，是性欲的追求和满足，这满足的一刹那，足以与宇宙的虚无绝望相抗衡。仅此一刹那，无所谓存在不存在，无所谓虚空不虚空，无所谓绝望不绝望。

性，是神奇宝贵的生命的唯一可能。

可是性被滥用了。骂人，强奸，侮辱人，欺凌人，都用性，是人类最可耻的一大败笔。

人类也能把崇高纯洁的爱情，丰满强烈的性欲，产生出光华灿烂的奇迹。什么奇迹呢？就是情人间的性欲的满足，和艺术豁然贯通了，艺术世界与性欲世界，浑然一致了。

伟大的情人就是诗人，伟大的情人就是圣人。爱和性一致，就是酒神精神。

汤显祖信中说：智极成圣，情极成佛。

性只有在爱情前提下，是高贵的、刻骨铭心的、钻心透骨的。爱情没有性欲，是贫乏的，有了性，才能魂飞魄散、光华灿烂。补足了艺术达不到的极地。一个人如果在一生中经历了艺术的极峰，思想的极峰，爱情的极峰，性欲的极峰，真是不虚此生。

纪德，瓦格纳，可以是例子。纪德是从新教徒逐步上升为性的智者，在他的《地粮》中透露不少玄机。瓦格纳，他是真能在艺术、爱情、性欲三者的边缘，来来去去。

我的作品中很少写到官能，几乎不写性。不是胆小，是我觉得那是不能写的，写不好的。《威尼斯之死》（*Der Tod in Venedig*），作者想把艺术、爱情接通，结果接不通：让主人公殉道了，死了。

艺术可以做主，爱情无法做主的。可是艺术又和人没关系：人对艺术是单相思的，艺术自己不知道。人呢，恋人们是face to face（面对面），一声 No，全完了。Yes！噢！

不过还可以讲下去。爱情再好，是终要厌倦的。再找？人生的麻烦就是这样。

"言而不尽"——赏艺术，品人生，分析世界，都要为对象留余地，为自己留下余地。苏东坡和米元章交往，知道米的书画极好，待看了他作的《宝月观赋》，说："恨二十年相从，知元章不尽。"

诸位要与苏轼、米芾一样，有被了解不完的品性——你们以后去欧洲，要能知意大利不尽，知法兰西不尽，就是有余地了。

要谦逊。谦逊是一种弹性。

美国意象派诗人希尔达·杜利特尔（Hilda Doolittle，1886—1961），笔名"H. D."。在伦敦定居期间，正值意象主义兴起，她学的是古典文学，当时提出要师承希腊传统。精通希腊文、拉丁文，翻译了很多古典著作。自己有诗作《海上花园》（*Sea Garden*）、《婚姻女神》（*Hymen*）、《红色铜玫瑰》（*Red Roses for Bronze*）。西方论家以为杜利特尔最符合意象主义原则，有古典风，端庄凝练，喜用古希腊格律。

这现象，出现在本世纪四十年代——回头看中国，当时就没有这样的诗人。西方每隔一阵就回一回古典传统，源流不断。中国自"五四"之后，就断了——中国古代，也常回古典传统——这文化沙漠会长久沙下去。

中国现在的繁荣景况，表不及里。这还不要紧，可以由表及里——我想的，是无里可及，没有里。文化的死亡，说明国民性的脆弱：国民性强，文化在，可以经得起折腾，毁坏后，又可以重建。

退好几步讲，与其"文革"时期的水清见底，不如现在的浑水好摸鱼。

杜利特尔以写诗著名，也写过小说。有《祝福我永生》（*Bid Me to Live*），自传性的，写到戴·赫·劳伦斯。据说，杜利特尔、奥尔丁顿、劳伦斯，一度是一起生活的，是"平等的乱伦"、"共夫共妻"，快乐过一阵，后来分手了。

美国诗人：威廉·卡洛斯·威廉斯（William Carlos Williams，1883—1963）。这人很有意思的。生于新泽西，行医，业余写诗。得过很多奖，美国官方任命图书馆馆长，他拒受。在乡间，人们叫他会写诗的医生。

威廉斯开始创作时，受到意象派影响。他反对艾略特的诗风。有意思的是，艾略特反对浪漫主义，大功德出来后，又有威廉斯反他：何必全是世界性，乡土东西照样好。

那是因为威廉斯写得好。他喜欢写情感的直觉经验，不用比喻，有自传长诗六大卷。

小诗一例（《红色手推车》，*The Red Wheelbarrow*）：

那么多东西
全靠
一辆红轮子的
手推车
雨水淋得它
晶亮
旁边是一群
白色的小鸡

这种东西，中国、日本，早就有了。文学到现在，都用比喻、形容词，积重难返。陶渊明的秘诀，直写印象：

微雨从东来
好风与之俱

好像有点意思，想想又没意思，再想想，还是有点什么意思：那种进进退退，有意无意，最是艺术家的气度，涵养，性情，是文学的非常逸乐的过程。

最近自编散文集，自我鸟瞰：喔哟！话太多了！可是想想，要是不说呢？喔哟，肚子里话多着呢！

以后尽量减少形容词，减少比喻，归真返璞。

后来威廉斯在美国诗台取代了艾略特的地位。艾略特如日中天时，他出来了。精神世界真是一浪接一浪。

到俄国走走。

谢尔盖·亚历山大罗维奇·叶赛宁（Sergei Alexandrovich Yesenin，1895—1925）。俄国的兰波。在世界诗人中，兰波、马雅可夫斯基、叶赛宁三人，长得最漂亮。叶赛宁像天使，兰波无确切照片画像可参考，一张一个样。

十月革命前，诗作充满田园气息。十月革命来了，他又不懂革命，以为农民就是好（他是农家子弟），于是"万岁！革命！"一边参加革命，一边参加意象派——等于带着一个漂亮女人去参加革命——怎么行得通！

不过他在革命中还能明白表示观点，不像我们当时闷声不响，默默保持观点。现在看，海涅、叶赛宁，是先知。

海涅：革命一来，我的艺术世界要完了。

叶赛宁：机器王国要破坏整个大自然。

海涅是艺术之子，叶赛宁是大自然之子。与他们比，我当时是拼命读书，观察，一声不能响。他们还能叫叫。不过他们很快就死了，我活下来。

他先跟革命走（自我伪善），后来忍受不了，1925 年底在一家旅馆里吊死。绝命书写得干脆：

死不算新鲜
活也不是奇迹

他不知怎样爱自己，最后把自己杀死，我看他是自恋者的情杀案。

他真是诗人，借景抒情，想象大胆，只有俄罗斯能出这样的诗人。当时一死，定性反革命，作品打入冷宫，直到五十年代才解禁，大家很喜欢。

不必为天才担心。天才会复活的。叶赛宁不是大天才，是一个诗人，他可以复活，其他天才更能复活。

李梦熊六十年代曾对我说：现在不是艺术的时代。

是的。但什么时候是？如果艺术家创作时是艰苦的，得到名利后才快乐，那我不做艺术家——我创作时已经快乐啦！名利如果有，那是"外快"。

艺术是 Cash，不是 Check。

听贝多芬《命运》，他是懂，痛苦中来。禅宗小焉者，公案，不过是笨人逼出了灵感。宗教家哲学家艺术家——艺术家聪明多了。多少经历。

佛家只是坐在那里，打坐，算什么。

所谓观念艺术，其实就是所谓公案。

第七十讲

存在主义（一）

一九九三年元月二十四日（年初二）

最近读了两遍《尼采传》。他还是太老实，所以苦。我是复杂而狡猾，比较能苦中作乐。他没有读过东方人的东西。他的超人，还是创造了新伦理道德。他太看得起人类，太西方，太德国。

天才越大，越是不肯承认有神论无神论——历史上四例：达·芬奇、米开朗琪罗、托尔斯泰、陀思妥耶夫斯基，都不肯承认。一会儿有神论，一会儿无神论——不是神出鬼没，而是神出神没——我是小艺术家，也不肯承认：你们看，我一会儿有神了，一会儿无神了。

海德格尔是个庞然大物。刘军当时要进去，我劝他别进去。我只能点点，点到为止。这种点穴道，是缺德的。如果以后有人说"木心是以这种缺德显大德"，就好。

电视里一个小男孩跳出来，哈哈一笑，真是天堂笑声。一笑，孔雀开屏了，唰的一下全撑开，然后抖，简直瓦格纳！

现代知识分子，二战后，极度混乱。老子哲学起了良好作用，但只限于一小撮人。老庄是出世的，而存在主义是入世的。所以从历史角度来解释存在主义，它有功。它通俗易懂，将人生难题一把抓起来，在当时是有用的。所以我说存在主义是摆地摊，比到大公司买东西实惠。

萨特在文学上不愧为好样的。在政治上参与，有时瞎起劲，帮倒忙。中国没有受存在主义好处，也没有受存在主义害处。

今天讲存在主义（Existentialism）。在本世纪，存在主义是件思想界的大事。三十年代末、四十年代初，存在主义是在法国兴起的文学流派。以萨特为代表，后来成了二十世纪现代文学主潮，席卷西欧，波及南美北美，二战后，势焰更盛。

"存在主义已像大气压一样，到处存在，成为知识分子中占统治地位的精神潮流。"匈牙利学者卢卡奇说。

存在主义初为哲学界的一个哲学名词，概念限于哲学。萨特出来后，研究克尔凯郭尔、胡塞尔、海德格尔、雅斯贝斯等人的"存在"学说，以他丰富的别具一格的文学著作、政治论文，从存在主义哲学原理，形成一种文学观点、政治态度、写作方法。他本人还参与很多社会活动。

当时社会正期待这么一个人物，一个宗师，需要有人出来，对战后不知如何是好的青年说话，引路，正好萨特是这么一个人物。

现在不太有人提存在主义了。当时，可不得了。

中国，七八十年代有一群青年人偷偷在讲存在主义，很信服，硬把我也拉进去，我说，我不是。

什么是存在主义文学？以存在主义哲学为核心的文学活动。存在主义的内核，是存在主义哲学，存在主义的外形，是存在主义的文学。一个哲学概念和一个文学流派一起发生，发展，这在文学史上没有过。

存在主义的鼻祖是谁？不是萨特，是十九世纪的克尔凯郭尔（Søren Kierkegaard）。这位哲学家很特别，用小说、散文来间接传达他的哲学观点，不直接用哲学方式写。

所以存在主义一出世，就和文学结下不解之缘。我的说法是，存在主义这个婴儿，是穿着衣服诞生的。萨特的文学成就，我是佩服的，他的《墙》（*Le mur*），实在是写得好。

萨特是无神论的存在主义者，克尔凯郭尔是基督教的存在主义者。存在主义是从有神论慢慢过渡到无神论的，在这过程中，有个过渡的人物，胡塞尔（Edmund Husserl）——我们往往不知道胡塞尔的过渡、克尔凯郭尔的起缘——萨特曾在胡塞尔门下做学生，后来成就超过前辈。

存在主义文学的代表作家，萨特之外，还有加缪（Camus）、德·波伏娃（Simone de Beauvoir）。

萨特有好几大聪明：他和德·波伏娃那么好，但不结婚，聪明！诺贝尔奖给他，他不要，聪明！他这些聪明，是非凡，所以我称他是当代的骑士。

他长得难看，又崇拜"文革"，我起初讨厌，后来看了作品，还是佩服他。

还有雷蒙·盖兰，本雅明·丰达纳。这两位在法国也很有名，但属存在主义边缘作家。此外，意大利、秘鲁、印度、日本，都有存在主义作家。《大英百科全书》把卡夫卡也列入存在主义作家。

五十年代加缪思想转变——整个说来,存在主义是"左倾"的——他和同志们辩论,"右倾"了。六七十年代,存在主义日薄西山。1980年萨特死,存在主义思潮亦结束。

但作为影响,存在主义对将来还会不断有影响。

条理化地探探存在主义。

克尔凯郭尔(Søren Kierkegaard,1813—1855)是大家。要简化他的思想,做不到。丹麦哲学家克尔凯郭尔,被称为"基督教存在主义"。这哲学要追溯到希腊哲学和基督教神学传统。帕斯卡、蒙田,都得追溯到。

他的哲学和"教义",密切联系。他有部著作《非此即彼——一个生命的残片》(Either/Or),很有代表性。主题是:人的存在与发展有三个阶段:美学阶段、伦理阶段和宗教阶段。其中,对生活的美学观点、伦理观点,两者一定要选择其一。人生道路,不可能既是美学观,又是伦理观。

这问题大了。从古到今,到未来,这是一个老要纠缠下去的问题——老庄,美学观点。孔孟,伦理观点。嵇康,自己是美学的,教儿子是伦理的。

要我的说法,一是审美情操,一是义务责任。结婚,就是伦理,义务责任。

我平时的所思所想所言,都是审美的,只能放弃义务责任,我出国,五个外甥,一个也不写信。人家出国,急忙给家里写信。

最近读了两遍《尼采传》(丹尼尔·哈列维著)。他还是太老实，所以苦。我是复杂而狡猾，比较能苦中作乐。他大概没有读过东方人的东西。他的超人，还是创造了新伦理道德。他太看得起人类，太西方，太德国。

再谈克尔凯郭尔：那本书，提出人生三阶段。其一，美学。其二，伦理。其三，宗教。拿两个人相爱来写如何体现这三阶段：先是相爱不能结合，因外界阻止；后是两人理解不同，一者是审美的，一者是伦理的；最后，悲剧表现在两人气质不同，一者认为忍受命运，一者是要反抗命运。

这本书的概括力量惊人。这三阶段，我都经历过。大家都经历过。

在中国的环境中，这三种阶段的矛盾更激化。如两人都审美情操，但社会不允许；如对方以伦理回报我，我认为他不解，有一方忍受命运——最后毁灭。

这三阶段，不是指个别，是指全人类。

我认为，这三阶段不是逐个分阶段，而是同时存在的。

他是有结论的，认为先是审美，后是伦理，再进入宗教。我称他为克尔凯郭尔的"丹麦式的天人合一"。怎么回事？他先是攻击黑格尔，认为"存在"是不完全的，不可能单凭理智就能理解的。他不承认黑格尔的"体系"，他说：

在最热情的献身精神中坚持客观的未定性，就是真理，就是对每个存在着的人的最高真理。

黑格尔把存在和思想是同等对待的。而克尔凯郭尔认为，同等对待存在与思想，使信仰失去了地盘，这样，基督教仅仅成为一个环节。他感到上帝指定了一个任务给他，但任务是什么，人不知道，不明确，要靠人自己去努力，才能知道这任务是什么，并去完成它。

这说法很有魅力的，狡辩的，诗意的，余地很大。他说：

哲学不是研究客观世界，而是研究个人的主观的'存在'，个人'存在'无法摆脱痛苦、危机、荒诞，所以唯一的出路便是弃绝理性，皈依上帝，达到神和人的统一。

这就是我前面所说，克尔凯郭尔的"丹麦式的天人合一"。一次大战后，他的书影响很大。

他哪儿也不去，只去过一次柏林。自作孽。做哲学家，不如去餐馆打工——哲学家不过也是餐馆打工，老板是上帝。上帝很凶，尼采不老实，疯了。

后来出了胡塞尔（Edmund Husserl, 1859—1938）及他的

"现象学"(phenomenology)。他认为现象学（其实就是哲学，他换个说法，新了，卖价高了）是对纯粹意识的肯定。纯粹意识对世界做了简化（世界本身，被放到一个括弧里），对这个世界只有直觉能够把握，这又像是柏格森的说法。

我的说法，是"直觉"像扇门：一边推开——有神论，一边推开——无神论。有神无神都争"直觉"这扇门。艺术家是靠直觉创作的。

而天才越大，越是不肯承认有神论无神论——历史上四例：达·芬奇、米开朗琪罗、托尔斯泰、陀思妥耶夫斯基，都不肯承认。一会儿有神论，一会儿无神论——不是神出鬼没，而是神出神没——我是小艺术家，也不肯承认：你们看，我一会儿有神了，一会儿无神了。

蒙田说：我的头脑是清醒的，我的膝盖是软弱的。

达·芬奇的学生说有两个达·芬奇，他一会儿有神，一会儿死不肯说。

当时的宗教，比二十世纪极权统治还要厉害。你不信神，要烧死的。人长得美丽，美姑娘，完蛋。哪里出了事，都推到美女身上，吊死，烧死。这些美女今天可以去做模特儿，每天不给五百、五千美元，不起床。

放弃任何涉及客观现实的、超过任何纯粹经验界限以外的判断——这就是现象学的简化。不把认识主体看做是现实的、社会的、心理的存在，而是把它看成是纯粹的，即先验的。

以上是胡塞尔的现象学要义。是反理性的。

而西方传统经典是理性主义延伸，这条路线是苏格拉底、亚里士多德、柏拉图一路下来，认为理性是可以认识世界的。到马克思，认为不但可以认识世界，而且可以全盘解决世界的问题。

尼采第一个看出理性主义的祸害，在大学讲演时，底下一片轰动。但他没有能全面攻击理性主义。他有诗人气质，但诗才不行。

我说："诗是天鹅，哲学是死胡同。天鹅一展翅，全都碰壁。哲学家全是壁虎。"

当时波德莱尔出来了，尼采就赞美。

胡塞尔构成了非理性主义的哲学体系。这无疑是功劳。他否定了客观世界的真实性、物质性、可变性。这原是哲学家一厢情愿臆造出来的。

哲学，到头来是哲学家的性格表现——唯物主义者的性格，都刚愎自用。

胡塞尔这一步，对海德格尔、萨特产生巨大影响。

现在轮到海德格尔、雅斯贝斯（Karl Jaspers）。

海德格尔是个庞然大物。刘军当时要进去，我劝他别进去。我只能点点，点到为止。

说句笑话：越是大师，越是怕点。跟他驳、辩，劳民伤财。一点，点到要害，他可以瘫痪。

这种点穴道，是缺德的。如果以后有人说"木心是以这种缺德显大德"，就好。

雅斯贝斯主张"存在"是对上帝的追求，认为哲学应从人出发，认为个人处于极为难的绝境，应通向上帝。

海德格尔是无神论存在主义。他关心"存在"的意义，认为人所处的世界是无法理解的世界，他关心人是如何"存在"的，人孤立无依，永远只能惶恐忧虑。

如果他到此为止，他是个诚实的哲学家，是另一个叔本华——他不停，说：这种忧虑惶恐可以揭示真理存在，人有选择和自我控制的自由——如果他到此为止，还是一个超人哲学的继承者，是悲观主义发急了，想要超越，横竖是理想主义，不能推广，不能实现的——他还不停。说：忧虑恐惧通向存在，存在是光明的，这光明通向上帝。

我认为世界上不存在超人党、超人俱乐部。真正的超人，不需要读超人哲学。超人存在于超人哲学之前。超人俱乐部进进出出的不是超人，是小人。

海德格尔是花最大精力、最权威的研究尼采的，但没有尼采的性格，没有尼采的血，走不了尼采的路。西方都说他是尼采最好的解释者，我不做声——后来他说了：忧虑恐惧使人通向存在，存在是快乐光明的，最大的快乐光明是通向上帝。

我的俳句是："哲学的水落，神学的石出。"

绕这么大弯，几百万字地绕，原来无神论是这样的！

中国的鲁迅、王国维，都崇拜过尼采，后来一点尼采的影子也没有。王国维说尼采比成吉思汗伟大——这说到哪里去了。

所以我说，海德格尔选了一个更大的窝，等他那个养胖了的上帝。

哲学根本就是一个亵渎神明的事。对于我，哲学的起点终点是：一颗星球要来撞地球。那么，有神论无神论算什么？

我们现在所处的空间时间，凭我们对天文宇宙的知识，人和宇宙是不成比例的。太空中那么多黑洞，还有比太阳多五千亿热度、十万八万倍的星体——这些，耶和华管得了吗？

所以爱因斯坦说：有人形的上帝我是不相信的。

科学知识足够埋葬神学，接下来还要结束哲学——不过话说回来，海德格尔是不可轻视的，他下的功夫极大极大。

（休息。木心讲笑话）战国时代，我一个打火机可以让秦始皇吓破胆。荆轲刺秦王，应该手拿打火机先吓一吓，然后把剑刺下去（学吓人、刺剑的动作）。

西方、东方，应该结婚，看看能不能生出超人。

西方人凡通一通东方的，好得多，好像吃了中药一样。现在中国人不太吃中药了，傻了。

西方人种是好。电视里一个小男孩跳出来，哈哈一笑，真是天堂笑声。一笑，孔雀开屏了，唰的一下全撑开，然后抖，简直瓦格纳！

法国分三派：萨特，无神论的存在主义。梅罗·庞蒂 (Maurice Merleau-Ponty，1908—1961)，人道主义的存在主义。加布里埃尔·马塞尔 (Gabriel Marcel，1889—1973)，基督教的存在主义。萨特、庞蒂，有所相通，加布里埃尔是克尔凯郭尔的继承人。萨特势力最大。所以主要讲萨特。不要讲起存在主义以为只有萨特，不是的。

　　萨特的存在主义有三项（或谓原则）：存在先于本质。自由选择。世界荒谬，人生痛苦。

　　很多至理名言，如果心领神会，不多嘴，是蛮有味道的，然而人总归要求解释。一解释，就跌价，味道不对了。我爱写作，不爱演讲，一讲，就跌价——现在要讲，只好跌价。

　　人存在着，自己做选择。后来呢，本质显现出来：世界是荒谬的，于是痛苦——这是我的通俗解释，大跌价。这里是粗粗讲讲。

　　1943 年，他发表《存在与虚无》(L'Être et le Néant)，建立了自成一家的存在主义体系。书中提出"存在先于本质"，后来人们从各种不同角度解释。这个公式，我年轻时看到，觉得不新鲜——佛家的因果律，唯物主义的物质第一性、精神第二性，还有笛卡尔的公式"我思故我在"，倒一倒，就是"我在故我思"——都可参考。

　　他又讲：存在主义是一种人道主义。他讲，人存在，首先遇到自己。人之初，是空白的。后来露面，要造就自己。人不是上帝造就的。人是自我感觉到，然后存在。总之，存在先于本质。

我觉得也讲得通，但有什么意思呢？平淡无奇。

而且，人是决定自己的吗？我想成为钢琴家，环境不允许，于是自己无法决定。可是后来，音乐修养还在，我和音乐还是同在，这不也决定了吗——哲学就是这个东西，讲来讲去，怎么讲都可以，所以我厌倦了哲学。

我少年时为了学哲学，吃足苦头，一字一句啃经典，不懂的地方总认为自己笨，只好死读硬读。特别是黑格尔，一次又一次读，后来关在地牢里，花三个月，第三遍读完了《小逻辑》，书上被我批得密密麻麻，好像有点悟了。

不要以为哲学里可以找到真理。那是黑房子里捉一只黑猫。哲学家不过是想尽办法说，说得别人相信。黑房里捉黑猫，还是比喻不对，是一群哲学家在黑房子里你撞我，我撞你，黑猫呢，从来就没有过黑猫。

这就是我的哲学。要是说得文绉绉，叫做"无真理论"。

第二项核心，被认为是萨特的精义所在：人是自由的。人即自由——他反对任何决定论，在任何环境都可以自己选择。如果不能自己选择、决定，就不算存在。

从内心讲，你可以批判、对抗，没人可以控制你的头脑，但碰上"文革"，你能选择吗？能决定吗？不过萨特不是指这些环境决定。他指的是他通过自己判断来决定选择，然后他要对自己的选择和决定负责。

这段看起来很对，但很片面。萨特，你有律师吗，如果你犯了罪？

现代知识分子，二战后，极度混乱。老子哲学起了良好作用，但只限于一小撮人。老庄是出世的，而存在主义是入世的。所以从历史角度来解释存在主义，它有功。它通俗易懂，将人生难题一把抓起来，在当时是有用的。所以我说存在主义是摆地摊，比到大公司买东西实惠。

哲学是个拐杖，艺术家是舞蹈家——也有用，拐杖有时可以打人，打狗。

我用拐杖是为了风度，拍照需要。

萨特在文学上不愧为好样的。在政治上参与，有时瞎起劲，帮倒忙。中国没有受存在主义好处，也没有受存在主义害处。

萨特哲学的第三原则，下一课再讲。总之，存在主义是大众哲学。这些不懂，太差了。哲学不是手杖吗？用得好，可以成为知识分子的脊梁。脊梁能硬得像手杖，多好。

哲学又是健身操，练好了，再去跳舞。

上一课笔记内页："哲学又是健身操，练好了，再去跳舞。"

存在主义（二）

一九九三年二月七日

康德是客客气气的无真理论，我是不客气的无真理论。但说出去，要围攻的。围攻不怕，但无聊。

萨特不但老实，而且聪明。他明白，自由选择的那个人是没有支撑点的。我存在，别人也存在，每个人都有他的思想和意志，都有"主观性"，所谓社会，就是"主观性"的森林，人人都是其中的孤独者。我看到存在主义时想：存在主义行，萨特不行。

鲁迅的世界观、宇宙观，有一度和佛教"touch"（触摸）了一下，就避开来。尼采也碰过一下，避开来。他们都急着要去建立他们的人生观。

有个大问题，我们来解决它——当一种学说、思想出现，人类就想拿来当靠山。首先表现在宗教，其次表现在哲学。以中国例，儒家门庭，两千年来中国知识分子跳不出来。章太炎晚年回到儒家，杜维明、余英时等等，口口声声孔孟之道。

我看不起那些朝秦暮楚的"思想家"，更看不起那些秦楚不分、或在秦楚之间乱攀关系的人。

上次讲到萨特存在主义有三原则，已讲前二原则，今天讲第三原则。

回顾：一，存在先于本质。二，自由选择。我以为这是大众哲学，励志哲学。为什么？对二战后的欧洲起过安抚作用。进取性很强。所以我会很不礼貌地把存在主义指名为"大众哲学"、"励志哲学"。1949年前上海流行所谓"励志哲学"，民主人士还成立"励志社"，社址好像就在淮海路、雁荡路那里——这就是我不反对存在主义的原因。

叔本华认为自由是不可能的——意志是自由的，人不自由，可是悲观主义不实用。萨特的存在主义，说穿了，是实用的悲观主义，悲观主义的实用主义——但只能下面说说，不能说出去。争也争不过来。

超人哲学是个人的，英雄的。借佛家语，是小乘。萨特的哲学可谓大乘。我以为大乘是对小乘的误解。小乘真实，是个人自己超度自己。

尼采的道德观，就分伟人道德、奴隶道德。

现在来讲萨特哲学的第三原则：世界是荒谬的，人生是痛苦的——第一原则，是理性分析。第二原则，从悲观里跑出来。第三原则，又回到悲观主义。

这是硬撑起来的面子：人不是神创造的，所以要自由选择。但萨特忘了、或不提"命运"——比如俄狄浦斯，他杀死作为敌方的王，自己选择了王位，又选择了王后，哪知所杀的是他父亲，所娶的是他母亲，最后他把自己的眼睛挖了。当然，这是俄狄浦斯的最后一项自由选择。

命运，高于一切，高于神。

第二原则，只能看做鼓励士气，让青年奋斗，谈不到真理、哲学。一个年轻时代的存在主义者，到晚年会满意自己的选择么？

哲学是什么？哲学家的遁词无非和科学家的结论一样：科学家说，宇宙是无限的，也是有限的。那么，哲学家的选择是自由的，又是不自由的——但哲学家不讲后面这句话。

康德的二律背反，实际上已经讲出了真理是不存在的。康德是客客气气的无真理论，我是不客气的无真理论。但说出去，要围攻的。围攻不怕，但无聊。

萨特三原则：第一，孤立的。第二，摇摆的。第三，否定的。

但第三原则最真实——世界荒谬，人生痛苦——否定了第一第二原则。这是不能改变的。萨特蛮老实的，他知道"自由选择"可以使人选择为善，也可以使人选择作恶。他悲伤地说：

明天，在我死后，有些人可能又打算建立法西斯，而别的人可能变得很懦弱，随随便便，听凭他们为所欲为。那样，法西斯主义又成为人类的真理了。

萨特不但老实，而且聪明。他明白，自由选择的那个人是没有支撑点的。我存在，别人也存在，每个人都有他的思想和意志，都有"主观性"。所谓社会，就是"主观性"的森林，人人都是其中的孤独者。

我看到存在主义时想：存在主义行，萨特不行。他那张脸你看看。

第三原则最真实。

他的三原则，是三条直线。单凭这三原则，是成立不了哲学体系的。二战后存在主义之所以成为青年人的思想主潮，是有其深意的。存在主义试图恢复已经失去的人的价值，要求人选择和掌握自己的命运。这个，有好处。他要把上帝、命运，都否定掉，重新规定人的本质、意义、价值，由人自己的行动来证明、来决定、来判断。重要的是在于行动。他说：

人是自由的，懦夫使自己成为懦夫，英雄把自己变成英雄。

这是对的——在座都从苦难中出来，本来是应该被埋没的，当个小市民，但大家都有一番成绩，将来不同程度前程远大，这，就是我们自己的选择。

我自己出国，根本就是结结巴巴，好不容易，细节上处处作假，只为了出来。我的意思是说：所谓自由选择，我们的选择之苦、之难，萨特哪能了解。但我们每个人的经历，都说明自由选择是有的，可能的，《浮士德》的主题，永不休歇。中国的《易经》早就说："天行健，君子以自强不息。"

叔本华的悲观主义，尼采的超人哲学，是一种高贵的欣赏品，一种美味的滋补品，但存在主义是实用的救济品。

所以不要宣传悲观主义，可以宣传存在主义。不要忘记存在主义产生的年代：二次大战先后牵涉六十多个国家，世界人口五分之四卷入战火，数以千万计的死者伤者，精神文化的遗产被摧毁。而在存在主义同期，中国知识分子如何？抗战刚结束，大家忙于重建家园，我所看到的，没有人思考根本的彻底性的问题。有种的，去延安，没种的，参加国民党所谓"戡乱"救国，既不去延安，也不去"戡乱"的，就在时代边缘跑革命的龙套，跑得很起劲。我当时就是这样。

说这些，说明中国当时根本没有思想家。

当时罗曼·罗兰在法国，西方根本没人读，中国却在大读特读。等到大量译介存在主义，已是"文革"结束后的八十年代。中国的封闭落后，说来话长，现在再赶，赶得上吗？

二次大战，起因、结束，十年光景。战后幸存的一代知识分子，知识很有限，因此很苦恼，这就是常说的"迷茫的一代"（The Lost Generation）——什么是人的存在？人在世界上占何种地位？人应该如何看待这个世界？萨特的可贵，是拿存在主义理论去回答这些问题。存在主义确实适应了战后的精神需要，使精神苦闷又不甘沉沦的青年找到支撑。

法国人当时有句俏皮话，把存在主义叫做"咖啡店里的特种饮料"。一个普通的法国人，口头也挂着存在主义的词汇。直到今天，法国人还是感谢那个时代。

中国近代的大思想家，梁启超、康有为、孙中山、陈独秀、蔡元培、瞿秋白、胡适、鲁迅，想的都是如何救中国，中国国民性是什么，等等。

但是，战后西方人的大问题——什么是人的存在？人在世界中占何种地位？人应当如何看待世界——这些思想家很少想到。

中国的教育家，启蒙师，思想家，是谁？

最杰出的是鲁迅，但他把生命问题缩小了，是"救救孩子"……这些"五四"时期的老人，后来连"救救孩子"也不说了。

一句话，我老是讲：宇宙观决定世界观，世界观决定人生观，人生观决定艺术观、政治观、爱情观……但是政客是从政治观出发，决定人生、世界、宇宙观，然后拿来为他们的政治观服务。

可是老庄就是从宇宙观开始一路决定下来。

鲁迅他们，是从人生观半路杀出来的，世界观不成熟，更没有宇宙观。他们往往容易为政治观说服，拉过去。

国民党的"仁义礼智信","新生活运动",都是政治需要的伦理把戏。政治家,清一色都是乐观主义。我谓之"不要脸的乐观主义"。

列宁知道爱因斯坦出了相对论,焦急万分,问党内有没有人可以驳倒相对论。

鲁迅的世界观、宇宙观,有一度和佛教"touch"(触摸)了一下,就避开来。尼采也碰过一下,避开来。他们都急着要去建立他们的人生观。

为什么政客,有政见的人,都从来不问宇宙?避而不谈世界?避不开时,像孔孟一样敷衍几句?他们要欺骗人。进化论,乐观主义,都是要骗人。研究宇宙、世界,必然涉及衰退、毁灭,必然导致悲观主义。

文学家的乐观主义是糊涂,政客的乐观主义是欺骗,商人的乐观主义是既糊涂,又欺骗:目前的世界就是这个样子。我们呢,要做既清醒又诚实的人。

关于萨特的存在主义哲学,存在主义现象学,关于法国的、世界的存在主义流派,就讲这些。讲讲萨特这个人。我对萨特这个人,是大有意见的。

让－保罗·萨特(Jean-Paul Sartre,1905—1980)。生于海军军官家庭。父早丧,母改嫁,家庭破碎。他被寄养在外祖父家。外祖父是基督教徒(和基督徒不同,前者要受洗,入教会,后者自己信)，德语教师，宠爱萨特。萨特小时聪明，外祖父希望他成为神童。

他童年痛苦，没有父爱母爱。孤独，从小爱思考。后来埋头读书。这个过程，很正常。

1924年，十九岁，考进巴黎高等师范学院（这学院以后我们到巴黎应该去看看），四年后毕业。通过中学哲学教师的考试（这多好，教育之严格），第一名，德·波伏娃当时考得第二名。

这时对胡塞尔发生兴趣。1933年得奖金去柏林深造，受海德格尔影响，1934年回法国。成第一本存在主义哲学著作《想象》（*L'imagination*，1936），影响不大。初具存在主义观点，不成熟。1943年，成《存在与虚无》（*L'Être et le Néant*），大著作，第一次提出"存在先于本质"。

这书可代表整个萨特思想，后来路走斜了。这时如去写文学作品，也好，可是到1946年，出论著《存在主义是一种人道主义》（*L'existentialisme est un humanisme*），不行，说得很辛苦，多此一举。

观点是：人是自由的，没有上帝，没有先验性，没有客观规律，人就是他自己造成的。

这也不过是《存在与虚无》第二部分——自由选择。我只同意一半，即人该自己对自己负责。主观能动方面（在座各位都做了选择，但"文革"中无法选择，是客观造成的）

908

有积极性，在客观社会环境遭遇上，人是不自由的。所以我认为他的东西是励志哲学，不能算是高度的理论，二律背反一来，就能反掉他。

1946 年，在《现代》杂志上发表《唯物主义与革命》(*Le Materialisme et la Revolution*)。从此文开始，萨特糊涂了。什么唯心、唯物？什么叫革命？名字就起坏了。他要把存在主义和唯物主义革命发生关系，我的说法，是他想把存在主义"过房"给马克思。

有说此书是马克思主义以后最好的诠释著作，有的说是阴谋，想抵消马克思主义。

我认为《存在与虚无》是好的。到了《存在主义是一种人道主义》，画蛇添足，后来不断添足，越添越大，1957 年，出《马克思主义和存在主义》(*Existentialisme et marxisme*)，足大于蛇。

他说，与马克思主义相比，存在主义只能算是个思想体系。到 1957 年，苏联、东欧的事件，都出来了，他还看不出问题吗？

1960 年，出《辩证理性批判》(*Critique de la raison dialectique*)，宣布资产阶级文化已经死亡（他为什么不宣布无产阶级文化？）。马克思宣称过去的哲学是解释世界，他的哲学是想改造世界。

这个世界被解释对了吗——无产阶级被消费社会溶解了。

阶级斗争，看不到人性。电脑时代，还有什么生产关系？改造什么世界？科学的发展也出乎马克思预料。他是书斋里的政客。资本主义是个不好的制度。它是没有最高理想的，没有目标的，永远是经济衰退／经济复兴这套循环。

马克思不适合做哲学家，他是个经济学家，一个乐观自信的进化论者。

进化论者为什么不说太阳越来越年轻？海水空气变得越来越甜美？有营养？

说穿了，尼采的超人也还是进化论。

有个大问题，我们来解决它——当一种学说、思想出现，人类就想拿来当靠山。首先表现在宗教，其次表现在哲学。以中国例，儒家门庭，两千年来中国知识分子跳不出来。

章太炎晚年回到儒家，杜维明、余英时等等，口口声声孔孟之道。

萨特的马克思主义，也同理。西方相信马克思主义的人多得你不相信。"我们深信唯物主义对历史的阐释是唯一有效的。"这是萨特说的，口气和马克思一模一样。

我冷眼旁观，回味韩非子的寓言：

郑人买履，宁信度，毋信足。

萨特宁可相信马克思主义这个"度"，不相信存在主义这个"足"——宗教、哲学，都是这一类"度"。

可是当年欧洲少壮马克思主义者不肯要萨特这个过房儿子，说他歪曲、攻击马克思主义，说萨特为不放弃存在主义，不可能认识马克思主义。

这件公案，真的很丢人。

为了这公案，我看不起萨特。存在主义蛮大了，为什么还要投靠马克思主义。他说，存在主义不能算哲学，只能在马克思主义哲学边缘寄生——这是什么话？！

不是他深奥，而是他浅薄，和马克思主义这样子去纠缠不清。也许，正因为萨特没有独创性，所以没有主见，没有一贯的思想。与法共交好又分道扬镳，六十年代谴责美国的越战，抗议苏联入侵捷克，后来又支持红卫兵，在巴黎贴大字报，签名（他是"四人帮"在海外的得力干将）。浅薄，非常情绪化。他归附马克思主义，无大深意，不过是邪教入归正教。

很感慨，真能独立思想，不靠既成思想行路，是太少，太珍贵了。

我感谢纪德。他让我及早和罗兰断绝关系，又让我不被尼采的烈酒醺醉。

讲到萨特，又想到纪德，他曾说：

"如果有一生贯彻自己思想的人，请排出名单，我一定出来占一席之地。"

我看不起那些朝秦暮楚的"思想家"，更看不起那些秦楚不分，或在秦楚之间乱攀关系的人。

一代宗师，可以不要一代。

第七十二讲

萨特再谈

一九九三年二月二十一日

萨特的好处，是自己的理论放到自己小说中去。不能小看这一点：许多理论家根本不会创作。理论是支票，创作是现钞。萨特的理论，说兑换就兑换，这就比许多人不知风光多少。

这又像题内又像题外的话（提上提下），是要你们懂事。懂什么事？人活在世界上，要有一个安身立命的尺度。你可以不按这个尺度生活，但你要知道这个尺度。

再说得形上一点：萨特由于他的"介入"，已经属于他的时代。你可以喜欢他，尊敬他，但只是作为时代象征的萨特。你当克服这个时代，克服萨特——在你身上克服——成全你自己。

我前面讲的是客气的。现在不客气了——雨果、瓦格纳、萨特，他们的死后哀荣，尼采已经说了："唯有戏子才能唤起群众巨大的兴奋。"

萨特介入中国"文化大革命"，他演糟了。别的戏，他演得很成功。他的文学，他的《墙》，还是写得好。他有戏子的一面，也有艺术家的一面。瓦格纳，尼采讲他半天，就是因为他还有艺术家的一面。

上次讲萨特作为哲学家，是怎么一回事。今天讲作为文艺批评家，萨特又是怎么一回事。他的文艺批评很丰富。有一本书，叫《什么是文学》(*Qu'est-ce que la littérature*)，是他纲领性的文艺理论著作。另写过三本著名文学评传：《波德莱尔》(*Baudelaire*)、《圣徒谢奈：戏子与殉道者》(*Saint Genet, comédien et martyr*)、《福楼拜》(*L'idiot de la famille*)。

所谓评传，是最有意思的。当然是指个别传主。既要评，又要传。"传"是指人，"评"是指作品。全是传，人多作品少，全是评，作品多，人少。我以后要写曹雪芹，就要评传。

中国李健吾写的《福楼拜评传》，很像样的。他译的福楼拜（作品）稍微有点油滑，但文笔非常好。

好评传，读过后，除非是傻瓜，人总会起点变化。好评传作者，自己也给写出来。萨特的三个评传看过，等于看了三次萨特。

什么是文学？萨特以为写作就是揭露，揭露即改变。当你写一对象，即说穿了这对象，并改变其性质了。如果这对象还安于现状，那就是佯装不知，就是在明知故犯。故对象被揭穿，不安于现状，他就该去改变。

这说法很通俗，应该让萨特去说。这种说法，非常存在主义——普通的道理，他再讲一遍，讲过后，又揭出一番深意，虽然不太深，但适合一般人。

每种主义有自己说话的一套方法。

我看这说法，是老账新算。什么老账呢，就是为人生而艺术，为艺术而艺术。他是主张为人生而艺术的，但他发明了一个后来很流行的说辞：介入。

什么"张力"、什么"心路历程"、什么"介入"，台湾作家说得很起劲。这些词没发明前，文学怎么办？

他反对纯艺术。认为艺术家应"介入"他的时代。二战后的青年，没经历过"为人生，为艺术"的风潮，听到萨特这番说辞，是很新鲜。

萨特的好处，是自己的理论放到自己小说中去。不能小看这一点：许多理论家根本不会创作。

理论是支票，创作是现钞。萨特的理论，说兑换就兑换，这就比许多人不知风光多少。你去他的银行，就能兑钱——他的评传，把波德莱尔、谢奈、福楼拜，都变成存在主义。

思考题：艺术家到底要不要介入他的时代？

我的回答：随你便。

具体说：二流作家，最好介入。一流的，可介入可不介入。超一流的，他根本和时代无关。

科举时代，我一定考不取。米芾写："租船，如许大。"然后就在卷子上画一只船。徐文长考考考考，在卷上画起画来。柳永写词，词写好了，皇帝说，那你就去喝酒过瘾。他不服气，又写词，叫做"奉旨填词"。

讲正经——这个问题要咬住，也要介入一下。

你要介入吗？很好。你不要介入吗？也很好。

尼采在《瓦格纳事件》中说——他真好，有时会直接讲出来，面对面讲——"在他自己身上克服他的时代，成为无时代的人。这是对哲学家的最低要求，也是最高要求。"

听他这么一说，我对尼采旧情复燃，又发作了。他看得到，说得出来，痛痛快快。

我在我身上，一辈子以自己为素材，狠狠克服这个倒霉的时代。我对这个时代，永远不介入。我苦于找不到说法，现在找到了，很达意的说法：假如我要写现实的、自传性的回忆，那我就写我如何在自己身上克服我的时代。

为人生而艺术，是艺术，那就好。

为艺术而艺术，是艺术，那就好。

欧美，两者都搞出艺术。中国，两者都弄不成艺术。

欧美还有一些天才，能站在两者之间，介入不介入之间。如叶慈。艾略特说叶慈的伟大，是在两者之间不妥协，不调和，自己找出一条路。

我也想过，这两者，中间一定有一条路。

如我的自传性小说，写好了，可以说我克服了我的时代。写不好，可以说我被时代克服。

老子完全克服他的时代。他哪里只有他那个时代的特征？

话说回来，我不反对介入时代。

无时代的人，是属于各个时代的人。还以李聃为例。每个时代，包括当今各国精英，都接受老子影响，你说——老子的介入大不大？

伟大的艺术必然是介入的，但标榜介入的人是急功近利，不标榜介入的人是深谋远虑。

萨特的介入说，发挥到这里，下面讲萨特的文学。

西方太啰嗦，中国一言道破。我要像西方那样，"要言不烦"地啰嗦下去。

萨特是戏剧家、小说家，主要以戏剧为主，都用来宣传存在主义，倾向性明显而肯定——作品分三阶段：战前，战后，晚年。

战前阶段，也可称"存在与虚无"阶段（那本书名），发表前是三四十年代，以哲学观点为理论依据，反过来以文学宣扬哲学观点。以哲学观创作，以创作宣传哲学。有中篇名《恶心》(*La nausée*)，还有小说集《墙》(*Le mur*)，其中包括《房间》、《艾罗斯特拉特》、《亲密关系》、《一个工厂主的童年》。

《恶心》是成名作，探索人生意义，发表在哲学著作《存在与虚无》之前，是个试探性的气球。《恶心》一受赞赏，他就满怀信心发表《存在与虚无》，大红。

这点要弄清、弄懂、弄精，要有策略（丹青画西藏，先是小策略，最近的画，策略大些，然后引向形而上，试图克服自己的时代，这一步步都走得很好。现在丹青每天到画室，叫做"心有所钟"）。

要会粉墨登场，也要会点策略。我来纽约写的散文，搔首弄姿，到目前为止，粉墨登场的阶段虽然还没结束，创作上渐渐洗尽铅华。

老子是想拿宇宙的规律来当做人生的策略。

战后阶段，也称"境遇剧"阶段，指四十年代后到六十年代初，那是他的全盛期，鼎盛期。作品《自由之路》（*Les Chemins de la Liberté*，分三卷：《不惑之年》、《缓期执行》、《心灵之死》），更进一步体现存在主义观点，影响更大。比小说更成功的是他的戏剧。"境遇剧"是他想出来的，很聪明。他认为人既然在一定境遇中自由并选择，就必须在剧中表现简单的境遇及他们的选择（你看，这种说法非常存在主义，煞有介事，其实没有多大意思，但适合中产阶级，给他这么一讲，很中听）。"境遇剧"，完全是为他的存在主义效劳的。

历史还得顾到。二战开始，法国一下子溃败。萨特本人在二战中体验到战俘、战斗和地下抗敌的生活。战后，冷战形成——在这历史条件下，西方知识分子是不得不考虑何以自处。这个背景，决定了萨特的写作和他的介入。

当时巴比塞、罗兰，都介入苏方，纪德部分介入，只有瓦莱里一点不介入。

萨特，是倾向社会主义阵营的。他以这一切作为题材，当然有很多东西可写。《苍蝇》（*Les Mouches*），《密室》（*Huis Clos*），《死无葬身之地》（*Morts sans sépulture*），《恭顺的妓女》（*La putain respectueuse*），《肮脏的手》（*Les Mains sales*），《魔鬼与上帝》（*Le diable et le bon dieu*），《凯恩》（*Kean*），《涅克拉索夫》（*Nekrassov*），《阿尔托纳的隐藏者》（*Les séquestrés d'Altona*）——九个剧本，都很重要。再加上 1940 年写的《巴里奥那》（*Bariona*），1965 年的《特洛伊妇女》（*Les Troyennes*），共十一个剧本。凭这十一个剧本，使他成为一代宗师。剧本，下堂课再讲。

晚期，从六十年代到 1980 年死，作品不多了，也不重要。有文论集《一种境遇剧》（*Un théâtre de situations*）、《人们有理由反抗》（*On a raison de se révolter*），以及一部回忆录《文字生涯》（*Les mots*）。

现在讲政治家的萨特。由于他的存在主义哲学，推演出一种激进的政治立场。由这个立场，他频繁介入政治活动，成为一个知识界的领袖。

我想过，这种事在法国做起来，可以，在中国，太麻烦。鲁迅如长寿，必然给推到这种地位。耶稣进入耶路撒冷，以色列人脱下衣服，平拿椰枝，欢迎耶稣，耶稣骑在驴背上。我来写，就写耶稣的疲倦和厌烦：

他终于下驴背，逃到树林河边，但醒来后，还是回到驴背。

真正的先知，是不能骑到驴背上去的。

萨特有幸生在法国。他不是政治家。鲁迅，你要他去组党、做头儿？不行的。萨特也不行的，他还是一个文学家。他抨击资本主义、殖民主义，呼吁世界和平，揭发法西斯罪行，对越南、阿尔及利亚战争发表反对意见。

1945年，他和阿隆（Raymond Aron）创办《现代》（*Les Temps Modernes*）杂志，对当代国际国内重大政治事件发表意见，名声越来越大。在社会主义和资本主义两大阵营之间，他想表示中立，两边都骂，但有倾向性（有一时他支持法共，当时一窝蜂，阿拉贡、毕加索，统统加入）。四十年代他参加反法西斯斗争，做了俘虏，因病出营，搞了一个"社会主义与自由"的抗敌组织。五十年代，他谴责美帝侵略战争，抗议法国对美国的屈从。与共产党关系友善，直到1956年，反对苏联出兵匈牙利。六十年代，冒着被逮捕的危险，支持阿尔及利亚民族独立。

1964年，拒绝诺贝尔奖，理由是"谢绝一切来自官方的奖掖"。这是空前戏剧性一举，他独占了镜头。纪德的诺贝尔奖感言在我心中大跌，不能原谅。但我以为萨特拒奖，也不明智。此奖并非都是官方的。诺贝尔是科学家，奖的目的是给人类优秀者。评奖会的某些委员是可以批评的，常使该得者不得，不该得者得。萨特大胆，但他为什么不说："在我不能肯定一件事是荣誉还是耻辱前，我不愿受奖。"

但他此举是高明的，理由不很高明。

1966 年，他参加罗素（Bertrand Russell）组织的"国际战争罪法庭"，第二年任庭长，起草对美国侵略越南的判决。1968 年，支持法国学生运动，同年对苏联入侵捷克表示抗议。

这四件事，我都赞赏。拒奖、法庭、支持学生、抗议入侵捷克，都介入得好！快到七十年代，他干傻事了：充当法国"红卫兵"，贴大字报（不过"文革"上当的人千千万，多一个萨特无所谓）。萨特对中国的政治缺乏常识，给降低到一个普通知识分子的地位。你至少要看一看，再介入。纪德就不会干这种事。

他一生不断介入。我对介入者的观感，是世上事情纷纷扬扬，你介入得了吗？介入，是苦行主义的态度，不介入，是快乐主义的。

1980 年 4 月 15 日，萨特死——那时他应该知道什么是"四人帮"，什么是"文化大革命"。可惜我们不知道他的态度如何，想必他有感触的——举国悲悼。德国人怎么说：反映了西德知识青年的心境。日本人说：无论在思想上、文学上，都找不到一个像他那样在战后影响日本知识分子的作家。

美国向来瞎起哄，把他捧得无以复加。

1980 年 4 月 19 日下午，葬礼。几万人队伍长达三公里。法国人说是雨果葬礼后最隆重的——英国迫害拜伦，死后英国行盛大葬礼——萨特死后哀荣，我的感想，是他到此为止。

生前尊荣、葬礼隆重的人，他有限，影响也有限。

莫扎特的葬礼？

如果伟大，死后会慢慢发光，一直照亮下去——但我对未来不抱希望的。我的文章不对未来说一句好话。纪德，完全绝望的。非洲青年给他写信，他读后说：大地上的盐分还在，使我老到行将就木的人，不至于绝望死去。

我有俳句："所谓人文关怀，是邻家传来的焦锅味。"

我预感到，盐味将要失去，人将来不再像人。我的上辈，我是指契诃夫一代，老谈到将来，觉得很有希望——人类在越来越快地退化。

古代人，像刚开封的酒，酒味醇。但这酒缸没有盖，酒味走了。博物馆，早期的，希腊的雕塑，中国的青铜器时代，多好！现在塑料的东西也放进博物馆。走进博物馆，倒着看上去，人类才进化。

人类越早越文明。彩陶时期，你做个陶，画画看？毕加索也画不出那笔力。我们有些东西，是返祖现象。

但我还有一点点"浩然之气"，这点气，其实是孩子气。

总归是完了的。但我愿意和托尔斯泰、达·芬奇一起完。

如果 1980 年我在巴黎，我不参加萨特葬礼。与我无关。

回想鲁迅之死，抬头的抬头，抬脚的抬脚，后来哪个成了器？当时送丧者也算得万人空巷，都哭，发誓要继承鲁迅先生的遗志，什么"有一分热，发一分光"，什么"路是人走出来的"，现在呢？

尸身上盖的旗——"民族魂"。一个国家靠一个人来作魂，莫大的讽刺，而且肉麻。

这又像题内又像题外的话（提上提下），是要你们懂事。懂什么事？人活在世界上，要有一个安身立命的尺度。你可以不按这个尺度生活，但你要知道这个尺度。

通俗讲，你可以在现实中找问题。你看周围男男女女，他们有尺度吗？所谓尺度，就是整个的标准。

萨特葬礼，你可以去凑热闹，赶时髦，扮演一个群众的角色。但你要知道这是怎么回事。怎么回事？前面已经讲了。你在行列中，心中大有所思。萨特也好，雨果也好，他们的身后哀荣，太戏剧性，太直截了当，太像政治秀——就说雨果吧，现在看，他的成就远不如巴尔扎克、司汤达、福楼拜。而这三位大天才死时，景况寥落，甚至很凄凉。可见艺术家的光荣决不在葬仪的规模。规模大，说明什么呢？

这么想想，你会走出行列，到路边咖啡馆坐下。这样，你就在创作了。

再说得形上一点：萨特由于他的"介入"，已经属于他的时代。你可以喜欢他，尊敬他，但只是作为时代象征的萨特。

你当克服这个时代，克服萨特——在你身上克服——成全你自己。这是我的意思，也许萨特会同意。

在我看来，存在主义是话说了一半的主义。我不愿意再说。最后，还是以葬礼做话题：如你参加，认为已经"介入"了时代，等于在街上见到赵丹、王文娟，逢人就说，我看见了某某——那就无话可说。中国人，如能到巴黎参加萨特的葬礼，而且是 1980 年，那真是中国人的光荣。我前面讲的是客气的。现在不客气了——雨果、瓦格纳、萨特，他们的死后哀荣，尼采已经说了："唯有戏子才能唤起群众巨大的兴奋。"

萨特介入中国"文化大革命"，他演糟了。别的戏，他演得很成功。我生来讨厌戏子，看他照片，即觉得非我族类。他的文学，他的《墙》，还是写得好。他有戏子的一面，也有艺术家的一面。瓦格纳，尼采讲他半天，就因为他还有艺术家的一面。

我的墓志铭（暂定）：

"即使到此为止，我与人类已是交浅言深。"

亚当的口气。给我作品定位：多余的。

"因为礼物太精美，使得接受的人不配。"这是我另一句诗。

莫扎特给人类的礼物太精美。

第七十三讲

萨特续谈

一九九三年三月二十一日

我们看世界的眼睛，心情有异。有四种处境决定我们心情恶劣：一，失恋。二，进监狱，关起来，隔离审查。三，重病。四，赤贫。凡处于这四种处境，看问题，看世界，一定不一样。反过来，一个人健康，有怜爱，自由，生活过得去，不会对生活这样看。

对生命，对人类，过分的悲观，过分的乐观，都是不诚实的。看清世界荒谬，是一个智者的基本水准。看清了，不是感到恶心，而是会心一笑。

一个人非常健康，落在困境中，他不怕的。当然，要他死，那也没有办法。我有俳句："推举一位健美先生，然后一枪击毙。"现在相约：十年十五年后，你们翻翻今天的笔记，有用的，有趣的。

人类的地狱是人类自己造成的。人的智能，高多了。一切惨无人道的事，是人造成的，不是另外一个东西给人类造成"惨无人道"。这是人类滥用误用智力的结果。确实，他人即地狱。

要我说，应该研究了存在主义，知道了"他人即地狱"，然后，就像不知道存在主义，像之前那样，存在下去——有人这样吗？有。萨特就是这样。他不靠存在主义生活。他要去演讲，让许许多多"他人"听，"地狱"越多越好。

天堂的门是窄门，向来认为只有单身才能挤进去。现在我才明白，这道门一个人挤不进去，两个人倒挤进去了。一个进不了，两人挤进去的，就是天堂之门——结论：他人即地狱，他人即天堂。

我看哲学、伦理、儒家，都当它文学看——没有人说过。

继续讲萨特——萨特之为萨特，在于他有很高明的文学能量。这是他的高处、强处。不是说哲学家一定要兼文学家，我也不以为他胜过了别的哲学家。我是说，萨特占了优势。

第一部引起轰动的文学著作是《恶心》(*La Nausée*)，1938年出版。一举成名。写作之初，准备叙述一偶发事件，几经修改，成了一部存在主义小说。出版社开始拒绝，一上市，读者评家反应强烈。

日记体小说。照作家说，是哲学日记。日记，当然是第一人称，主角罗康丹 (Roquentin)。他忽然有一天觉得周围一切都"恶心"。一切毫无意义，包括他自己。小说描写他在公园中凝视栗树的树根，深扎在泥土中，黑黑的，虬曲的，他越看越怕，想，这有什么意思？什么目的？一切都是偶然的，丑恶的，污秽的。他发觉人人萎靡不振。他认为我们吃啊喝啊，但没有生存的理由。终于他找到答案：一切可以归于荒诞，他要确立荒诞的绝对性。

作为艺术，这部小说是不成功的。第一个问题：艺术品能不能图解思想？第二个问题：世界真是荒谬的？人生真是无意义的？第三个问题：如果是，我们怎么办？

先把《恶心》弄弄明白。

存在主义基本原则，是世界荒谬，人生痛苦。萨特在《恶心》中力图说明这一点，以此质疑古典哲学的价值论和肯定论。这是古典主义通盘的估价。罗康丹失去生活的方向、目标、意义，自己就变成一个东西。他说：

> 一切存在的都是无缘无故地出生，因软弱而延续，因偶然而死亡。

海德格尔曾经沉痛地说："深沉的烦恼好像寂静的雾，遍布于生存的深渊，将外物、他人和我们自己搅在普遍的冷漠之中。这种烦恼显示出生存的全貌。"

萨特的思想来源，与胡塞尔和海德格尔有关。他自己说，《恶心》是攻击资产阶级的。我觉得这是耍花枪，是捞稻草，讨好无产阶级：他明明攻击的是全世界，而当时资产阶级正抬头，他是有私心的，不够诚实的。

我以为一件艺术品如果性质上是作者思想的图解，即无药可救地失败了，不论作者的思想多么高明。这个问题看来容易懂，其实很严重，一直要归结到哲学与艺术的分界。

乔伊斯、昆德拉，都有这种倾向。

思想一图解，文学遭到严重破坏。音乐、绘画、舞蹈、雕刻，概莫能外，不能碰思想。

罗丹是个粗人，没什么文化。他的思想是借来的，是思想银行的贷款。他的好处是技术熟练，熟练到有点才气，其实他连思想的图解也谈不上。当时很轰动。现在还有人热衷罗丹，那就有问题。

肖斯塔科维奇，我不喜欢。他是个软性的硬汉，用音乐图解他的思想。他的思想是天生的结结巴巴，说而不明。他的音乐是都有说法的，十月革命啦，反斯大林啦……

舞蹈，照尼采的原理，我来定义：哲学家一怒，成为舞蹈家。

这话，尼采可以鼓掌，别的人想想，可以鼓掌。

我喜欢西班牙民间舞，南美踢踏舞，特别喜欢印度古典舞蹈，有一种陶醉感，那是佛教的意思，但我不懂，所以看着好。艺术家和人类是意味着的关系。意味消淡时，有人就受不了。但在我看来，意味越消淡时，就意味深长了。

贝多芬《第九交响曲》、勃拉姆斯《第一交响曲》，都属于哲学家一怒而成了舞蹈家，在他们的作品中，思想飞了起来。

当然要有思想。但要看是什么思想。不要图解。不要公式化、概念化。米开朗琪罗是在图解《创世记》？不要忘记，他伟大，是他都包了下来——是他在"创世纪"，创绘画的世纪。

为什么艺术不能是思想的图解？为什么这样犯忌？

因为艺术是超越哲学之上的。哲学非但不能解释艺术，而且不配解释艺术。

这话，只能关在家里讲讲，我只能忍耐。

想到尼采反理性，元凶一直追到苏格拉底。钦佩极了。大智者。可是病源、病根早就找到了，谁也开不出药方。

不靠理性，靠什么抗衡理性？

一筹莫展。病入膏肓。和理性相克的东西，几乎没有。不能说是感性、本能、暴力。都不能。能与理性对立，介乎理性之上的东西，几乎没有。只有在音乐中，准确地说，在某些段落、章节中，介于理性之上。

希腊雕像，也有这东西，在理性之上。

听贝多芬《第九交响曲》的第三乐章，觉得宇宙不配。艺术家才大，冤深，永远是冤案。

中国成语：解衣磅礴。我在电影上看到耶稣被鞭挞，受不了，站起来，想到这句成语——不值得为这样的人类受苦。

我现在听音乐，旁边不能有人。而且越来越听得少。

再回头看《恶心》，你们是否觉得萨特夸张？

我们看世界的眼睛，心情有异。有四种处境决定我们心情恶劣：一，失恋。二，进监狱，关起来，隔离审查。三，重病。四，赤贫。凡处于这四种处境，看问题，看世界，一定不一样。反过来，一个人健康，有怜爱，自由，生活过得去，不会对生活这样看。

萨特笔下的人物，完全是他思想的图解员。

不要忘记，人是有肉体的。肉体的健康，制衡精神。

健康是一种麻木。

人的心情会逐渐好转，是因为健康在制衡痛苦。人落入绝症，就是这种制衡的消失。病好起来（病使人敏感，敏感全用在疾病上）人最幸福。大病初愈的人，目光、心情，特别明亮。

总之，对生命，对人类，过分的悲观，过分的乐观，都是不诚实的。看清世界荒谬，是一个智者的基本水准。看清了，不是感到恶心，而是会心一笑。

中国古代的智者是悲观而快乐的。

萨特的《恶心》是一种装出来的病态，可当时的欧洲怎会被感动？世界荒谬，十九世纪早就讲过。所以结论是灰心丧气的：一代的智慧，传不到下一代。一代归一代。

鲁迅看港台文学，会喜欢吗？要骂的。可是鲁迅要救的孩子，喜欢三毛。鲁迅把希望寄托在未来，这就是他的未来。

整个古代的文化、艺术品，能留到现在，好危险哪！

李白、杜甫在唐代的名声，在今天就得不到了。

但我愿意生在现在，因为比较容易了解宇宙，透视人生。如果你是淡泊名利的人，那么生在这个疯狂夺取名利的时代，那是真有看头。

不要太看得起那些荒谬、痛苦，不要当一回事。古代人讲饮酒，要找的是麻木，我看只能摆脱小荒谬。饮酒是小家气的。最大气的事，身体健康。

这是尼采叫我走的路，可他自己走不了了。

一个人非常健康，落在困境中，他不怕的。当然，要他死，那也没有办法。我有俳句：

"推举一位健美先生，然后一枪击毙。"

现在相约：十年十五年后，你们翻翻今天的笔记，有用的，有趣的。

健康很麻木，很好玩。

为什么花那么多时间讲萨特？因为他提的都是现代人的问题。我们是现代人，把他讲讲透，就可以和所谓现代思想告别了。

《恶心》是本不成功的小说。没什么好多讲，大家自己去看好了。我认为成功的萨特的小说，是《墙》。那是短篇小说集中的一篇，他大概自己也以为这篇比较好吧，所以用作书题。故事——共产党员伊皮叶达和两位战友被法西斯分子捉住，入牢，逼他们招供另一个党员格里（格里躲在伊皮叶达的表兄家里）。三党员不招，被判死刑。小说写三人行刑前夜的心理，很精彩。一个失常，一个镇静，伊皮叶达疲倦，灰心，却又亢奋：他有情人，却不想留一个字。

刑前心理，许多人写过，萨特好在写得很新鲜，看后好像自己也经历了刑前的心理。

二党员枪毙了。伊皮叶达临刑前又被拉去审逼，仍不招。但他最后想戏戏敌人，编一假供，说格里躲在墓地。敌人立即去墓地找。伊皮叶达暗笑：我反正要死了，让他们去扑空——格里本来是藏在表兄家，怕连累别人，真的躲到墓地去，被敌人捉住，立即处死。伊皮叶达得知，昏过去，醒来，狂笑，小说停。

附带说说，我对小说、电影和生活的关系，总是大有兴趣。电影可以剪辑，小说可以停、跳……生活真是可悲。只有快乐时，生活和电影一样——瞬间就过去了。

《墙》，我佩服萨特的描写功夫。

而且这小说既有现实意义，又有永久意义。永久意义是小说结尾这个偶然性，这个命运。和希腊悲剧原理同。当然，他在小说中强调的还是存在主义第三个命题：世界荒谬，人生痛苦。但《墙》不是存在主义思想的图解。《墙》超出主义，比主义长久——超出主义，是艺术的喜事！

所以我说艺术另有上帝，另有摩西。

这篇存在主义的好作品，超出了存在主义。用笔很锋利，整个作品很有力量。

讲讲他的"境遇剧"。当时——二十世纪四五十年代——法国充满境遇剧。境遇剧：特定境遇中剧中人的自由选择，也有人称"自由剧"。

人喜好新，萨特想出这个新名称，卖得好。中国人喜欢讲老字号，越老卖得越好。

这些剧中的世界是冷漠的，命运是偶然的，人的处境都很危险。生死攸关，极限境遇，不仅社会环境使人烦恼，更重要的是人和人之间的关系造成这种险恶。萨特的警句："他人是你的地狱。"我译成："他人即地狱。"

你要选择，就要摆脱他人。

（丹青：这些叔本华早说过。木心：是啊，萨特聪明，把十句话的警句弄成一句话。战后青年没读过原典，萨特的存在主义是在战后的荒芜中摆摆地摊。）

可以就此讲开去——人类是合群的、社会性的动物。"个人"是孤独的、不合群的、不可能沟通的高级动物。这是两个不同的概念："人类"不是"个人"。

人问苏格拉底该不该结婚。他答：两种结果都会懊悔的。

蚂蚁和蜜蜂，是集体动物。他们的所谓必然王国和他们的智能正好协调、合适：一个蚁窝、蜂巢，不会"他人即地狱"。

人类的地狱是人类自己造成的。人的智能，高多了。一切惨无人道的事，是人造成的，不是另外一个东西给人类造成"惨无人道"。

这是人类滥用误用智力的结果。确实，他人即地狱。

从萨特的自由选择观，细节、局部地看，这种选择是积极的；退远了、历史地看，还是消极的，虚妄的，不过是逃避——人逃避社群，是很傻的。

要我说，应该研究了存在主义，知道了"他人即地狱"，然后，就像不知道存在主义，像之前那样，存在下去——有人这样吗？有。萨特就是这样。他不靠存在主义生活。他要去演讲，让许许多多"他人"听，"地狱"越多越好。

我青年时写过：警句是给别人用用的。

懂，比不懂好——表示智慧，深度。

懂，装得不懂——俏皮，幽默。

懂，好像什么也不懂——成熟了，归真返璞。

我们绕个弯回过来：萨特说，别人是地狱。对的。我经历过三次、五次、许多次。但是我说：别人是天堂。

友谊、爱情，都是天堂，都需要一个"别人"：你能没有"别人"吗？罗密欧即朱丽叶的"别人"，反过来也是——你能没有别人吗？

《欢乐颂》有词：只要世界上还有一双为你流泪的眼睛，你快来参加这欢乐的宴会。如果没有人愿为你流泪，那么你就孤零零地离开吧。

也是要别人为你流泪，你才幸福。

天堂的门是窄门，向来认为只有单身才能挤进去。现在我才明白，这道门一个人挤不进去，两个人倒挤进去了。一个进不了，两人挤进去的，就是天堂之门。

结论：他人即地狱，他人即天堂。

这就是二律背反。所谓幸福，离不开别人的。

归真返璞，不是回到原来的地方。六岁的陶渊明和六十岁的陶渊明，不是一回事。没作过曲的莫扎特和写了四十一部交响乐的莫扎特，不是一回事。

金刚钻的前身是碳素，中国人叫石墨。经过亿万年的压磨，形成金刚钻，看起来好像归真返璞。前面所说的那个过程，就是——起始有了智慧，智慧又有了深度，然后变得俏皮，事事以幽默的态度处之，在无数次的谈笑间，你成熟了——这个过程，就像碳素受强力高压一样，金刚钻呢，就是陶渊明、莫扎特。

"比喻，总是跛足的。"（这句话不知谁说的，在哪里看到过）摆脱比喻，直接说，大前提：知识本身就是高强度的压力。我讲文学史，是一种压力的传授。我们讲了四年，正在承受压力，许多人受不了，回家了。他们有乡愿。

萨特的境遇剧，我们自己就在演，我们都是剧中人，都在自由选择。所以萨特的许多想法有道理。我要和他较劲，因为他不够诚恳，他是虚伪的，他虚伪得很巧妙，很有才气。

对于法国、欧洲，有萨特比没有萨特好。现在呢，从有萨特到不必要萨特，也很好。

从旁看，从历史现象看，宗教会死的，宗教音乐、宗教艺术长存。哲学会过时，不足道，甚至成为谬误，但文学作品会流传下去。

中国的儒家的生命力——《大学》、《中庸》、《论语》、《孟子》——到后来，恐怕全靠这些著作的文学性。这是我想象性的推论，历代少有人指出：《大学》、《论语》，文学性特别强。

我看哲学、伦理、儒家，都当它文学看——没有人说过。

现在还不到时候。如果到某个世纪——我的假想——宗教、政治、伦理、哲学这些迷障全部消除，那人类的黄金时代就来了。现在、过去，文学还是作为宗教、政治、伦理、哲学的附庸。

有人问：这黄金时代会不会来？我答：不会。

那空想有什么用？我说："有用。"四个理由：

我们知道了宗教哲学是迷障——有用。

我们知道了文学艺术一直是委屈着，做奴才——有用。作为迷障，那些宗教哲学已经奈何不了我们。所以文学艺术的王者相就成为我们个人的王者相。

归结起来呢，不好意思说——人类的黄金时代并不属于人类，而是属于少数人。贝多芬、肖邦、陶渊明，早就成就了他们个人的黄金时代。

艺术是最大的魔术。艺术家是最大的魔术家。

第七十四讲

加缪及其他

一九九三年四月十八日

加缪、萨特，他们自己不是局外人。他们是非常执着的功利主义者。他们是故作冷漠。一个执着的人，描写冷漠，一个非常有所谓的人，表现无所谓，这是存在主义的虚伪。

我这个年龄，经历过新旧道德观水土不服、青黄不接的感觉。当时觉得旧道德去了，活该！现在才知道旧道德何等可贵。

我对女权运动，不置可否。德·波伏娃，我还是欣赏，她能说出"女人是变成的"，说明她天生是个女人。

其实没有哲学，只有艺术。你去听贝多芬、勃拉姆斯，随时听到哲学，鲜活的哲学。书上的哲学，是罐头食品。这一点，克尔凯郭尔一下子超过了前面的哲学家。

一般以为能成体系，才伟大，嘴上说说也满嘴都是油一样。他们四个人为什么都不要体系？各有各的内因。我不分析。一分析，不也弄体系了？

人不可能被了解——历史也不可能被了解，被接触。历史上许多事，许多人，同时发生，同时又过去了，怎么可能接触？史记，不过是几个人的传记。人是不可能被了解的。父亲、妻儿，你真了解吗？

阿尔贝·加缪（Albert Camus，1913—1960）。另一位法国存在主义哲学家、小说家、戏剧家、评论家。生在阿尔及利亚（当时还是法属殖民地），母亲是西班牙后裔。未满一岁，父亲在战争中阵亡。加缪靠奖学金读完中学，又进入阿尔及尔大学念哲学，半工半读，博览群书，成为左翼知识分子中佼佼者。1933年希特勒上台，他参加了巴比塞（Henri Barbusse）等人领导的反法西斯运动，一度加入法共。

我们如果生在那时，也会参加左派。生在现在有幸，当时，左的错误还不明显，还没扩大，对的东西无可厚非，很难选择的。我有句：幸与不幸，我们目睹了它的破灭。

加缪组剧团，写剧本，演出，办报。有随笔集《正面与反面》（L'envers et l'endroit）。1938年出散文集《婚礼》（Noces）。这两本书倒不左，写的是人生短促，世界永恒。

这个主题早就被写过，可是人都是从小长大，都要经历这种感慨。少年春情发动，在他是第一次，在人类史，不知多少次了。所以见到青少年不要说他们幼稚。否则就有代沟。我和青年人没代沟。

四五十年代是他创作的兴盛期。由于他的加入，法国存在主义文学壮大，当时几乎和萨特齐驾并驱。有论说讲他是世界性存在主义的代言人。之所以赢得如此崇高地位，是他有创作表达战后西方人心声。他有三个主题：一，人在异化的世界中的孤独。二，人自身也日益异化。三，罪恶、死亡，最终是不可避免的。

这是战后知识分子所思所想。因此加缪成为一个应时的作家。名著《局外人》（L'Étranger），正好发表在萨特的《恶心》之后，成为姊妹篇，同时发挥作用。

《局外人》发表于 1942 年，故事背景是四十年代的阿尔及利亚。主角莫尔索是个法国公司小职员，单身，独居。因无能赡养母亲，就把母亲送进养老院。三年后，母亡，赶回参加葬礼。时母亲已入殓，他也不想开棺见见母亲。守灵时老打瞌睡，抽烟，喝咖啡。对母亲的死，漠然，巴不得痛痛快快睡觉。

所谓"局外人"，就是无所谓，就是十九世纪所谓"多余的人"。冈察洛夫、莱蒙托夫等都写过：这个多余的人后来跑到阿尔及利亚去了。

十九世纪的"多余的人"，是贵族，诗人，是少数。二十世纪的局外人，是平民，是多数。"多余的人"还有人格，没有异化，局外人根本没有人格，涣散了。莫尔索对母亲的死、葬礼、爱情、死刑、工作地点、刑场，都无所谓。这种人，十九世纪那些多余的人还不能想象。

这完全是"存在是荒谬"的解说。小说让人觉得加缪好像是赞赏主角：这里有存在主义的虚伪性。

加缪、萨特，他们自己不是局外人。他们是非常执着的功利主义者。他们是故作冷漠。一个执着的人，描写冷漠，一个非常有所谓的人，表现无所谓，这就是存在主义的虚伪。

他们对书中主角有一种幸灾乐祸的心理。

我认为《局外人》可读，是另有观点的。莫尔索是一个牺牲者，一只迷途羊羔。他并没"自由选择"，或者，他选择错了。《局外人》发表的同一年，加缪有论文《西西弗的神话》(*Le Mythe de Sisyphe*)，取自希腊神话，大力士西西弗受罚，天天推石头上山，到山顶，滚下去，又重新推，永无止境。在我看，希腊人早就是这个意思，你再去讲，没新意。纪德写水仙自恋，有新意，加缪讲西西弗，太老实了。加缪在文中说：

> 在这个骤然被剥夺了幻想和希望的宇宙里，人感到自己是一个局外人。

我看不出莫尔索处于这种形而上境界。他是随波逐流，思想的懒汉，莫尔索是看着石头滚下来，自己也随之滚下来——他是个滚石乐派。

不过他确实代表着三四十年代的大部分青年。当时正值法西斯猖獗，大家都看不到法西斯会失败，无奈中读读《局外人》，也可解闷。而真实的生活中的莫尔索，恐怕连读小说的劲也没有。

从法国小说传统来看，梅里美、马拉美一路下来（包括纪德）的贵族个人主义，到了加缪他们，已被平民的个人主义替代。这不能说是进步，也不能说是退步——说明世界在变。这，就是异化。

要我来说，我不会说得太老实：现代人不是从前的人的子孙。现代人，自己的事情也不肯管，是一种异化，又太自私，更是一种异化。

我在上海时，厂里有个青年，滥吃滥用，穷，大冷天穿单裤。厂领导看不过去，给了补助金，他领了钱一路吃喝，照样穿单裤上班。领导训他，棉裤买来了，穿上了，穿到春天，给他扔在垃圾箱里，夏天露出满是老垢的脖子，人劝他洗洗吧，他说："管我什么鸟事。"

这是中国式的存在主义，倒是真的荒谬的。

加缪另一本小说《鼠疫》（*La Peste*），是回头用象征主义手法的一部存在主义作品。鼠疫象征法西斯，主角里厄（Dr. Bernard Rieux），是高尚勇敢的医生，有新闻记者受里厄感召，扑灭鼠疫。主题是世界虽然荒谬，我们还得选择正义，战胜邪恶。这是老调，但还是要唱，反过来，难道邪恶战胜正义？

总的说来，我对加缪印象蛮好，可惜他死于车祸。你们看他照片，像个很好的新闻记者，很想跟他谈谈。

我有俳句："不太好看的人，最耐看。"

其他存在主义作家：西蒙娜·德·波伏娃，尼勒默尔·沃尔马，索尔·贝娄，诺曼·梅勒。

西蒙娜·德·波伏娃（Simone de Beauvoir，1908—1986）。

生于凡尔登中产阶级家庭，其父爱好文学，从小受文学熏陶。她自小对旧秩序表示怀疑。先后在马赛、鲁昂小学任哲学老师。1943年出第一本小说《女宾》（*L'Invitée*）。

为什么这些人的主张观点如此相似？反过来看十九世纪，叔本华、尼采，等等等等，都异乎寻常。我想，凡能搞起主义运动的，大致是二流角色。走兽飞禽中，可以找到例证：鹰、虎、狮，都是孤独的、不合群的，牛、马、羊、蚁，一大群，还哇哇叫。最合群是蛆虫。

所以"文革"聪明。他们把你"隔离审查"，他们知道人是合群的。可是连我也受不了，陶渊明也受不了——"结庐在人境，却无车马喧，只要一隔离，全部都完蛋。"

我现在住的情况，就是"隔离"，门前的马路，我称为"死路一条"，天天那样子，一排新房子。新房子不会说话，老房子会说话的，散步一点没有味道。明天不散步了，后天也不散步。

所以文学的黄金时代，是十九世纪。那时的大作家都不合群，那时没有作家协会。十九世纪是个光荣的世纪。

她的小说人物多是女性。《女宾》讲青年情侣同情帮助一位女友，三人感情发展到三位一体，想试验新的性关系。那女友放荡不羁，我行我素，是"女宾"，情侣二人是主人。主人对女宾羡慕而向往，终于受不了。结果女宾想用煤气烧死主人。

这种故事不新鲜，可以写写，但要看怎么写。

1954 年发表《大人先生们》(*Les Mandarins*)，得龚古尔文学奖。只知内容写战后左翼知识分子思想状况和精神危机。她的论文多，谈女性问题，以为女人要独立。

德·波伏娃有一句话，我欣赏："女人不是天生的，是变成的。"好在她是用文学的讲法。文学的讲法，意思可以有多层，不宜强作解释。我曾经说过，世上有三种（至少三种）东西是男人做出来的：一，金鱼。二，菊花。三，女人。

自然界没有金鱼。名目繁多的菊花，也是靠野菊一代代培植变种而来。原始的女性，很难看，腰粗、臀大，乳房像两个袋，和现代时装模特儿完全两码事。男人按照自己的审美观念，千年万年，调教改造女人，妆饰、美衣、香料……女性渐渐好看了，骄傲了。连曹雪芹先生也糊涂，说男人是泥做的，女人是水做的，其实女人是男人的手工艺品。

我对女权运动，不置可否。德·波伏娃，我还是欣赏，她能说出"女人是变成的"，说明她天生是个女人。

今天要把存在主义讲完。还剩三个，虽不重要，也得说完整，前面没提到他们。

尼勒默尔·沃尔马（Nirmal Verma）。印度人。生于 1929 年，死年不详，也许还活着。可说是存在主义在印度的代表人物（当时中国正在忙于左翼右翼，"二流堂"，延安派，都不会顾及存在主义。在欧洲，东欧国家也不关注存在主义）。他出生于印度山城西姆拉，在新德里上大学。毕业后做教育工作，后专事写作。1959年旅居布拉格，再后来周游欧洲各国。如果他一直在印度，就不可能受这些影响。我一再说，一个艺术家，一个天才，第一步，要离开故乡，像一条鱼，游啊，游啊，游到大海去。没有人教他。但是天才就会游到大海去。

五六十年代，印度出现新小说派（这是大题目，下次讲），风靡一时，同法国新小说派不完全相同。印度派受到法国存在主义影响，特点是肯定个人存在的残剩意义，情感色彩更恐惧、更沮丧，等等。沃尔马采象征主义、意识流手法，作品人物惶惑压抑，感情不能沟通，在这新旧价值观道德观青黄不接的时代，世上都是陌生的过路人。

我这个年龄，四五十年代经历过新旧道德观水土不服、青黄不接的感觉。当时觉得旧道德去了，活该！现在才知道旧道德何等可贵。新道德呢，当时的总前提就是集体主义。这是致命的。那时才二十几岁，没知识，没经验，我只凭天性知道：没有个人主义，就没有艺术——也就没有我。集体主义来了，就是我的四面楚歌、十面埋伏。

但我没有成为存在主义者，是因为读过原典，不新鲜。有幸也不幸，不幸是缺了这一课，幸是不必去绕这个弯。

代表作有长篇《那些日子》（*Those Days*）、《候鸟》（*Birds*，短篇集）、《燃烧的森林》。《候鸟》，是印度新小说派的杰作。

索尔·贝娄（Saul Bellow，1915—2005）。美国当代作家。存在主义在美国的代表作家之一，曾获诺贝尔奖。生于加拿大，九岁移民到芝加哥，后来读人类学、社会学，教学，著书。长篇《挂起来的人》（*Dangling Man*），可算美国文学史第一部荒诞派小说。成名作是长篇《奥吉·马奇历险记》（*The Adventures of Augie March*），获国家图书奖。其他作品：《雨王汉德森》（*Henderson the Rain King*）、《赫索格》（*Herzog*）、《赛姆勒先生的行星》（*Mr. Sammler's Planet*）等。

1976 年获诺贝尔奖。评语：“对当代文化赋予人性的理解和精妙的分析。”

诺曼·梅勒（Norman Mailer，1923—2007）。美国小说家，1923 年生。同时也是政论家。生于新泽西犹太家庭。哈佛毕业，专修航空工程，当兵，1946 年退役。长篇《裸者与死者》（*The Naked and the Dead*），轰动一时，被称为二战后最好的小说之一。写自己当兵生活中官兵冲突矛盾，用的是现实主义手法。《巴巴里海滨》（*Barbary Shore*），长篇，宣扬无政府主义，用半象征半现实手法。《美国梦》（*An American Dream*），写暴力、谋杀、崩溃。对黑色幽默作家起过影响。

匆匆将这三人讲过，最后回到存在主义问题。

我们讲的是文学史。谈存在主义，我着重谈它的文学。这文学的特征，概括为三方面：

一，明显的哲理性。它起初并非为文学而文学，是为了找通俗的形式，利用文学。它是哲学，不是文学流派。这要弄清楚。曾经讲过：存在主义有他的"鼻祖"，谁呢，丹麦的克尔凯郭尔。克尔凯郭尔的理论是神秘的，可意会不可言传。他害怕死后，后世把他的哲学弄成体系，井井有条分成片章小节，所以就用小说、戏剧的方式来讲他的思想。所以后来的存在主义也用这方法。

这是存在主义比别的哲学高明的地方。哲学会过去，文学可以长在。宗教可以变化，庙宇留了下来。孔孟、老庄、荀子、墨子、司马迁，他们的哲学思想，留下纯粹的文学。司马迁是个史家，我看是文学天才。世上什么最伟大，艺术最伟大，可是艺术一直被弄成小丫头。过去，再伟大的艺术家都自卑，直到贝多芬，才自觉地说："艺术家高于帝王。"

这种人真是痛快！说出来了。歌德也不敢，给拿破仑叫去，丢脸。尼采，又一个提出艺术高于一切。

这都是历史上的大事情。我记得我二十三岁时，一个基督徒同学与我常常彻夜谈，我说：其实没有宗教，只有哲学。那同学第二天说：我差点失去信仰。说明她会想，我当时居然也这么说了。

四十多年过去了，我又想说——其实没有哲学，只有艺术。你去听贝多芬、勃拉姆斯，随时听到哲学，鲜活的哲学。书上的哲学，是罐头食品。这一点，克尔凯郭尔一下子超过了前面的哲学家。

历史上排排队，第一个不要体系的，是法国蒙田，第二个不要的，是德国的尼采，第三个是丹麦的克尔凯郭尔，第四个是法国的列维－斯特劳斯（Claude Lévi-Strauss）。

一般以为能成体系，才伟大。嘴上说说也满嘴都是油一样。

他们四个人为什么都不要体系？各有各的内因。我不分析。一分析，不也弄体系了？

不事体系，我看是天性使然。

我绝对不是看到蒙田等等，受启发，跟着学。我是走在路上遇到蒙田，脱脱帽，点点头，走下去，又遇到克尔凯郭尔，又脱脱帽，点点头。

我同蒙田开开玩笑，但不跟克尔凯郭尔谈，他要哭的。出国遇到列维－斯特劳斯，也深得我心。

但最钦佩的是尼采。每当我想说未说时，他已哇哇说出来了——"从事体系就是不诚恳"——你看，他说出来了，这话只有他会说。

蒙田老实人。终生研究人，几十年下来，发现人是会变的，就不研究了。强盗进来，蒙田与他们好言谈谈，强盗鞠躬退出。

黑格尔体系最强，他不诚恳。

我想，一本书如果能三次震动我，我就爱他一辈子。

二，存在主义还有第二特征，是把人物放在特定境遇中（所谓境遇剧），让环境支配人的行动，人再选择行动，造成本质——其实传统戏剧也是这样的。依我看，鱼么，在水里游，很好，你把鱼捉上岸，给它一点水，冲成沟，沟再弄干，又把鱼放回水里——存在主义是没有事情，弄点事情做做。当时存在主义轰动世界，风行一时，不太正常的。

三，富有真实感，这是存在主义的好处——传统戏剧中，往往人物的好坏比现实中甚——不错，也是一种写法。所谓真实感，是个程度的问题。我们接触了解一个人，只触到某种程度的真实感，人不可能被了解——历史也不可能被了解，被接触。历史上许多事，许多人，同时发生，同时又过去了，怎么可能接触？史记，不过是几个人的传记。人是不可能被了解的。父亲、妻儿，你真了解吗？你才不了解呢。

爱情，是一种错觉，怀抱中的人，你真的占有了？了解了？连体人最可怜，最可怕，比残废人还可怜。一个人要喝酒，另一人醉了；一个要睡觉，另一个要唱歌……

所以，人，个别的人，是美丽的，幸福的——说得好听是孤独——其实就是个别。

艺术家要"迷人"，研究人。陀思妥耶夫斯基、巴尔扎克，拼命研究人。丹青也喜欢画人，一天到晚画人。

好。存在主义是个小车站，我们停停，买点零食，上车，下次讲新小说派。

一种思想，不是从书中传来的——是从风中送来的。

新小说（一）

一九九三年五月十六日

政治，是动物性的。艺术，是植物性的。你可以残害植物，但你无法反对植物。巴尔扎克、托尔斯泰，像两棵参天大树，你站在树下，大声叫"我反对你"，有什么用？

规律和命运，是什么关系？是规律高于命运，还是命运高于规律？既然事物受命运支配，怎么事物又有自己严密的规律？而命运又怎能支配事物这些严密的规律？

老子的《道德经》偏重讲规律，他的办法，是以规律控规律，是阴谋家必读的书。但老子是上智，他始终知道，规律背后，有命运在冷笑。

中国的《易经》，也很可悲，它认为命运是有规律的，索性去研究命运。

老子、庄子的哲理充满逻辑的矛盾，也虚妄。王羲之就在《兰亭序》中指出过，有所批评。老庄的空灵是讲实用的空灵，是高层次的"活命哲学"（《易经》也是活命哲学，《诗经》是苦命的悲叹）。我看老庄、释迦、尼采，一路下来，都十分烦恼，他们和命运合不来。

"那个才气超过你十倍的人，你要知道，他的功力超过你一百倍。"刚才来讲课路上，我想到这么一句。自己耕耘，自己收获，自己培养自己，自己养兵千日用在一时。

本世纪五六十年代，法国出"新小说"派（nouveau roman），是现代文学的重要流派。刚出世，被认为古怪荒诞，精神病发作，都不作好评，时值五十年代初。六十年代，社会舆论才认知，而后波及欧洲、美国、日本。

当初没有"新小说"的说法。风潮落下去了，才出此说。

"新小说"都在二流的"子夜出版社"（Éditions de Minuit）出书，一度被归为"子夜派"。其实没有所谓"子夜派"，作家风格内容都不同，评论家捉摸不定，他们自己也不标榜，所以有视觉派、反小说派、拒绝派、窥视派、摄影派、写物派、观察派、新现实主义及子夜派等各种说法（无派可名，评论家就只能这么说）。

到七十年代初，势头下去了。你们看看，这个事实包涵什么问题？是个什么性质的问题？

我回答：很好。文学要这样才是正道、常道。我从小不参加任何派、任何党。当时敬重林风眠，就为他始终无党无派。国民党委任他当院长，他也袒护共产党，不举报，但却无党无派，不投靠任何一方。香港人喜欢说"人在江湖，身不由己"。我说，人在江湖，身可由己。到了江湖嘛，这才可以自主自由。

新小说派，没有宣言，没有纲领，没有组织，这才好。

直到1971年，才在巴黎一个国际文化俱乐部召开会议，小说家们对作品理论做了探讨，总算有了一个俱乐部形式的团体，成员有七：

阿兰·罗布－格里耶（Alain Robbe-Grillet），米歇尔·比托尔（Michel Butor），克洛德·西蒙（Claude Simon），克洛德·莫里亚克（Claude Mauriac），罗贝尔·潘热（Robert Pinget），让·里卡尔杜（Jean Ricardou），娜塔莉·萨洛特（Nathalie Sarraute）。

还有玛格丽特·杜拉斯，塞缪尔·贝克特——他们不愿参加会议，不入派。

这也很好。杜拉斯（Marguerite Duras，1914—1996），即《情人》（L'Amant）的作者，很重要的作家。但她不参加——到底法国人。那多好，也不对开会的人开骂，开会的人也不对不开会的人不开心。要是在中国呢？

将来中国作协、美协取消，出现各种自由组织，我会祝贺——但还是不参加。

以上是新小说派的好处。以下来说坏处：

他们写时，不响。到开会后，就说是为了反传统。好，这下子老人家倒霉了——他们的矛头指向巴尔扎克，他成了"靶子"。

对抗，势不两立，是幼稚的。巴尔扎克并没有形成永恒法则。

新小说派想要描写更真实的现实，主张非人格化的、不带感情色彩的语言，不受时间地点局限，情节简单，甚至没有情节的故事等等。近乎通俗的侦探小说的结构，然后铺开。

讲到这里，忍不住有感想。

历来一个新主张、新潮流出来，往往杀气腾腾。当年江丰他们接管浙江美院，还得了，说潘天寿什么画家？画农民挑公粮，不如三岁小孩的画，一时弄得浙美像地狱……当时青年人也可怜：没有靠山。思想上也没有靠山。又不能到外国去，只能给牵着鼻子走。

政治上，要革命，文艺上为什么每次革新也打出革命招牌？新文化运动，五四运动，拿个孔子做靶子，提倡白话文——白话文早就有了。《红楼梦》、《水浒》，现在也没人写得过。俄国未来主义出来时，也是全盘否定，叫嚣"把托尔斯泰扔到海里去"。真是俄国江丰。

你要走新路，请便。但走以前，不要把别人打死。艺术上从来没有你死我活，只有你活我活。

什么原因？我看从人性来探讨，要比从理论上讲更清楚——人性总有一种鄙吝，一种排他性，一种原始的暴君意识。文学艺术的"革命"，是一些人在政治军事上无法施暴，所以拿到文学艺术上来。

（丹青问：尼采上台会不会杀人？木心：他要杀，包括杀希特勒。又说：斯巴达时代，人生了孩子，在外冻，冻死的，不要，冻不死的，养活。）

人又卑怯，所以要找个目标，把自己推出来。政治上，都是这公式：你不打死他，他就打死你。事无巨细，都是这公式——可怜艺术家也往往落入这公式。自信心不够，要借助弹力，不是靠自己的冲力——正面看，历史上几次文艺复兴，包括中国的贞观开元，俄国普希金到托尔斯泰，都是自身力量充沛，不存鄙吝之心，自己弄自己一套，不搞打倒别人那一套。

政治，是动物性的。艺术，是植物性的。

你可以残害植物，但你无法反对植物。巴尔扎克、托尔斯泰，像两棵参天大树，你站在树下，大声叫"我反对你"，有什么用？

今年春天，我观察寓所外墙的爬墙虎，真感动人。我还用胶带绑一绑那爬墙草。我写过："我只在造物者的未尽善处尽一点力。"盛唐时有人认为初唐四杰还不能完全摆脱魏晋遗风，以为写得不够好。杜甫就出来大骂："尔曹身与名俱灭，不废江河万古流。"

最好是自然更新，不慌不忙地更新。现在是急得不得了，新啊新啊，不新就得死——可是又不死。

我以前说："老实话，俏皮话，要说的都是一个意思。"写实的、新潮的，要说的是一个意思。新小说派求真实，老掉牙啦。

杜甫骂人。我也骂了一通。

从整体上讲，新小说派很有成就。最初好在他们没有标榜。如果不是后来，他们的成就会更大。（丹青又问：盛唐讲初唐诗不好的那些人是谁？木心：尔曹身与名俱灭——不知道呀。）

新小说派的出现，是二战后西方引起精神危机的结果，在文学上出这一派。

一次大战后，兴"人道主义"。哪知不久出法西斯主义，击破人道主义美梦。法国人骄傲，不料二战初打，一夜失败。战后国际地位低落，思想混乱，老是想到二战的屈辱。拿中文说法是："国事蜩螗"（蜩，蝉也，音"挑"。蜩螗，意思是知了叫成一片，烦得很）。法国知识分子没有精神支柱，茫茫不知所从，所以从因循苟且中慢慢辟出一条路来，在纸面上，文学中，就产生新小说派。

新小说派一到世界上来，不是轰轰烈烈一下子占领文坛。一流出版社不接，报刊舆论也反对，作者们晦气重重，书出了，毫无反应，直到五十年代中期以后，开始走运。

按理先晦气、后走运，我要讲下去，但这里要插一段比较长的话，对大家可能有好处。比较形而上，可以作思考题：

比如说，一个人有才华，有能力，一时艰难，总会被赏识被重用，这是规律；但世上多有才能不受重用的人，被埋没，被糟蹋了，这是命运——从新小说的"不遇"到"走运"，想到世界上种种人事现象，我的观察结果，是这样：

事物有它的规律，可是事物变化，又受命运支配。

规律和命运，是什么关系？是规律高于命运，还是命运高于规律？既然事物受命运支配，怎么事物又有自己严密的规律？而命运又怎能支配事物这些严密的规律？

这份思考题，几乎没有被人思考过。

老子思考过，结果是没有结果——他说："天网恢恢，疏而不漏。"这是规律。他又说："天地不仁，以万物为刍狗。"这是命运。他的整本《道德经》，是这么二元的，既命运又规律，一会儿解释命运，一会儿解释规律。

其实讲规律，就是乐观主义。讲命运，就是悲观主义。

老子的《道德经》偏重讲规律，对付什么事他都有办法。他的办法，就是以规律控制规律，是阴谋家必读的书。但老子是上智，他始终知道，规律背后，有命运在冷笑。

中国的《易经》，也很可悲，它认为命运是有规律的，索性去研究命运，以为找到命运的规律，便可避凶趋吉。

但事情哪有那么便宜？

精通《易经》的人，而弄到走投无路、自身不保的，可多哩。刘基，精通《易经》，死于非命。近代的胡兰成，也懂《易经》，做汉奸，后来流亡客死。

"天行健，君子以自强不息。"就是《易经》的句子。

事物的细节是规律性的，事物的整体是命运性的。我和亚里士多德抬杠，他说："大自然从不徒劳。"我主张：在细节上，是这样，但整体来说，大自然整个儿徒劳（细节上讲，动物，植物，都是有目的的）。

尼采想到"轮回"——所有事物的发生、发展、毁灭，都会以同样方式再来一遍，乃至无穷——尼采哭起来了。

如果真是这样，那命运就有规律。释迦不这样想。佛家轮回说的命运，是可以选择的，佛家认为"有情世界"可分六道：三善道，三恶道。你行善，上升为善道，你作恶，下坠为恶道。意思是你作恶，你行善，你自己可以选择的，这岂非成了命运可有规律控制？

我看，西方东方两种轮回，都妄诞，都虚空。真是那样，就好了。

老子、庄子的哲理充满逻辑的矛盾，也虚妄。王羲之就在《兰亭序》中指出过，有所批评。老庄的空灵是讲实用的空灵，是高层次的"活命哲学"（《易经》也是活命哲学，《诗经》是苦命的悲叹）。我看老庄、释迦、尼采，一路下来，都十分烦恼，他们和命运合不来。

命运，是非物质的，科学无法研究。奇怪的是，科学家都这么安心探寻事物的规律，不关心事物的原因。爱因斯坦，点到上帝为止，在哲学上，他是票友。

科学家大都没有形而上思想。到现在，问到目的，想不下去，许多西方科学家自杀。

巫术，是一种统计学，千百年来积累了无数统计例，算来往往神奇、准确。有什么生辰八字、什么面型五官，就有什么样的遭遇，这是"然"。为什么会这样？谁决定这样？讲不出，不知其"所以然"。所以算命相术不是哲学。

这么谈的目的是什么？

因为平常没法同大家谈哲学，只能谈有些哲学性的文学。我的用意，是做一个人，做一个艺术家，要不停地思考，这样才会高超，高明，高贵。

思想，软绵绵的，可以和宇宙对抗。贝多芬《第九交响乐》，和宇宙抗衡，他劝宇宙。

人脑，现在在用的部分，也只占了百分之三十。脑子要用，越用越灵。还要多记，越记越精彩。陆游的儿子要写诗，问父亲，父答："汝果欲学诗，功夫在诗外。"画画也是这样，不能一头栽在画里。中国当代画家比不上中国古代画家，就是画外功夫太差。一群文盲在画文人画。广义的文盲。

画外功夫好，人就不同了。

记，记下来时，还没有想的那么好，还不成熟。要记到记下来，就是你想的那样时，就好了，成熟了。这时，第一念来，是最准确的。

思想分三段：一，想的有了，记下来不确，模糊。二，记下来时，大致是想的样子。三，记下来的，比想的还好。想是天然的，记是人工的，人工可以使天然的弄得更好。

记，比读书还要紧。

说穿了，从前的中西画家，自己都有笔记的。记着，到时候怎么办呢？平时记着的东西，一下子跳出来了。

"那个才气超过你十倍的人，你要知道，他的功力超过你一百倍。"刚才来讲课路上，我想到这么一句。自己耕耘，自己收获，自己培养自己，自己养兵千日用在一时。

1954 年后，新小说九位作家的十一部作品，获各种文学奖达七项之多。新小说派作家及赞赏者，两路人合起来，形成一个大阵容。文学青年也爱上了新小说派，广大读者，从不感兴趣到拿来读读，试试看，论坛上有了新小说专题介绍，甚至被列入教科书。

新小说家还出国讲学，扩大影响。

新小说走运时期是五十年代后半，到八十年代中期，近三十年。这个发生、发展的过程，是正常的，不是暴发。暴发，跌得就快。

取一个作家来分析。格里耶（但新小说派的成就绝不止格里耶那个高度。各个作家很不一样。谈完后可以谈谈绘画问题，看看我们到底在什么时代应该做些什么。在座的大致是在埋头画画，商人是唯利是图，画家好像是唯图是利）。

格里耶（Alain Robbe-Grillet，1922—2008），"新小说派"创始人，主持人，领导者。第一部小说《橡皮》（Les Gommes），1953 年问世，读者寥寥无几。但由于它的反传统性，引起争论。到六十年代，读者猛然增加，发行到一百万册，日本还邀请格里耶讲学。1968 年，《橡皮》被拍成电影。《橡皮》被认为是新小说派的开山作品，格里耶成为领袖。

到 1971 年，这批作家聚在一起开专题研讨会，探讨作品理论。1985 年，克洛德·西蒙，新小说作家，获诺贝尔奖（他的小说，很少有人看得懂，但很有意思——所有流派的小说，不过是表达作者的聪明才智，你这样搞，那样搞，不聪明，有什么用？纽约，整个苏荷艺术区，就是在比聪明，比谁俏皮，谁机灵。凡是新创，就是不屑于你说过的话，他自己来一套说法）。

全名：阿兰·罗布 – 格里耶。曾学农。后做生物学研究，任农技师，到非洲研究，生大病。回国时在船上东想西想，想出《橡皮》这篇小说——反巴尔扎克。

注意，不是反巴尔扎克本人，是反那个传统。

格里耶创作很多，可是都没有像《橡皮》和第二部小说《窥视者》（*Le Voyeur*）那么有名。这两部水准最高，也是新小说派主要代表作。好多人没读过他的作品，没有情节的情节。所以我来讲一讲。

他们惯用侦探小说手法，这一点很高明——抛掉那些婆婆妈妈的东西——接近绘画上的立体派，不画花花草草——取得一种短的、直线的效果，避免弯弯曲曲的洛可方法。

《橡皮》只写一天的事。二十四小时内发生——杜邦教授晚饭后进书房，被凶手打了一枪。次日报载受害者不治而死。杜邦曾得过战功勋章，有很多成就，任高职。另一个恐怖组织想把他所属集团的主要人物都杀光，其余九个已被杀，都在晚上七点后行凶。青年侦探瓦拉斯破案（全是虚的，煞有介事的），他去破案，进店，买到一块橡皮（和这故事全不相干），不满意。找来找去，找不到他满意的橡皮。反复用这个道具（他们这种写法很俏皮。走火了，很容易着魔。第一次用，很新鲜，涉及心理啊，潜意识啊等等）。

瓦拉斯走访警察局，走访死者女佣，走访对面爱偷窥的太太，走访多处，又买橡皮，等等。各人各说法，杜邦到底死了没死？最后，到晚上七点他去杜邦家，扮演死者生前想见的木材商，进门，见人要射击他，他先下手，打开灯一看，原来死者是杜邦。结尾，瓦拉斯接通警察局长的电话，局长说："你知道吗？杜邦没有死！"

所谓反巴尔扎克传统，是这么反的。什么都没有了。从前小说的构成因素都没有了。前面讲的意识流、潜意识等等，到了新小说派，都起了质的变化。前者还有相对的真实感，新小说派全没了。

我们的生活，并不像巴尔扎克的小说，不像"私定终身后花园"之类古典小说那样的存在、进行。可是又不像《橡皮》小说那样地存在，那样地进行。

格里耶很得意。他捉弄了读者。

我们把巴尔扎克个人和格里耶个人放在一起比较，谁的成就更高？这是个大问题。

现代艺术，是要反一切传统。新小说可以反传统，但不要否定。这里有个吊诡的问题：如果没有巴尔扎克，没有巴尔扎克的传统，没有传统和新小说派作对照，格里耶的小说是什么？象征性地说：如果没有《蒙娜丽莎》，杜尚的两笔胡子添加到哪里去？

我们看到、遇到的时代，是个反传统的、破坏的、解构的时代。弄得不好，人类文明就此完了。弄得好呢，可能来到的是一个人类文化重新整合的时代。

我不说我有信心——我有耐心。看看这个解构，是解死还是解活。地球还有个十万年好活吧，那么这十万年都弄解构这件事？如果世界上全是"现代艺术"？

辛格（Isaac Bashevis Singer）、索尔仁尼琴，不管这一套，照样老写法——也不够，也不佳。我们不能守旧。

我要创新，我也不反传统，我也不守旧。

他们急于换时装，我是只管练身体。要么不新，要新新过你的头，走到前面去。

《窥视者》（*Le Voyeur*）。旅行推销员马蒂亚斯到一个岛上推销手表，上午十点靠码头。启航前，一个水手说家事给他听，他下了船就去了他家，看见照片，见一个小姑娘很美。他去找她，村上说小姑娘已失踪。次日退潮后，海边找到了女孩尸体，裸身，有伤。后来推销员被指为谋杀者。

这种东西，写起来很痛快的。过去一切小说的方法都被推翻了。如果这样的作品全世界流传，流传一百年，那人性全没有了。苦啊。

你看现代舞蹈，一个个怪动作，来吓我——我不吓。

地铁上看见三个男孩轮流和一个女孩接吻，她爱谁呢？我们生在这样一个时代。

从绘画的变形到破坏形，到没有形。音乐从不协和性，到无基调，到非演奏性。

道，禅，流到西方。中国很早有过这类东西。当头棒喝——悟了悟了悟了。

那么一本小说，戴那么个大帽子。大规模去讲，可以的。不能直截了当去讲——做个艺术家多么难。

你没有意见，不算；你有意见，又不能随便讲。

唐诗宋词，多少爱情，没有一篇讲"我爱你"。

绝对不能因为别人讲你好，你就以为自己是对的。丹青讲我文章好，我总是心里不以为然。

从正面去讲，艺术家不应守旧，应该突破，新创，这是良性的。负面讲，一个艺术家装神弄鬼，捉弄读者，那是恶性的。但不能因为负面，就看不到正面。艺术应该创新。

对待这个解构的时代，只能有两种态度：一种是守旧的态度，走前人走过的路，依附性的，从属性的，不管外界如何讲，我行我素，在模仿中加入自我。一种是超越的态度。把解构的潮流都看成旧的，去超越它。把古典、现代，都作为背景，不参与解构。

守旧，也不参与解构。

两种态度都非常难。前一种，依附的，从属的，不能成为主体。后一种，超越的，也是难：旧的要超越，新的也要超越，双重超越。如果不能超越，又不参加解构，只能守旧。

古代，群山重重，你怎么超越得过？有人画出一张肖像，比《蒙娜丽莎》还好，那倒服了。有人对我说，洞庭湖出一书家，超过王羲之，我说：操他妈！

总结：要知道。宁可做不到，但要知道。

陶俑，兵马俑，我家里没有——我看得懂。你不能把故宫搬到家里来，也不能把卢浮宫搬进家里来——我看得懂。你进去，所有古董为你存在——何必占有艺术品？

守旧、超越，也不是绝对的。两边走走。到底走得如何？天命。

要继承，可都要变掉它。走得通，看怎么去走。我不像巴尔扎克那么走，我也不像新小说派那么走。

大前提弄清楚，看小事，一目了然。

要接触欧洲文明。中国文化修养高，了解欧洲最好。"五四"那批人，中国文化修养不够，了解有限。假如嵇康、阮籍、八大山人出来，那还了得。嵇康一定是大钢琴家。

可以宽慰大家的是，人死了，知道什么病，比不明不白死，好得多了。

"文革"时，三个人押着我换地牢审查，一前，一后，一中。我还推着劳动车。我想：这个人是苏格拉底。

　　画写实的，每一笔都要表现你的性格。中国山水，一笔笔下去，全是性格。画上，要笔笔分明，又要含蓄。王羲之的字，一笔一笔佩服。

第七十六讲

新小说（二）

一九九三年六月二十七日

我门口的常春藤，没有眼睛，凡能爬到的地方，爬过去，爬过去，爬不过去，会结疤，停止。然后一片片叶子，平均地覆盖，像鱼鳞一样。没有眼，也没有意志，真会生长。我佩服极了！

文学是脑的艺术，无声无色，和感官没有关系，却感动你。魔术性最大就是文学，你感动了——就是几个字呀！

走在正道上，眼睛看着邪道，此之谓博大精深。有人走正道，一眼不敢看邪道。有人走正道，走着走着，走邪道上去了。

1956 年，法国正在弄"新小说"。1956 年，中国正在弄"反胡风"。人家在前进，我们在后退。"反胡风"，反右，文艺为工农兵——什么也留不下来。那些为工农兵的文艺，工农兵不喜欢呀。

骑虎难下，虎也怨。谈虎色变，虎也惊。

近人情，近什么人？做一个真正的艺术家，靠的就是决绝。嵇康，决绝的大师。老子，耶稣，贝多芬，都决绝。

听了四年课，听下来，不要说奇迹，但可以说是怪事。没有人强迫我讲，没有基金会资助，居然讲的讲，听的听——这样的怪事，现在快要功德圆满了，我也快要回去了。我毕生不会有第二次了。总算以失败开始，以成功结束。出不出版呢？我一个人不高兴去做。将来大陆有没有人来做？有没有这个观点？谁来出钱？

上次讲了新小说派男作家，今天讲女作家：娜塔莉·萨洛特（Nathalie Sarraute，1900—1999）。谈到女作家，会谈到我们自己，然后算是结束这个学期。

萨洛特是俄罗斯后裔。两岁父母离婚，父亲迁居法国，童年在父母之间辗转奔波，后随父亲定居巴黎，可知是贵族。成年后几次回俄国，其余时间住在巴黎，以法文写作。做过律师，后专事写作。第一部短篇小说集《趋向性》（*Tropismes*），对语言加以评批（近代有思潮，认为人类语言有问题，许多事出在语言上）。她注重内在题材。内在题材，即传统小说中的内心活动：爱啊，恨啊，喜怒哀乐啊。但她对小说方法要求革新。这部作品名是从植物学取来的词汇——趋向性。

我门口的常春藤，没有眼睛，凡能爬到的地方，爬过去，爬过去，爬不过去，会结疤，停止。然后一片片叶子，平均地覆盖，像鱼鳞一样。没有眼，也没有意志，真会生长。我佩服极了！难怪说有上帝。

萨洛特从植物观点写人的头脑中难以觅察的变化，其实还是探讨潜意识、下意识、意识的问题。当时没反应，1957 年重版时，引起重视。

1947 年，出《无名氏肖像》（*Portrait d'un inconnu*），被拍成电影，比《橡皮》等出得还早，可以算最早的"新小说"。

写父亲吝啬，见女儿会花钱，且一天天大起来，就逼她出嫁。父女感情不好。后来女儿嫁了阔佬，两人感情好起来。书中叙述者，像个密探，用种种方法来分析、窥视父女俩言行。

萨特对这部小说很感兴趣，写了序。说："我们时代有这样那样的奇事，'反小说'即其一。"

她很有才华。还写论文《怀疑的时代》（*L'Ère du soupçon*），向传统小说公开挑战。又写了《从陀思妥耶夫斯基到卡夫卡》、《对白与潜语》、《鸟瞰》，都属"新小说派"的理论文献。

她能文能武——写小说，文；写论文，武。

雕塑、建筑、绘画，是生的艺术，要活下去。舞蹈、音乐，是死的艺术，流动的，流过去了，就没有了。文学是脑的艺术，无声无色，和感官没有关系，却感动你。魔术性最大就是文学，你感动了——就是几个字呀！

文学，艺术，一两个人叫好，就可以了。

她还创作了小说《马尔特罗》（*Martereau*），1953 年出版。还有《行星仪》（*Le Planetarium*），1959 年。《黄金果》（*Les Fruits d'or*），1963 年。《生死之间》（*Entre la vie et la mort*），1968 年。这些著名小说中往往没有具体人物，只以人称代词指代主人公，显露微妙复杂的心理活动。小说中的世界非常封闭（所以我曾说萨特的存在主义是"闷室中的深呼吸"），没有向度（我是追求向度的）。

不兴奋，不能做成这件事。可是兴奋本身是错的。要把兴奋控制好，还能做出事来。

受人称赞，最容易叫人掉下去。那人称赞你，比你低，你吃进，你比那人还低。

（全武：歌德的《亲和力》写得比《浮士德》好。木心：可别这样比。不要比顺了口。什么我爸爸胡子比我舅舅胡子长——不能这么比）

昆德拉讲：以后的时代属于福楼拜，不属于弗洛伊德。我听了想：我倒可以问问昆德拉，如果真是那样，太好了——不会是这回事呀。

费解。台湾有些作家追求费解。印度最近出了一个大作家，有作品《金童》（*A Suitable Boy*），被称为印度的托尔斯泰（他的姓名我忘记了），我看了很高兴。苏联还有这样的传统：老老实实写，写实传统还在那里——你去弄费解吧，弄到讨人厌。

生命意志，潜意识，性心理，确实是近现代的新发现。

现在看来，这些新发现都被发现者本人夸大其事，想入非非。这些新发现从一开始就坏在发现者手里。影响所及，弄得捉住一条，就算成功——这个，就是生命意志，懂吗？那个，就是潜意识，OK？

好像事情就这样完了。纪德等等，许多本世纪大作家都不免如此。

人性的深度还有的发掘哩！不能光靠这种办法。陀思妥耶夫斯基，莎士比亚，曹雪芹，懂什么性心理，什么潜意识？

性心理之类，不过是科学实验，不是创造，不是艺术创作。我看这些，静静地看，静静地想，静静地写，我行我素——我向来不买弗洛伊德的账。看么看的，但不当他一回事。

我有俳句：走在正道上，眼睛看着邪道，此之谓博大精深。

有人走正道，一眼不敢看邪道。有人走正道，走着走着，走邪道上去了。

现代乡愿，艺术之贼也。

我看科学、历史，但不看当代的中国文学。

正与邪的问题，全世界都在闹，闹不出结果。

功夫在诗外、画外，是参禅。大家还不习惯参禅。上次提出来，你们有人问：画中功夫还没学好，怎么在画外下功夫——不是这么说法。

破执。解除迷障。

道家曰：将欲歙之，必固张之。将欲取之，必固与之。

耶稣教训：放弃生命的人，可以获得生命。

钢琴教师说：放松，放松到两个手都好像死了，弹十个小时也不累。

不肯放弃画中的功夫，怎么能得到功夫？

都以为画内、诗内，技巧是无限的。这是误解。你看到的是大师得心应手的技巧，另一面你看不到。

举例说，陀氏书中不讲哲学，不掉书袋，他流放时，书单上都是哲学书，说：一定要寄来，这些书是我的命根子，否则我活不下去。可是他书中哪里读得到这些？

贝多芬是想做哲学家的。

儒家说：一事不知，儒家之耻。现在呢，都不知，耻也不知。

使徒保罗说："看得见的东西是被看不见的东西主宰的。"

大家来听我讲世界文学史，就是活生生的画外功夫。大家并不是文学家。

下半堂课，即兴谈。从哪里谈起？从课文谈起。

1956 年，法国正在弄"新小说"。1956 年，中国正在弄"反胡风"。人家在前进，我们在后退。"反胡风"，反右，文艺为工农兵——什么也留不下来。那些为工农兵的文艺，工农兵不喜欢呀。

说这些，不是诉苦，不是指控，不是怀旧。我的意思，是现代文化第一要义，是它的整体性。要做一个世界公民。读者观念，世界观念，必须要有一个整体性。面对世界，面对历史，要投入进去。我个人占了什么便宜？就是少年时期就把自己放在这个整体性中。

现代人，当代人，说实话，我不感兴趣。年轻时，少年气盛，只面对未来，只关心未来。母亲说：你志向对，可不是太苦了吗？我说："是，只好这样。"

小时候看福楼拜他们，总觉得有一天会成功。可是我这一代，包括你们一代，在未来，还是不会成功——没有未来这回事。

这个时代，这样解构下去，巴尔扎克、陀思妥耶夫斯基，都给解构掉喽！

前面讲植物的智慧性，那是无可奈何，寄托一点点希望。阳光中的蜉蝣，其实快要死了。应该怪我们来迟了。我们是前人的读者，我们后面，没有读者了。

臣门如市，臣心如水。

我喜欢发高烧四十度写作。发热发到不倒下，好开心。

我们这个上半学期最后一堂课，寄语一些话，一个个讲，尽量照顾大家自尊，说到悲观的意思，是要快乐。

知识、学问，使人通达，使人平静。也有人得点知识，张牙舞爪，日夜不得安宁。

先讲大陆。看我们对大陆的态度。

1982 年离开大陆，十一年，种种消息传来，众说纷纭，莫衷一是。大家对这些要有衡量，判断。你到一个地方去，说不清，看一本书，对一个人，都说不清，对不准。

思想理论的好处，是看到一个东西，就能抓住。

别人衡量你，你衡量你自己。别人问你的儿女或者你的病，你滔滔不绝——完了。

我们讲课长达四年。为什么要学世界文学史？就是刚才说的，文化的第一要义，是广义的整体性。

加一个"广义的"。

如何在这个整体性中取得一个我们自己的制高点。

因为乡愁，海外华人看电视连续剧，又是一个迷障。也许你眼光尖锐，观点正确，但是时间花得那么多，而且会迷。

乡愁。"瘌痢头儿子自己好。"（沪语）先见儿子，最后见到瘌痢。

这是迷障。

我看这个，一点不会掉进去，抗毒能力很强。要冷静，不能偏爱。中国是个病，想想，想成了病。

比"文革"那时，要好。想念中国，去看古代艺术品。在博物馆中看到中国艺术，我很高兴。他们是提前移民，安全在此，为国增光。

不要找好人。学林的迷障，是"好人"——只要是"人"，就好。古代中国人，现代中国人，我分得很清楚。中国的国宝，都到外国来了。

难。回去也不好，不回去也不好。骑着两只老虎，都下不来。

骑虎难下，虎也怨。

谈虎色变，虎也惊。

讲了四年课，沧海桑田。许多学生走了，走了不来了。怎样判断？"朋友一个一个来，一个一个去，当我想到他们是人类，我就原谅了。"有一句："上帝不给我朋友，只给我一些小说的题材。"有人来讨去我三份作品拷贝，下地铁走了，好像从一棵树上摘了三片叶子。

走了，又回来的，特别显得珍贵。耶稣放羊，走失一只，找回来，比其他九十九只还宝贵。

哪一天，你自己会对自己说，我成熟了。

我到美国，成熟了。画，我跟塞尚，又受林风眠影响。忽然，抛开了。影响底层，还在。

听了四年课，听下来，不要说奇迹，但可以说是怪事。

没有人强迫我讲，没有基金会资助，居然讲的讲，听的听——这样的怪事，现在快要功德圆满了，我也快要回去了。

可以有个不大不小的酒会。可以拍照，可以录像。

要不要一个"毕业证书"？浪漫一下，作为一个纪念品：我的一幅版画，下面是说明、题辞，统一镜框，将来挂在谁家，看到了，都一样。

这样一点小往事，供纪念。

可以说功德圆满。讲完了，我要回去了。我毕生不会有第二次了。总算以失败开始，以成功结束——大家一定会听完，我也一定会讲完。

出不出版呢？我一个人不高兴去做。将来大陆有没有人来做？有没有这个观点？谁来出钱？

为什么讲课？我有一个不可告人的目的——我要训练我讲话的时间和内容，要像希腊雄辩家那样讲演。四个小时，要能讲下来。

我回去，不写信。没有消息。等于死了。

我出国，亲朋一封信也不写。这种做法，艺术家也很少。

我不写信。两个字：决绝。

这是尼采的态度。和瓦格纳断了，再也不可能续。我把这个决绝，当做一种力量。

近人情，近什么人？做一个真正的艺术家，靠的就是决绝。嵇康，决绝的大师。老子，耶稣，贝多芬，都决绝。

大家留恋不去。再讲个主题：直觉和观念。

你们不想，我常在想：你们怎么样？前提是：一个伟大的艺术家，他的直觉，直通观念。

比较差一点的，他有直觉，但不够，要通过概念进入观念。在很多情况下，有直觉的艺术家，要通过概念进入观念。

更多的人，没直觉，没观念。

塞尚，直觉好，根本不需要概念，直通观念。

丹青和我一起去看毕加索晚年作品展。我不喜欢。败了。丹青通过概念去看，以为那是大师晚年，必然好。后来，几年后，丹青知道了不好。世说新语。

其实，不从直觉到观念，必然从概念到概念，进入不到观念。

在座直觉都还不够，大家都偏重概念。美术学院就是教了一大堆概念，误人子弟。

观念，就是艺术的最高境界。

这是一个重要的问题。致命的问题。直觉（先天），观念（后天）。先天之后，花很大功夫，得到观念。

曙光。亮点：什么是直觉？小孩，古代人，都有好直觉。也是一种诚意。

是给后来的概念害的。

道德是智慧的一部分。智慧的一部分用在人际关系上，叫做道德，不是智慧。

所以，要保存内心的童贞、崇高、纯洁。

"年轻时，少年气盛，只面对未来，只关心未来。母亲说：你志向对，可不是太苦了吗？我说：是，只好这样。"——木心的母亲，摄于上世纪五十年代

新小说（三）

一九九三年九月二十六日

诺贝尔奖，好像是个世界性的中状元。

西蒙不急于成功，写了四十多年，几乎每部小说都很成功。他怎么活呢？
庄子是要饭的，陶渊明借米，西蒙到底是法国人，他种葡萄，养写作。这
样一来，我倒也替他放心了——陶潜要是不种菊花，种葡萄，多好！

我探索了四十多年，写了近千万字，大部分毁了。自毁。一直这样过来，
以为自己会写的。可是直到 1983 年，才知道以前的东西没有找到个性，
好像替别人在写。

话分两头：个性是重要的，还要看是什么个性。所以要把 "什么样的自己"
放在第一项，才进入第二项——找到自己。每个伟大的人物都是同自己抗
争的。

巴尔扎克给他们绑起来批斗——我觉得巴尔扎克同志比他们伟大、光荣、
正确——巴尔扎克是老同志啊！

我们知道现代文学的新方法，新成果，新方向，我们可以用——好用，你
就用；不好用，你就创造新东西。项羽说：彼可取而代之！我们说：彼可
取而用之！他们的方法，不失为新方法。意识流，你不用，排斥，你傻啦！
你家电灯我不用，我还是用煤油灯——那你去用，熏死你！

上半年讲到新小说派，讲到萨洛特《无名氏肖像》。今天讲下去，讲克洛德·西蒙（Claude Simon，1913—2005）。他是"新小说派"主要人物。1913年生，现在（1993年）还活着。他在这派中坐到第四把交椅。1985年得诺贝尔奖，上升为大师，奖词称许其"与时代紧密结合的诗人与画家的想象力"。《费加罗报》尊称他为新小说之父。法国文化部长当天打电报祝贺他。

他长期屈居新小说前三名之下（列名），得奖后才名声大噪。诺贝尔奖，好像是个世界性的中状元。中状元就会有运气。中国许多文学家都中不了状元，没有状元命。

大陆，台湾，一天到晚在等这个奖。

西蒙生在当时尚属法国殖民地的马达加斯加。父亲在一战中身亡，由母亲养大。在牛津、剑桥深造过，初期想当画家、摄影家。二战中应征入伍，上前线战场，马上被俘虏（法国军事上失败很快，精神上从来不败。德国兵借住，法国人不跟他们打招呼）。逃出来，在法国参加抵抗运动。那些经验，正好用来弄文学。

文学家，最好是青年时代有点经历，颠颠倒倒，中年晚年平静下来，好好写。可是音乐家、画家、舞蹈家，不必吃这些苦。一个画家不必经历一次大战，也会画出立体派——这一点，文学家吃苦了。

西蒙后来对这些经历津津乐道。得奖时，还说起他如何被俘，如何吃苦。这种事，我不喜欢讲，这是家里讲讲的事。这类苦，中国人吃得多了。

西蒙不急于成功，写了四十多年，几乎每部小说都很成功。他怎么活呢？庄子是要饭的，陶渊明借米，西蒙到底是法国人，他种葡萄，养写作。这样一来，我倒也替他放心了——陶潜要是不种菊花，种葡萄，多好！

第一期作品：《作弊者》（*Le Tricheur*），《钢丝绳》（*La Corde raide*），《居利韦尔》（*Gulliver*），《春之祭》（*Le Sacre du printemps*），《风》（*Le vent*），《草》（*L'Herbe*）。在新小说作品遭冷遇时写成这几篇，因此西蒙不受人欢迎，作品也未离开传统，小做尝试。他性格孤僻寡言，默默无言种葡萄，没人知道他。

第二期作品：《弗兰德公路》（*La Route des Flandres*），《豪华旅馆》（*Le Palace*），《历史》（*Histoire*）。这时，新小说已经走红，他得以在文坛上立了脚。评家认为他"用善于观察的目光在写"。他的确有自成一家的写法。

第三期作品：又写《导体》（*Les Corps conducteurs*），《三联画》（*Triptyque*），《经一事，长一智》（*Leçon de choses*），《农事诗》（*Les Géorgiques*），《蓓蕾妮斯的秀发》（*La Chevelure de Bérénice*）。以上都是晚近时期的作品。目前西蒙还活着。

佩服！创作力旺盛。这种小说，读起来吃力，写起来也吃力。据说评家可以从他的小说中分析出许多严密的结构。

我想问：为什么要这么严密呢？

他喜欢画画，所以书中求油画般的色彩效果，用回忆、感知、想象、幻觉等等，放在同时性、多面性的描绘之中，也可以说是文字的绘画。他有时太过分追求绘画效果，但我还是喜欢他，因为他诚恳。

爱音乐，作品也往往表达音乐性的效果。

1954年，西蒙大病。病愈，写成《春之祭》，文学上有大突破。许多大家都是这样。病后，风格出来了。我不是要大家生病，病了，别急，先治好。其实就是吃苦，吃过后，天才会大不一样。

要让个性统摄自己的作品。梵高太明显了，全是他的个性。八大山人，一看就是他。平常要下功夫——让个性统摄作品。

我探索了四十多年，写了近千万字，大部分毁了。自毁。一直这样过来，以为自己会写的。可是直到1983年，才知道以前的东西没有找到个性，好像替别人在写。

找到自己（个性）。什么样的自己（个性）？

找到了——很窝囊的个性。中国的作家、画家，你说他们没个性么？有的，很快就找到的，但那是什么个性？

话分两头：个性是重要的，还要看是什么个性。所以要把"什么样的自己"放在第一项，之后才进入第二项——找到自己。每个伟大的人物都是同自己抗争的。荷马、弥尔顿，瞎了眼，写诗。博尔赫斯瞎了，说：我得救了。贝多芬，那是上帝叫他聋。

不能听我这样讲，越听越泄气——"我没什么才能，天性也不够，反正我完了"——不是这样的。命运、菩萨，都不要相信。要抗争。

命运保佑强者，西谚是：天助自助者。

多数人——我指的是文艺界阿狗阿猫、阿三阿四——一上来，个性就暴露无遗，不去弄修养。把自己的五脏六腑拿出来，放在稿纸上，签个名，就是作品。

要修炼个性。命，可以是大盗，杀人。结果，可以修道，成佛，看你修不修。

西蒙的小说《风》，采用的一个新方法是反中心人物。书中人物无个性，受盲目的力量摆布。这观点早有了，存在主义讲过了。存在主义之前，也有人早讲过了。

这种调调，现在看，陈旧了。"世界荒谬"，我以为不用去说它。人物无个性，也写不出的——无所作为，也是一种作为。这些命题，他们还没写累，我已经累了。西方炒了一百年了，还没有累，不腻吗？我管我飞，希望碰到中途岛，歇歇，看看遇到什么路人。伊卡洛斯飞向太阳，跌下来，我有俳句：

"我在中途岛，遇到了白发苍苍的伊卡洛斯。"

《弗兰德公路》，最有代表性。纯熟运用绘画效果，使小说构成回忆和感觉的建筑物。

你们以为西蒙这种方法好不好？我以为绘画、文学两码事。文学一路看下去，是时间的过程。古人"一目十行"，是比喻。音乐因为有和声，占了大便宜。文学不能有和声，吃亏了。文学只能是一条线进行，即便字字珠玑，还是一条线，不像音乐可以同时进行。

绘画，是个平面，壁画再长，时间感还是有限，看到后面，前面早忘掉了。用文字暗示色彩，可以。但色彩是明视的，面对面的，所以我的办法是隐去画家，显示绘画性。

文学，千万不要模仿音乐。他们把诗模仿音乐，不好的。

"春眠不觉晓，处处闻啼鸟。夜来风雨声，花落知多少。"如果音乐的韵脚也这么来，像什么？

诗歌诗歌，一直误解到现在。诗是诗，歌是歌。

我的诗只能读，不准朗诵的。诗有微妙的默契，读时，自有韵律流动，一朗诵，全没了。

我现在不太听音乐。我读乐谱，读时，可以品味到那种韵味。

（停下来，哼肖邦一曲的开头两句）

强调文学的绘画性，是自设罗网。在实体上，不要让文学有绘画的外在效果。我写的东西始终要告诉大家：这是文学，不是音乐，不是绘画——我的文学，是步步为营，绝不设防，布满陷阱，通行无阻。

下棋、击剑，都是这样。你走棋，出剑，要知道他下一子、下一剑是什么，你下一子，下一步，已经迎上去，再下一步也埋伏好了，等待反攻。

兵法的态度，击剑的技巧。

诗中有画，画中有诗，我听来是在挖苦人，骂人。我是诗画两栖动物，难免被骂——我先骂在前头。

西蒙，我还是喜欢。他严肃，诚恳，福克纳之后，他是最具现代性的。

让大家看死命做作的东西，看腻，再看脱略自然的作品，是一种救赎。（座中有学生问：什么叫做"脱略"？木心：潇洒，在重要关头放得开，在乎到了不在乎）让他们去弄吧。他们把文学置之死地而后快，我把文学置之死地而后生。

艺术，弄到现在要人命，天生难懂。十八世纪用脑和胃写文字，很实际；十九世纪用心和肾脏写（爱情）；二十世纪用眼睛和手写。我们呢，要用灵魂和皮肤来写。

我是落后在本世纪前面。

再谈西蒙。他把绘画方法放在文学中，不是我说的，是他自己公开讲的。他的小说《三联画》，讲明了用绘画的三联画手法。他自己说：构成作品统一性的，是绘画性质的统一性。

他大概很得意。我总觉得有点自扰。

"三位一体"，是宗教提出来的。自然中好像没有这回事。西蒙想做画家，做不成，在文学中解解绘画的情结，我觉得是分外事。我有做不成音乐家的情结，那就让这情结去好了，不必放在文学中解。

又，他在文学中只讲印象，不谈主见，又太做作了。作家、读者，都很累——陀思妥耶夫斯基的深度，自自然然呈现出来，莫扎特大把大把挥霍他的才能——我愿意和读者分享快乐。西蒙的小说,如果你们偶然得到,不妨细细看。看某一段,看懂了,就可以放下。要看全书,太累了。

我常把艺术比作酒,从葡萄摘下来,发酵……这过程非常惨淡、黑暗,一旦酿好,明艳爽口,饮之陶醉。

现代艺术非要在你喝酒时把酿酒的事统统告诉你,拉你到酒窖过程中一边看一边喝——何必呢?

米歇尔·比托尔(Michel Butor,1926—)。法国人。巴黎大学学哲学。后做中学老师。再后来在埃及、英国、美国等地任教。1957 年发表《变》(*La Modification*),得雷诺多文学奖,从此专门写作。评家认为他是个"思想活跃、学问渊博、抱负远大的作家"。大学时对超现实主义和现象学发生兴趣,后来认为这两者可以在小说中结合。第一部《米兰巷》(*Passage de Milan*),把诗和哲学结合,其影响来自前辈马拉美、乔伊斯、卡夫卡,还有绘画的抽象派(好像脱不了这些来路)。

说说影响——一个艺术家,要有受影响的必要。莫扎特和海顿,明明影响了贝多芬。到了贝多芬的《第三交响乐》,自己的风格来了。

我呢,像个乞丐的碗,什么都要。盛来的东西,吃光,再去讨。文学的大户人家,我都去讨过——遭遇很奇怪:我在大户人家讨到的都是最好的东西。

而且我这个乞丐是付钱的。我要评论赞赏他们的。我吃过尼采家的地粮，一辈子讲不完尼采的高贵，我吃过耶稣手里的天粮，也一辈子赞叹耶稣的智慧圣灵。你们听我讲课，快四年了，受到我影响的人，有。有的人怕被人说受木心影响，那就小下去了。我是这样想：你认为受一个人的影响是不好的，那么你已经受了影响——坏的影响。

最好多受影响。

你受老子的影响，不会变成第二个老子。多受历史上先辈的影响，你会成熟。

课讲完了，以后大家来往就少了，可能就没有来往了。见了面，也言不及文学。美国快餐广告："早上好，再见！"（美国俳句）。我讲的不是文学史，是一部怪诞小说，预计两百多万字。现在我不敢去动它。这是后话。

比托尔最早的作品，是《米兰巷》。《变》是成名作，意思大略：一个人去罗马，在火车上，周五，早上——用第二人称视角。用"你"，算是一法。不过你用新法，你一定要小心啊——他想着跟妻子分居，把情人弄到巴黎来。但一路劳顿，夹缠各种回忆、念头，最后到了罗马，想穿了，不找情人了，回巴黎，写作。

他们写的生活是这样。在一个有限的经历中，把它弄成万花筒。据说写得很精致复杂。他们的生活经历有限，完全靠技巧。他们只看到几颗心：妻子的心，情人的心，孩子的心。

总的评价：新小说派，第一特征是反巴尔扎克，认为传统小说靠虚构故事，安排情节，设计曲折，有计划安排人物的命运，都是愚弄读者。

对不对呢？我觉得倒也对的。看看中国古代小说，好有好报，恶有恶报，大团圆……是这样的。旧小说长此以往，小说是完了。

巴尔扎克给他们绑起来批斗——我觉得巴尔扎克同志比他们伟大、光荣、正确——巴尔扎克是老同志啊！

新小说派是怎样写的呢？分三点：一，注重写物件、环境。二，迷宫式的结构。三，采绘画效果。

自古以来，小说的中心是人，一向认为文学是人学。新小说派认为小说应该重视物，认为所谓现代人是处在物的包围中。人、世界，是看不透的，只能看到物的表面。

我觉得又对又不对。传统小说，有时是太主观，移情移物，小说主角心情一坏，天气也坏——是不可取。可是新小说派要把人赶出小说，那么请问：你的读者是人是物？

"左倾"幼稚病。

比托尔说：小说不仅是空间的迷宫，也是时间的迷宫。总之，不是要读者懂，是要读者不懂。

他们是有两把刷子：一是重复。重复意象（如《窥视者》中，种种物体都是"8"字形，又如《橡皮》中，主人公买橡皮，丢了，又买橡皮）。这种办法是很聪明的，结成一个煞有介事的大效果，我称它是"假伏笔"，比真伏笔还有效果。真伏笔要交代的，他们不交代，硬来。以后我也要用，软来——我们都可以用用看，用得它精彩。

我要重复到每一次都让你欲仙欲死。

一是时空交叉，而且是封闭式的，事情发生在车厢内，一个岛上，等等，逃也没处可逃。他们毕竟是法国人，精心策划，严密布置。

除了这两把刷子，比托尔还有所谓立体对称型结构。此外，还有克洛德的拼贴绘画法，格里耶的小说套小说，纹章工艺法等。

对我们有什么意义？有什么用处？

时间表：新小说走运是五十年代，1948、1954、1957，是以上诸家（萨洛特、西蒙、比托尔）小说发表成名时——那时，中国在做什么？西方古典作品留下来，现代作品也留下来。可是我们那些工农兵作品在哪里？真是一场噩梦——那时，法国新小说派真可谓代表世界潮流。

实际一点说，我们知道现代文学的新方法，新成果，新方向，我们可以用——好用，你就用；不好用，你就创造新东西。项羽说：彼可取而代之！我们说：彼可取而用之！

他们的方法，不失为新方法。

意识流，你不用，排斥，你傻啦！你家电灯我不用，我还是用煤油灯——那你去用，熏死你！

浅显一点说，看名画原作和看画册，两码事。

要广泛吸收。我的作品中，间接地，处处吸收现代文学。你们要去直接地学。上课，我告诉大家饭在哪里，牛肉在哪里，你们自己去拿。

只有懂古典，才能懂浪漫，这是浪漫派的本分。只有懂浪漫，才能懂各种现代潮流，这是现代派的本分。只有懂得现代派，才能向前走。

现代派小说，说古典派小说愚弄了读者，不久的将来，也有人会批评现代派小说愚弄了读者。我从旁看，一笑了之。天道好还。我不想愚弄读者。

有人说我是个老派文人，士大夫气，不懂现代的。大家听我讲古典，讲现代，将来要帮我争口气。

至于"学贯中西，博古通今"的说法，我向来讨厌。"学贯中西"，是两只脚的图书馆。"博古通今"，是走江湖的草药郎中。

最近写了两俳句，送给大家：

"傻得可爱，毕竟是傻。"

"智慧可怕，毕竟是智慧。"

你们初学艺术，是虚荣带向光荣。

第七十八讲

原样派、荒诞剧、垮掉的一代

一九九三年十月十日
在李斌家

世界本来是庸人制造的世界。新小说派,失落的一代,迷茫的一代,说穿了,是"智者的自忧",夸大了世界的荒谬。世界上是健康的人多,还是病人多?在他们的作品里,全是病房,病人。

但我觉得荒诞派这些作家,矫揉做作。我在一首诗中说,现代的智者,都是自己要假装自杀,要世界作陪葬。这些批评家、观者都是假装要殉葬,作者呢,假装要自杀——都没有死。

这就构成现代艺术的景观,他们在舞台上把世界写得一片黑暗,他们自己生活得很好——这里有欺骗性。

他们对既成的文明深恶痛绝,新的文明又没有,广义上的没有家教,胡乱反抗。我和李梦熊当时谈过这一代,其实不是"垮",是"颓废",是十九世纪的颓废的再颓废——当时资讯有限,来美国才知道是怎么回事,而且早过了。

一生中,这是最后一次做教员,这四年的训练,也许白费了:为我自己,是想训练口才。第一次讲完,气也透不过来,现在七八小时也能讲——以后回大陆见人,可以当众说话。但这个念头现在打消了——艺术家应该在家里。

法国新小说派，就算讲过了。今天讲"原样派"（Tel Quel）。近代现代，派别多了，连日本也有很多。一个派，几种讲法。"原样派"，其实是新新小说派，是从新小说派发展延续下来的，在法国是很有影响的一派。

菲利浦·索莱尔（Philippe Sollers, 1936— ）。1960 年和一些二十多岁的作家创刊《原样》（*Tel Quel*）杂志。他说：文学要获得的世界，是一个原封不动的世界。他们反对改变世界的一切企图。

振振有词。都有一个说法。

从前是创作在前，理论在后。现在是理论在前，创作在后。这是商业社会的反映——先做广告。我也是从愚蠢到学乖了一点——是可以为出书，先说一说。

原样派出丛书，有专论。

文学艺术家是个体的。所谓个体，就是自在；所谓艺术，就是自为。团体，总是二流。

伟大的宝塔，旁边没有别的宝塔。没有妻子朋友陪伴。一群宝塔，是对塔的误解。斯宾诺莎，达·芬奇，亚里士多德，一个人代表一个时代。也有一群人，成就文学艺术上的时代的星座——请注意用词：我不用"流派"。星星是发光的，每一个艺术家已经是星了，同样能光辉灿烂，照亮时代。

我也希望星座出现在当代中国。

整体地看，现在的中国有起色——不是希望，是起色。

当然，起色也就是希望。怎么说呢？当代中国，显示了活力，活力就是才气。道德、是非观、聪明、才气，过去都被压制了，抹杀了。这十几年，大为放松。"人"的概念在逐渐复苏。从各方面看，出现各种异人。各行各业，异人在醒过来。才气有的，多是歪才——毕竟是才。

过去全部戒严，全部管制，全部不行。

歪才，导向正才，就好了，但这需要一个大的势力，需要有集团。靠宗教，靠政治，都不能拯救人性，倒是只有文学和艺术。

可以详细讲。现在只是插话。总之，你要去做，要有经济背景、政治背景，当然，也要言论自由。要有十来个人，出去讲，整个中国为这十来个人着迷。

等于是大众的辩护律师，把这个时代讲出来。

有这样一群星座，可以吸引一大批歪才，导过来，变成正才——现在只能做实心宝塔。

有没有星座形成的可能？现在没有——找不到人。

"我劝天公重抖擞，不拘一格降人才。"

龚自珍，总算一个有心人。

"我劝天公重抖擞，独具一格降正才。"

我这么说。

说这些什么意思？我要反问：宗教为什么流行几千年？哲学为什么吸引人一生苦苦思想？科学为什么被人群起研究？因

为人认为有进天堂的可能（信仰宗教），认为有得到真理的可能（研究哲学），认为有认识世界的可能（从事科学）——进天堂了吗？得到真理了吗？认识世界了吗？

没有，还在进行中。因此，世界很热闹，很有希望。

张良帮刘邦打了天下，走了。这是艺术家。黄石公教他，可能这是最后一招。"政治的险恶，是当你离开党派时，没有不说你背叛的。"纪德说。

索性讲纪德。他的名言："担当人性中最大的可能。"

我看到这句话，心惊肉跳。我记住这句话时，十七八岁，一辈子受用不尽。《地粮》中，纪德忽然说："担当人性中最大的可能，这是一个好公式，我来推荐给你。"五十年来，我的体会：人性中最大的可能，是艺术。

宗教、哲学、科学，可能，而"不能"。艺术，总是看到"可能"，接下来是"能"，真的能。写下来：

宗教、哲学、科学，可能而不能。

艺术，可能，能。

看看种种可能，想想自己的"可能"，就这样过了春夏秋冬，一个闲不住的闲人。

"原样派"还有让·蒂博多（Jean Thibaudeau）、让–比埃尔·法耶（Jean-Pierre Faye）等等。他们怀疑一切既有的文学形式和美学主张（这就是虚无主义。我同时也很羡慕他们真有几个人，志趣相投，观点相同，行动一致——我们讲这个文学课，背后多少人在诽谤）。他们的文学观点是什么？四方面（我这样归纳）：

一，文学不仅反映、剖析现实，更要深入生活本质，表现世界原来的面貌。

二，反传统，要把诗和小说结合起来。

三，以文字代替文学，文学是封闭时代的产物，现在要称为"文字课"。

四，把人物从文学中取消。

现代艺术一味否定传统。没出息。如果你是强者，为什么要否定传统？越新，越脆弱。总要反前面的东西，毁掉。真的强者，自己往前走。

已经存在的艺术，我认为已是地球的一部分。地球有什么好反的？

法国有她轻薄浮华的一面。所以，巴黎不能成为文化中心。纽约呢，现在也没落了。那么，文化中心在哪里——为什么要有中心？没有文化，哪里来中心？

（休息）上楼看李斌肖像画室。木心说：大家现在画画是为了吃饭，应该怎样呢？应该是吃饭为了艺术。可是现在弄艺术全是为了吃饭。你不喜欢的人，要去画他，画得要他喜欢——我总算脱出了这个苦差事。

讲另一个项目：荒诞派。主要是戏剧：《等待戈多》（*Waiting For Godot*）。

1950 年 5 月 11 日，巴黎"梦游人剧院"上演尤涅斯库（Eugène Ionesco）的《秃头歌女》（*La Cantatrice Chauve*）。怎么回事呢？没有故事情节，没有戏剧冲突，没有逻辑推理，没有人物关系，只有两对夫妇对白。观者只有三个人，看得莫名其妙。

到 1953 年，贝克特（Samuel Beckett，1906—1989）出《等待戈多》（*En attendant Godot*），写法和尤涅斯库差不多，在塞纳河左岸"巴比伦剧院"上演，轰动剧坛。之后，阿达莫夫（Arthur Adamov），谢奈（Jean Genet），也打破传统，写出别具一格、惊世骇俗的剧本，轰动一时（所谓惊，惊的是媚俗的世，吓的是愚蠢的俗）。对这种形形色色的事，可以不认同，但不能闭目塞听。

荒诞派的思想来源，是存在主义者加缪在四十年代说过的一段话：

  一个能够用理性作解释的世界，不管有什么欠缺、毛病，仍然是人们熟悉的世界。但在一个忽然失去光明和幻想的宇宙中，人感到自己是一个局外人，没有家乡，没有回忆，像个无望回归的流浪汉。这种处境，就形成了荒诞的感觉。

蛮讲出了一点道理。有知识的人，知道加缪在讲什么。这段话，荒诞派戏剧家特别受到引诱。

你要解释这个世界，要下苦功。要记住这些话，记不确，原意要记住。这道理，是物理学家、科学家发现的——许多物理学家下了结论，科学家找不到证据，研究不下去了，有人为此自杀。人类在科学上碰了壁，回不去了。

海德格尔他们，研究过科学，后来走到神学去。乡愿。上帝没有了，也想回去，我说这是乡愿。

我们处于这样的境地：科学可以解释的世界，不存在；而新的世界，科学解释不了。

这些事，我们今天可以畅谈。我在散文中只能点点滴滴谈，不建立体系，不掉进陷阱，不去上这个当。

这种常识，要具备。

荒诞派主要几个作家，都很有修养才华。贝克特，给乔伊斯做过助手，是乔伊斯的同乡，研究过笛卡尔哲学。我要说明：荒诞派作家，本身不荒诞的。对照中国那些作家，已经不得了了。

但我觉得荒诞派这些作家，矫揉做作。我在一首诗中说，现代的智者，都是自己要假装自杀，要世界作陪葬。这些批评家、观者，都是假装要殉葬，作者呢，假装要自杀——都没有死。

这就构成现代艺术的景观，他们在舞台上把世界写得一片黑暗，他们自己生活得很好——这里有欺骗性。

宇宙无所谓荒谬。人在里面，觉得荒谬。

科学家，以身殉道，是真正的绝望。文学家的绝望，是假绝望。有人讽刺过叔本华，说他写悲观哲学，自己活得很好。

不必去揭穿荒诞，只要把荒诞弄得好受一点。比如，十字路口容易发生车祸，要设置红绿灯。安全呢，还是不安全，但总比乱开车好——就是这个意思。

荒诞派的意思，就是红绿灯是没用的。可他们自己不走十字路。

世界本来是庸人制造的世界。新小说派，失落的一代，迷茫的一代，说穿了，是"智者的自忧"，夸大了世界的荒谬。世界上是健康的人多，还是病人多？在他们的作品里，全是病房，病人。

西方，尤其法国人，至今迷信"新"。这是没有强力可以扭转的。

会看腻的。会烦的。

如果我没有说中：艺术越来越荒谬。把铁塔倒过来，把卢浮宫浇上汽油慢慢烧，那么，我也赞成。我有俳句：

"世界末日从巴黎开始。"

我常常想起莫扎特。他的意思，是人生嘛苦，艺术嘛甜。

他们呢，人生苦，艺术更苦。给你一杯苦水，要你喝，还问你苦不苦。你说苦，他高兴。

自然是徒劳的，生命是虚空的，物质存在是骗局——凡政治、文化，都是骗局，因为都是人的意志制造的。都不要入这种骗局。

人，都要一个单位。那些西方的大人物，也总有个单位——段数高的，是骗子骗骗子。遇到两个骗子，最容易上当，上了当，他们再分肥。两只老虎斗，羊上去，先吃羊。

画商、批评家、画家，都是骗局。

这是一个骗子骗骗子的时代，嫖客嫖嫖客的时代。文艺女神早就飞走了。

我是不是言过其实呢？没有，实际上还要厉害。"文革"前我想去做和尚，庙已关了。我要不进政治的骗局，只能去宗教的骗局。美国好，没人管你。

要一点清醒，要一点才能，要一点钱。有这些，过三十年，五十年，容易的。五十年以后呢，不是你的世界了，你别着急。

（休息）谈到时装，我以为就是上当的意思。青年人都上这个当，上得好苦。领导时装的都是恶魔，不是天使。用最好的时装显示身材，还是时装概念，不是人体概念。

所以要有点头脑，有点才能，有点钱，可以不去上那些当，自己来穿。所谓过了时的时装，是迂腐。当时就迂腐了——骗局永远成功的，永远老一套，因为上当的是新一代。

讲了快五年了，讲些什么？讲怎样做人才有味道。外面传：以为讲文学可以对画画有好处，那不是骗人吗？还能上四年？

文学是人学。人嘛，看看别人是怎样做人的，怎样做人最有味道。我不承认什么文学家、画家。我的内行，是吃喝玩乐。我的序就说我是个玩家。

你们都是苦行主义者，大半辈子浪费了。丹青的伙食，太《浮生六记》了。

接着讲"垮掉的一代"。

"文革"的时候，你们都知道，要写交代。写好写不好，决定你的"性质"。写到自己伤心的事，要发疯的。我苦中作乐，用写交代的纸作曲。

上次讲过，一流的艺术家，叫他做件事，他做成艺术品。

是文学害了我，成了"反革命"。还是文学救了我，使我每天乐不可支。你们读我的书，要分享我的快乐。同样一架钢琴，弹得好的人，快乐，弹得不好，不快乐。喝酒，喝了，还要说得出来——中国的酒，是战略家的酒，西洋人的酒，脱不了儿女情长。

我懂得这酒，我快乐。懂得就是快乐，快乐就是占有，占有就是升华。

一个美女，嫁给丑八怪，那个丑八怪没有占有美女。

我的课快要到终点站了。以上云云，都是告别的话。

"垮掉的一代"，发生在五十年代。二战后出现这一代，名称国际通用。在英国被称为"愤怒的一代"，德国叫做"返回家园的一代"，日本叫"太阳族"——叫"垮掉的一代"，是在美国。

中国、苏联，都用唯物史观、阶级分析，批判"垮掉的一代"，所以在国内看到的资料是公式化的，归结为西方的反动性引起小资产阶级失业青年的抗议，等等。

依我看，其实是大战的后遗症，是人性崩溃的普遍现象。是外向的社会性的流氓行为、内向的自我性的流氓行为的并发症，既破坏社会，又残害自己。

主要是文学青年。他们对既成的文明深恶痛绝，新的文明又没有，广义上的没有家教，胡乱反抗。我和李梦熊当时谈过这一代，其实不是"垮"，是"颓废"，是十九世纪的颓废的再颓废——当时资讯有限，来美国才知道是怎么回事，而且早过了。

是这样：美国是发源地。一些青年组织"垮掉公社"、"垮掉村"。群居生活，上街游行，焚烧原子弹模型，向民众演讲，朗诵诗，蔚然成风。他们群居，可是没有纲领、目标，一盘散沙。他们要自由——吸毒、群交的自由，不洗澡，不穿衣（当众脱裤子，诗人诵诗到一半，脱裤子），不讲卫生。你讲他，他就骂你卫道士。

旧金山是垮掉一代的发源地，后蔓延到纽约、丹佛……在法国，巴黎是他们的中心，群居在圣日耳曼区。纽约的一伙，就在格林威治村。据说喜欢穿旧军服，黑色高领，听爵士，吸毒，喝水不分杯，杂交。敌视一切神圣的事物。

分冷型和热型。冷型，留大胡子，言简意赅，坐在小酒吧，啤酒，喝一点点，旁边一个女孩，黑衣裙，一声不响。热型，火一样的，双目炯炯，言语滔滔，从这家到那家酒吧，同各色人交往，脾气暴躁。这种事，要知道（孔子说，交友交三种：友直、友谅、友多闻。又分益友、损友）。1955 年，"六画廊"诗朗诵会，正式形成垮掉的一代。之前有很长的酝酿期。垮掉分子，今天在曼哈顿下城还能看到。

好，我们不是在上文学课吗？这一代是意识形态的代表，文学上也有他们的人。下次讲他们的文学成就，今天讲社会现象。因为今年年底决定讲完，我开始做结束工作。留下的讲题还很多，计有——

黑色幽默、魔幻现实主义、结构现实主义、九八年一代、二七年一代、黑山派、自白派、具体派、动物心理现实主义、恐怖现实主义、阿克梅派、迷惘的一代、愤怒的青年、微暗派、南方文学派、新批评派、结构主义、现代派电影、无边的现实主义、新感觉派、无赖派、战后派和后期战后派、新兴艺术派、荒原派、内向派、幻想戏作派、新新闻主义。

我决定选讲"黑色幽默"、"魔幻现实主义"。如果还有时间，现代电影中的"新浪潮"、"先锋派"和其他派，扼要讲讲，就到了讲课终点了。

一生中，这是最后一次做教员，这四年的训练，也许白费了：为我自己，是想训练口才。第一次讲完，气也透不过来，现在七八小时也能讲——以后回大陆见人，可以当众说话。但这个念头现在打消了——艺术家应该在家里。

契诃夫有篇小说：两个朋友，一个什么都有，就是没钱，一个什么都没有，但有钱。后者要前者关在房间十年，可以给一笔钱。实行了，期满，后者认输，进屋一看，人没了，留个条子：我什么都得到了，什么也不要了。

我不演讲，也是这个意思。

电视上看到群众听演讲，很厌恶。一时血气上来：不要了。

结束讲课时，办一办。不是功德圆满，是善始善终的意思。

本课笔记内页："跑道上一位胖老头喘着气跑过。木心：咕咾肉。"

垮掉的一代再谈

一九九三年十月二十四日

(在殷梅家)

到初稿完成，开心了，烧点好菜慰劳自己，然后慢慢改，其乐无穷。初稿写成，像小鸟捉在手里，慢慢捋顺毛。小鸟胸脯是热的，像烟斗。

我十四岁开始正式写作，弄个笔记本，什么都写，不停地写——一写写到五十多岁，都算准备期。"文革"抄家抄走的，幸亏都是我准备期的。

小时候关在家里，天天祷告——不知向上帝还是释迦——放我出去吧，流浪，打工，打仗，都可以。冰心到过美国，高尔基嘛到处流浪，鲁迅去过日本，可是我在家里⋯⋯一路经历到"文革"，我对上帝说：够了！

这股气要用在艺术上，不可败泄在生活上、人际关系上——不要在乎苍蝇、跳蚤、蟑螂，不必义愤填膺。一天到晚谈苍蝇、跳蚤、蟑螂，谈多了，会像卡夫卡的《变形记》那样，自己也变成苍蝇——这就是我所谓的"初步成功"。肥鸡在烤箱里转呀转，油光光的，天鹅和老鹰在云天飞呀飞。

这是个很有深意的大命题：现代主义再新，再发狂，他们都有一个老单位——现实主义。

下课。出大楼。木心说楼里气闷，走走，再下地铁。大家陪着木心走到 72 街连接中央公园入口处。渐走入，公园游人如织。秋晴，夕阳。众人心情大好。

（课前闲谈）听金高讲起王济达最近回中国，到达的日子，才想起正是当年离开中国的同一天——世界上谁最忙？命运之神最忙，要安排那么多人的命运，像电脑一样。

上次讲的内容，是把"垮掉的一代"作为战后青年思潮、社会现象来对待。今天讲垮掉一代的艺术作品。创作倾向：反对美国资产阶级道德规范，反对商业社会的市侩作风，反对既成的个性模式（另外，反美国政府对外发动战争，对内麦卡锡主义）。

按理说，这三项反得很对，很好。

取材下层人民生活，描写他们悲惨的一面，强调反抗精神，也表现被扭曲的心灵。同时，他们主张要思考，要回想，要去摸、尝、用、调查、试验每一样东西。描写的对象，都是他们熟悉的。

局部、细节看，很有说服力。看来他们是介于现代主义和批判现实主义之间。

一个东西，不能看他们说些什么，要看他们做得怎样。不要搞错，以为他们是浪漫主义。一句话，他们追求的不是理想，而是追求生物学上的人的解放——我喜欢吸毒，我吸毒；我喜欢滥交，就滥交。

他们要取消艺术与艺术之间的界限——不是与传统的界限。比如，小说加上诗，电影加上诗，民间的种种也要加进去，等等。

年青人的不管天高地厚。血气之勇。不管天高地厚。

作为社会思潮看看，倒也罢了，就看出不出代表作家。据说有一千多种诗派？！像"文革"中的造反派、战斗队，多不胜数。

谈谈他们艺术上的手法，或者叫作风吧。扼要说，采取"自白式"，可称为即兴、随意。他们自己把这一套说得很玄，我看他们用的是原始的野蛮的一气呵成的写法。这个东西，是要有一股气，一股力，才能一气贯成，不顾文法错误，思想混乱，但求石破天惊。

不容易的。乱七八糟的思想，乱七八糟的感情，要靠一股冲动，吐出来。有没有来源呢，你们看看惠特曼就是。惠特曼开了一个头（兰波开了个头，法国诗坛大变）。

他们暗中说，或者明讲：他们的祖师爷是惠特曼。

但惠特曼是清醒的。他们不清醒。在生活、艺术上，他们是双重的短命。世界上的事物，常常是一个东西，但有正邪两种可能。曹雪芹说过这意思。

惠特曼是正的，"垮掉的一代"是邪的。

反道德规范、反市侩作风、反既成模式，都对的。可是他们成为这个社会文明中腐烂的一伙。

我有一个新的论点：

现代艺术中，好多好多是含有尼采的酒神精神的，但严重异化了酒神精神。你看滚石乐队，黑人跳舞，扭动，歌星疯狂表演，等等，我都很喜欢。你懂的话，边看，边知道哪些是酒神精神，哪些是酒瓶精神、酒鬼精神。

你看迈克尔·杰克逊跳起来，有些动作非常酒神精神，可是弄弄又去摸下身，下流起来。

尼采来看，我会问他："这个是不是有点酒神精神？"

他会点点头。

我又说："但不是你的酒神精神的那个意思吧？"

他也会点点头。

说明什么呢？说明人类不配有酒神精神。人类就是酒鬼。不配，不能——你看到这点，你又看到现代艺术中有酒神精神，那么，你有可能做出划时代的作品。

其中有个人，有出息的。哥大（哥伦比亚大学）读到一半逃出来，全国打工旅行。到四十七岁，写了十来部小说，最后回到现实主义。

看来，现实主义是现代主义的最后出路。

（休息）最近大概老了。特别怕艺术，什么也不想碰。天天最好是抹抹桌子，收拾收拾。台湾那边稿约到了，坐下来，可是写些什么呢？什么都不想写——这个心态也要写下来。

艺术家逃艺术，是世界性的。达·芬奇最要逃。《蒙娜丽莎》画了四年，其实逃了四年。

哪里要画四年？逃呀。

北京话，使北京人日子好过而不好过。上海话，使上海人永远不能博大精深。北京话是头头是道，可是凭这种话，日子就能过得好吗？上海人，是语言快过思想。

有天夜里有人狂敲门，一开，四个警察，两部警车。问我："是你报警吗？"我说："No."他们立刻说："晚安。"走了。

一走，我立刻觉得纽约真爽气！在中国，有的烦了。

再想下去，可以写小说：里边在谋杀，警察敲门，开门，说 No，警察走，里面继续在谋杀。

关于垮掉的一代，再讲细致一点，实在一点。

政治上、军事上，可以有所谓"不以成败论英雄"。历史上有的是悲剧的英雄——恺撒、项羽、拿破仑、诸葛亮、文天祥、李广，都以失败告终——甚至商业上也可"不以成败论英雄"。而文学上艺术上，必以成败论英雄。

要明白艺术与艺术家的关系，是如此严峻、残酷。我喜欢这严峻、残酷——因为公平。

什么样的人，什么样的艺术，什么样的艺术，出自什么样的人。李林甫、秦桧，都懂艺术，李林甫的诗、书、文，都极好。可是到底没有价值的。

成名、成功，两回事。

垮掉的一代，我喜欢一个，就是刚才提到的杰克·凯鲁亚克（Jack Kerouac）。1922 年生在麻省，1969 年死。十八部小说，还有诗，创作力吓人。逃离艺术，逃到后来是还是坐下来写。到初稿完成，开心了，烧点好菜慰劳自己，然后慢慢改，其乐无穷。初稿写成，像小鸟捉在手里，慢慢捋顺毛。小鸟胸脯是热的，像烟斗。他的天性很有趣，十八岁入哥大，好动，不久离开纽约，开始流浪，比高尔基还强健。他步行，搭便车（边说边学搭车的手势）。美国这点真有意思，真好。一路打工，身边一个钱不带，打短工，打到墨西哥。这样流浪，还觉得太平凡，到二战开始，就干各种杂工，直到 1950 年。

这很好。大智若愚。这是大智若盗。我喜欢这类性格。如果我现在十八九岁，强壮有力，该多好。书要读的，文学书根本不用人教。文章呢？自己改改好了。然后去做各种的工，走各种的国，混到四十岁，积了钱，隐居写作。

大学，美术院，研究院，向来反感，坐在那里什么也写不出来。我有俳句：

"艺术学院里坐着精工细作的大老粗。"

家禽出在大学。虎豹出在山野。

这种流浪，机会，在中国完全不行。他生在美国，占了便宜。第一部小说《乡镇和城市》（*The Town and the City*），1950年出，没有反响。1957 年，出第二部长篇《在路上》（*On the Road*），震动美国，波及西方各国，公认是垮掉一代之王。之前，垮掉一代只有诗；之后，文学、电影，纷纷跟上。

小说一定要有生活体验。我小时候写作，环境、天气，都写好了，咖啡也泡好了，主角开口了——完了，不知道写什么对话呀。

文学家应该生龙活虎！

第三部《地下室的居民》(*The Subterraneans*)，1958年出，讲他在旧金山的一批朋友，写时一气呵成，确实较前面讲得浑然天成。把他自己也写进去，拿自己做广告。

代表作还是《在路上》，大陆有译本，二十多万字。1950年是他的准备期，1958年是高峰期。

附带讲，通常都有这规律：画家，艺术家，都有准备期，准备期越长，高峰期越高。准备期有两种：一是不动手，光是"生活"，一是动手，动手的准备期。

我属于后者。我十四岁开始正式写作，弄个笔记本，什么都写，不停地写——一写写到五十多岁，都算准备期。"文革"抄家抄走的，幸亏都是我准备期的。

高尔基、杰克·伦敦，是前一类。他们会感受，我重形上。他们云游四海，我固守在家。他们是堂吉诃德，我是哈姆雷特。其实哈姆雷特要是再活一次，也会逃出丹麦，世界各国打工游历，大大地生活一番。

打工，其实是为了接触人，看人。洗五十年盘子，不识人，什么也没用，只识盘子——这叫做知人之明，知己之明。

知人，知己，缺一不可。

我在工艺美术系统，阅人多矣，都是上海地区来自五湖四海的人。可是小时候关在家里，天天祷告——不知向上帝还是释迦——放我出去吧，流浪，打工，打仗，都可以。冰心到过美国，高尔基嘛到处流浪，鲁迅去过日本，可是我在家里……一路经历到"文革"，我对上帝说：

够了！

年轻时去杭州，看到监狱，心想和我有甚关系。结果长大了，一进二进三进，谁想得到？我有句："生命的悲哀是衰老、死亡，在这之前，谁也别看不起谁。"

就是这意思。谁都不知道会有什么经历。

（休息）我对世界的处理，是射人先射马，擒贼先擒王。

这种作家只有美国会出产。我刚飞临美国，旧金山，看下去——这个国家好年轻！后来在曼哈顿俯瞰大楼群，那么阳刚。像小伙子，粗鲁，无知，但是阳刚。这里的狗、鸽子、松鼠，都容光焕发。

欧洲适宜怀旧，消闲，享乐，沉思，颓废。住要住在美国。美国之美，在野不在朝，在整体不在细节，在利用不在钟情。

再举例，听说有个华侨回上海，飞机上喝了一杯啤酒，觉得有股苏州河味道。此人神经过敏一点，细想，也对的，是这样。去年朋友带中国食品给我吃，好吃，对的，大解乡愁。可是后来再吃美国食品，虽然洋味、不称心，但有它的好处：干净。这是生活水准，不是生活作风。面粉，糖，水，蛋，酒，饮料，都干净。

再回到垮掉的一代。

我们想，如果二战后凯鲁亚克做生意，可能倒也发了。如果他没有品质、才华，没有经历，他就是一介平民。他选择了精神上的发财。精神发财，可以构成快乐，是真正属于你的。物质财富，不快乐，还添烦恼，而且说不定哪天是不属于你的。

是呀，塞尚画的画，到头来忽然说不是他的。

他从大战后，以他的生命力积蓄大量精神财富，这是他的资本。创作小说发了精神的大财，1958年到1960年——这里，美国精神又来了——他利用名气转化为财富：1960年一年内发表五部作品。不是瞎写的，确实是作品。这是美国人的脾气，不留后劲，不留后路。

从旁看，我也觉得有趣，动人。田纳西·威廉斯（Tennessee Williams，1911—1983），还有这位。我都当他们邻家男孩。喜欢他们，但不相干。

中国人是好戏在后头。姜太公到八十岁才走上政治舞台，西方哪有这事？中国向来是玩压轴戏，这些，可以补美国的不足。

诸位要有后劲。后劲就是后路。

怎么说呢？就是孟子的话："我善养吾浩然之气。"这股气要用在艺术上，不可败泄在生活上、人际关系上——不要在乎苍蝇、跳蚤、蟑螂，不必义愤填膺。一天到晚谈苍蝇、跳蚤、蟑螂，谈多了，会像卡夫卡的《变形记》那样，自己也变成苍蝇——这就是我所谓的"初步成功"。肥鸡在烤箱里转呀转，油光光的，天鹅和老鹰在云天飞呀飞。

人留在纽约，思想、艺术、品性，还是要保持中国智慧。美国人不懂得升华这个词。这本来是物理的事，一个东西到了一定的温度、状态、数量——变了。固体变液体，水分变气体，等等。

田纳西他们，本来可以升华的。他们想不到。最多是想到反扑。凯鲁亚克，据说还讲禅宗。他比别人强，晚年回到现实主义，回到马克·吐温的传统，但力不从心了，晚年很苦闷。1968 年还出版书，下一年死了。死后发表遗作《皮克》（*Pik*），一本蛮好的书，回到现实主义大传统。

这是个很有深意的大命题：现代主义再新，再发狂，他们都有一个老单位——现实主义。

我的意思，是和自然相通。自然不懂艺术的，也没有什么主义流派。我不崇拜自然，不佩服，不反对，只是和自然有共性。共性在哪里？有机性。

宇宙是无机性的。今天早上想到，我们说的大自然，其实是小自然。花木草虫，不是宇宙性的，是地球性的。

我喜欢和自然相处，把它当做一个舞台，一起演戏。芬奇、歌德，对自然的崇拜真可笑。

凯鲁亚克是我所喜爱的一个作家。他不做家禽，要做野鸟、野兽。他写成十八本小说，有种。晚年回到现实主义，有心肠，有头脑。

下课。出大楼（是次讲课在曼哈顿西72街殷梅家客厅）。木心说楼里气闷，走走，再下地铁。大家陪着木心走到72街连接中央公园入口处。渐走入，公园游人如织。秋晴，夕阳。众人心情大好。木心抽烟。

公园四处有溜旱冰的青年人。过来一辆公园出租的供三人前后骑坐的自行车，三女孩在车上一个挨一个同时脚踩踏板，幸福地骑过去。李全武立即问木心：这怎么说法？

木心应声：

"在天愿做比翼鸟，在地愿结连理枝。"

一位俊美的黑人青年跑步经过，筋肉强健。大家止步叹赏，全武又问木心如何说法：

"暴徒的一身肌肉是无辜的。"

随即说起古语："世人皆曰可杀，我独怜其才。"木心笑：

"世人皆曰杀，我独怜其肉。"

继续走，景色渐佳。木心：

"我们是太'脱离生活'了。这样是对的：有点自然，有点人，人在自然里，自然里有人——人是荤的，自然是素的，蛮好。"

有妇人牵一对肥巴儿狗走来，全武又讨木心说话：

"四六骈体文。"

渐进中央公园中心的音乐广场。我指树丛中的贝多芬铜像。木心举头望：

"哦，贝多芬在这里。人来人往，谁都忘了他。"

我们中有人说："贝多芬应该是请来的移民。"

木心："贝多芬铜像上的铜绿不等于是绿卡的绿。"

音乐广场上许多快乐溜冰的青年人。木心：

"这一个下午，他们彻底无政府主义。"

停下来，赞美，羡慕地看了一会儿：

"还是凄凉的。他们回了家，也就是洗洗澡，吃饭，睡觉。"

不远处有一摇滚乐队在演奏，吵闹。全武说："硬要贝多芬听这个，幸亏他聋了。"木心：

"要这样说：贝多芬聋了。他早有准备。"

广场外以一位肥胖的中年人赤膊倚着自行车，看青年溜冰。全武又讨话了。木心：

"剩余价值。"

跑道上一位胖老头喘着气跑过。木心：

"咕咾肉。"

走入最长的一段林荫道。落叶缤纷，部分已被游人踩成木屑状。木心批评道旁雕像，但在莎士比亚像前略停留，说还可以。近 57 街公园出口，远望第五大道，华灯初上。木心：

"我当年望着这些灯火，心想：我总算出来了。"

公园口竖起南美雕刻家的变形男女裸像。巨大。我们都批评。木心：

"俏皮话，说得皮而不俏，就是这样子。"

大家一起下了地铁。车厢中四望疲惫下班的乘客，木心：

"和公园里的人比，这里是另一群人。"

金高提议，以后每下课都应该出来散步，大家今天很快乐，因为久未来公园散步，又因为事先并未预备散步。木心：

"纪德说，不要安排快乐。纪德到底比后来那些阿拉贡之流好多了。"

十年前，1983 年，木心写《明天不散步了》。我提醒。木心笑说：

"今天是散步的扩大化。"

到皇后区 74 街地铁中转站。我们送木心到公车 Q33 号站。他要我们都回去，别送他。

本课笔记内页："他们的身体，也真是好到毒不死。"

第八十讲

垮掉的一代续谈

一九九三年十一月七日

当时旧金山垮掉分子都出现在无名破旧的酒吧，反对现实，朗诵诗，或在空地，站木箱上演讲，听众都是垮掉分子。这情形，每个时代都有。少年都有少年的烦恼。只要：一，政府不干涉，二，有领导人物，这种事就能干得起来。中国的"五四"、"一二·九"、"四五"……都是少年的烦恼。

秘诀：凡是别人用坏的方法，你可以用好。我都是用这方法，我常看坏书、坏作品。

我当年参军时那个政治指导员，军装那么旧，洗得那么干净，绑腿紧，红光满面，有点白发。演讲好精彩，合情合理。我同他谈贝多芬，罗曼·罗兰，他说：你知道吗？罗曼·罗兰最喜欢听中国的"孟姜女"。我当场傻掉。

我很喜欢听摇滚乐，有些写得非常好——这种悲怆，是现代的悲怆，古代人不懂的。

我们才爱国呢！到现在，我还常有伤时忧国之痛，可是比鲁迅沉闷：他还能讽刺。

把凯鲁亚克讲完。他的成名小说《在路上》（*On the Road*），有中译本。写几个垮掉分子横越美国的几次长途旅行。作者亲自经历过来，写得很真实。这是他胜人之处：寻求生活的真实。

凯鲁亚克写的不仅是个人经历，也是他们同伙、同代人的经历。他们都吸毒，瘾大到每天要按时注射，吃饭也把毒品当菜。他们的身体，也真是好到毒不死（我的经验，亲戚有人戒鸦片后，身体特别好，长寿。你看有些疯子，别的病都不生，风里雨里淋，不感冒，身体健康，永远健康）。

写性交，乱交。

人道主义，伤感，忧郁，议论，诗，交叉在一起写，很动人。背景的背景，是个深沉的悲观主义哲学。

以后我也要这样写。

美国青年人看了，当然很感动（任何一个好方法，都是个陷阱。弄得不好，马上乱七八糟。昆德拉在小说里发议论，有时就弄得很不好。艺术的路是走在剃刀边缘，弄不好出血。稍微一个字弄错，俗了，弄对，雅了。我们天天在剃刀边缘走来走去）。

现在，在街上，还能看到垮掉一代的"遗腹子"，背着包，到处旅行。他们在自由的环境中，滥用自由。要说他们是革命，探索，谈不上。想颠覆，想破坏，可贵的是反对中产阶级社会价值观。但是吸毒，乱交，是用恶来反对另外一种恶。我看是含不了多少恶意的愚蠢。到头来是吸毒，堕落，潦倒街头。

在中国时我对他们好奇，想了解他们。后来住在哥大一带，见到了。给我吸大麻，我没感觉，开 Party，不开灯，一屋子人，人啊，狗啊，在一起。也不做饭，室内乱得一塌糊涂——他们想垮掉传统社会，自己先垮掉。

老资格的垮掉一代，正好和我年龄一样大。

歌德说，少年维特不是一时现象，是每个时代的现象。他没有看到另一个现象：苏联，中国，几十年内，硬是把少年维特压了下去，没有人敢烦恼。

这里的青年，被催眠，制服，丧失自我。西方，无论如何有自我——假如两种青年加起来，以非常好的思想方法教育，世界是有希望的。

另一面看，所谓人，青年，是很贱的。只有在极权压迫中，乖乖制服。可是一自由，你看看现在，男盗女娼，什么都来了。

人既是可教的，又是贱的。

先是高压，压服，然后慢慢慢慢放松，露出好意来。向来是残暴的人得势，可要是残暴的目的是仁爱，就好了。要挽救，是建立强有力的法治，但一建立，怕又被人利用。

自由、平等、博爱，是被误解的。一辆车，有马达、车体、轮子，可是平等一来，人人都想做轮子，那怎么行？

中国大陆走后门，塞红包，非常可怕。后门都能通，前门就关了。红包一塞，不通的通了，能通的反而不通了，这多可怕。开刀，都铺了路，给了红包，可是管麻药的那个人忘了给红包，一上手术台，痛死。

（休息）最近有俳句：“故乡最无情。”

法治，建立不起来。回想过去，总体上讲，当初纪律是严明的，老百姓还信得过，还像样。可是，现在和过去比，还过甚。性质上讲，是自败，腐烂，作为社会风气，更严重。

“局长啊，别人都是吃马屁，只有你不吃马屁！”

“对，你说得对！”局长也吃进马屁了。

当时部队进城，表面廉洁，里头的花样后来慢慢才知道。我当年参军时那个政治指导员，军装那么旧，洗得那么干净，绑腿紧，红光满面，有点白发。演讲好精彩，合情合理。我同他谈贝多芬、罗曼·罗兰，他说：你知道吗，罗曼·罗兰最喜欢听中国的孟姜女。我当场傻掉。

很快暴露：他把一个女兵枪杀，说是特务。可是那女的不死，活过来，说她已怀孕——是他。

说这些的用意：西方垮掉的一代，可悲。我们不能垮。一代称不上，但可以是垮不掉的个体。我们的优势，是可以享受四大自由。回去，就掉入红包的天罗地网。

在这儿，不论各位是为了吃饭艺术，还是为了艺术吃饭，但有饭吃，可以谈艺术。

讲艾伦·金斯堡（Allen Ginsberg，1926—1997）。垮掉一代的领袖人物。1955 年旧金山"垮掉"公社创始人。他是诗人，出生于新泽西犹太人家庭，母亲从苏俄来，后加入美共，父亲是英语教师，也是一位诗人。

由此想到，血统越远越好。这不是个生理问题，我关心的是个哲学问题：为什么近亲血统不好？法国贵族近亲通婚，后来就衰亡了。佛教，在印度不行，到中国兴旺了。基督教，到欧洲光大。鲁迅、茅盾、徐悲鸿，都知道从小乡镇游到大都市去。

金斯堡 1948 年哥大毕业。之后做过搬运工、演员，五十年代中期在旧金山，默默无闻，属于"热型"的垮掉分子。当时旧金山垮掉分子都出现在无名破旧的酒吧，反对现实，朗诵诗，或在空地，站木箱上演讲，听众都是垮掉分子。

这情形，每个时代都有。少年都有少年的烦恼。只要：一，政府不干涉，二，有领导人物，这种事就能干得起来。中国的"五四"、"一二·九"、"四五"……都是少年的烦恼。

只有思想、艺术，能让一个人获得巨大的力量。我参加游行后回到寓所，看到纸笔，我想，老朋友，我是爱你的。凭文学，思想，哲学，我可以有发言权，存在权，发怒，发笑，发种种脾气的权。

也因此，那次游行是有意义的，不傻，很有美感。若干年后，大家各有成就，来看看当时的照片。想想。

回到金斯堡。他有一首诗《亚美利加》：

亚美利加，我把一切都给了你，我一无所有

亚美利加，我在 1956 年 1 月 17 日，身上仅有两块
两毛七分

我受不了我自己的脑袋

亚美利加，咱们什么时候结束人类的战争

去拿你的原子弹吓唬你自己吧

我可感到不舒服，别来打搅我

当时读者很幼稚呀。连这种诗也写不出来。比起惠特曼，差远了。据说他朗诵起来，非常好听。美国年轻人听了，说这是新鲜空气。我看是罐头新鲜空气。

他的代表作：《嚎叫》（*Howl*）。在旧金山朗诵，一片叫好，诗集一出，不胫而走，西方评论说，艾略特《荒原》后，就是《嚎叫》。详细讲《嚎叫》，说来话长，我不想"嚎叫"。我认为，他把青年人的恶性败德归罪于美国政府，而且以更恶的恶行，更败的败德，来对抗。这是一种痞子心态（流氓是有组织的，痞子是流散的）。坐而思，起而行，他们是不思、不行，赖在地上不动。要反政府，可以组党，参政，可他们根本受不了，真的闹革命，他们哪里受得了？他们指控资本主义，是虚

伪的，只是为自己的堕落寻找借口。

诗，是高贵。中国的酒、茶，很近于诗的本质。好酒、好茶，都有特质、品性，好酒不能掺一点点水，好茶不能有一点点油渍。这品性，就是上帝的意思。

诗人，一点点恶败，就完了，俗了，一句好诗也写不出来。我有俳句：

"缪斯，是不管现代诗的。"

可喜的是，诗真是有神的。一俗，诗神就什么也不给你。

诗神脾气极坏，极大。

威廉·巴勒斯（William S. Burroughs，1914—1997）。他是另一种典型。生于密苏里名门世家。十八岁进哈佛，攻文学和人类学。二次大战，报名参加海军被拒，退学，吸毒。世家子弟，身心浪荡，漫游各大州大市，再到欧洲、非洲、拉美。他也喜欢干活，做过农民、侍者、侦探，见多识广。第一部长篇小说：《嗜毒者》（*Junkie: Confessions of an Unredeemed Drug Addict*），副标题"一个不可救药的瘾君子的自白"（我也要用副标题，可以一软一硬，一硬一软）。拿自己做模特，写自己吸毒的经验。

巴勒斯、金斯堡他们有个共同的写作方法，叫"个人新闻体"。广泛采用，展览自己私生活，有暴露狂。

这"体"，用得好，非常好，过去作家用，是假借人家，

隔一层用的，曹雪芹，是假借贾宝玉。现在呢，是自己暴露。（现代艺术家中亦有此倾向）

秘诀：凡是别人用坏的方法，你可以用好。我都是用这方法，我常看坏书、坏作品。

他们吸毒，有个讲法：恨这社会，恨这世界，吸毒是逃避。说起来很好听，可是逃避的方法多啦。吸毒是个生理上的感觉，一上瘾，像个魔鬼。

我很喜欢听摇滚乐，有些写得非常好——这种悲怆，是现代的悲怆，古代人不懂的。

巴勒斯吸毒，连海洛因也不过瘾，到巴西、秘鲁去找药性更凶的，后来到非洲丹吉尔用吗啡。1957年开始进医院戒毒。他的书，还是赞美吸毒，称"麻醉革命"，说吸毒是为了还原真正的人的本质。

对这种论点，最简单的办法是：由他去吧。他要革命，好，他要还原，好——后来就没有了。

不过巴勒斯是有灵性的。他想继承艾略特、乔伊斯，结果把他们异化了。许多人，天生非常聪明，可是天生的聪明不用，便要自作聪明。

而且这些人都长得很像，不胖不瘦，不长不短，伶牙俐齿，凡事一听即解——容易上当。

讲一个不太一样的。加里·斯奈德（Gary Snyder,

1930— ）。生于旧金山，学过东方语言学、人类学等。曾到京都寺院修行，还做过各种工人，守林员、伐木工等——西方文学团体有个特点：每个团派里，各有个性，这很有深意。中国团派里，没有个性，只有一窝蜂，团派成员的脸张张不同，可是文章千篇一律。

这是人格健全与否的问题。

西方人是本色，自然。毫无个性，是中国人的大病。我们的国民性和鲁迅那时比，至少坏十倍，如果讽刺当代，要十来个鲁迅。

我有俳句："移民，是翻了脸的爱国主义。"

我们都是翻了脸的爱国者。我们才爱国呢！到现在，我还常有伤时忧国之痛，可是比鲁迅沉闷：他还能讽刺。

垮掉一代是吃饱了叫饿，睡足了失眠。现在的苏联、东欧、中国，完全模仿西方那一套。过去几十年苦白吃了。要拿出新的办法。

元气没有了。砸王府井吉祥戏院等等，是新的洪水猛兽。

明年回大陆，今年想大陆。现在是政令一元化被商品一元化交替。想用政令一元化来控制商品一元化，这是美梦。将来，就算商品一元化取代了政治一元化，还是没有文化艺术的份。

美国，总统是管家，老板是资本家；总统是佣人，资本家是主人。古代，是宗教极权，君主极权。资本家，不要误解成一个人，是资本在决定种种。

斯奈德的个人风格，倒也新鲜：赞美自然、爱情、艺术、劳动。他在大学中接触到中国、日本的诗歌，以中国诗歌做借鉴。他说，诗像石头，可以叠起来，把思想叠在里面，形成一个防波堤——蛮有感觉。

垮掉一代，只有斯奈德没有垮掉，是东方神秘主义救了他。这很重要：东方人真该有点西方的东西，西方人真该有点东方的东西。可以救人的。

早晨起来，洗个澡，喝杯咖啡，多好。

我们来到美国，听到嬉皮士，这现象已过去了，名字还有。到底什么是嬉皮士？和垮掉一代什么关系？

嬉皮士，从英文 hippie 来（或者 hippy），就是"垮掉一代"的青年，自称为"鄙德派"（Beats）。喜欢赶时髦。四十年代爱赶时髦的美国青年对法国存在主义羡慕死了，后来就自称美国存在主义。苏联人造卫星 Sputnik 上天，他们又自称 beatnik。

学年青人，花样总是多。学法国，学俄国。嬉皮士不是指文学流派（文学流派，即"垮掉的一代"），而是指一群人。他们还有党，党名"VSP"，吸大麻，寿命不长。还有一个禅真派（ZEN）。另有一路叫做"禅真嬉皮斯特"（Zen Hipster）。

常识：佛到中国和老庄结合，才大行其道，佛道两家当时通婚，不分的。

"垮掉的一代"自称是"宗教的一代"，他们对佛教和老庄哲学佩服得七窍生烟，其实是好奇，哪里懂得佛和老庄？凯鲁亚克常在家里穿件中国长袍，坐在床上参禅——真叫野狐禅——同时，借借神秘色彩，吸引群众。

五十年代旧金山有家中国饭馆，嬉皮士都爱去吃饭，因为其中有一火锅叫做"禅真火锅"。

最后一句话，诸位懂了这么多，要有所作为。

本课笔记内页"作为文学史，还得求甚解"，"梦中情人，还是不如真的情人，我要见那个真情人。"

第八十一讲

黑色幽默

一九九三年十一月二十一日

人变怪了，是人性，一上来就怪，不稀奇。我来写，会死守一个人的平凡。他怪了，我不会开心，我觉得他还是平凡。一个年轻时代老跟我谈尼采的老朋友，晚年对我说：我嘛，也算文艺十七级干部呀！尼采成了文艺十七级干部？！怪吗？因为他平凡。

我在梦中总是窝囊的。（在黑板上写"窝囊"，一边写一边说："这窝囊二字，很窝囊。"）

爱情，是性为基点，化出种种非性的幻想和神话——归结还是性。都说性征是性器，其实第一性器是脸。真不好意思，人类每天顶着性征走来走去。毛发、皮肤等等，都是性征。可见造物主用意之淫。

我少年时跟一个女孩子通信，因为写写文章，爱慕，通了三年多，后来一见面，从此不来往了。三年柏拉图。一见，一塌糊涂。勉强地吃饭，散步，勉强地有个月亮照着。

我的形上生活，是极其形下的。一个人要从远处回，从高处下，从深处出。我总归承认自己智商低。他不好，我不恨，他好，不嫉妒，高兴也来不及，去听莫扎特、贝多芬。爱情是中间段。你嫉妒什么？左面是欲望，右面是思维。我把爱情抽去后，欲望不可能了，就往思维那边发展——我用荷尔蒙写作。

多少可爱的人去杀了多少可爱的人。战争，最好发生在电影上。只有马不知道是假的，翻在地上，其他兵都知道在拍戏。

今天讲"黑色幽默"。在大陆时听到过，不求甚解。作为文学史，还得求甚解。严格讲，是流派，不是学派。在美国作用很大，现在还有余波，许多人还在用。起于六十年代，很快成为世界性流派。

流派的名，许多都是偶然提出来的，如印象派，等等。最早提出了黑色幽默的，是法国的未来主义者布勒东（Andre Breton）。后来，美国文坛就出现黑色幽默的作品。弗里德曼（Bruce Jay Friedman）说，这些作品都有个特征，即黑色幽默。

不是作家自己提出的，是别人这么说，他们就认了。

这批人对现实失望、绝望，对未来幻灭、恐惧。他们认为人的自由、尊严、价值，都失去了。他们以沉重的心情把现实的恶夸大，写出来。以黑色的心态，用文字幽默，是悲愤痛苦的幽默。

鲁迅的幽默有类似倾向，但鲁迅不能称为绝望者。他有红的成分，黑多红少，鲁迅是紫色幽默。

有一幅漫画，一个人口吐浓酒，流下眼泪，酒代表黑色，泪代表幽默。

代表作：海勒的《第二十二条军规》，冯内古特的《五号屠场》。艺术特征：传统文学的幽默，我们熟悉的。比如狄更斯、马克·吐温，有幽默成分，不断出现俏皮有趣的话，作用是轻松、解颐（颐，人的脸颊，本来不动，一动，"解颐"，笑了）。我们都有常识，西方艺术分悲剧、喜剧，很明显，也可说是很严格的分界。黑色幽默是喜剧？悲剧？它把悲喜剧的分界混乱了，打破了。

这是一着险棋，弄得不好，油滑。

我所看过的一本海勒的作品，就是恶形恶状的油滑，不舒服。黑色幽默有它的成就，我的不满足、不满意，是流于油滑。其次，他们专写病态畸形的人物，前面说到的两部小说的主角，一个疯疯癫癫，一个胆小如鼠。

我也有我的"军规"——写人性。写一般的正常的人，把他人性的深度开掘，不找什么典型。就写那些毫无典型性的小人物，一个是一个，不混淆。我写过一百个短篇的小说集《凡仑街十五号》，烧毁了，但至少我练习过，写二三百个普通人。

写疯子、变态者，不写好汉。都误解了，以为正常人的心理深度已经发掘完了，以为古典完了，都不耐烦。

完了？没有完。

人变怪了，是人性，一上来就怪，不稀奇。我来写，会死守一个人的平凡。他怪了，我不会开心，我觉得他还是平凡。一个年轻时代老跟我谈尼采的老朋友，晚年对我说：我嘛，也算文艺十七级干部呀！

尼采成了文艺十七级干部？！怪吗？因为他平凡。

西方人生活也很平凡。相对来说，中国人的心理，许多胡同、许多弄堂，中国作家还没去走呢。

写长篇小说，要守住——写普通人，写小人物。战略上讲，写小人物比写怪人高一筹。他们找到怪人来写，以为找到出路。他们写畸零人、怪人，我写正常人、普通人。英雄、美人、爱情，我不写。

大家忘掉了，不要了。我来捡，什么都能捡到。

总之，他们打破古典悲剧、喜剧界限，专写反常病态的人物。还有特征吗？有，专写颠颠倒倒、不可思议的故事情节：活人同死人住在一起，和飞碟飞到太空，等等。还有人拼贴报纸，取消情节。

特点：讽刺美国社会。不过，讽刺得很低级。

这样一讲，把黑色幽默讲得股市大跌，现在回升一下，一句话：存在主义那里来的。

最早是克尔凯郭尔，他是以希腊哲学和基督教的启示，形成他的存在主义思想，可称为基督教的有神论的存在主义。萨特，是无神论的存在主义。因此想到，存在主义近世的影响之大，有鉴于此。

我对存在主义谈不上爱，没有缘分。上来就不很瞧得起。我敬重康德，闷头闷脑思想。萨特他们，想到一点，就哇哇叫。哇哇叫的思想家，我受不了。

尼采、叔本华、弗洛伊德，也影响黑色幽默。近代，弄来弄去脱不开这几个思想家——思想家在那里想，影响整个世界。

都说荷马，却没几个人读过《奥德赛》。写性心理，也不一定读过弗洛伊德。

约瑟夫·海勒（Joseph Heller, 1923—1999）。生于纽约布鲁克林区犹太家庭。1941年珍珠港事件后，在美国空军任中尉，实际上是个轰炸手。大战后，进纽约大学。1949年，在哥伦比亚大学得硕士学位，又到牛津修英国文学。1950年，在《时代》和《展望》杂志工作。小说《第二十二条军规》（Catch-22），描写二战时期驻扎在地中海小岛上美国空军中队的故事，人物很多。主角尤索林（Yossarian）在基地目击种种丑恶现象，为了捞钱可以出卖祖国，杀害同伴。政府宣传都是谎言。尤索林胆小，不敢反抗，怕死，被人称胆小鬼。军规规定，疯子可以不执行飞行任务。尤索林自称是疯子，不想空战。军规要他写报告，写出报告，即表示并不疯。有规定二十五次飞行后，可以回国（中国从前有"六法全书"，我翻过，似乎这条可以驳倒那条），尤索林于是钻第二十二条军规的空子。到他飞满二十五次，军规改了，增到三十二次，飞满三十二次，又增到四十次。

结果他到瑞士。

书中写到不少坏蛋、内奸，脑子里没有正义、祖国，只有钱。

都是作者亲自经历过来的，写得很真实。他的命意，是美国都在二十二条军规中控制着。二战双方，内部都很黑暗。

苏联作家后来也写了军队中的黑暗面。

没有军中生活的作家，和我们小时候一样天真，相信所谓正义之师。写黑暗面，写人性，我以为是作家的天职——索尔仁尼琴，我还是尊敬他。他的世界观、艺术观，简单了些，但他的控诉文学是伟大的道义。

我在上海时，有厂里的小伙子推荐《第二十二条军规》给我看，告诉我说，还有意识流小说，王蒙不得了，写意识流小说——回想起来很有趣。他们认为我是"古典作家"，时常考我，教导我，把当时那点可怜的文学讯息告诉我，什么存在主义呀，意识流呀，还有所谓"推理小说"。

我安静地听，表示很惊讶。我处世的方法：有些场合，装不懂。现在回去可不这样了——告诉他们：老子长大了，头发也白了，要听听我的。可是那些小伙子现在心思在别的地方，对文学没兴趣了。他们不知道，那时的青春期，是他们一生中的黄金段落呀。

现在，我来纪念他们的青春。

（休息）谈到写实绘画的困境：一个是要拿来谋生，一个是技巧实在比不上古人。那些静物画，技巧要什么有什么。你耍杂技，抛五把刀子，一把刀子掉下来，你不能说："I am sorry."

我在杭州时临拉斐尔，开始信心十足，两个礼拜后认输——弄不过他，差远了。

我们只好找另外一条路。你说是取巧也可以，你说是谋生也可以。毕加索，那是他的写实技巧足够抵得上，他放弃，不要了。

用别的办法谋生，画画玩玩，那是最好。

《军规》无疑是本好书。好在哪里？既是超现实主义，又是现实主义，很饱满。缺点呢，黑色幽默的通病——为了讽刺，把事物夸大扭曲到离谱，流于荒诞，深度失去了。这深度，我的意思是事理、含意、人性的深度。

艺术不可以全然荒诞的。荒诞解构了真实性，缺乏真实感——尤其是小说——艺术就没有味道了。人很可怜，人的思想发展到一个高度，就知道绝对真实是没有的，不可能的。但这样子活着就没意思了，于是人执着于相对的真实，活下去，使生活稍微有点意思。

怎么说呢？比喻：人生如梦，不真实。但人生比梦真实一些，所以人生还值得活下去。梦中情人，还是不如真情人，我要见那个真情人。

我爱的是人生，不是梦。

人请你吃饭，一个约会地点在中国街某饭店，一个地点在梦中，你到哪里？我在梦中总是窝囊的。（在黑板上写"窝囊"，一边写一边说："这窝囊二字，很窝囊。"）

不要放弃真实。这点仅有的真实没有了，就什么也没有了。

智慧，道德，战战兢兢活在这一点点真实中，我们靠这点仅有的真实活下去。

荒诞派要毁掉这仅有的真实。

对真实的这些议论，是大题小做。怎么大题小做呢？有两种做法：整个现代艺术、现代哲学，都是在毁掉相对的真实。其次，人类精神在毁掉相对真实后，无以为生。

假如有个魔法师可以让你每天做美梦，可是你的生活照旧很平凡——你一定选择生活。

宗教把绝对的生活归于神。古代人信神，就活得心安理得，觉得有了绝对真实，相信人死了就是回到上帝那里去——所以古代的生活很好哎！

后来，是哲学、科学，拆了宗教的台，哲学成了控告宗教的原告，科学在旁边做证人。艺术，做了无神论的最高榜样，不仅否认神，还取代了神，不仅取消了神的诺言，还自己创造诺言，立即在现世兑现。

一切有宗教信仰的哲学家，不是哲学家，是神学家。只有无信仰的、无神论的思想家的著作，才是哲学。

神的存在一否定，绝对真实就动摇。泛神论就是民主化，是神权的平民化，绝对真实，就是极权。

希腊、印度是有神论，叔本华、尼采是无神论。存在主义的过程中，克尔凯郭尔是有神论，萨特是无神论。

上帝一死，人的道德依据、心理依据，统统死了。十九世纪，上帝死，二十世纪，人死，这就是二十世纪的景观，也可说是最后的景观。

人类开始胡作非为。

你们是画家，不太关心哲学。我好思想，总要东张西望：哲学正在被肢解。现代绘画，也是把绘画的因素一点一点毁掉。

各路文学，都在反传统，反托尔斯泰，反巴尔扎克。大规模自杀。原因是什么？有没有建设性意见？

一，没有真理。

二，相对真实。

需要相对真实，要尊重相对真实——我写作，一直是这个意思。但我不肯明说。在菜场买菜，前面一位老太太篮子里掉了一棵菜。我和李梦熊相顾笑笑。我说，别笑，我不会下流到去捡这颗菜。

我不是先知的料，我很自私。耶稣太瞧得起人类。我看见十字架就逃——但我把前面说的意思，放在作品里。我不会弄"集装哲学"，我做的是"散装哲理"。

人类奇贱。吓唬他，压服他，人类才会听话。

三，任何事物有个限度，可以称之为机械强度、物理强度。木柱、铁柱，超过承重量，就断。人性的强度，从十九世纪到二十世纪一百年，顶不住了。

释迦、耶稣做不到的事，你会去做吗？

你们会问：那么你靠什么活呢？很简单，我安于相对真实。

有神论、无神论，是玩玩的。从前爱过一个人，知道忠实是不可能的。一个人不可能只吃苹果，不吃别的果子——否则也不知道苹果的滋味——忠实是不可能的。忠实是乏味。

客观不干扰你，主观上，两个人相爱，好了吗？不，两个人都老了——这就是真实。

我面对这真实，怎么取得相对真实？从前，我爱过她，她也爱过我，心理有感应，肉体有欢乐，这就是了，这就好了。这就是相对真实。

情人化仇人，容易。情人化朋友，很难。

假如回去找老朋友，我会去。但不会找从前的情人——情人是完成了的。完了。朋友是 unfinished——就算感情在，肉体老了，青春残了。青春肉体不再，爱情就不知还是什么。

忙碌劳苦，信主义不成，信钱；信钱不成，信下一代。买这个，买那个，是占有欲。我有了这，我有了那，以为那是绝对真实。

空的。佛教就靠这个道理把人类说服。

一般人相信他们的种种绝对真实，谈不上宗教、哲学、艺术的高度。只要这点真实一死，就没有了。

要相信相对真实。夫妻的意思，就是凭道义、义务，共同生活，是守约，不能去要求爱情。爱情，是青春、美貌、神秘。夫妻呢，是有福同享、有难同当。

爱情，是性为基点，化出种种非性的幻想和神话——归结还是性。都说性征是性器，其实第一性器是脸。真不好意思，人类每天顶着性征走来走去。

毛发、皮肤等等，都是性征。可见造物主用意之淫。

爱情好在是性的起点，把什么美德啊，智慧啊，激发起来。真的爱，到关键时刻会牺牲自己。

性，不会这样的。性只顾自己。

纪德的小说《田园交响曲》中，牧师给死人料理丧事，发现有受冻的小女孩，乃死者遗孤。救起来，长大，美丽。牧师不爱妻，爱这女孩，女孩也爱他。但女孩目盲，开刀目明后，女孩转爱牧师的儿子。

不怪人家。人，天生是这样的。

我少年时跟一个女孩子通信，因为写写文章，爱慕，通了三年多，后来一见面，从此不来往了。三年柏拉图。一见，一塌糊涂。勉强地吃饭，散步，勉强地有个月亮照着。

爱，好好地结束，还有相对真实，如果恶恶地结束，回忆都不愿意回忆。

（笑起来）我有俳句："中国有人家里不养鸡，不养狗，一遇到事，鸡飞狗跳。"

结论：追求绝对真实的人，不能享受相对真实。意思是说，他什么都享受不到。斯大林昏倒后，没有人进来救他。

我的形上生活，是极其形下的。一个人要从远处回，从高处下，从深处出。我总归承认自己智商低。他不好，我不恨，他好，不嫉妒，高兴也来不及，去听莫扎特、贝多芬。

爱情是中间段。你嫉妒什么？左面是欲望，右面是思维。我把爱情抽去后，欲望不可能了，就往思维那边发展——我用荷尔蒙写作。

从生物观点看，性欲的爱，其实是要传种。

冯内古特（Kurt Vonnegut，1922—2007），写《五号屠场》（*Slaughterhouse-Five*），写德国德累斯顿炸毁的情形。二战时他被德军俘虏，眼见德累斯顿夷为平地。1967年，他重游德累斯顿，感慨丛生，两年内写成这部小说。

美国反战观念是直接提出的，苏联反战观念是曲折迂回提出。中国作家从未提出"反战"这个主题，不知道在干什么。冯内古特站在和平主义立场，他说："任何情况下我们都不该打仗。"我同意，但人性要打仗。战争，是少数人要打，不是多数人要打。书中有个美国上校说："我以为战争是我们上了年纪的人打的，结果发现刚刮了胡子的少年在战场，吃了一惊！"

多少可爱的人去杀了多少可爱的人。

战争最好发生在电影上。只有马不知道是假的，翻在地上，其他兵都知道在拍戏。

书中先写城市的美，然后写轰炸。一炸，什么有机物都烧起来。炸死十三万人（该烧死的人都没烧死）。

我想到（平常没想到）只有文学家能站出来说话。毕加索画《格尔尼卡》，不像战争的。音乐，不能作一曲骂战争，哲学家是隔着军靴搔痒，科学家被迫做帮凶。

文学家是伟大的！

战争还会来的。人类还会制造奇巧的、杀伤力更大的武器，造了，就会用。自然规律，是要把地球变成一个自然冷却的死球。在这之前，人类自己会把这个球毁掉。我写：

"悲观主义是不得不悲观的意思，此外没有别的意思。"

我想过，列宁为什么那么痛恨悲观主义。好像有些人是宇宙的大老板，宇宙的存在好像是为了实现某种主义。我们这些惊弓之鸟鹏飞海外，现在想想那个时候，无不渗透那种恐惧。

黑色幽默作家不少，各有专长。这个流派好像也是命中注定，真的有几个人约好了似的追求一个风格。命运。几个人凑在一起，是个超乎个人的命运——黑色幽默和批判现实主义比比，怎么样？

后者在十九世纪，叫做写实主义、自然主义，或现实主义。"批判现实主义"这个词，是苏联人正式提出来的。"社会主义现实主义"充满教条，只有天赋很高的人，譬如昆德拉，不受社会主义现实主义影响，我称他兄弟。

不能摆脱这种教条影响的人，再叫再跳，还是弱者。

黑色幽默，面对的东西很有限。但他们要针对的是人类、人性、人文的生死存亡问题。可是他们插科打诨，像个原告在法庭上手舞足蹈，又跳又笑，弄得被告也嬉皮笑脸——法庭最后就说：算了吧。

油滑是无力的。我的意思是，狂欢节上可以扮小丑，法庭上不行。在作品中，要保持法官的尊严，这是最高的也是最低的要求。

我用幽默，当它是辣椒放在菜里，调调味，意思还是要你吃菜。

下次讲魔幻现实主义。

第八十二讲

魔幻现实主义（一）

一九九三年十二月五日

魔幻现实主义占的优势，不是魔幻，是现实主义。魔幻，奇妙，不是不知道。我还是喜欢平凡，平凡中的奇妙，那才奇妙。

这样的作家，很入世，很男性。参加战争，做记者，头脑灵敏，消息快。按理说，这种生涯可以杀死一个天才，尤其可以杀死一个诗人。可是天才埋没不了的。怎么忙，怎么弄，埋没不了的。

魔幻现实主义总体上的生命力，强过象征主义、超现实主义，比它们厚重。只是我觉得不够舒服——魔幻呢，太魔幻，现实呢，不够现实。太自觉，太兴奋。

对中国文化有多少根底，这是广义的家教。在武术上，是童子功（结婚以前，都叫童子功）。没有，后来补，也应该补，要有良师指导，读不懂，要硬读，总之快点补，下功夫。一扇门要开，手里要有一万把钥匙，一把一把试过来，来不及的，良师告诉你，一用，就开了。

中国的公园，许多人在那里弄气功，抱住树，晃头——那是怕死，没有别的意思。穷凶极恶地怕死。他们心里在想：一个呢，这样可以不死，一个呢，这样不花本钱。

开课前闲聊。木心：有二十多种蔬菜在美国不易吃到了。水芹、莴笋、荠菜、苦菜、茭白……新新鲜鲜地颓废着。天然地人工。

西方，没有人懂中国。

魔幻现实主义一度沸沸扬扬，闹得很凶。在中国先是耳闻，后来有译本，再后来，有人学了，学得非驴非马。

先讲讲人类世界文化现象的大观。我在这儿不能论证这个大题目，而是说，每个地区民族都有他们的文化的全盛期。没来的，会来，来了之后，就消失——过去了，不会再来了。

这就叫文化形态学。有一阵我对文化形态学很有兴趣，后来想到，拿一个理论去说一切？意大利文艺复兴，不是指意大利有过"文化"，又再"复兴"。

缩小范围，有的民族，文化全盛期过后，还有小范围的复兴，总不如全盛期规模大，不成其为一个大时代，往往是异数的，几个天才的事，不是群体的（像唐朝那样）。

放宽看，中国文化全盛期、黄金期，是初唐到南宋，很惊奇，个个好，都有一套，拿几句出来，可以抵好多人。

认识这些有什么好处？——学林问我：听古典音乐有什么好处？——我们在现代，碰到的绝不是黄金期，只能做做异数，还有作为。各造各的宝塔。不怕孤独，不怕单干，这是非黄金期的艺术家的特征。

人多，照比例，天才一定该出现——这概率论，在文化艺术上不通的。不是人多就必有天才。蚂蚁再多，不会出个钢琴家。

例子来了——魔幻现实主义是拉丁美洲的文化全盛期。之前，拉丁美洲没有过。

玛雅文化，我也喜欢的，那是宗教的，限于墨西哥一带。我注意过：希腊是向前看的，玛雅是反过来向后看的。那种文化，要杀人。我不想看，没去，已经失望了。那种文化是一种此路不通的文化。

希腊文化：此路大通。

简单讲，魔幻现实主义是幻想和现实、西方现代文学和本土民间神话传说的结合。作者的思想是民族主义和人道主义，题材是暴露庄园主和穷人，方法是用意识流和心理时间交叉，来表现人物内心世界，一贯手段，是象征、暗示、夸张、梦呓。这条路子不错的，是条生路。它有本土的本钱，又有世界上前卫的文学方法，开发起来，很有意思的。

而且出了天才。所谓文化全盛期，就是天才纷纷降生的时代，拉丁美洲那时不少天才，有得了诺贝尔奖的，不得奖的也非常好，也该得奖的。名单：

马尔克斯（Gabriel Garcia Marquez）

阿斯图里亚斯（Miguel Angel Asturias）

博尔赫斯（Jorge Luis Borges）

科塔萨尔（Julio Cortazar）

聂鲁达（Pablo Neruda）

多诺索（Jose Donoso）

略萨（Mario Vargas Llosa）

鲁尔福（Juan Rulfo）

马尔克斯是哥伦比亚人，阿斯图里亚斯是危地马拉人（危险的地方马拉起来），博尔赫斯是阿根廷人，聂鲁达、多诺索是智利人，略萨是秘鲁人。

人性里不是有个共通的东西吗？我一直觉得有。再古、再偏僻的地方的书，我都看得懂。散文——几百万字——我要写这个东西。要到世界各地游览，不可能，我只能在书斋里工作。很早，快四十年前，我就想写一本书，书名是《巴比伦语言学》。怎么写呢？一直在想。最近想出来了：写三千俳句（已经写成两千），这些俳句，就是这本大散文的蓝本。把三千俳句扩展开。俳句，还像蟋蟀草，一撩拨，蟋蟀咬了，我就可以写开来。

谢谢上帝给我这个启示。

以上几位是一流的，可见二流三流还有好多。从名字上讲，魔幻现实主义出在德国，弗朗茨·罗（Franz Roh）在研究后期表现派绘画时，用"魔幻现实主义"这个词（总名是《魔幻现实主义·后期表现主义·当前欧洲绘画的若干问题》，*Nach Expressionismus: Magischer Realismus: Probleme der neuesten europäischen Malerei*）。

鲁尔福的长篇问世后，以崭新的形式、深刻的思想，震动世界。这是五十年代。六十年代，马尔克斯的《百年孤独》引起更大的震动。从此，魔幻现实主义越来越壮大，政治倾向也越来越明显。

加夫列尔·加西亚·马尔克斯（Gabriel Garcia Marquez），1927年出生于哥伦比亚一个依山傍海的小镇。父为医生。小时候跟外公外婆听了许多民间传说（很正常。现在的小孩哪有外公外婆讲故事——小时候，一点雨露阳光很重要啊），马尔克斯因为这影响，爱好文学。在大学是攻法律的，期间自由党与保守党斗争很激烈，造成社会动乱。他停学，从事新闻工作，同时自己写作。1954年，做了报馆驻欧洲的特派记者。1959年，任古巴拉丁通讯社美洲驻波哥大的记者。1960年，任该通讯社驻联合国记者。1961年，迁居墨西哥，从事新闻和文学创作。

为什么特意讲一讲？这样的作家，很入世，很男性。参加战争，做记者，头脑灵敏，消息快。按理说，这种生涯可以杀死一个天才，尤其可以杀死一个诗人。可是天才埋没不了的。怎么忙，怎么弄，埋没不了的。

1955 年第一部长篇小说《落叶》（*La hojarasca*），写一小镇上某一家族的命运。六十年代，又写了这家历史的几部小说。他和福克纳一样，老写一个家族（看来只能写一个家族，逃不了的，宿命的。只有一个家呀，别的故事，在别人家里）。1967 年，出《百年孤独》，一举成名。他学识渊博，修养深厚，既熟悉拉丁美洲文化、历史、传说，又研究欧洲文学传统，认真研究过艾略特、乔伊斯，对阿拉伯文学也感兴趣。

听来，平平，我看，大有深意——这样的经历、教养，中国作家有几个？巴金出去留学，怎么样？中国许多作家现炒现卖，平时只读同代人的作品，中国古典文学大致限于《三国》、《水浒》、《红楼》、《金瓶梅》，顶多加上《儒林外史》、《官场现形记》之类。欧洲文学按名气找了看，领领市面，不看到实质。对西方现代文学，好样不学，学坏样。这点正常的学养没有，谈什么才华抱负？

对中国文化有多少根底，这是广义的家教。在武术上，是童子功（结婚以前，都叫童子功）。没有，后来补，也应该补，要有良师指导，读不懂，要硬读，总之快点补，下功夫。一扇门要开，手里要有一万把钥匙，一把一把试过来，来不及的，良师告诉你，一用，就开了。

对欧洲文化，我以为是这样：第一，宅心要正。你们放眼去看，中国人到欧洲去，第一是宅心不正，都想去顺手牵羊、顺手牵牛，到了那儿，不感动，也不爱，更谈不上理解，抱着虚名实利去的，盗也谈不上，只是贼。他们不爱欧洲，欧洲也不爱他们。对新潮的文化，学点口头禅。

《百年孤独》，那么厚一本书，要去看太麻烦。讲一讲，有点意思。写马孔多地方一个布恩蒂亚家族七代人的遭遇，这种雄心，很可贵。任何家族，七代下来，总有花样（我曾听有个老太太说，她三十几年不出门，没有穿过套鞋，没有打过伞。我说，这写下来，好极了，这么平凡的生活，怎么过的？只要有技术，诚恳，都能写出来）。书中的世代更替，很有景观，末了由于乱伦，婴孩长尾巴，唯一一个后代，给红蚂蚁咬死了。

这个故事结构不错的，是悲观主义，这就不简单。这个主题，容易大，后来成为阿根廷近代的缩影。关于《百年孤独》的评论，大致是：情节是荒诞的，象征是巧妙的，夸大是有强度的，描写是真实的。

（丹青插话：去年有人送我《百年孤独》，怎么也看不下去。木心：这本书，讲讲可以，去读，太闷热。我吃过墨西哥菜，太多了，吃不下）

魔幻现实主义占的优势，不是魔幻，是现实主义。魔幻，奇妙，不是不知道。我还是喜欢平凡，平凡中的奇妙，那才奇妙。他的中短篇，我也佩服。他写奇妙怪诞的事，不带歧异，当做真的一样去写，这是厉害的，生命力强大。

魔幻现实主义总体上的生命力，强过象征主义、超现实主义，比它们厚重。只是我觉得不够舒服——魔幻呢，太魔幻，现实呢，不够现实。

太自觉，太兴奋。

标举一种"主义"，当然是自觉的。完全自觉，就不免做作。莫扎特，既自觉又不自觉，从来没有"莫扎特主义"。最高的艺术，自己不会成主义，别人拿他当成主义，也主义不起来。我对各种各样的主义，好比窗户开着，瞧瞧邻家男孩。好看么，看看，不好看，看看云。单身汉，单在艺术上。

散课。大家又谈起上次公园的散步。木心：

中国的公园，许多人在那里弄气功，抱住树，晃头——那是怕死，没有别的意思。穷凶极恶地怕死（说着，学抱树晃头的动作）。他们心里在想：一个呢，这样可以不死，一个呢，这样不花本钱。

中国人，我们太懂了。到外国的公园，看到他们跑步、跳，真健康，真好。（说着，又学打太极拳的动作）这是在同死神耍阴谋。一个好好的人，一打拳，难看。

第八十三讲

魔幻现实主义（二）

一九九三年十二月十九日

在上海时，他们要我设计一架钢琴，设计完了，说，怎么没有民族风格——钢琴就是钢琴，为什么要有民族风格？

你再丰富的传统、知识、技巧，不经过现代艺术洗礼，你走不到哪里去。我是暗暗走这条路。不然，写起来还不是"五四"时期的老调调？画画的道理也一样。如果到今天还在"外师造化，中得心源"，哪里能行？在座各位，洗礼都洗了，洗得不够，不透。深度加深，密度加密，广度推广。

说这些，因为拉美作家少有西欧文化的秉承，多为自己的传说神话，但他们聪明啊，他们用西欧的传统。中国呢，有自己的传统，却不会用。我读博尔赫斯，底牌读出来了——他也是尼采那里出来的。

松鼠的尾巴，简直天才。艺术家没有天才，等于松鼠没有尾巴。有个松鼠天天到我窗前，给它吃的。有一天没有给，那松鼠看我的眼神，完全是老朋友的眼神。

食品的松脆也很奇妙——各种味觉和舌头有关，松脆和牙有关。长期不咬松脆，人有气无力。我的文句，有时追求松脆的效果。

魔幻现实主义不多讲了，我要大刀阔斧讲讲其他流派。下一课是最后一课——我们走了五年的"文学远征"。

今天接下去讲米格尔·安赫尔·阿斯图里亚斯（Miguel Angel Asturias, 1899—1974）。生在危地马拉，父为法官，母为小学教师。从小热衷伸张正义，反对暴政，幼年教育是革命性的。学过法律、人类学，研究印第安古文化。

落后地区，不开化地区，一个杰出的人物，都要从精深的学历做起。可是强大的民族，法国、意大利，一个有才华的人不必什么学历，就成功。达·芬奇、米开朗琪罗、贝多芬、莫扎特，你去想想，一定出生在意大利、奥地利等——南美的成功的作家，个个都很有一套学历，这是一个事实，不是一个规律。

阿斯图里亚斯在危国新政府办杂志，写小说，参加世界和平运动。新政府垮台后，避居阿根廷。他曾来中国，参加过鲁迅逝世二十周年活动。后回国，任职外交部。1974年，死于马德里——蛮堂堂正正，没有什么乌七八糟的事。

最有名的小说是：《总统先生》（*El Señor Presidente*），《玉米人》（*Hombres de maíz*），和被称作"三部曲"的《旋风》、《绿衣主教》、《死者的眼睛》。此外还有诗集《贺拉斯主题习作》，短篇小说集《危地马拉的周末》（*Leyendas de Guatemala*），小说《珠光宝气的人》、《混血女人》、《丽达·萨尔的镜子》、《马拉德龙》、《多洛雷斯的星期五》等等。

他是魔幻现实主义的先驱者，把拉美文学和西欧文学结合起来。获诺贝尔奖。

对全世界来说，还是以欧洲为中心，你偏不走西欧的路，自己去找一个——不可能，不行。日本不怕西化。好像皮鞋，你不肯穿，一定要找另外一种鞋，何必呢？在上海时，他们要我设计一架钢琴，设计完了，说，怎么没有民族风格——钢琴就是钢琴，为什么要有民族风格？

他们确实懂得拉美文化，又懂西欧文化。

文学范畴，中国没有走这条路。你不理会欧洲，等于在蜡烛下研究电灯，不如直接装上电灯。反之，完全投向欧洲，不要自己，总归强不过西洋人。你可以染金发，发根长出来，还是黑的。

忘本，就是失去了资本，这是常情、常道、常规。现在开文学研讨会，每个作家要他写一首五言、七律，完了。

拉丁美洲作家，很正常地活动着。我们没有。

要写本民族、本国，写得绰绰有余，然后向上越轨，写世界。可是向下越轨，就卖本民族民俗，满足外人的偷窥欲。你看西方，没有人标榜民族性，标榜地方色彩。他们有的是个性、风格，那才是好样的，有种。毕加索从来不画西班牙美女或者家乡风光，然后拿到巴黎去打天下。

讲讲《总统先生》。一个反动军官因粗暴行凶，被一个粗人打死。"总统先生"来审判，把这事安到政敌身上，杀死了一个大学者。可是敌人中还有一位将军，难以加害，他就利用亲信使计，让将军逃，一逃，就可安罪名，趁机加害。将军到底是将军，一逃，就起义对抗了。可是将军的女儿逃不及，被捕，抄家，痛苦生病。总统的亲信爱上了她，跟她结婚，总统把这婚事登了启事，气死了将军。总统又使亲信去美国，中途逮捕，告诉他将军女儿做了总统的情妇，亲信万念俱灰，死在牢房。其实，那女儿到处找丈夫，最后带着孩子移居乡下。

有点雨果，有点巴尔扎克，有血性，有生命力。现代文学有个总观念——我极重视这个总观念——你要走向未来，你得走过现代艺术的洗礼。你再丰富的传统、知识、技巧，不经过现代艺术洗礼，你走不到哪里去。

我是暗暗走这条路。不然，写起来还不是"五四"时期的老调调？画画的道理也一样。如果到今天还在"外师造化，中得心源"，哪里能行？在座各位，洗礼都洗了，洗得不够，不透。深度加深，密度加密，广度推广。

知其一，不知其二——以为"一"拿到了吗？不，"一"也没拿到。你不能举一反三，"一"也不行。

大人虎变，小人革面，君子豹变。

洗礼的工作还在后面，还没完成。大家眼界是开了，鉴别力是强了，现在要看个人作品了。连古典艺术的洗礼也包括，洗礼面要广，临摹有好处。水来了，水淋到身上了。

说这些，因为拉美作家少有西欧文化的秉承，多为自己的传说神话，但他们聪明啊，他们用西欧的传统。中国呢，有自己的传统，却不会用。

我读博尔赫斯，底牌读出来了——他也是尼采那里出来的。

下个小结论：大家务必多方面接受现代艺术洗礼。上溯到古典、浪漫的洗礼，不要学我这样的大而化之。我的思辨时期已经过去了——我爱艺术，已经爱过了，应该艺术来爱我。她不爱，只好由她去——其实是还在思辨。大家正在爱艺术的时期，好有好报，恶有恶报，有一天，艺术会爱你的。

博尔赫斯（Jorge Luis Borges，1899—1986）。阿根廷著名作家。1899年生——比我大二十八岁，应该称他文学前辈，感觉上他是我文学表哥——从小热爱文学，这非常对。说起来也怪，没有考虑的，就喜欢，谁也没有告诉你：你要去爱艺术。都是不假思索。仔细想想，这很怪。现在我想通了：这是命，命里注定的。中国叫做命有文昌。命无文昌的人，出身书香之家，也等于文盲。

博尔赫斯的父亲是医生，家境大概不错。一战时全家搬到瑞士，后来入英国剑桥大学。1921年回本国，在图书馆任职。曾获阿根廷国家文学奖、西班牙塞万提斯奖，多次提名诺贝尔奖，未得，后来说是有政治原因。

最重要的是，他受叔本华、尼采影响。他崇敬欧洲文化，以欧洲文化为光荣。他也深受欧洲现代文学影响。他的散文、语气、着眼点，我都引为同调。

（休息）木心：松鼠的尾巴，简直天才。艺术家没有天才，等于松鼠没有尾巴。有个松鼠天天到我窗前，给它吃的。有一天没有给，那松鼠看我的眼神，完全是老朋友的眼神。

聊到春末提前穿夏装的人。木心：

我有俳句："提前穿夏装的人，都不坏的"——要这样去切入。那种人，敏感，爱美，先穿了，其实和好人坏人没关系。但这种感觉要写出来，得找切入点。食品的松脆也很奇妙——各种味觉和舌头有关，松脆和牙有关。长期不咬松脆，人有气无力。我的文句，有时追求松脆的效果。

分吃烤面包，木心说好吃。最后剩一片，大家留给木心。他接受时笑说：人生还是要做教师好。

博尔赫斯有小说《交叉小径的花园》（*El jardín de senderos que se bifurcan*）、《阿莱芙》（*The Aleph*）、《死亡与罗盘》（*La muerte y la brújula*），情节奇幻。我更喜欢他的散文，短篇小说看起来也比较舒服。

他的散文与我比较同调，诗呢，对不起，我比他好。他是小说家写诗，我是诗人写诗。这不是骄傲，不是，是豪迈。比如帕瓦罗蒂，音量过人，你说他是骄傲？蚂蚁说大象骄傲，那意思是说要缩小到像蚂蚁，才算谦虚？

魔幻现实主义不多讲了，我要大刀阔斧讲讲其他流派。下一课是最后一课——我们走了五年的"文学远征"。

"结构现实主义",七十年代流行南美。特点：

一，鲜明的立体感，有视觉、听觉，多角度的镜头感，独白，双线平行对话法，配合型对话法，话题的均衡法，这些，都是参考电影手法。

二，结构零件说。通俗解释，是学毕加索的立体派，破坏对象，解体，由作家重组。

三，主张文学介入社会，要以社会集团为对象。

四，意识流手法。

"九八年一代"，是西班牙一派（指的是 1898 年美国、西班牙争夺殖民地，西班牙丢失波多黎各和古巴，从此一蹶不振。此前西班牙也和英国一样，号称"日不落帝国"）。可是西班牙有识之士提出全盘西欧化，发展经济，普及教育，等于他们的改革开放。

特点：

一，重新认识世界，重新爱这个世界，介入这个世界。

二，追溯西班牙历史，不是官方显史，而是民间潜史。

三，爱护、歌颂西班牙的山川风物。

四，受尼采、叔本华、易卜生、托尔斯泰、爱伦·坡影响，奉塞万提斯为楷模。

以上主张，中国艺术家做不到。开放以来，中国人也读了尼采、弗洛伊德，可是只当赶时髦，西装穿了一阵……（中国人下流到我肃然起敬——将来回去，慈悲为怀）

"九八一代"作者很多，不一一讲，只讲阿左林（José Martínez Ruiz，1873—1967），他是我少年时代最要好的西班牙朋友，我的散文风调受他影响的。他出生于西班牙律师家庭，童年不幸福，整天躲在阁楼上读书。学法律，却到报上投稿。两个主题，一是回忆童年，一是对祖国的爱恋。他写过评论、戏剧，最好的是散文、随笔，滋养过我的少年，是马德里来的老朋友——人生不可没有文学，文学不可没有朋友，朋友不可没老朋友——老朋友，不用多啰嗦，我说是"私人典故"。他用词精锐，音韵和谐，风格朴实，语言优雅——你们读到他的散文，会觉得与我的相似——李广田译过他的《西窗集》（内有阿左林小集），商务印书馆出版，很雅致，灰绿封面，其中有阿左林的照片。

现实生活中人来人往，找不到好朋友，书本中有。后来我学会用真的感情对待他们，一个人，与生俱来的情总要用完了再走。生活中用不到，就用在精神观念上。

情，有各种情。最近发现，我还有慈爱，就把慈爱用在动物花草上。晚年是这样凄凉，可是贝多芬家不开 Party。

艺术家，晚年应该孤单冷清，有了艺术，就可以了。宁静致远，淡泊明志，这是古代人讲讲的，他们还是想升官。我真的喜欢宁静，淡泊，古人不会玩，我淡泊，但我会玩。

说开去，为什么我厌恶名利？因为不好玩。莫扎特贪玩，写诗，我可以跟他玩玩。不能徒贫贱，也不能苟富贵。富贵，累得很呀。但也不能徒然弄得很穷。小孩子爱玩，玩到哭为止，不弄到哭，不肯停的。我哭过很多回了，"文革"把作品抄走，我哭了。"文革"过去，我又玩了。

阿左林讲过了。五年文学远征，这是乐趣，你知道了：要谁，不要谁。下面换换口味，讲讲俄国文学：

"阿克梅派"，音译，出于希腊文"最高级"，因此也被译成"高峰派"。说起这一派，"文革"前我和李梦熊的许多话题都是阿克梅派——其中成员很多，今天只讲阿赫玛托娃（Anna Akhmatova，1889—1966）。"文革"前我们一夜一夜谈她的作品，来美国后在电视里看见她，她的葬礼，是一身希腊白衣——"普希金是俄国文学的太阳，阿赫玛托娃是俄国文学的月亮。"她是评家、散文家、诗人，一生坎坷，但晚年好。我有句："人生重晚晴。"她死于1966年，斯大林已经过去了，所以她的葬礼才有这等场面。日丹诺夫（Andrei Zhdanov）曾在大会上骂她"修女加荡妇"，太不像话！斗得她好苦。她非常坚强、沉着，据理力争，活到七十七岁。

早期诗集《黄昏》、《念珠》，在青年中轰动一时。她的诗非常柔情，真诚。她也聪明，转向古典，研究普希金，译中国的屈原，译李商隐的《无题》诗。四十年代卫国战争，她却写了许多爱国诗，战后有了正面名望，她又退回来，远离当时的重大主题，写自己的生活。

她一步一步都很聪明。可是1946年还是受辱，被开除出作家协会。她不甘沉沦，写诗，越写越大，写到死。她的诗富于性情，适合年轻人读。我不喜欢多情的诗，但她的才情一流，名字也起得好。原名是安娜·安德烈耶夫娜·戈连科，可是她改成阿赫玛托娃，构成印象。

她真是好样的。她写抒情叙事诗，《没有主人公的叙事诗》成于1962年，获意大利国际诗歌奖，1965年得牛津名誉博士。晚年她得到公平。电视上看她，光彩动人，有点胖了，但大贵族相，很庄重，死后慢慢没入黑暗（由演员扮演）。

说到底，还是贵族出身有骨气，顶得住。小市民一得势，如狼如虎，一倒霉，猫狗不如。

"文革"中，我第一信念是不死。平常日子我会想自杀，"文革"一来，决不死，回家把自己养得好好的。我尊重阿赫玛托娃，强者尊重强者。现在看，她完全对，完全胜利。她与苏维埃对立，她又写爱国诗，是完全本色——这就是我说的公平。我们还没有得到公平，正在等待公平，但我们已经得到了初步的公平。

一个温柔细腻的女人，战胜了粗暴残酷的势力。

古米廖夫（Nikolay Gumilev，1886—1921）。才貌双全的文

学家，诗、小说、翻译、散文，样样出色当行。他，就是阿赫玛托娃的前夫，因在十月革命中反政府，被枪毙。直到1986年，他诞辰一百周年，在苏联才被纪念。这种迟来的公平是不公平的。

胡风、萧军，平反后拿不出东西来。宠他，迫害他，平反他，还是拿不出东西来。他们是文化工厂里的工人。

现在不少文人，说到底，是儒家。儒家，三个月不做官，急死了。给官家请去喝喝酒也过瘾。

好了，今天讲完了。

木心，摄于 1994 年文学课结束后的"结业"聚会。

最后一课

一九九四年元月九日
在陈丹青家

翻原稿，发现我就此写下去，没有停顿地写完了，可见那么多年，我的思想可以没有纲目。我知道我写完了，算是把我的文学观点架构起来了。

大家还在青春期。我是到了美国才发育起来的，脸上一大堆看不到的青春美丽痘。第一见证人是丹青。他看到我怎样成长起来。在中央公园寒风凛冽中，读我的原稿。我很谦虚哩，在心里谦虚哩。

你们传我一句话，或描述我的有关情况，到传回来时，都走样了。我的说话和文学的严密性，我的生活的特异，由我传达别人的话，别人的情况，可以做到完全达意，而慢慢做到可以达人家的意，比别人更透彻。外人听了，会说自吹自擂，你们要替我作证：木心不是妖怪，是个普通的健康的老头子。

为人之道，第一念，就是明白：人是要死的。生活是什么？生活是死前的一段过程。凭这个，凭这样一念，就产生了宗教、哲学、文化、艺术。可是宗教、哲学、文化、艺术，又是要死的。教堂、博物馆、美术馆、图书馆，煞有介事，庄严肃穆，昔在今在永在的样子——其实都是毁灭前的景观。我是怀着悲伤的眼光，看着不知悲伤的事物。

这凤凰的前身是个乌鸦，乌鸦的前身呢，是只麻雀。安徒生说得比我好。他说，他从前是个丑小鸭。他的画和用具到上海展览过，我摸过他的手提箱。在座人人都是丑小鸭，人人都会变成天鹅——也有人会丑一辈子。

这是我六十七岁时讲的课。等你们六十七岁时，可以看看。

课前看墙上《蒙娜丽莎》画片。木心：这张嘴放在那儿，不知道多少画就不算了。你去临？达·芬奇自己也临不了了。

1 点 25 分开始讲。

同学们，新年好。

今天很难得。那么冷的天，世界文学史结束在很冷的一天。讲课要结束了。

我来讲讲我是怎样讲文学史的。本来是想把本世纪各个流派全讲完，可是想想，这样讲，能托得住五年讲下来的文学史吗？

用另外一个方法讲。讲讲我这个示众的例子。从前杀头，是要示众的。这样讲，比较难。向来我在难和易的事情里，择难，从难处着手。这已经是我的第二本能了。

花了一天两夜，写了一个总结性的东西。完全离开文学史。要托住文学史，要一个够分量的结尾。

这是我六十七岁时讲的课。等你们六十七岁时，可以看看。像葡萄酒一样，阳光，雨露，慢慢成熟的。伍尔芙夫人讲："我讲的话，你们不会懂的。"那时她也快六十岁了。

年龄非常要紧的。我三四十岁，五十岁，都读过伍尔芙，六十多岁时，看懂了。看懂她对的、不对的地方。

我敢于讲，我今天讲的，你们可以在六十几岁时读。读了想：幸亏我听了木心的话。

我听我自己的话。我听的话，是别人告诉我的。比如尼采。我听他的话。不能想象没有尼采，没有从前的艺术家讲的话，不可能有我的。

幸亏我们活在二十世纪，前面有两千多年，甚至五六千年历史。

今天我的最后一课，和都德的"最后一课"，性质完全不同。法国人而不准上法文课，那是非常悲哀。我们恰恰相反，中国人，中国文化，还没有被消灭。

我对方块字爱恨交加。偏偏我写得最称心的是诗，外国人无法懂。诗，无法翻。外国人学中文，学得再好，只够读小说、散文，对诗是绝望的。中国字，只能生在中国，死在中国。再想想：能和屈原、陶渊明同存亡，就可以了，气也就平了，乖乖把"世界文学史"拉扯讲完。

现代艺术，流派，越来越多。这是个坏现象。上次讲过一个公式：直觉——概念——观念。从希腊到文艺复兴到浪漫主义，人类可以划在直觉时代。直觉的时代，很长，后来的流派，都想单独进入观念，却纷纷掉在时空交错的概念里。

所以我一气之下，把二十世纪的艺术统统归入概念的时代。将来呢，按理想主义的说法，要来的就是观念的时代。

我呢，是个翻了脸的爱国主义者，是个转了背的理想主义者。是向后看的。拿古代艺术作我的理想，非常羡慕他们凭直觉就能创造艺术。

我爱人类的壮年、青年、少年、童年时期的艺术——文化没有婴儿期的——人类文学最可爱的阶段，是他的童年期和少年期。以中国诗为例，《诗经》三百首，其中至少三十多首，是中国最好的诗。到了屈原、陶潜，仔细去看，已经有概念。屈原么香草美人，陶潜老是酒啊酒啊。

《诗经》三百篇，一点也没有概念。完全是童贞的。

李白、杜甫，更是概念得厉害。到了宋，明，清，诗词全部概念化。由此看，我的翻了脸的爱国主义，转了背的理想主义，事出无奈，但事出有因。

讲开去：一个人到世界上来，来做什么？爱最可爱的、最好听的、最好看的、最好吃的。

无奈找不到那么多可爱、好听、好吃、好看的，那么，我知道什么是好的。我在"文革"中不死，活下来，就靠这最后一念——我看过、听过、吃过、爱过了。

音乐，贝多芬、莫扎特、肖邦，等等。食物呢，是蔬菜、豆类，最好吃，哪里是熊掌燕窝。爱呢，出生入死，出死入生，几十年轰轰烈烈的罗曼史，我过来了，可以向上帝交账。"文革"中他们要枪毙我，我不怕，我没有遗憾。

都爱过了。但还要做点事。我深受艺术的教养，我无以报答艺术。这么些修养，不用，对不起艺术。少年言志，会言中的——往往坏的容易言中，好的不易说中。

以后，不可能两个星期见面，很可能两个月、两年见一面。我要讲大家一辈子有用的东西。讲了，有备无患。你们用不用，悉听尊便，我只管我讲。是哪一些呢，分分纲目：

文学是可爱的。

生活是好玩的。

艺术是要有所牺牲的。

（翻原稿，发现我就此写下去，没有停顿地写完了，可见那么多年，我的思想可以没有纲目。我知道我写完了，算是把我的文学观点架构起来了。）

先引老子的话：

"知人者智，自知者明。胜人者有力，自胜者强。知足者富，强行者有志。不失其所者久，死而不亡者寿。"

这真叫做是诗！最近又在看老子，老子是唯一的智者。看到老子，叹口气：你真是智者，是兄弟。

历来的哲学家、文学家，对人不了解。甚至对老子也不了解。蒙田，不了解人。

自知者明。我看到牛，想：好可怜。望过去一团黑暗。

自胜者强。富，是要知足；百万富翁，不富，因为不知足，他们在玩数字游戏。金钱和健康一样，一个健美男子，天天躺在床上，有什么用？有钱，要会用。

中国古代，有些人是会用钱的。倪云林，晚年潦倒，刚卖了房子，钱在桌上。来了个朋友，说穷，他全部给那个朋友。这才是会用钱。强盗打他，他一声不响，后来说，一出声便俗。

真是高士。

我的诗的纲领：一出声就俗。

拉远了。

强行者有志。"文革"初，老舍、傅雷……决定去死。为什么？我不肯死。平常倒是想死，"文革"那么凶，我用老子对付："飘风不终朝"，"骤雨不终日"。结果呢，"文革"持续那么久。我跟老子说：老兄，你也料不到。

不失其所者久。这个"所"，是本性。

死而不亡者寿，完全是指艺术家。

"孔子未亡必霸，而必为人所霸。"

"老子治国，而生随之亡。"

这是我从前写的句子。

"治国平天下"、"窃国平天下"、"乱世治国"，那是政客的事。哲学家不能治国。那是恶人的事。这个世界引起许多哲学家关心政治，可是他们不懂政治。

死而不亡者寿。当然指艺术家。当时老子这么说，不知是指艺术家、指哲学家。

"文学是可爱的。"

不要讲文学是崇高伟大的。文学可爱。大家课后不要放弃文学。文学是人学。至少，每天要看书。我是烧菜、吃饭、洗澡时，都会看书。汤显祖，鸡棚牛棚里也挂着书，临时有句，就写下来。

电视尽量少看。

西方人称电视是白痴灯笼。最有教养的人，家里没有电视。最多给小孩子看看。电视屏幕越来越大，脑子越来越小。

理解事情，不可以把一个意思推向极端：我也看电视。尼采，克制不住地手淫：这样他才是尼采。

鸦片、酒，都好。不要做鸦片鬼、酒鬼。什么事，都不要大惊小怪，不要推向极端。

读书，开始是有所选择。后来，是开卷有益。开始，往往好高骛远。黄秋虹来电话说在看庄老，在看《文心雕龙》。我听了，吓坏了。一个小孩，还没长牙，咬起核桃来了。

开始读书，要浅。浅到刚开始就可以居高临下。

一上来听勃拉姆斯第一交响乐，你会淹死。一开始听《圣母颂》、《军队进行曲》，很好。我小时候听这些，后来到杭州听贝多芬的《月光奏鸣曲》，居然完全不懂。

对西方，一开始从基督教着手。要从完全看得懂的书着手。还得有选择。至少到六十岁以后，才能什么书拉起来看，因为触动你去思考，磨砺你的辨别力，成立你自己的体系性（非体系），你们现在还不到这个境界。

认真说，你们还不是读书人。不相信，你拿一本书，我来提问，怎么样？要能读后评得中肯，评得自成一家，评得听者眉飞色舞，这才是读者。

由俄罗斯为例。可以先是高尔基，然后契诃夫，然后托尔斯泰，然后陀思妥耶夫斯基。我有时会顽皮地想，你们七八个人，一天之中看书的总阅读量，还不及我一个人写作之余泛览手边书。

这样说，是为了激动你们去读书的热情。

也有一种说法：我们是画画的，画也画不好，哪有时间读书？这就对了——大家看书不够，就去画画了。

大陆的新文人画，是文盲画的文人画，看了起鸡皮疙瘩。识字不多的作家，才会喝彩。中国的文人画，都是把文学的修养隐去的。李太白的书法，非常好。苏东坡画几笔画，好极了。

我不是推销文学，是为了人生的必备的武器和良药。大家要有一把手枪，也要有一把人参——最好是手枪牌人参，人参牌手枪。

大家还在青春期。我是到了美国才发育起来的，脸上一大堆看不到的青春美丽痘。第一见证人是丹青。他看到我怎样成长起来。在中央公园寒风凛冽中，读我的原稿。

我很谦虚哩，在心里谦虚哩。

这样嘛，才能成大器——中器、小器，也要完成。五年来，好处不少的。这些好话，留到毕业典礼上讲。我给每个同学一份礼物——每个人都有缺点，克服缺点的最好的办法，是发扬优点。发扬优点，缺点全部瓦解——不是什么一步一个脚印，像条狗在雪地上走。狗还有四只脚呢，许多脚印。

五年来，我们的课遭到许多嘲笑。我知道的。一件事，有人嘲笑，有人赞赏，那就像一回事了，否则太冷清——只要有人在研究一件事，我都赞成，哪怕研究打麻将——假如连续五年研究一个题目，不谋名，不谋利，而且不是傻子，一定是值得尊重的，钦佩的。五年研究下来，可以祝大家大器晚成。

认真做事，总不该反对。嘲笑我们讲课，不是文化水准问题，是品质问题。有品质的人，不会笑骂。

文学是人学。学了三年五年，还不明人性，谈不上爱人。

文学，除了读，最好是写作。日记、笔记、通信，都是练习。但总不如写诗写文章好。因为诗文一稿二稿改，哪有把自己的日记改来改去的？鲁迅写——喝豆浆一枚，八分钱——那么当然八分钱，有什么好改的。

我这么说，是有点挖苦的。他们写这些琐事，有点"浮生六记"的味道。

日记，是写给自己的信，信呢，是写给别人的日记。

你们传我一句话，或描述我的有关情况，到传回来时，都走样了。我的说话和文学的严密性，我的生活的特异，由我传达别人的话，别人的情况，可以做到完全达意，而慢慢做到可以达人家的意，比别人更透彻。

外人听了，会说自吹自擂，你们要替我作证：木心不是妖怪，是个普通的健康的老头子。

我讲这些，有用意的。

文学背后，有两个基因：爱和恨。举一例，是我最近的俳句：

"我像寻索仇人一样地寻找我的友人。"

这可以概括我一生的行为。你们见过这样强烈的句子吗？说起来，是文字功夫，十五个字，其实不过是有爱有恨，从小有，现在有，爱到底，恨到底。

各位都有爱有恨，苦于用不上，不会用。请靠文学吧。文学会帮助你爱，帮助你恨，直到你成为一个文学家。

接着讲，"生活是好玩的"。

安德烈·纪德（André Gide）的书，我推荐给大家，很好读的。良师益友。他继承了尼采、陀思妥耶夫斯基，是个中间人。我现在还记得纪德的好处。当时我在罗曼·罗兰家里转不出来，听到窗口有人敲，是纪德，说："Come on，come on!"把我带出去了，我永远心怀感激。

纪德有书叫《地粮》（要找盛澄华的译本）。他说："人应该时时怀有一种死的恳切。"（原话记不真切了。我是惯用自以为达意的方式重述）这句话，你们能体会吗？

我可以解释，如果你们能领悟，听我的解释是否相一致。

人在平时是不想到死的，好像可以千年万年活下去。这种心理状态，就像佛家说的"贪、嗔、痴"——"嗔"，老怪人家，老是责怒；要这要那，叫"贪"；一天到晚的行为，叫"痴"。总之，老是想占有身外之物，买房，买地，买首饰，买来了，就是"我的"，自己用完还要传给儿孙。放眼去看芸芸众生，不例外地想赚钱，想购物。

学林有个亲戚，打三份工，心肺照出来，全是红的，然后就死了。心理学上，这是个工作狂，其实还是想占有。

他数钱时心里有种快乐。拼命打工赚钱，筋疲力尽到死，这不是幸福。那些亿万富翁亿万富婆，也不是幸福。一个人不能同时穿两双鞋，不能穿八件衣。

家里小时候也是万贯家产，我不喜欢，一点乐趣也没有。

推到极点，皇帝皇后总算好了吧？你去问问他，如果他们看得起你，就会诉苦。

所以为人之道，第一念，就是明白：人是要死的。

生活是什么？生活是死前的一段过程。凭这个，凭这样一念，就产生了宗教、哲学、文化、艺术。可是宗教、哲学、文化、艺术，又是要死的——太阳，将会冷却，地球在太阳系毁灭之前，就要出现冰河期，人类无法生存。可是末日看来还远，教堂、博物馆、美术馆、图书馆，煞有介事，庄严肃穆，昔在今在永在的样子——其实都是毁灭前的景观。

我是怀着悲伤的眼光，看着不知悲伤的事物。

张爱玲这点很好。再好的书，你拿去，不执着。这一点，她有贵气。

不过你们可不要来向我借书——很奇怪。我一到哪里，一分钱不花，书就会流过来。小时候学校因为战争关门了，书全拿到我家里来。现在我的书又多起来了。各种书。

连情感，爱，也不在乎了。爱也好，不爱也好，对我好也好，不好也好，这一点，代价付过了。唯有这样，才能快乐起来，把世界当一个球，可以玩。

诸位还是想买这个球，至少买一部分，但不会玩。

莫扎特会玩。他偶尔悲伤。他的悲伤，是两个快乐之间的悲伤。论快乐的纯度，我不如莫扎特。他是十足的快乐主义。我是三七开，七分快乐，还有三分享乐主义。

奉劝诸位：除了灾难、病痛，时时刻刻要快乐。尤其是眼睛的快乐。要看到一切快乐的事物。耳朵是听不到快乐的，眼睛可以。你到乡村，风在吹，水在流，那是快乐。

你是艺术家，你就是人间的凤凰，一到哪里，人间的百鸟就会朝凤——你这凤凰在百鸟中是一声不响的。

我外婆家开地毯厂，晒开来，有一天忽然飞来一只凤凰，周围都是鸟叫。学徒看见了，回来告诉老板，老板赶过去，什么也没有。

凤凰在万物中一声不响。顶多，写几句俳句。

上次我们不知不觉走到中央公园，你们问一句，我答一句，就是百鸟朝凤。是一次彩排。我平常散步，灵感比那次还要多。

可是这凤凰的前身是个乌鸦，乌鸦的前身呢，是只麻雀。

安徒生说得比我好。他说，他从前是个丑小鸭。他的画和用具到上海展览过，我摸过他的手提箱。

在座人人都是丑小鸭，人人都会变成天鹅——也有人会丑一辈子。中伤诽谤之徒，拿了我的一根毛，插在头上也不是，插在尾巴上也不是，人家一看，是天鹅毛。

诸位将来成功了，也有羽毛会给别人拔去用的。对这种事，最好的态度，是冷贤。

所谓"冷"，就是你决绝了的朋友，别再玩了。不可以的。决绝了，不要再来往，再来往，完了，自己下去了。人就怕这种关系，好好坏坏，坏坏好好，后来炒了点豆子，又送过去（送过去，碗没有拿回来，又吵）。小市民，庸人，都是这样子。

我已经是绝交的熟练工人了。

"贤"，就是绝交后不要同人去作对，放各自的活路。他们要堕落，很好，悬崖深渊，前程万里。他们如果有良知，他们会失眠。

最好的学生，是激起老师灵感的学生。丹青是激我灵感的朋友。

只要还有百分之零点几的良知，他就会失眠。推出山门，回来后就不像样了。他们背离的不是我，而是我所代表的东西。这是我不愿意有，但避免不了的象征性。从小就有，我不要有，就是有，没有办法。

这种现象的存在和激化，就是生活中的快乐。耶稣行了许多奇迹，我们是凡人，不会有奇迹。但有一点，被你抛弃的人，后来都堕落了。和你一起的人，多多少少有成绩，这就是生活中的快乐。

我们作为耶稣的后人，教训惨重，再不能上当了。耶稣太看得起人类。犹大，我指叫那些背叛的人为"由他"——由他去吧。

生活像什么呢？像上街去买鞋，两双同价的鞋，智者选了好看的，愚者选了难看的。生活像什么呢？傍晚上酒吧，智者选了美味的酒，愚者买了烂酒，还喝醉了。

所以，快乐来自智慧，又滋养了智慧。

今后到欧洲去旅行，一路看一路讲，我们可以看看会发生什么。

生活听起来没有奇怪，人人都在吃喝玩乐。没有享受到的生活，算不上生活。把生理物理的变化，提升为艺术的高度，这就是生活、艺术的一元论。

生活嘛，庸俗一点，艺术，很高超——没那么便宜。

三，"艺术是要有所牺牲的"。

1950 年，我二十三岁，正式投到福楼拜门下。之前，读过他全部的小说，还不够自称为他的学生——被称为老师不容

1076

易，能称为学生也不容易啊——小说家的困难，是他的思想言论不能在小说里表现出来的。我同福楼拜的接触，直到读他的书信——李健吾写过《福楼拜评传》，谢谢他，他引了很多资料——才切身感受到福楼拜的教育。我对老师很虔诚，不像你们对我嘻嘻哈哈。

那年，我退还了杭州教师的聘书（当时还是聘书制），上莫干山。这是在听福楼拜的话呀，他说：

"如果你以艺术决定一生，你就不能像普通人那样生活了。"

当时我在省立杭州第一高中执教，待遇相当不错，免费住的房间很大，后门一开就是游泳池。学生爱戴我，其中的精英分子真诚热情。初解放能得到这份位置，很好的，但这就是"常人的生活"，温暖、安定、丰富，于我的艺术有害，我不要，换作凄清、孤独、单调的生活。我雇人挑了书、电唱机、画画工具，走上莫干山。那时上山没有公车的。

头几天还新鲜，后来就关起来读书写书。书桌上贴着字条，是福楼拜说的话："艺术广大已极，足以占有一个人。"

长期写下去，很多现在的观点，都是那时形成的。

修道，长期的修道。丹青在时代广场的画室，就是他的修道院，天天要去修道的。

让你的艺术教育你。

对子女的好，好在心里，不要多讲。我对朋友的好，也不讲。以后你们成熟了，我要评，只要好，我就会评。评论，要评到作者自己也不知道的好，那是作者本能地在做，评价从观念上来评。

用福楼拜这句话，意思是：我甘愿为艺术占有，没有异议。回顾这些往事，是说，艺术家一定要承当一些牺牲。你们承当过多少？你们还愿意承当多少？清不清楚还要牺牲点什么？

不值得牺牲的，那叫浪费。

宗教很明白：你要进教门，就得牺牲。吃素，不结婚，不说绮语。但宗教所要的牺牲，是杀死生命，很愚蠢。可是杀而不死，修道院弄出许多事来。

福楼拜不结婚。他对情人说：你爱我，我的构成只有几项观念。你爱那些观念吗？

艺术家的牺牲，完全自愿。

当我指出这个愿望，你点头，那么，我明打明指出：哪些事你不应该做——这事是虚荣，那事是失节——你们听了，要受不了的。可就是这些事，使人不甘离开常人的生活。

可能你会说："您老别含糊，尽管说，咱们能改过的改，不能改的慢慢合计。"不，我不会明说的。

古代，人不知道自己在做什么，人类到了现代，一切错误，全是明知故犯。现代人的聪明，是一个个都没有"一时糊涂"的状态，倒是有"虽千万人我往矣"的犯罪勇气。现代人中，恐怕只有白痴、神经病患者，可能质朴厚道的。正常人多数是精灵古怪，监守自盗。

这就是现代人。我们生在现代，太难归真返璞了。

来美国十一年半，我眼睁睁看了许多人跌下去——就是不肯牺牲世俗的虚荣心，和生活的实利心。既虚荣入骨，又实利成癖，算盘打得太精：高雅、低俗两不误，艺术、人生双丰收。我叫好，叫的是喝倒彩。

生活里没有这样便宜。

年青时在上海，新得了一位朋友，品貌智力都很好。某日谈到上海人无聊，半点小事就引一堆路人围观。正说着，对面马路霎时聚集十多人议论什么事，那朋友急步过去看究竟，我就冷在路边，等，这真叫孤独，又不好意思就此走掉，呆等了好久，他才兴尽而归。现在还是这样，我老被人扔在路边——这条路，叫做艺术之路——我老了，实在比较好的朋友，可以等等，等他从彼岸兴奋归来。普通朋友呢，不等了，走了。骂我不讲义气，独自溜了？这种顾虑似乎不必要。新的情况是，跑去看热闹的人，就此消失在热闹中，不回来了，所以大大减少了等的必要。

也许你要问：为什么艺术家一定要有所牺牲呢？

这一问者，大抵不太愿意牺牲，因为还没弄清艺术是怎么回事，怕白白牺牲——我可以彻底地说：艺术本来也只是一个梦，不过比权势的梦、财富的梦、情欲的梦，更美一些，更持久一些，艺术，是个最好的梦。

我们有共享的心理诉求。你画完一张得意的画，第一个念头就是给谁看。人一定是这样的。权势、财富，只有炫耀，不能共享，一共享，就对立了，一半财富权力给了你了。情欲呢，是两个人的事，不能有第三者。比下来，艺术是可以共享的。天性优美，才华高超，可以放在政治上、商业上、爱情上，但都会失败，失算，过气——放在艺术上最好。

为了使你们成为艺术家，有这么多的好处，你可以牺牲一点吗？

既然分得清雅俗，就要嫉俗如仇，爱雅如命。我中秋节买月饼，回家就把月饼盒扔掉。这么俗的设计，不能放在家里。

决绝的不再来往，不要同不三不四的人厮混，听了几年课，这点鉴别力要有。跑过家门的松鼠，长得好看，我喂它吃，难看，去去去。

虚荣有什么不好？就是没有光荣的份。两个"荣"，你要哪一个？要克制虚荣心，算不算牺牲？你试试看。

如果你真能被艺术占有，你哪有时间心思去和别人鬼混，否则生活就不好玩了。因为你还在艺术的边缘，甚至边外，艺术没有占有你，你也没有占有艺术。所以你的生活不会很快乐，甚至很烦恼。怎么办呢？

好办，再回到前面讲的，人活着，时时要有死的恳切，死了，这一切又为何呢？那么，我活着，就知道该如何了。

所以时时刻刻要有死的恳切，是指这个意思。

1994 年，我愿大家都有好的转变。课完了，我们将要分别，即使再见面，要隔了一层了，校友见面，客客气气。过去这一段，今后得不到了，想来心有戚戚。

怎么把这个气氛延续下去？有个想法：将来成立一个文学研究会，远话近说，先酝酿。文艺复兴，从个体户到集体户，要有个形式。这是新年的新希望。目的，要入世，做点事——也是一种牺牲，绑出去，示众。

后 记

陈丹青

二十三年前，1989年元月，木心先生在纽约为我们开讲世界文学史。初起的设想，一年讲完，结果整整讲了五年。后期某课，木心笑说：这是一场"文学的远征"。

十八年前，1994年元月9日，木心讲毕最后一课。那天是在我的寓所，散课后，他穿上黑大衣，戴上黑礼帽，我们送他下楼。步出客厅的一瞬，他回过头来，定睛看了看十几分钟前据案讲课的橡木桌。此后，直到木心逝世，他再没出席过一次演讲。

那桌子跟我回了北京，此刻我就在桌面上写这篇后记。

另有一块小黑板，专供木心课间书写各国作家的名姓、生卒年、生僻字，还有各国的诗文，随写随擦，五年间辗转不同的听课人家中。今年夏初，我照例回纽约侍奉母亲，7月，母亲逝世。丧事过后的一天，清理母亲床边的衣柜——但凡至亲亡故而面对满目遗物的人，明白那是怎样的心情——在昏暗壁角，我意外看见了那块小小的黑板。

听课五年，我所累积的笔记共有五本，多年来随我几度迁居，藏在不同寓所的书柜里，偶或看见，心想总要静下心再读一遍，倏忽近二十年过去了，竟从未复读。唯一读见的老友，是阿城，1991年，我曾借他当时写就的三本笔录。

木心开讲后，则每次摊一册大号笔记本，密密麻麻写满字，是他备课的讲义。但我不记得他低头频频看讲义，只目灼灼看着众人，徐缓地讲，忽而笑了，说出滑稽的话来。当初宣布开课，他兴冲冲地说，讲义、笔记，将来都要出版。但我深知他哈姆雷特式的性格：日后几次恳求他出版这份讲义，他总轻蔑地说，那不是他的作品，不高兴。前几年领了出版社主编去到乌镇，重提此事，木心仍是不允。

先生的意思，我不违逆。但我确信我这份笔记自有价值：除了讲课内容，木心率尔离题的大量妙语、趣谈，我都忠实记录：百分之百的精确，不敢保证，但只要木心在讲话，我就记，有一回甚至记下了散课后众人跟他在公园散步的谈话。

去年岁阑，逾百位年轻读者从各地赶来，永别木心。在乌镇昭明书院的追思会上，大家恳请我公开这份笔录，我当即应承了——当年讲课时，木心常说将来怎样，回国后又怎样，那天瞧着满屋子陌生青年的脸，戚戚然而眼巴巴，我忽然想：此刻不就是先生时时瞩望的将来吗？

今年春，诸事忙过，我从柜子里取出五本笔记，摞在床头边，深宵临睡，一页一页读下去，发呆、出神、失声大笑，自己哭起来：我看见死去的木心躺在灵床上，又分明看见二十多年前大家围着木心，听他讲课……我们真有过漫漫五年的纽约聚会么？瞧着满纸木心讲的话，是我的笔记，也像是他的遗物。

电子版录入的工作，细致而庞大。速记潦草，年轻编辑无法辨读，我就自己做。或在纽约寓所的厨房，或在北京东城的画室，朝夕录入，为期逾半年。当年手记无法测知字数，待录毕八十五讲，点击核查，逾四十万字。为纪念木心逝世一周年，近日忙于编校、排版、配图、弄封面，12月必须进厂付印了：眼前的电子版不再是那叠经年封存的笔记，而是木心读者期待的书稿——"九泉之下"这类话，我从不相信的，而人的自欺，不过如此。喂，木心，恕我不能经你过目而首肯了，记得你当年的长篇大论吗？年底将要变成厚厚的书。

******

现在可以交代这场"文学远征"的缘起和过程了。

1982年秋，我在纽约认识了木心，第二年即与他密集过往，剧谈痛聊：文学课里的许多意思，他那时就频频说起。我原本无学，直听得不知如何是好。我不愿独享着这份奇缘，未久，便陆续带着我所认识的艺术家，走去见木心——八十年代，纽约地面的大陆同行极有限，各人的茫然寂寞，自不待说——当然，很快，众皆惊异，不知如何是好了。

自1983到1989年，也是木心恢复写作、持续出书的时期。大家与他相熟后，手里都有木心的书。逢年过节，或借个什么由头，我们通宵达旦听他聊，或三五人，或七八人，窗外晨光熹微，座中有昏沉睡去的，有勉力强撑的，唯年事最高的木心，精神矍铄。

木心在大陆时，与体制内晚生几无来往，稍事交接后，他曾惊讶地说："原来你们什么都不知道啊！"这样子，过了几

这张照片摄于1987年左右的一次聚谈中。木心坐在地上（右一），身后即召集大家上课的李全武。两年后，世界文学课正式开始。

年，终于有章学林、李全武二位，纠缠木心，请他正式开课讲文艺，勿使珍贵的识见虚掷了。此外，众人另有心意：那些年木心尚未售画，生活全赖稿费，大家是想借了听课而交付若干费用，或使老人约略多点收益。"这样子算什么呢？"木心在电话里对我说，但他终于同意，并认真准备起来。

劝请最力而全程操办的热心人，是李全武。他和木心长期协调讲课事项，转达师生间的种种信息，改期、复课、每课转往谁家，悉数由他逐一通知，持续听课或临时听课者的交费，也是他负责收取，转至木心，五年间，我们都称他"校长"。

事情的详细，不很记得了。总之，1989年元月15日，众人假四川画家高小华家聚会，算是课程的启动。那天满室哗然，很久才静下来。木心，浅色西装，笑盈盈坐在靠墙的沙发，那年他六十二岁，鬓发尚未斑白，显得很年青——讲课的方式商定如下：地点，每位听课人轮流提供自家客厅；时间，寒暑期各人忙，春秋上课；课时，每次讲四小时，每课间隔两周，若因事告假者达三五人，即延后、改期，一二人缺席，照常上课。

开课后，渐渐发现或一专题，一下午讲不完。单是圣经就去两个月，共讲四课。上古中古文学史讲毕，已逾一年，越近现代，则内容越多。原计划讲到十九世纪收束，应我们叫唤，木心遂添讲二十世纪流派纷繁的文学，其中，仅存在主义便讲了五课。

那些年，众生多少是在异国谋饭的生熟尴尬中，不免分身于杂事，课程改期，不在少数，既经延宕，则跨寒暑而就春秋，忽忽经年，此即"文学远征"至于跋涉五年之久的缘故吧。到了最后一两年，这奇怪的小团体已然彼此混得太熟，每次相聚有如小小的派对，不免多了课外的闲聊，我的所记，则仍是木心的讲课。

******

以下追踪记忆，由年龄顺序排列，大致是全程到课、长期听课的学员名单：

金高（油画家）、王济达（雕塑家），五十年代年中央美院毕业，1983年来美。

章学林（版画家），六十年代浙江美院毕业，1980年来美。

薄茵萍、丁雅容，来自台湾的女画家，1977年来美。

陈丹青、黄素宁（国画家），1980年中央美院毕业，1982年来美。

曹立伟（油画家）、李菁，1982年中央美院毕业，1986年来美。

李全武（油画家），1984年中央美院毕业，1985年来美。

殷梅（舞者、编舞家），来美年份不详。

黄秋虹，广东女画家，1980年来美。

陈捷明，广东画家，1980年来美。

李和，不详。

其中，殷梅由全武介绍而来，黄秋虹、陈捷明，由别人介绍木心认识。五年间，因呼朋唤友而听过几课、不复再来，或中后期听说而加入的人，也颇不少。我所熟悉的是上海画家李斌、南京画家刘丹、钱大经、薛建新，北京人薛蛮子、胡小平夫妇。两位木心的旧识：上海画家夏葆元（"文革"前与木心同一单位）、上海留学生胡澄华（其父是木心的老友），也来听过课，久暂不一。人数最多的一次是讲唐诗，也在我的寓所，来三十多人，椅子不够，不记得终于是怎样安排落座的。

这是一份奇怪的组合：听课人几乎全是画家，没有迹象表明有谁听过文学史，或职志于文学，课中说及的各国作家与作品，十之六七，我们都不知道——木心完全不在乎这些。他与人初识接谈，从不问起学历和身份。奇怪，对着这些不相干的脸，他只顾兴味油然地讲，其状貌，活像谈论什么好吃透顶的菜肴。我猜他不会天真到以为众生的程度与之相当，但他似乎相信每个人果然像他一样，挚爱文学。

木心讲课没有腔调——不像是讲课，浑如聊天，而他的聊天，清晰平正，有如讲课——他语速平缓，从不高声说话，说及要紧的意思，字字用了略微加重的语气，如宣读早经写就的文句。录入笔记的这半年，本能地，我在纸页间听到他低哑苍老的嗓音。不止十次，我记得，他在某句话戛然停顿，凝着老人的表情，好几秒钟，呆呆看着我们。

这时，我知道，他动了感情，竭力克制着，等自己平息。

讲课与聊天究竟不同。自上世纪五十年代木心在上海高桥做过几年中学老师，此后数十年再没教过书——起初几堂课，谈希腊罗马、谈诗经，他可能有点生疏而过于郑重了，时或在读解故事或长句中结巴、绊住，后来他说，头几课讲完，透不过气来——两三课后，他恢复了平素聊天的闲适而松动，越讲到后来，越是收放自如。

我的笔记，初起也颇仓促，总要三四课后这才找回画速写的快捷，同其时，与木心的讲述，两皆顺畅了——好在木心说话向来要言不繁，再大的公案、史说、是非、纠葛，由他说来，三言两语，惊人地简单。

而笔录之际最令我感到兴味的瞬间，是他临场的戏谈。

木心的异能，即在随时离题：他说卡夫卡苦命、肺痨、爱焚稿，该把林黛玉介绍给卡夫卡；他说西蒙种葡萄养写作，昔年陶潜要是不就菊花而改种葡萄，那该多好！在木心那里，切题、切题、再切题，便是这些如叙家常的离题话。待我们闻声哄笑，他得意了，假装无所谓的样子——且慢，他在哄笑中又起念头，果然，再来一句，又来一句——随即收回目光，接着往下说。

如今座谈流行的录音、摄像，那时既没有器具，木心也不让做。他以为讲课便是讲课。五年期间，我们没有一张课堂的照片，也无法留存一份录音。

后记

1091

"结业"派对，是"李校长"安排在女钢琴家孙韵寓所。应木心所嘱，我们穿了正装，分别与他合影。孙韵母女联袂弹奏了莫扎特第23号钢琴协奏曲。阿城特意从洛杉矶自费赶来，扛了专业的机器，全程录像。席间，众人先后感言，说些什么，此刻全忘了，只记得黄秋虹才刚开口，泪流满面。

木心，如五年前宣布开课时那样，矜矜浅笑，像个远房老亲戚，安静地坐着，那年他六十七岁了。就我所知，那也是他与全体听课生最后一次聚会。他的发言的开头，引瓦莱里的诗。每当他借述西人的文句，我总觉得是他自己所写，脱口而出：

你终于闪耀着了么？我旅途的终点。

******

八九十年代之交，国中大学的文学史课程，早经恢复。文学专业的硕博士，不知用的什么讲义，怎样地讲，由谁讲——我们当年这样地胡闹一场，回想起来，近于荒谬的境界：没有注册，没有教室，没有课本，没有考试与证书，更没有赞助与课题费，不过是在纽约市皇后区、曼哈顿区、布鲁克林区的不同寓所中，团团坐拢来，听木心神聊。

木心也从未修过文学课。讲毕唐诗一节，他送当时在座每位学员一首七绝，将各人的名字嵌入末句，这次录入，我注意到他也给自己写了一首：

> 东来紫气已迟迟，群公有师我无师。
> 一夕绛帐风飘去，木铎含心终不知。

木心所参考的郑振铎《文学大纲》，最早出版于上世纪二十年代，想必是少年木心的启蒙读物之一。前年得到这两册大书的新版，全书体例与部分资料，大致为木心所借取，我翻了几页，读不下去。"可怜啊，你们读书太少。"暮年木心又一次喃喃对我说。那时他已耳背，我大叫："都听你讲过了呀！"他一愣，怔怔地看我。

听课五年，固然免除了我的蒙昧，但我从此愚妄而惰怠。说来造孽：木心所标举的伟大作品：古希腊，圣经，先秦诸子，莎士比亚，尼采，拜伦，纪德……二十多年过去，我一行也不曾拜读。年来字字录入这份笔记，我不再将之看做"世界文学史"，诚如木心所说，这是他自己的"文学回忆录"，是一部"荒诞小说"。眼下全书付印在即，想了很久，以我难以挽回的荒率，无能给予评价。实在说，这是我能评价的书吗？

如今我也接近木心开课时的岁数，当年愚昧，尚于讲课中的若干信息，惘然不察，现在或可写出来，就教于方家，也提醒年轻的读者——

上世纪三十年代末，抗战初期，十三四岁的木心躲在乌镇，几乎读遍当时所能到手的书，其中，不但有希腊罗马的史诗、神话，近代以来的欧陆经典，还包括印度、波斯、阿拉伯、日本的文学。郑本《文学大纲》所列举的庞大作者群，当年不可能全有汉译本，木心也不可能全都读过，他诚实地说，哪位只是听说，哪本没有读过，但他多次感慨："那时的翻译家做了好多事情哩。"最近承深圳的南兆旭、高小龙二位提供数百册私藏民国旧书，供我选择配图，虽难测知其中哪些曾是木心昔年的读本，但他的阅读记忆，正是一部民国出版史的私人旁证。

讲述圣经时，木心念及早岁与他频繁通信的十五岁湖州女孩，使我们知道早在四十年代的浙江小城，竟有如此真挚而程度甚深的少年信徒，小小年纪，彼此辩说新旧约的文学性。提到《易经》，他说夏夜乘凉时教他背诵《易经》口诀的人，是她母亲，抗战逃难中，这位母亲还曾给儿子讲述杜甫的诗，这在今日的乡镇，岂可思议。他忆及家中仆佣对《七侠五义》之类的热衷，尤令我神旺，他的叔兄长辈居然日日去听说书，此也勾连了我的幼年记忆：五六十年代，沪上弄堂间尚且隐着简陋的说书场所……这一切，今已荡然无存，而木心的记忆，正是一份民国青年的阅读史。

这份阅读史，在世界范围也翻了过去。木心的生与长，适在同期步入印刷时代与新文化运动的民国，他这代人对文学的热忱与虔敬，相当十五至十九世纪的欧洲人，电子传媒时代的芸芸晚生，恐怕不易理解这样一种文学阅读的赤子之情了。

以上，是木心生涯的上半时，下半时呢？

自1949年到"文革"结束，近三十年，欧美文学的译介几乎中止，其间，值木心盛年，惟以早岁的阅读与文学相濡以沫（他因此对五十年代专事俄罗斯文学的推介，甚表好意）。讲课中一再提及的音乐家李梦熊先生，也是此等活宝：他俩听说乔伊斯与卡夫卡，但"文革"前夕的大陆，哪里读得到。而早在三四十年代，他们就知悉欧洲出现意识流、意象主义、存在主义等等新潮，之后，对铁幕外的文学景观该是怎样的渴念。浩劫后期，战后文学如"黑色幽默"与"垮掉的一代"，曾有内部译本（如《第二十二条军规》），他们当然不会放过，总之，就我所知，五六十年代，各都市，尤其京沪，尚有完全在学院与作协系统之外，嗜书如命、精赏文学的书生。而木心出国前大量私下写作的自我想象、自我期许，竟是遥不可及的西方现代主义。

"文革"初，木心早期作品被抄没。"文革"后，大陆的地下文学与先锋诗，陆续见光，渐渐组入共和国文学史话。现在，这本书揭示了更为隐蔽的角落：整整六十多年目所能及的文学档案中——不论官方还是在野——仍有逍遥漏网的人。

漫长，彻底，与世隔绝，大陆时期的木心没有任何举动试图见光。到纽约后，带着不知餍足的文学的贪婪，他在恢复写作的同时，靠台湾版译本找回被阻隔的现代文学图景，与他早年的阅读相衔接。久居纽约的港台文人对他与世界文学的不隔，咸表惊异，他们无法想象木心与李梦熊在封锁年代的文学苦谈——"出来了，我才真正成熟"，木心如是说——私下，我完全不是可以和他对话的人，他几次叹息，说，你们的学问谈吐哪里及得上当年李梦熊。但木心要说话，要以他所能把握的文学世界，映证自己的成熟，不得已，乃将我们这群人权且当做可以聆听的学生。

多少民国书籍与读者，湮灭了。木心的一生，密集伴随愈演愈烈的文化断层。他不肯断，而居然不曾断，这就是本书潜藏的背景：在累累断层之间、之外、之后，木心始终将自己尽可能置于世界性的文学景观，倘若不是出走，这顽强而持久的挣扎，几几乎濒于徒劳。

******

一个在八十年代出道的文学家，能否设想木心的历程？一个研修文史专科的学者，又会如何看待这份文本？木心不肯放过文学，劫难也不曾放过他，但我不知道他怎样实践了尼采的那句话：

在自己的身上，克服这个时代。

固然，尼采另有所指，尼采也不可能知道这句话在二十世纪的中国语境——在这大语境中，木心怎样营造并守护他个人的语境？去年秋，木心昏迷的前两个月，贝聿铭的弟子去到乌镇，与他商议如何设计他的美术馆。木心笑说：

> 贝先生一生的各个阶段，都是对的；我一生的各个阶段，全是错的。

这不是反讽，而是实话，因为实话，有甚于反讽——讲课中，他说及这样的细节：五十年代末，国庆十周年夜，他躲在家偷学意识流写作（时年三十二岁）；六十年代"文革"前夕，他与李梦熊彻夜谈论叶慈、艾略特、斯宾格勒、普鲁斯特、阿赫玛托娃；七十年代他被单独囚禁时，偷偷书写文学手稿，我亲眼看过，惊怵不已：正反面全都写满，字迹小如米粒；八十年代末，木心年逾花甲，生存焦虑远甚于流落异国的壮年人，可他讲了五年文学课——我们交付的那点可怜的学费啊——九十年代，他承诺了自己青年时代的妄想，满心狂喜，写成《诗经演》三百多首；新世纪，每回走去看他，他总引我到小阳台桌边，给我看那些毫无用处的新写的诗。

在与笔记再度相处的半年，我时时涌起当初即曾抱有的羞惭和惊异，不，不止于此，是一种令我畏惧到至于轻微厌烦的心情：这个死不悔改的人。他挚爱文学到了罪孽的地步，一如他罪孽般与世隔绝。这本书，布满他始终不渝的名姓，而他如数家珍的文学圣家族，完全不知道怎样持久地影响了这个人。

中国文学史、西洋文学史，魏晋或唐宋文学、伊丽莎白或路易王朝文学，各有专家。其他国家所修的世界文学史又是怎样讲法呢？当年郑振铎编撰《文学大纲》，想必也多所参照了外国的写本。迄今，我没有读过一本文学史，除了听木心闲聊。若非年轻读者的恳求，这五册笔记不知几时才会翻出来：其实，每次瞧见这叠本子，我都会想：总有一天，我要让许多人读到。

或曰：这份笔记是否准确记录了木心的讲说？悉听尊便。或曰：木心的史说是否有错？我愿高声说：我不知道，我不在乎！或曰：木心的观点是否独断而狂妄？呜呼！这就是我葆有这份笔录的无上骄傲——我分明看着他说，他爱先秦典籍，只为诸子的文学才华；他以为今日所有伪君子身上，仍然活着孔丘；他想对他爱敬的尼采说：从哲学跑出来吧；他激赏拜伦、雪莱、海涅，却说他们其实不太会作诗；他说托尔斯泰可惜"头脑不行"，但讲到托翁坟头不设十字架，不设墓碑，忽而语音低弱了，颤声说："伟大！"而谈及萨特的葬礼，木心脸色一正，引尼采的话：唯有戏子才能唤起群众巨大的兴奋。

我真想知道，有谁，这样地，评说文学家。我因此很想知道，其他国家，谁曾如此这般，讲过文学史——我多么盼望各国文学家都来听听木心如何说起他们。他们不知道，这个人，不断不断与他们对话、商量、发出诘问、处处辩难，又一再一再，赞美他们，以一个中国老人的狡黠而体恤，洞悉他们的隐衷，或者，说他们的坏话。真的，这本书，不是世界文学史，而是，那么多那么多文学家，渐次围拢，照亮了那个照亮他们的人。

****

讲课完结后，1994 年早春，木心回到远别十二年的大陆，前后四十天，期间，独自潜回乌镇，那年他离开故乡将近五十年了。回纽约后，又两年，他搬离距我家较近的寓所，由黄秋虹安排迁往皇后区一处宽敞的公寓，在那里住了十年。到了七十九岁那年，2006 年 9 月，我陪他回国，扶他坐上机场的轮椅，走向海关。黄秋虹，泣不成声，和年逾花甲的章学林跟在后面：自我 2000 年回国后，就剩他俩就近照看木心。

同年春，听课生中年龄最大的金高女士，逝世了。其他学员早经星散，很少联络了。之后，每年春秋我回纽约侍母，走在街上，念及木心经已归国。去年木心死，我瞧着当年众人出没的街区，心情有异——今夏侍奉母亲，黄昏散步，我曾几次走到木心旧寓前，站一站。门前的那棵树，今已亭亭如盖，通往门首的小阶梯砖垛，放满陌生租客的盆栽。这寓所的完整地址是：

25–24A, 82 Street Jackson Heights, NY 11372.

后记

（中译：纽约市，杰克逊高地，八十二街，邮编11372）

木心讲课时，还给众生留下这里的电话：718-526-1357。

如今不能上前叩门了。木心在时，书桌周围满是花草，卧室的小小书柜旁竖一枚乐谱架，架上摊着旧版的苏东坡字帖——在我见过的文人中，木心存书最少最少——自1990到1996年，文学课讲义、蓄谋已久的《诗经演》，都在这里写成。凡添写几首诗经体新作，他会约我去北方大道南侧一张长椅上见面，摊开我根本看不懂的诗稿，风寒街阔，喜滋滋问我：味道如何？

讲课中，他两次提到与他相熟的街头松鼠，还有寓所北墙密匝匝的爬墙虎："它们没有眼睛哎！爬过去，爬过去！"每与我说起，木心啧啧称奇。忽一日，房主未经告知，全部拔去了，他如临大事，走来找我，狠狠瞪大眼睛：

"那是强暴啊！丹青，我当天就想搬走！"

木心绝少诉说自己的生活。五年讲课间，难得地，他说出早岁直到晚年的零星经历，包括押送与囚禁的片刻。他说，和朋友讲课，可以说说"私房话"。本书编排时，我特意在每讲之前排几行摘录，并非意在所谓"关键词"，而多取木心谈及自己的略略数语，俾使读者走近他：经已出版的木心著作，刻意隐退作者，我相信，这本书呈现了另一个木心。

有次上课，大家等着木心，太阳好极了。他进门就说，一路走来，觉得什么都可原谅，但不知原谅什么。那天回家后，他写成下面这首"原谅"诗，题曰《杰克逊高地》：

> 五月将尽
>
> 连日强光普照
>
> 一路一路树荫
>
> 呆滞到傍晚
>
> 红胸鸟在电线上啭鸣
>
> 天色舒齐地暗下来
>
> 那是慢慢地，很慢
>
> 绿叶蘩间的白屋
>
> 夕阳射亮玻璃
>
> 草坪湿透，还在洒
>
> 蓝紫鸢尾花一味梦幻
>
> 都相约暗下，暗下
>
> 清晰 和蔼 委婉
>
> 不知原谅什么
>
> 诚觉世事尽可原谅

选这首诗，因为木心、金高、全武、立伟、我，均曾是杰克逊高地的居民，当年辗转各家的上课地点，多半散在那片区域：二十年前，木心这样地走着，看着，"一路一路树荫"，其时正在前来讲课的途中；下课了，他走回家，"天色舒齐地暗下来"。木心的所有诗文，只字不提这件事，纽约市、杰克逊高地，也从不知道一小群中国人曾在这里听讲世界文学课。如今木心死了，母亲死了，金高死了，此后我不会每年去到那里——"不知原谅什么，诚觉世事尽可原谅"。现在，惟愿先生原谅我擅自公开了听课笔记，做成这本大书。

2012 年 11 月 10 日写在北京

1991—1996 年，木心旧寓。右侧的墙面，
当年全是爬墙虎。

图书在版编目（CIP）数据

1989—1994：文学回忆录 / 木心讲述；陈丹青笔录 .
-- 上海：上海三联书店，2020.5（2023.6 重印）
（木心全集）
ISBN 978-7-5426-6901-8

Ⅰ . ① 1… Ⅱ . ①木… ②陈… Ⅲ . ①世界文学 – 文学
史 Ⅳ . ① K109

中国版本图书馆 CIP 数据核字 (2019) 第 260590 号

1989—1994：文学回忆录

木心讲述；陈丹青笔录

责任编辑 / 徐建新
特约编辑 / 曹凌志　罗丹妮　雷韵　吴晓斌
装帧设计 / 陆智昌
制　　作 / 马志方
监　　制 / 姚　军
责任校对 / 张大伟

出版发行 / 上海三联书店
　　　　　（200030）上海市徐汇区漕溪北路331号A座6楼
邮购电话 / 021-22895540
印　　刷 / 山东韵杰文化科技有限公司

版　　次 / 2020 年 5 月第 1 版
印　　次 / 2023 年 6 月第 10 次印刷
开　　本 / 787mm×1092mm　1/32
字　　数 / 500千字
图　　片 / 86幅
印　　张 / 35
书　　号 / ISBN 978-7-5426-6901-8/l·1569
定　　价 / 188.00元（上、下册）

如发现印装质量问题，影响阅读，请与印刷厂联系：0533-8510898